히브리어
원문번역

이르메야

히브리어 원문번역(이르메야)

저자 박길봉
발행인 지종엽
발행처 비블리아
초판 1쇄 인쇄 2024. 8. 20
출판신고 제2006-000034호(2006. 6. 13)
주소 서울 강북구 수유동 554-89 B01호
TEL 010-2320-5291
총판 기독교출판유통 (031)906-9191
ISBN 979-11-983211-2-1

HEBREW BIBLE
TRANSLATION

머리말

(렘4:4~6) "예후다의 사람과 예루살라임의 거주민들아,
너희는 할례를 행하여 여호와께 속하라,
(다시 말해), 너희는 자신의 마음의 포피를 없애 버려라,
곧 나의 진노가 불처럼 나가서 태우지 않기 위해서이다,
그렇지 않으면, 너희의 행실의 악함 때문에,
누구도 끌 자가 없다.

너희는 예후다에게 자세히 알려주어라,
너희는 예루살라임에 듣게 하라,
너희는 말하라,
너희는 (나팔을) 불라, 곧 그 땅에 나팔을 불라,
너희는 힘껏 외쳐 말하라,
너희는 모여라,
그리하여 우리가 요새의 성읍들로 들어가자.

너희는 찌욘 쪽으로 깃발을 높이 들어올려라,
너희는 서 있지 말고 피난하라.
왜냐하면 내(여호와)가 북쪽에서 재앙 즉 큰 파멸을 가져오기
때문이다."

지금 여호와는 이르메야 예언자를 통해 남 예후다의 긴박한 상황을 말하고 있다.
이르메야서는 예언자 이르메야의 이름 자체에서 그 의미를 조금 엿볼 수 있는데,
이르메야는 여호와가 자신의 마음의 계획을 이루기까지이다.

(렘30:4) "여호와가 행하기까지 곧 그가 자신의 마음의 계획들을
이루기까지,
여호와의 맹렬한 화가 돌아서지 않으니,
즉 그 마지막의 날에,
너희가 그것을 깨달아 분별하게 된다."

하나님은 이르메야를 특별히 구별하여, 민족들의 예언자로 세웠다.
그런즉 하나님은 이르메야에게 말하기를,
'너는 내가 너를 보내는 모든 자들에게 가서,
내가 너에게 명하는 것이 무엇이든 말하라.'고 하였다.
그런 후, 하나님이 자신의 손을 내밀어 이르메야의 입에 닿게 하여,
하나님이 이르메야에게 말하기를,
'보라, 내가 너의 입에 나의 말을 준다.'라고 하는 것이다.
이르메야서에서 가장 주목해야 할 단어는 '예언하다'이다.
'예언하다'라는 히브리어 나바(נָבָא)는 히브리어 수동태 닢팔형으로 쓰여 있으며, 이르메야서에 40회나 쓰였다.
그 개념은 하나님이 명하는 것이 무엇이든 그분의 음성을 듣고 말하는 것이다.
'예언하다(나바)'의 히브리어 명사형 나비(נָבִיא)로 예언자(나비)가 있는데,
이르메야서에서 92회나 쓰였다.
그 개념은 하나님이 명하는 것이 무엇이든 그분의 음성을 듣고 말하는 자이다.
이르메야 예언자는 혼란의 시대에 예후다 백성의 두 가지 악을 저질렀다고 말하였다.

(렘2:13) "왜냐하면 나의 백성이 두 가지 악한 일을 행하니,
곧 그들이 살아 있는 물의 근원인 나(여호와)를 버리고,
또 자신들을 위하여 우물들을 판다,
(다시 말해), 그들은 물을 담지 못하는 깨어진 우물들을 파기
때문이다."

여기서 예후다는 생명의 근원인 하나님을 버리고, 헛된 것을 좇아
저지른 죄악은 우상숭배이다.
예후다 백성의 우상숭배는 언약 백성으로서 하나님의 음성에 귀 기울이지 않고, 자신의 뜻대로 자신을 위한 우물을 파서, 헛된 것을 추구하며 하나님에게 배반의 형태로 음행하는 것이었다.
그런즉 하나님은 예후다 백성의 배반에 대한 징계의 몽둥이로
바벨 왕 네부칻네짜를 사용하였다.
즉 그분은 예후다의 형벌의 심판으로 바벨론을 징계의 몽둥이로 사용하여, 예후다를 B.C.586년에 그 예후다를 멸망시켰다.
이르메야 예언서를 이해하기 위해서는 이르메야 시대의 역사적 배경을

알아야 한다고 생각이 든다.
이르메아서의 시대의 역사적 배경을 아는 것이 필수적이다.

(렘1:2,3) "즉 요쉬야 아몬 예후다 왕의 아들의 날에,
그(요쉬야)가 통치한 지 십삼 년(B.C.627)에,
여호와의 말이 이르메야에게 임하였고,
또 그것(여호와의 말)이 예호야킴 요쉬야 예후다 왕의 아들의 날에,
임하였으니,
곧 찌드키야 요쉬야 예후다 왕의 아들 십일 년(B.C.586) 끝나기까지,
곧 다섯째 달, 예루솰라임이 포로의 몸이 될 때까지 (임하였다)."

이르메야서는 예후다 왕 요쉬야의 통치 13년(B.C.627)부터 찌드키야 왕 11년(B.C.586)까지 약 40년 기간의 예언 과정을 서술하고 있다.
이 40년 동안에 큰 사건들을 중심으로 더 상세히 말하면,
요쉬야 예후다 왕은 8세에 왕이 되어, 31년 동안 통치하였다.
그는 통치 13년(B.C.627)에 종교개혁을 하였고, 통치 41년(B.C.609)에 이집트 왕 느고에 의해 므깃도 전투에서 사망하였다.
그를 대신하여 요쉬야의 아들 여호아하스(살룸)가 3개월 통치하다가 이집트 왕 느고에 의해 이집트로 잡혀갔다.
이집트 왕 느고는 여호아하스 대신에 요쉬아의 아들 예호야킴을 왕으로 세웠다(B.C.609).
그런즉 그 당시 예후다는 이집트의 속국과 다름 없었다.
그런 후, 예호야킴 통치 4년(B.C.605), 바벨 왕 네부칸네짜르 즉위 원년에, 네부칸네짜르는 예후다를 1차 침공하였다.
이때 네부칸네짜르는 예후다 백성 중 고관들과 그들의 자녀들을 포로로 잡아 갔는데, 그들 중에 다니엘과 그의 세 친구가 포함 되어 있었다.
또한 바벨 왕 네부칸네짜르는 예후다를 2차로 침공할 쯤(B.C.597)에 예루솰라임이 포위 된 중에 예후다 왕 예호야킴은 어떻게 죽었는지 알려지지 않지만, 예호야킴의 아들 예호야킨(콘야후)이 왕 위에 있었다.
이때 바벨 왕은 예호야킨을 에스켈과 더불어 포로로 잡아가고, 요쉬야의 아들 찌드키야를 왕으로 세웠다.
또한 이때에 예후다는 바벨론 왕국의 속국과 다름 없었다.
바벨론 왕 네부칸네짜르는 예후다 왕 찌드키야의 배반으로 B.C.588년에 예루솰라임을 포위 공격하여 B.C.586년에 예후다를 멸망시켰다.

우리는 예후다 왕국의 멸망 과정에서 그 예후다의 사회에 나타나는 현

상을 보며, 언약 백성에 대한 하나님의 심경을 엿볼 수 있다.

(렘8:18~21) "나(여호와)의 큰 슬픔이여,
내가 (어떻게) 위로를 받을 수 있을까?
내 마음이 심히 괴롭다.

보라! 딸 내 백성이 먼 땅으로부터
도움을 청하는 부르짖음의 소리를,
여호와가 찌욘에 (있지) 않느냐?
심지어 찌욘의 왕이 그곳에 (있지) 않느냐?
어찌하여 그들이 그들의 조각상들과 이방의 헛된 것들로
나(여호와)를 화나게 하느냐?
추수가 지나고, 여름이 완전히 끝났는데도,
우리가 구원받지 못하니,

곧 내가, 딸 내 백성의 부러진 곳으로 인하여,
(마음) 상하고 슬퍼한다,
(다시 말해), 한 소름끼침이 나(여호와)를 사로잡는다."

예후다가 멸망으로 가는 모습 속에서 하나님의 감정이 잘 나타나 보이는 것 같다.
다시 말해, 언약 백성에 대한 하나님의 가슴 아픈 심정은 예후다의 무너짐 속에 슬픔, 위로, 화나게 함, 괴로움, 마음 상함, 소름끼침과 같은 것들로 잘 나타나고 있다.

또한 예후다 시대의 타락상을 잘 보여주는 것은
거짓이 난무하는 것이었다.
예후다 왕국의 멸망 과정에서 그 사회에 나타나는 두드러진 특징은
우상과 같은 거짓이 가득한 모습이었다.
다시 말해, 우상 숭배가 가득한 나라에서는 거짓말이 판을 친다,
그 사회 전체가 거짓말 투성이다.
하나님을 등진 자들의 대표적인 성품이 거짓말이다.

(렘9:3~6) "그들은 자신들의 혀를 활처럼 당겨,
그 땅에서 굳건하게 나가는데,
진실로서가 아니라 거짓으로이다.
왜냐하면 그들은 악에서 악으로 나오니,

나(여호와)를 깨달아 알지 못하기 때문이다.
여호와의 말.ㅁ

너희는 각자 친구를 조심하고,
어떤 형제도 의지하지 말라.
왜냐하면 모든 형제는 정녕 교활하고,
모든 친구는 비방하는 자로 살아가기 때문이다.
그들은 각자 자신의 이웃을 속이고,
진실을 말하지 않으며,
그들은 자신들의 혀를 거짓으로 말하도록 가르치고,
또 악을 행하여 스스로 지쳐있다.

여기서 하나님은 이르메아에게 단편적으로 그 사회의 거짓된 모습을 잘 말하고 있다.
이에 대해 이르메야서는 거짓 예언자들에 대하여 언급하였다.

(렘23:6) "만군의 여호와가 이와 같이 말하였으니,
'너희는 자신들에게 예언하는 그 예언자들의 말을 듣지 말라.
그들이 너희에게 헛된 말로 속이고 있으니,
곧 그들은 자신들의 마음의 환상을 말하는 것이지
여호와의 입으로부터 (말하는 것이) 아니다.' "

예후다 사회의 혼란한 와중 속에서 거짓 예언자들도 한 몫을 담당하고 있어, 예후다의 멸망을 재촉하고 있었다.
성경 전체의 내용은 하나님이 예언자를 통해서 자신의 영으로 말하는 내용을 기록한 책이다.
반면에, 영의 세계에서는 거짓 예언자들도 존재한다.
하나님의 언약 백성 안에서도 예후다가 우상 숭배하는 중에,
거짓 예언자들이 백성을 미혹하여, 예후다를 멸망의 길로 재촉하였다.
그때 그들은 '예루솰라임은 안전하고 평안하다.'라고 말하면서,
하나님의 음성을 듣지 않고, 자신의 생각을 말하였다.
이런 많은 거짓 예언자들 속에서 이르메야 예언자는 하나님의 음성을 들으며, 자신이 예후다 왕국의 멸망 과정을 똑똑히 목격하는 것이다.
그때에 이르메야는 자신의 왕국이 멸망하는 상황을 눈으로 보며,
가슴 아파하는 것이다.
더구나 그는 북쪽에 같은 민족이었던 북 이스라엘이 하나님을 등지고

우상숭배하다가 멸망하는 것을 똑똑히 보았던 예후다 왕국이 정신을 차리지 못하고, 하나님 아닌 우상을 좇아가는 형편이었기에 더욱 비참한 심정이었을 것이다.
북 이스라엘이 멸망한 후,
100년이라는 회개할 수 있는 기간이 있었는데도,
바벨 왕 네부칻네짜르 침공의 임박한 상황에서,
이르메야 예언자는 예후다가 하나님께 돌아오도록 회개를 촉구하였으나, 거짓 예언자들의 방해로 하나님께 돌아가는 회개에 이르지 못하고,
결국 바벨론에 의해 성전은 무너지고, 예루솰라임은 폐허가 되며,
예후다 왕국은 멸망하였다.

오늘 날, 교회 안에서도 거짓된 것들이 많이 보이는데,
그것들은 거짓 사도들, 거짓 예언자들, 거짓 선생들로 인하여 일어나는 사건들이다.
교회는 이르메야서가 주는 교훈을 반면 교사로 삼아,
교회 안에 거짓 교사들이 언급하는 기복 신앙 곧 우상 숭배를 배척하는 하나님의 역사가 일어나야한다.

이제 마지막 때가 이르렀고,
예수 그리스도가 다시 이 땅에 오실 쯤에
이르메야서 히브리어 원문을 우리 말로 번역하게 한 하나님께
감사하며,

또한 하나님의 은혜의 손길을 통해, 이번 번역서가 출간되기까지,
편집으로 도와주신 지종엽 목사님께, 감사의 말씀드립니다.

일러두기

1. 원문 번역 : 히브리어 성경 맛소라 사본의 본문을 근거하여 번역하였다.

2. 정관사 : 정관사 헤(ה)를 '그'로 있는 그대로 표현하였다.

   대명사 : 대명사는 인칭대명사 지시대명사를 그대로 표현하였고, 문맥상 그 내용이 불분명해 보일 때, 괄호를 사용해 지칭 명사를 표시하였다.

3. 히브리어 고유명사:

   히브리어 발음을 살려 우리말 표기로 사용하였다.
   그러나 우리말 성경에 친숙한 고유명사는 그대로 사용하였다.
   (예: 스돔→소돔, 빌람→발람).

4. 하나님의 이름 'יהוה'는 '여호와'로 번역하였다.

5. 원문의 의미 단락은 맛소라 사본에 따라 פ(대단락)와 ס(소단락)으로 구분하였다.

6. 접속사 바브(ו)를 생략하지 않고 문맥에 따라 번역하였다.
   (예 : 그리고, 그러나, 그때, 그런즉, 즉, 또한 등).

7. 감탄사를 원문 그대로 나타내어 문장의 생동감을 살렸다.
   (예 : 자! 보라! 청컨대).

8. 밑줄 긋기의 예 :

   고유명사, 강조,
   우리말 여러 어절을 히브리어 한 단어로 쓰일 경우.
   예: <u>빛을 비추게 했다</u>(오르), <u>눈 여겨 보다</u>(나바트), <u>놀라운 일</u>(팔라)

9. 번역에 사용된 표기.

생육하라(파라,명) ⇒ 파라 : 히브리어 발음, 명 : 명령형.
얼굴(아프,코,복) ⇒ 아프 : 히브리어 발음, 코 : 원어의 의미, 복 : 복수형.
스스로 부정하게 하다(타메,힡) ⇒ 타메 : 히브리어 발음,
힡 : 동사의 히트파엘 형.
황폐하게 할 것이다(솨멤,힢) ⇒ 솨멤 : 히브리어 발음,
힢 : 동사의 히필 형.

10. 괄호 안 히브리어 표기는 우리말 순서에 맞춰 좌측에서 우측으로 표기했음.

회막(오헬 모에드) : '오헬 모에드'로 읽는다.
생명체(네페쉬 하이) : '네페쉬 하이'로 읽는다.
화목 감사 희생제물(제바흐 토다 쉘롬) : '제바흐 토다 쉘롬'으로 읽는다.

11. 히브리어의 우리말 표기

א(아) ב(ㅂ) ג(ㄱ) ד(ㄷ) ה(ㅎ) ו(우) ז(ㅈ) ח(ㅎ) ט(ㅌ) י(이) כ(ㅋ)
ל(ㄹ) מ(ㅁ) נ(ㄴ) ס(ㅆ) ע(아) פ(ㅍ) צ(ㅉ) ק(ㅋ) ר(ㄹ) שׂ(ㅅ) שׁ(쉬) ת(ㅌ)

자음은 위의 표기에 따라 표시하였고,
모음은 맛소라 사본의 표기에 따라 사용 하였다.
어미변화는 생략하고 기본형을 중심으로 표기하였다.

בְּרֵאשִׁית בָּרָא אֱלֹהִים אֵת הַשָּׁמַיִם וְאֵת הָאָרֶץ (창1:1)
(하에레쯔) (에트) (하솨마임) (에트) (엘로힘) (바라) (베레쉬트).

(창1:1) 처음에(베레쉬트) 하나님(엘로힘)이 그 하늘(솨마임)과
그 땅(에레쯔)을 창조하였다(바라).

12. 히브리어 어순의 특징.

히브리어는 동급 의미의 단어가 나란히 쓰인다.
중심 의미의 단어가 먼저 쓰고 수식적인 의미의 단어를 그 다음에 쓴다.

예: 옥 바산의 왕, 시혼 헤스본의 왕,
하나님 전능자, 여호와 우리의 하나님,
여호와 너희 조상들의 하나님,
이타마르 아하론의 아들 그 제사장,
그 제사장 그 기름부음 받은 자.

13. 히브리어 단어의 특징.

동사에서 명사형으로 쓰이는 단어가 많다.
예: 가르치다(야라) → 토라(토라), 부르다(콰라) → 모임(미크라),
섬기다, 일하다(아바드) → 봉사, 섬김, 일(아보다), 종(에베드),
거주하다(야솨브) → 거주지(모솨브), 거주민(토솨브),
정돈하다(아라크) → 정돈, 진열(마아레케트),
무르다, 구속하다(가알) → 무르기(게울라),
넘어가다(파싸흐) → 유월(페싸흐),
올려드리다(룸) → 거제물, 헌물(테루마),
머물다(솨칸) → 성막(미쉬칸),
전멸시키다(하람) → 전멸(헤렘).

14. 인용 부호.

" ' 〈 〉 ' ".

15. 각주는 각 장에서 중요성을 갖고 있는 낱말을 중심으로, 처음 쓰이는 곳에 붙였고, 그 필요성에 따라 반복되는 낱말도 있다.

차례

(렘23:1) 화로다,
내 목장의 양떼를 길 잃게 하여 흩는 목자들에게, / 172

(렘24:1) 느부칸네짜르 바벨 왕이 예콘야 예호야킴 예후다의 왕의 아들과 예후다의 고관들과 그 기술자들과 그 대장장이들을 예루솰라임에서 포로로 잡아 바벨로 데려간 후, / 182

(렘25:1) 예호야킴 요시아 예후다의 왕의 아들 사 년(주전 605년)에,
즉 네부칸네짜르 바벨의 왕 그 원년에, 이르메야에게
예후다의 모든 백성에 관하여 임한 그 말. / 185

(렘26:1) 예호야킴 요쉬야 예후다 왕의 아들의 통치의 초기에,
여호와로부터 바로 이 말이 임하여, 말하기를, / 194

(렘27:1) 예호야킴 요쉬야 예후다 왕의 아들의 통치 초기에,
여호와로부터 이르메야에게 바로 이 말이 임하였으니,
말하기를, / 199

(렘28:1) 그리고 이런 일이 있었으니, 바로 그 해에,
찌드키야 예후다 왕의 통치 처음,
곧 제 사년 오월에, / 204

(렘29:1) 이것들은, 이르메야 그 예언자가 예루솰라임으로부터, 느부칸네짜르가 예루솰라임에서 바벨로 포로로 잡아간 장로들 중 남은 자들과 그 제사장들과 그 예언자들과 그 모든 백성에게 보낸 편지의 말이다. / 208

(렘30:1) 여호와로부터 이르메야에게 임한 그 말, 말하기를, / 215

(렘31:1) 바로 그 때에,
내(여호와)가 이스라엘의 모든 가문의 하나님이 되고,
바로 그들은 나의 백성이 된다. / 223

(렘32:1) 찌드키야 예후다의 왕 제 십 년(B.C.587),
즉 느부칸네짜르 제 십팔 년에,
여호와로부터 이르메야에게 임한 그 말. / 235

(렘33:1) 그때 이르메야가 아직 그 호위대의 뜰에 갇혔을 때,
여호와의 말이 그에게 두 번째로 임하였으니,
말하기를, / 245

(렘34:1) 느부칸네짜르 바벨 왕과 그의 모든 군대와 그의 손의 통치에 있는 땅의 모든 왕국들과 그 모든 백성이 예루쉴아임과 그 모든 성읍과 전쟁하고 있을 때, / 252

(렘35:1) 예호야킴 요쉬야 예후다 왕의 아들의 날에,
여호와께로부터 이르메야에게 임한 그 말,
곧 말하기를, / 257

(렘36:1) 그리고 이런 일이 있었으니,
예호야킴 요쉬야 예후다의 왕의 아들 그 사 년(주전 605년)에,
바로 이 말이 여호와로부터 이르메야에게 임하였으니,
말하기를, / 261

(렘37:1) 그때 찌드키야 요쉬야의 아들이 콘야후 예호야킴의 아들을 대신하여 왕이 되었으니, / 267

(렘38:1) 쉬팔야 말탄의 아들(벤)과 그달야후 파쉬후르의 아들과
유칼 쉘렘 야후의 아들과 파쉬흐르 말키야의 아들이
이르메야가 그 모든 백성에게 말하는 그 말을 들어,
말하였으니, / 272

(렘39:1) 찌드키야 예후다 왕 제 구년(B.C.588) 열째 달에,
느부칸네짜르 바벨 왕과 그의 모든 군대가 예루쉴라임으로 와서, 그곳을 포위하였다. / 278

(렘40:1) 이르메야가 바벨로 잡혀가는 예루쉴라임과 예후다의 모든 포로들 중에 쇠사슬에 묶여 있을 때, / 282

(렘41:1) 그리고 이런 일이 있었으니, 그 일곱째 달에,
그 왕족의 자손 중에 이쉬마엘 느탄야의 아들 엘리솨마의 손자와 그 왕의 장관들과 열 사람들이, / 286

(렘42:1) 그리고 그 군대들의 모든 대장들과 요하난 카레아흐의 아들과 예잔야 호솨야의 아들과
작은 자로부터 큰 자까지의 그 모든 백성이 다가와, / 290

이르
메야

이르메야 1장

1:1 빈야빈의 땅 아나톹[1]에 있는 그 제자장(코헨)들 중
이르메야 힐키야의 아들(벤)의 말(다바르,복)이다.

1:2 즉 요쉬야 아몬 예후다 왕(멜레크)의 아들(벤)의 날(욤,복)에,
그(요쉬야)가 통치한 지(말라크) 십삼 년(B.C.627)에,
여호와의 말(다바르)이 이르메야에게 임하였고(하야),

1:3 또 그것(여호와의 말)이 예호야킴 요쉬야 예후다 왕의 아들(벤)의 날(욤,복)
에, 임하였으니(하야),
곧 찌드키야 요쉬야 예후다 왕의 아들(벤) 십일 년(B.C.586) 끝나기(타맘)[2] 까지,
곧 다섯째 달, 예루솰라임이 포로의 몸이 될(갈라)[3] 때까지 (임하였다).

1:4 그때 이런 일이 있었으니,
여호와의 말(다바르)이 나에게 (임하였으니), 말하기를(아마르),

1:5 "내(여호와)가 모태에서 너(이르메야)를 짓기(야짜르)[4] 전에,
나는 너를 잘 알았고(야다),
네(이르메야)가 자궁에서 나오기(야짜) 전에,
내가 너를 특별히 구별하여(콰다쉬), 민족(고이)들의 예언자(나비)로 세웠다
(나탄)."라고 하는 것이다.

1:6 그러자 내(이르메야)가 말하기를(아마르),
"오호라(아하)! 나의 주(아도나이) 여호와여,

---

1) 아나토트(עֲנָתוֹת): 예루살렘에서 북쪽으로 14km 지점에 위치.
2) 타맘(תָּמַם): 완전히 끝마치다, 다 소비하다. 같은 표현 ⇒ (창47:15,18),
(사16:4,18:5,33:1), (렘1:3,14:15,24:10,27:8,36:23,37:21,44:12,18,27), (단8:23).
3) 갈라(גָּלָה): 덮개를 벗기다, 계시하다, 폭로하다, 옮기다, 포로의 몸이 되다.
같은 표현 ⇒ (창9:21,35:7), (삼하7:27), (사5:13,16:3,22:8,14,23:1,24:11,26:21,38:12,40:5,
47:2,3,49:9,21,53:1,56:1,57:8), (렘1:3,11:20,13:19,22,20:4,12,22:12, 24:1,27:20,29:1,4,7,14,
32:11,14,33:6,39:9,40:1,7,43:3,49:10,52:15,27,28,30), (단10:1), (호2:10), (암1:5,6,3:7).
4) 야짜르(יָצַר): 모양으로 만들다, 형성하다. 같은 표현 ⇒ (창2:7,8,19),
(사22:11,27:11,29:16,30:14,37:26,41:25,43:1,7,10,21,44:2,9,10,12,21,24,45:7,9,11,18,
46:11,49:5,54:17,64:8), (렘1:5,10:16,18:2,3,4,6,11,19:1,11,33:2,51:19), (합2:18), (슥12:1).

보소서(힌네)! 나(이르메야)는 말할 줄(다마르)을 잘 알지(야다) 못합니다,
왜냐하면 나는 아이(나아르)이기 때문입니다."라고 하였다.פ

1:7 그때 여호와가 나(이르메야)에게 말하기를(아마르),
"너(이르메야)는 자신이 아이(나아르)라고 말하지(아마르) 말라.
왜냐하면 내(여호와)가 너를 보내는(솰라흐) 모든 자에게 네가 가서(할라크),
내가 너에게 명하는 것(짜바)이 무엇이든 말하기(다바르) 때문이다.

1:8 너(이르메야)는 그들 때문에 두려워하지(야레) 말라.
왜냐하면 바로 내(여호와)가 너와 함께 (있어), 너를 구출하기(나짤)[5]
때문이다, 여호와의 말(네움)."이라고 하는 것이다.

1:9 그런 후에, 여호와가 자신의 손(야드)을 내밀어(솰라흐) 나의 입(페)에
닿게 하며(나가),[6] 여호와가 나(이르메야)에게 말하였으니(아마르),
"보라(힌네)! 내(여호와)가 너의 입(페)에 나의 말(다바르, 복)을 준다(나탄).

1:10 너(이르메야)는 보라(라아).
바로 그 날(욤)에,
내가 너를 민족(고이)들 위에 즉 왕국(맘라카)들 위에 임명하니(파콰드)[7],
곧 내(여호와)가 뽑아내고(나타쉬)[8] 허물며(나타쯔)[9],
멸하고(아바드)[10] 파괴하며(하라쓰)[11],

---

5) 나짤(נָצַל): 구출하다, 벗기다, 빼앗다, 약탈하다. 같은 표현 ⇒ (창31:9), (사5:29, 19:20,20:6,31:5,36:14,15,18,19,20,37:11,12,38:6,42:22,43:13,44:17,20,47:14,50:2,57:13), (렘1:8,19,7:10,15:20,21,20:13,21:12,22:3,39:17,42:11), (겔3:19,21), (단8:4,7), (호2:9,10).

6) 나가(נָגַע): 가까이 가다, 만지다, 에 닿다, 에 이르다, 치다. 같은 표현 ⇒ (창3:3,12:17), (사5:8,6:7,16:8,25:12,26:5,30:4,52:11,53:4), (렘1:9,4:10,18,12:14,48:32,51:9).

7) 파콰드(פָּקַד): 방문하다, 계수하다, 임명하다, 보응하여 벌하다. 같은 표현 ⇒ (창21:1), (왕상20:15,26,27,39), (왕하3:6,5:24,7:17,9:34), (사13:4,62:6), (렘1:10,3:16,5:9,29, 6:6,15,9:9,25,11:22,13:21,14:10,15:3,15,21:14,23:2,4,34,25:12,27:8,22,29:10,32,30:20,32:3, 36:31,37:21,40:5,7,11,41:2,10,18,44:13,29,46:25,49:8,19,50:18,31,44,51:27,44,47,52), (호1:4,2:13), (습1:8,9,11,2:7).

8) 나타쉬(נָתַשׁ): 잡아 뽑다, 근절하다, 멸망시키다. 같은 표현 ⇒ (신29:28), (렘1:10,12:14,15,17,18:7,14,24:6,31:28,40,42:10,45:4,), (겔19:12), (단11:4).

9) 나타쯔(נָתַץ): 헐다, 파괴하다(강조). 같은 표현 ⇒ (출34:13), (레11:35,14:45), (신7:5,12:3), (사22:10), (렘1:10,4:26,18:7,31:28,33:4,39:8,52:14).

10) 아바드(אָבַד): 멸망시키다, 사라지게 하다, 길을 잃다. 같은 표현 ⇒ (출10:7), (레23:30,26:38), (사26:14,27:13,29:14,37:19,41:11,57:1,60:12), (렘1:10,4:9,6:21,7:28, 9:12,10:15,12:17,15:7,18:7,18,23:1,25:10,35,27:10,15,31:28,40:15,46:8,48:8,36,46,49:7,38,

세우고(나바) 심기(나타) 위해서이다."라고 하는 것이다.פ

1:11 그러자 여호와의 말(다바르)이 나에게 임하였으니(하야), 말하기를(아마르),
"이르메야야, 네가 무엇을 보느냐(라아)?"라고 하기에,
그러자 내(이르메야)가 말하기를(아마르),
"내가 아몬드(솨케드)12)의 가지(마켈)를 보고 있습니다(라아)."라고 하였다.

1:12 그러자 여호와가 나(이르메야)에게 말하기를(아마르),
"네가 보기(라아)를 잘 하였다(야타브)13),
왜냐하면 나(여호와)는 네가 나의 말(다바르)에 그것을 행하는 지(아사)를
지켜보고 있기(솨콰드)14) 때문이다."라고 하는 것이다.פ

1:13 그때 두 번째로,
여호와의 말(다바르)이 나에게 임하였으니(하야), 말하기를(아마르),
"네가 무엇을 보느냐(라아)?"라고 하기에,
그러자 내(이르메야)가 말하기를(아마르),
"내가 끓어오르는(나파흐)15) 가마솥(씨르)을 보고 있고(라아),
또 그것의 표면이 북쪽(짜폰)에서부터 (있습니다)."라고 하였다.

1:14 또한 여호와가 나(이르메야)에게 말하기를(아마르),
"그 재앙(라아)이 북쪽(짜폰)으로부터 그 땅(에레쯔)의 모든 거주민(야솨브)
에게 열린다(파타흐)16),

1:15 왜냐하면 내(여호와)가 북쪽(짜폰)의 왕국(맘라카)들의 모든 족속(미쉬파하)들을

50:6,51:18,55), (욜1:11), (암2:14,3:15), (옵1:8,12), (욘1:6,14), (습2:5,13).

11) 하라쓰(הָרַס): 넘어뜨리다, 헐다, 파괴하다. 같은 표현 ⇒ (출15:7,19:21,24,23:24), (사49:17), (렘1:10,24:6,31:28,40,42:10,45:4,50:15).

12) 솨케드(שָׁקֵד): 아몬드, 아몬드 나무. ☞ 솨콰드(שָׁקַד : 지켜보다, 깨어있다)의 명사. 같은 표현 ⇒ (창43:11), (민17:8), (렘1:11).

13) 야타브(יָטַב): 잘하다, 선하게 하다, 즐겁게 하다, 복 있다. ☞ 토브(טוֹב : 좋은)의 동사. 같은 표현 ⇒ (창4:7,12:13,32:9), (사1:17,41:23), (렘1:12,2:33,4:22,7:3,5,23,32:40), (미2:7), (습1:12).

14) 솨콰드(שָׁקַד): 지켜보다, 감시하다, 깨어있다. 같은 표현 ⇒ (사29:20), (렘1:12,5:6,31:28,44:27), (단9:14).

15) 나파흐(נָפַח): 숨 쉬다, 강하게 훅 불다. 같은 표현 ⇒ (창2:7), (사54:16), (렘1:13,15:9), (겔22:20,21,37:9), (학1:9), (말1:13).

16) 파타흐(פָּתַח): 열다, 새기다. 같은 표현 ⇒ (창7:11,8:6), (사41:18,45:1), (렘1:14), (겔1:1,3:2,27,37:12,13), (단10:16).

부르기(콰라) 때문이다, 여호와의 말(네움).
그때 그들이 와서(보), 예루솰라임의 성문(솨아르)들의 입구(파타흐)에,
그곳의 모든 성벽 사면에, 또 예후다의 모든 성읍(이르)들 위에,
각자 자신의 보좌(킷쎄)을 정한다(나탄).

1:16 그때 내(여호와)가 그들에게 나의 심판(미쉬파트,복)[17]을 말하니(다바르),
곧 그들이 나를 버리고(아자브)[18] 다른 신들(엘로힘)에게 분향하며(콰타르)
자신들의 손(야드)으로 만든 것(마아세)들에게 경배한(솨하) 그들의 모든
악(라아)으로 인해서이다.

1:17 그런즉 너(이르메야)는 네 허리를 동여매고(아자르)[19] 일어나서(쿰),
내가 너에게 명하는 것(짜바)이 무엇이든 그들에게 말하라(다바르),
너는 그들 앞에서 두려워하지(하타트)[20] 말라,
내(여호와)가 그들 앞에 너를 놀랍게 하지(하타트) 않는다,

1:18 이제 보라(힌네)!
오늘 내(여호와)가 그 땅(에레쯔)의 모든 자들 곧 예후다의 왕들과
고관(사르)들과 제사장(코헨)들과 그 땅(에레쯔)의 백성에 대항하여,
너(이르메야)에게 요새(미브짜르)의 성읍(이르) 즉 철 기둥들과 놋 벽돌들을
준다(나탄).

1:19 또한 그들이 너(이르메야)에 대항하여 싸우나(라함)[21], 너에 대항하여
이길 수(야콜) 없다,
왜냐하면 내(여호와)가 너(이르메야)와 함께 (있어), 너를 구출하기(나짤)

---

17) 미쉬파트(מִשְׁפָּט): 공의, 법도, 재판, 심판. ☞ 솨파트(שָׁפַט : 재판하다)의 명사.
같은 표현 ⇒ (창18:19), (사40:14,27,41:1,42:1,3,4,49:4,50:8,51:4,53:8,54:17,56:1,58:2,
59:8,9,61:8), (렘1:16,4:2,12,5:1,4,5,28,7:5,8:7,9:24,10:24,12:1,17:11,21:12,22:3,13,15,23:5,
26:11,16,30:11,18,32:7,9,33:15,39:5,46:28,48:21,47,51:9,52:9).
18) 아자브(עָזַב): 떠나다, 남기다, 버리다. 같은 표현 ⇒ (창2:24), (렘1:16,2:13,17,19,
4:29,5:7,19,9:2,13,19,12:7,14:5,16:11,17:11,13,18:14,19:4,22:9,25:38,48:28,49:11,25,51:9).
19) 아자르(אָזַר): 허리를 졸라매다, 띠를 띠다.
같은 표현 ⇒ (사8;9,45:5,50:11), (렘1:17).
20) 하타트(חָתַת): 깜짝 놀라다, 당황하다, 낙심하다, 두려워하다. 같은 표현 ⇒
(신1:21,31:8), (사7:8,8:9,9:4,20:5,30:31,31:4,9,37:27,51:6,7), (렘1:17,8:9,10:2,14:4,
17:18,23:4,30:10,46:27,48:1,20,39,49:37,50:2,36,51:56), (겔2:6,3:9), (합2:17).
21) 라함(לָחַם): 싸우다, 전쟁하다. 같은 표현 ⇒ (출1:10,14:14,17:8,9), (사7:1,19:2,20:1,
30:32,37:8,9,63:10), (렘1:19,15:20,21:2,4,5,32:5,24,29,33:5,34:1,7,22,37:8,10,41:12,51:30),
(단10:20,11:11), (슥10:5,14:3,14).

때문이다, 여호와의 말(네움)."이라고 하는 것이다.פ

이르메야 2장

2:1 또한 여호와의 말(다바르)이 나(이르메야)에게 임하였으니(하야),
말하기를(아마르),

2:2 "너는 가서(할라크), 네가 예루솰라임의 귀에 외쳐(콰라), 말하라(아마르),
'여호와가 이와 같이 말하였으니(아마르),
내가 너(예루솰라임)를 기억한다(자카르),
곧 네 어린 시절(나우르)의 인애(헤쎄드)[22]와 네 신부 시절(케루라)의 사랑(아하바)을 (기억한다),
(다시 말해), 네(예루솰라임)가 그 광야(미드바르)에 곧 씨 뿌려지지(자라)[23] 못하는 땅(에레쯔)에서 나를 좇아 걸었다(알라크).

2:3 이스라엘은 여호와의 거룩함(코데쉬) 곧 그의 소산물(테부아)[24]의
처음 것(레쉬트)이니, 곧 그(이스라엘)를 삼키는 자(아칼)들은 누구든지
잘못하는 것이다(아솸)[25],
(다시 말해), 재앙(라아)이 그들에게 이른다(보),
여호와의 말(네움).' פ

2:4 야아콥의 집(바이트) 즉 이스라엘의 집(바이트)의 모든 가문(미쉬파하)아,
너희는 여호와의 말(다바르)을 들어라(솨마).

2:5 '여호와가 이와 같이 말하였으니(아마르),
너희 조상들이 내 안에서 어떤 불의(에벨)[26]를 발견하느냐(마짜)?

---

22) 헤쎄드(חֶסֶד): 인애, 친절, 신실, 변함 없음. 같은 표현 ⇒ (창19:19), (사16:5,40:6,54:8,10,55:3,57:1,63:7), (렘2:2,9:24,16:5,31:3,32:18,33:11), (단1:9,9:4), (호2:19), (욜2:13), (슥7:9).

23) 자라(זָרַע): 씨 뿌리다. ☞ 제라(זֶרַע : 씨, 후손)의 동사. 같은 표현 ⇒ (창1:11,12,29,26:12,47:23), (사17:10,28:24,30:23,32:20,37:30,40:24,55:10), (렘2:2,4:3,12:13,31:27,35:7,50:16), (겔36:9), (호2:23), (나1:14), (학1:6), (슥10:9).

24) 테부아(תְּבוּאָה): 소산물. ☞ 보(בּוֹא : 가져오다, 들어가다, 오다)의 여성명사. 같은 표현 ⇒ (창47:24), (출23:10), (사23:3,30:23), (렘2:3,12:13), (겔48:18).

25) 아솸(אָשַׁם): 잘못하다, 잘못 행하다, 죄가 있다, 유죄로 판결받다. 같은 표현 ⇒ (레4:13,22,27,5:2,5,17,19,6:4), (민5:6,7,8), (사24:6), (렘2:3,50:7,51:5).

왜냐하면 그들이 나(여호와)에게로부터 멀리 있어(라하크)[27],
헛된 것(헤벨)[28]을 뒤좇아 가서(알라크) 헛되기(하발)[29] 때문이다.

2:6 그때 그들은 말하기를(아마르),
〈우리를 미쯔라임의 땅(에레쯔)에서 올라오게 한(알라),
그 광야(미드바르)에서 곧 사막(아라바)과 구덩이의 땅(에레쯔),
가뭄과 죽음의 그늘(짤마베트)[30]의 땅(에레쯔),
사람(아쉬)이 지나가지 않고, 인간(아담)이 거주하지 않는 땅(에레쯔)에서,
우리를 살아가게 한(알라크) 여호와여,
(당신은) 어디에 계십니까?〉라고 하지도 않는다.

2:7 또한 내(여호와)가 너희를 기름진 밭(카르멜)으로 데리고 가서(보)
그곳의 열매(페리)들과 그곳의 좋은 것(투부)[31]을 먹게 하나(아칼),
그러나 너희는 들어가서(보) 나의 땅(에레쯔)을 부정케 하고(타메)[32],
나의 유업(나할라)를 가증한 것(토에바)[33]으로 만든다(숨).

2:8 그 제사장(코헨)들은 〈여호와가 어디에 계십니까?〉라고 말하지(아마르) 않고,
그 토라를 잡은 자(타파스)[34]들은 나를 깨달아 알지(야다) 못하고,
그 목자들(로임)[35]은 나에게 반역하고(파솨)[36],

---

26) 에벨(עָוֶל): 불의, 불법, 부정. 같은 표현 ⇒ (레19:15,35), (사59:3), (렘2:5), (겔3:20), (합2:12).
27) 라하크(רָחַק): 멀리 있다, 멀리하다, 멀리 옮기다.
같은 표현 ⇒ (사6:12,26:15,29:13,46:13,49:19,54:14,59:9,11), (렘2:5).
28) 헤벨(הֶבֶל): 증기, 입김, 숨, 헛된 것. 같은 표현 ⇒ (사49:4,57:13), (렘2:5,8:19,10:3,8,15,14:22,16:19,51:18), (욘2:8).
29) 하발(הָבַל): 헛되이 행하다, 헛되이 되다. 같은 표현 ⇒ (렘2:5,23:16).
30) 짤마베트(צַלְמָוֶת): 죽음의 그늘, 짙은 그늘, 흑암.
같은 표현 ⇒ (사9:2), (렘2:6,13:16).
31) 투브(טוּב): 좋은 것, 복 있는 것. 같은 표현 ⇒ (창24:10,45:18,20), (사1:19,63:7), (렘2:7,31:12).
32) 타메(טָמֵא): 부정하게 하다, 더럽히다. 같은 표현 ⇒ (창34:5), (레7:19,10:10), (민5:3,9:6), (신21:23), (사30:22), (렘2:7,23,32:34), (겔4:14,5:11,9:7,14:11,18:6,11,15).
33) 토에바(תּוֹעֵבָה): 가증한 것, 가증한 짓. 여성명사. 같은 표현 ⇒ (창43:32,46:34), (출8:26), (사1:13,41:24,44:19), (렘2:7,6:15,7:10,8:12,16:18,32:35,44:4,22), (말2:11).
34) 타파스(תָּפַשׂ): 붙잡다. 사로잡다. 같은 표현 ⇒ (창4:21,39:12), (왕상18:40,20:18), (왕하7:12), (사3:6,36:1), (렘2:8,26:8,34:3,37:13,14,38:23,40:10,46:9,48:41,49:16, 50:16,24,46,51:32,41,52:9), (암2:15), (합2:19).
35) 로임(רֹעִים): ☞ 라아(רָעָה : 풀을 뜯다, 방목하다)의 분사 복수.

그 예언자(나비)들은 바알로 예언하며(나바)[37], 유익하지(야알)[38] 않은 것들을 좇아 살아간다(할라크).

2:9 그러므로 다시 내(여호와)가 너희와 말로 다투고(리브)[39],
여호와의 말(네움),
또 너희의 자손(벤)의 자손(벤)들과 말로 다툰다(리브),

2:10 왜냐하면, 너희는 키티[40] 섬들로 건너가서(아바르), 알아보아라(라아),
또 너희는 케다르[41]로 사람을 보내어(솰라흐) 자세히 분별하여(빈),
보라(헨)! 이와 같은 일이 있었는지(하야) 알아보아라(라아).

2:11 어느 민족(고이)이 신(엘로힘)을 바꾸느냐(야마르)[42]?
그것들은 신들(엘로힘)이 아니다,
그러나 나의 백성(암)은 그(여호와)의 영광(카보드)[43]을 유익하지(야알) 못한 것으로 변경한다(무르)[44].

2:12 하늘(솨마임)아,

라아(רָעָה): 풀을 뜯다, 돌보다, 먹이다, 친구가 되다. 같은 표현 ⇒ (창4:2,13:7), (렘2:8,,3:15,6:3,10:21,12:10,22:22,23:4,25:34,36,50:6), (겔34:2).

36) 파솨(פָּשַׁע): 반역하다, 범죄 하다. 같은 표현 ⇒ (사1:2,28,43:27,46:8,48:8,53:12,13, 59:13,66:24), (렘2:8,29,3:13,33:8), (겔2:3), (단8:23).

37) 나바(נָבָא): 예언하다. ☞ 나비(נָבִיא : 예언자)에서 유래. 같은 표현 ⇒ (민11:25,26,27), (렘2:8,5:31,11:21,14:14,15,16,19:14,20:1,6,23:13,16,21,25,26,32,25:13,30, 26:9,11,12,18,20,27:10,14,15,16,28:6,8,9,21,26,27,31,32:3,37:19), (겔4:7,36:1,3,6,37:4,7,9, 10,12,38:2,14,17,39:1), (욜2:28), (암2:12,3:8).

38) 야알(יָעַל): 이익을 되다, 이익을 얻다. 같은 표현 ⇒ (사30:5,6,44:9,10,47:12, 48:17,57:12), (렘2:8,11,7:8,12:13,16:19,23:32), (합2:18).

39) 리브(רִיב): 말로 다투다, 싸우다, 경쟁하다. 같은 표현 ⇒ (창26:20,21,22,31:36), (사1:17,3:13,19:20,27:8,45:9,49:25,50:8,51:22,57:16), (렘2:9,29,12:1,50:34,51:36).

40) 키티(כִּתִּי): 지중해의 섬. 같은 표현 ⇒ (창10:4), (민24:24), (사23:1,12), (렘2:10).

41) 퀘다르(קֵדָר): 아라비아 광야에 거하는 이스마엘 족속의 유목민의 애칭. 같은 표현 ⇒ (사21:16,17,42:11,60:7), (렘2:10,49:28), (겔27:21).

42) 야마르(יָמַר): 바꾸다, 자랑하다. 같은 표현 ⇒ (사61:6), (렘2:11).

43) 카보드(כָּבוֹד): 풍부, 다수, 영광, 무거운 물건의 양. ☞ 카바드(כָּבַד : 무겁다)의 명사. 같은 표현 ⇒ (창31:1), (출16:7), (사3:8,4:5,5:13), (렘2:11,13:16,14:21,17:12, 48:18), (겔1:28,3:12,23), (단11:39), (미1:15), (나2:9), (합2:14,16), (학2:3,7,9), (슥2:5,8), (말1:6,2:2).

44) 무르(מוּר): 바꾸다, 변경하다. ☞ 테무라(תְּמוּרָה : 교환, 변경)의 동사. 같은 표현 ⇒ (레27:10,33), (렘2:11,48:11,14), (겔48:14), (미2:4).

너희는 이것으로 인하여 깜짝 놀라라(쇠멤)[45],
너희는 몹시 두려워하라(사아르)[46],
너희는 매우 황폐케 되라(하라브)[47],
여호와의 말(네움).

2:13 왜냐하면 나의 백성(암)이 두 가지 악한 일(라아)을 행하니(아사),
곧 그들이 살아 있는 물(마임)의 근원(마코르)[48]인 나(여호와)를 버리고
(아자브)[49], 또 자신들을 위하여 우물(보르)들을 판다(하짜브)[50],
(다시 말해), 그들은 물을 담지(쿨)[51] 못하는 깨어진(쇠바르)[52] 우물(보르)
들을 파기(하짜브) 때문이다,

2:14 이스라엘이 (돈 주고 사온) 종(에베드)이냐?
그(이스라엘)가 집(바이트)의 태어나면서 종(얄리드)이냐?
어찌하여 그(이스라엘)가 약탈물(바즈)[53]이 되느냐(하야)?

2:15 젊은 사자(케피르)들이 그(이스라엘)를 향하여 으르렁거리고(쇠아그)[54]

---

45) 쇠멤(שָׁמֵם): 황폐하게 하다, 깜짝 놀라게 하다. 같은 표현 ⇒ (레26:22), (민21:30), (사33:8,49:8,19,52:14,54:1,3,59:16,61:4,63:5), (렘2:12,4:9,10:25,12:11,18:16,19:8,33:10, 49:17,20,50:13,45), (단8:27), (슥7:14).
46) 사아르(שָׂעַר): 몹시 두려워하다, 털이 곤두서다, 휩쓸어 버리다.
같은 표현 ⇒ (신32:17), (렘2:12), (겔27:35,32:10), (단11:40).
47) 하라브(חָרֵב): 마르다, 시들다. ☞ 마르는 지역을 묘사.
같은 표현 ⇒ (창8:13), (사19:5,6,34:10,37:18,25,42:15,44:27,49:17,50:2,51:10,60:12), (렘2:12,26:9,50:21,27,51:36), (나1:4).
48) 마코르(מָקוֹר): 샘, 근원. 같은 표현 ⇒ (레12:7,20:18), (렘2:13,9:1,17:13,51:36).
49) 아자브(עָזַב): 떠나다, 남기다, 버리다. 같은 표현 ⇒ (창2:24), (렘1:16,2:13,17,19, 4:29,5:7,19,9:2,13,19,12:7,14:5,16:11,17:11,13,18:14,19:4,22:9,25:38,48:28,49:11,25,51:9).
50) 하짜브(חָצַב): 파다, 짜르다, 쪼개다.
같은 표현 ⇒ (사5:2,10:15,22:16,51:1,9), (렘2:13).
51) 쿨(כּוּל): 을 담다, 부양하다, 감당하다. 같은 표현 ⇒ (창45:11,47:12,50:21), (왕상17:4,9,18:4,13,20:27), (사40:12), (렘2:13,6:11,10:10,20:9), (욜2:11), (말3:2).
52) 쇠바르(שָׁבַר): 깨뜨려 부수다, 산산이 부수다. 같은 표현 ⇒ (창19:9), (왕상19:11, 22:48), (사8:15,14:5,25,21:9,24:10,27:11,28:13,30:14,38:13,42:3,45:2,61:1,66:9), (렘2:13,20, 5:5,8:21,14:17,17:18,19:10,11,22:20,23:9,28:2,4,10,11,12,13,30:8,43:13,48:4,17,25,38,49:35, 50:23,51:8,30,52:17), (단8:7,8,22,25,11:4,20,22,26), (호1:5,2:18), (암1:5), (욘1:4), (나1:13).
53) 바즈(בַּז): 약탈, 포획, 약탈품, 노략물. 같은 표현 ⇒ (민14:3,31,31:32), (사8:1,10:6,33:23,42:22), (렘2:14,15:13,17:3,30:16,49:32).
54) 쇠아그(שָׁאַג): 으르렁거리다, 큰 소리 지르다. 같은 표현 ⇒ (사5:29),

자신들의 소리(콜)를 높이며(나탄), 그(이스라엘)의 땅(에레쯔)을 황폐(솸마)[55]
로 만드니(쉬트), 곧 그의 성읍(이르)들이 불로 태워져(야짜트)[56], 거주
하는 자(야솨브)들이 없다.

2:16 게다가, 놉[57]과 타흐판헤스[58]의 자손(벤)들이
너의 정수리를 뜯어먹는다(라아),

2:17 여호와 네 하나님이 너를 그 길(데레크)로 걸어가게 할(얄라크) 때,
네(이스라엘)가 이런 일을 네 스스로 행하는 것(아사)이 아니냐?
곧 네가 여호와 네 하나님을 버린다(아자브).

2:18 또한 지금, 무엇 때문에
네(이스라엘)가 쉬호르[59]의 물을 마시려고(솨타)[60] 미쯔라임의 길(데레크)
로 향해 있느냐?
무엇 때문에
네(이스라엘)가 그 강(나하르)의 물을 마시려고(솨타) 앗슈르의 길(데레크)로
향해 있느냐?

2:19 너의 악(라아)이 너를 벌하고(야싸르)[61],
너의 배교(메슈바)[62]가 너를 징계한다(야카흐)[63].
이제 너는 네가 여호와 네 하나님을 버리는 것(아자브)과 너에게

(렘2:15,25:30,51:38), (겔22:25), (욜3:16), (암1:2).

55) 솸마(שַׁמָּה): 황폐, 공포, 소름끼침. 같은 표현 ⇒ (신28:37), (사5:9,13:9,24:12), (렘2:15,4:7,5:30,8:21,18:16,19:8,25:9,11,18,38,29:18,42:18,44:12,22,46:19,48:9, 49:13,17,50:3,23,51:29,37,41,43), (겔23:33), (욜1:7), (습2:15), (슥7:14).

56) 야짜트(יָצַת): 불을 붙이다, 태우다. 같은 표현 ⇒ (사9:18,27:4,33:12), (렘2:15, 9:10,12,11:16,17:27,21:14,32:29,43:12,46:19,49:2,27,50:32,51:30,58), (암1:14).

57) 놉(נֹף): 이집트의 옛 수도.

58) 타흐판헤스(תַּחְפַּנְחֵס): 이집트의 한 성읍.

59) 쉬호르(שִׁחוֹר): 이집트와 팔레스틴의 경계를 이루는 강.

60) 솨타(שָׁתָה): 마시다. 같은 표현 ⇒ (사44:12,51:17,22,62:8,9,65:13), (렘2:13, 25:16,26,27,28,51:7), (단1:12), (욜1:5,3:3), (암2:8), (옵1:16), (합2:16), (습1:13).

61) 야싸르(יָסַר): 훈계,징계 하다, 교훈 하다, 징벌하다. 같은 표현 ⇒ (레26:18,23), (신4:36,8:5,21:18,22:18), (사8:11,28:26), (렘2:19,6:8,10:24,30:11,31:18,46:28).

62) 메슈바(מְשׁוּבָה): 뒤로 돌아감, 배교, 변절. ☞ 슈브(שׁוּב : 돌아가다)에서 유래. 같은 표현 ⇒ (렘2:19,3:6,8,11,22,5:6,8:5,14:7).

63) 야카흐(יָכַח): 결정하다, 판단하다, 입증하다, 꾸짖다. 같은 표현 ⇒ (창20:16), (삼하7:14), (사1:18,2:4,11:3,4,29:21,37:4), (렘2:19), (겔3:26), (합1:12).

나의 경외함(파흐다)이 없는 것이 얼마나 악하고(라아) 쓴지(마르)를 깨달아(야다), 안다(라아),
나의 주(아도나이) 만군(짜바)의 여호와의 말(네움).

2:20 왜냐하면 옛날부터 네(이스라엘)가 모든 높은 언덕(기브아) 위에서와 모든 무성한 나무(에쯔) 아래에서 몸을 굽혀(짜아)[64] 음행하고 있을(자나)[65] 때,
내(여호와)가 네 멍에(올)[66]를 부수고(솨바르) 네 족쇄들을 끊었더니(나타크)[67], 그때 네(이스라엘)가 말하기를(아마르),
〈나는 섬기지(아바드) 않겠습니다.〉라고 하였다.

2:21 그때, 나(여호와)는 너를 최상의 포도나무(소레크)[68] 곧 완전한 진실(에메트, 믿음)[69]의 씨(제라)로 심었는데(나타), 너는 어떻게 내 앞에 이방(노크리)의 포도나무(게펜)의 빗나간 것(쑤르)들로 뒤 엎어지느냐(하파크)[70]?

2:22 왜냐하면 비록 네가 잿물로 씻고(카바쓰)[71], 비누로 많이 칠할지라도(라바), 너의 행악(아본)[72]이 내(여호와) 앞에 얼룩져 있기(카탐) 때문이다,

---

64) 짜아(צָעָה): 몸을 굽히다, 구부리다, 기울이다.
같은 표현 ⇒ (사51:14,63:1), (렘2:20,48:12).
65) 자나(זָנָה): 간음하다, 음행하다, 매춘하다. 같은 표현 ⇒ (창34:31,38:15,24), (민25:1), (사1:21,23:15,16,17,57:3), (렘2:20,3:1,3,6,8,5:7), (겔6:9,16:15,16,17,26,28,30,31,33,34,35,41,20:30,23:3,5,19,35,43,44), (호1:2,2:5), (욜3:3), (미1:7).
66) 올(עֹל): 멍에. ☞ 알랄(עָלַל : 호되게 다루다, 학대하다)에서 유래.
같은 표현 ⇒ (창27:40), (레26:13), (민19:2), (신21:3,28:48), (사9:4,10:27,14:25,47:6), (렘2:20,5:5,27:8,11,12,28:2,4,11,14,30:8).
67) 나타크(נָתַק): 잡아끊다, 잡아 뽑다, 끌어내다. 같은 표현 ⇒ (레22:24), (사5:27,33:20,58:6), (렘2:20,5:5,6:29,10:20,12:3,22:24,30:8), (나1:13).
68) 소레크(שֹׂרֵק): 최상의 포도나무. 같은 표현 ⇒ (창49:11), (사5:1), (렘2:21).
69) 에메트(אֱמֶת): 진실, 성실, 믿음. ☞ 아만(אָמַן : 믿다)의 여성명사.
같은 표현 ⇒ (창24:27,48,32:10), (신22:20), (사42:3,43:9,48:1,59:14,15,61:8), (렘2:21,4:2,9:5,10:10,14:13,23:28,26:15,28:9,32:41,33:6,42:5), (슥7:9,8:3,8,16,19).
70) 하파크(הָפַךְ): 돌리다, 변화시키다, 뒤집어엎다. 같은 표현 ⇒ (창3:24,19:21), (사34:9,60:5,63:10), (렘2:21,13:23,20:16,23:36,30:6,31:13), (단10:8,16), (욜2:31), (학2:22).
71) 카바쓰(כָּבַס): 옷을 빨다, 빨래하다. 같은 표현 ⇒ (창49:11), (출19:10,14), (레6:27,11:25,13:6,14:8,15:5,16:26,17:15,16), (민19:7,8,10,19,21,31:24), (렘2:22,4:14).
72) 아본(עָוֹן): 행악, 죄악, 행악의 형벌, 행악과 형벌 사이의 죄의식. 집합명사.
같은 표현 ⇒ (창4:13,15:16,19:15), (렘2:22,3:13,5:25,11:10,13:22,14:7,10,20,16:10,17,18:23,25:12,30:14,15,31:30,34,32:18,33:8,36:3,31,50:20,51:6), (단9:13,16,24).

나의 주(아도나이) 여호와의 말(네움).

2:23 어떻게 네(이스라엘)가 '나는 부정해지지(타메) 않았고, 또 바알들을 좇아 살아 가지(할라크)도 않았다.'라고 말할 수(아마르) 있느냐?
너(이스라엘)는 골짜기(가예)[73]에서 너의 길(데레크)을 보라(라아),
네가 무엇을 행하는지(아사) 깨달아 알아라(야다),
곧 너는 자신의 길(데레크, 복)을 뚫고 지나가는(사라크) 발 빠른(칼)
어린 암낙타(비크라)이다,

2:24 (다시 말해), 너는 영혼의 욕구(아바)로 인하여 영혼의 욕정의 때(타아나)[74],
숨(루아흐)이 헐떡거리는(솨아프)[75], 광야에 익숙한(림무드)[76] 야생 당나귀(페레)이다,
누가 그것(욕정의 때)을 막겠느냐(슈브)?
그것을 찾는 자(바콰쉬)[77]들은 누구든지 힘들지(야아프)[78]도 않게
그것(욕정의 때)의 달에 그것을 만난다(마짜).

2:25 너(이스라엘)는 맨발이 되지 않게 네 발을 억제하고(마나)[79],
바짝 마른 상태가 되지 않게, 네 목을 (억제하라).
그러나 네가 말하기를(아마르),
〈아니다, 소용이 없다(야아쉬)[80], 왜냐하면 나는 이방 신(주르)[81]들을 좋아하니(아헤브)[82], 그것들을 좇아 살아가기(알라크) 때문이다.〉라고 한다.

---

73) 가예(גַּיְא): 길고 바닥이 평평한 저지대에만 있는 계곡, 골짜기. 같은 표현 ⇒ (민21:20), (신3:29,4:46), (사22:1,5,28:1,4,40:4), (렘2:23,7:31,32,19:2,6,32:35), (미1:6),
74) 타아나(תַּאֲנָה): 발정의 때, 기회. ☞ 이곳에 한번 쓰임.
75) 솨아프(שָׁאַף): 헐떡거리다, 갈망하다, 눌러 부수다.
같은 표현 ⇒ (사42:14), (렘2:24,14:6), (암2:7,8:4).
76) 림무드(לִמּוּד): 익숙한, 가르침 받는. ☞ 라마드(לָמַד : 배우다).
같은 표현 ⇒ (사8:16,50:4,54:13), (렘2:24,13:23).
77) 바콰쉬(בָּקַשׁ): 찾다, 요구하다, 묻다. 같은 표현 ⇒ (창31:39), (사40:20,41:12,17,45:19,51:1,65:1), (렘2:24,33,4:30,5:1,11:21,19:7,9,21:7,22:25,26:21,29:13,34:20,21,38:16,44:30,45:5,46:26,49:37,50:4,20), (단1:8,20,8:15,9:3), (호2:7).
78) 야아프(יָעֵף): 피곤하다, 지치다, 날게 하다. 같은 표현 ⇒ (사40:28,30,31,44:12), (렘2:24,51:58,64), (단9:21), (합2:13).
79) 마나(מָנַע): 억제하다, 거절하다, 제지하다. 같은 표현 ⇒ (창30:2), (민22:16,24:11), (왕상20:7), (렘2:25,3:3,5:25,31:16,42:4,48:10), (겔31:15), (욜1:13).
80) 야아쉬(יָאַשׁ): 절망하다, 소망이 없다. 같은 표현 ⇒ (사57:10), (렘2:25,18:12).
81) 주르(זוּר): 외인, 일반인, 타인. 같은 표현 ⇒ (출29:33,30:9,33), (렘2:25,3:13,5:15,30:8,51:2,51).

2:26 도적이 발견될 때(마짜), 도적의 수치(보쉐트)83)와 같이
이스라엘의 집(바이트)이 그와 같이 수치를 당하니(야베쉬)84),
그들이 곧 그들의 왕들과 그들의 고관(사르)들과 그들의 제사장(코헨)
들과 그들의 예언자(나비)들이 (수치를 당한다).

2:27 그들은 그 나무에게 말하기를(아마르),
〈당신은 나의 아버지(아브)입니다.〉라고 하고,
또 그 돌에게 (말하기를),
〈당신이 나를 낳았습니다(얄라드).〉라고 한다,
왜냐하면 그들이 나(여호와)에게 등을 돌리고(파나),
얼굴을 향하지(파나) 않기 때문이다.
그러나 그들의 재앙(라아)의 때, 그들은 말하기를(아마르),
〈당신은 일어나(쿰), 우리를 구원하소서(야솨)85).〉라고 한다.

2:28 그러나 네가 자신을 위해 있는 네 신들(엘로힘)이 어디 있느냐?
너의 재앙(라아)의 때, 만일 그들(신)이 너를 구원하면(야솨),
그들(신)이 일어나라(쿰),
왜냐하면 예후다야; 너의 신들(엘로힘)이 너의 성읍(이르)들의 수와 같
기 때문이다.

2:29 무엇 때문에 너희가 나(여호와)와 말로 다투느냐(리브)?
곧 너희 모두가 나(여호와)에게 반역 한다(파솨)86), 여호와의 말(네움).

2:30 내(여호와)가 너희 아들(벤)들을 때리니(나카)87), 그 헛됨(솨브)88)이 (되니),

---

82) 아헤브(אָהֵב): 사랑하다, 좋아하다. 같은 표현 ⇒ (창22:2,24:67), (사1:23,41:8,43:4,
48:14,56:6,10,57:8,61:8,66:10), (렘2:25,5:31,8:2,14:10,20:4,6,22:20,22,30:14,31:3).
83) 보쉐트(בֹּשֶׁת): 부끄러움, 수치. 같은 표현 ⇒ (사54:4,61:7), (렘2:26,3:24,25,7:19),
(단9:7,8), (미1:17).
84) 야베쉬(יָבֵשׁ): 마르다, 시들다, 수치를 당하다. ☞ 초목의 시들음을 묘사.
같은 표현 ⇒ (창8:7,14), (사40:7,8,24,42:15,44:27,56:3), (렘2:26).
85) 야솨(יָשַׁע): 구원하다, 구출하다. 같은 표현 ⇒ (출2:17,14:30), (사19:20,25:9),
(렘2:27,28,4:14,8:20,11:12,14:8,9,15:20,17:14,23:6,30:7,10,11,31:7,33:16,42:11,46:27).
86) 파솨(פָּשַׁע): 반역하다, 범죄 하다. 같은 표현 ⇒ (사1:2,28,43:27,46:8,48:8,53:12,13,
59:13,66:24), (렘2:8,29,3:13), (겔2:3), (단8:23).
87) 나카(נָכָה): 치다, 때리다, 죽이다. 같은 표현 ⇒ (창4:15,8:21,14:5,7,15), (출2:11,12,
3:20,7:17), (사49:10,50:6,53:4,57:17,58:4,60:10,66:3), (렘2:30,5:3,6,29:21,30:14).
88) 솨브(שָׁוְא): 텅빔, 공허, 헛됨, 허무, 거짓. 같은 표현 ⇒ (출20:7), (신5:11),
(사1:13,5:18,30:28,59:4), (렘2:30,4:30,6:29,18:15,46:11), (욘2:8), (말3:14).

곧 그들이 훈계(무싸르)[89]를 취하지(라콰흐) 않는다.
너희의 칼(헤레브)이, 멸망케 하는(쇠하트)[90] 사자와 같이,
너희의 예언자(나비)들을 삼킨다(아칼).

2:31 이 세대(도르)[91]여,
너희는 여호와의 말(다바르)을 알아보아라(라아).
내(여호와)가 이스라엘에게 광야(미드바르)가 되느냐(하야)?
내가 이스라엘에게 참으로 깊은 어두움(마아펠야)의 땅(에레쯔)이냐?
어찌하여 내 백성은 말하기를(아마르),
〈우리가 지배권을 갖었으니(루드)[92], 더 이상 당신께 가지(보) 않습니다.〉라고 하느냐?

2:32 어찌하여 처녀(베툴라)가 자신의 장신구(아디)[93]를 잊으며(쇠카흐)[94],
신부(카라)가 자신의 머리띠를 (잊느냐)?
그럼에도 불구하고, 셀 수 없는 날(욤,복) 동안,
나의 백성은 나(여호와)를 잊었다(쇠카흐).

2:33 무엇 때문에, 너(이스라엘)는 사랑(아하바)을 찾고자(바콰쉬) 자신의 길(데레크)을 잘 꾸미느냐(야타브)[95]?
그러므로 네(이스라엘)가 악한 자(라아)들에게도 자신의 길(데레크,복)을 가르친다(라마드)[96].

---

89) 무싸르(מוּסָר): 징계, 훈계, 교훈. ☞ 야싸르(יָסַר : 징계하다, 훈련하다)의 명사.
야싸르(יָסַר): 훈계,징계 하다, 교훈 하다. 같은 표현 ⇒ (신11:2), (사26:16,53:5), (렘2:30,5:3,7:28,10:8,17:23,30:14,32:33,35:13), (겔5:15), (습3:2,7).

90) 쇠하트(שָׁחַת): 부패케 하다, 멸망시키다. 같은 표현 ⇒ (창6:11), (사1:4,11:9,14:20, 36:10,37:12,51:13,54:16,65:8,25), (렘2:30,4:7,5:10,6:5,28,11:19,12:10,13:7,9,14,15:3,6,18:4, 51:1,11,20,25), (말2:8,3:11).

91) 도르(דּוֹר): 세대, 시대, 거주. ☞ 두르(דּוּר : 두루 돌다, 거주하다)에서 유래.
같은 표현 ⇒ (창6:9), (렘2:31).

92) 루드(רוּד): 불안하게 또는 쉼 없이 돌아다니다, 방랑하다, 지배권을 갖다.
같은 표현 ⇒ (창27:40), (렘2:31).

93) 아디(עֲדִי): 남자의 장신구, 장식.
같은 표현 ⇒ (출33:4,5,6), (사49:18), (렘2:32,4:30).

94) 쇠카흐(שָׁכַח): 잊다, 모르다. 같은 표현 ⇒ (창27:45,40:23,41:30), (사17:10,23:15,16), (렘2:32,3:21,13:25,18:15,20:11,23:27,40,30:14,44:9,50:5,6), (겔22:12,23:35).

95) 야타브(יָטַב): 잘하다, 선하게 하다, 즐겁게 하다, 복 있다.
☞ 토브(טוֹב : 좋은)의 동사. 같은 표현 ⇒ (창4:7,12:13,32:9), (사1:17,41:23), (렘1:12,2:33,4:22,7:3,5,23,32:40), (미2:7), (습1:12).

2:34 궁핍하고(에브욘) 죄 없는(나퀴)[97] 자(네페쉬)들의 피 흘림(담)이 심지어
너의 옷자락에서 발견되니(마짜),
곧 네가 부수고 들어감(마흐테레트)으로 인해 그것(피 흘림)들을 발견하는
것(마짜)이 아니라, 실로 바로 이 모든 일들로 인해 (그것들을 발견한다).

2:35 그러나 네(이스라엘)가 말하기를(아마르),
〈왜냐하면 나는 죄가 없으니(나콰)[98], 그(여호와)의 화(아프)가 실로
나(이스라엘)에게서 돌이킨다(슈브).〉라고 하나,
보라(헨)! 네(이스라엘)가 말하기를(아마르),
〈나는 죄를 짓지(하타)[99] 않는다.〉라고 하기 때문에
나(여호와)는 너(이스라엘)를 심판한다(솨파트)[100].

2:36 무엇 때문에, 네(이스라엘)가 자신의 길(데레크)을 반복하며(솨나)[101] 그렇
게 돌아다니느냐(아잘)[102]?
(그런즉), 네(이스라엘)가, 앗슈르로부터 수치를 당한 것(부쉬)[103] 같이,
미쯔라임으로부터 수치를 당한다(부쉬).

2:37 바로 그자에게로부터, 너(이스라엘)는 자신의 손(야드)을 머리 위에 놓
은 채, 나오라(야짜). 왜냐하면 여호와가 너의 신뢰함(미브타흐,복,앗슈르와
미쯔라임)[104]을 거절하니(마아쓰)[105],

---

96) 라마드(לָמַד): 가르치다, 배우다, 훈련하다. 같은 표현 ⇒ (신4:1,10,14:23,17:19,
31:12,13), (사1:17,2:4,40:14,48:17), (렘2:33,31:18,34).
97) 나퀴(נָקִי): 죄 없는, 무죄한, 결백한, 깨끗한. 같은 표현 ⇒ (창24:41,44:10),
(사59:7), (렘2:34,7:6,19:4,22:3,17,26:15), (욜3:19), (욘1:14).
98) 나콰(נָקָה): 비우다, 깨끗하다, 무죄하다. 같은 표현 ⇒ (창24:8,41), (출20:7,21:19,
34:7), (사3:26), (렘2:35,25:29,30:11,46:28,49:12), (욜3:21), (나1:3), (슥5:3).
99) 하타(חָטָא): 죄를 짓다, 빗나가다, 잘못하다. 같은 표현 ⇒ (창20:6), (사1:4,29:21,
42:24,43:27,64:5,65:20), (렘2:35,3:25,8:14,14:7,20,16:10,32:35,33:8,37:18,40:3,44:23,50:7).
100) 솨파트(שָׁפַט): 판단하다, 재판하다, 다스리다, 통치하다. 같은 표현 ⇒ (창16:5,
18:25,19:9), (사1:17,23,26,2:4,3:2,5:3), (렘2:35,5:28,11:20,25:31), (단9:12), (슥7:9,8:16).
101) 솨나(שָׁנָה): 반복하다, 다시하다, 변경하다.
102) 아잘(אָזַל): 돌아 다니다, 가버리다, 고갈되다. 같은 표현 ⇒ (신32:36), (렘2:36).
103) 부쉬(בוש): 부끄러워하다, 수치를 당하다. 같은 표현 ⇒ (창2:25), (사1:29,41:11,
42:17,44:9,11,45:16,17,24,49:23,50:7,54:4,65:13,66:5), (렘2:36,6:15,8:9,12,9:19,10:14,12:13,
14:3,4,15:9,17:13,18,20:11,22:22,31:19,46:24,48:1,13,20,39,49:23,50:2,12,51:17,47,51).
104) 미브타흐(מִבְטָח): 신뢰, 확신. ☞ 바타흐(בָּטַח : 신뢰하다, 확신하다)에서 유래.
같은 표현 ⇒ (사32:18), (렘2:37,17:7,48:13), (겔29:16).
105) 마아쓰(מָאַס): 거절하다, 멸시하다. 같은 표현 ⇒ (레26:15,43,44), (민11:20,14:31),

즉 네가 그것(신뢰함)들로는 형통하지(짤라흐)[106] 못하기 때문이다.

(사5:24,7:15,16,8:6,30:12,31:7,33:8,15,41:9,54:6), (렘2:37,4:30,31:37,33:24,26).

106) 짤라흐(צָלַח): 앞으로 나아가다, 형통하다. 같은 표현 ⇒ (창24:21,40,56,39:2,23), (사48:15,53:10,54:17), (렘2:37,5:28,12:1,13:7,10,22:30,32:5), (단8:12,24,25,11:27,36).

이르메야 3장

3:1 (여호와의 말이 나에게 있하였으니), 말하기를(아마르),
"보라(헨)! 만일 한 사람(이쉬)이 자신의 아내(이솨)를 보내어(솰라흐),
그녀가 그로부터 떠나가서(할라크), 다른 남자(이쉬)에 속하면,
그가 그녀를 다시 받겠느냐(슈브)?
그 땅(에레쯔)이 정녕 더럽혀지지(하네프)[107] 않느냐?
그런즉 너(이스라엘)는 많은 이웃(레아)[108]과 음행하고도(자나)[109], 나에게
돌아오려느냐(슈브)? 여호와의 말(네움).

3:2 네(이스라엘)가 벌거벗은 곳(쉐피)[110]을 향해 너의 눈을 높이 들어(나사),
어디 능욕을 당하지(솨갈)[111] 않은 곳이 있는지 보아라(라아)
네(이스라엘)가, 광야(미드바르)에 있는 아라비아 사람 같이, 길(데레크,복) 옆
에 앉아 있다(야솨브).
(다시 말해), 너는 땅(에레쯔)을 네 음행(제누트)[112]과 네 악함(라아)으로 더럽
힌다(하네프).

3:3 이제 많은 비(라비브,소나기)가 그치어 졌고(마나)[113],
또 늦은 비(말코비)도 없다.
음행하는(자나) 여자(이솨)의 이마가 너(이스라엘)에게 있어도
네(이스라엘)가 부끄러워하기(칼람)[114]를 거절한다(마엔).

---

107) 하네프(חָנֵף): 신성을 더럽히다, 모독하다.
같은 표현 ⇒ (민35:33), (사24:5), (렘3:1,2,9,23:11), (단11:32).
108) 레아(רֵעַ): 친구, 이웃, 동료. 같은 표현 ⇒ (창11:3,7,15:10,31:49,38:12,20), (렘3:1,20).
109) 자나(זָנָה): 간음하다, 음행하다 매춘하다. 같은 표현 ⇒ (창34:31,38:15,24),
(민25:1), (렘2:20,3:1,3,6,8,5:7), (호1:2,2:5), (욜3:3), (미1:7).
110) 쉐피(שְׁפִי): 헐벗은 곳, 벌거벗은 곳. 같은 표현 ⇒ (민23:3), (사41:18,49:9),
(렘3:2,21,4:11,7:29).
111) 솨갈(שָׁגַל): 능욕하다, 강간하다. 같은 표현 ⇒ (신28:30),
(사13:16), (렘3:2), (슥14:2).
112) 제누트(זְנוּת): 간음, 매춘, 음행. ☞ 자나(זָנָה : 간음하다)의 여성명사,
같은 표현 ⇒ (민14:33), (렘3:2,9,13:27), (겔23:27,43:7,9), (호4:11,6:10).
113) 마나(מָנַע): 억제하다, 거절하다, 제지하다. 같은 표현 ⇒ (창30:2), (민22:16,24:11),
(왕상20:7), (렘2:25,3:3,5:25,31:16,42:4,48:10), (욜1:13).
114) 칼람(כָּלַם): 수치를 당하다, 부끄러워하다, 얼굴을 붉히다. 같은 표현 ⇒ (민12:14),

3:4 지금부터 너(이스라엘)는 나(여호와)에게 부르기를(콰라),
'당신은 나의 아버지(아브), 곧 나의 어린 시절(나우르)의 지도자(알루프)[115].'
라고도 하지 않느냐?

3:5 그(여호와)가 영원히 노여움을 품겠느냐(나타르)[116]?
심지어 그(여호와)가 끝까지 그것(노여움)을 간직하겠느냐(샤마르)?
보라(힌네)! 내(여호와)가 말하니(다바르),
너(이스라엘)는 말하기를(다바르),
'나는 악(라아,복)을 행하고(아사), 이겨낸다(야콜).' "라고 하는 것이다.פ

3:6 요쉬야 왕의 날(욤,복)에,
여호와가 나(이르메야)에게 말하기를(아마르),
"너는 이스라엘이 배교(메슈바)[117]로 행하는 것(아사)을 보느냐(라아)?
곧 그(이스라엘)가 모든 높은 산(하르) 위에 또는 모든 무성한 나무(에쯔)
아래로 가서(할라크), 그곳에서 음행한다(자나).

3:7 그때 그(이스라엘)가 이 모든 일을 행한(아사) 후에도,
내(여호와)가 말하기를(아마르),
'그(이스라엘)가 나에게 돌아오라(슈브).'고 하나,
그러나 그(이스라엘)가 돌아오지(슈브) 않는다,
또한 그의 자매(아호트) 예후다도 그(이스라엘)의 반역하는 것(바고드)[118]을
보았다(라아).

3:8 바로 이 모든 이유로 인하여,
내(여호와)가 이스라엘이 배교(메슈바)로 간음하는 것(나아프)[119]을 알고(라아), 그녀를 내보내며(샬라흐) 그녀(이스라엘)에게 이혼(케리투트)의 증서(쎄페르)

(사41:11,45:16,17,50:7,54:4), (렘3:3,6:15,8:12,14:3,22:22,31:19).

115) 알루프(אַלּוּף): 친한 친구, 지도자, 족장, 유순한. ☞ 엘레프(אֶלֶף : 천)에서 유래.
같은 표현 ⇒ (렘3:4,11:19,13:21), (슥12:5,6).

116) 나타르(נָטַר): 지키다, 보호하다, 노를 품다.
같은 표현 ⇒ (레19:18), (렘3:5,12), (나1:2).

117) 메슈바(מְשׁוּבָה): 뒤로 돌아감, 배교, 변절. ☞ 슈브(שׁוּב : 돌아가다)에서 유래.
같은 표현 ⇒ (렘2:19,3:6,8,11,22,5:6,8:5,14:7).

118) 바고드(בָּגוֹד): 반역한, 배반한. ☞ 바가드(בָּגַד : 불성실하게 (거짓으로) 대하거나 행하다)에서 유래.

119) 나아프(נָאַף): 간음하다. 같은 표현 ⇒ (출20:14), (레20:10), (신5:18), (사57:3), (렘3:8,9,5:7,7:9,9:2,23:10,14,29:23).

를 주었는데(나탄),
또한 그의 자매(아호트) 예후다도 그(이스라엘)가 배신한 것(바가드)[120]을
두려워하지(야레) 않고, 가서(할라크), 음행한다(자나).

3:9 (다시 말해), 이런 일이 있으니,
즉 그(예후다)도 그 땅(에레쯔)을, 그(이스라엘)의 음행(제누트)의 한 목소리(콜)
로, 더럽히니(하네프)[121],
그때 그녀가 돌과 나무와 함께 간음하는 것이다(나아프).[122]

3:10 그때 심지어 바로 이 모든 일에도 불구하고,
배신하는(바고드) 그(이스라엘)의 자매(아호트) 예후다가
나(여호와)에게 자신의 온 마음(레브)으로 돌아오지(슈브) 않고,
오직 거짓(쉐퀘르)[123]으로만 (돌아온다),
여호와의 말(네움)."이라고 하는 것이다.פ

3:11 또한 여호와가 나(이르메야)에게 말하기를(아마르),
"배교(메슈바) 이스라엘 그녀의 마음(네페쉬)이 배신하는 자(바가드) 예후다
보다 더 낫다(짜다크)[124].

3:12 자, 너(이르메야)는 바로 이 말(다바르, 복)을 북쪽으로 선포하여(콰라)
말하기를(아마르),
'배교(메슈바) 이스라엘아, 네가 돌아오라(슈브),
여호와의 말(네움).
내(여호와)가 너희로 인해 짜증내지(나팔 파님) 않으니,
왜냐하면 내가 변함 없기(하씨드) 때문이다,
여호와의 말(네움).

---

120) 바가드(בָּגַד): 불성실하게 (거짓으로) 대하거나 행하다. 같은 표현 ⇒ (출21:8),
(사21:2,24:16,33:1,48:8), (렘3:8,11,20,5:11,9:2,12:1,6), (합1:13,2:5), (말2:10,11,14,15,16).
121) 하네프(חָנֵף): 신성을 더럽히다, 모독하다.
같은 표현 ⇒ (민35:33), (사24:5), (렘3:1,2,9,23:11).
122) 나아프(נָאַף): 간음하다. 같은 표현 ⇒ (출20:14), (사57:3), (렘3:8,9,5:7).
123) 쉐퀘르(שֶׁקֶר): 거짓, 속임. ☞ 솨콰르(שָׁקַר : 거짓으로 행하다)의 명사.
같은 표현 ⇒ (출5:9,20:16,23:7), (왕상22:22,23), (사44:20,57:4,59:3,13),
(렘3:10,23,5:2,31,23:25,26,32,28:15,29:9,21,23,31,37:14).
124) 짜다크(צָדַק): 의롭다고 하다, 의롭게 하다, 올바르다, 공정하다. 같은 표현 ⇒
(창38:26,44:16), (사5:23,43:9,26,45:25,50:8,53:11), (렘3:11), (겔16:51,52), (단8:14,12:3).
☞ 제다콰(צְדָקָה : 의로움) 여성명사, 쩨데크(צֶדֶק : 의로움) 남성명사.

나는 영원히 노여움을 품지(나타르)[125] 않는다.

3:13 실로 너는 자신의 행악(아본)[126]을 깊이 생각하여 인식하여라(야다),
즉 네가 여호와 네 하나님(엘로힘)께 범죄한 것(파솨)[127],
(다시 말해), 네가 모든 무성한 나무(에쯔) 아래에서 자신의 길(데레크,복)
을 이방 신(주르)[128]들에게 흩어 말하며(파자르)[129], 나의 음성(콜)을
듣지(솨마) 않은 것을 (깊이 생각하여 인식하는 것이다),
여호와의 말(네움).'이라고 하라.

3:14 배교한(쇼바브)[130] 자녀(벤)들아,
너희는 돌아오라(슈브), 여호와의 말(네움),
왜냐하면 내(여호와)가 너희의 남편(바알)이기 때문이다,
내(여호와)가 너희를 곧 한 성읍(이르)에서 하나를
또 한 가문(미슈파하)에서 둘을 취하여(라콰흐),
곧 너희를 찌욘[131]으로 데리고 간다(보).

3:15 또한 내(여호와)가 너희에게 내 마음(레브)과 같은 목자들(로임)[132]을
주어서(나탄), 그들(목자)이 너희를 지식(데아)[133]과 통찰력 있게 행함

---

125) 나타르(נָטַר): 지키다, 보호하다, 노를 품다.
같은 표현 ⇒ (레19:18), (렘3:5,12), (나1:2).

126) 아본(עָוֺן): 행악, 죄악, 행악의 형벌, 행악과 형별 사이의 죄의식. 집합명사.
같은 표현 ⇒ (창4:13,15:16,19:15), (렘2:22,3:13,5:25,11:10,13:22,14:7,10,20,16:10,17,18:23,25:12,30:14,15,31:30,34,32:18,33:8,36:3,31,50:20,51:6), (단9:13,16,24).

127) 파솨(פֶּשַׁע): 반역하다, 범죄 하다. 같은 표현 ⇒ (사1:2,28,43:27,46:8,48:8,53:12,13,59:13,66:24), (렘2:8,29,3:13,33:8), (겔2:3), (단8:23).

128) 주르(זוּר): 외인, 일반인, 타인. 같은 표현 ⇒ (출29:33,30:9,33),
(렘2:25,3:13,5:15,30:8,51:2,51).

129) 파자르(פָּזַר): 흩뜨리다, 흩뿌리다. 같은 표현 ⇒ (렘3:13,50:17), (욜3:2).

130) 쇼바브(שׁוֹבָב): 되돌아 간, 배신의, 복종하기를 거절한.
☞ 슈브(שׁוּב : 돌아가다)에서 유래. 같은 표현 ⇒ (사57:17), (렘3:14,22).

131) 찌욘(צִיּוֹן): 예루살라임의 동쪽 산등성. 같은 표현 ⇒ (사1:8,27,2:3,3:16,17,4:3,4,5,8:18,10:12,24,32,12:6,14:32,40:9,41:27,46:13,49:14,51:3,11,16,52:1,2,7,8,59:20,60:14,61:3,62:1,11,64:10,66:8), (렘3:14,4:6,31,51:10,24,35).

132) 로임(רֹעִים): ☞ 라아(רָעָה : 풀을 뜯다, 방목하다)의 분사 복수.
라아(רָעָה): 풀을 뜯다, 돌보다, 먹이다, 친구가 되다. 같은 표현 ⇒
(창4:2,13:7), (렘2:8,,3:15,6:3,10:21,12:10,22:22,23:4,25:34,36,50:6), (겔34:2).

133) 데아(דֵּעָה): 깨달아 아는 지식. 여성명사. ☞ 야다(יָדַע : 깨달아 알다)에서 유래.
같은 표현 ⇒ (사11:9,28:9), (렘3:15).

(사칼)[134]으로 양육한다(라아).

3:16 그때 이런 일이 있을 것이니, 바로 그 날(욤,복)에,
곧 너희가 그 땅(에레쯔)에 번성하고(라바), 열매 맺을(파라)[135] 때이니,
여호와의 말(네움),
곧 그들은 더 이상 여호와의 언약(베리트)[136]의 궤(아론)를 말하지(아마르)
않고, 마음(레브)에 떠올리지(알라)도 않는다,
(다시 말해), 그들은 그것(언약의 궤)을 기억하지도(자카르) 않고, 방문하지
도(파콰드)[137] 않고, 그것(언약의 궤)이 더이상 만들어지지도(아사) 않는다.ם

3:17 바로 그때에, 그들은 <u>예루솰라임</u>을 여호와의 보좌(키쎄)[138]라고 부르
고(콰라), 또 모든 민족(고이)들은 여호와의 이름(쉠)으로 인하여 예루솰
라임에 모이게 된다(콰바)[139].
그때 그들은 더이상 강퍅함(쉐리루트)[140] 곧 그들의 마음(레브)의 악함
(라아)을 좇아 살아가지(할라크) 않는다.ם

3:18 바로 그런 날(욤,복)에,
예후다의 집(바이트)이 이스라엘의 집(바이트)과 함께 걸어가고(알라크),
또 그들이 북쪽의 땅(에레쯔)으로부터 내가 너희의 조상들에게

---

134) 사칼(שָׂכַל): 지혜롭게 행하다, 통찰력 있게 행하다, 번영하다, 형통하다, 교차하여 두다. 같은 표현 ⇒ (창3:6,48:14), (신29:9,32:29), (사41:20,44:18,52:13), (렘3:15,9:24,10:21,20:11,23:5,50:9).

135) 파라(פָּרָה): 열매를 맺다, 번성하다. 같은 표현 ⇒ (창1:22,28,8:17,9:1,7,17:6,20), (사11:1,17:6,32:12,45:8), (렘3:16,23:3), (겔19:10,36:11).

136) 베리트(בְּרִית): 언약, 계약. 여성명사. 같은 표현 ⇒ (창6:18,9:9,12,14:13), (사24:5, 28:15), (렘3:16,11:2,3,8,10,14:21,22:9,31:31,32,33,32:40,33:20,21,25,34:8,10,13,18,50:5).

137) 파콰드(פָּקַד): 방문하다, 계수하다, 임명하다, 보응하여 벌하다. 같은 표현 ⇒ (창21:1), (왕상20:15,26,27,39), (왕하3:6,5:24,7:17,9:34), (사13:4,62:6), (렘1:10,3:16, 5:9,29,6:6,15,9:9,25,11:22,13:21,14:10,15:3,15,21:14,23:2,4,34,25:12,27:8,22,29:10,32,30:20, 32:3,36:31,37:21,40:5,7,11,41:2,10,18,44:13,29,46:25,49:8,19,50:18,31,44,51:27,44,47,52), (호1:4,2:13), (습1:8,9,11,2:7).

138) 키쎄(כִּסֵּא): 보좌, 영예의 자리. 같은 표현 ⇒ (창41:40), (출11:5,12:29), (사6:1,47:1,66:1), (렘3:17).

139) 콰바(קָוָה): 참을성 있게 기다리다, 바라다, 소망하다, 모으다. ☞ 미크베(מִקְוֶה : 모임)의 동사. 같은 표현 ⇒ (창1:9,49:18), (사5:2,4,7,8:17,25:9,26:8,33:2,40:31, 49:23,51:5,59:9,11,60:9,64:3), (렘3:17,8:15,13:16,14:19,22).

140) 쉐리루트(שְׁרִירוּת): 견고, 완고, 완악, 강퍅함. ☞ 솨라르(שָׁרַר : 원수로 취급하다)의 여성명사. 같은 표현 ⇒ (신29:19), (렘3:17,7:24,9:14,11:8,13:10,16:12,18:12,23:17).

유업으로 준(나할)[141] 그 땅(에레쯔)에 함께(야하드) 이른다(보).

3:19 그때 내(여호와)가 말하기를(아마르),
‘어떻게 내가 너(예후다)를 그 자녀(벤)들로 삼아(쉬트), 너에게 탐스러운(헤므다)[142] 땅(에레쯔) 곧 허다한 민족(고이)들 중에 아름다움(쩨비)[143]의 유업(나할라)을 줄까(나탄)?’라고 하나,
또 내가 말하기를(아마르),
‘너희가 나를 나의 아버지(아브)라고 부르지만(콰라),
너희는 나를 좇아 돌아오지(슈브) 않는다.’라고 하는 것이다.

3:20 왜냐하면 이스라엘의 집(바이트)아,
한 아내(이솨)가 자신의 짝(레아)을 배반하여 행하는 것(바가드) 같이,
그와 같이 너희가 나(여호와)를 배반하여 행하기(바가드) 때문이다,
여호와의 말(네움).

3:21 헐벗은 언덕(쉐피) 위에서 한 목소리(콜)가 들리니(솨마),
곧 통곡(베키), (다시 말해), 이스라엘 자손(벤)들의 간청(타하눈)[144]이다.
왜냐하면 그들은 자신들의 길(데레크)을 뒤틀어(아바)[145],
여호와 자신들의 하나님(엘로힘)을 잊었기(솨카흐)[146] 때문이다.

3:22 배교한(쇼바브)[147] 자녀(벤)들아,
너희는 돌아오라(슈브).
내가 너희의 배교(메슈바)[148]를 고친다(라파)[149].”라고 하니,

---

141) 나할(נָחַל): 유업으로 삼다, 상속하다. 같은 표현 ⇒ (출23:30,32:13,34:9), (사14:2,49:8,57:13), (렘3:18,19,12:14,16:19), (겔47:13), (습2:9), (슥2:12,8:12).

142) 헤므다(חֶמְדָּה): 갈망, 탐하는 것, 귀한, 기뻐하는.
☞ 하마드(חָמַד : 몹시 바라다, 탐하다, 기뻐하다)에서 유래.
같은 표현 ⇒ (렘3:19,12:10,25:34), (단9:23,10:3,11,19,11:8,37,38).

143) 쩨비(צְבִי): 아름다움, 빛남, 영광. 같은 표현 ⇒ (사4:2,13:14,19,23:9,24:16,28:1,4,5), (렘3:19), (겔7:20,20:6,15,26:20), (단8:9,11:16,41,45).

144) 타하눈(תַּחֲנוּן): 은혜를 위한 간청, 간구. ☞ 하난(חָנַן : 은혜를 베풀다)에서 유래. 같은 표현 ⇒ (렘3:21,31:9), (단9:3,17,18,23), (슥12:10).

145) 아바(עָוָה): 뒤틀다, 불법을 저지르다, 잘못을 하다, 왜곡하다.
같은 표현 ⇒ (삼하7:14), (렘3:21,9:5), (단9:5).

146) 솨카흐(שָׁכַח): 잊다, 모르다. 같은 표현 ⇒ (창27:45,40:23,41:30), (사17:10,23:15,16), (렘2:32,3:21,13:25,18:15,20:11,23:27,40,30:14,44:9,50:5,6), (겔22:12,23:35).

147) 쇼바브(שׁוֹבָב): 되돌아 간, 배신의, 복종하기를 거절한. ☞ 슈브(שׁוּב : 돌아가다)에서 유래. 같은 표현 ⇒ (사57:17), (렘3:14,22,50:6).

(이스라엘의 집이 말하기를),
“보소서(헨)! 우리는 당신께로 갑니다(아타)[150].
왜냐하면 당신은 여호와 우리 하나님(엘로힘)이기 때문입니다.

3:23 진실로 언덕(기브아)들과 산(하르)들로부터의 외침(하몬)은
거짓(쉐케르)에 (있고),
진실로 이스라엘의 구원(테슈아)[151]은
여호와 우리 하나님(엘로힘) 안에 (있습니다).

3:24 그 부끄러움(보쉐트)[152]이 우리의 어린 시절(나우르)부터
우리 조상들의 수고(예기아으)[153]를 삼키니(아칼),
곧 그것이 그들의 양떼(쫀)와 소떼(바콰르)와
그들의 아들(벤)들과 딸(바트)들을 (삼킵니니다).

3:25 우리는 우리의 부끄러움(보쉐트) 속에 눕고(솨카브)[154],
우리의 수치(켈림마)[155]가 우리를 덮으니(카싸)[156],
왜냐하면 우리 곧 우리와 우리 조상들은,
우리의 어린 시절(나우르)부터 바로 이날까지,
여호와 우리 하나님(엘로힘)에게 죄를 짓고(하타)[157],

---

148) 메슈바(מְשׁוּבָה): 뒤로 돌아감, 배교, 변절. ☞ 슈브(שׁוּב : 돌아가다)에서 유래. 같은 표현 ⇒ (렘2:19,3:6,8,11,22).

149) 라파(רָפָא): 고치다, 치료하다. 같은 표현 ⇒ (창20:17,50:2), (사6:10,19:22,30:26,53:5,57:18,19), (렘3:22,6:14,8:11,22,15:18,17:14,19:11,30:17,33:6,51:8,9), (겔34:4,47:8,9).

150) 아타(אָתָה): 오다, 강림하다. 같은 표현 ⇒ (신33:2,21), (사21:12,14,41:5,23,25,44:7,45:11,56:9,12), (렘3:22,12:9).

151) 테슈아(תְּשׁוּעָה): 구원, 구출. 같은 표현 ⇒ (사45:17,46:13), (렘3:23).

152) 보쉐트(בֹּשֶׁת): 부끄러움, 수치. 같은 표현 ⇒ (사54:4,61:7), (렘2:26,3:24,25), (단9:7,8).

153) 예기아으(יְגִיעַ): 수고, 산물. 같은 표현 ⇒ (창31:42), (신28:33), (사45:14,55:2), (렘3:24,20:5), (겔23:29).

154) 솨카브(שָׁכַב): 눕다, 동침하다. 같은 표현 ⇒ (창19:4,32,26:10), (사14:8,18,43:17,50:11,51:20,56:10), (렘3:25), (겔4:4,6,9,23:8,31:18,32:19,21,27,28,29,30,32), (호2:18)

155) 켈림마(כְּלִמָּה): 수치, 치욕, 목욕. 같은 표현 ⇒ (사45:16,50:6,61:7), (렘3:25,20:11,51:51), (겔39:26), (미2:6).

156) 카싸(כָּסָה): 숨기다, 감추다, 덮다. 같은 표현 ⇒ (창7:19,20), (사6:2,11:9,26:21,29:10,37:1,2,51:16,58:7,59:6,60:2,6), (렘3:25,46:8,51:42,51).

157) 하타(חָטָא): 죄를 짓다, 빗나가다, 잘못하다. 같은 표현 ⇒ (창20:6), (사1:4,29:21,42:24,43:27,64:5,65:20), (렘2:35,3:25,8:14,14:7,20,16:10,32:35,33:8,37:18,40:3,44:23,50:7).

또 우리는 여호와 우리 하나님(엘로힘)의 음성(콜)을 듣지(쇠마) 않기 때문입니다."라고 하였다.

이르메야 4장

4:1 (여호와가 말하기를),
“만일 이스라엘아, 네가 돌아오려거든(슈브),
너는 나(여호와)에게로 돌아오라(슈브),
여호와의 말(네움),
만일 네가 내(여호와) 앞에서 자신의 가증한 것(쉬쿠쯔)158) 들을 없애고
(쑤르)159), 이리저리 흔들리지(누드)160) 않으면,

4:2 또한, 여호와가 사는 한(하이),
네가 진리(에메트)161) 와 법도(미쉬파트)162) 와 의로움(쩨다콰)163) 으로
맹세하면(솨바),
민족(고이)들이 그(여호와)로 인하여 스스로 복을 받고(바라크),
또 그(여호와)으로 인하여 스스로 찬양한다(할랄)164). ס

4:3 왜나하면, 여호와가 예후다와 예루솰라임 사람(이쉬)에게 이와 같이

---

158) 쉬쿠쯔(שִׁקּוּץ): 몹시 싫은 것, 가증한 짓. ☞ 솨콰쯔(שָׁקַץ : 몹시 싫어하다)의 명사.
같은 표현 ⇒ (신29:17), (사66:3), (렘4:1,7:30,13:27,16:18,32:34), (단9:27,11:31,12:11).

159) 쑤르(סוּר): 옆으로 빗나가다, 제거하다, 고개를 돌리다, 배교하다, 떠나다.
같은 표현 ⇒ (창19:2,35:2), (사1:16,25,49:21,52:11,58:9,59:15), (렘4:1,4,5:10,23, 6:12,28,15:5,17:5,32:31,40), (말2:8,3:7).

160) 누드(נוּד): 이리저리 방황하다, 슬퍼하다, 애도하다. 같은 표현 ⇒ (창4:12,14), (사51:19), (렘4:1,15:5,16:5,18:16,22:10,31:18,48:17,27,30,50:3,8).

161) 에메트(אֱמֶת): 진실, 성실. ☞ 아만(אָמַן : 믿다)의 여성명사.
같은 표현 ⇒ (창24:27,48,32:10), (신22:20), (사42:3,43:9,48:1,59:14,15,61:8), (렘2:21,4:2,9:5,10:10,14:13,23:28,26:15,28:9,32:41,33:6,42:5).

162) 미쉬파트(מִשְׁפָּט): 공의, 법도, 재판, 심판. ☞ 솨파트(שָׁפַט : 재판하다)의 명사.
같은 표현 ⇒ (창18:19), (사40:14,27,41:1,42:1,3,4,49:4,50:8,51:4,53:8,54:17,56:1,58:2, 59:8,9,61:8), (렘1:16,4:2,12,5:1,4,5,28,7:5,8:7,9:24,10:24,12:1,17:11,21:12,22:3,13,15,23:5, 26:11,16,30:11,18,32:7,9,33:15,39:5,46:28,48:21,47,51:9,52:9).

163) 쩨다콰(צְדָקָה): 의로움. 여성명사. 같은 표현 ⇒ (창15:6), (사1:27,5:7,16,23,9:7), (렘4:2,9:24,22:3,15,23:5,33:15,51:10), (슥8:8), (말3:3,4:2).
☞ 쩨데크(צֶדֶק : 의로움) 남성명사. ☞ 동사 : 짜다크(צָדַק : 의롭다).

164) 할랄(הָלַל): 밝게 비추다, 자랑하다, 찬양하다. 같은 표현 ⇒ (창12:15), (왕상20:11), (사13:10,38:18,41:16,44:25,45:25,62:9,64:11), (렘4:2,9:23,24,20:13,25:16,31:7,46:9,49:4, 50:38,51:7), (욜2:26), (나2:4).

말하였으니(아마르),
'너희는 묵은 땅(니르)을 새로이 갈아엎고(니르)[165],
가시덤불에 씨를 뿌리지(자라)[166] 말라.

4:4 예후다의 사람(이쉬)과 예루솰라임의 거주민(야솨브)들아,
너희는 할례를 행하여(물)[167] 여호와께 속하라,
(다시 말해), 너희는 자신의 마음(레바브)의 포피(오르라)[168]를 없애 버려라(쑤르),
곧 나의 진노(헤마)[169]가 불처럼 나가서(야짜) 태우지(바아르)[170] 않기 위해서이다,
그렇지 않으면, 너희의 행실(마알랄)[171]의 악함(라아) 때문에,
누구도 끌 자(카바)[172]가 없다.

4:5 너희는 예후다에게 자세히 알려주어라(나가드)[173],
너희는 예루솰라임에 듣게 하라(솨마),
너희는 말하라(아마르),
너희는 (나팔을) 불라(타콰), 곧 그 땅(에레쯔)에 나팔(쇼파르)을 불라(타콰)[174],

---

165) 니르(נִיר): 새로이 경작하다, 새로 갈아엎다. 같은 표현 ⇒ (렘4:3), (호10:12).
166) 자라(זָרַע): 씨 뿌리다. ☞ 제라(זֶרַע : 씨, 후손)의 동사. 같은 표현 ⇒ (창1:11,12,29,26:12,47:23), (사17:10,28:24,30:23,32:20,37:30,40:24,55:10), (렘2:2,4:3,12:13,31:27,35:7,50:16), (겔36:9), (호2:23), (나1:14), (학1:6), (슥10:9).
167) 물(מוּל): 잘라내다, 할례를 행하다. 같은 표현 ⇒ (창17:10), (렘4:4,9:25).
168) 오르라(עָרְלָה): 포피, 할례 받지 않음. ☞ 여성명사.
같은 표현 ⇒ (창17:11,34:14), (렘4;4,9:25).
169) 헤마(חֵמָה): 열, 격노, 진노. ☞ 야함(יָחַם : 뜨겁다)의 여성명사. 같은 표현 ⇒ (창27:44), (사42:25,51:13,17,20,22,59:18,63:3,5,6,66:15), (렘4:4,6:11,7:20,10:25,18:20,21:5,12,23:19,25:15,30:23,32:31,37,33:5,36:7,42:18,44:6), (나1:6).
170) 바아르(בָּעַר): 불타다, 소멸하다, 불타오르다. 같은 표현 ⇒ (출3:2,22:6), (왕상21:21), (사40:16,42:25), (렘4:4,7:18,20,10:8,14,21,20:9,21:12,36:22,44:6,51:17), (나2:13), (말4:1).
171) 마알랄(מַעֲלָל): 행위, 행실. ☞ 알랄(עָלַל): 호되게 다루다, 행동하다)에서 유래.
같은 표현 ⇒ (신28:20), (사1:16,3:8,10), (렘4:4,18,7:3,5,11:18,17:10,18:11,21:12,14,23:2,22,25:5,26:3,13,32:19,35:15,44:22), (미2:7), (슥1:4,6).
172) 카바(כָּבָה): 끄다, 꺼지게 하다. 같은 표현 ⇒ (레6:12,13), (사1:31,34:10,42:3,43:17,66:24), (렘4:4,7:20,17:27,21:12), (겔20:47,48,32:7).
173) 나가드(נָגַד): 자세히 알려주다, 폭로하다, 선언하다. 같은 표현 ⇒ (창3:11,32:29), (출13:8), (신4:13,17:9), (사3:9,7:2,19:12,21:2,6,10), (렘4:5,15,5:20,9:12,16:10,20:10,31:10,33:3,36:13,16,17,20,38:15,25,27,42:3,4,20,21,46:14,48:20,50:2,28,51:31).
174) 타콰(תָּקַע): 장막을 치다, 나팔을 불다, 몰다. 같은 표현 ⇒ (창31:25), (출10:19),

너희는 힘껏 외쳐(콰라) 말하라(아마르),
너희는 모여라(아싸프),
그리하여 우리가 요새(미브짜르)의 성읍(이르, 복)으로 들어가자(보).

4:6 너희는 찌욘[175] 쪽으로 깃발을 높이 들어올려라(나사),
너희는 서 있지(아마드) 말고 피난하라(우즈)[176].
왜냐하면 내(여호와)가 북쪽에서 재앙(라아) 즉 큰 파멸(쉐베르)[177]을 가져
오기(보) 때문이다.

4:7 한 사자(아리)가 자신의 빽빽한 숲(쏘베크)에서 올라온다(알라),
(다시 말해), 민족(고이)들을 멸망케 하는 자(솨하트)[178]가 이동하여(나싸)[179],
너의 땅(에레쯔)을 황폐(솸마)[180]로 만들려고(숨), 자신의 처소(마콤)에서
나오니(야짜),
곧 너의 성읍(이르, 복)이 싸워서 황폐하여(나짜)[181], 아무도 거주하는 자
(야솨브)가 없다.

4:8 이런 일로 인하여 너희는 굵은 베옷(사크)을 허리에 걸치고(하가르),
애곡하고(싸파드)[182] 울부짖으라(얄랄)[183],

(민10:3,4,5,6,7,8,10), (사18:3,22:23,25,27:13), (렘4:5,6:1,3,51:27), (욜2:1,15), (암3:6).

175) 찌욘(צִיּוֹן): 예루살라임의 동쪽 산등성. 같은 표현 ⇒ (사1:8,27,2:3,3:16,17,4:3,4,5,8:18,10:12,24,32,12:6,14:32,40:9,41:27,46:13,49:14,51:3,11,16,52:1,2,7,8,59:20,60:14,61:3,62:1,11,64:10,66:8), (렘3:14,4:6,31,51:10,24,35).

176) 우즈(עוּז): 피난시키다. 같은 표현 ⇒ (출9:19), (렘4:6).

177) 쉐베르(שֶׁבֶר): 파괴, 파멸, 부숨, 골절. ☞ 솨바르(שָׁבַר : 깨뜨리다, 부수다)에서 유래. 같은 표현 ⇒ (사1:28,51:19,59:7,60:18,65:14), (렘4:6,20,6:1,14,8:11,21,10:19,14:17,30:12,15,48:3,5,50:22,51:54).

178) 솨하트(שָׁחַת): 부패케 하다, 멸망시키다. 같은 표현 ⇒ (창6:11), (사1:4,11:9,14:20,36:10,37:12,51:13,54:16,65:8,25), (렘2:30,4:7,5:10,6:5,28,11:19,12:10,13:7,9,14,15:3,6,18:4,22:7,36:29,48:18,49:9,51:1,11,20,25), (말2:8,3:11).

179) 나싸(נָסַע): 옮기다, 이동하다, 출발하다, 떠나다.
같은 표현 ⇒ (창11:2), (출12:37), (민1:51), (신1:7), (렘4:7,31:24), (슥10:2).

180) 솸마(שַׁמָּה): 황폐, 공포, 소름끼침. 같은 표현 ⇒ (신28:37), (사5:9,13:9,24:12), (렘2:15,4:7,5:30,8:21,18:16,19:8,25:9,11,18,38,29:18,42:18,44:12,22,46:19,48:9,49:13,17,50:23,51:29,37,41,43), (욜1:7), (습2:15).

181) 나짜(נָצָה): 싸우다, 황폐케 하다. 같은 표현 ⇒ (출2:13,21:22), (레24:10), (민26:9), (신25:11), (렘4:7).

182) 싸파드(סָפַד): 슬퍼하다, 애곡하다. 같은 표현 ⇒ (창23:2,50:10), (사32:12), (렘4:8,16:4,5,6,22:18,25:33,34:5,49:3), (욜1:13), (미1:8), (슥7:5,12:10,12).

왜냐하면 여호와의 맹렬한(하론)[184] 화(아프)가 우리에게서 돌아서지
(슈브) 않기 때문이다.פ

4:9 또한 이런 일이 있을 것이니, 바로 그 날(욤)에,
여호와의 말(네움),
그 왕의 마음(레브)과 그 고관(사르)들의 마음(레브)이 피폐하고(아바드)[185],
그 제사장(코헨)들도 깜짝 놀라고(솨멤)[186],
그 예언자(나비)들도 몹시 놀란다(타마)[187].' "라고 하는 것이다.

4:10 그때 내(이르메야)가 말하기를(아마르),
"오! 나의 주(아도나이) 여호와여,
당신(여호와)은 바로 이 백성과 예루솰라임을 실로 정녕 미혹하여
(나솨)[188], 말하기를(아마르), '너희에게 평강(솰롬)이 있다(하야).'라고 하나,
그러나 칼(헤레브)이 목숨(네페쉬)에까지 닿았습니다(나가)[189]."라고 하니,

4:11 바로 그 때에,
(이것이) 바로 이 백성과 예루솰라임에게 말하여지는 바(아마르),
즉, "광야의 헐벗은 언덕(쉐피,복)[190], 작열하는 바람(루아흐)[191]이

---

183) 얄랄(יָלַל): 울부짖다, 통곡하다. 같은 표현 ⇒ (사13:6,14:31,15:2,3,16:7,23:1,6,14, 52:5,65:14), (렘4:8,25:34,47:2,48:20,31,39,49:3,51:8), (욜1:5,11,13), (미1:8), (습1:11).

184) 하론(חָרוֹן): 맹렬함, 격노. ☞ 하라(חָרָה : 성내다, 격노하다)의 명사. 같은 표현 ⇒ (출15:7,32:12), (민25:4). (신13:17), (렘4:8,26,12:13,25:37,38,30:24,49:37,51:45), (나1:6).

185) 아바드(אָבַד): 멸망시키다, 사라지게 하다, 길을 잃다. 같은 표현 ⇒ (출10:7), (레23:30,26:38), (사26:14,27:13,29:14,37:19,41:11,57:1,60:12), (렘1:10,4:9,6:21,7:28, 9:12,10:15,12:17,15:7,18:7,18,23:1,25:10,35,27:10,15,31:28,40:15,46:8,48:8,36,46,49:7,38, 50:6,51:18,55), (욜1:11), (암2:14,3:15), (옵1:8,12), (욘1:6,14), (습2:5,13).

186) 솨멤(שָׁמֵם): 황폐하게 하다, 깜짝 놀라게 하다. 같은 표현 ⇒ (레26:22), (민21:30), (사33:8,49:8,19,52:14,54:1,3,59:16,61:4,63:5), (렘2:12,4:9,10:25,12:11,18:16,19:8,33:10, 49:17,20,50:13,45), (단8:27).

187) 타마(תָּמַהּ): 말문이 막힐 정도로 몹시 놀라다, 간담이 서늘하도록 놀라다. 같은 표현 ⇒ (창43:33), (사13:8,29:9), (렘4:9), (합1:5).

188) 나솨(נָשָׁא): 미혹하다, 속이다. 같은 표현 ⇒ (창3:13), (사19:13,36:14,37:10), (렘4:10,23:39,29:8,37:9,49:16), (옵1:3,7).

189) 나가(נָגַע): 가까이 가다, 만지다, 에 닿다, 에 이르다, 치다. 같은 표현 ⇒ (창3:3,12:17), (사5:8,6:7,16:8,25:12,26:5,30:4,52:11,53:4), (렘1:9,4:10,18,12:14,48:32,51:9).

190) 쉐피(שְׁפִי): 헐벗은 곳, 벌거벗은 곳. 같은 표현 ⇒ (민23:3), (사41:18,49:9), (렘3:2,21,4:11,7:29).

191) 루아흐(רוּחַ): 영, 바람, 숨. 같은 표현 ⇒ (창1:2), (렘4:11,12,5:13,51:1,11,16,17),

내 딸(바트) 내 백성의 쪽(데레크)에 (있으니),
이것(작열하는 바람)은 키질하기(자라)[192] 위한 것도 아니요,
깨끗케 하기(바라르)[193] 위한 것도 아니다.

4:12 이것들보다 더 강한 바람(루아흐)이 불어오니(보),
지금 내(여호와)가 그들에게 심판(미쉬파트, 복)을 말한다(다바르).

4:13 보라(힌네)! 그가 구름(아나, 복) 같이 올라오니(알라),
곧 그의 병거들은 폭풍(쑤파)[194]과 같고,
그의 말(쑤쓰)들은 독수리들보다 빠르다(콸랄)[195]."라고 하는 것이다.
(내(이르메야)가 말하기를),
"화로다(오이), 우리에게,
왜냐하면 우리가 황폐케 되었기(솨다드)[196] 때문이다."라고 하였다.

4:14 (여호와가 이와 같이 말하였으니),
"예루솰라임아,
네가 네 마음(레브)으로부터 악(라)을 씻어라(카바쓰)[197],
그러면 네가 구원을 받는다(야솨)[198],
네가 어느 때까지 너의 헛된(아벤)[199] 생각(마하솨바)[200]들을 네 속에

(겔1:4,12,20,21,2:2,3:12,14,24,11:1,5,19,24,36:26,27,37:1,5,6,8,9,10,14,39:29), (단2:1,3,8:8).

192) 자라(זָרָה): 흩뿌리다, 흩어버리다, 키질하다. 같은 표현 ⇒ (출32:20), (사41:16), (렘4:11,15:7,31:10,49:32,36,51:2), (슥1:19,21), (말2:3).

193) 바라르(בָּרַר): 깨끗하게 하다, 빛나게 하다, 갈고 닦아 윤을 내다, 선택하다. 같은 표현 ⇒ (사49:2,52:11), (렘4:11,51:11), (겔20:38), (단11:35,12:10), (습3:9).

194) 쑤파(סוּפָה): 폭풍, 회오리바람. 같은 표현 ⇒ (사5:28,17:13,21:1,29:6,66:15), (렘4:13), (암1:14), (나1:3).

195) 콸랄(קָלַל): 무시하다, 보잘 것 없다, 경시하다, 저주하다, 가볍다, 빠르다. 같은 표현 ⇒ (창8:8), (삼상3:13), (왕하2:24,3:18), (사8:21,9:1,23:9,30:16,49:6, 65:20), (렘4:13,24,6:14,8:11,15:10), (욜1:5), (나1:14), (합1:8).

196) 솨다드(שָׁדַד): 난폭하게 다루다, 파괴하다, 황폐케 하다. 같은 표현 ⇒ (사15:1,16:4,21:2,23:1,14,33:1), (렘4:13,20,30,5:6,6:26,9:19,10:20,12:12,15:8,25:36,47:4, 48:1,8,15,18,20,32,49:3,10,28,51:48,53,55,56), (욜1:10), (옵1:5), (미2:4), (슥11:2,3).

197) 카바쓰(כָּבַס): 옷을 빨다, 빨래하다. 같은 표현 ⇒ (창49:11), (출19:10,14), (레6:27,11:25,13:6,14:8,15:5,16:26,17:15,16), (민19:7,8,10,19,21,31:24), (렘2:22,4:14).

198) 야솨(יָשַׁע): 구원하다, 구출하다. 같은 표현 ⇒ (출2:17,14:30), (사19:20,25:9), (렘2:27,28,4:14,8:20,11:12,14:8,9,15:20,17:14,23:6,30:7,10,11,31:7,33:16,42:11,46:27).

199) 아벤(אָוֶן): 헛됨, 사악, 불행, 역경. 같은 표현 ⇒ (사1:13,10:1,29:20,31:2,32:6,41:29, 55:7,58:9,59:4,6,7,66:3), (렘4:14,15).

머물게 하려느냐(룬)[201]?

4:15 왜냐하면 한 소리(콜)가 단으로부터 자세히 알게 하고(나가드),
한 재앙(아벤헛된)이 에프라임의 산으로부터 듣게 하기(솨마) 때문이다.

4:16 보라(힌네)! 너희는 그 민족(고이)들에 기억케 하라(자카르),
너희는 예루솰라임에게 듣게 하라(솨마),
지켜 보는 자(나짜르)[202]들이 먼 땅(에레쯔)에서 오고 있다(보),
곧 그들이 예후다의 성읍들에게 자신의 소리(콜)를 지른다(나탄).

4:17 그들이, 밭을 지키는 자(솨마르)들과 같이, 그것(예루솰라임)을 에워싸고
있다(하야),
왜냐하면 그것(예루솰라임)이 나를 거역하기(마라)[203] 때문이다,
여호와의 말(네움).

4:18 너의 길(데레크) 즉 너의 행실(마아랄)이 너에게 이런 일들을 행하게 한
다(아사), 곧 그것은 너의 악함(라아)이다,
왜냐하면 그것은 쓰기(마르) 때문이다,
왜냐하면 그것이 네 마음(레브)에까지 닿기(나가) 때문이다."라고
하는 것이다.ס

4:19 (내(이르메야)가 말하기를),
"내 창자(메에)[204]야, 내 창자(메에)야,
내가 괴롭고(훌)[205],

---

200) 마하솨바(מַחֲשָׁבָה): 생각, 사상, 고안, 발명. ☞ 하솨브(חָשַׁב : 생각하다, 고안하다)
의 여성명사. 같은 표현 ⇒ (창6:5), (출31:4,35:32,33,35), (사55:7,8,9,59:7,65:2,66:18),
(렘4:14,6:19,11:19,18:11,12,18,29:11,49:20,30,50:45,51:29), (단11:24,25).

201) 룬(לוּן): 투숙하다, 묵다, 하룻밤 자다, 불평하다. 같은 표현 ⇒ (창19:2),
(출15:24,16:2), (사1:21,21:13,65:4), (렘4:14,14:8), (욜1:13), (습2:14), (슥5:4).

202) 나짜르(נָצַר): 지키다, 보호하다, 망보다. 같은 표현 ⇒ (출34:7), (신32:10),
(사1:8,26:3,27:3,42:6,48:6,49:8,65:4), (렘4:16,31:6), (나2:1).

165) 마라(מָרָה): 반역하다, 반항하다. 같은 표현 ⇒ (민20:10,24,27:14),
(사1:20,3:8,50:5,63:10), (렘4:17,5:23).

166) 메에(מֵעֶה): 내부기관, 내장, 배, 창자. 같은 표현 ⇒ (창15:4,25:23), (민5:22),
(사48:19,49:1,63:15), (렘4:19,31:20), (겔3:3), (욘1:17,2:1).

167) 훌(חוּל): 산고로 괴로워하다, 몸부림치며 괴로워하다, 빙빙 돌다. 같은 표현 ⇒
(창8:10), (신2:25,32:18), (사13:8,23:4,5,26:17,18,45:10,51:2,54:1,66:7,8),
(렘4:19,5:3,22,30:23), (욜2:6), (미1:12,4:10).

오! 나의 마음(레브)아,
내 마음(레브)이 중얼거리며(하마)206)
내가 잠잠하지(하라쉬)207) 못한다,
왜냐하면 내가 나팔의 소리(콜)를 듣고(솨마),
또 나의 영혼(네페쉬)아,
네가 전쟁의 경보(테루아208))를 듣기(솨마) 때문이다.

4:20 (내가) 파멸(쉐베르) 위에 파멸(쉐베르)를 외치게 된다(콰라),
왜냐하면 온 땅(에레쯔)이 파괴되기(솨다드) 때문이다,
나의 장막(오헬)이 갑자기 파괴된다(솨다드)
나의 휘장(예리아)들이 순식간에 (파괴된다).

4:21 내가 어느 때까지 깃발을 보며(라아), 나팔의 소리(콜)를 들어야 하느
냐(솨마)?"라고 하였다.ס

4:22 (여호와가 이와 같이 말하였으니),
"왜냐하면 나의 백성은 우둔하고(에빌), 또 그들은 나(여호와)를 잘 알
지도(야다) 못하고, 그들은 미련한 자식(벤)들이며, 깨달아 분별하지도
(빈) 못하고, 그들은 악을 행하기(라아)에는 지혜로우나(하캄), 선을 행
할 줄(야타브)209)을 잘 알지(야다) 못하기 때문이다.

4:23 내(여호와)가 그 땅(에레쯔)을 보는데(라아),
보라(힌네)! (그것은) 형태가 없고(토후)210) 비었으며(보후)211),
그 하늘(솨마임)에도, 그것의 빛(오르)이 전혀 없다.

---

206) 하마(הָמָה): 중얼거리다, 으르렁거리다, 외치다, 떠들썩하다.
같은 표현 ⇒ (사51:15,59:11), (렘4:19,5:22,6:23,31:20,35,48:36,50:42,51:55).

207) 하라쉬(חָרַשׁ): 새기다, 밭을 갈다, 궁리하다, 침묵하다. 같은 표현 ⇒ (창24:21), (사28:24,36:21,41:1,42:14,44:12,13), (렘4:19,17:1,26:18,38:27), (미3:12), (합1:13).

208) 테루아(תְּרוּעָה): 전쟁, 위급, 기쁨을 알리는 나팔소리. 여성명사.
☞ 루아(רוּעַ : 소리 지르다)의 명사.
같은 표현 ⇒ (레23:24,25:9), (민10:5,6,23:21,29:1,31:6), (렘4:19,20:16,49:2).

209) 야타브(יָטַב): 잘하다, 선하게 하다, 즐겁게 하다, 복 있다.
☞ 토브(טוֹב : 좋은)의 동사. 같은 표현 ⇒ (창4:7,12:13,32:9), (사1:17,41:23), (렘1:12,2:33,4:22,7:3,5,23,32:40), (미2:7), (습1:12).

210) 토후(תֹּהוּ): 형태 없음, 혼돈, 공허, 텅빔. 같은 표현 ⇒ (창1:2), (신32:10), (사24:10,29:21,34:11,40:17,23,41:29,44:9,45:18,19,49:4), (렘4:23).

211) 보후(בֹּהוּ): 공허, 텅빔. 같은 표현 ⇒ (창1:2), (렘4:23).

4:24 내(여호와)가 그 산(하르, 복)을 보는데(라아),
보라(힌네)! 그것들이 진동하고(라아쉬)[212],
모든 언덕(기브아)들이 요동한다(콸랄).

4:25 내(여호와)가 보는데(라아),
보라(힌네)! 사람(아담)이 전혀 없고,
하늘의 모든 새가 퍼덕거리며 날아간다(나다드)[213].

4:26 내(여호와)가 보는데(라아),
보라(힌네)! 기름진 밭(카르멜)이 광야(미드바르)가 되고,
그곳의 모든 성읍들이 여호와 앞에 곧 그의 맹렬한(하론) 화(아프) 앞에 무너진다(나타쯔)[214]."라고 하는 것이다.□

4:27 왜냐하면 여호와가 이와 같이 말하였으니(아마르),
"그 온 땅(에레쯔)이 황폐(쉐마마)[215]가 되나,
내가 끝장(칼라)[216]을 내지(아사)는 않는다.

4:28 이것으로 인하여 그 땅(에레쯔)이 애곡하고(아발)[217],
위로 그 하늘(솨마임)이 어두워진다(콰다르)[218].
왜냐하면 내가 말하고(다바르) 내가 계획하기(자맘)[219] 때문이다,
내가 후회하지(나함)[220] 않고, 그것에서 돌아서지(슈브)도 않는다.

---

212) 라아쉬(רָעַשׁ): 흔들리다, 떨다, 진동하다. 같은 표현 ⇒ (렘4:24,8:16,10:10,49:21, 50:46,51:29), (겔26;10,15,27:38,31:16,38:20), (욜2:10), (나1:5), (학2:6,7,21).

213) 나다드(נָדַד): 도망하다, 방황하다, 퍼덕거리며 날다. 같은 표현 ⇒ (창31:40), (사10:14,31,16:2,3,21:14,15,22:3,33:3), (렘4:25,9:10,49:5).

214) 나타쯔(נָתַץ): 헐다, 파괴하다(강조). 같은 표현 ⇒ (출34:13), (레11:35,14:45), (신7:5,12:3), (사22:10), (렘1:10,4:26,18:7,31:28,33:4,39:8,52:14), (나1:6).

215) 쉐마마(שְׁמָמָה): 황폐, 황무지. ☞ 솨멤(שָׁמֵם : 황폐하게 하다)의 여성명사.
같은 표현 ⇒ (출23:39), (사1:7,62:4,64:10), (렘4:27,6:8,9:11,10:22,12:10,11,25:12,32:43, 34:22,44:6,49:2,33,50:13,51:26,62), (욜2:3,20,3:19), (습2:9).

216) 칼라(כָּלָה): 완전한 종결, 완전한 멸망. 같은 표현 ⇒ (렘4:27,5:10,18,30:11), (단9:27,11:16), (나1:8,9), (습1:18).

217) 아발(אָבַל): 애곡하다, 슬퍼하다. 같은 표현 ⇒ (창37:34), (출33:4), (사3:26,19:8, 24:4,7,33:9,57:18,61:2,3), (렘4:28,12:4,11,14:2,23:10), (단10:2), (욜1:9,10), (암1:2,8:8).

218) 콰다르(קָדַר): 어둡다, 캄캄하다, 어두워지다, 슬퍼하다. 같은 표현 ⇒ (왕상18:45), (렘4:28,8:21,14:2), (겔31:15,32:7,8), (욜2:10,3:15), (미3:6).

219) 자맘(זָמַם): 생각하다, 궁리하다, 계획하다.
같은 표현 ⇒ (창11:6), (신19:19), (렘4:28,51:12), (슥1:6).

4:29 말 타는 자(파라쉬)[221]와 활 쏘는 자(라마)[222]의 소리로 인하여,
그 모든 성읍(이르)이 도망하니(바라흐)[223]
몇몇은 숲(아아르) 속으로 들어가고,
몇몇은 바위들로 올라간다.
(다시 말해), 그 모든 성읍(이르)이 버려져서(아자브)[224],
그곳에 거주하는(야솨브) 자(이쉬)가 하나도 없다.

4:30 이제 네가 파괴되는데(솨다드), 네가 어떻게 하겠느냐?
비록 네가 진홍색 옷을 입을지라도(라바쉬),
비록 네가 금의 패물(아디)[225]로 치장할지라도(아다),
비록 네가 자신의 눈을 화장(푸크)으로 크게 할지라도(콰라)[226],
네가 자신을 아름답게 하는 것(야파)[227]이 헛된 것(솨브)[228]이 된다.
너를 지나치게 연모하는 자(아가브)[229]들이 너를 멸시하고(마아쓰)[230],
너의 목숨(네페쉬)을 찾는다(바콰쉬)[231]."라고 하는 것이다.

---

220) 나함(נָחַם): 위로하다, 후회하다. 같은 표현 ⇒ (창5:29,6:6,7), (사1:24,12:1,22:4, 40:1,49:13,51:3,12,19,52:9,54:11,57:6,61:2,66:13), (렘4:28,8:6,15:6,16:7,18:8,10,20:16, 26:3,13,19,31:13,15,19,42:10).

221) 파라쉬(פָּרָשׁ): 말의 기수, 기병. 같은 표현 ⇒ (창50:9), (출14:9,17,15:19), (사21:7,9,22:6,7,28:28,31:1,36:9), (렘4:29), (단11:40), (호1:7), (욜2:4), (합1:8).

222) 라마(רָמָה): 던지다, 쏘다, 속이다, 미혹하다.
같은 표현 ⇒ (창29:25), (출15:1,21), (렘4:29).

223) 바라흐(בָּרַח): 도망가다, 도피하다. 같은 표현 ⇒ (창16:6), (사22:3,48:20), (렘4:29,26:21,39:4,52:7), (단10:7), (욘1:3,10).

224) 아자브(עָזַב): 떠나다, 남기다, 버리다. 같은 표현 ⇒ (창2:24), (렘1:16,2:13,17,19, 4:29,5:7,19,9:2,13,19,12:7,14:5,16:11,17:11,13,18:14,19:4,22:9,25:38,48:28,49:11,25,51:9).

225) 아디(עֲדִי): 남자의 장신구, 장식.
같은 표현 ⇒ (출33:4,5,6), (사49:18), (렘2:32,4:30).

226) 콰라(קָרַע): 찢다, 잡아 째다, 찢어서 조각을 내다. 같은 표현 ⇒ (창37:29,34,44:13), (왕상21:27), (왕하2:12,5:7,8,6:30), (사64:1), (렘4:30,22:14,36:23,24,41:5), (욜2:13).

227) 야파(יָפָה): 아름답게 꾸미다. 같은 표현 ⇒ (렘4:30,10:4), (겔16:13,31:7).

228) 솨브(שָׁוְא): 텅빔, 공허, 헛됨, 허무, 거짓. 같은 표현 ⇒ (출20:7), (신5:11), (사1:13,5:18,30:28,59:4), (렘2:30,4:30,6:29,18:15,46:11), (욘2:8), (말3:14).

229) 아가브(עָגַב): 과도한 애정을 품다, 연모하다, 욕정을 품다, 홀딱 빠지다.
같은 표현 ⇒ (렘4:30), (겔23:5,7,9,12,16,20).

230) 마아쓰(מָאַס): 거절하다, 멸시하다. 같은 표현 ⇒ (레26:15,43,44), (민11:20,14:31), (사5:24,7:15,16,8:6,30:12,31:7,33:8,15,41:9,54:6), (렘2:37,4:30,31:37,33:24,26).

231) 바콰쉬(בָּקַשׁ): 찾다, 요구하다, 묻다. 같은 표현 ⇒ (창31:39), (사40:20,41:12,17, 45:19,51:1,65:1), (렘2:24,33,4:30,5:1,29:13), (단1:8,20,8:15,9:3), (호2:7).

4:31 왜냐하면 (여호와가 이와 같이 말하였으니),
"내(여호와)가 아파하는 자(할라)[232]와 같은 소리(콜)를 듣는다,
(다시 말해), 내(여호와)가 첫 아이를 낳는 여인(바카르)[233]과 같은
고통(짜라)[234], 숨을 헐떡이는(야파흐)[235] 딸(바트) 찌욘의 소리(콜)를
(듣는다),
그녀(찌욘)가 자신의 손바닥(카프)을 펴며(파라스)[236], (말하기를),
'이제! 화로다(호이), 나에게,
왜냐하면 나의 영혼(네페쉬)이, 살해하는 자(하라그)들로 인하여
피곤하기(아예프)[237] 때문이다.' "라고 하는 것이다.

---

232) 할라(חָלָה): 병들다, 아프게 하다, 약하다. 같은 표현 ⇒ (창48:1), (출32:11), (신29:22), (왕상17:17,22:34), (왕하1:2,8:7,29), (사14:10,53:10,57:10), (렘4:31,10:19,12:13,14:17,26:19,30:12).

233) 바카르(בָּכַר): 처음에 태어나다, 장자권을 주다.
같은 표현 ⇒ (레27:26), (신21:16), (렘4:31).

234) 짜라(צָרָה): 환난, 고난. ☞ 짜르(צַר : 고난, 대적, 적)의 여성명사.
같은 표현 ⇒ (창35:3), (사8:22,28:20,30:6,33:2,37:3,46:7,63:9,65:16), (렘4:31,6:24, 14:8,15:11,16:19,30:7,49:24,50:43), (단12:1), (옵1:12,14), (욘2:2), (나1:7,9), (습1:15).

235) 야파흐(יָפַח): 숨 쉬다, 헐떡거리다. ☞ 이곳에 한번 쓰임.

236) 파라스(פָּרַשׂ): 펴다, 펼치다, 뻗치다. 같은 표현 ⇒ (출9:29,33,25:20,37:9,40:19), (사1:15,65:2), (렘4:31,48:40,49:22), (겔2:10).

237) 아예프(עָיֵף): 약해지다, 기운이 없다.

이르메야 5장

5:1 (왜냐하면 여호와가 이와 같이 말하였으니),
“제발(나)! 너희는 예루쉴라임의 거리(후쯔, 복)를 어리저리 다녀보고
(슈트)[238], 알아보아라(라아),
즉 너희는 잘 알아보고(야다),
또 그곳의 넓은 곳에서도 찾아보아라(바콰쉬)[239].
만일 너희가 한 사람(이쉬)이라도
곧 법도(미쉬파트)[240])를 행하고(아사) 진실(에무나)[241])을 찾는 자(바콰쉬)를
찾아내면(마짜),
내(여호와)가 그곳(예루쉴라임)을 용서한다(쌀라흐)[242].

5:2 그럼에도 불구하고, 그들은 말하기를(아마르),
‘비록 여호와가 살아있다(하이)라고하더라도,
실상 우리는 거짓(쉐퀘르)[243])으로 맹세한다(솨바).’ ”라고
하는 것이다.

5:3 (내(이르메야)가 말하기를),
“여호와여, 당신의 눈은 진실(에무나)에 (있지) 않습니까?

---

238) 슈트(שׁוּט): 이리저리 돌아다니다. 같은 표현 ⇒ (민11:8), (렘5:1,49:3), (단12:4), (암8:12), (슥4:10).

239) 바콰쉬(בָּקַשׁ): 찾다, 요구하다, 묻다. 같은 표현 ⇒ (창31:39), (사40:20,41:12,17, 45:19,51:1,65:1), (렘2:24,33,4:30,5:1,11:21,19:7,9,21:7,22:25,26:21,29:13,34:20,21,38:16, 44:30,45:5,46:26,49:37,50:4,20), (단1:8,20,8:15,9:3), (호2:7).

240) 미쉬파트(מִשְׁפָּט): 공의, 법도, 재판, 심판. ☞ 솨파트(שָׁפַט : 재판하다)의 명사. 같은 표현 ⇒ (창18:19), (사40:14,27,41:1,42:1,3,4,49:4,50:8,51:4,53:8,54:17,56:1,58:2, 59:8,9,61:8), (렘1:16,4:2,12,5:1,4,5,28,7:5,8:7,9:24,10:24,12:1,17:11,21:12,22:3,13,15,23:5, 26:11,16,30:11,18,32:7,9,33:15,39:5,46:28,48:21,47,51:9,52:9).

241) 에무나(אֱמוּנָה): 진실, 확고함. ☞ 아만(אָמַן : 믿다)의 여성명사. 같은 표현 ⇒ (출17:12), (신32:4), (사11:5,25:1,33:6,59:4), (렘5:1,3,7:28,9:3), (호2:20), (합2:4).

242) 쌀라흐(סָלַח): 하나님이 용서하다, 사면하다. 같은 표현 ⇒ (출34:9), (레4:20, 5:10,6:7,19:22), (왕하5:18), (사55:7), (렘5:1,7,31:34,33:8,36:3,50:20), (단9:19).

243) 쉐퀘르(שֶׁקֶר): 거짓, 속임. ☞ 솨콰르(שָׁקַר : 거짓으로 행하다)의 명사. 같은 표현 ⇒ (출5:9,20:16,23:7), (왕상22:22,23), (사44:20,57:4,59:3,13), (렘3:10,23,5:2,31,23:25,26,32,28:15,29:9,21,23,31).

당신이 그들을 (몽둥이로) 치더라도(나카)[244],
그들은 몸부림치며 괴로워하지(훌)[245] 않고,
당신이 그들을 끝장을 내더라도(칼라),[246]
그들이 징계(무싸르)[247] 받기(라콰흐)를 거절합니다(마엔),
(다시 말해), 그들은 자신들의 얼굴을 바위보다 강하게 하여(하자크),
돌아오기(슈브)를 거절합니다(마엔).”라고 하였고,

5:4 또 내(이르메야)가 말하기를(아마르),
“실로 그들은 가난한 자(달)들이며, 어리석으니(야알)[248],
왜냐하면 그들은 여호와의 길(데레크), 곧 자신의 하나님의 법도(미쉬파트)
를 잘 알지(야다) 못하기 때문입니다,

5:5 내(이르메야)가 그 높은 자(가돌)들에게 가서(알라크), 그들에게 말하였더니(다
바르), 왜냐하면 그들은 여호와의 길(데레크) 곧 하나님의 법도(미쉬파트)를
잘 알기(야다) 때문입니다.
그런데 그들도 함께(야하드) 멍에(올)[249]를 산산이 부수고(솨바르)[250]
굴레(모쎄르)[251]들을 끊어버립니다(나타크)[252].”라고 하였다.

---

244) 나카(נָכָה): 치다, 때리다, 죽이다. 같은 표현 ⇒ (창4:15,8:21,14:5,7,15), (출2:11,12, 3:20,7:17), (사49:10,50:6,53:4,57:17,58:4,60:10,66:3), (렘2:30,5:3,6,29:21,30:14).

245) 훌(חוּל): 산고로 괴로워하다, 몸부림치며 괴로워하다, 빙빙 돌다. 같은 표현 ⇒ (창8:10), (신2:25,32:18), (사13:8,23:4,5,26:17,18,45:10,51:2,54:1,66:7,8), (렘4:19,5:3,22,30:23), (욜2:6), (미1:12,4:10).

246) 칼라(כָּלָה): 완성하다, 끝마치다, 끝나다. 같은 표현 ⇒ (창2:1,17:22), (왕상17:14), (사1:28,10:18), (렘5:3,8:20,9:16,10:25,14:6,12,16:4,20:18,26:8,43:1,44:27,49:37,51:63).

247) 무싸르(מוּסָר): 징계, 훈계, 교훈. ☞ 야싸르(יָסַר : 징계하다, 훈련하다)의 명사.
야싸르(יָסַר): 훈계,징계 하다, 교훈 하다. 같은 표현 ⇒ (신11:2), (사26:16,53:5), (렘2:30,5:3,7:28,10:8,17:23,30:14,32:33,35:13), (습3:2,7).

248) 야알(יָאַל): 하나님의 뜻을 알지 못해 어리석게 행동하다.
같은 표현 ⇒ (민12:11), (사19:13), (렘5:4,50:36).

249) 올(עֹל): 멍에. ☞ 알랄(עָלַל : 호되게 다루다, 학대하다)에서 유래.
같은 표현 ⇒ (창27:40), (레26:13), (민19:2), (신21:3,28:48), (사9:4,10:27,14:25,47:6), (렘2:20,5:5,27:8,11,12,28:2,4,11,14,30:8).

250) 솨바르(שָׁבַר): 깨뜨려 부수다, 산산이 부수다. 같은 표현 ⇒ (창19:9), (왕상19:11, 22:48), (사8:15,14:5,25,21:9,24:10,27:11,28:13,30:14,38:13,42:3,45:2,61:1,66:9), (렘2:13,20, 5:5,8:21,14:17,17:18,19:10,11,22:20,23:9,28:2,4,10,11,12,13,30:8,43:13,48:4,17,25,38,49:35, 50:23,51:8,30,52:17), (단8:7,8,22,25,11:4,20,22), (호1:5,2:18), (암1:5), (욘1:4), (나1:13).

251) 모쎄르(מוֹסֵר): 속박의 줄. 같은 표현 ⇒ (사52:2), (렘5:5), (나1:13).

252) 나타크(נָתַק): 잡아끊다, 잡아 뽑다, 끌어내다. 같은 표현 ⇒ (레22:24),

5:6 (왜냐하면 여호와가 이와 같이 말하였으니),
그러므로 사자가 숲(야아르)에서 그들을 때려 죽이고(나카),
사막의 늑대가 그들을 황폐케 하며(솨다드)[253]
표범이 그들의 성읍들을 지켜보고 있으니(솨콰드)[254],
그곳으로부터 나오는 자(야짜)는 누구든지 찢기게 된다(타라프)[255].
왜냐하면 그들의 범죄(페솨)가 많고, 그들의 배교(메슈바, 복)[256]가 강하기 (아짬) 때문이다.

5:7 이러함에 내(여호와)가 어떻게 너를 용서하느냐(쌀라흐)?
네 자식(벤)들은 나(여호와)를 버리고(아자브)[257],
또 그들은 하나님(엘로힘) 아닌 것으로 맹세한다(솨바).
내(여호와)가 그들을 배부르게 먹이니(솨바),
그들은 간음하고(나아프)[258], 창녀(조나)[259]의 집에 떼를 지어 모인다 (가다드)[260].

5:8 그들은 두루 돌아다니는(솨카) 살이 찐 말(쑤쓰)들이니(하야),
곧 각자(이쉬) 자신의 이웃의 아내(이솨)에게 말의 울음소리를 낸다 (짜할)[261].

(사5:27,33:20,58:6), (렘2:20,5:5,6:29,10:20,12:3,22:24,30:8), (나1:13).

253) 솨다드(שָׁדַד): 난폭하게 다루다, 파괴하다, 황폐케 하다. 같은 표현 ⇒ (사15:1,16:4,21:2,23:1,14,33:1), (렘4:13,20,30,5:6,6:26,9:19,10:20,12:12,15:8,25:36,47:4,48:1,8,15,18,20,32,49:3,10,28,51:48,53,55,56), (욜1:10), (옵1:5), (미2:4).

254) 솨콰드(שָׁקַד): 지켜보다, 감시하다, 깨어있다.
같은 표현 ⇒ (사29:20), (렘1:12,5:6,31:28,44:27), (단9:14).

255) 타라프(טָרַף): 잡아 찢다, 잡아 채다. 같은 표현 ⇒ (창37:33,44:28,49:27), (출22:13), (렘5:6), (겔19:3,6,22:25,27), (암1:11), (나2:12).

256) 메슈바(מְשׁוּבָה): 뒤로 돌아감, 배교, 변절. ☞ 슈브(שׁוּב : 돌아가다)에서 유래.
같은 표현 ⇒ (렘2:19,3:6,8,11,22,5:6,8:5,14:7).

257) 아자브(עָזַב): 떠나다, 남기다, 버리다. 같은 표현 ⇒ (창2:24), (렘1:16,2:13,17,19,4:29,5:7,19,9:2,13,19,12:7,14:5,16:11,17:11,13,18:14,19:4,22:9,25:38,48:28,49:11,25,51:9).

258) 나아프(נָאַף): 간음하다. 같은 표현 ⇒ (출20:14), (레20:10), (신5:18), (사57:3), (렘3:8,9,5:7,7:9,9:2,23:10,14,29:23).

259) 조나(זוֹנָה): 창녀. ☞ 자나(זָנָה : 창녀 짓을 하다, 음행하다)의 여성 분사.
자나(זָנָה): 간음하다, 음행하다, 매춘하다. 같은 표현 ⇒ (창34:31,38:15,24), (민25:1), (렘2:20,3:1,3,6,8,5:7), (호1:2,2:5), (욜3:3), (미1:7).

260) 가다드(גָּדַד): 꿰뚫다, 베다, 떼를 지어 모이다.
같은 표현 ⇒ (신14:1), (왕상18:28), (렘5:7,16:6,41:5,47:5).

261) 짜할(צָהַל): 소리 높여 외치다, 부르다, 울다.

5:9 이런 일들로 인하여, 내가 벌하여 보응하지(파콰드)[262] 않겠느냐?
여호와의 말(네움),
나의 마음(네페쉬)이 이와 같은 민족(고이)에게 보복하지(나캄)[263] 않겠느냐?○

5:10 너희는 그곳의 성벽에 올라가(알라) 멸망시켜라(솨하트)[264].
그러나 너희는 끝장을 내지(아사 칼라[265])는 말고,
그곳의 연한가지(네티쇠)만 제거하라(쑤르)[266].
왜냐하면 그것들은 여호와께 속하지 않기 때문이다.

5:11 왜냐하면 이스라엘의 집(바이트)과 예후다의 집(바이트)이 나에게 정녕 거짓으로 행하기(바가드)[267] 때문이다,
여호와의 말(네움)."이라고 하는 것이다.

5:12 그들이 여호와를 부인하며(카하쉬)[268], 말하기를(아마르),
"그(여호와)가 (있지) 않으니,
재앙(라아)이 우리에게 오지(보) 않고,
우리는 칼(헤레브)과 기근(라아브)을 보지 않는다.

같은 표현 ⇒ (사10:30,12:6,24:14,54:1), (렘5:8,31:7,50:11).

262) 파콰드(פָּקַד): 방문하다, 계수하다, 임명하다, 보응하여 벌하다. 같은 표현 ⇒ (창21:1), (왕상20:15,26,27,39), (왕하3:6,5:24,7:17,9:34), (사13:4,62:6), (렘1:10,3:16, 5:9,29,6:6,15,9:9,25,11:22,13:21,14:10,15:3,15,21:14,23:2,4,34,25:12,27:8,22,29:10,32, 30:20,32:3,36:31,37:21,40:5,7,11,41:2,10,18,44:13,29,46:25,49:8,19,50:18,31,44, 51:27,44,47,52), (호1:4,2:13), (습1:8,9,11,2:7).

263) 나캄(נָקַם): 복수하다, 앙갚음 하다. 같은 표현 ⇒ (창4:15), (출21:20), (사1:24), (렘5:9,29,9:9,15:15,46:10,50:15,51:36), (나1:2).

264) 솨하트(שָׁחַת): 부패케 하다, 멸망시키다. 같은 표현 ⇒ (창6:11), (사1:4,11:9,14:20, 36:10,37:12,51:13,54:16,65:8,25), (렘2:30,4:7,5:10,6:5,28,11:19,12:10,13:7,9,14,15:3,6,18:4, 51:1,11,20,25), (말2:8,3:11).

265) 칼라(כָּלָה): 완전한 종결, 완전한 멸망. 같은 표현 ⇒ (렘4:27,5:10,18,30:11), (단9:27,11:16), (나1:8,9), (습1:18).

266) 쑤르(סוּר): 옆으로 빗나가다, 제거하다, 고개를 돌리다, 배교하다, 떠나다. 같은 표현 ⇒ (창19:2,35:2), (사1:16,25,49:21,52:11,58:9,59:15), (렘4:1,4,5:10,23, 6:12,28,15:5,17:5,32:31,40), (말2:8,3:7).

267) 바가드(בָּגַד): 불성실하게 (거짓으로) 대하거나 행하다. 같은 표현 ⇒ (출21:8), (사21:2,24:16,33:1,48:8), (렘3:8,11,20,5:11,9:2,12:1,6), (합1:13,2:5), (말2:10,11,14,15,16).

268) 카하쉬(כָּחַשׁ): 속여 행하다, 부인하다. 같은 표현 ⇒ (창18:15), (사59:13), (렘5:12).

5:13 또한 그 예언자(나비)들은 바람(루아흐)269) 이 되어(하야),
(여호와의) 그 말(다바르)이 그들 속에 전혀 없으니,
곧 이것이 그자(예언자)들에게 그와 같이 이루어진다(아사)."라고
하였다.ס

5:14 그러므로 여호와 만군의 하나님(엘로힘)이 이와 같이 말하였으니(아마르),
"너희가 바로 이런 말(다바르)을 하기(다바르) 때문에,
보라(헨)! 내가 너의 입(페)에 나의 말(다바르)을 불(에쉬)로 삼고(나탄),
또 바로 이 백성을 나무로 (주어), 그것(불)이 그들을 삼킨다(아칼).

5:15 보라(헨)! 이스라엘의 집(바이트)아,
내(여호와)가 너희에게 먼 곳에서 한 민족(고이)을 오게 한다(보),
여호와의 말(네움).
그 민족(고이)은 정녕 견고하고(에탄), 그 민족(고이)은 정녕 오래되었다.
(다시 말해), 너는 그의 언어(라숀)를 잘 알지(야다) 못하고,
또 너는 그 민족(고이)이 무엇을 말하는지(다바르) 듣지도 못하였다.

5:16 그 민족(고이)의 화살통은 열린 무덤(퀘베르)과 같고,
그들 모두는 용사(기보르)들이다.

5:17 그 민족(고이)은 너의 아들(벤)들과 너의 딸(바트)들이 먹을 너의 수확물
(콰찌르)과 너의 양식(레헴)을 먹고, 또 너의 양떼(쫀)와 너의 소떼(바콰르)를
먹으며, 너의 포도(게펜)와 너의 무화과(테엔)를 먹는다.
(다시 말해), 그 민족(고이)은 네가 의지하는(바타흐)270) 너의 요새(미브짜르)
의 성읍(이르)들을 칼(헤레브)로 쳐서 무너뜨린다(라솨쉬)271).

5:18 그럼에도 불구하고, 심지어 그 날(욤, 복)에도,
여호와의 말(네움),
내가 너희에게 끝장을 내지(아사 칼라)는 않는다.

---

269) 루아흐(רוּחַ): 영, 바람, 숨. 같은 표현 ⇒ (창1:2), (렘4:11,12,5:13,51:1,11,16,17), (겔1:4,12,20,21,2:2,3:12,14,24,11:1,5,19,24,36:26,27,37:1,5,6,8,9,10,14,39:29), (단2:1,3,8:8).

270) 바타흐(בָּטַח): 신뢰하다, 의지하다, 안전하다. 같은 표현 ⇒ (사12:2,26:3,4,30:12,31:1, 32:10,11,36:4,5,6,7,9,15,37:10,42:17,47:10,50:10,59:4), (렘5:17,7:4,8,14,9:4,12:5,13:25, 17:5,7,28:15,29:31,39:18,46:25,48:7,49:4,11), (합2:18).

271) 라솨쉬(רָשַׁשׁ): 쳐서 넘어뜨리다, 쓰러뜨리다, 파괴하다.
같은 표현 ⇒ (렘5:17), (말1:4).

5:19 그리고 이런 일이 있을 것이니,
너희가 말하기를(아마르),
'무엇 때문에 여호와 우리 하나님(엘로힘)이 우리에게 바로 이 모든 것을 행하는가(아사)?'라고 할 때,
너(이르메야)는 그들에게 말하기를(아마르),
'너희가 나(여호와)를 버리고(아자브), 너희 땅(에레쯔)에서 이방의 신들(엘로힘)을 섬긴 것(아바드)과 같이,
너희도 자신에게 속하지 않는 땅(에레쯔)에서 그와 같이 이방인(주르)[272] 들을 섬긴다(아바드).'라고 하라.

5:20 네(이르메야)가 이것을 야아콥의 집(바이트)에 자세히 알려주고(나가드)[273],
예후다에게 그것을 듣게 하여(솨마), 말하기를(아마르),

5:21 '자!, 어리석은(싸칼) 백성(암)아,
마음(레브)이 없어,
눈이 있어도 보지(라아) 못하고, 귀가 있어도 듣지(솨마) 못한다.
너희는 이것을 들어라(솨마).'라고 하라.

5:22 너희는 나(여호와)를 두려워하지(야레) 않느냐?
여호와의 말(네움).
너희는 내(여호와) 앞에서 몸부림치며 괴로워하지(훌)[274] 않느냐?
즉 내(여호와)가 모래(홀)를 바다의 경계(게불)로 곧 영원한 규례(호크)[275] 로 삼으니(숨),
그것(바다)이 그것(모래)을 넘어가지(아바르) 못하고,
그것(바다)들이 출렁거려도(가아쉬)[276] 이기지(야콜) 못하며,
그것(바다)의 파도가 물결을 쳐도(하마)[277], 그것(모래)을 넘어가지(아바르)

---

272) 주르(זוּר): 외인, 일반인, 타인. 같은 표현 ⇒ (출29:33,30:9,33), (렘2:25,3:13,5:19,30:8,51:2,51).

273) 나가드(נָגַד): 자세히 알려주다, 폭로하다, 선언하다. 같은 표현 ⇒ (창3:11,32:29), (출13:8), (신4:13,17:9), (사3:9,7:2,19:12,21:2,6,10), (렘4:5,15,5:20,9:12,16:10,20:10, 31:10,33:3,36:13,16,17,20,38:15,25,27,42:3,4,20,21,46:14,48:20,50:2,28,51:31).

274) 훌(חוּל): 산고로 괴로워하다, 몸부림치며 괴로워하다. 같은 표현 ⇒ (창8:10), (신2:25,32:18), (사45:10,51:2,54:1,66:7,8), (렘4:19,5:3,22,30:23), (욜2:6), (미1:12).

275) 호크(חֹק): 규례, 권리, 정해진 몫. ☞ 하콰크(חָקַק : 새기다, 기입하다)의 남성명사. 같은 표현 ⇒ (창47:22,26), (출5:14,12:24,15:25,18:16,29:28,30:21), (사5:14,24:5), (렘5:22,31:36,32:11), (겔11:12,16:27,20:18,25,36:27,45:14).

276) 가아쉬(גָּעַשׁ): 진동하다, 흔들리다, 떨다. 같은 표현 ⇒ (렘5:22,25:16,46:7,8).

못하는데,
(너희는 내 앞에서 몸부림치며 괴로워하지 않느냐?)

5:23 그럼에도 불구하고, 바로 이 백성(암)은
거역하고(싸라르)[278] 반역하는(마라)[279] 마음(레브)이 있어(하야),
그들은 곁길로 벗어나(쑤르), 걸어가고(알라크),

5:24 또 심지어 그들은 자신들의 마음(레바브) 속으로 말하기를(아마르),
〈자! 우리는 여호와 우리 하나님(엘로힘)을 경외하자(야레),
그가 비(게쉠)[280] 곧 이른 비(요레)와 늦은 비(말코쉬)를 주며(나탄),
그것(비)의 때(에트)에 따라, 우리를 위해 추수기(콰찌르)의 지정된(후콰)[281]
시기(솨부아)들을 지키기(솨마르) 때문이다.〉라고 하지도 않는다.' "라고
하는 것이다.

5:25 또 (여호와 만군의 하나님이 이와 같이 말하였으니),
"너희 행악(아본)[282]들이 이것들을 돌렸으며(나타)[283],
너희 죄(하타아,복)가 너희에게서 그 복 있는 것(토브)을 제지한다(마나)[284].

5:26 왜냐하면 나의 백성(암) 안에 악인(라솨)들이 발견되기 때문이다,
그들(악인)은 새 잡는 자(야쿠쉬)들이 몸을 낮추는 것(솨카크)처럼

---

277) 하마(הָמָה): 중얼거리다, 으르렁거리다, 외치다, 떠들썩하다.
같은 표현 ⇒ (사51:15,59:11), (렘4:19,5:22,6:23,31:20,35,48:36,50:42,51:55).
278) 싸라르(סָרַר): 완고하다, 반항, 반역하다. 같은 표현 ⇒ (신21:18),
(사1:23,65:2), (렘5:23).
279) 마라(מָרָה): 반역하다, 반항하다. 같은 표현 ⇒ (민20:10,24,27:14),
(사1:20,3:8,50:5,63:10), (렘4:17,5:23).
280) 게쉠(גֶּשֶׁם): 비, 소나기. 같은 표현 ⇒ (창7:12,8:2), (레26:4), (사44:14,55:10),
(렘5:24,14:4), (겔1:28,13:11,13,34:26,38:22), (욜2:2), (슥10:1,14:17).
281) 후콰(חֻקָּה): 규례, 규정된 것. ☞ 하콰크(חָקַק : 새기다, 긁다)의 여성명사.
같은 표현 ⇒ (창26:5) (출12:14,17,13:10), (렘5:24,10:3,31:35,33:25,44:10,23),
(겔5:6,7,11:20,18:9,17,19,21,20:11,13,16,19,21,24,33:15,37:24,43:11,18,44:5,24,46:14).
282) 아본(עָוֺן): 행악, 죄악, 행악의 형벌, 행악과 형별 사이의 죄의식. 집합명사.
같은 표현 ⇒ (창4:13,15:16,19:15), (렘2:22,3:13,5:25,11:10,13:22,14:7,10,20,16:10,17,
18:23,25:12,30:14,15,31:30,34,32:18,33:8,36:3,31,50:20,51:6), (단9:13,16,24).
283) 나타(נָטָה): 내뻗다, 펴다, 기울다, 돌리다. 같은 표현 ⇒ (창12:8), (사3:16,5:25,
9:12,17,21,10:2,4), (렘5:25,6:4), (겔1:22), (단9:18), (암2:7,8), (습1:4,2:13), (슥1:16).
284) 마나(מָנַע): 억제하다, 거절하다, 제지하다. 같은 표현 ⇒ (창30:2), (민22:16,24:11),
(왕상20:7), (렘2:25,3:3,5:25,31:16,42:4,48:10), (욜1:13).

지켜보다(슈르)[285]가, 덫을 놓아(나짜브)[286] 사람들을 잡는다(라카드)[287].

5:27 마치 새(오프)가 새장에 가득한 것(말레)처럼,
그와 같이 그들의 집(바이트)들은 속임(미르마)[288]으로 가득하다(말레).
그러므로 그들이 창대하고(가달)[289], 부유하다(아샤르)[290].

5:28 (다시 말해), 그들은 살찌고(솨만) 윤기가 나며(아솨트)[291],
심지어 그들은 악(라아)의 행위(다바르)들을 눈감아 주고(아바르),
또 그들은 소송(딘), 곧 고아의 소송(딘)을 변호하지(딘)[292] 않고도,
형통하며(짤라흐)[293],
또한 그들은 궁핍한 자(에브욘)들의 재판(미슈파트)을 하지(솨파트)[294]도
않는다.

5:29 이런 일들로 인하여, 내가 벌하여 보응하지(파콰드)[295] 않느냐?
여호와의 말(네움),
나의 마음(네페쉬)이 이와 같은 민족(고이)에게 보복하지(나캄) 않겠느냐?○

---

285) 슈르(שׁוּר): 보다, 관찰하다, 지켜보다. 같은 표현 ⇒ (민23:9,24:17), (렘5:26).
286) 나짜브(נָצַב): 서다, 놓다, 세우다. 같은 표현 ⇒ (창18:2,33:20,37:7), (사3:13,21:8), (렘5:26,31:21).
287) 라카드(לָכַד): 사로잡다, 붙잡다, 점령하다, 취하다. 같은 표현 ⇒ (민21:32,32:39), (사8:15,20:1,24:18,28:13), (렘5:26,6:11,8:9,18:22,32:3,24,28,34:22,37:8,38:3,28, 48:1,7,41,44,50:2,9,24,51:31,41,56).
288) 미르마(מִרְמָה): 속임, 배반. ☞ 라마(רָמָה : 속이다, 배반하다)의 여성명사. 같은 표현 ⇒ (창27:35,34:13), (사53:9), (렘5:27,9:6,8), (단8:25,11:23), (습1:9).
289) 가달(גָּדַל): 성장하다, 크게 하다, 커지다. 같은 표현 ⇒ (창12:2), (사42:21,44:14,49:21,51:18), (렘5:27,48:26,42).
290) 아솨르(עָשַׁר): 부요하다, 풍부하다. 같은 표현 ⇒ (창14:23), (렘5:27), (겔27:33), (단11:2), (슥11:5).
291) 아솨트(עָשַׁת): 광택이 나다, 윤이 나다, 빛나다, 다시 생각하다. 같은 표현 ⇒ (렘5:28), (욘1:6).
292) 딘(דִּין): 심판하다, 다투다, 변호하다. 같은 표현 ⇒ (창6:3,15:14), (신32:36), (사3:13), (렘5:28,21:12,22:16,30:13), (슥3:7).
293) 짤라흐(צָלַח): 앞으로 나아가다, 형통하다. 같은 표현 ⇒ (창24:21,40,56,39:2,23), (사48:15,53:10,54:17), (렘2:37,5:28,12:1,13:7,10,22:30,32:5), (단8:12,24,25,11:27,36).
294) 솨파트(שָׁפַט): 판단하다, 재판하다, 다스리다, 통치하다. 같은 표현 ⇒ (창16:5, 18:25,19:9), (사1:17,23,26,2:4,3:2,5:3), (렘2:35,5:28,11:20,25:31), (단9:12), (슥7:9,8:16).
295) 파콰드(פָּקַד): 방문하다, 계수하다, 임명하다. 같은 표현 ⇒ (창21:1), (왕상20:15,26,27,39), (왕하3:6,5:24,7:17,9:34), (사13:4,62:6),

5:30 소름끼침(솸마)[296] 즉 소름끼치도록 싫은 일(솨아루라)이
그 땅(에레쯔)에 있으니(하야),

5:31 곧 그 예언자(나비)들이 거짓(쉐퀘르)[297]으로 예언하고(나바)[298],
그 제사장(코헨)들이 자신들의 권력(야드)을 좇아 다스리며(라다)[299],
나의 백성(암)은 그와 같은 것을 좋아하니(아헤브)[300].
그런즉 너희는 그것(소름끼침)의 마지막(아하리트)[301]에는 무엇을 행하
려하느냐(아사)?"라고 하는 것이다.

---

296) 솸마(שַׁמָּה): 황폐, 공포, 소름끼침. 같은 표현 ⇒ (신28:37), (렘2:15,4:7,5:30,8:21, 18:16,19:8,25:9,11,18,38,29:18,42:18,44:12,22,46:19,48:9,49:13,17,50:23,51:29,37,41,43), (욜1:7), (습2:15).

297) 쉐퀘르(שֶׁקֶר): 거짓, 속임. 같은 표현 ⇒ (출5:9,20:16,23:7), (왕상22:22,23), (사44:20,57:4,59:3,13), (렘3:10,23,5:2,31,28:15,29:9,21,23,31).

298) 나바(נָבָא): 예언하다. ☞ 나비(נָבִיא : 예언자)에서 유래. 같은 표현 ⇒ (민11:25,26,27), (렘2:8,5:31,11:21,14:14,15,16,19:14,20:1,6,23:13,16,21,25,26,32,25:13,30, 26:9,11,12,18,20,27:10,14,15,16,28:6,8,9,21,26,27,31,32:3,37:19), (겔4:7,36:1,3,6,37:4,7,9, 10,12,38:2,14,17,39:1), (욜2:28), (암2:12,3:8).

299) 라다(רָדָה): 다스리다, 지배하다. 같은 표현 ⇒ (창1:26,28), (레25:43,26:17), (사14:2,6,41:2), (렘5:31), (겔29:15,34:4).

300) 아헤브(אָהֵב): 사랑하다, 좋아하다. 같은 표현 ⇒ (창22:2,24:67), (사1:23,41:8,43:4, 48:14,56:6,10,57:8,61:8,66:10), (렘2:25,5:31,8:2,14:10,20:4,6,22:20,22,30:14,31:3).

301) 아하리트(אַחֲרִית): 마지막 때, 끝, 결말. ☞ 아하르(אָחַר : 뒤에 있다)의 여성명사. 같은 표현 ⇒ (창49:1), (민23:10), (신4:30,8:16), (사2:2,41:22,46:10,47:7), (렘5:31, 12:4,17:11,23:20,29:11,30:24,31:17,48:47,49:39,50:12), (단8:19,23,10:14,11:4,12:8).

이르메야 6장

6:1 (여호와 만군의 하나님이 이와 같이 말하였으니),
“빈야민의 자손(벤)들아,
너희는 예루솰라임의 중심으로부터 도피하라(우즈).
트코아에서 너희는 뿔나팔(쇼파르)을 불고(타콰)[302],
벧하케렘 위에서 너희는 신호(마스에트)[303]를 올려라(나사).
왜냐하면 재앙(라아)이 북쪽에서 엿보이니(솨콰프)[304],
곧 (그것은) 큰 파멸(쉐베르)[305]이기 때문이다.

6:2 내(여호와)가 그 아름답고(나베)[306] 고운(아나그)[307] 찌욘의 딸(바트)을
멸망시킨다(다마, 끝내다)[308].

6:3 목자들(로임)[309]과 그곳들의 양떼들(에데르)[310]이 그곳(찌욘)에 와서(보),
그곳 주위에 장막들을 치고(타콰),

---

302) 타콰(תָּקַע): 장막을 치다, 나팔을 불다, 몰다. 같은 표현 ⇒ (창31:25), (출10:19), (민10:3,4,5,6,7,8,10), (사18:3,22:23,25,27:13), (렘4:5,6:1,3,51:27), (욜2:1,15), (암3:6).

303) 마스에트(מַשְׂאֵת): 들어 올림, 짐, 몫(음식), 신호. ☞ 나사(נָשָׂא : 들어올리다, 나르다)의 여성명사. 같은 표현 ⇒ (창43:34), (렘6:1), (겔20:40), (습3:18).

304) 솨콰프(שָׁקַף): 내려다 보다, 내다보다. 같은 표현 ⇒ (창18:16,19:28,26:8), (출14:24), (민21:20,23:28), (신26:15), (렘6:1).

305) 쉐베르(שֶׁבֶר): 파괴, 파멸, 부숨, 골절. ☞ 솨바르(שָׁבַר : 깨뜨리다, 부수다)에서 유래. 같은 표현 ⇒ (사1:28,51:19,59:7,60:18,65:14), (렘4:6,20,6:1,14,8:11,21, 10:19,14:17,30:12,15,48:3,5,50:22,51:54).

306) 나베(נָוֶה): 목초지, 양떼나 목자의 거처, 거처. ☞ 나바(נָוָה : 아름답게 하다, 집에 머무르다)에서 유래. 같은 표현 ⇒ (출15:13), (사27:10,32:18,33:20,34:13,35:7, 65:10), (렘6:2,10:25,23:3,25:30,31:23,33:12,49:19,20,50:7,19,44,45), (습2:6).

307) 아나그(עָנַג): 유순하다, 고상하다, 크게 즐거워하다, 기뻐하다. 같은 표현 ⇒ (신28:56), (사55:2,57:4,58:14,66:11), (렘6:2).

308) 다마(דָּמָה): 그치다, 끝나다, 잘라내다, 멸망하다, 망하다.
같은 표현 ⇒ (사6:5), (렘6:2,14:17,47:5), (습1:11), (옵1:5).

309) 로임(רֹעִים): ☞ 라아(רָעָה : 풀을 뜯다, 방목하다)의 분사 복수.
라아(רָעָה): 풀을 뜯다, 돌보다, 먹이다, 친구가 되다.
같은 표현 ⇒ (창4:2,13:7), (렘3:15,6:3,10:21,12:10,22:22,23:4,25:34,36,50:6), (겔34:2).

310) 에데르(עֵדֶר): 떼, 무리. 같은 표현 ⇒ (창29:2,3,8,30:40,32:16), (사17:2,32:14,40:11), (렘6:3,13:17,20,31:10,24,51:23), (겔34:12), (욜1:18), (미2:12), (습2:14), (말1:14) .

그들 각자(이쉬)가 자신의 처소(야드)에서 양떼를 먹인다(라아)

6:4 너희는 그곳(찌욘)에 대적하여(알) 전쟁(밀하마)을 특별히 준비하라(콰다쉬).
너희는 일어나라(쿰),
우리가 그날 정오에 올라가자(알라).
아하(호이), 우리에게,
왜냐하면 그 날(욤)이 방향을 돌리고(파나),
저녁의 그림자가 길어지기(나타)[311] 때문이다.

6:5 너희는 일어나라(쿰),
그날 밤에 우리가 올라가서(알라),
우리는 그곳의 궁전(아르몬)들을 멸망시키자(쇠하트)[312]."라고
하는 것이다.

6:6 왜냐하면 만군의 여호와가 이와 같이 말하였으니(아마르),
"너희는 나무를 자르고(카라트), 예루솰라임에 대적하여 토성(쏠렐라)을
쌓아라(쇠파크)[313].
그곳(예루솰라임)은 그것의 모든 것이 벌 받을(파콰드)[314] 성읍(이르)이고,
그곳 속에는 압제(오쉐크)[315]뿐이다.

6:7 우물(보르)[316]이 그 물을 솟구쳐 내듯이(쿠르),
그와 같이 그곳의 악(라아)이 솟아나고(쿠르),

---

311) 나타(נָטָה): 내뻗다, 펴다, 기울다, 돌리다. 같은 표현 ⇒ (창12:8), (시3:16,5:25, 9:12,17,21,10:2,4), (렘5:25,6:4), (겔1:22), (단9:18), (암2:7,8), (습1:4,2:13), (슥1:16).

312) 쇠하트(שָׁחַת): 부패케 하다, 멸망시키다. 같은 표현 ⇒ (창6:11), (사1:4,11:9,14:20, 36:10,37:12,51:13,54:16,65:8,25), (렘2:30,4:7,5:10,6:5,28,11:19,12:10,13:7,9,14,15:3,6,18:4, 51:1,11,20,25), (말2:8,3:11).

313) 쇠파크(שָׁפַךְ): 붓다, 쏟다, 흘리다, 쌓다. 같은 표현 ⇒ (창9:6), (시37:33,42:25, 59:7), (렘6:6,11,10:25,14:16,22:3,17), (겔36:18,39:29), (단11:15), (욜2:28,29,3:19).

314) 파콰드(פָּקַד): 방문하다, 계수하다, 임명하다, 보응하여 벌하다. 같은 표현 ⇒ (창21:1), (왕상20:15,26,27,39), (왕하3:6,5:24,7:17,9:34), (사13:4,62:6), (렘1:10,3:16, 5:9,29,6:6,15,9:9,25,11:22,13:21,14:10,15:3,15,21:14,23:2,4,34,25:12,27:8,22,29:10,32,30:20, 32:3,36:31,37:21,40:5,7,11,41:2,10,18,44:13,29,46:25,49:8,19,50:18,31,44,51:27,44,47,52), (호1:4,2:13), (습1:8,9,11,2:7).

315) 오쉐크(עֹשֶׁק): 압박, 압제, 억압, 강탈. 같은 표현 ⇒ (시30:12,54:14,59:13), (렘6:6,22:17), (겔18:18,22:7,12,29).

316) 보르(בּוֹר): 구덩이, 우물. 같은 표현 ⇒ (창37:20), (사14:15,19,24:22,36:16,38:18,51:1), (렘6:7,37:16,38:6,7,9,10,11,13,41:7,9), (겔26:20,31:14,16,32:18,23,24,25,29,30), (슥9:11).

폭력(하마쓰)317)과 약탈(쇼드)318)의 소리(콜)가 그곳에서 들리며(솨마),
내(여호와) 앞에는 질병(홀리)319)과 상처(마카)320)가 항상 있도다.

6:8 예루살라임아, 너는 훈계를 받아들여라(야싸르)321),
즉 내(여호와) 영혼(네페쉬)이 너를 멀어지게 하지(야콰아)322) 않도록,
또 내(여호와)가 너를 황폐케 하여(숨 쉐마마323)), 거주하지(야솨브) 못하는
땅(에레쯔)으로 만들지(숨) 않도록,
(너는 훈계를 받아들여라)."고 하는 것이다.פ

6:9 만군의 여호와가 이와 같이 말하였으니(아마르),
"그들이 이스라엘의 살아 남은 자(쉐에리트)324)를 그 포도나무(게펜)처럼
매우 지나칠 정도로 거두니(알랄)325),
너(이르메야)도 자신의 손(야드)을 광주리에 포도 거두는 자(바짜르)326)처
럼 돌이키게 하라(슈브)."고 하는 것이다.

---

317) 하마쓰(חָמָס): 폭력, 포악, 불법. 같은 표현 ⇒ (창6:11,13,16:5,49:5), (신19:16), (사53:9,59:6,60:18), (렘6:7,20:8,51:35,46), (겔7:11,8:17,12:19,28:16,45:9).

318) 쇼드(שֹׁד): 약탈, 황폐, 대파괴, 멸망. 같은 표현 ⇒ (사13:6,51:19,59:7,60:18), (렘6:7,20:8,48:3), (겔45:9), (욜1:15), (합1:3,2:17).

319) 홀리(חֳלִי): 병, 질병. ☞ 할라(חָלָה : 병들다, 약하게 하다)의 명사.
같은 표현 ⇒ (신7:15,28:59,61), (사1:5,38:9,53:3,4), (렘6:7,10:19).

320) 마카(מַכָּה): 타격, 상처, 재앙. ☞ 나카(נָכָה : 치다, 때리다)의 여성명사.
같은 표현 ⇒ (레26:21), (신25:3,28:59,29:22), (왕상20:21,22:35), (왕하8:29,9:15), (사1:6,10:26,14:6,27:7), (렘6:7,10:19,14:17,15:18,19:8,30:12,14,17,49:17,50:13,), (미1:9).

321) 야싸르(יָסַר): 훈계,징계 하다, 교훈 하다, 징벌하다. 같은 표현 ⇒ (레26:18,23), (신4:36,8:5,21:18,22:18), (사8:11,28:26), (렘2:19,6:8,10:24,30:11,31:18).

322) 야콰아(יָקַע): 탈구하다, 소외시키다, 멀어지게 하다, 매달다.
같은 표현 ⇒ (창32:25), (민25:4), (렘6:8), (겔23:17,18).

323) 쉐마마(שְׁמָמָה): 황폐, 황무지. ☞ 솨멤(שָׁמֵם : 황폐하게 하다)의 여성명사.
같은 표현 ⇒ (출23:39), (사1:7,62:4,64:10), (렘4:27,6:8,9:11,10:22,12:10,11,25:12,32:43, 34:22,44:6,49:2,33,50:13,51:26,62), (욜2:3,20,3:19), (습2:9).

324) 쉐에리트(שְׁאֵרִית): 살아남은 자, 남은 것, 후손. ☞ 솨아르 (שָׁאַר : 살아남다)의 여성명사. 같은 표현 ⇒ (창45:7), (렘6:9,8:3,11:23,15:9,23:3,24:8,25:20,31:7,39:3,40:11,15, 41:10,16,42:2,15,19,43:5,44:12,14,28,47:4,5,50:26), (미2:12,4:7), (습2:9), (슥8:6,11,12).

325) 알랄(עָלַל): 호되게 다루다, 지나치게 줍다, 이삭을 줍다, 아이처럼 행동하다.
같은 표현 ⇒ (출10:2), (레19:10), (민22:29), (신24:21), (사3:12), (렘6:9,38:19).

326) 바짜르(בָּצַר): 잘라내다, 접근하지 못하게 하다, 억제하다, 포도를 거두다.
같은 표현 ⇒ (창11:6), (레25:5,11), (민13:28), (사2:15,22:10,25:2,27:10,36:1,37:26), (렘6:9,15:20,33:3,49:9,51:53), (옵1:5), (습1:16).

6:10 내(이르메야)가 누구에게 말하고(다바르) 경고하여(우드),[327]
그들로 듣게 할까(솨마)?
보라(한네)! 그들의 귀가 할례받지 않아(아렐),[328]
그들은 귀 기우릴 수(야콜 콰솨브[329]))가 없다.
보라(한네)! 여호와의 말(다바르)이 그들에게는 책망(헤르파)[330])이 되니(하야),
그들이 그것을 기뻐하지(하페쯔)[331]) 않는다.

6:11 (만군의 여호와가 이와 같이 말하였으니),
"그러므로 내(여호와)가, 여호와의 진노(헤마)[332])로 가득 차,
참아내기(쿨)[333])가 힘드니(라아)[334]),
너는 그 거리(후쯔,복)에 있는 어린아이(올렐)에게
또 청년들의 회의(쏘드)에게 함께 쏟아 부어라(솨파크),
왜냐하면 심지어 남편(이쉬)과 아내(이솨)도 사로 잡히고(라카드)[335]),
날(욤,복)이 가득 찬 노인들도 (사로 잡히기) 때문이다.

---

327) 우드(עוּד): 증인으로 세우다, 증거 하다, 되돌리다, 반복하다, 엄숙히 경고하다. 같은 표현 ⇒ (창43:3), (출19:21,23,21:29), (사8:2), (렘6:10,11:7,32:10,25,44,42:19), (암3:13), (말2:14).
328) 아렐(עָרֵל): 할례를 받지 않다, 포피를 자르지 않다. 같은 표현 ⇒ (창17:14), (출6:12,30,12:48), (레19:23,26:41), (사52:1), (렘6:10,9:26), (겔28:10).
329) 콰솨브(קָשַׁב): 귀를 기울려 청종하다, 주의하다. ☞ 시문에서 많이 쓰이는 표현. 같은 표현 ⇒ (사10:30,21:7,28:23,32:3,34:1,42:23,48:18,49:1,51:4), (렘6:10,17,19,8:6,18:18,19,23:18), (단9:19), (미1:2), (슥1:4), (말3:16).
330) 헤르파(חֶרְפָּה): 수치, 조롱, 치욕, 책망. 여성명사. 같은 표현 ⇒ (창30:23,34:14), (사4:1,25:8,30:5,47:3,51:7,54:4), (렘6:10,15:15,20:8,23:40,24:9,29:18,31:19,42:18,44:8,12,49:13,51:51).
331) 하페쯔(חָפֵץ): 기뻐하다, 에 호의를 느끼다. 같은 표현 ⇒ (창34:19), (민14:8), (사1:11,13:17,42:21,53:10,55:11,56:4,58:2,62:4,65:12,66:3,4), (렘6:10,9:24,42:22).
332) 헤마(חֵמָה): 열, 격노, 분노. ☞ 야함(יָחַם : 뜨겁다)의 여성명사. 같은 표현 ⇒ (창27:44), (사42:25,51:13,17,20,22,59:18,63:3,5,6,66:15), (렘4:4,6:11,7:20,10:25,18:20,21:5,12,23:19,25:15,30:23,32:31,37,33:5,36:7,42:18,44:6), (나1:6).
333) 쿨(כּוּל): 을 담다, 부양하다, 감당하다. 같은 표현 ⇒ (창45:11,47:12,50:21), (왕상17:4,9,18:4,13,20:27), (사40:12), (렘2:13,6:11,10:10,20:9), (욜2:11), (말3:2).
334) 라아(לָאָה): 피곤하다, 지치다, 싫증나다. 같은 표현 ⇒ (창19:11), (출7:18), (사1:14,7:13,16:12,47:13), (렘6:11,9:5,12:5,15:6,20:9).
335) 라카드(לָכַד): 사로잡다, 붙잡다, 점령하다, 취하다. 같은 표현 ⇒ (민21:32,32:39), (사8:15,20:1,24:18,28:13), (렘5:26,6:11,8:9,18:22,32:3,24,28,34:22,37:8,38:3,28,48:1,7,41,44,50:2,9,24,51:31,41,56).

6:12 그들의 집(바이트)들이 다른 자(아헤르)들에게 넘어가고(쑤르)[336],
밭(사데)들과 아내(이솨)들도 함께(야하드) (넘어간다).
왜냐하면 내가 내 손(야드)을 그 땅의 거주민(야솨브)들에게 뻗기(나타)
때문이다.
여호와의 말(네움).

6:13 왜냐하면 그들 작은 자로부터 그들 큰 자까지 그들 모두가
<u>불의한 이득</u>(베짜)[337]을 폭력으로 취하며(바짜)[338],
예언자(나비)로부터 제사장(코헨)까지 그들 모두가
거짓(쉐퀘르)을 행하기(아사) 때문이다.

6:14 그들은 내 백성의 부러진 곳(쉐베르)[339]을 가볍게(콸랄)[340] 고쳐주며
(라파)[341], 평안(솰롬)이 없는데도, '평안하다(솰롬), 평안하다(솰롬).'라고
말한다(아마르).

6:15 그들이 가증한 짓(토에바)[342]을 행할(아사) 때,
그들은 부끄러워하느냐(야베쉬)[343]?
심지어 그들은 전혀 부끄러워하지도(부쉬)[344] 않고,

---

336) 쑤르(סוּר): 옆으로 빗나가다, 제거하다, 고개를 돌리다, 배교하다, 떠나다.
같은 표현 ⇒ (창19:2,35:2), (사1:16,25,49:21,52:11,58:9,59:15), (렘4:1,4,5:10,23,6:12,28,15:5,17:5,32:31,40), (말2:8,3:7).

337) 베짜(בֶּצַע): 폭력에 의한 취득, 불의의 이득. 같은 표현 ⇒ (창37:26), (출18:21), (사33:15,56:11,57:17), (렘6:13,8:10,22:17,51:13), (합2:9), (말3:14).

338) 바짜(בָּצַע): 잘라내다, 끝내다, 폭력으로 얻다.
같은 표현 ⇒ (사10:12,38:12), (렘6:13,8:10), (욜2:8), (합2:9).

339) 쉐베르(שֶׁבֶר): 파괴, 파멸, 부숨, 골절. ☞ 솨바르(שָׁבַר : 깨뜨리다, 부수다)에서 유래. 같은 표현 ⇒ (사1:28,51:19,59:7,60:18,65:14), (렘4:6,20,6:1,14,8:11,21,10:19,14:17,30:12,15,48:3,5,50:22,51:54).

340) 콸랄(קָלַל): 무시하다, 보잘 것 없다, 경시하다, 저주하다, 가볍다, 빠르다.
같은 표현 ⇒ (창8:8), (삼상3:13), (왕하2:24,3:18), (사8:21,9:1,23:9,30:16,49:6,65:20), (렘4:13,24,6:14,8:11,15:10), (욜1:5), (나1:14), (합1:8).

341) 라파(רָפָא): 고치다, 치료하다. 같은 표현 ⇒ (창20:17,50:2), (사6:10,19:22,30:26,53:5,57:18,19), (렘3:22,6:14,8:11,22,15:18,17:14,19:11,30:17,33:6,51:8,9), (겔34:4,47:8,9).

342) 토에바(תּוֹעֵבָה): 가증한 것, 가증한 짓. 여성명사. 같은 표현 ⇒ (창43:32,46:34), (출8:26), (사1:13,41:24,44:19), (렘2:7,6:15,7:10,8:12,16:18,32:35,44:4,22), (말2:11).

343) 야베쉬(יָבֵשׁ): 마르다, 시들다, 부끄러워하다. ☞ 초목의 시들음을 묘사.
같은 표현 ⇒ (창8:7,14), (사15:6,19:5,7,27:11,30:5,40:7,8,24,42:15,44:27,56:3), (렘6:15,51:17), (욜1:10,12,17,20), (암1:2), (나1:4), (슥9:5).

얼굴도 붉히지(칼람)[345] 않고, 깨달아 알지도(야다) 못한다.
그러므로 그들은 그 쓰러진 자(나팔)들 가운데, 쓰러지고(나팔),
또 내(여호와)가 그들을 벌하여 보응할(파콰드) 때,
그들은 걸려 넘어진다(카샬)[346].”라고 여호와가 말한다(아마르).ס

6:16 여호와가 이와 같이 말하였으니(아마르),
“너희는 길(데레크,복)에 서서(아마드) 보고(라아),
옛적의 길(나티브,복)[347] 곧 그 좋은(토브) 길(데레크,)이 어디에 있는 지에
관하여 물어보라(솨알),
너희는 그곳으로 걸어가라(알라크).
너희는 자신들의 영혼의 쉼(마르고아으)을 찾아라(마짜).
그러나 그들은 말하기를(아마르),
‘우리는 가지(알라크) 않습니다.’라고 한다.

6:17 내(여호와)가 너희 위에 파수하는 자(짜파)[348]들을 세우니(쿰),
너희는 뿔나팔(쇼페르)의 소리에 귀 기울어 들어라(콰솨브).
그러나 그들은 말하기를(아마르),
‘우리는 귀 기울어 듣지(콰솨브) 않습니다.’라고 한다.

6:18 그러므로 그 민족(고이)들아,
너희는 들어라(솨마).
회중(에다)아,
너희는 자신들 안에 무엇이 있는 지를 깨달아 알아라(야다).

6:19 그 땅(에레쯔)아,
너는 들어라(솨마).

---

344) 부쉬(בּוֹשׁ): 부끄러워하다, 수치를 당하다. 같은 표현 ⇒ (창2:25), (사1:29,41:11, 42:17,44:9,11,45:16,17,24,49:23,50:7,54:4,65:13,66:5), (렘2:36,6:15,8:9,12,9:19,10:14,12:13, 14:3,4,15:9,17:13,18,20:11,22:22,31:19,46:24,48:1,13,20,39,49:23,50:2,12,51:17,47,51).
345) 칼람(כָּלַם): 수치를 당하다, 부끄러워하다, 얼굴을 붉히다. 같은 표현 ⇒ (민12:14), (사41:11,45:16,17,50:7,54:4), (렘3:3,6:15,8:12,14:3,22:22,31:19).
346) 카솰(כָּשַׁל): 비틀 거리다, 걸려 넘어지다. 같은 표현 ⇒ (사3:8,5:27,8:15,40:30,59:10), (렘6:15,21,8:12,18:15,23,20:11,31:9,46:6,12,16,50:32), (단11:14,19,33), (나2:5), (말2:8).
347) 나티브(נָתִיב): 길, 작은 통로, 발을 밟아 생긴 길.
같은 표현 ⇒ (사42:16,43:16,58:12,59:8), (렘6:16,18:15).
348) 짜파(צָפָה): 지켜보다, 망보다. 같은 표현 ⇒ (창31:49), (사21:6,52:8,56:10), (렘6:17,48:19), (겔3:17), (나2:1).

보라(한네)! 내(여호와)가 바로 이 백성에게 재앙(라아)
곧 그들의 생각(마하솨바,복)349)의 열매(페리,복)를 가져오니(보),
왜냐하면 그들이 내 말(다바르,복)에 귀 기우려 듣지(콰솨브) 않고,
내 토라를 거부하기(마아쓰) 때문이다.

6:20 이것이 어찌하여 있느냐?
곧 어찌하여 유향(레보나)350)이 쉬바로부터 나에게 오고(보),
그 좋은 향품(콰네,줄기)이 먼 땅으로부터 나에게 (오느냐)?
너희의 올림제물(올라,복)이 기쁘게 받아들임(라쫀)이 아니고,
너희의 희생제물(제바흐,복)이 나에게 기쁨이 되지(아레브)351) 않는다."
라고 하는 것이다.ס

6:21 그러므로 여호와가 이와 같이 말하였으니(아마르),
"보라(헨)! 내가 바로 이 백성에게 장애물(미크숄)352)들을 주니(나탄),
아버지들과 아들들이 그것들로 인해 함께(야하드) 넘어지고(카솰),
이웃(솨켄)과 친구도 함께 멸망한다(아바드)353)."라고 하는 것이다.פ

6:22 그러므로 여호와가 이와 같이 말하기를(아마르),
"보라(한네)! 한 백성(암)이 북쪽 땅에서 이르니(보),
즉 큰 민족(고이)이 땅 끝(예레카,측면)에서 깨어 일어난다(우르)354).

6:23 그들은 활과 단창을 강하게 잡고(하자크), 잔인하며(아크자리),

---

349) 마하솨바(מַחֲשָׁבָה): 생각, 사상, 고안, 발명. ☞ 하솨브(חָשַׁב : 생각하다, 고안하다)의 여성명사. 같은 표현 ⇒ (창6:5), (출31:4,35:32,33,35), (사55:7,8,9,59:7,65:2,66:18), (렘4:14,6:19,11:29,18:11,12,18,29:11,49:20,30,50:45,51:29), (단11:24,25).

350) 레보나(לְבוֹנָה): 유향, 유향나무의 진에서 나는 향기로운 향. 여성명사. 같은 표현 ⇒ (출30:34), (레2:1,2,15,16), (민5:15), (렘6:20,17;26,41:5).

351) 아레브(עָרֵב): 즐거워하다, 기뻐하다, 달다. 같은 표현 ⇒ (렘6:20,31:26), (겔16:37), (말3:4).

352) 미크숄(מִכְשׁוֹל): 걸려 넘어지게 하는 것, 장애물. 같은 표현 ⇒ (레19:14), (사8:14,57:14), (렘6:21), (겔3:20,7:19,14:3,4,7,18:30,21:15,44:12).

353) 아바드(אָבַד): 멸망시키다, 사라지게 하다, 길을 잃다. 같은 표현 ⇒ (출10:7), (레23:30,26:38), (사26:14,27:13,29:14,37:19,41:11,57:1,60:12), (렘1:10,4:9,6:21,7:28, 9:12,10:15,12:17,15:7,18:7,18,23:1,25:10,35,27:10,15,31:28,40:15,46:8,48:8,36,46,49:7,38, 50:6,51:18,55), (욜1:11), (암2:14,3:15), (옵1:8,12), (욘1:6,14), (습2:5,13).

354) 우르(עוּר): 깨다, 분발하다, 일으키다, 각성하다.같은 표현 ⇒ (사41:2,25,42:13,45:13, 50:4,51:9,17,52:1,64:7), (렘6:22,25:32,50:9,41,51:1,11), (단11:2,25), (합2:19), (학1:14), (슥2:13), (말2:12).

궁휼히 여기지(라함)[355] 않는다.
그들의 소리는 그 바다와 같이 크게 소리를 내고(하마)[356],
그들은 말(쑤쓰, 복)을 탔으니(라카브),
그들이 찌욘의 딸에게 대적하여 전쟁(밀하마)의 사람(이쉬)처럼
정열하면서(아라크)[357]이다."라고 하는 것이다.

6:24 그때 우리는 그런 소식(쇼마)을 듣고, 우리의 손(야드)이 풀렸으며(라파)[358],
고통(짜라)[359]이 우리를 강하게 잡았으니(하자크),
몸부림의 진통(힐)[360]이 그 해산하는 여인(얄라드)과 같았다.

6:25 (여호와가 이와 같이 말하였으니),
"너희는 그 들판(사데)으로 나가지(야짜) 말고,
그 길(데레크)에 걸어 다니지(알라크) 말라.
왜냐하면 원수(오예브)의 칼(헤레브)이 있고,
공포(마고르)[361]가 사방에 있기 때문이다.

6:26 딸(바트) 내 백성아,
너는 굵은 베옷(사크)을 걸치고,
그 재(에페르)[362] 속에 뒹굴어라(파라쉬)[363].
너는 외아들(예히드)[364]의 슬픔(에벨)[365]으로

---

355) 라함(רָחַם): 긍휼히 여기다, 긍휼을 베풀다. 같은 표현 ⇒ (출33:19), (신13:17), (렘6:23,12:15,13:14,21:7,30:18,31:20,33:26,42:12,50:42), (호1:6,7,2:1,4,23), (슥1:12).
356) 하마(הָמָה): 중얼거리다, 으르렁거리다, 외치다, 떠들썩하다.
같은 표현 ⇒ (사51:15,59:11), (렘4:19,5:22,6:23,31:20,35,48:36,50:42,51:55).
357) 아라크(עָרַךְ): 정돈하다, 질서 있게 놓다, 배열하다, 값을 정하다.
같은 표현 ⇒ (창14:8,22:9), (출27:21,40:4), (레1:7,8,6:12,24:3), (민23:4), (사21:5,30:33,40:18,44:7,65:11), (렘6:23,46:3,50:9,14,42).
358) 라파(רָפָה): 가라앉다, 떨어지다, 느슨해 지다, 낙심하다. 같은 표현 ⇒ (출4:26,5:8,17), (사5:24,13:7), (렘6:24,38:4,49:24,50:43), (겔1:24,25).
359) 짜라(צָרָה): 환난, 고난. ☞ 짜르(צַר : 고난, 대적, 적)의 여성명사.
같은 표현 ⇒ (창35:3), (사8:22,28:20,30:6,33:2,37:3,46:7,63:9,65:16), (렘4:31,6:24, 14:8,15:11,16:19,30:7,49:24,50:43), (단12:1), (옵1:12,14), (욘2:2), (나1:7,9), (습1:15).
360) 힐(חִיל): 몸부림, 고통. 같은 표현 ⇒ (출15:14), (렘6:24,22:23,50:43).
361) 마고르(מָגוֹר): 두려움, 공포. 같은 표현 ⇒ (사31:9), (렘6:25,20:4,10,46:5,49:29).
362) 에페르(אֵפֶר): 재. 같은 표현 ⇒ (민19:9,10), (사44:20,58:5,61:3), (렘6:26,25:34), (겔27:30,28:18), (단9:3), (말4:3).
363) 파라쉬(פָּלַשׁ): 구르다, 뒹굴다. 같은 표현 ⇒ (렘6:26,25:34), (겔27:30), (미1:10).
364) 예히드(יָחִיד): 유일한, 단 하나의. 같은 표현 ⇒ (창22:2,12,16), (렘6:26), (슥12:10).

비통한(타므루르) 애곡(미스페드)[366]을 하라(아사).
왜냐하면 그 파괴자(솨다드)[367]가 갑자기 너희에게 오기(보) 때문이다.

6:27 내가 너(이르메야)를 내 백성의 살피는 자(바혼)와 요새(미브짜르)로 주니(나탄),
너는 그들의 길(데레크)을 잘 알아(야다), 자세히 살펴라(바한)[368].

6:28 그들 모두는 심히 배반하고(쑤르)[369] 비방하는 자(라킬)[370]로 살아가고
(할라크), 그들은 청동과 철이고, 그들 모두가 정녕 부패하였다(솨하트).

6:29 풀무질을 세게 하여(하라르)[371], 납(이르메야)이 불에 완전히 녹으나(타맘)
정녕 제련하는 것(짜라프)[372]이 그 헛됨(솨브)[373]이 되니,
즉 악한 자(라아)들이 완전히 뽑히지(나타크)[374] 않기 때문이다.

6:30 그들이 '거절당한(마아쓰) 은(케쎄프)'이라고 불리니(콰라),
왜냐하면 여호와가 그들을 거절하였기(마아쓰) 때문이다."라고 하는
것이다.פ

---

365) 에벨(אֵבֶל): 슬퍼함, 애도. 같은 표현 ⇒ (창27:41,50:10,11), (신34:8), (사60:20,61:3), (렘6:26,16:7,31:13), (암8:10), (미1:8).

366) 미쓰페드(מִסְפֵּד): 울부짖음, 통곡, 애곡. 같은 표현 ⇒ (창50:10), (사22:12), (렘6:26,48:38), (겔27:31), (욜2:12), (미1:8,11), (슥12:10,11).

367) 솨다드(שָׁדַד): 난폭하게 다루다, 파괴하다, 황폐케 하다. 같은 표현 ⇒ (사15:1,16:4,21:2,23:1,14,33:1), (렘4:13,20,30,5:6,6:26,9:19,10:20,12:12,15:8,25:36,47:4, 48:1,8,15,18,20,32,49:3,10,28,51:48,53,55,56), (욜1:10), (옵1:5), (미2:4).

368) 바한(בָּחַן): 입증하다, 시험하다, 자세히 보다. 같은 표현 ⇒ (창42:15,16), (시11:4,5), (렘6:27,9:7,11:20,12:3,17:10,20:12), (겔21:13), (슥13:9), (말3:10,15).

369) 쑤르(סוּר): 옆으로 빗나가다, 제거하다, 고개를 돌리다, 배교하다, 떠나다. 같은 표현 ⇒ (창19:2,35:2), (사1:16,25,49:21,52:11,58:9,59:15), (렘4:1,4,5:10,23, 6:12,28), (말2:8,3:7).

370) 라킬(רָכִיל): 비방, 중상, 험담하는 자. ☞ 라칼(רָכַל : 교역을 목적으로 돌아다니다). 같은 표현 ⇒ (레19:16), (렘6:28,9:4), (겔22:9).

371) 하라르(חָרַר): 불타다, 뜨거운 불로 숯이 되다. 같은 표현 ⇒ (사24:6), (렘6:29), (겔15:4,5,24:10,11).

372) 짜라프(צָרַף): 정련하다, 단련하다, 정제하다, 깨끗하게 하다. 같은 표현 ⇒ (사1:25,40:19,41:7,46:6,48:10), (렘6:29,9:7,10:9,14,51:17), (단11:35,12:10), (말3:2,3).

373) 솨브(שָׁוְא): 텅빔, 공허, 헛됨, 허무, 거짓. 같은 표현 ⇒ (출20:7), (신5:11), (사1:13,5:18,30:28,59:4), (렘2:30,4:30,6:29,18:15,46:11), (욘2:8), (말3:14).

374) 나타크(נָתַק): 잡아끊다, 잡아 뽑다, 끌어내다. 같은 표현 ⇒ (레22:24), (사5:27,33:20,58:6), (렘2:20,5:5,6:29,10:20,12:3,22:24,30:8), (나1:13).

이르메야 7장

7:1 여호와께로부터 <u>이르메야</u>에게 임한(하야) 그 말(다바르),
말하기를(아마르),

7:2 "너는 여호와의 집(바이트)의 대문(솨아르)에 서서(아마드),
바로 이 말(다바르)을 외쳐라(콰라).
네가 말하기를(아마르),
'여호와께 경배하기(솨하) 위해 바로 이 문(솨아르, 복)으로 들어오는(보)
모든 예후다 사람아,
너희는 여호와의 말(다바르)을 들어라(솨마)."고 하는 것이다.ㅁ

7:3 만군의 여호와 이스라엘의 하나님이 이와 같이 말하였으니(아마르),
"너희는 자신의 길(데레크, 복) 즉 자신의 행실(마알랄, 복)375)을 선하게 하라
(야타브)376). 그러면 내가 너희를 바로 이 장소(마콤)에 머물게 한다(솨칸).

7:4 너희는, '이곳은 여호와의 성전(헤이칼)이다, 여호와의 성전(헤이칼)이다.
여호와의 성전(헤이칼)이다.'라고 말하는(아마르) 그 거짓(쉐퀘르)의 말(다바르, 복)
을 의지하지(바타흐)377) 말라,

7:5 왜냐하면 만일 너희가 자신의 길(데레크, 복) 즉 자신의 행실(마알랄, 복)을
정녕 선하게 하면(야타브),
곧 너희는 각자(이쉬) 사이에 또 그의 이웃 사이에 법도(미쉬파트)378)를

---

375) 마알랄(מַעֲלָל): 행위, 행실. ☞ 알랄(עָלַל): 호되게 다루다, 행동하다)에서 유래.
같은 표현 ⇒ (신28:20), (사1:16,3:8,10), (렘4:4,18,7:3,5,11:18,17:10,18:11,21:12,14,
23:2,22,25:5,26:3,13,32:19,35:15,44:22), (미2:7), (슥1:4,6).

376) 야타브(יָטַב): 잘하다, 선하게 하다, 즐겁게 하다, 복 있다.
☞ 토브(טוֹב : 좋은)의 동사. 같은 표현 ⇒ (창4:7,12:13,32:9), (사1:17,41:23),
(렘1:12,2:33,4:22,7:3,5,23,32:40), (미2:7), (습1:12).

377) 바타흐(בָּטַח): 신뢰하다, 의지하다, 안전하다. 같은 표현 ⇒ (사12:2,26:3,4,30:12,31:1,
32:10,11,36:4,5,6,7,9,15,37:10,42:17,47:10,50:10,59:4), (렘5:17,7:4,8,14,9:4,12:5,13:25,
17:5,7,28:15,29:31,39:18), (합2:18).

378) 미쉬파트(מִשְׁפָּט): 공의, 법도, 재판, 심판. ☞ 솨파트(שָׁפַט : 재판하다)의 명사.
같은 표현 ⇒ (창18:19), (사40:14,27,41:1,42:1,3,4,49:4,50:8,51:4,53:8,54:17,56:1,58:2,
59:8,9,61:8), (렘1:16,4:2,12,5:1,4,5,28,7:5,8:7,9:24,10:24,12:1,17:11,21:12,22:3,13,15,23:5,
26:11,16,30:11,18,32:7,9,33:15,39:5,46:28,48:21,47,51:9,52:9).

정녕 행하고(아사),

7:6 너희가 나그네(게르)와 고아와 과부를 억압하지(아솨크)379) 않고,
무죄한 자(나퀴)380)의 피를 바로 이곳에서 흘리지(솨파크) 않고,
악(라아)을 위해 다른 신들(엘로힘)을 좇아 살아가지(할라크) 않으면,

7:7 그러면 내가 너희 조상들에게 준 그 땅(에레쯔) 바로 이 장소(마콤)에서
나(여호와)는 너희를 영원(올람)부터 영원(올람)까지 머물게 한다(솨칸).

7:8 보라(힌네)! 너희는 유익을 주지(야알381) 않는 거짓(쉐퀘르)의 말(다바르,복)을
의지한다(바타흐).

7:9 너희는 도둑질 하고(가나브)과 살인하고(라짜흐)과 간음하고(나아프)382)
거짓으로 맹세하고(솨바), 그 바알에게 분향하며(콰타르),
너희가 잘 알지(야다) 못하는 다른 신들(엘로힘)을 좇아 살아간다(할라크),

7:10 너희는 내 앞 곧 내 이름(쉠)으로 불리는 바로 이 집(바이트)에 들어와
(보) 서서(아마드), 말하기를(아마르), '우리는 구원을 받았다(나쫠)383)'라고
하면서도, 바로 이 모든 가증한 짓(토에바)384)들을 행한다(아사),

7:11 곧 내 이름(쉠)으로 불리는 바로 이 집(바이트)이
너희 눈에는 포악한 자(페리쯔)385)들의 소굴(메아라,동굴)이냐?
보라(힌네)! 심지어 내가 보고 있다(라아).
여호와의 말(네움).ㅁ

---

379) 아솨크(עָשַׁק): 억압하다, 학대하다, 강탈하다. 같은 표현 ⇒ (레6:2,4,19:13), (신24:14), (사23:12,52:4), (렘7:6,21:12,50:33), (미2:2), (말3:5).

380) 나퀴(נָקִי): 죄 없는, 무죄한, 결백한, 깨끗한. 같은 표현 ⇒ (창24:41,44:10), (사59:7), (렘2:34,7:6,19:4,22:3,17,26:15), (욜3:19), (욘1:14).

381) 야알(יַעַל): 이익을 되다, 이익을 얻다. 같은 표현 ⇒ (사30:5,6,44:9,10,47:12, 48:17,57:12), (렘2:8,11,7:8,12:13,16:19,23:32), (합2:18).

382) 나아프(נָאַף): 간음하다. 같은 표현 ⇒ (출20:14), (레20:10), (신5:18), (사57:3), (렘3:8,9,5:7,7:9,9:2,23:10,14,29:23).

383) 나짤(נָצַל): 구출하다, 벗기다, 빼앗다, 약탈하다. 같은 표현 ⇒ (창31:9), (사5:29, 19:20,20:6,31:5,36:14,15,18,19,20,37:11,12,38:6,42:22,43:13,44:17,20,47:14,50:2,57:13), (렘1:8,19,7:10,15:20,21,20:13,21:12,22:3,39:17,42:11), (겔3:19,21), (단8:4,7), (호2:9,10).

384) 토에바(תּוֹעֵבָה): 가증한 것, 가증한 짓. 여성명사. 같은 표현 ⇒ (창43:32,46:34), (출8:26), (사1:13,41:24,44:19), (렘2:7,6:15,7:10,8:12,16:18,32:35,44:4,22), (말2:11).

385) 페리쯔(פָּרִיץ): 포악한 자, 난폭한 자.
같은 표현 ⇒ (렘7:11), (겔7:22,18:10), (단11:14).

7:12 왜냐하면 너희는 처음으로 내 이름(쉠)을 머물게 한(솨칸), 쉴로[386]에
있는 내 장소(마콤)로 가서(얄라크), 내 백성 이스라엘의 악함(라아)으로
인해, 내(여호와)가 그곳에서 행한 것(아사)을 보라(라아).

7:13 즉 지금 자, 너희가 바로 이 모든 일(마아세)을 행하기(아사) 때문이니,
여호와의 말(네움),
(다시 말해), 내(여호와)가 너희에게 부지런히 정녕 말하는데도(다바르),
너희가 듣지(솨마) 않고,
내(여호와)가 너희를 부르는데도(콰라),
너희가 대답하지(아나) 않기 때문이다,

7:14 그런즉 나는 내 이름(쉠)이 불리는 그 집(바이트) 곧 너희가 의지하는
(바타흐) 그 집(바이트), 내가 너희와 너희 조상들에게 준 그 장소(마콤)를,
쉴로에서 행한 것(아사)처럼, 행한다(아사).

7:15 또 내(여호와)가 너희의 모든 형제 곧 에프라임의 모든 씨(제라)를 던
져버린 것(솰라크)처럼, 너희를 내 앞에서 던져버린다(솰라크).ס

7:16 너(이르메야)는 바로 이 백성을 위하여 기도하지(팔랄)[387] 말고,
그들을 위하여 울부짖음(린나)[388]이나 기도(테필라)[389]를 올리지(나사)
말고, 나에게 간구하지도(파가)[390] 말라.
왜냐하면 내가 너의 (말을) 듣지(솨마) 않기 때문이다.

7:17 너는 그들이 예후다의 성읍들과 예루솰라임의 길거리(후쯔,복)에서
무엇을 행하는 지(아사)를 보지(라아) 못하느냐?

7:18 그 하늘의 여왕(멜레케트)에게 과자(카반)를 만들어주기(아사) 위해,
또 다른 신들(엘로힘)에게 술제물(네쎄크)[391]을 드리기(나싸크)[392] 위해,

---

386) 쉴로(שִׁלֹה): 실로, 사사 시대에 성막이 있은 곳.
같은 표현 ⇒ (렘7:12,14,26:6,9,41:5).

387) 팔랄(פָּלַל): 중재하다, 기도하다, 개입하다. 같은 표현 ⇒ (창20:7,17,48:11), (삼하7:27), (사16:12,37:15,21,38:2,44:17), (렘7:16,11:14,29:7,12,32:16,37:3,42:2,4,20).

388) 린나(רִנָּה): 울려 퍼지는 외침. 같은 표현 ⇒ (왕상22:36), (사14:7,35:10,43:14,44:23, 48:20,49:13,51:11,54:1,55:12), (렘7:16,11:14,14:12), (습3:17).

389) 테필라(תְּפִלָּה): 기도. 같은 표현 ⇒ (삼하7:27), (사1:15,37:4,38:5,56:7), (렘7:16), (단9:3,7,21), (욘2:7).

390) 파가(פָּגַע): 만나다, 도달하다, 우연히 마주치다, 중재하다, 탄원하다.
같은 표현 ⇒ (창23:8,28:11), (사47:3,53:6,12,59:16,64:5), (렘7:16,15:11,27:18,36:25).

그 자녀(벤)들은 나무들을 줍고(라콰트),
그 아버지(아브)들은 그 불을 피우고(바아르)[393],
그 아내(이솨)들은 가루를 반죽하니(루쉬),
즉 그들이 나를 화나게 한다(카아쓰)[394].

7:19 그들이 나를 화나게 하지(카아쓰) 않느냐?
여호와의 말(네움),
(다시 말해), 그들은 자신들의 얼굴의 수치(보쉐트)[395]를 위해
스스로 (나를 화나게 하지 않느냐?)"라고 하는 것이다.ס

7:20 그러므로 나의 주(아도나이) 여호와가 이와 같이 말하였으니(아마르),
"보라(힌네)! 나의 화(아프)와 진노(헤마)[396]가 바로 이 장소(마콤)에
곧 그 사람(아담)과 그 짐승(베헤마)과 그 들판(사데)의 나무와
그 땅(아다마)의 열매에 부어지니(나타크) [397]
그것(진노)이 불로 붙어(바아르), 꺼지지(카바)[398] 않는다."라고 하는 것
이다.

7:21 만군의 여호와 이스라엘의 하나님이 이와 같이 말하였으니(아마르),
"너희는 너희 희생제물(제바흐) 위에 너희 올림제물(올라)들을 쌓아 올

391) 네쎄크(נֶסֶךְ): 술제물, 주조된 상. ☞ 나싸크(נָסַךְ : 붓다, 주조하다)의 명사. 같은 표현 ⇒ (창35:14), (사41:29,48:5,57:6), (렘7:18,10:14,19:13,32:29,44:17,18,19,25,51:17), (겔20:28,45:17).

392) 나싸크(נָסַךְ): 붓다, 주조하다. 같은 표현 ⇒ (창35:14), (출25:29,30:9), (사29:10,30:1,40:19,44:10), (렘7:18,19:13,32:29,44:17,18,19,25).

393) 바아르(בָּעַר): 불타다, 소멸하다, 불타오르다. 같은 표현 ⇒ (출3:2,22:6), (왕상21:21), (사40:16,42:25), (렘4:4,7:18,20,10:8,14,21,20:9,21:12,36:22,44:6,51:17), (나2:13), (말4:1).

394) 카아쓰(כָּעַס): 성내다, 화내다, 분노하다. 같은 표현 ⇒ (신4:25,9:18), (왕상21:22,22:53), (사65:3), (렘7:18,19,8:19,11:17,25:6,7,32:29,30,32,44:3,8).

395) 보쉐트(בֹּשֶׁת): 부끄러움, 수치. 같은 표현 ⇒ (사54:4,61:7), (렘2:26,3:24,25,7:19), (단9:7,8), (미1:17).

396) 헤마(חֵמָה): 열, 격노, 분노. ☞ 야함(יָחַם : 뜨겁다)의 여성명사. 같은 표현 ⇒ (창27:44), (사42:25,51:13,17,20,22,59:18,63:3,5,6,66:15), (렘4:4,6:11,7:20,10:25,18:20,21:5,12,23:19,25:15,30:23,32:31,37,33:5,36:7,42:18,44:6), (나1:6).

397) 나타크(נָתַךְ): 쏟아지다, 흘러나오다. 같은 표현 ⇒ (출9:33), (렘7:20,42:18,44:6), (겔22:20,21,22,24:11), (단9:11,27), (나1:6).

398) 카바(כָּבָה): 끄다, 꺼지게 하다. 같은 표현 ⇒ (레6:12,13), (사1:31,34:10,42:3,43:17,66:24), (렘4:4,7:20,17:27,21:12,).

려(싸파)399), 고기(바사르)를 먹어라.

7:22 왜냐하면 내(여호와)가 미쯔라임의 땅(에레쯔)에서 너희 조상들을 나오
게 한(야짜) 날(욤)에, 나는 올림제물(올라)과 희생제물(제바흐)의 일(다바르,복)
에 관하여 너희의 조상들에게 말하지도(다바르) 않았고, 그들에게 명
하지도(짜바) 않았기 때문이다,

7:23 왜냐하면 다만 내(여호와)가 바로 이 말(다바르)을 그들에게 명했으니(짜
바), 말하기를(아마르),
'너희는 내 음성(콜)을 들어라(솨마),
그러면 나는 너희의 하나님(엘로힘)이 되고(하야),
너희는 나의 백성이 된다(하야).
그런즉 너희는 내가 너희에게 명하는(짜바) 그 모든 길(데레크)로 살아
가라(할라크), 그것이 너희에게 복 있게 하기(야타브) 위해서이다.'

7:24 그러나 그들은 듣지(솨마) 않았고,
자신들의 귀를 기울이지도(나타)400) 않으니,
그때 그들은 자신들의 그 악한 마음(레브)을 좇아,
책략(모에짜)과 강퍅함(쉐리루트)401)으로 걸어가며(알라크),
등을 돌리고(하야), 얼굴을 향하지 않는다.

7:25 나는, 너희 조상들이 미쯔라임 땅(에레쯔)에서 나온(야짜) 그날(욤)부터
바로 이 날(욤)까지, 너희에게 내 종(에베드) 그 모든 예언자(나비)를
매일 부지런히 정녕 보내나(솰라흐),

7:26 그들은 나의 (말을) 듣지(솨마) 않고, 자신들의 귀를 기울이지(나타) 않고,
자신들의 목을 곧게 하여(콰솨)402), 자신들의 조상들보다 더 악을
행한다(라아).

---

399) 싸파(סָפָה): 쌓아 올리다, 휩쓸어가다, 잡아채다.
같은 표현 ⇒ (창18:23,24,19:15,17), (사7:20,13:15,29:1,30:1), (렘7:21).

400) 나타(נָטָה): 내뻗다, 펴다, 기울다, 돌리다. 같은 표현 ⇒ (창12:8), (사5:25,9:12,17,21,10:2,4,14:26,27,23:11,29:21,30:11,31:3,34:11,37:17,40:22,42:5,44:13,20,24,45:12,51:13,54:2,55:3,66:12), (렘5:25,6:4,12,7:24,26), (겔1:22), (단9:18), (암2:7,8), (습1:4,2:13), (슥1:16).

401) 쉐리루트(שְׁרִירוּת): 견고, 완고, 완악, 강퍅함. ☞ 솨라르(שָׁרַר : 원수로 취급하다)의 여성명사. 같은 표현 ⇒ (신29:19), (렘3:17,7:24,9:14,11:8,13:10,16:12,18:12,23:17).

402) 콰솨(קָשָׁה): 어렵다, 완고하다, 힘들다. 같은 표현 ⇒ (창35:16,49:7), (출7:3,13:15), (신10:16,15:18), (사8:21), (렘7:26,17:23,19:15).

7:27 또한 네가 바로 이 모든 말(다바르,복)을 그들에게 말하여도(다바르)
그들은 너의 (말을) 듣지(솨마) 않고,
네가 그들을 불러도(콰라)
그들은 너에게 응답하지(아나) 않으니,

7:28 그런즉 너(이르메야)는 그들에게 말하라(아마르),
'이 민족(고이)은 여호와 그들의 하나님(엘로힘)의 음성(콜)을 듣지(솨마) 않고, 훈계(무싸르)[403]도 받지(라콰흐) 않는 민족(고이)이다,
(다시 말해), 진실(에무나)[404]이 사라지고(아바드)[405],
그것이 그들의 입(페)에서 끊어진다(카라트).'라고 하라.ס

7:29 (예루솰라임아),
너는 자신의 긴 머리카락(네제르,성별)[406]을 베어(가자즈)[407], (그것을) 던져라(솰라크).
너는 헐벗은 언덕(쉐피)[408] 위에서 애가(퀴나)[409]를 불러라(나사).
왜냐하면 여호와가 자신의 격노(에브라)[410]의 세대(도르)를 거절하여(마아쓰) 버리기(나타쉬)[411] 때문이다.

---

403) 무싸르(מוּסָר): 징계, 훈계, 교훈. ☞ 야싸르(יָסַר : 징계하다, 훈련하다)의 명사.
야싸르(יָסַר): 훈계,징계 하다, 교훈 하다. 같은 표현 ⇒ (신11:2), (사26:16,53:5), (렘2:30,5:3,7:28,10:8,17:23,30:14,32:33,35:13), (습3:2,7).

404) 에무나(אֱמוּנָה): 진실, 확고함. ☞ 아만(אָמַן : 믿다)의 여성명사. 같은 표현 ⇒ (출17:12), (신32:4), (사11:5,25:1,33:6,59:4), (렘5:1,3,7:28,9:3), (호2:20), (합2:4).

405) 아바드(אָבַד): 멸망시키다, 사라지게 하다, 길을 잃다. 같은 표현 ⇒ (출10:7), (레23:30,26:38), (사26:14,27:13,29:14,37:19,41:11,57:1,60:12), (렘1:10,4:9,6:21,7:28, 9:12,10:15,12:17,15:7,18:7,18,23:1,25:10,35,27:10,15,31:28,40:15,46:8,48:8,36,46,49:7,38, 50:6,51:18,55), (욜1:11), (암2:14,3:15), (옵1:8,12), (욘1:6,14), (습2:5,13).

406) 네제르(נֵזֶר): 헌신, 성별, 나실인이 됨, 면류관.
☞ 나자르(נָזַר : 헌신하다, 신에게 바치다)의 명사.
같은 표현 ⇒ (출29:6), (레8:9,21:12), (민6:4,5,12,18,19,21), (렘7:29), (슥9:16).

407) 가자즈(גָּזַז): 털을 깎다. 같은 표현 ⇒ (창31:19,38:12,13), (신15:19), (사53:7), (렘7:29), (미1:16), (나1:12).

408) 쉐피(שְׁפִי): 헐벗은 곳, 벌거벗은 곳. 같은 표현 ⇒ (민23:3), (사41:18,49:9), (렘3:2,21,4:11,7:29).

409) 퀴나(קִינָה): 애가, 애도. 같은 표현 ⇒ (렘7:29,9:10,20), (겔2:10,19:1,14,26;17,27:2,32,28:12,32:2,16), (암8:10).

410) 에브라(עֶבְרָה): 넘침, 격노, 격분. 여성명사. ☞ 에베르(עֵבֶר : 건너편 지역, 저편). 같은 표현 ⇒ (창49:7), (사9:19,10:6,13:9,13,14:6,16:6), (렘7:29,48:30), (암1:11), (습1:15,18).

7:30 왜냐하면 예후다 자손(벤)들이 내 눈 앞에서 그 악(라아)을 행하여(아사),
내 이름(쉠)으로 불리는 그 집(바이트)에 그들의 가증한 것(쉬쿠쯔)[412]들
을 놓아(숨) 그것을 부정케 하기(타메) 때문이다.
여호와의 말(네움),

7:31 그들은 힌놈의 아들(벤)의 골짜기(가예)[413]에 있는 <u>토펱</u>[414]의 산당(바
마)[415]들을 지었으니(바나), 곧 그들이 내가 명하지도(짜바) 않았고,
내 마음(레브)에 <u>떠 올리지도</u>(알라) 않은 그 불(에쉬)로 자신들의 아들(벤)
들과 딸(바트)들을 살랐다(사라프).

7:32 그러므로 보라(힌네)! 날(욤)이 이르면(보),
여호와의 말(네움),
그곳이 더 이상 '그 <u>토펱</u>이나 힌놈의 아들(벤)의 골짜기(가예)'라고
말하여지지(아마르) 않는다,
왜냐하면 (그곳이) '그 살육(하레가)[416]의 골짜기(가예)'라고 (말하여지기) 때
문이다,
그때 그들은 <u>토펱</u>에 장소(마콤)가 없을 정도로 (사람들을) 묻는다(콰바르).

7:33 또한 바로 이 백성의 시체(네벨라)가 그 하늘의 새와 그 땅의 짐승
(베헤마)에게 먹이(마아칼)가 되나(하야), 아무도 쫓아줄 자(하라드)[417]가 없다.

7:34 내(여호와)가 예후다 성읍들과 예루솰라임 거리(후쯔,복)에서
즐거움(사숀)[418]의 소리와 기쁨(심하)[419]의 소리,

---

411) 나타쉬(נָטַשׁ): 상태로 놓아두다, 맡기다, 버리다, 허락하다. 같은 표현 ⇒ (창31:28), (출23:11), (민11:31), (사2:6,16:8,21:15,32:14,33:23), (렘7:29,12:7,15:6,23:33,39).

412) 쉬쿠쯔(שִׁקּוּץ): 몹시 싫은 것, 가증한 것. ☞ 솨콰쯔(שָׁקַץ : 몹시 싫어하다)의 명사. 같은 표현 ⇒ (신29:17), (사66:3), (렘4:1,7:30,13:27,16:18,32:34), (단9:27,11:31,12:11).

413) 가예(גַּיְא): 길고 바닥이 평평한 저지대에만 있는 계곡, 골짜기. 같은 표현 ⇒ (민21:20), (신3:29,4:46), (사22:1,5,28:1,4,40:4), (렘2:23,7:31,32,19:2,6,32:35), (미1:6),

414) 토페트(תֹּפֶת): 토벳, 힌놈의 아들 골짜기에 있는 한 장소.
같은 표현 ⇒ (렘7:31,32,19:6,11,12,13,14).

415) 바마(בָּמָה): 높은 곳, 산당. 같은 표현 ⇒ (레26:30), (민21:28), (사14:14,15:2,16:12,36:7,58:14), (렘7:31,26:18,32:35), (미1:3,5,3:12).

416) 헤레가(הֲרֵגָה): 살해, 살육. ☞ 헤레그(הֶרֶג : 살해, 살육)의 여성 명사.
같은 표현 ⇒ (렘7:32,12:3,19:6), (슥11:4,7).

417) 하라드(חָרַד): 떨다, 진동하다, 두려워하다. 같은 표현 ⇒ (창27:33), (출19:16), (사10:29,17:2,19:16), (렘7:33,30:10,46:27), (암3:6), (나2:11), (습3:13), (슥1:21).

418) 사손(שָׂשׂוֹן): 기쁨, 즐거움, 환희. 같은 표현 ⇒ (사12:3,22:13,35:10,51:3,11,61:3),

신랑의 소리와 신부의 소리를 그치게 한다(솨바트)[420],
왜냐하면 그 땅(에레쯔)은 황폐(호르바)[421]가 되기(하야) 때문이다."라고
하는 것이다.

(렘7:34,15:16,16:9,25:10,31:13,33:9,10), (욜1:12).

419) 심하(שִׂמְחָה): 기쁨, 즐거움. ☞ 솨마흐(שָׂמַח : 기뻐하다)의 여성명사. 같은 표현 ⇒ (창31:27), (사9:3,16:10,22:13,24:11), (렘7:34,15:16,16:9,25:10,31:7,33:11,48:33).

420) 솨바트(שָׁבַת): 그치다, 쉬다, 안식하다. 같은 표현 ⇒ (창2:2,3,8:22), (사13:11,14:4,16:10,17:3,21:2,24:8,30:11,33:8), (렘7:34,16:9,31:6,36:29,48:33,35), (단9:27,11:18), (호1:4,2:11), (암8:4).

421) 호르바(חָרְבָּה): 황폐, 폐허. 여성명사. 같은 표현 ⇒ (레26:31,33), (사5:17,44:26,48:21,49:19,51:3,52:9,58:12,61:4,64:11), (렘7:13,22:5,25:9,11,18,27:17,44:2,6,22,49:13), (말1:4).

이르메야 8장

8:1 (만군의 여호와 이스라엘의 하나님이 이와 같이 말하였으니)
"바로 그 때(에트), 여호와의 말(네움),
그들은 예후다의 왕들의 뼈(에쩸)들과 그의 고관들의 뼈(에쩸)들과
그 제사장들의 뼈(에쩸)들과 그 예언자들의 뼈(에쩸)들과 예루솰라임
거주민(야솨브)들의 뼈(에쩸)들을 그들의 무덤(퀘베르)에서 꺼내어(야짜),

8:2 그것(뼈)들을, 자신들이 사랑하고(아헤브)[422] 섬기며(아바드) 그것들을 좇아
살아가고(할라크) 구하고(다라쉬)[423] 경배한(솨하) 그 해와 그 달과 그 하늘
의 모든 군상(짜바) 앞에 늘어 놓는다(솨타흐).
(다시 말해), 그것(뼈)들이 거두어져(아싸프) 묻히지(콰바르) 못하고,
그 땅(아다마)의 지면 위에 똥(도멘 거름)이 된다(하야).

8:3 곧 바로 이 악한 가문(미슈파하) 중의 남겨진(솨아르)[424] 그 모든 살아 남은
자(쉐에리트)[425]들, 곧 내(여호와)가 쫓아낸(나다흐)[426] 그 모든 장소(마콤)에 남
겨진 자(솨아르)들은 사는 것(하이)보다는 죽는 것(마베트)을 택한다(바하르),
만군의 여호와의 말(네움)."이라고 하는 것이다.ס

8:4 또 너는 그들에게 말하라(아마르).
여호와가 이와 같이 말하였으니(아마르),

---

422) 아헤브(אָהֵב): 사랑하다, 좋아하다. 같은 표현 ⇒ (창22:2,24:67), (사1:23,41:8,43:4,48:14,56:6,10,57:8,61:8,66:10), (렘2:25,5:31,8:2,14:10,20:4,6,22:20,22,30:14,31:3).

423) 다라쉬(דָּרַשׁ): 자주가다, 찾다, 구하다, 묻다, 하려고 노력하다. 같은 표현 ⇒ (창9:5,25:22,42:22), (사1:17,8:19,9:13,11:10,16:5,19:3,31:1,34:16,55:6,58:2,62:12,65:1,10), (렘8:2,10:21,21:2,29:7,13,30:14,17,37:7,38:4,).

424) 솨아르(שָׁאַר): 남기다, 살아남다. 같은 표현 ⇒ (창7:23,14:10,32:8), (왕상19:18), (사4:3,11:16,17:6,24:6,12,37:31), (렘8:3,21:7,24:8,34:7,37:10,38:4,22,39:9,10,40:6,41:10,42:2,49:9,50:20,52:16), (겔36:36), (단10:8,17), (욜2:14), (옵1:5), (학2:3).

425) 쉐에리트(שְׁאֵרִית): 살아남은 자, 남은 것, 후손. ☞ 솨아르 (שָׁאַר : 살아남다)의 여성 명사. 같은 표현 ⇒ (창45:7), (렘6:9,8:3,11:23,15:9,23:3,24:8,25:20,31:7,39:3,40:11,15,41:10,16,42:2,15,19,43:5,44:12,14,28,47:4,5,50:26), (슥8:6), (미2:12,4:7), (습2:9).

426) 나다흐(נָדַח): 몰아내다, 내어 쫓다, 몰리게 되다, 미혹되다. 같은 표현 ⇒ (신4:19), (사8:22,13:14,16:3,4,27:13), (렘8:3,16:15,23:2,3,8,24:9,27:10,15,29:14,18,30:17,32:37,40:12,43:5,46:28,49:5,36,50:17), (겔4:13), (단9:7), (욜2:20), (습3:19).

"그들이 쓰러지면(나팔) 일어나지(쿰) 않느냐?
그들이 돌아서면(슈브), 다시 돌아오지(슈브) 않느냐?

8:5 그런데 어찌하여 바로 이 백성 예루살라임은 계속하는 배반(메슈바)[427]
으로 돌아서느냐(슈브)?
그들은 그 속임(토르마)[428]을 <u>강하게 붙들고</u>(하자크), 돌아오기(슈브)를
거절한다(마엔).

8:6 내(여호와)가 귀 기울여(콰솨브)[429] 들으니(솨마),
그들은 옳게 말하지(다바르) 않고, 또 '내가 뭘 행했는데(아사)'라고
말하고나서(아마르)는 자신의 악(라아)을 뉘우치는(나함)[430] 자(이쉬)가
하나도 없다.
그들 모두가 전쟁으로 돌진하는(솨타프)[431] 말(쑤쓰)처럼 자신들의
달음질(메루짜)로 돌아간다(슈브).

8:7 심지어 하늘의 황새도 그 정해진 때(모에드)를 잘 알고(야다),
산비둘기와 제비와 두루미도 오는 때(에트)를 지키는데(솨마르),
내 백성은 여호와의 법도(미슈파트)[432]를 깨달아 알지(야다) 못한다.

8:8 보라(힌네)! 참으로 서기관들의 거짓(쉐퀘르) 펜이 그 거짓(쉐퀘르)을 행하는
데(아사), 어떻게 너희는 말하기를(아마르), '우리는 지혜롭고 여호와의
<u>토라</u>가 우리와 함께 (있다).'라고 하느냐?

---

427) 메슈바(מְשׁוּבָה): 뒤로 돌아감, 배교, 변절. ☞ 슈브(שׁוּב : 돌아가다)에서 유래.
같은 표현 ⇒ (렘2:19,3:6,8,11,22,5:6,8:5,14:7).

428) 토르마(תַּרְמָה): 배반, 속임. ☞ 라마(רָמָה : 던지다, 속이다, 미혹하다)에서 유래.
같은 표현 ⇒ (렘8:5,14:14,23:26), (습3:13).

429) 콰솨브(קָשַׁב): 귀를 기울려 청종하다, 주의하다. ☞ 시문에서 많이 쓰이는 표현.
같은 표현 ⇒ (사10:30,21:7,28:23,32:3,34:1,42:23,48:18,49:1,51:4), (렘6:10,17,19,8:6,
18:18,19,23:18), (단9:19), (미1:2), (슥1:4), (말3:16).

430) 나함(נָחַם): 위로하다, 후회하다. 같은 표현 ⇒ (창5:29,6:6,7), (사1:24,12:1,22:4,
40:1,49:13,51:3,12,19,52:9,54:11,57:6,61:2,66:13), (렘4:28,8:6,15:6,16:7,18:8,10,20:16,
26:3,13,19,31:13,15,19,42:10).

431) 솨타프(שָׁטַף): 씻어 깨끗케 하다, 물이 넘쳐흐르다. 같은 표현 ⇒ (레6:28,
15:11,12), (사8:8,10:22,28:15,17,18,30:28,43:2,66:12), (렘8:6,47:2), (단11:10,22,26,40).

432) 미쉬파트(מִשְׁפָּט): 공의, 법도, 재판, 심판. ☞ 솨파트(שָׁפַט : 재판하다)의 명사.
같은 표현 ⇒ (창18:19), (사40:14,27,41:1,42:1,3,4,49:4,50:8,51:4,53:8,54:17,56:1,58:2,
59:8,9,61:8), (렘1:16,4:2,12,5:1,4,5,28,7:5,8:7,9:24,10:24,12:1,17:11,21:12,22:3,13,15,23:5,
26:11,16,30:11,18,32:7,9,33:15,39:5,46:28,48:21,47,51:9,52:9).

8:9 지혜자(하캄)들이 부끄러움을 당하고(부쉬)[433], 깜짝 놀라(하타트)[434]
사로 잡힌다(라카드)[435].
보라(힌네)! 여호와의 말(다바르)을 그들이 거부하니(마오쓰),
그들에게 무슨 지혜(호크마)가 (있느냐)?

8:10 그러므로 내가 그들의 아내(이솨)들을 다른 자(아헤르)들에게 주고(나탄),
그들의 밭(사데)들도 차지하는 자(야라쉬)들에게 (준다).
왜냐하면 작은 자로부터 큰 자까지 그들 모두가 불의한 이익
(베짜)[436]을 폭력으로 취하며(바짜)[437], 예언자(나비)로부터 제사장(코헨)까
지 모두가 거짓(쉐퀘르)을 행하기 때문이다.

8:11 그들이 딸 내 백성의 부러진 곳(쉐베르)[438]을 가볍게(콸랄)[439] 고쳐주
며(라파)[440], 평안(샬롬)이 없는데도, '평안하다(샬롬), 평안하다(샬롬).'라고
한다.

8:12 그들이 가증한 짓(토에바)[441]을 행할 때,

---

433) 부쉬(בֹּשׁ): 부끄러워하다, 수치를 당하다. 같은 표현 ⇒ (창2:25), (사1:29,41:11, 42:17,44:9,11,45:16,17,24,49:23,50:7,54:4,65:13,66:5), (렘2:36,6:15,8:9,12,9:19,10:14,12:13, 14:3,4,15:9,17:13,18,20:11,22:22,31:19,46:24,48:1,13,20,39,49:23,50:2,12,51:17,47,51).
434) 하타트(חָתַת): 깜짝 놀라다, 당황하다, 낙심하다, 두려워하다.
같은 표현 ⇒ (신1:21,31:8), (사7:8,8:9,9:4,20:5,30:31,31:4,9,37:27,51:6,7), (렘1:17,8:9,10:2,14:4,17:18,23:4,30:10,51:56), (겔2:6,3:9), (합2:17).
435) 라카드(לָכַד): 사로잡다, 붙잡다, 점령하다, 취하다. 같은 표현 ⇒ (민21:32,32:39), (사8:15,20:1,24:18,28:13), (렘5:26,6:11,8:9,18:22,32:3,24,28,34:22,37:8,38:3,28, 48:1,7,41,44,50:2,9,24,51:31,41,56).
436) 베짜(בֶּצַע): 폭력에 의한 취득, 불의의 이득. 같은 표현 ⇒ (창37:26), (출18:21), (사33:15,56:11,57:17), (렘6:13,8:10,22:17,51:13), (합2:9), (말3:14).
437) 바짜(בָּצַע): 잘라내다, 끝내다, 폭력으로 얻다.
같은 표현 ⇒ (사10:12,38:12), (렘6:13,8:10), (욜2:8), (합2:9).
438) 쉐베르(שֶׁבֶר): 파괴, 파멸, 부숨, 골절. ☞ 솨바르(שָׁבַר : 깨뜨리다, 부수다)에서 유래. 같은 표현 ⇒ (사1:28,51:19,59:7,60:18,65:14), (렘4:6,20,6:1,14,8:11,21, 10:19,14:17,30:12,15,48:3,5,50:22,51:54).
439) 콸랄(קָלַל): 무시하다, 보잘 것 없다, 경시하다, 저주하다, 가볍다, 빠르다.
같은 표현 ⇒ (창8:8), (삼상3:13), (왕하2:24,3:18), (사8:21,9:1,23:9,30:16,49:6, 65:20), (렘4:13,24,6:14,8:11,15:10), (욜1:5), (나1:14), (합1:8).
440) 라파(רָפָא): 고치다, 치료하다. 같은 표현 ⇒ (창20:17,50:2), (사6:10,19:22,30:26, 53:5,57:18,19), (렘3:22,6:14,8:11,22,15:18,17:14,19:11,30:17,33:6,51:8,9), (겔34:4,47:8,9).
441) 토에바(תּוֹעֵבָה): 가증한 것, 가증한 짓. 여성명사. 같은 표현 ⇒ (창43:32,46:34), (출8:26), (사1:13,41:24,44:19), (렘2:7,6:15,7:10,8:12,16:18,32:35,44:4,22), (말2:11).

그들은 부끄러워하느냐(야베쉬)[442]?
심지어 그들은 전혀 부끄러워하지도(부쉬) 않고,
얼굴도 붉히지(칼람)[443] 않고, 깨달아 알지도(야다) 못한다.
그러므로 그들이 그 쓰러진 자(나팔)들 가운데, 쓰러지고(나팔),
그들의 형벌(페쿠다)[444] 때(에트)에, 그들이 걸려 넘어진다(카샬)[445].
여호와가 말한다(아마르)

8:13 내(여호와)가 그들을 정녕 모을(아싸프) 때,
여호와의 말(네움),
그 포도나무(게펜)에 포도(에나브)들이 없고,
그 무화과나무(테엔)에 무화과(테엔)들이 없으며,
그 잎도 시들어(나발)[446],
(다시 말해), 내가 그들에게 준 것(나탄)들이 사라져 버린다(아바르)."라고 하는 것이다.

8:14 무엇 때문에 우리가 앉아 있느냐(야솨브)?
너희는 모여라(아싸프) ,
그러면, 우리는 그 요새의 성읍들로 들어가(보),
그곳에서 죽음으로 침묵하자(다맘)[447].
왜냐하면 여호와 우리 하나님(엘로힘)이 우리를 죽음으로 침묵케 하기(다맘) 때문이다.
그(여호와)가 우리를 독초(로쉬)[448]의 물을 마시게 한다(솨콰),[449]

---

442) 야베쉬(יָבֵשׁ): 마르다, 시들다, 부끄러워하다. ☞ 초목의 시들음을 묘사. 같은 표현 ⇒ (창8:7,14), (사15:6,19:5,7,27:11,30:5,40:7,8,24,42:15,44:27,56:3), (렘6:15,8:12,51:17), (욜1:10,12,17,20), (암1:2), (나1:4), (슥9:5).

443) 칼람(כָּלַם): 수치를 당하다, 부끄러워하다, 얼굴을 붉히다. 같은 표현 ⇒ (민12:14), (사41:11,45:16,17,50:7,54:4), (렘3:3,6:15,8:12,14:3,22:22,31:19).

444) 페쿠다(פְּקֻדָּה): 방문, 감독, 징벌, 형벌, 소집. ☞ 파콰드(פָּקַד : 방문하다)의 여성명사. 같은 표현 ⇒ (민3:32,36,4:16,16:29), (사10:3,15:7,60:17), (렘8:12,10:15,11:23,23:12,46:21,48:44,50:27,51:18,52:11).

445) 카솰(כָּשַׁל): 비틀 거리다, 걸려 넘어지다. 같은 표현 ⇒ (사3:8,5:27,8:15,40:30,59:10), (렘6:15,21,8:12,18:15,23,20:11,31:9,46:6,12,16,50:32), (단11:14,19,33), (나2:5), (말2:8).

446) 나발(נָבֵל): 무감각하다, 분별 없다, 어리석다, 시들다, 쇠약해지다. 같은 표현 ⇒ (출18:18), (신32:15), (사1:30,24:4,28:1,4,34:4,40:7,8,64:6), (렘8:13,14:21).

447) 다맘(דָּמַם): 침묵을 지키다, 조용하다, 잠자코 있다. 같은 표현 ⇒ (출15:16), (레10:3), (사23:2), (렘8:14,25:37,47:6,48:2,49:26,50:30,51:6).

448) 로쉬(רֹאשׁ): 독, 쓰고 유독한 것. 같은 표현 ⇒ (신29:18,32:32,33), (렘8:14,9:15,23:15).

왜나하면 우리가 여호와께 죄를 짓기(하타)[450] 때문이다.

8:15 우리가 평강(샬롬)을 바라나(콰바)[451],
복 있는 것(토브)이 없고,
치료(마르페)[452])의 때(에트)를 (바라나),
보라(힌네)! 두려움(베아타)[453])의 (때이다).

8:16 단에서부터 말(쑤쓰)들의 콧소리가 들리니(솨마),
힘센 말(아비르)[454])들의 울음 소리(미쯔할라)에
그 온 땅(에레쯔)이 진동한다(라아쉬)[455].
그때 그들이 들어와서(보), 땅(에레쯔)과 그곳의 모든 것(멜로)과 성읍과
그곳의 거주민(야솨브)들을 삼킨다.ס

8:17 왜냐하면 보라(헨)! 내(여호와)가 너희 안에 뱀(나하쉬)들 곧 술법(라하쉬)[456])
이 통하지 않는 독사(찌파)들을 보내니(솰라흐), 곧 그것들이 너희를
물어 뜯기(나솨크)[457]) 때문이다.
여호와의 말(네움).ס

8:18 나(여호와)의 큰 슬픔(야곤)[458])이여,

---

449) 솨콰(שָׁקָה): 물을 마시게 하다, 물을 대다. 같은 표현 ⇒ (창2:6,21:19), (출2:16), (사27:3,43:20), (렘8:14,9:15,16:7,23:15,25:15,17,35:2), (욜3:18), (암2:12), (합2:15).

450) 하타(חָטָא): 죄를 짓다, 빗나가다, 잘못하다. 같은 표현 ⇒ (창20:6), (사1:4,29:21, 42:24,43:27,64:5,65:20), (렘2:35,3:25,8:14,14:7,20,16:10,32:35,33:8,37:18,40:3,44:23,50:7).

451) 콰바(קָוָה): 참을성 있게 기다리다, 바라다, 소망하다, 모으다. ☞ 미크베(מִקְוֶה : 모임)의 동사. 같은 표현 ⇒ (창1:9,49:18), (사5:2,4,7,8:17,25:9,26:8,33:2,40:31, 49:23,51:5,59:9,11,60:9,64:3), (렘3:17,8:15,13:16,14:19,22).

452) 마르페(מַרְפֵּא): 치유, 고침, 건강, 도움. ☞ 라파(רָפָא : 고치다)에서 유래. 같은 표현 ⇒ (렘8:15,14:19,33:6), (말4:2).

453) 베아타(בְּעָתָה): 두려움, 공포, 놀램. 같은 표현 ⇒ (렘8:15,14:19).

454) 아비르(אַבִּיר): 강한, 용감한, 황소. 같은 표현 ⇒ (사1:24,10:13,34:7,46:12), (렘8:16,46:15,47:3,50:11).

455) 라아쉬(רַעַשׁ): 흔들리다, 떨다, 진동하다. 같은 표현 ⇒ (렘4:24,8:16,10:10,49:21,50:46,51:29), (겔38:20), (욜2:10), (나1:5), (학2:6,7,21).

456) 라하쉬(לַחַשׁ): 속삭임, 마법의 검, 주문. 같은 표현 ⇒ (사3:3,20,26:16), (렘8:17).

457) 나솨크(נָשַׁךְ): 물다, 물어 뜯다, 이자를 위해 빌려주다. 같은 표현 ⇒ (창49:17), (민21:6,8,9), (신23:19,20), (렘8:17), (미3:5), (합2:7).

458) 야곤(יָגוֹן): 큰 슬픔, 비탄, 괴로움. 같은 표현 ⇒ (창42:38,44:31), (사51:11), (렘8:18,20:18,31:13,45:3), (겔23:33).

내가 (어떻게) 위로를 받을 수 있을까(마브리기트)?
내 마음(레브)이 심히 괴롭다(다바이).

8:19 보라(힌네)!
딸 내 백성(암)이 먼 땅으로부터 도움을 청하는 부르짖음(솨브아)459)
의 소리를,
여호와가 찌욘에 (있지) 않느냐?
심지어 찌욘의 왕(멜레크)이 그곳에 (있지) 않느냐?
어찌하여 그들이 그들의 조각상(페쎌)460)들과 이방(네카르)의 헛된 것
(헤벨)461)들로 나(여호와)를 화나게 하느냐(카아쓰)462)?

8:20 추수(콰찌르)가 지나고(아바르), 여름이 완전히 끝났는데도(칼라)463),
우리가 구원받지(야솨)464) 못하니,

8:21 곧 내가, 딸(바트) 내 백성(암)의 부러진 곳(쉐베르)으로 인하여,
(마음) 상하고(솨바르)465) 슬퍼한다(콰다르)466),
(다시 말해), 한 소름끼침(솸마)467)이 나(여호와)를 사로잡는다(하자크).

---

459) 솨브아(שַׁוְעָה): 도움을 청하는 부르짖음. 여성명사. 같은 표현 ⇒ (출2:23), (렘8:19).
460) 페쎌(פֶּסֶל): 우상, 형상. ☞ 파쌀(פָּסַל : 깎아 다듬다)의 명사.
같은 표현 ⇒ (신7:5,25,12:3), (사10:10,21:9,30:22,42:8), (렘8:19,50:38), (미1:7).
461) 헤벨(הֶבֶל): 증기, 입김, 숨, 헛된 것. 같은 표현 ⇒ (사49:4,57:13),
(렘2:5,8:19,10:3,8,15,14:22,16:19,51:18), (욘2:8).
462) 카아쓰(כַּעַס): 성내다, 화내다, 분노하다. 같은 표현 ⇒ (신4:25,9:18),
(왕상21:22,22:53), (사65:3), (렘7:18,19,8:19,11:17,25:6,7,32:29,30,32,44:3,8).
463) 칼라(כָּלָה): 완성하다, 끝마치다, 끝나다. 같은 표현 ⇒ (창2:1,17:22), (왕상17:14),
(사1:28,10:18), (렘5:3,8:20,9:16,10:25,14:6,12,16:4,20:18,26:8,43:1,44:27,49:37,51:63).
464) 야솨(יָשַׁע): 구원하다, 구출하다. 같은 표현 ⇒ (출2:17,14:30), (사19:20,25:9),
(렘2:27,28,4:14,8:20,11:12,14:8,9,15:20,17:14,23:6,30:7,10,11,31:7,33:16,42:11,46:27).
465) 솨바르(שָׁבַר): 깨뜨려 부수다, 산산이 부수다. 같은 표현 ⇒ (창19:9), (왕상19:11,
22:48), (사8:15,14:5,25,21:9,24:10,27:11,28:13,30:14,38:13,42:3,45:2,61:1,66:9), (렘2:13,20,
5:5,8:21,14:17,17:18,19:10,11,22:20,23:9,28:2,4,10,11,12,13,30:8,43:13,48:4,17,25,38,49:35,
50:23,51:8,30,52:17), (단8:7,8,22,25,11:4,20,22), (호1:5,2:18), (암1:5), (욘1:4), (나1:13).
466) 콰다르(קָדַר): 어둡다, 캄캄하다, 어두워지다, 슬퍼하다.
같은 표현 ⇒ (왕상18:45), (렘4:28,8:21,14:2), (욜2:10,3:15), (미3:6).
467) 솸마(שַׁמָּה): 황폐, 공포, 소름끼침. 같은 표현 ⇒ (신28:37), (렘2:15,4:7,5:30,8:21,
18:16,19:8,25:9,11,18,38,29:18,42:18,44:12,22,46:19,48:9,49:13,17,50:23,51:29,37,41,43),
(욜1:7), (습2:15).

8:22 길르앗에는 유향(쩨리)이 없느냐?
그곳에는 의사(라파)가 없느냐?
참으로 어찌하여 딸(바트) 내 백성(암)의 회복(아루카)[468]이 이루어
지지(알라) 않느냐?

---

468) 아루카(אֲרוּכָה): 치료, 회복, 복원. ☞ 아라크(אָרַךְ : 길다, 장구하다)의 수동 분사.
같은 표현 ⇒ (사58:8), (렘8:22,30:17,33:6).

이르메야 9장

9:1 어떻게 하면, 내 머리(로쉬)가 물이 되고(나탄),
내 눈이 눈물(딤아)의 샘(마코르)[469]이 (될까)?
그러면, 내(여호와)가, 칼에 찔린(할랄)[470] 딸(바트) 내 백성(암)을 위하여,
밤낮으로 통곡할텐데(바카).

9:2 어떻게 하면, 내(여호와)가 그 광야(미드바르)에서 행인(아라흐)들의 숙소(말론)
를 얻을까(나탄)?
그러면, 내(여호와)가 내 백성(암)을 버리고(아자브)[471] 갈텐데(알라크).
왜냐하면 그들 모두가 간음하는 자(나아프)[472]들이고,
거짓된 자(바가드)[473]들의 모임(아짜라)[474]이기 때문이다.

9:3 그들은 자신들의 혀(라숀)를 활처럼 당겨(다라크)[475],
그 땅(에레쯔)에서 굳건하게 나가는데(가바르)[476],
진실(에무나)[477]로서가 아니라 거짓(쉐퀘르)으로이다.
왜냐하면 그들은 악(라아)에서 악(라아)으로 나오니(야짜),

---

469) 마코르(מָקוֹר): 샘, 근원. 같은 표현 ⇒ (레12:7,20:18), (렘2:13,9:1,17:13,51:36).

470) 할랄(חָלָל): 꿰찔린, 살해된, 치명적인 상처를 입은. ☞ 할랄(חָלַל : 꿰뚫다, 더럽히다, 시작하다)의 형용사. 같은 표현 ⇒ (창34:27), (레21:7,14), (사22:2,34:3,66:16), (렘9:1,14:18,25:33,51:4,47,49,52), (단11:26), (습2:12).

471) 아자브(עָזַב): 떠나다, 남기다, 버리다. 같은 표현 ⇒ (창2:24), (렘1:16,2:13,17,19, 4:29,5:7,19,9:2,13,19,12:7,14:5,16:11,17:11,13,18:14,19:4,22:9,25:38,48:28,49:11,25,51:9).

472) 나아프(נָאַף): 간음하다. 같은 표현 ⇒ (출20:14), (레20:10), (신5:18), (사57:3), (렘3:8,9,5:7,7:9,9:2,23:10,14,29:23).

473) 바가드(בָּגַד): 불성실하게 (거짓으로) 대하거나 행하다. 같은 표현 ⇒ (출21:8), (사21:2,24:16,33:1,48:8), (렘3:8,11,20,5:11,9:2,12:1,6), (합1:13,2:5), (말2:10,11,14,15,16).

474) 아짜라(עֲצָרָה): 거룩한 집회, 회중, 모임.
아쩨레트(עֲצֶרֶת): 거룩한 집회, 회중, 모임. ☞ 아짜르(עָצַר : 억제하다, 그만두다]의 여성명사. 같은 표현 ⇒ (레23:36), (민29:35), (사1:13), (렘9:2), (욜1:14,2:15).

475) 다라크(דָּרַךְ): 밟다, 행진하다, 나아가다. 같은 표현 ⇒ (민24:17), (사5:28,11:15, 16:10,21:15,42:16,48:17,59:8,63:2,3), (렘9:3,25:30,46:9,48:33,50:14,29,51:3,33).

476) 가바르(גָּבַר): 이기다, 우세하다, 강하다, 굳게 하다.
같은 표현 ⇒ (창7:18,19,20,24,49:26), (출17:11), (사42:13), (렘9:3), (단9:27).

477) 에무나(אֱמוּנָה): 진실, 확고함. ☞ 아만(אָמַן : 믿다)의 여성명사. 같은 표현 ⇒ (출17:12), (신32:4), (사11:5,25:1,33:6,59:4), (렘5:1,3,7:28,9:3), (호2:20), (합2:4).

나(여호와)를 깨달아 알지(야다) 못하기 때문이다.
여호와의 말(네움).ס

9:4 너희는 각자 친구를 조심하고(솨마르),
어떤 형제도 의지하지(바타흐)[478] 말라.
왜냐하면 모든 형제는 정녕 교활하고(아콰브)[479],
모든 친구(레아)는 비방하는 자(라킬)[480]로 살아가기(할라크) 때문이다.

9:5 그들은 각자 자신의 이웃(레아)을 속이고(하탈)[481],
진실(에메트)[482]을 말하지(다바르) 않으며,
그들은 자신들의 혀를 거짓(쉐퀘르)으로 말하도록(다바르) 가르치고(라마드),
또 악을 행하여(아바)[483] 스스로 지쳐있다(라아)[484].

9:6 너(이르메야)의 거주하는 곳(야솨브)은 속임(미르마)[485]의 중앙에 (있다),
그들은 속임(미르마)으로 인해 나(여호와)를 깨달아 알기(야다)를 거절한다(마엔). 여호와의 말(네움)."이라고 하는 것이다.

9:7 그러므로 만군의 여호와가 이와 같이 말하였으니(아마르),
"보라(헨)! 내(여호와)가 그들을 제련하며(짜라프)[486] 시험한다(바한)[487].

---

478) 바타흐(בָּטַח): 신뢰하다, 의지하다, 안전하다. 같은 표현 ⇒ (사12:2,26:3,4,30:12,31:1,32:10,11,36:4,5,6,7,9,15,37:10,42:17,47:10,50:10,59:4), (렘5:17,7:4,8,14,9:4,12:5,13:25,17:5,7,28:15,29:31,39:18), (합2:18).

479) 아콰브(עָקַב): 발뒤꿈치를 잡다, 교활하게 공격하다.
같은 표현 ⇒ (창27:36), (렘9:4).

480) 라킬(רָכִיל): 비방, 중상, 험담하는 자. ☞ 라칼(רָכַל : 교역을 목적으로 돌아다니다).
같은 표현 ⇒ (레19:16), (렘6:28,9:4), (겔22:9).

481) 하탈(הָתַל): 속이다, 조롱하다. 같은 표현 ⇒ (창31:7), (출8:29), (사44:20), (렘9:5).

482) 에메트(אֱמֶת): 진실, 성실, 진리. ☞ 아만(אָמַן : 믿다)의 여성명사.
같은 표현 ⇒ (창24:27,48,32:10), (신22:20), (사42:3,43:9,48:1,59:14,15,61:8), (렘2:21,4:2,9:5,10:10,14:13,23:28,26:15,28:9,32:41,33:6,42:5).

483) 아바(עָוָה): 뒤틀다, 불법을 저지르다, 잘못을 하다, 왜곡하다.
같은 표현 ⇒ (삼하7:14), (렘3:21,9:5), (단9:5).

484) 라아(לָאָה): 피곤하다, 지치다, 싫증나다. 같은 표현 ⇒ (창19:11), (출7:18), (사1:14,7:13,16:12,47:13), (렘6:11,9:5,12:5,15:6,20:9).

485) 미르마(מִרְמָה): 속임, 배반. ☞ 라마(רָמָה : 속이다, 배반하다)의 여성명사.
같은 표현 ⇒ (창27:35,34:13), (왕하9:23), (사53:9), (렘5:27,9:6,8), (단8:25,11:23), (습1:9).

486) 짜라프(צָרַף): 정련하다, 단련하다, 정제하다, 깨끗하게 하다. 같은 표현 ⇒

왜냐하면 내가 딸(바트) 내 백성(암)을 위하여 어떻게 할꼬(아사).

9:8 그들의 혀(라숀)는 죽이는(솨하트)488) 화살(헤쯔)이라,
그들은 속임(미르마)으로 말한다(다바르).
그는 자신의 입(페)으로는 이웃에게 평화(솰롬)를 말하지만(다바르),
자신의 속에 (무엇을) 품고 있다(숨 오레브).

9:9 이런 일들로 인해,
내가 그들을 벌하여 보응하지(파콰드)489) 않겠느냐?
여호와의 말(네움),
내 마음(네페쉬)이 이와 같은 민족(고이)에 보복하지(나콤)490) 않느냐?ㅁ

9:10 내(여호와)가 그 산(하르)들을 향하여
통곡(베키)과 애곡(네히)을 하고(나사),
광야(미드바르)의 초장(나아)491)을 향하여
애가(퀴나)492)를 (부른다),
왜냐하면 그것들이 불타게 되어(야짜트)493) 지나가는 자(아쉬)가 없기 때문이다,
그런즉 가축(미크네)의 소리가 들리지(솨마) 않고
그 하늘의 새(오프)로부터 짐승(베헤마)까지
그것들은 도망하여(나다드)494) 떠나갔다(할라크).

(사1:25,40:19,41:7,46:6,48:10), (렘6:29,9:7,10:9,14,51:17), (단11:35,12:10), (말3:2,3).

487) 바한(בָּחַן): 입증하다, 시험하다, 자세히 보다. 같은 표현 ⇒ (창42:15,16), (시11:4,5), (렘6:27,9:7,11:20,12:3,17:10,20:12), (겔21:13), (슥13:9), (말3:10,15).

488) 솨하트(שָׁחַט): 죽이다, 도살하다, (짐승)을 잡다. 같은 표현 ⇒ (창22:10,37:31), (사22:13,57:5,66:3), (렘9:8,39:6,41:7,52:10).

489) 파콰드(פָּקַד): 방문하다, 계수하다, 임명하다, 보응하여 벌하다. 같은 표현 ⇒ (창21:1), (왕상20:15,26,27,39), (왕하3:6,5:24,7:17,9:34), (사13:4,62:6), (렘1:10,3:16, 5:9,29,6:6,15,9:9,25,11:22,13:21,14:10,15:3,15,21:14,23:2,4,34,25:12,27:8,22,29:10,32,30:20, 32:3,36:31,37:21,40:5,7,11,41:2,10,18,44:13,29,46:25,49:8,19,50:18,31,44,51:27,44,47,52), (호1:4,2:13), (습1:8,9,11,2:7).

490) 나콤(נָקַם): 복수하다, 앙갚음 하다. 같은 표현 ⇒ (창4:15), (출21:20), (사1:24), (렘5:9,29,9:9,15:15,46:10,50:15,51:36), (나1:2).

491) 나아(נָאָה): 목장, 초원. 같은 표현 ⇒ (렘9:10,23:10,25:37), (욜1:19,20,2:22), (암1:2).

492) 퀴나(קִינָה): 애가, 애도. 같은 표현 ⇒ (렘7:29,9:10,20), (겔2:10,19:1,14,26;17,27:2,32,28:12,32:2,16), (암8:10).

493) 야짜트(יָצַת): 불을 붙이다, 태우다. 같은 표현 ⇒ (사9:18,27:4,33:12), (렘2:15, 9:10,12,11:16,17:27,21:14,32:29,43:12,46:19,49:2,27,50:32,51:30,58), (암1:14).

9:11 그때 내(여호와)가 예루솰라임을 무더기(갈)로 만들고(나탄)
들개(탄닌)[495] 들의 소굴(마온)[496] 로 (만들며),
예후다의 성읍들을 황폐(쉐마마)[497] 로 만들어(나탄)
거주하는 자(야솨브)가 없게 한다."라고 하는 것이다.ס

9:12 그 지혜로운 자(이쉬)가 누구이기에,
그가 이것을 분별하느냐(빈)?
즉 여호와의 입(페)이 누구에게 말하여야(다바르),
그가 예루솰라임에 그것을 전하겠느냐(나가드)[498]?
어찌하여 그 땅(에레쯔)이 멸망하여(아바드)[499],
그 광야 같이 불로 타서(야짜트) 지나가는 자(아바르)가 없느냐?ס

9:13 여호와가 말하기를(아마르),
"왜냐하면 그들이 내가 그들 앞에 준 내 토라를 버리고(아자브),
내 음성(콜)을 듣지 않고, 그것 안에서 살아가지(할라크) 않으며,

9:14 자신들의 마음(레브)에 강퍅함(쉐리루트)[500] 을 좇아 걸어가니(알라크),
곧 그들의 조상들이 가르친(라마드) 그 바알들을 좇아 (가기) 때문
이다."라고 하는 것이다.ס

---

494) 나다드(נָדַד): 도망하다, 방황하다, 퍼덕거리며 날다. 같은 표현 ⇒ (창31:40), (사10:14,31,16:2,3,21:14,15,22:3,33:3), (렘4:25,9:10,49:5).

495) 타닌(תַּנִּין): 뱀, 용, 바다괴물, 큰 파충류, 들개. 같은 표현 ⇒ (창1:21), (출7:9,10), (신32:33), (사13:22,27:1,34:13,35:7,43:20,51:9), (렘9:11,10:22,14:6,51:34,37), (미1:8).

496) 마온(מָעוֹן): 처소, 거주. 같은 표현 ⇒ (신26:15), (렘9:11,10:22,25:30,49:33,51:37), (나2:11), (습3:7), (슥2:13).

497) 쉐마마(שְׁמָמָה): 황폐, 황무지. ☞ 솨멤(שָׁמֵם : 황폐하게 하다)의 여성명사.
같은 표현 ⇒ (출23:39), (사1:7,62:4,64:10), (렘4:27,6:8,9:11,10:22,12:10,11,25:12,32:43, 34:22,44:6,49:2,33,50:13,51:26,62), (욜2:3,20,3:19), (습2:9).

498) 나가드(נָגַד): 자세히 알려주다, 폭로하다, 선언하다. 같은 표현 ⇒ (창3:11,32:29), (출13:8), (신4:13,17:9), (사3:9,7:2,19:12,21:2,6,10), (렘4:5,15,5:20,9:12,16:10,20:10, 31:10,33:3,36:13,16,17,20,38:15,25,27,42:3,4,20,21,46:14,48:20,50:2,28,51:31).

499) 아바드(אָבַד): 멸망시키다, 사라지게 하다, 길을 잃다. 같은 표현 ⇒ (출10:7), (레23:30,26:38), (사26:14,27:13,29:14,37:19,41:11,57:1,60:12), (렘1:10,4:9,6:21,7:28, 9:12,10:15,12:17,15:7,18:7,18,23:1,25:10,35,27:10,15,31:28,40:15,46:8,48:8,36,46,49:7,38, 50:6,51:18,55), (욜1:11), (암2:14,3:15), (옵1:8,12), (욘1:6,14), (습2:5,13).

500) 쉐리루트(שְׁרִירוּת): 견고, 완고, 완악, 강퍅함. ☞ 솨라르(שָׁרַר : 원수로 취급하다)의 여성명사. 같은 표현 ⇒ (신29:19), (렘3:17,7:24,9:14,11:8,13:10,16:12,18:12,23:17).

9:15 그러므로 만군의 여호와 이스라엘의 하나님(엘로힘)이 이와 같이 말하였으니(아마르),
"보라(헨)! 내(여호와)가 바로 이 백성(암)에게 쓴 쑥(라아나)을 먹이며 독초(로쉬)[501]의 물을 마시게 한다(솨콰)[502].

9:16 그리고 내(여호와)가 그들과 그들의 조상들이 잘 알지(야다) 못하는 그 민족(고이)들 중에 그들을 흩어(푸쯔)[503], 그들 뒤에 그 칼(헤레브)을 보내니(솰라흐), 곧 내가 그들을 완전히 끝장낼(칼라)[504] 때까지이다."
라고 하는 것이다.

9:17 만군의 여호와가 이와 같이 말하였으니(아마르),
"너희는 잘 분별하여(빈), 그 곡하는 여인(쿤)[505]들을 불러(콰라),
그녀들을 오게 하라(보).
너희는 (사람들을) 보내어(솰라흐) 그 지혜로운 여인(하캄)들을 (불러),
그녀들을 오게 하라(보).

9:18 그녀들이 서둘러 와서(마하르), 우리를 위해 애곡(네히)을 불러(나사),
우리의 눈에서 눈물(딤아)을 흘러내리게 하고(야라드),
우리의 눈꺼풀에서 물을 흘러내리게 하라(나잘)[506].

9:19 왜냐하면 애곡(네히)의 소리가 찌욘에서 들리기(솨마) 때문이다.
어떻게 우리가 파괴되어(솨다드)[507] 크게 부끄러워지는가(부쉬)[508]?

---

501) 로쉬(רֹאשׁ): 독, 쓰고 유독한 것. 같은 표현 ⇒ (신29:18,32:32,33), (렘8:14,9:15,23:15).
502) 솨콰(שָׁקָה): 물을 마시게 하다, 물을 대다. 같은 표현 ⇒ (창2:6,21:19), (출2:16), (사27:3,43:20), (렘8:14,9:15,16:7,23:15,25:15,17,35:2), (욜3:18), (암2:12), (합2:15).
503) 푸쯔(פּוּץ): 흩어지다, 넘쳐흐르다. 같은 표현 ⇒ (창10:18,11:4,8,9,49:7), (사24:1,28:25,41:16), (렘9:16,10:21,13:24,18:17,23:1,2,29,30:11,40:15,52:8), (나2:1), (슥1:17,13:7).
504) 칼라(כָּלָה): 완성하다, 끝마치다, 끝나다. 같은 표현 ⇒ (창2:1,17:22), (왕상17:14), (사1:28,10:18), (렘5:3,8:20,9:16,10:25,14:6,12,16:4,20:18,26:8,43:1,44:27,49:37,51:63).
505) 쿤(קִין): 애가를 부른다, 슬퍼하며 부른다. 같은 표현 ⇒ (렘9:17), (겔27:32,32:16).
506) 나잘(נָזַל): 흐르다, 흘러내리다. 같은 표현 ⇒ (사44:3,45:8,48:21), (렘9:18,18:14).
507) 솨다드(שָׁדַד): 난폭하게 다루다, 파괴하다, 황폐케 하다. 같은 표현 ⇒ (사15:1,16:4,21:2,23:1,14,33:1), (렘4:13,20,30,5:6,6:26,9:19,10:20,12:12,15:8,25:36,47:4, 48:1,8,15,18,20,32,49:3,10,28,51:48,53,55,56), (욜1:10), (옵1:5), (미2:4).
508) 부쉬(בּוֹשׁ): 부끄러워하다, 수치를 당하다. 같은 표현 ⇒ (창2:25), (사1:29,41:11, 42:17,44:9,11,45:16,17,24,49:23,50:7,54:4,65:13,66:5), (렘2:36,6:15,8:9,12,9:19,10:14,12:13, 14:3,4,15:9,17:13,18,20:11,22:22,31:19,46:24,48:1,13,20,39,49:23,50:2,12,51:17,47,51).

왜냐하면 우리가 땅(에레쯔)을 버렸기(아자브) 때문이다,
왜냐하면 그들이 우리의 처소(미쉬칸)509)를 던졌기(솰라크) 때문이다.

9:20 왜냐하면 여인(이솨)들아, 너희는 여호와의 말(다바르)을 들어라(솨마),
너희 귀가 그의 입(페)의 말(다바르)을 취하여라(라콰흐).
너희는 자신들의 딸들에게 애곡(네히)을 가르치고(라마드)
각자(이솨)는 자신의 이웃(레우트)에게 애가(퀴나)를 (가르쳐라).

9:21 왜냐하면 죽음(마베트)이 우리의 창문으로부터 올라와(알라),
우리 궁전(아르몬)에 들어가서(보),
밖(후쯔)으로부터는 어린아이(올렐)를,
광장(레호브,넓은 곳)들로부터는 청년(바후르)들을
멸절시키기(카라트) 때문이다."라고 하는 것이다.

9:22 네가 이와 같이 말하라(다바르),
여호와의 말(네움).
'사람(아담)의 시체(네벨라)가 그 들판 위에 똥(도멘,거름)처럼 쓰러지고(나팔)
그 추수하는 자(콰짜르)510) 뒤의 곡식단(아미르)처럼 (쓰러지나),
아무도 거두지(아싸프) 않는다.'라고 하라.

9:23 여호와가 이와 같이 말하하였으니(아마르),
"지혜자(하캄)는 자신의 지혜(호크마)를 자랑하지(할랄)511) 말고,
그 용사(기보르)는 자신의 힘(게부라)512)을 자랑하지(할랄) 말며,
부자(아쉬르)는 자신의 부(오쉐르)를 자랑하지(할랄) 말라.

9:24 반드시, 자랑하는 자(할랄)는 이것을 자랑하리니(할랄),
곧 통찰력이 있어(사칼)513) 나(여호와)를 깨달아 아는 것이다(야다).

---

509) 미쉬칸(מִשְׁכָּן): 성막, 거처, 처소. ☞ 솨칸(שָׁכַן : 머물다)의 명사.
같은 표현 ⇒ (출25:9,26:1), (사22:16,32:18,54:2), (렘9:19,30:18,51:30), (겔25:4).

510) 콰짜르(קָצַר): 짧다, 수확하다, 추수하다. 같은 표현 ⇒ (레19:9), (민11:23,21:4), (사17:5,28:20,37:30,50:2,59:1), (렘9:22,12:13), (미2:7).

511) 할랄(הָלַל): 밝게 비추다, 자랑하다, 찬양하다. 같은 표현 ⇒ (창12:15), (왕상20:11), (사13:10,38:18,41:16,44:25,45:25,62:9,64:11), (렘4:2,9:23,24,20:13,25:16,31:7,46:9,49:4, 50:38,51:7), (욜2:26), (나2:4).

512) 게부라(גְּבוּרָה): 힘, 권능, 능력. ☞ 가바르(גָּבַר : 우세하다, 강하다)의 여성명사.
같은 표현 ⇒ (출32:18), (신3:24), (왕상22:45), (사3:25,11:2,28:6,30:15,33:13, 36:5,63:15), (렘9:23,10:6,16:21,23:10,49:35,51:30), (겔32:29,30).

513) 사칼(שָׂכַל): 지혜롭게 행하다, 통찰력 있게 행하다, 번영하다, 형통하다,

(다시 말해), 내(여호와)가 그 땅(에레쯔)에서 인애(헤쎄드)514), 법도(미쉬파트)515),
의로움(쩨다콰)516)을 행하는 여호와인 줄을 (깨달아 아는 것이다),
왜냐하면 내가 이것들을 기뻐하기(하페쯔)517) 때문이다.
여호와의 말(네움).ס

9:25 보라(힌네)! 날(욤, 복)이 이르면(보),
내(여호와)가 포피(오르라)518)에만 할례받은(물)519) 모든 자를 벌하여
보응하니(파콰드),

9:26 곧 미쯔라임과 예후다와 에돔과 암몬 족(벤)들과 모압과 머리의 옆
머리카락을 짧게 깎고(콰짜쯔)520) 그 광야(미드바르)에 거주하는(야솨브)
모든 자들이다.
왜냐하면 그 모든 민족(고이)은 할례를 받지 않았고(아렐)521),
이스라엘의 모든 집(바이트)은 마음(레브)의 할례를 받지 않았기(아렐)
때문이다."라고 하는 것이다.ס

교차하여 두다. 같은 표현 ⇒ (창3:6,48:14), (신29:9,32:29), (사41:20,44:18,52:13), (렘3:15,9:24,10:21,20:11,23:5,50:9).

514) 헤쎄드(חֶסֶד): 인애, 친절, 신실, 변함 없음. 같은 표현 ⇒ (창19:19), (사16:5,40:6,54:8,10,55:3,57:1,63:7), (렘2:2,9:24,16:5,31:3,32:18,33:11), (단1:9,9:4), (호2:19), (욜2:13), (슥7:9).

515) 미쉬파트(מִשְׁפָּט): 공의, 법도, 재판, 심판. ☞ 솨파트(שָׁפַט : 재판하다)의 명사. 같은 표현 ⇒ (창18:19), (사40:14,27,41:1,42:1,3,4,49:4,50:8,51:4,53:8,54:17,56:1,58:2, 59:8,9,61:8), (렘1:16,4:2,12,5:1,4,5,28,7:5,8:7,9:24,10:24,12:1,17:11,21:12,22:3,13,15,23:5, 26:11,16,30:11,18,32:7,9,33:15,39:5,46:28,48:21,47,51:9,52:9).

516) 쩨다콰(צְדָקָה): 의로움. 여성명사. 같은 표현 ⇒ (창15:6), (사1:27,5:7,16,23,9:7), (렘4:2,9:24,22:3,15,23:5,33:15,51:10), (슥8:8), (말3:3,4:2).

517) 하페쯔(חָפֵץ): 기뻐하다, 에 호의를 느끼다. 같은 표현 ⇒ (창34:19), (민14:8), (사1:11,13:17,42:21,53:10,55:11,56:4,58:2,62:4,65:12,66:3,4), (렘6:10,9:24,42:22).

518) 오르라(עָרְלָה): 포피, 할례 받지 않음. ☞ 여성명사. 같은 표현 ⇒ (창17:11,34:14), (렘4:4,9:25).

519) 물(מוּל): 잘라내다, 할례를 행하다. 같은 표현 ⇒ (창17:10), (렘4:4,9:25).

520) 콰짜쯔(קָצַץ): 잘라내다, 베어내다, 끊다. 같은 표현 ⇒ (출39:3), (신25:12), (렘9:26,25:23,49:32).

521) 아렐(עָרֵל): 할례를 받지 않다, 포피를 자르지 않다. 같은 표현 ⇒ (창17:14), (출6:12,30,12:48), (레19:23,26:41), (사52:1), (렘6:10,9:26), (겔28:10).

이르메야 10장

10:1 이스라엘의 집(바이트)아,
너희는 여호와가 너희에게 말하는(다바르) 그 말(다바르)을 들어라(솨마).

10:2 여호와가 이와 같이 말하였으니(아마르),
"너희는 그 민족(고이)들의 길(데레크)을 배우지(라마드) 말고,
그 하늘의 표적(오트,복)[522]에 깜짝 놀라지(하타트)[523] 말라.
왜냐하면 그 민족(고이)들은 그것(표적)들로 인해 깜짝 놀라기(하타트) 때문이다.

10:3 왜냐하면 그 민족(고이)들의 규례(후콰)[524]들은 정녕 헛된 것(헤벨)[525]이기 때문이다,
왜냐하면 그가 숲(야아르)의 나무를 잘라(카라트), 목공(하라쉬)[526]의 손이 그 도끼로 만든 것(마아세)이기 때문이다.

10:4 그들이 은과 금으로 아름답게 꾸미고(야파)[527], 못과 망치로 그것들을 고정시켜(하자크) 흔들리지(푸크) 않게 한다.

10:5 그것들은 망치로 두들겨 만든 종려나무 기둥과 같아
말하지(다바르) 못하고, 정녕 들려 메어지니(나사),
왜냐하면 그것들은 (한 발자국도) 걷지(짜아드) 못하기 때문이다,
너희는 그것들을 두려워하지(야레) 말라.

---

522) 오트(אוֹת): 표적. ☞ 아바(אָוָה : 표시하다)의 명사. 같은 표현 ⇒ (창1:14,4:15), (사7:11,14,8:18,19:20,20:3,37:30,38:7,22,44:25,55:13,66:19), (렘10:2,32:20,21,44:29).
523) 하타트(חָתַת): 깜짝 놀라다, 당황하다, 낙심하다, 두려워하다.
같은 표현 ⇒ (신1:21,31:8), (사7:8,8:9,9:4,20:5,30:31,31:4,9,37:27,51:6,7), (렘1:17,8:9,10:2,14:4,17:18,23:4,30:10,51:56), (겔2:6,3:9), (합2:17).
524) 후콰(חֻקָּה): 규례, 규정된 것. ☞ 하콰크(חָקַק : 새기다, 긁다)의 여성명사.
같은 표현 ⇒ (창26:5) (출12:14,17,13:10), (렘5:24,10:3,31:35,33:25,44:10,23), (겔5:6,7,11:20,18:9,17,19,21,20:11,13,16,19,21,24,33:15,37:24,43:11,18,44:5,24,46:14).
525) 헤벨(הֶבֶל): 증기, 입김, 숨, 헛된 것. 같은 표현 ⇒ (사49:4,57:13), (렘2:5,8:19,10:3,8,15,14:22,16:19,51:18), (욘2:8).
526) 하라쉬(חָרָשׁ): 장인, 기능공, 조각가. 같은 표현 ⇒ (사40:19.20,41:7,44:11,45:16,54:16), (렘10:3,9,24:1,29:2), (겔21:31), (슥1:20).
527) 야파(יָפָה): 아름답게 꾸미다. 같은 표현 ⇒ (렘4:30,10:4).

왜냐하면 그것들은 악을 행하지도(라아) 못하고,
또한 선을 행하지도(야타브) 못하기 때문이다."라고 하는 것이다.ס

10:6 여호와여, 당신 같은 분은 없습니다.
당신은 크고(가돌), 당신의 이름(쉠)은 권능(게부라)[528]으로 큽니다(가돌).

10:7 그 민족(고이)들의 왕(멜레크)이여,
누가 당신을 경외하지(야레) 않겠습니까?
왜냐하면 (그것이) 당신에게는 합당하기(야아) 때문입니다.
왜냐하면 그 민족(고이)들의 모든 지혜자(하캄)들과 그들의 모든 왕국(말쿠트) 중에서 당신 같은 분은 없기 때문입니다.

10:8 그러나 그것(민족들의 규례)들은 한결 같이 우둔하고(바아르)[529] 어리석은 것(카쌀)이니, 곧 헛된 것(헤벨)들의 훈계(무싸르)[530]는 정녕 나무뿐입니다;

10:9 쳐서 입힌 은(케쎄프)은 타르쉬쉬에서 들어왔고(보)
금(자하브)은 우파즈에서 (들어왔으며),
목공(하라쉬)과 제련공(하라프)[531]의 손(야드)으로 만든 것(마아세)으로
청색과 자주색으로 그것들을 옷 입히니,
그것들 모두는 기술자(하캄, 지혜자)들의 작품(마아세)입니다.

10:10 그러나 여호와는 참(에메트)[532] 하나님(엘로힘)이고,
그는 살아 있는(하이) 하나님(엘로힘)이요 영원한 왕(멜레크)이며,

---

528) 게부라(גְּבוּרָה): 힘, 권능, 능력. ☞ 가바르(גָּבַר : 우세하다, 강하다)의 여성명사. 같은 표현 ⇒ (출32:18), (신3:24), (왕상22:45), (사3:25,11:2,28:6,30:15,33:13, 36:5,63:15), (렘9:23,10:6,16:21,23:10,49:35,51:30).

529) 바아르(בָּעַר): 불타다, 소멸하다, 불타오르다. 같은 표현 ⇒ (출3:2,22:6), (왕상21:21), (사40:16,42:25), (렘4:4,7:18,20,10:8,14,21,20:9,21:12,36:22,44:6,51:17), (나2:13), (말4:1).

530) 무싸르(מוּסָר): 징계, 훈계, 교훈. ☞ 야싸르(יָסַר : 징계하다, 훈련하다)의 명사. 야싸르(יָסַר): 훈계,징계 하다, 교훈 하다. 같은 표현 ⇒ (신11:2), (사26:16,53:5), (렘2:30,5:3,7:28,10:8,17:23,30:14,32:33,35:13), (습3:2,7).

531) 짜라프(צָרַף): 정련하다, 단련하다, 정제하다, 깨끗하게 하다. 같은 표현 ⇒ (사1:25,40:19,41:7,46:6,48:10), (렘6:29,9:7,10:9,14,51:17), (단11:35,12:10), (말3:2,3).

532) 에메트(אֱמֶת): 진실, 성실, 진리. ☞ 아만(אָמַן : 믿다)의 여성명사. 같은 표현 ⇒ (창24:27,48,32:10), (신22:20), (사42:3,43:9,48:1,59:14,15,61:8), (렘2:21,4:2,9:5,10:10,14:13,23:28,26:15,28:9,32:41,33:6,42:5).

그의 격노(퀘쩨프)533)로 그 땅(에레쯔)이 진동하고(라아쉬)534),
민족(고이)들이 그의 분노(자암)535)를 감당하지(쿨)536) 못합니다.

10:11 그러므로 너희는 그들에게 이와 같이 말하라(아마르),
'그 하늘(솨마인)과 그 땅(아라크)을 짓지(아바드) 않은 신(엘라흐)은
그 땅(아라)으로부터 즉 바로 이 하늘(솨마인) 아래로부터 멸망한다(아바드).'라고 하라.

10:12 땅(에레쯔)을 자신의 힘(코아흐)으로 만들고(아사),
세상(테벨)537)을 자신의 지혜(호크마)로 굳게 세우는 이(쿤)가
자신의 명철(테분)538)로 하늘(솨마임)을 펼친다(나타).

10:13 그(여호와)가 나타내는(나탄) 음성(콜)으로,
하늘(솨마임)에 많은 물이 생기고(나탄),
땅(에레쯔)의 끝에서 안개(나시,복)가 올라가고(알라),
그 비(마타르)를 위해 번개(바라크,복)가 생긴다(아사),
또 그(여호와)는 자신의 창고(오짜르,복)로부터 바람(루아흐)을 나오게 한다(아짜).

10:14 모든 사람(아담)이 지식(다아트)에 우둔해지고(바아르).
모든 제련공(짜라프)539)은 우상(페쎌)540)으로 인해
부끄러움을 당한다(부쉬)541),

---

533) 퀘쩨프(קֶצֶף): 분노, 격노, 노여움, 특별히 하나님의 진노. 같은 표현 ⇒ (민1:53, 16:46,18:5), (신29:28), (사34:2,54:8,60:10), (렘10:10,21:5,32:37,50:13), (슥1:2,15).
534) 라아쉬(רָעַשׁ): 흔들리다, 떨다, 진동하다. 같은 표현 ⇒ (렘4:24,8:16,10:10,49:21,50:46,51:29), (겔38:20), (욜2:10), (나1:5), (학2:6,7,21).
535) 자암(זַעַם): 분노, 분개, 격노. 같은 표현 ⇒ (사10:5,25,13:5,26:20,30:27), (렘10:10,15:17,50:25), (겔21:31,22:31), (단8:19,11:36), (나1:6).
536) 쿨(כּוּל): 을 담다, 부양하다, 감당하다. 같은 표현 ⇒ (창45:11,47:12,50:21), (왕상17:4,9,18:4,13,20:27), (사40:12), (렘2:13,6:11,10:10,20:9), (욜2:11), (말3:2).
537) 테벨(תֵּבֵל): 세상, 세계. 같은 표현 ⇒ (사13:11,14:17,21,18:3,24:4,26:9,18,27:6,34:1), (렘10:12,51:15), (나1:5).
538) 테분(תְּבוּן): 이해력, 명철, 총명. ☞ 빈(בִּין : 깨닫다)의 명사. 같은 표현 ⇒ (출31:3,35:31,36:1), (신32:28), (사40:14,28,44:19), (렘10:12,51:15), (옵1:7).
539) 짜라프(צָרַף): 정련하다, 단련하다, 정제하다, 깨끗하게 하다. 같은 표현 ⇒ (사1:25,40:19,41:7,46:6,48:10), (렘6:29,9:7,10:9,14,51:17), (단11:35,12:10), (말3:2,3).
540) 페쎌(פֶּסֶל): 우상, 형상. ☞ 파쌀(פָּסַל : 깎아 다듬다)의 명사. 같은 표현 ⇒ (출20:4), (레26:1), (신4:16), (사40:19,20,42:17,44:9,10,15,17,45:20,48:5), (렘10:14,51:17,47,52).

왜냐하면 그의 주조된 상(네쎄크)[542]은 거짓(쉐케르)이고,
그것들 안에는 영(루아흐)이 없기 때문이다.

10:15 그것들은 헛된 것(헤벨)이고, 조롱거리(타투아으)이니,
형벌(페쿠다)[543]의 때(에트)에, 그것들은 사라진다(아바드)[544].

10:16 야아콥의 몫(헬레크)[545]은 이것들과 같지 않으니,
왜냐하면 그(여호와)는 만물을 지은 이(야짜르)[546]이고,
이스라엘은 그의 유업(나할라)의 지파(쉐베트)이기 때문이다.
만군의 여호와는 그의 이름(쉠)이다.ס

10:17 그 포위공격(마쪼르)[547] 속의 거주민(야솨브)아,
너는 땅(에레쯔)으로부터 자신의 짐꾸러미를 모으라(아싸프).ס

10:18 왜냐하면 여호와가 이와 같이 말하였으니(아마르),
"보라(헨)! 내(여호와)가 바로 이번에는 그 땅(에레쯔)의 거주자(야솨브)들을 내던져(콸라), 그들이 알아차릴(마짜) 정도로 그들을 괴롭게 한다(짜라르)[548]."라고 하는 것이다.ס

---

541) 부쉬(בּוֹשׁ): 부끄러워하다, 수치를 당하다. 같은 표현 ⇒ (창2:25), (사1:29,41:11,42:17,44:9,11,45:16,17,24,49:23,50:7,54:4,65:13,66:5), (렘2:36,6:15,8:9,12,9:19,10:14,12:13,14:3,4,15:9,17:13,18,20:11,22:22,31:19,46:24,48:1,13,20,39,49:23,50:2,12,51:17,47,51).

542) 네쎄크(נֶסֶךְ): 술제물, 주조된 상. ☞ 나싸크(נָסַךְ : 붓다, 주조하다)의 명사. 같은 표현 ⇒ (창35:14), (사41:29,48:5,57:6), (렘7:18,10:14,19:13,32:29,44:17,18,19,25,51:17).

543) 페쿠다(פְּקֻדָּה): 방문, 감독, 징벌, 형벌, 소집. ☞ 파콰드(פָּקַד : 방문하다)의 여성명사. 같은 표현 ⇒ (민3:32,36,4:16,16:29), (사10:3,15:7,60:17), (렘8:12,10:15,11:23,23:12,46:21,48:44,50:27,51:18,52:11).

544) 아바드(אָבַד): 멸망시키다, 사라지게 하다, 길을 잃다. 같은 표현 ⇒ (출10:7), (레23:30,26:38), (사26:14,27:13,29:14,37:19,41:11,57:1,60:12), (렘1:10,4:9,6:21,7:28,9:12,10:15,12:17,15:7,18:7,18,23:1,25:10,35,27:10,15,31:28,40:15,46:8,48:8,36,46,49:7,38,50:6,51:18,55), (욜1:11), (암2:14,3:15), (옵1:8,12), (욘1:6,14), (습2:5,13).

545) 헬레크(חֵלֶק): 몫, 분깃. ☞ 할라크(חָלַק : 나누다, 분배하다)의 명사. 같은 표현 ⇒ (창14:24,31:14), (왕하9:10,36,37), (사17:14,57:6,61:7), (렘10:16,51:19), (미2:4), (합1:16), (슥2:12).

546) 야짜르(יָצַר): 모양으로 만들다, 형성하다. 같은 표현 ⇒ (창2:7,8,19), (사22:11,27:11,29:16,30:14,37:26,41:25,43:1,7,10,21,44:2,9,10,12,21,24,45:7,9,11,18,46:11,49:5,54:17,64:8), (렘1:5,10:16,18:2,3,4,6,11,19:1,11,33:2,51:19), (합2:18), (슥12:1).

547) 마쪼르(מָצוֹר): 포위 공격, 방벽, 참호. 같은 표현 ⇒ (신28:53,55,57), (렘10:17,19:9,52:5), (겔4:2,3,7,8,5:2).

10:19 화로다(호이), 나에게,
내 부러진 것(쉐베르)[549]으로 인하여
내 상처(마카)[550]가 중하다(할라)[551].
그럼에도 불구하고, 내가 말하기를(아마르),
'실로 이것은 병(홀리)[552]이지만, 내가 그것을 견뎌낸다(나사).'라고
하는 것이다.

10:20 내 장막(오헬)이 파괴되고(솨다드)[553]
내 모든 줄이 끊어졌다(나타크)[554].
내 자녀(벤)가 나를 떠나 나가서(야짜) 아무도 없으니,
내 장막(오헬)을 다시 칠 자(나타)도 없고,
내 휘장을 세울 자(쿰)도 없다.

10:21 왜냐하면 그 목자들(로임)[555]이 우둔해져서(바아르),
여호와를 구하지(다라쉬)[556]도 않기 때문이다.

---

548) 짜라르(צָרַר): 묶다, 속박하다, 을 향하여 적의를 보이다. 같은 표현 ⇒ (출12:34, 23:22), (레18:18), (민10:9), (신28:52), (사8:16,11:13), (렘10:18,48:41,49:22), (습1:17).

549) 쉐베르(שֶׁבֶר): 파괴, 파멸, 부숨, 골절. ☞ 솨바르(שָׁבַר : 깨뜨리다, 부수다)에서 유래. 같은 표현 ⇒ (사1:28,51:19,59:7,60:18,65:14), (렘4:6,20,6:1,14,8:11,21, 10:19,14:17,30:12,15,48:3,5,50:22,51:54).

550) 마카(מַכָּה): 타격, 상처, 재앙. ☞ 나카(נָכָה : 치다, 때리다)의 여성명사.
같은 표현 ⇒ (레26:21), (신25:3,28:59,29:22), (왕상20:21,22:35), (왕하8:29,9:15), (사1:6,10:26,14:6,27:7), (렘6:7,10:19,14:17,15:18,19:8,30:12,14,17,49:17,50:13,), (미1:9).

551) 할라(חָלָה): 병들다, 아프게 하다, 약하다. 같은 표현 ⇒ (창48:1), (출32:11), (신29:22), (왕상17:17,22:34), (왕하1:2,8:7,29), (사14:10,53:10,57:10), (렘4:31,10:19,12:13,14:17,26:19,30:12).

552) 홀리(חֳלִי): 병, 질병. ☞ 할라(חָלָה : 병들다, 약하게 하다)의 명사.
같은 표현 ⇒ (신7:15,28:59,61), (사1:5,38:9,53:3,4), (렘6:7,10:19).

553) 솨다드(שָׁדַד): 난폭하게 다루다, 파괴하다, 황폐케 하다. 같은 표현 ⇒ (사15:1,16:4,21:2,23:1,14,33:1), (렘4:13,20,30,5:6,6:26,9:19,10:20,12:12,15:8,25:36,47:4, 48:1,8,15,18,20,32,49:3,10,28,51:48,53,55,56), (욜1:10), (옵1:5), (미2:4).

554) 나타크(נָתַק): 잡아끊다, 잡아 뽑다, 끌어내다. 같은 표현 ⇒ (레22:24), (사5:27,33:20,58:6), (렘2:20,5:5,6:29,10:20,12:3,22:24,30:8), (나1:13).

555) 로임(רֹעִים): ☞ 라아(רָעָה : 풀을 뜯다, 방목하다)의 분사 복수.
라아(רָעָה): 풀을 뜯다, 돌보다, 먹이다, 친구가 되다.
같은 표현 ⇒ (창4:2,13:7), (렘3:15,6:3,10:21,12:10,22:22,23:4,25:34,36,50:6), (겔34:2).

556) 다라쉬(דָּרַשׁ): 자주가다, 찾다, 구하다, 묻다, 하려고 노력하다. 같은 표현 ⇒ (창9:5,25:22,42:22), (사1:17,8:19,9:13,11:10,16:5,19:3,31:1,34:16,55:6,58:2,62:12,65:1,10),

그러므로 그들이 통찰력 있게 행하지(사칼)[557] 못하여
그들의 모든 양떼(미르이트, 목장)[558]가 흩어진다(푸쯔)[559].

10:22 보라(힌네)! 한 소식(쉐무아)의 소리(콜) 즉 북쪽 땅(에레쯔)에서 큰 소란함
(라아쉬)[560]이 오고 있으니(보),
곧 (그것이) 예후다의 성읍들을 황폐하게 하여(숨 쉐마마[561]),
들개(탄닌)[562]들의 소굴(마온)[563]로 만들기(숨)위해서이다.ס

10:23 여호와여, 내(이르메야)가 (이것을) 깨달아 알았으니(야다),
즉 사람(아담)에게 곧 살아가는(할라크) 자(이쉬)에게는
자신의 길(데레크)이 없음을 (깨달아 알았습니다),
그런즉 그(사람)가 자신의 (한 발자국의) 걸음(짜아드)도 일으켜 세우지
(쿤) 못합니다.

10:24 여호와여, 당신이 나를 징계하소서(야싸르)[564],
당신의 화(아프)로 아니고, 법도(미쉬파트)[565]로 (징계하소서),

(렘8:2,10:21,21:2,29:7,13,30:14,17,37:7,38:4,).

557) 사칼(שָׂכַל): 지혜롭게 행하다, 통찰력 있게 행하다, 번영하다, 형통하다, 교차하여 두다. 같은 표현 ⇒ (창3:6,48:14), (신29:9,32:29), (사41:20,44:18,52:13), (렘3:15,9:24,10:21,20:11,23:5,50:9).

558) 미르이트(מִרְעִית): 목장, 목초지, 사육, 목양. ☞ 라아(רָעָה : 풀을 먹이다)에서 유래. 같은 표현 ⇒ (사49:9), (렘10:21,23:1,25:36), (겔34:31).

559) 푸쯔(פּוּץ): 흩어지다, 넘쳐흐르다. 같은 표현 ⇒ (창10:18,11:4,8,9,49:7), (사24:1,28:25,41:16), (렘9:16,10:21,13:24,18:17,23:1,2,29,30:11,40:15,52:8), (나2:1), (슥1:17,13:7).

560) 라아쉬(רַעַשׁ): 진동, 흔들림, 지진, 떨림. 같은 표현 ⇒ (사9:5,29:6), (렘10:22,47:3), (겔3:12,13), (암1:1), (슥14:5).

561) 쉐마마(שְׁמָמָה): 황폐, 황무지. ☞ 솨멤(שָׁמֵם : 황폐하게 하다)의 여성명사. 같은 표현 ⇒ (출23:39), (사1:7,62:4,64:10), (렘4:27,6:8,9:11,10:22,12:10,11,25:12,32:43, 34:22,44:6,49:2,33,50:13,51:26,62), (욜2:3,20,3:19), (습2:9).

562) 타닌(תַּנִּין): 뱀, 용, 바다괴물, 큰 파충류, 들개. 같은 표현 ⇒ (창1:21), (출7:9,10), (신32:33), (사13:22,27:1,34:13,35:7,43:20,51:9), (렘9:11,10:22,14:6,51:34,37), (미1:8).

563) 마온(מָעוֹן): 처소, 거주. 같은 표현 ⇒ (신26:15), (렘9:11,10:22,25:30,49:33,51:37), (나2:11), (습3:7), (슥2:13).

564) 야싸르(יָסַר): 훈계,징계 하다, 교훈 하다, 징벌하다. 같은 표현 ⇒ (레26:18,23), (신4:36,8:5,21:18,22:18), (사8:11,28:26), (렘2:19,6:8,10:24,30:11,31:18).

565) 미쉬파트(מִשְׁפָּט): 공의, 법도, 재판, 심판. ☞ 솨파트(שָׁפַט : 재판하다)의 명사. 같은 표현 ⇒ (창18:19), (사40:14,27,41:1,42:1,3,4,49:4,50:8,51:4,53:8,54:17,56:1,58:2,

당신이 나를 아주 작게 만들까(마아트)[566] 두렵습니다.

10:25 당신은 자신의 진노(헤마)[567]를,
당신을 잘 알지(야다) 못하는 민족(고이)들에게
즉 당신의 이름(쉠)을 부르지 않는 족속(미쉬파하)들에게
쏟아 부으소서(솨파크)[568],
왜나하면 그들이 야아콥을 삼켰기(아칼) 때문입니다.
(다시 말해), 그들이 그를 삼키고, 그를 끝장을 냈으며(칼라)[569],
그의 거처(나베)[570]를 황폐케 하였기(솨멤)[571] 때문입니다.פ

59:8,9,61:8), (렘1:16,4:2,12,5:1,4,5,28,7:5,8:7,9:24,10:24,12:1,17:11,21:12,22:3,13,15,23:5, 26:11,16,30:11,18,32:7,9,33:15,39:5,46:28,48:21,47,51:9,52:9).

566) 마아트(מְעַט): 작다, 작게 되다, 감소하다. 같은 표현 ⇒ (출12:4,16:17,18,30:15), (레25:16,26:22), (사21:17), (렘10:24,29:6,30:19), (겔29:15).

567) 헤마(חֵמָה): 열, 격노, 분노. ☞ 야함(יָחַם : 뜨겁다)의 여성명사. 같은 표현 ⇒ (창27:44), (사42:25,51:13,17,20,22,59:18,63:3,5,6,66:15), (렘4:4,6:11,7:20,10:25,18:20, 21:5,12,23:19,25:15,30:23,32:31,37,33:5,36:7,42:18,44:6), (나1:6).

568) 솨파크(שָׁפַךְ): 붓다, 쏟다, 흘리다, 쌓다. 같은 표현 ⇒ (창9:6), (사37:33,42:25, 59:7), (렘6:6,11,10:25,14:16,22:3,17), (겔36:18,39:29), (단11:15), (욜2:28,29,3:19).

569) 칼라(כָּלָה): 완성하다, 끝마치다, 끝나다. 같은 표현 ⇒ (창2:1,17:22), (왕상17:14), (사1:28,10:18), (렘5:3,8:20,9:16,10:25,14:6,12,16:4,20:18,26:8,43:1,44:27,49:37,51:63).

570) 나베(נָוֶה): 목초지, 양떼나 목자의 거처, 거처. ☞ 나바(נָוָה : 아름답게 하다, 집에 머무르다)에서 유래. 같은 표현 ⇒ (출15:13), (사27:10,32:18,33:20,34:13,35:7, 65:10), (렘6:2,10:25,23:3,25:30,31:23,33:12,49:19,20,50:7,19,44,45), (습2:6).

571) 솨멤(שָׁמֵם): 황폐하게 하다, 깜짝 놀라게 하다. 같은 표현 ⇒ (레26:22), (민21:30), (사33:8,49:8,19,52:14,54:1,3,59:16,61:4,63:5), (렘2:12,4:9,10:25,12:11,18:16,19:8,33:10, 49:17,20,50:13,45), (단8:27).

이르메야 11장

11:1 여호와로부터 이르메야에게 임한(하야) 그 말(다바르),
말하기를(아마르),

11:2 “너희는 바로 이 언약(베리트)[572]의 말(다바르,복)을 듣고(솨마), 그것들을
예후다 사람(이쉬)과 예루솰라임 거주민(야솨브)에게 말하라(다바르).

11:3 너는 그들에게 말하기를(아마르),
여호와 이스라엘의 하나님(엘로힘)이 이와 같이 말하였으니(아마르),
‘바로 이 언약(베리트)의 말(다바르,복)을 듣지(솨마) 않는 자(이쉬)는 <u>저주를
받는다</u>(아라르)[573],

11:4 즉 내가 미쯔라임의 땅(에레쯔)으로부터 곧 그 철의 용광로로부터
너희 조상들을 나오게 한(야짜) 날(욤)에, 그들에게 명한 것인데(짜바),
말하기를(아마르),
〈너희는 내 음성(콜)을 듣고(솨마) 내가 너희에게 명한(짜바) 모든 것
대로 행하라(아사),
그러면 너희는 내 백성(암)이 되고(하야),
나는 너희의 하나님(엘로힘)이 되니(하야),

11:5 내가 젖(할라브,우유)이 흐르고 꿀이 있는 땅(에레쯔)을 준다(나탄)라고
너희 조상들에게 맹세한 그 맹세(쉐부아)를, 바로 이 날(욤)과 같이,
이루기(쿰) 위해서이다.〉 ’라고 하는 것이다.
내(이르메야)가 대답하여(아나) 말하기를(아마르),
‘아멘, 여호와여.’ ”라고 하는 것이다.ס

11:6 그리고 여호와가 나에게 말하기를(아마르),
“너는 바로 이 모든 말(다바르,복)을 예후다 성읍(이르)들과 예루솰라임
거리(후쯔,복)에 외쳐(콰라), 말하기를(아마르),
‘너희는 바로 이 언약(베리트)의 말(다바르,복)을 듣고(솨마) 행하라(아사).

---

572) 베리트(בְּרִית): 언약, 계약. 여성명사. 같은 표현 ⇒ (창6:18,9:9,12,14:13), (사24:5, 28:15), (렘3:16,11:2,3,8,10,14:21,22:9,31:31,32,33,32:40,33:20,21,25,34:8,10,13,18,50:5).

573) 아라르(אָרַר): (마력으로) 제지하다, 저주하다, (주문으로) 묶다. 같은 표현 ⇒ (창3:14,17,4:11,5:29,9:25,12:3,27:29,49:7), (렘11:3,17:5,20:14,15,48:10), (말1:14,2:2,3:9).

11:7 왜냐하면 내(여호와)가 너희 조상들에게, 미쯔라임의 땅(에레쯔)에서
그들을 올라오게 한(알라) 날(욤)부터 바로 이 날(욤)까지, 정녕 경고하
였으니(우드)[574], 곧 내(여호와)가 말하기를(아마르), '너희는 내 음성(콜)을
들어라(솨마).'고 하면서 부지런히 경고하였기(우드) 때문이다.

11:8 그러나 그들은 듣지(솨마) 않고 자신들의 귀를 기울이지도(나타) 않고,
각자(아쉬) 자신들의 그 악한 마음(레브)의 고집(쉐리루트)[575]으로 걸어 갔
다(알라크).
또한 나(여호와)는, 내가 행하라(아사)고 명하였는데도(짜바) 그들이 행
하지(아사) 않은 바로 이 언약(베리트)의 모든 말(다바르,복)을 가지고 온다
(보).' "라고 하는 것이다.ס

11:9 여호와가 나(이르메야)에게 말하기를(아마르),
"예후다 사람(아쉬)과 예루솰라임 거주민(야솨브)들 가운데
반역(퀘쉐르)[576]이 발견된다(마짜).

11:10 그들이 그 이전 그들의 조상들의 행악(아본)[577]으로 돌아가니(슈브),
즉 그들이 내 말(다바르) 듣기(솨마)를 거절하고(마엔), 다른 신들(엘로힘)을
섬기려고(아바드) 좇아 살아간다(할라크),
곧 이스라엘의 집(바이트)과 예후다의 집(바이트)이 그들 조상들과 맺
은 내 언약(베리트)을 깨뜨린다(파라르)[578]."라고 하는 것이다.ס

11:11 그러므로 여호와가 이와 같이 말하였으니(아마르),
"보라(헨)! 내가 그들이 빠져나갈 수(야콜 야짜) 없는 재앙(라아)을

---

574) 우드(עוּד): 증인으로 세우다, 증거 하다, 되돌리다, 반복하다, 엄숙히 경고하다. 같은 표현 ⇒ (창43:3), (출19:21,23,21:29), (시8:2), (렘6:10,11:7,32:10,25,44,42:19), (암3:13), (말2:14).

575) 쉐리루트(שְׁרִירוּת): 견고, 완고, 완악, 강퍅함. ☞ 솨라르(שָׁרַר : 원수로 취급하다)의 여성명사. 같은 표현 ⇒ (신29:19), (렘3:17,7:24,9:14,11:8,13:10,16:12,18:12,23:17).

576) 퀘쉐르(קֶשֶׁר): 공모, 모반, 조약. ☞ 콰솨르(קָשַׁר : 묶다, 매다, 연합하다)에서 유래. 같은 표현 ⇒ (사8:12), (렘11:9).

577) 아본(עָוֹן): 행악, 죄악, 행악의 형벌, 행악과 형벌 사이의 죄의식. 집합명사. 같은 표현 ⇒ (창4:13,15:16,19:15), (렘2:22,3:13,5:25,11:10,13:22,14:7,10,20,16:10,17, 18:23,25:12,30:14,15,31:30,34,32:18,33:8,36:3,31,50:20,51:6), (단9:13,16,24).

578) 파라르(פָּרַר): 깨뜨리다, 어기다, 무효화 시키다. 같은 표현 ⇒ (창17:14), (레26:15,44), (민15:31,30:8,12,13,15), (신31:16,20), (사8:10,14:27,24:5,19,33:8,44:25), (렘11:10,14:21,31:32,33:20,21).

그들에게 가져오니(보), 그들이 나에게 부르짖어도(자아크)[579]
나는 그들의 (말을) 듣지(솨마) 않는다.

11:12 또한 예후다 성읍(이르)들과 예루솰라임 거주민(야솨브)들이 가서(할라크)
분향하던(콰타르) 신들(엘로힘)에게 부르짖어도(자아크)
그것(신)들은 그들의 재앙(라아)의 때(에트)에, 그들을 정녕 구원하지
(야솨)[580] 못한다.

11:13 왜냐하면 예후다야, 네 성읍(이르)들의 수만큼 네 신들의 수가 있고,
또 예루솰라임의 거리(후쯔,복)의 수만큼 너희는 그 부끄러움(보쉐트)
의 제단(미즈베아흐)들 곧 너희가 바알에게 분향하기(콰타르) 위한 제단
(미즈베아흐)들을 세우기(숨) 때문이다.ס

11:14 너(이르메야)는 바로 이 백성(암)을 위하여 기도하지(팔랄)[581] 말고,
그들을 위하여 울부짖음(린나)[582]이나 기도(테필라)를 올리지(나사) 말라.
왜냐하면 그들이 자신들의 재앙(라아)으로 인하여, 나에게 부르짖
을(콰라) 때(에트), 내가 듣지(솨마) 않기 때문이다."라고 하는 것이다.ס

11:15 (여호와가 이와 같이 말하였으니),
"어찌하여 내 사랑하는 자(예디드)[583]가 내 집(바이트)에서 그 악한
생각(메짐마)[584]을 행하느냐(아사)?
거룩한(코데쉬) 고기제물(바사르)이 너로부터 건너가거늘(아바르),
바로 그때(아즈) 네가 자신의 악(라아)을 (행할) 때,
(어찌하여) 너는 기뻐 날뛰느냐(알라즈)[585]?

---

579) 자아크(זָעַק): 부르짖다, 외치다, 부르다. 같은 표현 ⇒ (출2:23), (사14:31,15:4,5), (렘11:11,12,20:8,25:34,30:15,47:2,48:20,31), (욜1:14), (욘1:5,3:7), (합1:2,2:11).

580) 야솨(יָשַׁע): 구원하다, 구출하다. 같은 표현 ⇒ (출2:17,14:30), (사19:20,25:9), (렘2:27,28,4:14,8:20,11:12,14:8,9,15:20,17:14,23:6,30:7,10,11,31:7,33:16,42:11,46:27).

581) 팔랄(פָּלַל): 중재하다, 기도하다, 개입하다. 같은 표현 ⇒ (창20:7,17,48:11), (삼하7:27), (사16:12,37:15,21,38:2,44:17), (렘7:16,11:14,29:7,12,32:16,37:3,42:2,4,20).

582) 린나(רִנָּה): 울려 퍼지는 외침. 같은 표현 ⇒ (왕상22:36), (사14:7,35:10,43:14,44:23, 48:20,49:13,51:11,54:1,55:12), (렘7:16,11:14,14:12), (습3:17).

583) 예디드(יְדִיד): 사랑받는. ☞ 야다드(יָדַד : 제비를 뽑다)의 형용사. 같은 표현 ⇒ (신33:12), (사5:1), (렘11:15).

584) 메짐마(מְזִמָּה): 계획, 의도, 악한 생각. ☞ 자맘(זָמַם : 생각하다, 꾀하다, 궁리하다)에서 유래. 같은 표현 ⇒ (렘11:15,23:20,30:24,51:11).

585) 알라즈(עָלַז): 크게 기뻐하다, 기뻐 날뛰다, 이겨서 좋아하다. 같은 표현 ⇒ (사23:12), (렘11:15,15:17,50:11,51:39), (습3:14).

11:16 여호와가 네 이름(쉠)을, '푸르고 좋은 열매의 아름다운(야페)[586] 올리브나무(자이트)'라고 불렀으나(콰라), 큰 고함(하무라)의 소리로 그것 위에 불을 놓으니(야짜트)[587], 그것의 가지들이 못 쓰게 된다(라아).

11:17 너를 심은(나타) 만군의 여호와가 너에게 재앙(라아)을 말하니(다바르), 곧 이스라엘의 집(바이트)과 예후다의 집(바이트)이 그 바알에게 분향하여(콰타르), 나를 화나게 한(카아쓰)[588] 악(라아)으로 인해서이다."라고 하는 것이다.

11:18 (이르메야가 말하기를),
"여호와가 나에게 잘 알게 하니(야다),
내가 (그것을) 잘 알았습니다(야다).
그때 당신은 나에게 그들의 행위(마아랄, 복)[589]를 보여주었습니다(라아).

11:19 그때 나(이르메야)는 도살당하려(타바흐)[590] 끌려가는(야발)[591] 순한(알루프)[592] 어린 양(케베스) 같았고,
또 그들이 나에 대하여, '우리가 그 나무를 열매와 함께 멸망시켜(솨하트)[593], 생명(하이, 복)의 땅(에레쯔)에서 그를 잘라내어, 그의 이름(쉠)이 다시는 기억되지(자카르) 않도록 하자.'라는 생각(마하솨바, 복)[594]을

---

586) 야페(יָפֶה): 아름다운. 같은 표현 ⇒ (창12:11,14,29:17,39:6,41:2,4,18), (신21:11), (렘11:16), (겔31:3,9,33:32).

587) 야짜트(יָצַת): 불을 붙이다, 태우다. 같은 표현 ⇒ (사9:18,27:4,33:12), (렘2:15, 9:10,12,11:16,17:27,21:14,32:29,43:12,46:19,49:2,27,50:32,51:30,58), (암1:14).

588) 카아쓰(כַּעַס): 성내다, 화내다, 분노하다. 같은 표현 ⇒ (신4:25,9:18), (왕상21:22,22:53), (시65:3), (렘7:18,19,8:19,11:17,25:6,7,32:29,30,32,44:3,8).

589) 마알랄(מַעֲלָל): 행위, 행실. ☞ 알랄(עָלַל: 호되게 다루다, 행동하다)에서 유래. 같은 표현 ⇒ (신28:20), (사1:16,3:8,10), (렘4:4,18,7:3,5,11:18,17:10,18:11,21:12,14, 23:2,22,25:5,26:3,13,32:19,35:15,44:22), (미2:7), (슥1:4,6).

590) 타바흐(טָבַח): 도살하다, 살해하다, 무자비하게 죽이다. ☞ 테바흐(טֶבַח : 짐승, 도살, 살해)의 동사. 같은 표현 ⇒ (창43:13), (출22:1), (렘11:19,25:34,51:40).

591) 야발(יָבַל): 가져오다, 이끌다, 인도하다. 같은 표현 ⇒ (사18:7,23:7,53:7,55:12), (렘11:19,31:9), (습3:10).

592) 알루프(אַלּוּף): 친한 친구, 지도자, 족장, 유순한. ☞ 엘레프(אֶלֶף : 천)에서 유래. 같은 표현 ⇒ (렘3:4,11:19,13:21), (슥12:5,6).

593) 솨하트(שָׁחַת): 부패케 하다, 멸망시키다. 같은 표현 ⇒ (창6:11), (사1:4,11:9,14:20, 36:10,37:12,51:13,54:16,65:8,25), (렘2:30,4:7,5:10,6:5,28,11:19,12:10,13:7,9,14,15:3,6,18:4, 51:1,11,20,25), (말2:8,3:11).

594) 마하솨바(מַחֲשָׁבָה): 생각, 사상, 고안, 발명. ☞ 하솨브(חָשַׁב : 생각하다, 고안하다)

하고 있는 지(하솨브)를 나(이르메야)는 잘 알지(야다) 못하였습니다.

11:20 의로움(쩨데크)[595]으로 재판하고(솨파트)[596], 속 감정(칼야, 콩팥, 복)과 마음(레브)을 시험하는 이(바한)[597], 만군의 여호와여,
내(이르메야)가 당신의 보복(네콰마)[598]을 그들로부터 보게 하소서(라아).
왜냐하면 내가 당신께 나의 송사(리브)[599]를 드러냈기(갈라)[600] 때문입니다."라고 하였다.

11:21 그러므로 '너는, 우리 손(야드)에 죽지(무트) 않기 위해, 여호와의 이름으로 예언하지(나바)[601] 말라.'라고 말하면서(아마르), 네 목숨(네페쉬)을 찾는(바콰쉬)[602] 그 아나돝 사람들(에노쉬)에 관하여,
여호와가 이와 같이 말하기를(아마르),

11:22 그러므로 만군의 여호와가 이와 같이 말하였으니(아마르),
"보라(헨)! 내(여호와)가 그들을 벌하여 보응하니(파콰드)[603],

의 여성명사. 같은 표현 ⇒ (창6:5), (출31:4,35:32,33,35), (시55:7,8,9,59:7,65:2,66:18), (렘4:14,6:19,11:19,18:11,12,18,29:11,49:20,30,50:45,51:29), (단11:24,25).

595) 쩨데크(צֶדֶק): 의로움, 공정. 남성명사. ☞ 쩨다콰(צְדָקָה : 의로움) 여성명사. 같은 표현 ⇒ (레19:15,36), (사1:21,26), (렘11:20,22:13,31:23,33:16,50:7).

596) 솨파트(שָׁפַט): 판단하다, 재판하다, 다스리다, 통치하다. 같은 표현 ⇒ (창16:5, 18:25,19:9), (사1:17,23,26,2:4,3:2,5:3), (렘2:35,5:28,11:20,25:31), (단9:12), (슥7:9,8:16).

597) 바한(בָּחַן): 입증하다, 시험하다, 자세히 보다. 같은 표현 ⇒ (창42:15,16), (시11:4,5), (렘6:27,9:7,11:20,12:3,17:10,20:12), (겔21:13), (슥13:9), (말3:10,15).

598) 네콰마(נְקָמָה): 복수, 앙갚음. ☞ 나콤(נָקַם : 복수하다, 앙갚음하다)의 여성명사. 같은 표현 ⇒ (민31:2,3), (렘11:20,20:10,12,46:10,50:15,28,51:6,11,36), (겔25:14,15,17).

599) 리브(רִיב): 말다툼, 분쟁, 소송, 논쟁, 송사. 같은 표현 ⇒ (창13:7), (출23:2,6), (신1:12,21:5,25:1), (사1:23,34:8,41:11,21,58:4), (렘11:20,15:10,20:12,25:31,50:34,51:36).

600) 갈라(גָּלָה): 덮개를 벗기다, 계시하다, 폭로하다, 옮기다, 포로의 몸이 되다. 같은 표현 ⇒ (창9:21,35:7), (삼하7:27), (사5:13,16:3,22:8,14,23:1,24:11,26:21,38:12, 40:5,47:2,3,49:9,21,53:1,56:1), (렘1:3,11:20,13:19,22,20:4,12,22:12,24:1,27:20,29:1,4,7,14, 32:11,14,33:6,39:9,40:1,7,43:3,49:10,52:15,27,28,30), (단10:1), (호2:10), (암1:5,6,3:7).

601) 나바(נָבָא): 예언하다. ☞ 나비(נָבִיא : 예언자)에서 유래. 같은 표현 ⇒ (민11:25,26,27), (렘2:8,5:31,11:21,14:14,15,16,19:14,20:1,6,23:13,16,21,25,26,32,25:13,30, 26:9,11,12,18,20,27:10,14,15,16,28:6,8,9,21,26,27,31,32:3,37:19), (겔4:7,36:1,3,6,37:4,7,9, 10,12,38:2,14,17,39:1), (욜2:28), (암2:12,3:8).

602) 바콰쉬(בָּקַשׁ): 찾다, 요구하다, 묻다. 같은 표현 ⇒ (창31:39), (시40:20,41:12,17, 45:19,51:1,65:1), (렘2:24,33,4:30,5:1,11:21,19:7,9,21:7,22:25,26:21,29:13,34:20,21,38:16, 44:30,45:5,46:26,49:37,50:4,20), (단1:8,20,8:15,9:3), (호2:7).

603) 파콰드(פָּקַד): 방문하다, 계수하다, 임명하다, 보응하여 벌하다. 같은 표현 ⇒

그 젊은이(바후르)들은 그 칼(헤레브)에 죽고(무트),
그들의 아들(벤)들과 딸(바트)들은 그 기근(라아브)으로 죽는다(무트).

11:23 그들에게는 살아남은 자(쉐에리트)[604]가 없으니,
왜냐하면 내(여호와)가, 그들이 벌 받을(페쿠다)[605] 해에, 아나톳 사람들(에노쉬)에게 재앙(라아)을 가져오기(보) 때문이다."라고 하는 것이다.ㅁ

(창21:1), (왕상20:15,26,27,39), (왕하3:6,5:24,7:17,9:34), (사13:4,62:6), (렘1:10,3:16,5:9,29,6:6,15,9:9,25,11:22,13:21,14:10,15:3,15,21:14,23:2,4,34,25:12,27:8,22,29:10,32,30:20,32:3,36:31,37:21,40:5,7,11,41:2,10,18,44:13,29,46:25,49:8,19,50:18,31,44,51:27,44,47,52), (호1:4,2:13), (습1:8,9,11,2:7).

604) 쉐에리트(שְׁאֵרִית): 살아남은 자, 남은 것, 후손. ☞ 쇠아르 (שָׁאַר : 살아남다)의 여성명사. 같은 표현 ⇒ (창45:7), (렘6:9,8:3,11:23,15:9,23:3,24:8,25:20,31:7,39:3,40:11,15,41:10,16,42:2,15,19,43:5,44:12,14,28,47:4,5,50:26), (슥8:6), (미2:12,4:7), (습2:9).

605) 페쿠다(פְּקֻדָּה): 방문, 감독, 징벌, 형벌, 소집. ☞ 파콰드(פָּקַד : 방문하다)의 여성명사. 같은 표현 ⇒ (민3:32,36,4:16,16:29), (사10:3,15:7,60:17), (렘8:12,10:15,11:23,23:12,46:21,48:44,50:27,51:18,52:11).

이르메야 12장

12:1 (이르메야가 말하기를),
“여호와여, 내가 당신과 말로 다투려고 할(리브)606) 때,
당신은 의롭습니다(짜디크),
그럼에도 불구하고,
내가 공의(미쉬파트,복)607)에 관해 당신께 말하고자(다바르) 합니다,
어찌하여 악인(라솨)들의 길(데레크)이 형통하고(짤라흐),608)
배반(베게드)으로 거짓 행하는(바가드)609) 모든 자가 평안합니까(솰라)?

12:2 당신이 그(악인)들을 심으니(나타),
심지어 그들도 뿌리가 내리고(쇼라쉬), 자라고(얄라크),
또한 그들이 열매도 맺습니다(아사).
당신은 그(악인)들의 입(페)에 가까우나(콰로브), 그들의 속 감정(칼야,콩팥,
복)으로부터는 멀리 떨어져 있습니다(라호크).

12:3 여호와 바로 당신은 나를 잘 알고(야다) 나를 보니(라아),
곧 당신은 당신을 향한 나의 마음(레브)을 입증하소서(바한)610).
당신은 그들(악인)을 도살의 양떼(쫀)처럼 끌어내어서(나타크)611),
살륙(하레가)612)의 날(욤)을 위해 그들을 특별히 구별케 하소서(콰다쉬).

---

606) 리브(רִיב): 말로 다투다, 싸우다, 경쟁하다. 같은 표현 ⇒ (창26:20,21,22,31:36), (사1:17,3:13,19:20,27:8,45:9,49:25,50:8,51:22,57:16), (렘2:9,29,12:1,50:34,51:36).

607) 미쉬파트(מִשְׁפָּט): 공의, 법도, 재판, 심판. ☞ 솨파트(שָׁפַט : 재판하다)의 명사. 같은 표현 ⇒ (창18:19), (사40:14,27,41:1,42:1,3,4,49:4,50:8,51:4,53:8,54:17,56:1,58:2, 59:8,9,61:8), (렘1:16,4:2,12,5:1,4,5,28,7:5,8:7,9:24,10:24,12:1,17:11,21:12,22:3,13,15,23:5, 26:11,16,30:11,18,32:7,9,33:15,39:5,46:28,48:21,47,51:9,52:9).

608) 짤라흐(צָלַח): 앞으로 나아가다, 형통하다. 같은 표현 ⇒ (창24:21,40,56,39:2,23), (사48:15,53:10,54:17), (렘2:37,5:28,12:1,13:7,10,22:30,32:5), (단8:12,24,25,11:27,36).

609) 바가드(בָּגַד): 불성실하게 (거짓으로) 대하거나 행하다. 같은 표현 ⇒ (출21:8), (사21:2,24:16,33:1,48:8), (렘3:8,11,20,5:11,9:2,12:1,6), (합1:13,2:5), (말2:10,11,14,15,16).

610) 바한(בָּחַן): 입증하다, 시험하다, 자세히 보다. 같은 표현 ⇒ (창42:15,16), (시11:4,5), (렘6:27,9:7,11:20,12:3,17:10,20:12), (겔21:13), (슥13:9), (말3:10,15).

611) 나타크(נָתַק): 잡아끊다, 잡아 뽑다, 끌어내다. 같은 표현 ⇒ (레22:24), (사5:27,33:20,58:6), (렘2:20,5:5,6:29,10:20,12:3,22:24,30:8), (나1:13).

612) 헤레가(הֲרֵגָה): 살해, 살육. ☞ 헤레그(הֶרֶג : 살해, 살육)의 여성 명사.

12:4 어느 때까지 그 땅(에레쯔)이 애곡하며(아발)613),
그 모든 밭(사데)의 풀잎이 마를 것입니까(야베쉬)?
어느 때까지 그곳 거주민(야솨브)들의 악(라)으로 인해
짐승(베헤마)들과 새(오프)가 사라져야 합니까(싸파)614)?
왜냐하면 그들(악인)은 말하기(아마르), '그(여호와)가 우리의 마지막(아하리트)615)을 보지 못한다.'라고 하기 때문입니다."라고 하니,

12:5 (여호와가 말하기를),
"만일 네가 보행자와 달릴진데(루쯔),
그들이 너를 지치게 하면(라아)616),
너는 그 말(쑤쓰)들과 어떻게 경주하겠느냐(하라)?
또 네가 평화의 땅(에레쯔)에서 안전한 바(바타흐)617),
(그들이 너를 지치게 하면),
너는 그 야르덴의 창일(가온)618)에서는 어떻게 행하겠느냐(아사)?

12:6 왜냐하면 네 형제(아흐)들과 네 아버지의 집(바이트), 심지어 그들도 너에게 거짓으로 행하고(바가드) 네 뒤에서 크게 소리치기(콰라) 때문이니,
비록 그들이 네게 좋은 것(토브)들을 말할지라도(다바르),
너는 그들의 (말을) 믿지(아만)619) 말라.ס

같은 표현 ⇒ (렘7:32,12:3,19:6), (슥11:4,7).

613) 아발(אָבַל): 애곡하다, 슬퍼하다. 같은 표현 ⇒ (창37:34), (출33:4), (사3:26,19:8,24:4,7,33:9,57:18,61:2,3), (렘4:28,12:4,11,14:2,23:10), (단10:2), (욜1:9,10), (암1:2,8:8).

614) 싸파(סָפָה): 쌓아 올리다, 휩쓸어가다, 잡아채다.
같은 표현 ⇒ (창18:23,24,19:15,17), (사7:20,13:15,29:1,30:1).

615) 아하리트(אַחֲרִית): 마지막 때, 끝, 결말. ☞ 아하르(אָחַר : 뒤에 있다)의 여성명사.
같은 표현 ⇒ (창49:1), (민23:10), (신4:30,8:16), (사2:2,41:22,46:10,47:7), (렘5:31,12:4,17:11,23:20,29:11,30:24,31:17,48:47,49:39,50:12), (단8:19,23,10:14,11:4,12:8).

616) 라아(לָאָה): 피곤하다, 지치다, 싫증나다. 같은 표현 ⇒ (창19:11), (출7:18), (사1:14,7:13,16:12,47:13), (렘6:11,9:5,12:5,15:6,20:9).

617) 바타흐(בָּטַח): 신뢰하다, 의지하다, 안전하다. 같은 표현 ⇒ (사12:2,26:3,4,30:12,31:1,32:10,11,36:4,5,6,7,9,15,37:10,42:17,47:10,50:10,59:4), (렘5:17,7:4,8,14,9:4,12:5,13:25,17:5,7,28:15,29:31,39:18), (합2:18).

618) 가온(גָּאוֹן): 높임, 위엄, 교만. 같은 표현 ⇒ (출15:7), (레26:19), (사2:10,19,21,4:2,13:11,19,14:11,16:6,23:9,24:14,60:15), (렘12:5), (암8:7), (나2:2), (습2:10).

619) 아만(אָמַן): 확실하게 하다, 충실하다, 믿다, 신뢰하다, 기르다.
같은 표현 ⇒ (창15:6), (삼상3:20), (사1:21,26,7:9,8:2,22:23,25,28:16,33:16,43:10,49:7,23,53:1,55:3,60:4), (렘12:6,15:18,40:14,42:5).

12:7 나(여호와)는, 나의 집(바이트)을 버리고(아자브)620),
나의 유업(나할라)을 포기하고(나타쉬)621),
내 마음(네페쉬)의 사랑하는 자(예디두트)들을
그녀의 원수(오예브)들의 손(카프)에 넘겨준다(나탄).

12:8 내 유업(나할라)이 나(여호와)에게 그 숲(야아르)의 사자처럼 되어(하야),
그것(유업)이 나에게 자신의 소리(콜)를 내더라도(나탄),
곧 그런 것으로 인해서도 나는 그것(유업)을 미워한다(사네)622).

12:9 내 유업(나할라)이 나(여호와)에 대적하는 얼룩덜룩한 맹금과 같고,
주위의 맹금이 그것(유업)에 대적하여 (있으니),
곧, 자! 너희가 들판의 모든 짐승(하이)을 모아(아싸프),
너희는 먹이(오클라)가 되게 하라(아타)623).

12:10 많은 목자들(로임)624)이 내 포도원을 멸망케 하고(솨하트)625),
내 할당된 몫(헬콰)을 짓밟아(부쓰)626),
내(여호와)가 기뻐하는(헤므다)627) 할당된 몫(헬콰)을 황폐(쉐마마)628)의

---

620) 아자브(עָזַב): 떠나다, 남기다, 버리다. 같은 표현 ⇒ (창2:24), (렘1:16,2:13,17,19, 4:29,5:7,19,9:2,13,19,12:7,14:5,16:11,17:11,13,18:14,19:4,22:9,25:38,48:28,49:11,25,51:9).

621) 나타쉬(נָטַשׁ): 상태로 놓아두다, 맡기다, 버리다, 허락하다. 같은 표현 ⇒ (창31:28), (출23:11), (민11:31), (사2:6,16:8,21:15,32:14,33:23), (렘7:29,12:7,15:6,23:33,39).

622) 사네(שָׂנֵא): 미워하다. 같은 표현 ⇒ (창24:60,26:27,29:31,33,37:4), (사1:14,60:15,66:5), (렘12:8,44:4), (겔16:37,23:28,35:6).

623) 아타(אָתָה): 오다, 강림하다. 같은 표현 ⇒ (신33:2,21), (사21:12,14,41:5,23,25, 44:7,45:11,56:9,12), (렘3:22,12:9).

624) 로임(רֹעִים): ☞ 라아(רָעָה : 풀을 뜯다, 방목하다)의 분사 복수.
라아(רַעַה): 풀을 뜯다, 돌보다, 먹이다, 친구가 되다.
같은 표현 ⇒ (창4:2,13:7), (렘3:15,6:3,10:21,12:10,22:22,23:4,25:34,36,50:6), (겔34:2).

625) 솨하트(שָׁחַת): 부패케 하다, 멸망시키다. 같은 표현 ⇒ (창6:11), (사1:4,11:9,14:20, 36:10,37:12,51:13,54:16,65:8,25), (렘2:30,4:7,5:10,6:5,28,11:19,12:10,13:7,9,14,15:3,6,18:4, 51:1,11,20,25), (말2:8,3:11).

626) 부쓰(בּוּס): 발로 밟다. 같은 표현 ⇒ (사14:19,25,63:6,18), (렘12:10).

627) 헤므다(חֶמְדָּה): 갈망, 탐하는 것, 귀한, 기뻐하는.
☞ 하마드(חָמַד : 몹시 바라다, 탐하다, 기뻐하다)에서 유래.
같은 표현 ⇒ (렘3:19,12:10,25:34), (단9:23,10:3,11,19,11:8,37,38).

628) 쉐마마(שְׁמָמָה): 황폐, 황무지. ☞ 솨멤(שָׁמֵם : 황폐하게 하다)의 여성명사.
같은 표현 ⇒ (출23:39), (사1:7,62:4,64:10), (렘4:27,6:8,9:11,10:22,12:10,11,25:12,32:43, 34:22,44:6,49:2,33,50:13,51:26,62), (욜2:3,20,3:19), (습2:9).

광야로 만든다(나탄).

12:11 그들이 그곳을 황폐(쉼멤)로 만드니(숨),
황폐(쉐마마)가 된 곳이 나(여호와)에게 애곡하고(아발),
그 온 땅(에레쯔)이 황폐케 된다(솨멤)[629],
왜냐하면 어떤 자(이쉬)도 마음을 두지(숨) 않기 때문입니다.

12:12 파괴자(솨다드)[630]들이 헐벗은 모든 곳 곧 그 광야에 이르니(보),
왜냐하면 여호와의 칼(헤레브)이 땅끝에서부터 그 땅끝까지 삼키기(아칼) 때문이다,
(다시 말해), 평화(솰롬)가 어떤 육신(바사르)에도 없기 때문이다.ם

12:13 그들은 밀을 씨 뿌려도(자라)[631] 가시덤불을 거두고(콰짜르)[632],
그들이 지쳐도(할라)[633] 유익이 되지(야알)[634] 않는다.
그런즉 그들은 너희의 소산물(테부아)[635]로 인하여,
곧 여호와의 맹렬한(하론)[636] 화(아프)로 인하여,
수치를 당한다(부쉬)[637]."라고 하는 것이다.ם

---

629) 솨멤(שָׁמֵם): 황폐하게 하다, 깜짝 놀라게 하다. 같은 표현 ⇒ (레26:22), (민21:30), (사33:8,49:8,19,52:14,54:1,3,59:16,61:4,63:5), (렘2:12,4:9,10:25,12:11,18:16,19:8,33:10, 49:17,20,50:13,45), (단8:27).

630) 솨다드(שָׁדַד): 난폭하게 다루다, 파괴하다, 황폐케 하다. 같은 표현 ⇒ (사15:1,16:4,21:2,23:1,14,33:1), (렘4:13,20,30,5:6,6:26,9:19,10:20,12:12,15:8,25:36,47:4, 48:1,8,15,18,20,32,49:3,10,28,51:48,53,55,56), (욜1:10), (옵1:5), (미2:4).

631) 자라(זָרַע): 씨 뿌리다. ☞ 제라(זֶרַע : 씨, 후손)의 동사. 같은 표현 ⇒ (창1:11,12,29,26:12,47:23), (사17:10,28:24,30:23,32:20,37:30,40:24,55:10), (렘2:2,4:3,12:13,31:27,35:7,50:16), (겔36:9), (호2:23), (나1:14), (학1:6), (슥10:9).

632) 콰짜르(קָצַר): 짧다, 수확하다, 추수하다. 같은 표현 ⇒ (레19:9), (민11:23,21:4), (사17:5,28:20,37:30,50:2,59:1), (렘9:22,12:13), (미2:7).

633) 할라(חָלָה): 병들다, 아프게 하다, 약하다. 같은 표현 ⇒ (창48:1), (출32:11), (신29:22), (왕상17:17,22:34), (왕하1:2,8:7,29), (사14:10,53:10,57:10), (렘4:31,10:19,12:13,14:17,26:19,30:12).

634) 야알(יָעַל): 이익을 되다, 이익을 얻다. 같은 표현 ⇒ (사30:5,6,44:9,10,47:12, 48:17,57:12), (렘2:8,11,7:8,12:13,16:19,23:32), (합2:18).

635) 테부아(תְּבוּאָה): 소산물. ☞ 보(בּוֹא : 가져오다, 들어가다, 오다)의 여성명사. 같은 표현 ⇒ (창47:24), (출23:10), (사23:3,30:23), (렘2:3,12:13), (겔48:18).

636) 하론(חָרוֹן): 맹렬함, 격노. ☞ 하라(חָרָה : 성내다, 격노하다)의 명사. 같은 표현 ⇒ (출15:7,32:12), (민25:4). (신13:17), (렘4:8,26,12:13,25:37,38,30:24,49:37,51:45), (나1:6).

637) 부쉬(בּוֹשׁ): 부끄러워하다, 수치를 당하다. 같은 표현 ⇒ (창2:25), (사1:29,41:11,

12:14 여호와가 내 백성 이스라엘에게 유업으로 준(나할)[638] 그 유업(나할라)
을 건드리는(나가)[639] 그 악한(라) 모든 이웃(솨켄)들에 대해서,
이와 같이 말하였으니(아마르),
"보라(헨)! 내가 그들을 그들의 땅(아다마)에서 뽑아내고(나타쉬)[640],
또 그들 가운데서 예후다의 집(바이트)을 뽑아낸다(나타쉬).

12:15 그리고 이런 일이 있을 것이니,
내(여호와)가 그들을 뽑아낸(나타쉬) 후,
나는 (마음을) 되돌려(슈브), 그들에게 긍휼을 베풀고(라함)[641],
각자(이쉬) 자신의 유업(나할라)으로, 각자(이쉬) 자신의 땅(에레쯔)으로
돌려보낸다(슈브).

12:16 그때 이런 일이 있을 것이니,
만일 그들이 내 백성을 그 바알로 맹세하도록(솨바) 가르친 것(라마드)
처럼, 그들이 내 백성의 길(데레크,복)을 정녕 배워(라마드),
'여호와가 살아 계심(하이)'을 내 이름(쉠)으로 맹세하면(솨바),
그들은 내 백성 가운데서 (새롭게) 지어지고(바나),

12:17 만일 그들이 듣지(솨마) 않으면,
나는 바로 그 민족(고이)을 정녕 뽑아내어(나타쉬) 멸망시킨다(아바드)[642].
여호와의 말(네움)."이라고 하는 것이다.ㅁ

42:17,44:9,11,45:16,17,24,49:23,50:7,54:4,65:13,66:5), (렘2:36,6:15,8:9,12,9:19,10:14,12:13,
14:3,4,15:9,17:13,18,20:11,22:22,31:19,46:24,48:1,13,20,39,49:23,50:2,12,51:17,47,51).

638) 나할(נָחַל): 유업으로 삼다, 상속하다. 같은 표현 ⇒ (출23:30,32:13,34:9),
(사14:2,49:8,57:13), (렘3:18,19,12:14,16:19), (겔47:13), (습2:9), (슥2:12,8:12).

639) 나가(נָגַע): 가까이 가다, 만지다, 에 닿다, 에 이르다, 치다. 같은 표현 ⇒
(창3:3,12:17), (사5:8,6:7,16:8,25:12,26:5,30:4,52:11,53:4), (렘1:9,4:10,18,12:14,48:32,51:9).

640) 나타쉬(נָתַשׁ): 잡아 뽑다, 근절하다, 멸망시키다. 같은 표현 ⇒ (신29:28),
(렘1:10,12:14,15,17,18:7,14,24:6,31:28,40,42:10,45:4,), (단11:4).

641) 라함(רָחַם): 긍휼히 여기다, 긍휼을 베풀다. 같은 표현 ⇒ (출33:19), (신13:17),
(렘6:23,12:15,13:14,21:7,30:18,31:20,33:26,42:12,50:42), (호1:6,7,2:1,4,23), (슥1:12).

642) 아바드(אָבַד): 멸망시키다, 사라지게 하다, 길을 잃다. 같은 표현 ⇒ (출10:7),
(레23:30,26:38), (사26:14,27:13,29:14,37:19,41:11,57:1,60:12), (렘1:10,4:9,6:21,7:28,
9:12,10:15,12:17,15:7,18:7,18,23:1,25:10,35,27:10,15,31:28,40:15,46:8,48:8,36,46,49:7,38,
50:6,51:18,55), (욜1:11), (암2:14,3:15), (옵1:8,12), (욘1:6,14), (습2:5,13).

이르메야 13장

13:1 여호와가 나에게 이와 같이 말하였으니(아마르),
"너는 가서(할라크) 삼베의 띠를 사서(콰나)[643], 그것을 너의 허리에
두루고(숨), 그 물에 그것을 담그지(보) 말라."고 하는 것이다.

13:2 그래서 나는 여호와의 말(다바르)대로 그 띠를 사서(콰나) 나의 허리에
둘렀다(숨).

13:3 그러자 여호와의 말(다바르)이 두 번째로 나에게 임하였으니(하야),
말하기를(아마르),

13:4 "네가 사서(콰나) 네 허리에 두른 허리띠를 너는 취하여(라콰흐),
일어나(쿰) <u>페라트</u>로 가서(알라크), 그것을 그곳에 그 바위 틈에
숨겨라(타만)[644]."고 하는 것이다.

13:5 여호와가 나에게 명하는 대로 내가 가서(알라크) 그것을 <u>페라트</u>에
숨겼다(타만).

13:6 이런 일이 있었으니, 많은 날(욤,복) 후에,
여호와가 나에게 말하기를(아마르),
"너는 일어나(쿰) <u>페라트</u>로 가서(알라크), 너에게 그곳에 숨겨라(타만)고
명한(짜바) 그 허리띠를 취하라(라콰흐)."고 하는 것이다.

13:7 그래서 내가 <u>페라트</u>로 가(알라크), 파서(파라트),
나는 숨겨둔(타만) 그 장소(마콤)에서 그 허리띠를 취했다(라콰흐).
그런데 보라(힌네)! 그 허리띠가 썩어(솨하트)[645],
그것이 그 어떤 것에도 <u>쓸 수</u>(짤라흐)[646]가 없었다.

---

643) 콰나(קָנָה): 사다, 취득하다. 창조하다. 같은 표현 ⇒ (창4:1,14:19,25:10,39:1), (사1:3,11:11,24:2,43:24), (렘13:1,2,4,19:1,32:7,8,9,15,25,43,44), (겔7:12), (암8:6), (슥11:5,13:5).

644) 타만(טָמַן): 숨기다, 감추다. 같은 표현 ⇒ (창35:4), (출2:12), (신33:19), (사2:10), (렘13:4,5,6,7,18:22,43:9,10).

645) 솨하트(שָׁחַת): 부패케 하다, 멸망시키다. 같은 표현 ⇒ (창6:11), (사1:4,11:9,14:20, 36:10,37:12,51:13,54:16,65:8,25), (렘2:30,4:7,5:10,6:5,28,11:19,12:10,13:7,9,14,15:3,6,18:4, 51:1,11,20,25), (말2:8,3:11).

13:8 여호와의 말(다바르)이 나에게 임하여(하야), 말하기를(아마르),

13:9 "여호와가 이와 같이 말하였으니(아마르),
'그와 같이 내(여호와)가 예후다의 교만(가온)647)과 예루솰라임의
큰 교만(가온)을 썩게 한다(솨하트).

13:10 바로 이 악한(라) 백성(암)이 내 말(다바르) 듣기(솨마)를 거절하고(메엔),
그들 마음(레브)의 고집(쉐리루트)648)으로 살아가며(할라크),
또 그들이 다른 신들을 좇아 걸어가서(알라크), 그들을 섬기고(아바드)
그들에게 경배하니(솨하),
이제 그들이 그 어떤 것에도 쓸 수(짤라흐) 없는 바로 이 허리띠
처럼 된다(하야).

13:11 왜냐하면 그 허리띠가 사람(이쉬)의 허리에 붙어 있는 것(다바크)649)처
럼, 내가 이스라엘의 온 집(바이트)과 예후다의 온 집(바이트)을 나에게
붙여서(다바크), (그들이) 나의 백성이 되게 하고(하야), 내 이름(쉠)과
찬양(테힐라)650)과 영광(티프아라)651)이 (되게 하려) 하였으나,
그들이 듣지(솨마) 않기 때문이다.
여호와의 말(네움).'

13:12 또한 너는 그들에게 바로 이 말(다바르)을 말하라(아마르).ס
'여호와 이스라엘의 하나님(엘로힘)이 이와 같이 말하였으니(아마르),
〈모든 항아리가 포도주(야인)로 가득 채워진다(말레).〉라고 하라.
그러면 그들이 너에게 말하기를(아마르),

---

646) 짤라흐(צָלַח): 앞으로 나아가다, 형통하다. 같은 표현 ⇒ (창24:21,40,56,39:2,23), (사48:15,53:10,54:17), (렘2:37,5:28,12:1,13:7,10,22:30,32:5), (단8:12,24,25,11:27,36).

647) 가온(גָּאוֹן): 높임, 위엄, 교만. 같은 표현 ⇒ (출15:7), (레26:19), (사2:10,19,21,4:2, 13:11,19,14:11,16:6,23:9,24:14,60:15), (렘12:5,13:9), (암8:7), (나2:2), (습2:10).

648) 쉐리루트(שְׁרִירוּת): 견고, 완고, 완악, 강퍅함. ☞ 솨라르(שָׁרַר : 원수로 취급하다)의 여성명사. 같은 표현 ⇒ (신29:19), (렘3:17,7:24,9:14,11:8,13:10,16:12,18:12,23:17).

649) 다바크(דָּבַק): 굳게 결합하다, 달라붙다, 에 충실하다. 같은 표현 ⇒ (창2:24,19:19), (민36:7,9), (신10:20,11:22), (렘13:11,42:16), (겔3:26,29:4).

650) 테힐라(תְּהִלָּה): 찬양. ☞ 할랄(הָלַל : 찬양하다)의 여성명사. 같은 표현 ⇒ (출15:11), (신10:21), (사42:8,10,12,43:21,48:9), (렘13:11,17:14,33:9,48:2,49:25,51:41).

651) 티프아라(תִּפְאָרָה): 아름다움, 영광.
☞ 파아르(פָּאַר : 아름답게 하다, 영광스럽게 하다)의 여성명사.
같은 표현 ⇒ (출28:2,40), (사3:18,4:2), (렘13:11,18,20,33:9,48:17), (슥12:7).

〈우리는 어떻게 모든 항아리가 포도주(야인)로 가득 채워지는 줄(말레)을 잘 아느냐(야다)?〉라고 할 것이다.

13:13 그러면 너는 그들에게 말하라(아마르).
〈여호와가 이와 같이 말하였으니(아마르),
보라(헨)! 내(여호와)가 바로 이 땅(에레쯔)의 모든 거주민(야솨브)과 다윗의 보좌(킷쎄)에 앉아 있는 그 왕들과 그 제사장들과 그 예언자들과 예루솰라임의 모든 거주민(야솨브)을 술 취함(쉬카론)으로 가득 채워(말레),

13:14 그들을 때려 부수게 하니(나파쯔)[652],
곧 각자(이쉬)가 자신의 아버지를 (때려 부수고),
또 그 아버지들과 그 아들들은 함께(야하드) (때려 부순다).
여호와의 말(네움).
(다시 말해), 내(여호와)가 그들을 멸망 시킬(솨하트) 때까지
나는 불쌍히 여기지도(하말)[653] 않고, 가엽게 여기지도(후쓰)[654] 않고,
긍휼히 여기지도(라함)[655] 않는다.〉라고 하라.'ס

13:15 너희는 들어라(솨마). 너희는 귀 기울이라(아잔).
너희는 교만하지(가바흐)[656] 말라.
왜냐하면 여호와가 말하기(다바르) 때문이다.

13:16 너희는 여호와 너희의 하나님(엘로힘)께 영광(카보드)[657]을 돌려라(나탄),
곧 그(여호와)가 어둡게 하기(하솨크)[658] 전에,

---

652) 나파쯔(נָפַץ): 산산이 부수다, 흩뿌리다. 같은 표현 ⇒ (창9:19), (사11:12), (렘13:14,22:28,48:12,51:20,21,22,23), (단12:7).

653) 하말(חָמַל): 아끼다, 용서하다, 불쌍히 여기다. 같은 표현 ⇒ (출2:6), (삼하12:4,6), (사9:19,30:14), (렘13:14,15:5,21:7,50:14,51:3), (욜2:18), (합1:17), (말3:17).

654) 후쓰(חוּס): 불쌍히 여기다, 측은히 여기다. 같은 표현 ⇒ (창45:20), (신7:16,13:8,19:13,21,25:12), (사13:18), (렘13:14,21:7), (겔5:11,7:4,9,8:18,9:5,10).

655) 라함(רָחַם): 긍휼히 여기다, 긍휼을 베풀다. 같은 표현 ⇒ (출33:19), (신13:17), (렘6:23,12:15,13:14,21:7,30:18,31:20,33:26,42:12,50:42), (호1:6,7,2:1,4,23), (슥1:12).

656) 가바흐(גָּבַהּ): 높다, 고귀하다, 높게 되다, 고귀하게 되다.
같은 표현 ⇒ (사3:16,5:16,7:11,52:13,55:9), (렘13:15,49:16), (옵1:4), (습3:11).

657) 카보드(כָּבוֹד): 풍부, 다수, 영광, 무거운 물건의 양.
☞ 카바드(כָּבֵד : 무겁다)의 명사. 같은 표현 ⇒ (창31:1), (출16:7), (사3:8,4:5,5:13), (렘2:11,13:16,14:21,17:12,48:18), (겔1:28,3:12,23), (단11:39).

658) 하솨크(חָשַׁךְ): 어둡다, 어두워지다. 같은 표현 ⇒ (출10:15), (사5:30,13:10),

너희 발들이 황혼(네솨프)[659]의 산들 위에서 걸려 넘어지기(나가프)[660]
전에, (너희는 여호와 너희의 하나님께 영광을 돌려라),
너희가 빛(오르)을 간절히 바라는(콰바)[661] 동안,
그(여호와)가 예루솰라임을 죽음의 그늘(짤라마베트)[662]로 바꾸고(숨),
또 어두움의 구름(아라펠)[663]으로 만들기(쉬트) 전에,
(너희는 여호와 너희의 하나님께 영광을 돌려라),

13:17 그런즉 만일 너희가 (그의 말을) 듣지(솨마) 않으면
내 마음(네페쉬)이 너희의 교만(게바)[664]으로 인해 조용히 통곡하고(바카),
정녕 울며(다마), 내 눈에는 눈물(딤아)이 흘러내린다(야라드),
왜냐하면 여호와의 양떼(에데르)[665]가 포로로 잡혀가기(솨바)[666] 때문
이다.ס

13:18 네가 그 왕과 그 왕후에게 말하라(아마르).
〈너희는 낮추어(솨펠)[667] 앉아라(야솨브).
왜냐하면 너희 영광(티프아라)의 면류관(아타라)[668]이 너희의 머리의 정
상(마르아솨)으로부터 내려가기(야라드) 때문이다.〉라고 하라.

(렘13:10), (암8:9), (미3:6).

659) 네쉐프(נֶשֶׁף): 여명, 황혼. ☞ 나솨프(נָשַׁף : 바람이 불다)에서 유래.
같은 표현 ⇒ (사5:11,21:4,59:10), (렘13:16).

660) 나가프(נָגַף): 강타하다, 때리다, 치다. 같은 표현 ⇒ (출8:2,12:23,27,21:22,35,32:35), (레26:17), (삼하12:15), (사19:22), (렘13:16), (슥14:12,18).

661) 콰바(קָוָה): 참을성 있게 기다리다, 바라다, 소망하다, 모으다. ☞ 미크베(מִקְוֶה : 모임)의 동사. 같은 표현 ⇒ (창1:9,49:18), (사5:2,4,7,8:17,25:9,26:8,33:2,40:31, 49:23,51:5,59:9,11,60:9,64:3), (렘3:17,8:15,13:16,14:19,22).

662) 짤마베트(צַלְמָוֶת): 죽음의 그늘, 짙은 그늘, 흑암.
같은 표현 ⇒ (사9:2), (렘2:6,13:16).

663) 아라펠(עֲרָפֶל): 짙은 구름. 같은 표현 ⇒ (출20:21), (신4:11,5:22), (렘13:16).

664) 게바(גֵּוָה): 교만. 여성명사☞ 가바(גָּבַהּ : 높다, 고귀하다, 높게 되다)에서 유래,

665) 에데르(עֵדֶר): 떼, 무리. 같은 표현 ⇒ (창29:2,3,8,30:40,32:16), (사17:2,32:14,40:11), (렘6:3,13:17,20,31:10,24,51:23), (겔34:12), (욜1:18), (미2:12), (습2:14), (말1:14) .

666) 솨바(שָׁבָה): 포로로 잡다. ☞ 쉐비(שְׁבִי : 포로)의 동사.
같은 표현 ⇒ (창14:14,31:26,34:29), (렘13:17,41:10,14,43:12,50:33).

667) 솨펠(שָׁפֵל): 낮다, 떨어뜨리다, 내려앉다. 같은 표현 ⇒ (사2:9,11,12,17,5:15, 10:33,13:11,25:11,12,26:5,29:4,32:19,40:4,57:9), (렘13:18), (겔17:24,21:26).

668) 아타라(עֲטָרָה): 왕관, 면류관. 같은 표현 ⇒ (삼하12:30), (사28:1,3,5,62:3), (렘13:18), (겔16:12,21:26,23:42).

13:19 그 네게브의 성읍(이르)들이 닫혀도(싸가르) 여는 자(파타흐)가 없고,
예후다가 포로로 잡혀가고도(갈라)[669],
그들 모두가 철저히(샬롬) 포로로 잡혀간다(갈라).ס

13:20 너희는 자신들의 눈을 들어(나사), 네 눈이 보라(라아),
즉 너희는 그 북쪽에서 그 오는 자(보)를 보라(라아).
너에게 주어진 그 무리떼(에데르) 곧 네 아름다움(티브아라)의 양떼(쫀)가
어디 있느냐?

13:21 네가 무엇을 말하겠느냐(아마르)?
곧 네가 자신의 친한 친구(알루프)[670]들을 가르쳤지만(라마드),
그(여호와)가 그들(친한 친구)을 네 위에 우두머리(로쉬)로 임명할
(파콰드)[671] 때, (너는 무엇을 말하겠느냐),
그들이, 해산하는(얄라드) 여인(이솨)과 같이,
너를 진통(헤벨)[672]으로 사로잡지(아하즈)[673] 않겠느냐?

13:22 네가 자신의 마음(레바브) 속으로 말하기를(아마르),
'어찌하여 이런 일이 나에게 일어나는가(콰라)[674]?'라고 하나,
네 치마가, 네 많은 행악(아본)[675]으로 인해, 벗겨지고(갈라),

---

669) 갈라(גָּלָה): 덮개를 벗기다, 계시하다, 폭로하다, 옮기다, 포로의 몸이 되다.
같은 표현 ⇒ (창9:21,35:7), (삼하7:27), (시5:13,16:3,22:8,14,23:1,24:11,26:21,38:12,40:5,47:2,3,49:9,21,53:1,56:1), (렘1:3,11:20,13:19,22,20:4,12,22:12,24:1,27:20,29:1,4,7,14,32:11,14,33:6,39:9,40:1,7,43:3,49:10,52:15,27,28,30), (단10:1), (호2:10), (암1:5,6,3:7).

670) 알루프(אַלּוּף): 친한 친구, 지도자, 족장, 유순한. ☞ 엘레프(אֶלֶף : 천)에서 유래.
같은 표현 ⇒ (렘3:4,11:19,13:21), (슥12:5,6).

671) 파콰드(פָּקַד): 방문하다, 계수하다, 임명하다, 보응하여 벌하다. 같은 표현 ⇒ (창21:1), (왕상20:15,26,27,39), (왕하3:6,5:24,7:17,9:34), (사13:4,62:6), (렘1:10,3:16,5:9,29,6:6,15,9:9,25,11:22,13:21,14:10,15:3,15,21:14,23:2,4,34,25:12,27:8,22,29:10,32,30:20,32:3,36:31,37:21,40:5,7,11,41:2,10,18,44:13,29,46:25,49:8,19,50:18,31,44,51:27,44,47,52), (호1:4,2:13), (습1:8,9,11,2:7).

672) 헤벨(חֶבֶל): 끈, 줄, 영역, 분깃, 부분, 고통, 진통. 같은 표현 ⇒ (신3:4,32:9), (사5:18,13:8,33:20,66:7), (렘13:21,22:23,38:6,11,12,13), (미2:5,10), (습2:5,6,7), (슥2:1).

673) 아하즈(אָחַז): 붙잡다, 사로잡다, 취하다, 소유하다. ☞ 아후자(אֲחֻזָּה : 소유, 소유재산, 유업, 상속재산). 같은 표현 ⇒ (창22:13,34:10,47:27), (사5:29,13:8,21:3), (렘13:21,49:24), (겔41:6).

674) 콰라(קָרָא): 부르다, 만나다, 부닥치다, 일어나다. 같은 표현 ⇒ (창14:17,18:2,42:4), (왕상18:7), (왕하2:15,4:26,31,8:8,9,9:18,21), (사7:3,14:9,21:14,51:19), (렘13:22,32:23).

675) 아본(עָוֹן): 행악, 죄악, 행악의 형벌, 행악과 형벌 사이의 죄의식. 집합명사.

네 발뒤꿈치가 심히 상하게 된다(하마쓰)[676].

13:23 쿠쉬 사람이 자신의 피부를 바꿀 수 있으며(하파크)[677],
표범이 자신의 반점들을 (바꿀 수 있느냐)?
심지어, 악을 행하기(라아)에 익숙한(림무드)[678] 너희가
선을 행할 수 있느냐(야콜 야타브)?

13:24 그런즉 내(여호와)가 그들을, 광야의 바람(루아흐)에 휘날리는 지푸라
기(카쉬)처럼, 흩는다(푸쯔)[679].

13:25 이것이 네 몫(고랄)[680] 곧 네가 나(여호와)를 잊고(솨카흐)[681],
그 거짓(쉐퀘르)을 의지한(바한)[682], 나로부터의 분깃(마나)[683]이다.
여호와의 말(네움).

13:26 그런즉 바로 내가 네 치마를 네 얼굴 위로 발가 벗기니(하사프)[684],
즉 네 수치스러운 행위(콸론)[685]가 나타나 보이도록(라아) 하기 위해

같은 표현 ⇒ (창4:13,15:16,19:15), (렘2:22,3:13,5:25,11:10,13:22,14:7,10,20,16:10,17,18:23,25:12,30:14,15,31:30,34,32:18,33:8,36:3,31,50:20,51:6), (단9:13,16,24).

676) 하마쓰(חָמַס): 폭력을 행사하다, 부당하게 행하다, 상해를 가하다.
같은 표현 ⇒ (렘13:22,22:3), (겔22:25), (습3:4).

677) 하파크(הָפַךְ): 돌리다, 변화시키다, 뒤집어엎다. 같은 표현 ⇒ (창3:24,19:21), (사34:9,60:5,63:10), (렘2:21,13:23,20:16,23:36,30:6,31:13), (단10:8,16), (욜2:31), (학2:22).

678) 림무드(לִמּוּד): 익숙한, 가르침 받는. ☞ 라마드(לָמַד : 배우다).
같은 표현 ⇒ (사8:16,50:4,54:13), (렘2:24,13:23).

679) 푸쯔(פּוּץ): 흩어지다, 넘쳐흐르다. 같은 표현 ⇒ (창10:18,11:4,8,9,49:7), (사24:1,28:25,41:16), (렘9:16,10:21,13:24,18:17,23:1,2,29,30:11,40:15,52:8), (나2:1), (슥1:17,13:7).

680) 고랄(גּוֹרָל): 제비, 제비뽑기, 몫, 운명. 같은 표현 ⇒ (레16:8,9,10), (사17:14,34:17,57:6), (렘13:25), (단12:13), (옵1:11), (욘1:7), (미2:5).

681) 솨카흐(שָׁכַח): 잊다, 모르다. 같은 표현 ⇒ (창27:45,40:23,41:30), (사17:10,23:15,16), (렘2:32,3:21,13:25,18:15,20:11,23:27,40,30:14,44:9,50:5,6), (겔22:12,23:35).

682) 바타흐(בָּטַח): 신뢰하다, 의지하다, 안전하다. 같은 표현 ⇒ (사12:2,26:3,4,30:12,31:1,32:10,11,36:4,5,6,7,9,15,37:10,42:17,47:10,50:10,59:4), (렘5:17,7:4,8,14,9:4,12:5,13:25,17:5,7,28:15,29:31,39:18), (합2:18).

683) 마나(מָנָה): 부분. 몫. ☞ 마나(מָנָה : 세다, 지정하다)의 명사.
같은 표현 ⇒ (출29:26), (레7:33,8:29), (렘13:25).

684) 하사프(חָשַׂף): 벌거벗기다, 드러내다, 물을 퍼 올리다.
같은 표현 ⇒ (사20:4,30:14,47:2,52:10), (렘13:26,49:10), (욜1:7), (학2:16).

서이다.

13:27 (다시 말해), 내(여호와)가 그 들판(사데)의 언덕(기부아)들 위에서
네 간음(나우프, 복)과 (말의) 울음(마쯔할라, 복)과 네 매춘(제누트)[686]의 음행(짐마)[687],
곧 네 가증스러운 것(쉬쿠쯔, 복)[688]을 보았다(라아).
화로다(호이), 네 예루솰라임아,
네가 얼마나 더 오랜 후에야 정결케 되겠느냐(타헤르)[689]?' "라고
하는 것이다.פ

---

685) 콸론(קָלוֹן): 부끄러움, 수치. 같은 표현 ⇒ (사22:18), (렘13:26,46:12), (합2:16).

686) 제누트(זְנוּת): 간음, 매춘, 음행. ☞ 자나(זָנָה : 간음하다)의 여성명사,
같은 표현 ⇒ (민14:33), (렘3:2,9,13:27).

687) 짐마(זִמָּה): 방책, 의도, 사악함, 음탕. ☞ 자맘(זָמַם : 생각하다, 숙고하다,
궁리하다)에서 유래. 같은 표현 ⇒ (레18:17,19:29,20:14), (사32:7), (렘13:27,16:27).

688) 쉬쿠쯔(שִׁקּוּץ): 몹시 싫은 것, 가증한 것. ☞ 솨콰쯔(שָׁקַץ : 몹시 싫어하다)의 명사.
같은 표현 ⇒ (신29:17), (사66:3), (렘4:1,7:30,13:27,16:18,32:34), (단9:27,11:31,12:11).

689) 타헤르(טָהֵר): 정결케 하다, 깨끗게 하다. 같은 표현 ⇒ (창35:2), (레11:32,12:7,8),
(사66:17), (렘13:27,33:8), (겔22:24,24:13,36:25,33,37:23,39:12,14,16,43:26), (말3:3).

이르메야 14장

14:1 그 가뭄(바쪼레트)[690]의 일(다바르)들에 관하여,
여호와의 말(다바르)이 이르메야에게 임한(하야) (그 말),

14:2 "예후다가 애곡하고(아발)[691], 그 성문(솨아르)들이 쇠약해져서(아말)[692],
그들이 그 땅(에레쯔)에서 슬퍼하니(콰다르)[693],
그때 예루솰라임의 울부짖음(쩨바하)이 울려 퍼진다(알라).

14:3 그들의 귀족(아디르)[694]들이 물을 위해,
자신들의 어린 자(짜이르)들을 보내니,
그들이 우물에 왔으나(보),
그들은 물을 발견하지(마짜) 못하고,
자신들의 용기(켈리)를 빈 채로 가지고 돌아가(슈브),
부끄럽고(부쉬)[695] 수치스러워(칼람)[696],
자신들의 머리를 가린다(하파).

14:4 왜냐하면 그 땅(아다마)이 갈라지니기(하타트)[697] 때문이다,

---

690) 바쪼레트(בַּצֹּרֶת): 부족, 결핍, 가뭄. ☞ 바짜르(בָּצַר : 잘라내다, 접근하지 못하게 하다, 억제하다)의 명사. 같은 표현 ⇒ (렘14:1,17:8).

691) 아발(אָבַל): 애곡하다, 슬퍼하다. 같은 표현 ⇒ (창37:34), (출33:4), (사3:26,19:8, 24:4,7,33:9,57:18,61:2,3), (렘4:28,12:4,11,14:2,23:10), (단10:2), (욜1:9,10), (암1:2,8:8).

692) 아말(אָמַל): 기운이 없어지다, 다 써버리다. 같은 표현 ⇒ (사16:8,19:8,24:4,7,33:9), (렘14:20,15:9), (욜1:10,12), (나1:4).

693) 콰다르(קָדַר): 어둡다, 캄캄하다, 어두워지다, 슬퍼하다.
같은 표현 ⇒ (왕상18:45), (렘4:28,8:21,14:2), (욜2:10,3:15), (미3:6).

694) 아디르(אַדִּיר): 큰, 위대한, 위엄 있는, 장엄한. 같은 표현 ⇒ (출15:10), (사10:34,33:21), (렘14:3,25:34,35,36,30:21), (나2:5), (슥11:2).

695) 부쉬(בוש): 부끄러워하다, 수치를 당하다. 같은 표현 ⇒ (창2:25), (사1:29,41:11, 42:17,44:9,11,45:16,17,24,49:23,50:7,54:4,65:13,66:5), (렘2:36,6:15,8:9,12,9:19,10:14,12:13, 14:3,4,15:9,17:13,18,20:11,22:22,31:19,46:24,48:1,13,20,39,49:23,50:2,12,51:17,47,51).

696) 칼람(כָּלַם): 수치를 당하다, 부끄러워하다, 얼굴을 붉히다. 같은 표현 ⇒ (민12:14), (사41:11,45:16,17,50:7,54:4), (렘3:3,6:15,8:12,14:3,22:22,31:19).

697) 하타트(חָתַת): 깜짝 놀라다, 당황하다, 낙심하다, 두려워하다.
같은 표현 ⇒ (신1:21,31:8), (사7:8,8:9,9:4,20:5,30:31,31:4,9,37:27,51:6,7), (렘1:17,8:9,10:2,14:4,17:18,23:4,30:10,51:56), (겔2:6,3:9), (합2:17).

(다시 말해), 그 땅(아다마)에 비(게쉠)가 내리지(하야) 않기 때문이다.
농부가 부끄러워(부쉬), 자신들의 머리를 가린다(하파).

14:5 실로 그 들판의 암사슴이 심지어 새끼를 낳아도(얄라드) 버리니(아자브)[698], 왜냐하면 연한 풀(데쉐)이 없기 때문이다.

14:6 야생당나귀들이 헐벗은 언덕(쉐피)들 위에 서서(아마드),
들개(탄닌)[699]들처럼 호흡(루아흐)을 헐떡거리고(솨아프)[700],
또 그것들의 눈이 힘이 완전히 빠지니(칼라)[701],
왜냐하면 풀(에세브)이 없기 때문이다."라고 하는 것이다.

14:7 (이르메야가 말하기를),
"여호와여,
비록 우리의 행악(아본)[702]들이 우리를 반대하여 증거할지라도(아나),
당신은 당신의 이름(쉠)을 위하여 행하소서(아사)
왜냐하면 우리의 배교(메슈바)[703]가 크고(라바브),
우리가 당신에게 죄를 짓기(하타)[704] 때문입니다.

14:8 이스라엘의 희망(미크베)이여,
환난(짜라)[705]의 때에, 구원(야솨)[706]이여,

---

698) 아자브(עָזַב): 떠나다, 남기다, 버리다. 같은 표현 ⇒ (창2:24), (렘1:16,2:13,17,19, 4:29,5:7,19,9:2,13,19,12:7,14:5,16:11,17:11,13,18:14,19:4,22:9,25:38,48:28,49:11,25,51:9).

699) 타닌(תַּנִּין): 뱀, 용, 바다괴물, 큰 파충류, 들개. 같은 표현 ⇒ (창1:21), (출7:9,10), (신32:33), (사13:22,27:1,34:13,35:7,43:20,51:9), (렘9:11,10:22,14:6,51:34,37), (미1:8).

700) 솨아프(שָׁאַף): 헐떡거리다, 갈망하다, 눌러 부수다.
같은 표현 ⇒ (사42:14), (렘2:24,14:6), (암2:7,8:4).

701) 칼라(כָּלָה): 완성하다, 끝마치다, 끝나다. 같은 표현 ⇒ (창2:1,17:22), (왕상17:14), (사1:28,10:18), (렘5:3,8:20,9:16,10:25,14:6,12,16:4,20:18,26:8,43:1,44:27,49:37,51:63).

702) 아본(עָוֹן): 행악, 죄악, 행악의 형벌, 행악과 형벌 사이의 죄의식. 집합명사.
같은 표현 ⇒ (창4:13,15:16,19:15), (렘2:22,3:13,5:25,11:10,13:22,14:7,10,20,16:10,17, 18:23,25:12,30:14,15,31:30,34,32:18,33:8,36:3,31,50:20,51:6), (단9:13,16,24).

703) 메슈바(מְשׁוּבָה): 뒤로 돌아감, 배교, 변절. ☞ 슈브(שׁוּב : 돌아가다)에서 유래.
같은 표현 ⇒ (렘2:19,3:6,8,11,22,5:6,8:5,14:7).

704) 하타(חָטָא): 죄를 짓다, 빗나가다, 잘못하다. 같은 표현 ⇒ (창20:6), (사1:4,29:21, 42:24,43:27,64:5,65:20), (렘2:35,3:25,8:14,14:7,20,16:10,32:35,33:8,37:18,40:3,44:23,50:7).

705) 짜라(צָרָה): 환난, 고난. ☞ 짜르(צַר : 고난, 대적, 적)의 여성명사.
같은 표현 ⇒ (창35:3), (사8:22,28:20,30:6,33:2,37:3,46:7,63:9,65:16), (렘4:31,6:24, 14:8,15:11,16:19,30:7,49:24,50:43), (단12:1), (옵1:12,14), (욘2:2), (나1:7,9), (습1:15).

어찌하여 당신은 그 땅(에레쯔)에 나그네(게르)와 같이 있으며(하야),
하룻밤을 묵으려고(룬)[707] (장막을) 치는(나타) 여행자(아라흐)와 같이
(있습니까)?

14:9 어찌하여 당신은 깜짝 놀라 말 못하는(다함) 자(아쉬) 같이 있고(하야),
구원할 수(야콜 야솨) 없는 용사(기보르)처럼 (있습니까)?
그럼에도 불구하고, 여호와여,
당신은 우리 가운데(케레브) (계시며),
당신의 이름(쉠)이 우리에게 불리어지니(콰라),
당신은 우리를 그냥 두지(야나흐)[708] 마소서."라고 하였다.□

14:10 여호와가 바로 이 백성에게 이와 같이 말하였으니(아마르),
"그들이 이처럼 돌아다니는 것(누아으)[709]을 좋아하여(아헤브)[710],
자신들의 발을 아끼지(하사크)[711] 않으니,
여호와가 그들을 기뻐하지(라짜)[712] 않는다.
지금 그(여호와)가 그들의 행악(아본)을 기억하고(자카르),
그들의 죄(하타아,복)를 벌하여 보응한다(파콰드)[713]."라고 하는 것이다.□

---

706) 야솨(יָשַׁע): 구원하다, 구출하다. 같은 표현 ⇒ (출2:17,14:30), (사19:20,25:9), (렘2:27,28,4:14,8:20,11:12,14:8,9,15:20,17:14,23:6,30:7,10,11,31:7,33:16,42:11,46:27).

707) 룬(לוּן): 투숙하다, 묵다, 하룻밤 자다, 불평하다. 같은 표현 ⇒ (창19:2), (출15:24,16:2), (사1:21,21:13,65:4), (렘4:14,14:8), (욜1:13), (습2:14), (슥5:4).

708) 야나흐(יָנַח): 쉬다, 휴식하다, 정착하다. ☞ 누아흐(נוּחַ : 쉬다, 휴식하다)와 동일 의미. 같은 표현 ⇒ (창2:15), (출16:34,32:10), (민17:4,32:15), (신26:4), (왕상19:3), (사14:1,28:2,46:7,65:15), (렘14:9,27:11,43:6).

709) 누아으(נוּעַ): 흔들리다, 떨다, 방황하다. 같은 표현 ⇒ (창4:12,14), (출20:18), (민32:13), (사6:4,7:2,19:1,24:20,29:9,37:22), (렘14:10), (단10:10), (암8:12), (습2:15).

710) 아헤브(אָהֵב): 사랑하다, 좋아하다. 같은 표현 ⇒ (창22:2,24:67), (사1:23,41:8,43:4, 48:14,56:6,10,57:8,61:8,66:10), (렘2:25,5:31,8:2,14:10,20:4,6,22:20,22,30:14,31:3).

711) 하사크(חָשַׂךְ): 제지하다, 억제하다, 아끼다, 막다.
같은 표현 ⇒ (창20:6,22:12,16), (사14:6,54:2,58:1), (렘14:10).

712) 라짜(רָצָה): 기뻐하다, 기꺼이 받아 드리다, 열납하다. ☞ 라쫀(רָצוֹן : 기쁨, 받아 드림)의 동사. 같은 표현 ⇒ (창33:10), (레1:4,7:18,19:7,22:23,26:34), (사40:2,42:1), (렘14:10,12), (학1:8), (말1:8,10,13).

713) 파콰드(פָּקַד): 방문하다, 계수하다, 임명하다, 보응하여 벌하다. 같은 표현 ⇒ (창21:1), (왕상20:15,26,27,39), (왕하3:6,5:24,7:17,9:34), (사13:4,62:6), (렘1:10,3:16, 5:9,29,6:6,15,9:9,25,11:22,13:21,14:10,15:3,15,21:14,23:2,4,34,25:12,27:8,22,29:10,32,30:20, 32:3,36:31,37:21,40:5,7,11,41:2,10,18,44:13,29,46:25,49:8,19,50:18,31,44,51:27,44,47,52), (호1:4,2:13), (습1:8,9,11,2:7).

14:11 여호와가 나에게 말하기를(아마르),
"너는 바로 이 백성을 위해 복(토브)을 기도하지(팔랄) 말라.

14:12 왜냐하면 그들이 금식하여도(쭘)[714], 내가 그들의 울부짖음(린나)[715]
을 듣지(솨마) 않기 때문이다.
왜냐하면 그들이 올림제물과 선물제물을 드려도(알라)
내가 그것들을 전혀 기뻐하지(라짜) 않기 때문이다.
왜냐하면 내가 그 칼(헤레브)과 그 기근(라아브)과 그 전염병(데베르)으로
그들을 완전히 끝내기(칼라) 때문이다."라고 하는 것이다.ם

14:13 그때 내(이르메야)가 말하기를(아마르),
"여호와, 나의 주(아도나이)여,
보소서(힌네)! 그 예언자(나비)들이 그들에게 말하기를(아마르),
'너희는 칼(헤레브)을 보지 말라,
또 기근(라아브)이 너희에게 있지(하야) 않다,
왜냐하면 내(여호와)가 바로 이 장소(마콤)에 평안(솰롬)의 확실함(에메트)[716]
을 주기(나탄) 때문이다.'라고 한다."라고 하였습니다.ם

14:14 그러자 여호와가 나(이르메야)에게 말하였으니(아마르),
"그 예언자(나비)들은 거짓(쉐퀘르)을 내 이름(쉠)으로 예언한다(나바)[717].
내가 그들을 보내지도(솰라흐) 않았고, 명하지도(짜바) 않았고,
그들에게 말하지도(다바르) 않았는데,
그들이 너희에게 거짓 환상(하존)[718]의 점(퀘쎔)[719]과 허된 것(엘릴)과

---

714) 쭘(צוֹם): 금식하다. 같은 표현 ⇒ (삿20:26), (왕상21:27), (사58:3,4), (렘14:12).

715) 린나(רִנָּה): 울려 퍼지는 외침. 같은 표현 ⇒ (왕상22:36), (사14:7,35:10,43:14,44:23, 48:20,49:13,51:11,54:1,55:12), (렘7:16,11:14,14:12), (습3:17).

716) 에메트(אֱמֶת): 진실, 성실, 진리. ☞ 아만(אָמַן : 믿다)의 여성명사.
같은 표현 ⇒ (창24:27,48,32:10), (신22:20), (사42:3,43:9,48:1,59:14,15,61:8), (렘2:21,4:2,9:5,10:10,14:13,23:28,26:15,28:9,32:41,33:6,42:5).

717) 나바(נָבָא): 예언하다. ☞ 나비(נָבִיא : 예언자)에서 유래. 같은 표현 ⇒ (민11:25,26,27), (렘2:8,5:31,11:21,14:14,15,16,19:14,20:1,6,23:13,16,21,25,26,32,25:13,30, 26:9,11,12,18,20,27:10,14,15,16,28:6,8,9,21,26,27,31,32:3,37:19), (겔4:7,36:1,3,6,37:4,7,9, 10,12,38:2,14,17,39:1), (욜2:28), (암2:12,3:8).

718) 하존(חָזוֹן): 환상. ☞ 하자(חָזָה : 환상으로 보다, 바라보다)에서 유래.
같은 표현 ⇒ (역상17:15), (사1:1,29:7), (렘14:14,23:16), (겔7:13,27,12:22,23,24,27, 13:16), (단1:17,8:1,2,13,15,17,26,9:21,24,10:14), (옵1:1), (미3:6), (나1:1), (합2:2,3).

719) 퀘쎔(קֶסֶם): 점, 복채, 복술. ☞ 콰쌈(קָסַם : 점치다)의 명사.

우상(엘릴)과 그들 마음의 속임수(토르마)720)로 예언한다(나바).ס

14:15 그러므로 여호와가 내 이름(쉠)으로 예언하는(나바) 그 예언자(나비)들
에 대하여 이와 같이 말하니(아마르),
'나는 그들을 보내지(솰라흐) 않았다,
그들은 '칼(헤레브)과 기근(라아브)이 바로 이 땅(에레쯔)에 있지 않다.'
라고 말하나(아마르),
칼(헤레브)과 기근(라아브)으로 정녕 그 예언자(나비)들은 완전히 끝나게
된다(타맘)721).

14:16 또한 그들이 예언하여 말해준(나바) 그 백성(암)은
그 기근(라아브)과 그 칼(헤레브)로 인하여
예루솰라임의 거리(후쯔, 복)에서 던져짐(솰라크)이 되고(하야),
그들과 그들의 아내와 아들들과 딸들을 묻어줄 자(콰바르)가 아무도
없으니, 내(여호와)가 그들 위에 그들의 악(라)을 쏟아 붓기(솨파크)722)
때문이다.'라고 하는 것이다.

14:17 또한 너는 그들에게 바로 이 말(다바르)을 하라(아마르),
'내 눈에서 눈물(딤아)이 흘러내려 밤낮으로 그치지(다마)723) 않으니,
왜냐하면 내 백성의 딸 처녀가 큰 파멸(쉐베르)724)로 부서져서(솨바르)725),
매우 크게 다치기(할라)726) 때문이다.

같은 표현 ⇒ (민22:7,23:23), (신18:10), (렘14:14).

720) 토르마(תָּרְמָה): 배반, 속임. ☞ 라마(רָמָה : 던지다, 속이다, 미혹하다)에서 유래.
같은 표현 ⇒ (렘8:5,14:14,23:26), (습3:13).

721) 타맘(תָּמַם): 완전히 끝마치다, 다 소비하다. 같은 표현 ⇒ (창47:15,18), (사16:4,18:5,33:1), (렘1:3,14:15,24:10,27:8,36:23,37:21,44:12,18,27), (단8:23).

722) 솨파크(שָׁפַךְ): 붓다, 쏟다, 흘리다, 쌓다. 같은 표현 ⇒ (창9:6), (시37:33,42:25, 59:7), (렘6:6,11,10:25,14:16,22:3,17), (겔36:18,39:29), (단11:15), (욜2:28,29,3:19).

723) 다마(דָּמָה): 그치다, 끝나다, 잘라내다, 멸망하다, 망하다.
같은 표현 ⇒ (사6:5), (렘6:2,14:17,47:5), (습1:11), (옵1:5).

724) 쉐베르(שֶׁבֶר): 파괴, 파멸, 부숨, 골절. ☞ 솨바르(שָׁבַר : 깨뜨리다, 부수다)에서 유래. 같은 표현 ⇒ (사1:28,51:19,59:7,60:18,65:14), (렘4:6,20,6:1,14,8:11,21, 10:19,14:17,30:12,15,48:3,5,50:22,51:54).

725) 솨바르(שָׁבַר): 깨뜨려 부수다, 산산이 부수다. 같은 표현 ⇒ (창19:9), (왕상19:11, 22:48), (사8:15,14:5,25,21:9,24:10,27:11,28:13,30:14,38:13,42:3,45:2), (렘2:13,20,5:5,8:21, 14:17,17:18,19:10,11,22:20,23:9,28:2,4,10,11,12,13,30:8,43:13,48:4,17,25,38,49:35,50:23, 51:8,30,52:17), (단8:7,8,22,25,11:4,20,22,26), (호1:5,2:18), (암1:5), (욘1:4), (나1:13).

726) 할라(חָלָה): 병들다, 아프게 하다, 약하다. 같은 표현 ⇒ (창48:1), (출32:11),

14:18 비록 내(여호와)가 그 들역(사데)으로 나갈지라도(야짜),
보라(힌네)! 칼(헤레브)에 찔린 자(할랄)[727]요,
심지어 내(여호와)가 그 성읍(이르)에 들어가도(보),
보라(힌네)! 기근(라아브)으로 병든 자(타할루)[728]들이다.
왜냐하면 심지어 예언자(나비)나 혹은 제사장(코헨)이 땅(에레쯔)에
두루 다니나(싸하르)[729], 그들은 깨달아 알지(야다) 못하기 때문이다.' "
라고 하는 것이다.ס

14:19 (이르메야가 말하기를),
"당신은 예후다를 정녕 거절하십니까(마오쓰)?
심지어 당신의 영혼(네페쉬)이 찌돈을 몹시 싫어합니까(가알)[730]?
어찌하여 당신은, 우리에게 치료자(마르페)[731]도 없는데,
우리를 치십니까(나카)?
우리가 평강(샬롬)을 바라나(콰바)[732], 복 있는 것(토브)이 없고,
보소서(힌네)! 치료(마르페)의 때(에트)를 (바라나),
두려움(베아타)[733]의 (때입니다).

14:20 여호와여,
우리는 악함(레솨)[734]과 우리 조상들의 행악(아본)을 잘 압니다(야다).

(신29:22), (왕상17:17,22:34), (왕하1:2,8:7,29), (사14:10,53:10,57:10),
(렘4:31,10:19,12:13,14:17,26:19,30:12).

727) 할랄(חָלָל): 꿰찔린, 살해된, 치명적인 상처를 입은. ☞ 할랄(חָלַל : 꿰뚫다, 더럽히다, 시작하다)의 형용사. 같은 표현 ⇒ (창34:27), (레21:7,14), (사22:2,34:3,66:16), (렘9:1,14:18,25:33,51:4,47,49,52), (단11:26), (습2:12).

728) 타할루(תַּחֲלוּא): 질병. ☞ 할라(חָלָה : 병들다, 아프다)의 명사. 같은 표현 ⇒ (신29:22), (렘14:18,16:4).

729) 싸하르(סָחַר): 거래하다, 두루 돌아다니다. 같은 표현 ⇒ (창23:16,34:10,21,37:28, 42:34), (사23:2,8,47:15), (렘14:18), (겔27:12,16,18,21,36,38:13).

730) 가알(גָּעַל): 몹시 싫어하다, 거부하다. 같은 표현 ⇒ (레26:11,15,30,43,44), (렘14:19), (겔16:45).

731) 마르페(מַרְפֵּא): 치유, 고침, 건강, 도움. ☞ 라파(רָפָא : 고치다)에서 유래. 같은 표현 ⇒ (렘8:15,14:19,33:6), (말4:2).

732) 콰바(קָוָה): 참을성 있게 기다리다, 바라다, 소망하다, 모으다. ☞ 미크베(מִקְוֶה : 모임)의 동사. 같은 표현 ⇒ (창1:9,49:18), (사5:2,4,7,8:17,25:9,26:8,33:2,40:31, 49:23,51:5,59:9,11,60:9,64:3), (렘3:17,8:15,13:16,14:19,22).

733) 베아타(בְּעָתָה): 두려움, 공포, 놀램. 같은 표현 ⇒ (렘8:15,14:19).

734) 레솨(רֶשַׁע): 악함, 사악, 부정. 같은 표현 ⇒ (신9:27), (사58:4,6),

왜냐하면 우리가 당신께 죄를 지었기(하타) 때문입니다.

14:21 당신은 자신의 이름을 위하여 (우리를) 업신여기지(나아쯔)[735] 마소서,
당신은 자신의 영광(카보드)[736]의 보좌(키쎄)를 욕되게 하지(나발)[737] 마소서,
당신은 우리와 자신의 언약(베리트)[738]을 기억하여(자카르) 폐하지(파라르)[739] 마소서.

14:22 그 민족(고이)들의 헛된 것(헤벨)[740] 중에,
비를 내리게 하는 자(가쉼)가 있습니까?
혹 그 하늘(솨마임)이 소나기(라비브)를 내리게 합니까(나탄)?
바로 당신은 여호와 우리 하나님(엘로힘)이 아닙니까?
그런즉 우리가 당신을 간절히 바랍니다(콰바),
왜냐하면 당신이 바로 이 모든 것들을 지었기(아사) 때문입니다."
라고 하였다.

(렘14:20), (겔3:19,7:11,31:11,33:12).

735) 나아쯔(נָאַץ): 거부하다, 경멸하다, 업신여기다. 같은 표현 ⇒ (민14:11,23), (삼하12:14), (사1:4,5:24,52:5,60:14), (렘14:21,23:17,33:24).

736) 카보드(כָּבוֹד): 풍부, 다수, 영광, 무거운 물건의 양.
☞ 카바드(כָּבֵד : 무겁다)의 명사. 같은 표현 ⇒ (창31:1), (출16:7), (사3:8,4:5,5:13), (렘2:11,13:16,14:21,17:12,48:18), (겔1:28,3:12,23), (단11:39).

737) 나발(נָבֵל): 무감각하다, 분별 없다, 어리석다, 시들다, 쇠약해지다. 같은 표현 ⇒ (출18:18), (신32:15), (사1:30,24:4,28:1,4,34:4,40:7,8,64:6), (렘8:13,14:21).

738) 베리트(בְּרִית): 언약, 계약. 여성명사. 같은 표현 ⇒ (창6:18,9:9,12,14:13), (사24:5, 28:15), (렘3:16,11:2,3,8,10,14:21,22:9,31:31,32,33,32:40,33:20,21,25,34:8,10,13,18,50:5).

739) 파라르(פָּרַר): 깨뜨리다, 어기다, 무효화 시키다. 같은 표현 ⇒ (창17:14), (레26:15,44), (민15:31,30:8,12,13,15), (신31:16,20), (사8:10,14:27,24:5,19,33:8,44:25), (렘11:10,14:21,31:32,33:20,21).

740) 헤벨(הֶבֶל): 증기, 입김, 숨, 헛된 것. 같은 표현 ⇒ (사49:4,57:13), (렘2:5,8:19,10:3,8,15,14:22,16:19,51:18), (욘2:8).

이르메야 15장

15:1 그러자 여호와가 나에게 말하였으니(아마르),
“비록 모쉐와 쉐무엘이 내 앞에 설지라도(아마드),
내 마음(네페쉬)은 바로 이 백성(암)에게 (있지) 않으니,
너(이르메야)는 내 앞에서 (그들을) 내보내어(쌀라흐),
그들이 밖으로 가게 하라(야짜).

15:2 그때 이런 일이 있을 것이니,
만일 그들이 너에게 말하기를(아마르),
‘우리가 어디로 나가야 하나(야짜)?’라고 하면,
너는 그들에게 말하라(아마르),
‘여호와가 이와 같이 말하기를(아마르),
〈그 죽음(마베트)에 있는 자는 그 죽음(마베트)으로,
그 칼(헤레브)에 있는 자는 그 칼(헤레브)로,
그 기근(라아브)에 있는 자는 기근(라아브)으로,
그 포로(쉐비)에 있는 자는 그 포로(쉐비)로(이다).〉

15:3 내(여호와)가 그들에게 네 종류(미쉬파하)로 벌하여 보응하니(파콰드)741),
곧 살해하는(하라그) 그 칼(헤레브)로,
질질 물어뜯는(싸하브)742) 그 개(켈레브)들로,
삼켜 멸망케 하는(쇠하트)743)
그 하늘의 새와 그 땅의 짐승(베헤마)들로 (벌하여 보응한다),
여호와의 말(네움),

15:4 내가 그 땅(에레쯔)의 모든 왕국들에게 그것(네 종류)들을 공포(자아바)744)

---

741) 파콰드(פָּקַד): 방문하다, 계수하다, 임명하다, 보응하여 벌하다. 같은 표현 ⇒ (창21:1), (왕상20:15,26,27,39), (왕하3:6,5:24,7:17,9:34), (사13:4,62:6), (렘1:10,3:16, 5:9,29,6:6,15,9:9,25,11:22,13:21,14:10,15:3,15,21:14,23:2,4,34,25:12,27:8,22,29:10,32,30:20, 32:3,36:31,37:21,40:5,7,11,41:2,10,18,44:13,29,46:25,49:8,19,50:18,31,44,51:27,44,47,52), (호1:4,2:13), (습1:8,9,11,2:7).

742) 싸하브(סָחַב): 질질 끌다. 같은 표현 ⇒ (렘15:3,22:19,49:20,50:45).

743) 쇠하트(שָׁחַת): 부패케 하다, 멸망시키다. 같은 표현 ⇒ (창6:11), (사1:4,11:9,14:20, 36:10,37:12,51:13,54:16,65:8,25), (렘2:30,4:7,5:10,6:5,28,11:19,12:10,13:7,9,14,15:3,6,18:4, 51:1,11,20,25), (말2:8,3:11).

로 넘겨주니(나탄),
곧 (그것들은) 므낫쉐 히즈키야 예후다의 왕의 아들(벤)로 인해서
(다시 말해), 그가 예루솰라임에서 행한 것(아샤)으로 인해서이다.

15:5 왜냐하면 예루솰라임아, 누가 너를 불쌍히 여기겠느냐(하말)[745]?
누가 너를 위하여 애도하겠느냐(누드)[746]?
누가 너의 평안(솰롬)을 묻기 위해 발길을 돌리겠느냐(쑤르)[747]?

15:6 네가 나(여호와)를 저버리고(나타쉬)[748], 뒤쪽으로 갔다(알라크),
여호와의 말(네움).
그런즉 나는 너에게 내 손(야드)을 뻗어(나타), 너를 멸망케 하니(솨하트),
곧 내가 위로하기도(나함)[749] 지쳐서이다(라아)[750]

15:7 내(여호와)가 그들을 그 땅(에레쯔)의 성문(솨아르)에서 키로 까불고(자라)[751]
자식을 빼앗아(솨콜)[752] 내 백성(암)을 멸망케 하니(아바드)[753],

---

744) 자아바(זַעֲוָה): 공포, 떨림, 공포나 전율의 대상.
같은 표현 ⇒ (신28:25), (렘15:4,24:9,29:18,34:17).
745) 하말(חָמַל): 아끼다, 용서하다, 불쌍히 여기다. 같은 표현 ⇒ (출2:6), (삼하12:4,6), (사9:19,30:14), (렘13:14,15:5,21:7,50:14,51:3), (욜2:18), (합1:17), (말3:17).
746) 누드(נוּד): 이리저리 방황하다, 슬퍼하다, 애도하다. 같은 표현 ⇒ (창4:12,14), (사51:19), (렘4:1,15:5,16:5,18:16,22:10,31:18,48:17,27,30,50:3,8).
747) 쑤르(סוּר): 옆으로 빗나가다, 제거하다, 고개를 돌리다, 배교하다, 떠나다.
같은 표현 ⇒ (창19:2,35:2), (사1:16,25,49:21,52:11,58:9,59:15), (렘4:1,4,5:10,23, 6:12,28,15:5,17:5,32:31,40), (말2:8,3:7).
748) 나타쉬(נָטַשׁ): 상태로 놓아두다, 맡기다, 버리다, 허락하다. 같은 표현 ⇒ (창31:28), (출23:11), (민11:31), (사2:6,16:8,21:15,32:14,33:23), (렘7:29,12:7,15:6,23:33,39).
749) 나함(נָחַם): 위로하다, 후회하다. 같은 표현 ⇒ (창5:29,6:6,7), (사1:24,12:1,22:4, 40:1,49:13,51:3,12,19,52:9,54:11,57:6,61:2,66:13), (렘4:28,8:6,15:6,16:7,18:8,10,20:16, 26:3,13,19,31:13,15,19,42:10).
750) 라아(לָאָה): 피곤하다, 지치다, 싫증나다. 같은 표현 ⇒ (창19:11), (출7:18), (사1:14,7:13,16:12,47:13), (렘6:11,9:5,12:5,15:6,20:9).
751) 자라(זָרָה): 흩뿌리다, 흩어버리다, 키질하다. 같은 표현 ⇒ (출32:20), (사41:16), (렘4:11,15:7,31:10,49:32,36,51:2), (슥1:19,21), (말2:3).
752) 솨콜(שָׁכֹל): 자식을 잃다. 같은 표현 ⇒ (창27:45,31:38,42:36,43:14), (왕하2:19,21), (사49:21), (렘15:7), (말3:11).
753) 아바드(אָבַד): 멸망시키다, 사라지게 하다, 길을 잃다. 같은 표현 ⇒ (출10:7), (레23:30,26:38), (사26:14,27:13,29:14,37:19,41:11,57:1,60:12), (렘1:10,4:9,6:21,7:28, 9:12,10:15,12:17,15:7,18:7,18,23:1,25:10,35,27:10,15,31:28,40:15,46:8,48:8,36,46,49:7,38, 50:6,51:18,55), (욜1:11), (암2:14,3:15), (옵1:8,12), (욘1:6,14), (습2:5,13).

곧 그들이 자신들의 길(데레크,복)에서 돌이키지(슈브) 않기 때문이다.

15:8 그들의 과부들이 내 앞에 바다의 모래보다 많으니(아짬),
내(여호와)가 대낮에 젊은이(바후르)의 어미에게 파괴자(솨다드)[754]를
데려와서(보), 그녀를 놀램(이르)과 갑작스러운 공포(베할라)로 갑자기
쓰러지게 한다(나팔).

15:9 그 (아이) 일곱을 낳은 그녀도 쇠약해져서(아말)[755],
자신의 영혼(네페쉬)이 기절한다(나파흐)[756].
아직도 대낮인데도(요맘), 그녀의 해(쉐메쉬)가 져서(보),
그녀가 수치를 당하고(부쉬)[757], 창피를 당한다(하페르)[758].
또 내(여호와)가 그들의 살아남은 자(쉐에리트)[759]를
자신들의 원수(오예브)들 앞 그 칼(헤레브)에 넘겨준다(나탄).
여호와의 말(네움)."이라고 하는 것이다.ס

15:10 (이르메야가 말하기를),
나의 어머니(엠)여, 화로다(호이) 나에게,
왜냐하면 당신이 그 온 땅(에레쯔)에 말다툼(리브)[760]의 사람(이쉬)으로,
논쟁(마돈)[761]의 사람(이쉬)으로, 나를 낳았기(얄라드) 때문입니다.
내가 빌려주지도(나솨)[762] 않았고,

---

754) 솨다드(שָׁדַד): 난폭하게 다루다, 파괴하다, 황폐케 하다. 같은 표현 ⇒ (사15:1,16:4,21:2,23:1,14,33:1), (렘4:13,20,30,5:6,6:26,9:19,10:20,12:12,15:8,25:36,47:4,48:1,8,15,18,20,32,49:3,10,28,51:48,53,55,56), (욜1:10), (옵1:5), (미2:4).

755) 아말(אָמַל): 기운이 없어지다, 다 써버리다. 같은 표현 ⇒ (사16:8,19:8,24:4,7,33:9), (렘14:20,15:9), (욜1:10,12), (나1:4).

756) 나파흐(נָפַח): 숨 쉬다, 강하게 훅 불다. 같은 표현 ⇒ (창2:7), (사54:16), (렘1:13,15:9), (겔22:20,21,37:9), (학1:9), (말1:13).

757) 부쉬(בּוֹשׁ): 부끄러워하다, 수치를 당하다. 같은 표현 ⇒ (창2:25), (사1:29,41:11,42:17,44:9,11,45:16,17,24,49:23,50:7,54:4,65:13,66:5), (렘2:36,6:15,8:9,12,9:19,10:14,12:13,14:3,4,15:9,17:13,18,20:11,22:22,31:19,46:24,48:1,13,20,39,49:23,50:2,12,51:17,47,51).

758) 하페르(חָפֵר): 부끄러워하다, 수치를 당하다, 당황하다.
같은 표현 ⇒ (사1:29,54:4), (렘15:9,50:12), (미3:7).

759) 쉐에리트(שְׁאֵרִית): 살아남은 자, 남은 것, 후손. ☞ 솨아르 (שָׁאַר : 살아남다)의 여성 명사. 같은 표현 ⇒ (창45:7), (렘6:9,8:3,11:23,15:9,23:3,24:8,25:20,31:7,39:3,40:11,15,41:10,16,42:2,15,19,43:5,44:12,14,28,47:4,5,50:26), (슥8:6), (미2:12,4:7), (습2:9).

760) 리브(רִיב): 말다툼, 분쟁, 소송, 논쟁, 송사. 같은 표현 ⇒ (창13:7), (출23:2,6), (신1:12,21:5,25:1), (사1:23,34:8,41:11,21,58:4), (렘11:20,15:10,20:12,25:31,50:34,51:36).

761) 마돈(מָדוֹן): 논쟁, 다툼. 같은 표현 ⇒ (렘15:10), (합1:3).

그들이 나에게 빌려주지도(나솨) 않았는데,
모두가 나를 무시합니다(콸랄)[763].

15:11 여호와가 말하기를(아마르),
“반드시, 내(여호와)가 너에게 복 있는 것(토브)으로 해방시켜 주지
(솨라) 않느냐?
반드시 내(여호와)가 재앙과 환난(짜라)[764]의 때(에트)에, 너에게
그 원수(오예브)에 대적하여 간구케 하지(파가)[765] 않느냐?

15:12 누가 철 곧 북쪽의 철과 청동을 부수느냐(라아,깨뜨리다)?

15:13 내(여호와)가 네 모든 죄(하타아)로 인하여, 네 모든 경계 안에 있는
네 재물(하일)과 네 보물(오짜르)들을 약탈물(바즈)[766]로 값없이 준다(나탄).

15:14 내(여호와)가 네 원수(오예브)들 곧 네가 잘 알지(야다) 못하는 땅(에레쯔)에
있는 그들을 지나가게 하니(아바르),
왜냐하면 불(에쉬)이 내 화(아프)로 인하여 불붙어(콰다흐)[767], 너희를
향하여 불타기(야콰드)[768] 때문이다.”라고 하는 것이다.ס

15:15 (이르메야가 말하기를),
“여호와여, 당신은 잘 아십니다(야다).
당신은 나를 기억하고(자카르) 나를 보살피소서(파콰드),

---

762) 나솨(נָשָׁה): 빌려주다, 채권자가 되다. 같은 표현 ⇒ (출22:25), (신15:2,24:10,11), (왕하4:1), (사24:1,50:1), (렘15:10).

763) 콸랄(קָלַל): 무시하다, 보잘 것 없다, 경시하다, 저주하다, 가볍다, 빠르다. 같은 표현 ⇒ (창8:8), (삼상3:13), (왕하2:24,3:18), (사8:21,9:1,23:9,30:16,49:6, 65:20), (렘4:13,24,6:14,8:11,15:10), (욜1:5), (나1:14), (합1:8).

764) 짜라(צָרָה): 환난, 고난. ☞ 짜르(צַר : 고난, 대적, 적)의 여성명사. 같은 표현 ⇒ (창35:3), (사8:22,28:20,30:6,33:2,37:3,46:7,63:9,65:16), (렘4:31,6:24, 14:8,15:11,16:19,30:7,49:24,50:43), (단12:1), (옵1:12,14), (욘2:2), (나1:7,9), (습1:15).

765) 파가(פָּגַע): 만나다, 도달하다, 우연히 마주치다, 중재하다, 탄원하다. 같은 표현 ⇒ (창23:8,28:11), (사47:3,53:6,12,59:16,64:5), (렘7:16,15:11,27:18,36:25).

766) 바즈(בַּז): 약탈, 포획, 약탈품, 노략물. 같은 표현 ⇒ (민14:3,31,31:32), (사8:1,10:6,33:23,42:22), (렘2:14,15:13,17:3,30:16,49:32).

767) 콰다흐(קָדַח): 불붙이다, 태우다, 타오르다. 같은 표현 ⇒ (신32:22), (사50:11,64:2), (렘15:14,17:4).

768) 야콰드(יָקַד): 불붙이다, 태우다, 계속 타다. 같은 표현 ⇒ (레6:9,12,13), (신32:22), (사10:16,30:14,65:5) (렘15:14,17:4).

또 당신은 나를 박해하는 자(라다프)[769]들을 나를 위해 보복하시고(나캄)[770], 자신의 화(아프)를 오래 참으사(아라크), 나를 버리지(라콰흐) 마시고, 내가 당신으로 인해 조롱(헤르파)[771] 받는 줄(나사)을 잘 아소서(야다).

15:16 당신의 말(다바르,복)이 발견되어(마짜)
내가 그것들을 먹었더니(아칼),
당신의 말(다바르,복)들은 나의 즐거움(사손)[772]이 되고(하야),
나의 마음(레바브)이 기쁨(심하)[773]이 (되었습니다).
왜냐하면 당신의 이름(쉠)이 나에게 여호와 만군의 하나님(엘로힘)이라고 불리기(콰라) 때문입니다.ס

15:17 나는 웃고 노는 자(사하크)[774]들의 모임(쏘드)[775]에 앉지도(야솨브) 않았고,
당신의 손(야드)으로 인하여 기뻐 뛰지도(알라즈)[776] 않았습니다.
나는 외로이 앉아 있었으니(야솨브),
왜냐하면 당신이 나를 분노(자암)[777]로 채우기 때문입니다.ס

15:18 어찌하여 나의 고통(케에브)[778]이 계속해서 있습니까(하야)?
(어찌하여) 나의 상처(마카)[779]가 중한데(아나쉬)[780],

---

769) 라다프(רָדַף): 쫓아가다, 추격하다, 박해하다. 같은 표현 ⇒ (창14:14,15,31:23,35:5), (사1:23,5:11,30:16,41:3,51:1), (렘15:15,17:18,20:11,29:18,39:5,52:8), (호2:7), (암1:11).

770) 나캄(נָקַם): 복수하다, 앙갚음 하다. 같은 표현 ⇒ (창4:15), (출21:20), (사1:24), (렘5:9,29,9:9,15:15,46:10,50:15,51:36), (나1:2).

771) 헤르파(חֶרְפָּה): 수치, 조롱, 치욕, 책망. 여성명사. 같은 표현 ⇒ (창30:23,34:14), (사4:1,25:8,30:5,47:3,51:7,54:4), (렘6:10,15:15,20:8,23:40,24:9,29:18,31:19,42:18, 44:8,12,49:13,51:51).

772) 사손(שָׂשׂוֹן): 기쁨, 즐거움, 환희. 같은 표현 ⇒ (사12:3,22:13,35:10,51:3,11,61:3), (렘7:34,15:16,16:9,25:10,31:13,33:9,10), (욜1:12).

773) 심하(שִׂמְחָה): 기쁨, 즐거움. ☞ 솨마흐(שָׂמַח : 기뻐하다)의 여성명사. 같은 표현 ⇒ (창31:27), (사9:3,16:10,22:13,24:11), (렘7:34,15:16,16:9,25:10,31:7,33:11,48:33).

774) 사하크(שָׂחַק): 웃다, 놀다, 조롱하다. 같은 표현 ⇒ (렘15:17,30:19,31:4), (합1:10).

775) 쏘드(סוֹד): 의논, 회의, 조언, 음모. 같은 표현 ⇒ (창49:6), (렘15:17,23:18,22), (겔13:9), (암3:7).

776) 알라즈(עָלַז): 크게 기뻐하다, 기뻐 날뛰다, 이겨서 좋아하다.
같은 표현 ⇒ (사23:12), (렘11:15,15:17,50:11,51:39), (습3:14).

777) 자암(זַעַם): 분노, 분개, 격노. 같은 표현 ⇒ (사10:5,25,13:5,26:20,30:27), (렘10:10,15:17,50:25), (단8:19,11:36), (나1:6).

778) 케에브(כְּאֵב): 고통, 괴로움, 슬픔. 같은 표현 ⇒ (사17:11,65:14), (렘15:18)

고치기(라파)[781]를 거절합니까(마엔)?
(어찌하여) 당신은, 물(마임)을 확신할 수(아만)[782] 없듯이, 나에게
속이는 자(아카자브)처럼 정녕 되십니까(하야)?"라고 하였다?ס

15:19 그러므로 여호와가 이와 같이 말하였으니(아마르),
"만일 네가 돌아서면(슈브),
내가 너를 다시 데려와서(슈브), 네가 내 앞에 서는 것이다(아마드),
만일 네가 그 천한 것으로부터 귀한 것(야콰르)을 나오게 하면(야짜),
네가 내 입(페)과 같이 되어(하야), 그들이 너에게 돌아오나(슈브),
너는 그들에게 돌아가지(슈브) 말라.

15:20 내가 너를 바로 이 백성(암)에게 요새와 된(바짜르)[783] 청동의 성벽으
로 주니(나탄), 그들이 너와 대적하여 싸워도(라함)[784] 너를 이길 수
(야콜) 없다.
왜냐하면 내가 너와 함께 (있어), 너를 구원하며(야샤)[785], 너를
구출하기(나짤)[786] 때문이다.
여호와의 말(네움).

---

779) 마카(מַכָּה): 타격, 상처, 재앙. ☞ 나카(נָכָה : 치다, 때리다)의 여성명사.
같은 표현 ⇒ (레26:21), (신25:3,28:59,29:22), (왕상20:21,22:35), (왕하8:29,9:15), (사1:6,10:26,14:6,27:7), (렘6:7,10:19,14:17,15:18,19:8,30:12,14,17,49:17,50:13,), (미1:9).
780) 아나쉬(אָנַשׁ): 고칠 수 없을 정도로 병들다.
같은 표현 ⇒ (삼하12:15), (사17:11), (렘15:18,17:9,16,30:12,15), (미1:9).
781) 라파(רָפָא): 고치다, 치료하다. 같은 표현 ⇒ (창20:17,50:2), (사6:10,19:22,30:26, 53:5,57:18,19), (렘3:22,6:14,8:11,22,15:18,17:14,19:11,30:17,33:6,51:8,9), (겔34:4,47:8,9).
782) 아만(אָמַן): 확실하게 하다, 충실하다, 믿다, 신뢰하다, 기르다.
같은 표현 ⇒ (창15:6), (삼상3:20), (사1:21,26,7:9,8:2,22:23,25,28:16,33:16,43:10, 49:7,23,53:1,55:3,60:4), (렘12:6,15:18,40:14,42:5).
783) 바짜르(בָּצַר): 잘라내다, 접근하지 못하게 하다, 억제하다, 포도를 거두다.
같은 표현 ⇒ (창11:6), (레25:5,11), (민13:28), (사2:15,22:10,25:2,27:10,36:1,37:26), (렘6:9,15:20,33:3,49:9,51:53), (옵1:5), (습1:16).
784) 라함(לָחַם): 싸우다, 전쟁하다. 같은 표현 ⇒ (출1:10,14:14,17:8,9), (사7:1,19:2,20:1, 30:32,37:8,9,63:10), (렘1:19,15:20,21:2,4,5,32:5,24,29,33:5,34:1,7,22,37:8,10,41:12,51:30), (단10:20,11:11), (슥10:5,14:3,14).
785) 야솨(יָשַׁע): 구원하다, 구출하다. 같은 표현 ⇒ (출2:17,14:30), (사19:20,25:9), (렘2:27,28,4:14,8:20,11:12,14:8,9,15:20,17:14,23:6,30:7,10,11,31:7,33:16,42:11,46:27).
786) 나짤(נָצַל): 구출하다, 벗기다, 빼앗다, 약탈하다. 같은 표현 ⇒ (창31:9), (사5:29, 19:20,20:6,31:5,36:14,15,18,19,20,37:11,12,38:6,42:22,43:13,44:17,20,47:14,50:2,57:13), (렘1:8,19,7:10,15:20,21,20:13,21:12,22:3,39:17,42:11), (겔3:19,21), (단8:4,7), (호2:9,10).

15:21 또한 내가 너를 악한 자(라아)들의 손(야드)으로부터 구출하고(나짤) 공포감을 주는 자(아리쯔)[787]들의 손바닥(카프)으로부터 구속한다 (파다)[788]."라고 하는 것이다.פ

787) 아리쯔(עָרִיץ): 두려움을 주는, 공포감을 주는.
같은 표현 ⇒ (사13:11,25:3,4,5,29:5,20,49:25), (렘15:21,20:11).

788) 파다(פָּדָה): 속량하다, 구속하다, 대속하다. 같은 표현 ⇒ (출13:13,15,21:8), (사1:27,29:22,35:10,51:11), (렘15:21,31:11).

이르메야 16장

16:1 여호와의 말(다바르)이 나에게 임하였으니(하야), 말하기를(아마르),

16:2 "바로 이 장소(마콤)에서,
너는 아내(이솨)를 취하지(라콰흐) 말고,
아들(벤)들이나 딸(바트)들을 있게 하지(하야) 말라.

16:3 왜냐하면 여호와가 바로 이 장소(마콤)에서 태어난(일로드) 아들(벤)들과 딸(바트)들에 관하여, 또 바로 이 땅(에레쯔)에서 그들을 낳게 한(알라드) 어머니(엠)들과 그들을 태어나게 한(알라드) 아버지(아브)들에 관하여, 이와 같이 말하기를(아마르),

16:4 '그들은 질병(타할루)[789]의 죽음으로 죽어도 <u>애곡함을 받지</u>(싸파드)[790] 못하고, 또 묻히지도(콰바르) 못하여, 그 땅(아다마)의 지면 위에 똥(도멘 거름)이 된다(하야).
그들이 그 칼(헤레브)과 그 기근(아라브)으로 끝장나서(칼라)[791], 그들의 시체(네벨라)가 그 하늘의 새(오프)와 그 땅의 짐승(베헤마)에게 먹이가 된다(하야).'라고 하는 것이다.ס

16:5 왜냐하면 여호와가 이와 같이 말하였으니(아마르),
'너는 울부짖음(마르제아흐)의 집(바이트)에 애곡하러(싸파드) 들어가지(보) 말고, 그들을 위하여 애곡하지(누드)[792] 말라;
왜냐하면 내가 내 평안(솰롬) 곧 그 인애(헤쎄드)[793]과 그 긍휼(라함)[794]

---

789) 타할루(תַּחֲלוּא): 질병. ☞ 할라(חָלָה : 병들다, 아프다)의 명사.
같은 표현 ⇒ (신29:22), (렘14:18,16:4).

790) 싸파드(סָפַד): 슬퍼하다, 애곡하다. 같은 표현 ⇒ (창23:2,50:10), (사32:12), (렘4:8,16:4,5,6,22:18,25:33,34:5,49:3), (욜1:13), (미1:8), (슥12:10,12).

791) 칼라(כָּלָה): 완성하다, 끝마치다, 끝나다. 같은 표현 ⇒ (창2:1,17:22), (왕상17:14), (사1:28,10:18), (렘5:3,8:20,9:16,10:25,14:6,12,16:4,20:18,26:8,43:1,44:27,49:37,51:63).

792) 누드(נוּד): 이리저리 방황하다, 슬퍼하다, 애도하다. 같은 표현 ⇒ (창4:12,14), (사51:19), (렘4:1,15:5,16:5,18:16,22:10,31:18,48:17,27,30,50:3,8).

793) 헤쎄드(חֶסֶד): 인애, 친절, 신실, 변함 없음. 같은 표현 ⇒ (창19:19), (사16:5,40:6,54:8,10,55:3,57:1,63:7), (렘2:2,9:24,16:5,31:3,32:18,33:11), (단1:9,9:4), (호2:19), (욜2:13), (슥7:9).

794) 라함(רַחַם): 긍휼, 불쌍히 여김. ☞ 레헴(רֶחֶם : 태, 자궁)에 유래.

을 바로 이 백성(암)에게로부터 거두었기(아싸프) 때문이다.
여호와의 말(네움).

16:6 큰 자들과 작은 자들이 바로 이 땅(에레쯔)에서 죽으나(무트),
그들이 묻히지(콰바르) 못한다.
누구도 그들을 위하여 애곡하거나(싸파드),
자신의 상처를 내거나(가다드)[795],
그들을 위하여 머리를 밀거나(콰라흐)[796],

16:7 (누구도) 슬픔(에벨)[797]으로 인해 그들과,
그 죽은 자로 인하여 위로하기(나함)[798] 위해,
빵을 나누거나(파라쓰),
그의 아버지나 어머니을 위해
위로(탄훔)의 잔(코쓰)을 마시지(쇠콰)[799] 말라.

16:8 너는 잔칫집에 들어가(보) 그들과 함께 앉아서, 먹고 마시지 말라.'ㅁ

16:9 왜냐하면 만군의 여호와 이스라엘의 하나님(엘로힘)이 이와 같이
말하기를(아마르),
'보라(헨)! 너희의 날(욤)에,
내(여호와)가 너희 눈앞에 바로 이 장소(마콤)로부터 즐거움(사손)[800]의
소리와 기쁨(심하)[801]의 소리와 신랑의 소리와 신부의 소리를 그치

같은 표현 ⇒ (창43:14,30,49:25), (신13:17), (사46:3,47:6,54:7,63:7,15), (렘16:5,42:12), (슥1:16,7:9).

795) 가다드(גָּדַד): 꿰뚫다, 베다, 떼를 지어 모이다.
같은 표현 ⇒ (신14:1), (왕상18:28), (렘5:7,16:6,41:5,47:5).

796) 콰라흐(קָרַח): 대머리로 만들다. 같은 표현 ⇒ (레21:5), (렘16:6), (겔27:31,29:18), (미1:16).

797) 에벨(אֵבֶל): 슬퍼함, 애도. 같은 표현 ⇒ (창27:41,50:10,11), (신34:8), (사60:20,61:3), (렘6:26,16:7,31:13), (암8:10), (미1:8).

798) 나함(נָחַם): 위로하다, 후회하다. 같은 표현 ⇒ (창5:29,6:6,7), (사1:24,12:1,22:4, 40:1,49:13,51:3,12,19,52:9,54:11,57:6,61:2,66:13), (렘4:28,8:6,15:6,16:7,18:8,10,20:16, 26:3,13,19,31:13,15,19,42:10).

799) 쇠콰(שָׁקָה): 물을 마시게 하다, 물을 대다. 같은 표현 ⇒ (창2:6,21:19), (출2:16), (사27:3,43:20), (렘8:14,9:15,16:7,23:15,25:15,17,35:2), (욜3:18), (암2:12), (합2:15).

800) 사손(שָׂשׂוֹן): 기쁨, 즐거움, 환희. 같은 표현 ⇒ (사12:3,22:13,35:10,51:3,11,61:3), (렘7:34,15:16,16:9,25:10,31:13,33:9,10), (욜1:12).

801) 심하(שִׂמְחָה): 기쁨, 즐거움. ☞ 쇠마흐(שָׂמַח : 기뻐하다)의 여성명사. 같은 표현 ⇒

게 한다(솨바트)802).'라고 하기 때문이다.

16:10 그때 이런 일이 있을 것이니,
네가 바로 이 백성에게 바로 이 모든 말(다바르)을 전할(나가드)803) 때,
그들이 너에게 말하기를(아마르),
'무엇 때문에 여호와가 우리에게 바로 이 모든 큰 재앙(라)을 말하며(다바르), 우리의 행악(아본)804)이 무엇이고,
우리가 여호와 우리 하나님(엘로힘)께 지은(하타)805) 우리의 죄(하타아)가 무엇이냐?'라고 하면,

16:11 그러면 너(이르메야)는 그들에게 말하기를(아마르),
'너희 조상들이 나(여호와)를 버리고(아자브),
그들이 다른 신들(엘로힘)을 좇아 가(알라크), 그것들을 섬기고(아바드),
그것들에게 경배하였기(솨하) 때문이다.
여호와의 말(네움).
(다시 말해), 그들이 나(여호와)를 버리고(아자브)806),
내 <u>토라</u>를 지키지(솨마르) 않았기 때문이다.

16:12 그런데 너희는 자신들의 조상들보다 더 악하게(라아) 행하니(아사),
보라(헨)! 너희 각자(이쉬)가 그 악한 마음(레브)의 강퍅함(쉐리루트)807)을 좇아, 살아가(할라크), 나의 (말을) 듣지(솨마) 않는다.

(창31:27), (시9:3,16:10,22:13,24:11), (렘7:34,15:16,16:9,25:10,31:7,33:11,48:33).

802) 솨바트(שָׁבַת): 그치다, 쉬다, 안식하다. 같은 표현 ⇒ (창2:2,3,8:22), (사13:11,14:4,16:10,17:3,21:2,24:8,30:11,33:8), (렘7:34,16:9,31:6,36:29,48:33,35), (단9:27,11:18), (호1:4,2:11), (암8:4).

803) 나가드(נָגַד): 자세히 알려주다, 폭로하다, 선언하다. 같은 표현 ⇒ (창3:11,32:29), (출13:8), (신4:13,17:9), (사3:9,7:2,19:12,21:2,6,10), (렘4:5,15,5:20,9:12,16:10,20:10,31:10,33:3,36:13,16,17,20,38:15,25,27,42:3,4,20,21,46:14,48:20,50:2,28,51:31).

804) 아본(עָוֹן): 행악, 죄악, 행악의 형벌, 행악과 형벌 사이의 죄의식. 집합명사. 같은 표현 ⇒ (창4:13,15:16,19:15), (렘2:22,3:13,5:25,11:10,13:22,14:7,10,20,16:10,17,18:23,25:12,30:14,15,31:30,34,32:18,33:8,36:3,31,50:20,51:6), (단9:13,16,24).

805) 하타(חָטָא): 죄를 짓다, 빗나가다, 잘못하다. 같은 표현 ⇒ (창20:6), (사1:4,29:21,42:24,43:27,64:5,65:20), (렘2:35,3:25,8:14,14:7,20,16:10,32:35,33:8,37:18,40:3,44:23,50:7).

806) 아자브(עָזַב): 떠나다, 남기다, 버리다. 같은 표현 ⇒ (창2:24), (렘1:16,2:13,17,19,4:29,5:7,19,9:2,13,19,12:7,14:5,16:11,17:11,13,18:14,19:4,22:9,25:38,48:28,49:11,25,51:9).

807) 쉐리루트(שְׁרִירוּת): 견고, 완고, 완악, 강퍅함. ☞ 솨라르(שָׁרַר : 원수로 취급하다)의 여성명사. 같은 표현 ⇒ (신29:19), (렘3:17,7:24,9:14,11:8,13:10,16:12,18:12,23:17).

16:13 그런즉 내(여호와)가 너희를 바로 이 땅(에레쯔)에서 너희와 너희 조상
들이 잘 알지(야다) 못하는 땅(에레쯔)으로 집어 던지면(툴)[808],
너희는 밤낮으로 다른 신들(엘로힘)을 섬기니(아바드),
즉 내가 너희에게 은혜(하니나)를 베풀지(나탄) 않는 그곳에서
(다른 신들을 섬긴다).'라고 하라.ㅁ

16:14 그러므로 보라(힌네)! 날(욤,복)이 이르니(보),
여호와의 말(네움),
'미쯔라임의 땅(에레쯔)에서 이스라엘 자손(벤)들을 올라가게 한(알라)
여호와가 사는 한(하이)'이라고 다시는 말하여지지(아마르) 않고,

16:15 반드시 '북쪽의 땅(에레쯔)으로부터 또 그들을 내쫓은(나다흐)[809]
그 모든 땅(에레쯔)으로부터 이스라엘을 올라가게 한(알라)
여호와가 사는 한(하이)'이라고 (말하여진다).
(다시 말해), 내(여호와)가 그들의 조상들에게 준(나탄) 그들의 땅(아다마)
으로 그들을 다시 데려온다(슈브).ㅁ

16:16 보라(헨)! 내(여호와)가 많은 어부(다우와그)들을 보내니(솰라흐),
그(어부)들이 그들을 낚는다(디그).
여호와의 말(네움),
그런 후, 내(여호와)가 많은 사냥꾼(짜야드)들을 보내니(솰라흐),
그(사냥꾼)들이 모든 산 위와 모든 언덕 위와 그 바위 틈들 사이에
서 그들을 사냥한다(쭈드).

16:17 왜냐하면 내 눈이 그들의 모든 길(데레크,복)에 (있어),
그들이 내 앞에서 숨지(싸타르)[810] 못하고,
그들의 행악(아본)이 내 눈 앞에서 감춰지지(짜판)[811] 못하기
때문이다.

---

808) 툴(טוּל): 집어 던지다, 내던지다. 같은 표현 ⇒ (사22:17), (렘16:13,22:26,28), (욘1:4,5,12,15).

809) 나다흐(נָדַח): 몰아내다, 내어 쫓다, 몰리게 되다, 미혹되다. 같은 표현 ⇒ (신4:19), (사8:22,13:14,16:3,4,27:13), (렘8:3,16:15,23:2,3,8,24:9,27:10,15,29:14,18,30:17,32:37,40:12,43:5,46:28,49:5,36,50:17), (겔4:13), (단9:7), (욜2:20), (습3:19).

810) 싸타르(סָתַר): 숨기다, 감추다. 같은 표현 ⇒ (창4:14,31:49), (사8:17,16:3,28:15,29:14,15,40:27,45:15,49:2,50:6,54:8), (렘16:17,23:24,33:5,36:19,26), (미3:4), (습2:3).

811) 짜판(צָפַן): 숨기다, 저장하다. 같은 표현 ⇒ (출2:2,3), (렘16:17), (겔7:22).

16:18 그들이 내 땅(에레쯔)을 자신들의 가증스러운(쉬쿠쯔)[812] 시체로 더럽히
고(할랄)[813], 내 유업(나할라)을 자신들의 가증한 것(토에바)[814]들로 가득
채운데(말레) 대하여,
나(여호와)는 먼저(리숀) 그들의 행악(아본)과 죄(하타아)를 두 배로 갚는
다(솰람)[815]."라고 하는 것이다.ㅇ

16:19 여호와는 나의 힘(오즈)이요, 나의 요새(마오즈)[816]이며,
환난(짜라)[817]의 날(욤)에 나의 피난처(마노쓰)요,
민족(고이)들이 땅 끝으로부터 당신께 와서(보) 말하기를(아마르),
"실로 우리 조상들은 거짓(쉐케르)과 헛된 것(헤벨)[818]을 상속받았고
(나할),[819] 또 그것들은 어떤 유익도 있지(야알)[820] 않았습니다."라고
한다.

16:20 (여호와가 이와 같이 말하였으니),
"사람(아담)이 자신을 위해 신들(엘로힘)을 만드느냐(아사)?
그것들은 신들(엘로힘)이 아니다.

---

812) 쉬쿠쯔(שִׁקּוּץ): 몹시 싫은 것, 가증한 짓. ☞ 솨콰쯔(שָׁקַץ : 몹시 싫어하다)의 명사.
같은 표현 ⇒ (신29:17), (사66:3), (렘4:1,7:30,13:27,16:18,32:34), (단9:27,11:31,12:11).
813) 할랄(חָלַל): 꿰뚫다, 더럽히다, 모독하다, 시작하다. 같은 표현 ⇒ (창4:26,6:1),
(출20:25,31:14), (레21:4,22:2), (민16:46,18:32), (신2:24,3:24,16:9),
(사23:9,43:28,47:6,48:11,51:9,53:5,56:2,6), (렘16:18,25:29,31:5,34:16), (암2:7).
814) 토에바(תּוֹעֵבָה): 가증한 것, 가증한 짓. 여성명사. 같은 표현 ⇒ (창43:32,46:34),
(출8:26), (사1:13,41:24,44:19), (렘2:7,6:15,7:10,8:12,16:18,32:35,44:4,22), (말2:11).
815) 솰람(שָׁלַם): 온전케 하다, 완전,완성하다, 회복,배상하다, 평화하다. 같은 표현 ⇒
(창44:4), (사19:21,38:12,13,42:19,44:26,28,57:18,59:18,60:20,65:6), (렘16:18,18:20,25:14,
32:18,50:29,51:6,24,56), (욘2:9), (나1:15).
816) 마오즈(מָעוֹז): 안전한 장소, 보호자. 같은 표현 ⇒ (사17:9,10,23:4,11,14,25:4,
27:5,30:2,3), (렘16:19), (단11:1,7,10,19,31,38,39), (나1:7).
817) 짜라(צָרָה): 환난, 고난. ☞ 짜르(צַר : 고난, 대적, 적)의 여성명사.
같은 표현 ⇒ (창35:3), (사8:22,28:20,30:6,33:2,37:3,46:7,63:9,65:16), (렘4:31,6:24,
14:8,15:11,16:19,30:7,49:24,50:43), (단12:1), (옵1:12,14), (욘2:2), (나1:7,9), (습1:15).
818) 헤벨(הֶבֶל): 증기, 입김, 숨, 헛된 것. 같은 표현 ⇒ (사49:4,57:13),
(렘2:5,8:19,10:3,8,15,14:22,16:19,51:18), (욘2:8).
819) 나할(נָחַל): 유업으로 삼다, 상속하다. 같은 표현 ⇒ (출23:30,32:13,34:9),
(사14:2,49:8,57:13), (렘3:18,19,12:14,16:19), (겔47:13), (습2:9), (슥2:12,8:12).
820) 야알(יָעַל): 이익을 되다, 이익을 얻다. 같은 표현 ⇒ (사30:5,6,44:9,10,47:12,
48:17,57:12), (렘2:8,11,7:8,12:13,16:19,23:32), (합2:18).

16:21 그러므로 보라(헨)! (내가) 이번에 그들에게 잘 알게 한다(야다),
(다시 말해), 내가 그들에게 내 손(야드)과 내 능력(게부라)[821]을 잘 알
게 한다(야다),
그런즉 그들이 내 이름(쉠)이 여호와 인 줄을 깨달아 안다(야다)."
라고 하는 것이다.ㅁ

821) 게부라(גְּבוּרָה): 힘, 권능, 능력. ☞ 가바르(גָּבַר : 우세하다, 강하다)의 여성명사.
같은 표현 ⇒ (출32:18), (신3:24), (왕상22:45), (사3:25,11:2,28:6,30:15,33:13,
36:5,63:15), (렘9:23,10:6,16:21,23:10,49:35,51:30).

이르메야 17장

17:1 (여호와가 이와 같이 말하였으니),
“예후다의 죄(하타아)가 철필 끝 금강석으로 기록되어 있으니(카타브),
곧 (그것이) 그들의 마음(레브) 판과 너희의 제단(미즈베아흐) 뿔들에 새겨
져 있다(하라쉬)[822].

17:2 그들의 자녀(벤)들도 자신들의 제단(미즈베아흐)들과 그 높은 언덕들 위
에 무성한 나무 옆에 있는 자신들의 아쉐라[823])들을 기억하지(자카르)
않느냐?

17:3 그 들(사데)에 있는 산지(하라르)들아,
내(여호와)가 네 재물(하일)과 네 모든 보물(오짜르)을,
네 산당(바마)들로 인하여 곧 네 모든 지경의 죄(하타아)로 인하여,
약탈물(바즈)[824])로 넘겨준다(나탄),

17:4 너 즉 네 손(야드)이 내(여호와)가 너에게 준(나탄) 네 유업(나할라)으로부터
그치게 하니(솨마트)[825]),
그때 나(여호와)는 너에게, 네가 잘 알지(야다) 못하는 그 땅(에레쯔)의
너의 대적(오예브)들을 섬기게 한다(아바드),
왜냐하면 너희가 내 화(아프)에 불을, 곧 그것(불)이 영원히 탈(야콰
드)[826]) 때까지, 태우기(콰다흐)[827]) 때문이다.”라고 하는 것이다.ס

17:5 여호와가 이와 같이 말하였으니(아마르),

---

822) 하라쉬(חָרַשׁ): 새기다, 밭을 갈다, 궁리하다, 침묵하다. 같은 표현 ⇒ (창24:21), (사28:24,36:21,41:1,42:14,44:12,13), (렘4:19,17:1,26:18,38:27), (미3:12), (합1:13).

823) 아쉐라(אֲשֵׁרָה): 가나안의 여신, 페니키안인들이 행복과 행운을 비는 신
같은 표현 ⇒ (출34:13), (신7:5,12:3,16:21), (사17:8,27:9), (렘17:2), (미5:14).

824) 바즈(בַּז): 약탈, 포획, 약탈품, 노략물. 같은 표현 ⇒ (민14:3,31,31:32), (사8:1,10:6,33:23,42:22), (렘2:14,15:13,17:3,30:16,49:32).

825) 솨마트(שָׁמַט): 쉬게 하다, 풀어 놓다, 면제하게 하다.
같은 표현 ⇒ (출23:11), (신15:2,3), (렘17:4).

826) 야콰드(יָקַד): 불붙이다, 태우다, 계속 타다. 같은 표현 ⇒ (레6:9,12,13), (신32:22), (사10:16,30:14,65:5) (렘15:14,17:4).

827) 콰다흐(קָדַח): 불붙이다, 태우다, 타오르다. 같은 표현 ⇒ (신32:22), (사50:11,64:2), (렘15:14,17:4).

"그 사람(아담)을 의지하며(바타흐)[828] 육신을 자신의 힘(제로아)으로 삼고(숨), 마음(레브)이 여호와로부터 떠난(쑤르)[829] 사람(게베르)은 저주를 받는다(아라르)[830].

17:6 그는 그 사막(아라바)의 떨기나무와 같아(하야),
복 있는 일(토브)이 오는 것(보)을 보지(라아) 못하고,
그 광야(미드바르)의 바짝 마른 곳 곧 당신이 거주하지(야솨브) 못하는
염분이 있는 땅(에레쯔)에 머문다(쇠칸).ס

17:7 여호와를 의지하는(바타흐) 자(게베르)는 복을 받으니(바루크),
여호와가 그의 신뢰(미브타흐)[831])이다(하야).

17:8 그는 물가에 또는 강가에 심겨진(솨탈)[832] 나무와 같아,
그의 뿌리가 뻗으니(솰라흐),
무더위가 와도(보), 아무것도 두려워하지(야레) 않는다,
그런즉 그것의 잎이 무성하고,
또 그것(나무)은 가뭄(바쪼레트)[833])의 해(솨네)에도 걱정하지(다아그)[834] 않고, 열매를 맺는 것(아사)도 그치지(무쉬)[835] 않는다.

17:9 그 마음(레브)이 만물보다 뒤틀려 있고(아코브,속이는)[836],

---

828) 바타흐(בָּטַח): 신뢰하다, 의지하다, 안전하다. 같은 표현 ⇒ (사12:2,26:3,4,30:12,31:1,32:10,11,36:4,5,6,7,9,15,37:10,42:17,47:10,50:10,59:4), (렘5:17,7:4,8,14,9:4,12:5,13:25,17:5,7,28:15,29:31,39:18), (합2:18).

829) 쑤르(סוּר): 옆으로 빗나가다, 제거하다, 고개를 돌리다, 배교하다, 떠나다. 같은 표현 ⇒ (창19:2,35:2), (사1:16,25,49:21,52:11,58:9,59:15), (렘4:1,4,5:10,23,6:12,28,15:5,17:5,32:31,40), (말2:8,3:7).

830) 아라르(אָרַר): (마력으로) 제지하다, 저주하다, (주문으로) 묶다. 같은 표현 ⇒ (창3:14,17,4:11,5:29,9:25,12:3,27:29,49:7), (렘11:3,17:5,20:14,15,48:10), (말1:14,2:2,3:9).

831) 미브타흐(מִבְטָח): 신뢰, 확신. ☞ 바타흐(בָּטַח : 신뢰하다, 확신하다)에서 유래. 같은 표현 ⇒ (시32:18), (렘2:37,17:7,48:13).

832) 솨탈(שָׁתַל): 심다, 옮겨 심다. 같은 표현 ⇒ (렘17:8), (겔17:8,10,22,23,19:10,13).

833) 바쪼레트(בַּצֹּרֶת): 부족, 결핍, 가뭄. ☞ 바짜르(בָּצַר : 잘라내다, 접근하지 못하게 하다, 억제하다)의 명사. 같은 표현 ⇒ (렘14:1,17:8).

834) 다아그(דָּאַג): 걱정하다, 두려워 하다. 같은 표현 ⇒ (사57:11), (렘17:8,38:19,42:16).

835) 무쉬(מוּשׁ): 떠나다, 물러나다, 옮기다. 같은 표현 ⇒ (출13:22,33:11), (사22:25,46:7,54:10,59:21), (렘17:8,31:36), (미2:3,4), (슥14:4).

836) 아코브(עָקֹב): 교활한, 속이는, 험준한. ☞ 아콰브(עָקַב : 발뒤꿈치를 잡다, 교활하게 공격하다)에서 유래. 같은 표현 ⇒ (사40:4), (렘17:9).

몹시 병들어 있어(아나쉬)[837],
누가 그것을 깨달아 아느냐(야다)?

17:10 나는 여호와다,
내가 마음(레브)을 살펴보며(하콰르)[838], 속 감정(칼야,콩팥,복)을 시험하고
(바한)[839], 그의 길(데레크)과 그의 행실(마아랄,복)[840]의 열매에 따라
각자(이쉬)에게 보응한다(나탄).ס

17:11 법도(미쉬파트)[841]로 하지 않고 부(오쉐르)를 모으는 자(아사)는 자신이 낳
지(얄라드) 않은 알을 함께 모으는(다가르) 자고새(코레)와 같아,
그의 날(욤,복)의 중년에는
그것이 그를 떠나고(아자브)[842],
그의 마지막(아하리트)[843]에는
그는 어리석은 자(나발)[844]가 된다(하야).”라고 하는 것이다.

17:12 (이르메야가 말하기를),
“처음부터 높은 곳(마롬), 영광(카보드)[845]의 보좌(키쎄)는

---

837) 아나쉬(אָנַשׁ): 고칠 수 없을 정도로 병들다.
같은 표현 ⇒ (삼하12:15), (사17:11), (렘15:18,17:9,16,30:12,15), (미1:9).

838) 하콰르(חָקַר): 찾다, 조사하다, 시험하다.
같은 표현 ⇒ (신13:14), (렘17:10,31:37,46:23).

839) 바한(בָּחַן): 입증하다, 시험하다, 자세히 보다. 같은 표현 ⇒ (창42:15,16),
(시11:4,5), (렘6:27,9:7,11:20,12:3,17:10,20:12), (겔21:13), (슥13:9), (말3:10,15).

840) 마알랄(מַעֲלָל): 행위, 행실. ☞ 알랄(עָלַל): 호되게 다루다, 행동하다)에서 유래.
같은 표현 ⇒ (신28:20), (사1:16,3:8,10), (렘4:4,18,7:3,5,11:18,17:10,18:11,21:12,14,
23:2,22,25:5,26:3,13,32:19,35:15,44:22), (미2:7), (슥1:4,6).

841) 미쉬파트(מִשְׁפָּט): 공의, 법도, 재판, 심판. ☞ 솨파트(שָׁפַט : 재판하다)의 명사.
같은 표현 ⇒ (창18:19), (사40:14,27,41:1,42:1,3,4,49:4,50:8,51:4,53:8,54:17,56:1,58:2,
59:8,9,61:8), (렘1:16,4:2,12,5:1,4,5,28,7:5,8:7,9:24,10:24,12:1,17:11,21:12,22:3,13,15,23:5,
26:11,16,30:11,18,32:7,9,33:15,39:5,46:28,48:21,47,51:9,52:9).

842) 아자브(עָזַב): 떠나다, 남기다, 버리다. 같은 표현 ⇒ (창2:24), (렘1:16,2:13,17,19,
4:29,5:7,19,9:2,13,19,12:7,14:5,16:11,17:11,13,18:14,19:4,22:9,25:38,48:28,49:11,25,51:9).

843) 아하리트(אַחֲרִית): 마지막 때, 끝, 결말. ☞ 아하르(אָחַר : 뒤에 있다)의 여성명사.
같은 표현 ⇒ (창49:1), (민23:10), (신4:30,8:16), (사2:2,41:22,46:10,47:7), (렘5:31,
12:4,17:11,23:20,29:11,30:24,31:17,48:47,49:39,50:12), (단8:19,23,10:14,11:4,12:8).

844) 나발(נָבָל): 무감각한, 분별없는, 어리석은.
같은 표현 ⇒ (신32:6,21), (사32:5,6), (렘17:11).

845) 카보드(כָּבוֹד): 풍부, 다수, 영광, 무거운 물건의 양.

우리의 성소(미크다쉬)의 장소(마콤)입니다.

17:13 여호와, 이스라엘의 희망(미크베)이여,
당신을 버리는(아자브) 모든 자가 수치를 당할 것이고(부쉬)[846],
그(여호와)의 떠나는 자(야쑤르)들 즉 그(여호와)를 떠나는 자(쑤르)들은
그 땅(에레쯔)에 기록되리니(카타브),
왜냐하면 그들이 생명수(마임 하이임)의 근원(마코르)[847] 여호와를 버렸기(아자브) 때문입니다.

17:14 여호와여,
당신은 나를 고치소서(라파)[848],
그때 내가 낫겠고(라파),
당신이 나를 구원하소서(야솨)[849],
그때 내가 구원 받습니다(야솨).
왜냐하면 당신은 나의 찬양(테힐라)[850])이기 때문입니다."라고
하였다.

17:15 보소서(힌네)! 그들은 나에게 말하기를(아마르),
"여호와의 말(다바르)이 어디 있느냐?
자, 그것이 임하게 하라(보)."고 하였습니다.

17:16 (이르메야가 말하기를),
"나는 당신(여호와)을 따르는 목자(로에)로부터 재촉하지(우쯔) 않았고,
당신은 내가 병드는(아나쉬) 날(욤)도 원치(아바) 않음을 잘 압니다(야다),
나의 입술(사파)에서 나온 것(모짜)이 당신의 얼굴 앞에 있습니다(하야).

☞ 카바드(כָּבַד : 무겁다)의 명사. 같은 표현 ⇒ (창31:1), (출16:7), (사3:8,4:5,5:13), (렘2:11,13:16,14:21,17:12,48:18), (겔1:28,3:12,23), (단11:39).

846) 부쉬(בּוֹשׁ): 부끄러워하다, 수치를 당하다. 같은 표현 ⇒ (창2:25), (사1:29,41:11, 42:17,44:9,11,45:16,17,24,49:23,50:7,54:4,65:13,66:5), (렘2:36,6:15,8:9,12,9:19,10:14,12:13, 14:3,4,15:9,17:13,18,20:11,22:22,31:19,46:24,48:1,13,20,39,49:23,50:2,12,51:17,47,51).

847) 마코르(מָקוֹר): 샘, 근원. 같은 표현 ⇒ (레12:7,20:18), (렘2:13,9:1,17:13,51:36).

848) 라파(רָפָא): 고치다, 치료하다. 같은 표현 ⇒ (창20:17,50:2), (사6:10,19:22,30:26, 53:5,57:18,19), (렘3:22,6:14,8:11,22,15:18,17:14,19:11,30:17,33:6,51:8,9), (겔34:4,47:8,9).

849) 야솨(יָשַׁע): 구원하다, 구출하다. 같은 표현 ⇒ (출2:17,14:30), (사19:20,25:9), (렘2:27,28,4:14,8:20,11:12,14:8,9,15:20,17:14,23:6,30:7,10,11,31:7,33:16,42:11,46:27).

850) 테힐라(תְּהִלָּה): 찬양. ☞ 할랄(הָלַל : 찬양하다)의 여성명사. 같은 표현 ⇒ (출15:11), (신10:21), (사42:8,10,12,43:21,48:9), (렘13:11,17:14,33:9,48:2,49:25,51:41).

17:17 당신(여호와)은 나에게 공포(메히타)가 되지(하야) 마소서,
재앙(라)의 날(욤)에, 당신은 나의 피난처(마아쎄)[851]가 되소서.

17:18 나를 박해하는 자(라다프)[852]들이 수치를 당하게 하고(부쉬),
나는 수치를 당하지(부쉬) 않게 하소서.
그들이 깜짝 놀라워 하고(하타트)[853],
나는 깜짝 놀라지(하타트) 않게 하소서,
당신(여호와)은 그들에게 재앙(라)의 날(욤)을 가져오고(보),
당신은 그들을 갑절의 파괴(쉬브론)로 멸하소서(솨바르)[854]."라고
하였다.ס

17:19 여호와가 나에게 이와 같이 말하기를(아마르),
"자, 너는 예후다의 왕들이 들어가고(보) 나오는(야짜) 백성의 성문(솨아르)에 서라(아마드).
또 너는 예루솰라임의 모든 성문(솨아르)들에 서서(아마드),

17:20 그들에게 말하라(아마르).
'바로 이 성문(솨아르)들로 들어오는(보) 예후다의 왕들과 예루솰라임의 모든 거주민(야솨브)들아,
너희는 여호와의 말(다바르)을 들어라(솨마).' "라고 하는 것이다.ס

17:21 여호와가 이와 같이 말하였으니(아마르),
"너희는 자신들의 영혼(네페쉬)들을 지켜라(솨마르),
곧 그 안식의 날(욤)에,
너희는 <u>무거운 짐</u>(맛사)[855]을 지지(나사) 말고,

---

851) 마하쎄(מַחֲסֶה): 피난처, 은신처. 같은 표현 ⇒ (사4:6,25:4,28:15,17), (렘17:17), (욜3:16).

852) 라다프(רָדַף): 쫓아가다, 추격하다, 박해하다. 같은 표현 ⇒ (창14:14,15,31:23,35:5), (사1:23,5:11,30:16,41:3,51:1), (렘15:15,17:18,20:11,29:18,39:5,52:8), (호2:7), (암1:11).

853) 하타트(חָתַת): 깜짝 놀라다, 당황하다, 낙심하다, 두려워하다. 같은 표현 ⇒ (신1:21,31:8), (사7:8,8:9,9:4,20:5,30:31,31:4,9,37:27,51:6,7), (렘1:17,8:9,10:2,14:4,17:18,23:4,30:10,51:56), (겔2:6,3:9), (합2:17).

854) 솨바르(שָׁבַר): 깨뜨려 부수다, 산산이 부수다. 같은 표현 ⇒ (창19:9), (왕상19:11, 22:48), (사8:15,14:5,25,21:9,24:10,27:11,28:13,30:14,38:13,42:3,45:2), (렘2:13,20,5:5,8:21, 14:17,17:18,19:10,11,22:20,23:9,28:2,4,10,11,12,13,30:8,43:13,48:4,17,25,38,49:35,50:23, 51:8,30,52:17), (단8:7,8,22,25,11:4,20,22,26), (호1:5,2:18), (암1:5), (욘1:4), (나1:13).

855) 맛사(מַשָּׂא): 무거운 짐, 들어 올림, 옮김, 경고성 발언. ☞ 나사(נָשָׂא : 들어 올리다,

또 예루솰라임의 성문(솨아르)들로 들어오지(보) 말라.

17:22 그 안식의 날(욤)에,
너희는 너희의 집(바이트)에서 무거운 짐(맛사)을 꺼내지(야짜) 말고,
어떤 일(멜라카)[856]도 하지(아사) 말라.
그런즉 너희는, 내가 너희 조상들에게 명한 대로, 그 안식의 날(욤)을 특별히 구별하라(콰다쉬).

17:23 그러나 그들은 듣지(솨마)도 않고, 자신들의 귀를 기울이지(나타)도 않고, 자신들의 목을 곧게 하여(콰솨)[857] 듣지(솨마)도 않고, 훈계(무싸르)[858]를 받지(라콰흐)도 않는다.

17:24 그때 이런 일이 있을 것이니,
만일 너희가 내 (말을) 정녕 들어(솨마),
여호와의 말(네움),
그 안식의 날(욤)에 바로 이 성읍의 성문(솨아르)들로
무거운 짐(맛사)을 가져오지(보) 않고,
그 안식의 날(욤)을 특별히 구별하며(콰다쉬),
어떤 일(멜라카)도 행하지(아사) 않으면,

17:25 다뷔드의 보좌(키쎄)에 앉아 있는 왕들과 고관(사르)들이
그 전차와 그 말들을 타고(라카브),
바로 이 성문(솨아르)들로 들어오고(보),
그들과 그들의 고관(사르)들과 예후다 사람(이쉬)과 예루솰라임의 거주민(야솨브)들이 (바로 이 성문으로 들어오니),
바로 이 성읍(이르)이 영원히 거주한다(야솨브).

나르다)의 명사. 같은 표현 ⇒ (출23:5), (사13:1,14:28,15:1,17:1,19:1,21:1), (렘17:21,22,24,27,23:33,34,36,38), (겔12:10,24:25), (나1:1), (합1:1), (슥9:1,12:1), (말1:1).

856) 멜라카(מְלָכָה): 업무, 주어진 일, 사업, 소유재물. 여성명사.
☞ 말아크(מַלְאָךְ : 천사, 특별임무)과 같은 어원.
같은 표현 ⇒ (창2:2,3,39:11), (렘17:22,24,18:3,48:10,50:25), (욘1:8), (학1:14).

857) 콰솨(קָשָׁה): 어렵다, 완고하다, 힘들다. 같은 표현 ⇒ (창35:16,49:7), (출7:3,13:15), (신10:16,15:18), (사8:21), (렘7:26,17:23,19:15).

858) 무싸르(מוּסָר): 징계, 훈계, 교훈. ☞ 야싸르(יָסַר : 징계하다, 훈련하다)의 명사.
야싸르(יָסַר): 훈계,징계 하다, 교훈 하다. 같은 표현 ⇒ (신11:2), (사26:16,53:5), (렘2:30,5:3,7:28,10:8,17:23,30:14,32:33,35:13), (습3:2,7).

17:26 그들이 예후다의 성읍들과 예루솰라임 주변과 빈야빈 땅(에레쯔)과
그 쉬펠라와 그 산지와 그 네게브로부터 오니(보),
그때 그들이 올림제물(올라)과 희생제물(제바흐)과 선물제물(민하)과
유향(레보나)을[859] 드리면서(보), 또 여호와의 집(바이트)에 감사제물(토다)
을 (드리면서)이다.

17:27 그러나 만일 너희가, 그 안식의 날(욤)을 특별히 구별하기(콰다쉬) 위
해, 그 안식의 날(욤)에 무거운 짐(맛사)을 지고(나사), 예루솰라임 성
문(솨아르)들로 들어오지(보) 말라고 하는 내 (말을) 듣지(솨마) 않으면,
나는 그곳의 성문(솨아르)들에 불을 붙여(야짜트)[860],
그것(불)이 예루솰라임의 궁전들을 삼키고(아칼),
또 그것이 꺼지지(카바)[861] 않게 한다."라고 하는 것이다.פ

---

859) 레보나(לְבוֹנָה): 유향, 유향나무의 진에서 나는 향기로운 향. 여성명사.
같은 표현 ⇒ (출30:34), (레2:1,2,15,16), (민5:15), (렘6:20,17;26,41:5).

860) 야짜트(יָצַת): 불을 붙이다, 태우다. 같은 표현 ⇒ (사9:18,27:4,33:12), (렘2:15,
9:10,12,11:16,17:27,21:14,32:29,43:12,46:19,49:2,27,50:32,51:30,58), (암1:14).

861) 카바(כָּבָה): 끄다, 꺼지게 하다. 같은 표현 ⇒ (레6:12,13),
(사1:31,34:10,42:3,43:17,66:24), (렘4:4,7:20,17:27,21:12,).

이르메야 18장

18:1 여호와로부터 이르메야에게 임한(하야) 그 말(다바르), 말하기를(아마르),

18:2 "너는 일어나서(쿰), 그 토기장이(야짜르)[862]의 집으로 내려가라(야라드), 그러면 그곳에서 내가 너에게 내 말(다바르)을 듣게 한다(솨마)."라고 하여,

18:3 그래서 내가 토기장이(야짜르)의 집(바이트)으로 내려가니(야라드), 보라(한네)! 그는 그 물레로 일(멜라카)[863]을 하고 있었다(아사).

18:4 진흙으로 만든 그릇(켈리)이 토기장이(야짜르)의 손(야드)에서 못쓰게 되자(솨하트)[864], 그가 다시 행하니(슈브), 즉 토기장이(야짜르)의 눈에 옳게 여기는(야솨르)[865] 대로, 그는 다른 그릇(켈리)을 만들었다(아사).פ

18:5 그때 여호와의 말(다바르)이 나에게 임하였으니(하야), 말하기를(아마르),

18:6 "이스라엘의 집(바이트)아,
내(여호와)가 바로 이 토기장이(야짜르)처럼,
너희에게 행할 수(야콜 아사) 없느냐?
여호와의 말(네움),
보라(한네)! 이스라엘의 집(바이트)아,
너희는, 토기장이(야짜르)의 손(야드)에 진흙처럼,
내 손(야드) 안에 그와 같다.ס

862) 야짜르(יָצַר): 모양으로 만들다, 형성하다. 같은 표현 ⇒ (창2:7,8,19), (사22:11,27:11,29:16,30:14,37:26,41:25,43:1,7,10,21,44:2,9,10,12,21,24,45:7,9,11,18, 46:11,49:5,54:17,64:8), (렘1:5,10:16,18:2,3,4,6,11,19:1,11,33:2,51:19), (합2:18), (슥12:1).

863) 멜라카(מְלָאכָה): 업무, 주어진 일, 사업, 소유재물. 여성명사.
☞ 말아크(מַלְאָךְ : 천사, 특별임무)과 같은 어원.
같은 표현 ⇒ (창2:2,3,39:11), (렘17:22,24,18:3,48:10,50:25), (욘1:8), (학1:14).

864) 솨하트(שָׁחַת): 부패케 하다, 멸망시키다. 같은 표현 ⇒ (창6:11), (사1:4,11:9,14:20, 36:10,37:12,51:13,54:16,65:8,25), (렘2:30,4:7,5:10,6:5,28,11:19,12:10,13:7,9,14,15:3,6,18:4, 51:1,11,20,25), (말2:8,3:11).

865) 야솨르(יָשַׁר): 평탄하다, 똑바르다, 옳게 여기다, 기뻐하다.
같은 표현 ⇒ (사40:3,45:2,13), (렘18:4,27:5), (합2:4).

18:7 순식간에, 내(여호와)가 한 민족(고이)에 대하여 또 한 왕국(맘라카)에 대하여 뽑고(나타쉬)[866] 허물고(나타쯔)[867], 멸망시키는 것(아바드)[868]을 말하지만(다바르),

18:8 그러나 바로 그 민족(고이)이 내가 말한(다바르) 자신의 악(라)에서 돌아서면(슈브),
나는 그에게 행하려고 생각한(하솨브 아사) 그 재앙(라)에 대하여
뜻을 돌이킨다(나함)[869].ס

18:9 그럼에도 불구하고, 순식간에, 내(여호와)가 한 민족(고이)에 대하여,
또 한 왕국(맘라카)에 대하여 세우고(바나) 심는 것(나타)을 말할(다바르) 때,

18:10 그가 내 음성(콜)를 듣지 않고, 내 눈 앞에서 그 악(라)을 행하면(아사),
나는 그에게 잘한다(야타브)고 말한(아마르) 그 복 있음(토브)에 대하여
뜻을 돌이킨다(나함)."라고 하는 것이다.ס

18:11 그런즉 이제 너는 예후다 사람(이쉬)과 예루솰라임 거주민(야솨브)들에게 말하라(아마르).
여호와가 이와 같이 말하였으니(아마르),
"보라(힌네)! 내가 너희 위에 재앙(라)을 만들어(야짜르),
너희에 대해 한 생각(마하솨바)[870]을 하고 있으니(하솨브),
곧 자, 너희는 각자(이쉬) 자신의 그 악(라)의 길(데레크)에서 돌아서서(슈브) 자신들의 길(데레크,복)과 행실(마아랄,복)[871]을 선하게 하라(야타브)."

---

866) 나타쉬(נָתַשׁ): 잡아 뽑다, 근절하다, 멸망시키다. 같은 표현 ⇒ (신29:28), (렘1:10,12:14,15,17,18:7,14,24:6,31:28,40,42:10,45:4,), (단11:4).

867) 나타쯔(נָתַץ): 헐다, 파괴하다(강조). 같은 표현 ⇒ (출34:13), (레11:35,14:45), (신7:5,12:3), (사22:10), (렘1:10,4:26,18:7,31:28,33:4,39:8,52:14).

868) 아바드(אָבַד): 멸망시키다, 사라지게 하다, 길을 잃다. 같은 표현 ⇒ (출10:7), (레23:30,26:38), (사26:14,27:13,29:14,37:19,41:11,57:1,60:12), (렘1:10,4:9,6:21,7:28, 9:12,10:15,12:17,15:7,18:7,18,23:1,25:10,35,27:10,15,31:28,40:15,46:8,48:8,36,46,49:7,38, 50:6,51:18,55), (욜1:11), (암2:14,3:15), (옵1:8,12), (욘1:6,14), (습2:5,13).

869) 나함(נָחַם): 위로하다, 후회하다. 같은 표현 ⇒ (창5:29,6:6,7), (사1:24,12:1,22:4, 40:1,49:13,51:3,12,19,52:9,54:11,57:6,61:2,66:13), (렘4:28,8:6,15:6,16:7,18:8,10,20:16, 26:3,13,19,31:13,15,19,42:10).

870) 마하솨바(מַחֲשָׁבָה): 생각, 사상, 고안, 발명. ☞ 하솨브(חָשַׁב : 생각하다, 고안하다)의 여성명사. 같은 표현 ⇒ (창6:5), (출31:4,35:32,33,35), (사55:7,8,9,59:7,65:2,66:18), (렘4:14,6:19,11:19,18:11,12,18,29:11,49:20,30,50:45,51:29), (단11:24,25).

871) 마알랄(מַעֲלָל): 행위, 행실. ☞ 알랄(עָלַל): 호되게 다루다, 행동하다)에서 유래.

고 하는 것이다.

18:12 그러나 그들이 말하기를(아마르),
"(그것은) 소용이 없다(야아쉬)[872],
왜냐하면 우리는 자신들의 생각(마하솨바)을 좇아 가고(알라크),
또 우리는 각자(이쉬) 자신들의 그 악한 마음(레브)의 고집(쉐리루트)[873]
대로 행하기(아사) 때문이다."라고 하였다.ס

18:13 그러므로 여호와가 이와 같이 말하였으니(아마르),
"자, 너희는 그 민족(고이)들 중에, '누가 이런 일들을 듣는가(솨마)?'
라고 물어보라(솨알),
처녀 이스라엘이 심히 고집(쉐리루트)대로 행한다(아사).

18:14 레바논의 눈(쉐레그)이 들판의 바위에서 떠난 적이 있느냐(아자브)[874]?
흐르는(주르) 물 곧 흐르는(나잘)[875] 찬물이 마른 적이 있느냐(나타쉬)?

18:15 왜냐하면 내 백성(암)은 나를 잊어버리고(솨카흐)[876], 헛된 것(솨브)[877]
에 분향하니(콰타르),
곧 그것들은 그들을 자신들의 길(데레크,복) 곧 옛 길(솨빌,복)에 걸려
넘어지게 한다(카솰)[878],
(다시 말해), 그들은 통로(나티브,복)[879] 곧 쌓아올려지지(쌀랄)[880] 않은

같은 표현 ⇒ (신28:20), (사1:16,3:8,10), (렘4:4,18,7:3,5,11:18,17:10,18:11,21:12,14,23:2,22,25:5,26:3,13,32:19,35:15,44:22), (미2:7), (슥1:4,6).

872) 야아쉬(יָאַשׁ): 절망하다, 소망이 없다. 같은 표현 ⇒ (사57:10), (렘2:25,18:12).

873) 쉐리루트(שְׁרִירוּת): 견고, 완고, 완악, 강퍅함. ☞ 솨라르(שָׁרַר : 원수로 취급하다)의 여성명사. 같은 표현 ⇒ (신29:19), (렘3:17,7:24,9:14,11:8,13:10,16:12,18:12,23:17).

874) 아자브(עָזַב): 떠나다, 남기다, 버리다. 같은 표현 ⇒ (창2:24), (렘1:16,2:13,17,19,4:29,5:7,19,9:2,13,19,12:7,14:5,16:11,17:11,13,18:14,19:4,22:9,25:38,48:28,49:11,25,51:9).

875) 나잘(נָזַל): 흐르다, 흘러내리다. 같은 표현 ⇒ (사44:3,45:8,48:21), (렘9:18,18:14).

876) 솨카흐(שָׁכַח): 잊다, 모르다. 같은 표현 ⇒ (창27:45,40:23,41:30), (사17:10,23:15,16), (렘2:32,3:21,13:25,18:15,20:11,23:27,40,30:14,44:9,50:5,6), (겔22:12,23:35).

877) 솨브(שָׁוְא): 텅빔, 공허, 헛됨, 허무, 거짓. 같은 표현 ⇒ (출20:7), (신5:11), (사1:13,5:18,30:28,59:4), (렘2:30,4:30,6:29,18:15,46:11), (욘2:8), (말3:14).

878) 카솰(כָּשַׁל): 비틀 거리다, 걸려 넘어지다. 같은 표현 ⇒ (사3:8,5:27,8:15,40:30,59:10), (렘6:15,21,8:12,18:15,23,20:11,31:9,46:6,12,16,50:32), (단11:14,19,33), (나2:5), (말2:8).

879) 나티브(נָתִיב): 길, 작은 통로, 발을 밟아 생긴 길.
같은 표현 ⇒ (사42:16,43:16,58:12,59:8), (렘6:16,18:15).

880) 싸랄(סָלַל): 높이다, 쌓아올리다, 찬양하다.

길(데레크)로 걸어가(얄라크),

18:16 그들의 땅(에레쯔)을 황폐(솸마)[881] 곧 영원한 야유거리(쉐루콰, 쉿하는 소리)
로 만드니(숨),
곧 그곳을 지나가는(아바르) 모든 자가 깜짝 놀라며(솨멤)[882] 머리를
흔들기(누드)[883] 때문이다.

18:17 내(여호와)가 그들을 그 원수(오예브) 앞에서 동풍처럼 흩으며(푸쯔)[884],
그들의 환난(에드)[885]의 날(욤)에,
내가 그들에게 얼굴(파님)이 아닌 등(오레프)을 보여 준다(라아).”라고 하
는 것이다.ס

18:18 그들이 말하기를(아마르),
“자, 우리가 이르메야에 대해 생각(마하솨바, 복)을 해보자(하솨브).
왜냐하면 토라가 제사장(코헨)로부터, 조언(에짜)[886]이 지혜자(하캄)로
부터, 말(다바르)이 예언자(나비)로부터 끊어지지(아바드) 않기 때문이다,
자, 우리는 그 혀로 그(이르메야)를 때리고(나카), 그의 어떤 말(다바르, 복)
에도 귀를 기울이지(콰솨브)[887] 말자.”라고 하니,

같은 표현 ⇒ (출9:17), (사57:14,62:10), (렘18:15,50:26).

881) 솸마(שַׁמָּה): 황폐, 공포, 소름끼침. 같은 표현 ⇒ (신28:37), (렘2:15,4:7,5:30,8:21, 18:16,19:8,25:9,11,18,38,29:18,42:18,44:12,22,46:19,48:9,49:13,17,50:23,51:29,37,41,43), (욜1:7), (습2:15).

882) 솨멤(שָׁמֵם): 황폐하게 하다, 깜짝 놀라게 하다. 같은 표현 ⇒ (레26:22), (민21:30), (사33:8,49:8,19,52:14,54:1,3,59:16,61:4,63:5), (렘2:12,4:9,10:25,12:11,18:16,19:8,33:10, 49:17,20,50:13,45), (단8:27).

883) 누드(נוּד): 이리저리 방황하다, 슬퍼하다, 애도하다. 같은 표현 ⇒ (창4:12,14), (사51:19), (렘4:1,15:5,16:5,18:16,22:10,31:18,48:17,27,30,50:3,8).

884) 푸쯔(פוּץ): 흩어지다, 넘쳐흐르다. 같은 표현 ⇒ (창10:18,11:4,8,9,49:7), (사24:1,28:25,41:16), (렘9:16,10:21,13:24,18:17,23:1,2,29,30:11,40:15,52:8), (나2:1), (슥1:17,13:7).

885) 에드(אֵיד): 재난, 재앙, 특히 국가적 재난.
같은 표현 ⇒ (신32:35), (렘18:17,46:21,48:16,49:8,32), (옵1:13).

886) 에짜(עֵצָה): 충고, 조언, 의논. ☞ 야아쯔(יָעַץ : 조언하다, 권면하다)의 명사.
같은 표현 ⇒ (신32:28), (사5:19,8:10,11:2,14:26,16:3,19:3,11,17,25:1,28:29,29:15, 30:1,36:5,40:13,44:26,46:10,11,47:13), (렘18:18,23,19:7,32:19,49:7,20,30,50:45).

887) 콰솨브(קָשַׁב): 귀를 기울려 청종하다, 주의하다. ☞ 시문에서 많이 쓰이는 표현.
같은 표현 ⇒ (사10:30,21:7,28:23,32:3,34:1,42:23,48:18,49:1,51:4), (렘6:10,17,19,8:6, 18:18,19,23:18), (단9:19), (미1:2), (슥1:4), (말3:16).

18:19 (이르메야가 이와 같이 말하기를),
“여호와여, 당신은 나의 (말에) 귀 기울이소서(콰솨브),
나와 다투는 자(야리브)들의 소리를 들으소서(솨마),

18:20 악(라)이 선(토브)을 대신하여 보응을 받습니까(솰람)[888]?
왜냐하면 그들은 내 목숨(네페쉬)에 구덩이를 파기(카라) 때문입니다.
당신은 기억하소서(자카르),
즉 내가 당신 앞에 서서(아마드), 그들에게 선한 것(토브)을 말하며(다바르)
그들로부터 당신의 진노(헤마)[889]를 돌이키게 한 것(슈브)을 (기억하소서).

18:21 그러므로 당신은 그들의 자녀들을 그 기근(라아브)에 넘겨주고(나탄),
그들을 칼(헤레브)의 손(야드)에게 넘겨주며(나가르)[890],
그들의 아내(이솨)들로 자녀을 잃고(솨쿨), 과부(알마나)들이 되고(하야),
그들의 남자(에노쉬)들을 죽음으로 살해당하게 하고(하라그),
그들의 젊은이(바후르)들을 그 전쟁에서 칼(헤레브)에 맞게 하소서(나카).

18:22 당신이 그들에게 습격군대(게두드)를 갑자기 데려올(보) 때,
그들의 집(바이트)에서 부르짖음(자아크)이 들리게 하소서(솨마),
왜냐하면 그들이 나를 붙잡으려고(라카드)[891] 구덩이를 팠고(카라),
또 내 발에 덫을 숨겼기(타만)[892] 때문입니다.

18:23 당신은 여호와이시니,
당신은 그들의 나(이르메야)에 대한 그 죽음의 모든 모략(에차)을 잘 아십니다(야다),
당신은 그들의 행악(아본)[893]을 속죄하지(카파르) 말고,

---

888) 솰람(שָׁלַם): 온전케 하다, 완전,완성하다, 회복,배상하다, 평화하다. 같은 표현 ⇒ (창44:4), (사19:21,38:12,13,42:19,44:26,28,57:18,59:18,60:20,65:6), (렘16:18,18:20,25:14,32:18,50:29,51:6,24,56), (욘2:9), (나1:15).

889) 헤마(חֵמָה): 열, 격노, 분노. ☞ 야함(יָחַם : 뜨겁다)의 여성명사. 같은 표현 ⇒ (창27:44), (사42:25,51:13,17,20,22,59:18,63:3,5,6,66:15), (렘4:4,6:11,7:20,10:25,18:20,21:5,12,23:19,25:15,30:23,32:31,37,33:5,36:7,42:18,44:6), (나1:6).

890) 나가르(נָגַר): 흘러나오다, 쏟아지다. 같은 표현 ⇒ (렘18:21), (겔35:5), (미1:4,6).

891) 라카드(לָכַד): 사로잡다, 붙잡다, 점령하다, 취하다. 같은 표현 ⇒ (민21:32,32:39), (사8:15,20:1,24:18,28:13), (렘5:26,6:11,8:9,18:22,32:3,24,28,34:22,37:8,38:3,28,48:1,7,41,44,50:2,9,24,51:31,41,56).

892) 타만(טָמַן): 숨기다, 감추다. 같은 표현 ⇒ (창35:4), (출2:12), (신33:19), (사2:10), (렘13:4,5,6,7,18:22,43:9,10).

당신 앞에서 그들의 죄(하타아)를 도말하지(마하)894) 말고,
그들이 당신 앞에서 <u>걸려 넘어지게 하소서</u>(카샬).
당신이 화(아프) 낼 때에,
당신은 그들에게 행하소서(아사).”라고 하였다.ס

893) 아본(עָוֹן): 행악, 죄악, 행악의 형벌, 행악과 형별 사이의 죄의식. 집합명사. 같은 표현 ⇒ (창4:13,15:16,19:15), (렘2:22,3:13,5:25,11:10,13:22,14:7,10,20,16:10,17, 18:23,25:12,30:14,15,31:30,34,32:18,33:8,36:3,31,50:20,51:6), (단9:13,16,24).

894) 마하(מָחָה): 씻다, 닦아내다, 골수가 가득하다. 같은 표현 ⇒ (창6:7,7:4,23), (사25:6,8,43:25,44:22), (렘18:23).

이르메야 19장

19:1 여호와가 이와 같이 말하였으니(아마르),
"자, 너(이르메야)는 토기장이(야짜르)[895]의 토기병(바크부크)를 사서(콰나)[896],
그 백성(암)의 나이든 사람(자켄) 중 몇 사람과
그 제사장(코헨)들의 나이든 사람(자켄) 중 몇 사람과 함께,

19:2 그 하르시트 문(솨아르)의 입구에 있는 힌놈의 아들(벤)의 골짜기(가예)[897]
로 나가서(야짜), 그곳에서 내(여호와)가 너(이르메야)에게 말하는(다바르)
그 말(다바르, 복)을 외쳐라(콰라),

19:3 말하기를(아마르),
'예후다의 왕(멜레크)들과 예루솰라임의 거주민(야솨브)들아,
너희는 여호와의 말(다바르)을 들어라(솨마),
만군의 이스라엘의 하나님(엘로힘)이 이와 같이 말하였으니(아마르),
〈보라(헨)! 내가 바로 이 장소(마콤)에 재앙(라)을 가져오니(보),
즉 그것을 듣는(솨마) 모든 자는 자신의 귀가 울린다(짤랄)[898].

19:4 왜냐하면 그들이 나를 버리고(아자브)[899] 바로 이 장소(마콤)를 낯설게
만들고(나카르), 이곳에서 그들과 그들의 조상들과 예후다 왕들이 잘
알지(야다) 못하는 다른 신들(엘로힘)에게 분향하며(콰타르),
바로 이 장소(마콤)를 죄 없는 자(나퀴)[900]의 피 흘림(담)으로 가득 채

895) 야짜르(יָצַר): 모양으로 만들다, 형성하다. 같은 표현 ⇒ (창2:7,8,19), (사22:11,27:11,29:16,30:14,37:26,41:25,43:1,7,10,21,44:2,9,10,12,21,24,45:7,9,11,18, 46:11,49:5,54:17,64:8), (렘1:5,10:16,18:2,3,4,6,11,19:1,11,33:2,51:19), (합2:18), (슥12:1).

896) 콰나(קָנָה): 사다, 취득하다, 창조하다. 같은 표현 ⇒ (창4:1,14:19,25:10,39:1), (사1:3,11:11,24:2,43:24), (렘13:1,2,4,19:1,32:7,8,9,15,25,43,44), (겔7:12), (암8:6), (슥11:5,13:5).

897) 가예(גַּיְא): 길고 바닥이 평평한 저지대에만 있는 계곡, 골짜기. 같은 표현 ⇒ (민21:20), (신3:29,4:46), (사22:1,5,28:1,4,40:4), (렘2:23,7:31,32,19:2,6,32:35), (미1:6),

898) 짤랄(צָלַל): 울린다, 진동한다. 같은 표현 ⇒ (렘19:3), (합3:16).

899) 아자브(עָזַב): 떠나다, 남기다, 버리다. 같은 표현 ⇒ (창2:24), (렘1:16,2:13,17,19, 4:29,5:7,19,9:2,13,19,12:7,14:5,16:11,17:11,13,18:14,19:4,22:9,25:38,48:28,49:11,25,51:9).

900) 나퀴(נָקִי): 죄 없는, 무죄한, 결백한, 깨끗한. 같은 표현 ⇒ (창24:41,44:10), (사59:7), (렘2:34,7:6,19:4,22:3,17,26:15), (욜3:19), (욘1:14).

우기 때문이다.

19:5 또한 그들이 그 바알의 산당(바마)들을 지어(바나), 그 바알에게 자신들
의 아들(벤)들을 올림제물(올라,복)로 그 불로 사르니(사라프),
즉 내가 명하지(짜바)도 않았고, 내가 말하지(다바르)도 않았고,
내가 내 마음(레브)에 떠올린(알라) 적도 없는 (올림제물로 아들들을
그 불로 사른다).פ

19:6 그러므로 보라(힌네)! 날(욤,복)이 이르니(보),
여호와의 말(네움),
그때 너희는 더 이상 바로 이 장소(마콤)를
그 토펠[901] 또는 힌놈의 아들 골짜기(가예)로 부르지(콰라) 말고,
반드시 그 살육(하레가)[902]의 골짜기(가예)로 (부른다).

19:7 내(여호와)가 바로 이 장소(마콤)에서 예후다와 예루솰라임의 모략(에
짜)[903]을 쓸모없게 만들어(바콰크)[904], 그들을 자신들의 원수(오예브)들
앞에서 그 칼(헤레브)로 또 그들의 목숨(네페쉬)을 찾는 자(바콰쉬)[905]들의
손(야드)에 쓰러지게 한다(나팔).
또한 나는 그들의 시체를 그 하늘의 새(오프)와 그 땅의 짐승(베헤마)
에게 먹이로 주고(나탄),

19:8 또 내(여호와)가 바로 이 성읍(이르)을 황폐(솸마)[906]와 야유거리(쉐레콰,쉿하
는 소리)로 만드니(숨), 곧 그곳을 지나가는(아바르) 모든 자가 그곳의

---

901) 토페트(תֹּפֶת): 토벳, 힌놈의 아들 골짜기에 있는 한 장소.
같은 표현 ⇒ (렘7:31,32,19:6,11,12,13,14).

902) 헤레가(הֲרֵגָה): 살해, 살육. ☞ 헤레그(הֶרֶג : 살해, 살육)의 여성 명사.
같은 표현 ⇒ (렘7:32,12:3,19:6), (슥11:4,7).

903) 에짜(עֵצָה): 충고, 조언, 의논. ☞ 야아쯔(יָעַץ : 조언하다, 권면하다)의 명사.
같은 표현 ⇒ (신32:28), (사5:19,8:10,11:2,14:26,16:3,19:3,11,17,25:1,28:29,29:15,
30:1,36:5,40:13,44:26,46:10,11,47:13), (렘18:18,23,19:7,32:19,49:7,20,30,50:45).

904) 바콰크(בָּקַק): 비우다, 공허하게 하다.
같은 표현 ⇒ (사19:3,24:1,3), (렘19:7,51:2), (나2:2).

905) 바콰쉬(בָּקַשׁ): 찾다, 요구하다, 묻다. 같은 표현 ⇒ (창31:39), (사40:20,41:12,17,
45:19,51:1,65:1), (렘2:24,33,4:30,5:1,11:21,19:7,9,21:7,22:25,26:21,29:13,34:20,21,38:16,
44:30,45:5,46:26,49:37,50:4,20), (단1:8,20,8:15,9:3), (호2:7).

906) 솸마(שַׁמָּה): 황폐, 공포, 소름끼침. 같은 표현 ⇒ (신28:37), (렘2:15,4:7,5:30,8:21,
18:16,19:8,25:9,11,18,38,29:18,42:18,44:12,22,46:19,48:9,49:13,17,50:23,51:29,37,41,43),
(욜1:7), (습2:15).

모든 재앙(마카)[907]으로 인해 깜짝 놀라며(솨멤)[908] 조롱한다(솨라크)[909].

19:9 내(여호와)가 그들에게 그들의 아들(벤)들의 육신(바사르)과 딸(바트)들의
육신(바사르)을 먹게 하니, 그때 포위공격(마쪼르)[910] 중에
곧 그들의 원수(오예브)들과 그들의 목숨(네페쉬)을 찾는 자(비콰쉬)들이
곤경에 빠지게 하는(쭈크) 곤경(마쪼크) 중에,
그들은 각자 자신들의 이웃의 육신(바사르)을 먹는다.〉라고 한다,

19:10 그때 너(이르메야)는, 너와 함께 살아가는(할라크) 그 사람들(에노쉬)의
눈앞에서 토기병(바크부크)을 부수며(솨바르)[911],

19:11 그들에게 말하기를(아마르),
'만군의 여호와가 이와 같이 말하였으니(아마르),
〈그가 그 토기장이(야짜르)의 용기(켈리)를 부수는 것(솨바르)처럼,
즉 그가 다시는 고칠 수(야콜 라파[912]) 없도록 (부수는 것처럼),
내(여호와)가 바로 이 백성과 바로 이 성읍을 부순다(솨바르).
그런즉 그들은 매장할(콰바르) 장소(마콤)가 없을 정도로 토펠에
(그들을) 묻는다(콰바르).

19:12 내(여호와)가 바로 이 장소(마콤)에 또 그곳의 거주민(야솨브)들에게
그와 같이 행하니(아사),
여호와의 말(네움).

---

907) 마카(מַכָּה): 타격, 상처, 재앙. ☞ 나카(נָכָה : 치다, 때리다)의 여성명사.
같은 표현 ⇒ (레26:21), (신25:3,28:59,29:22), (왕상20:21,22:35), (왕하8:29,9:15), (사1:6,10:26,14:6,27:7), (렘6:7,10:19,14:17,15:18,19:8,30:12,14,17,49:17,50:13,), (미1:9).

908) 솨멤(שָׁמֵם): 황폐하게 하다, 깜짝 놀라게 하다. 같은 표현 ⇒ (레26:22), (민21:30), (사33:8,49:8,19,52:14,54:1,3,59:16,61:4,63:5), (렘2:12,4:9,10:25,12:11,18:16,19:8,33:10, 49:17,20,50:13,45), (단8:27).

909) 솨라크(שָׁרַק): 쉿 소리를 내다, 휘파람을 불다. 같은 표현 ⇒ (사5:26,7:18), (렘19:8,49:17,50:13), (겔27:36), (습2:15).

910) 마쪼르(מָצוֹר): 포위 공격, 방벽, 참호.
같은 표현 ⇒ (신28:53,55,57), (렘10:17,19:9,52:5).

911) 솨바르(שָׁבַר): 깨뜨려 부수다, 산산이 부수다. 같은 표현 ⇒ (창19:9), (왕상19:11, 22:48), (사8:15,14:5,25,21:9,24:10,27:11,28:13,30:14,38:13,42:3,45:2), (렘2:13,20,5:5,8:21, 14:17,17:18,19:10,11,22:20,23:9,28:2,4,10,11,12,13,30:8,43:13,48:4,17,25,38,49:35,50:23, 51:8,30,52:17), (단8:7,8,22,25,11:4,20,22,26), (호1:5,2:18), (암1:5), (욘1:4), (나1:13).

912) 라파(רָפָא): 고치다, 치료하다. 같은 표현 ⇒ (창20:17,50:2), (사6:10,19:22,30:26, 53:5,57:18,19), (렘3:22,6:14,8:11,22,15:18,17:14,19:11,30:17,33:6,51:8,9), (겔34:4,47:8,9).

즉 내가 바로 이 성읍(이르)을 토펠처럼 만든다(나탄).

19:13 예루살라임 집(바이트)들과 예후다의 왕(멜레크)들의 집(바이트)들이
그 부정한 토펠의 장소(마콤)처럼 되니(하야),
즉 그 지붕들 위에서 그 하늘의 모든 군상에게 분향하고(콰타르),
다른 신들(엘로힘)에게 술제물(네쎄크)[913]을 붓는(나싸크)[914] 그 모든 집(바이
트)은 (그 부정한 토펠의 장소처럼 된다).〉' "라고 하는 것이다.

19:14 그런 후, 이르메야는 '여호와가 예언하라(나바)[915]'고 자신을 보낸
(샬라흐) 그 토펠으로부터 와서(보), 여호와의 뜰(하쩨르)에 서서(아마드),
온 백성에게 말하기를(아마르),ס

19:15 "만군의 여호와 이스라엘의 하나님이 이와 같이 말하였으니(아마르),
'보라(헨)! 내가 말한(다바르) 그 모든 재앙(라)을,
나는 바로 이 성읍과 그 모든 성읍에 가져오는데(보),
왜냐하면 그들은 자신들의 목을 곧게 하여(콰솨)[916], 내 말(다바르)을
듣지(솨마) 않기 때문이다.' "라고 하였다.

---

913) 네쎄크(נֶסֶךְ): 술제물, 주조된 상. ☞ 나싸크(נָסַךְ : 붓다, 주조하다)의 명사.
같은 표현 ⇒ (창35:14), (사41:29,48:5,57:6), (렘7:18,10:14,19:13,32:29,
44:17,18,19,25,51:17).

914) 나싸크(נָסַךְ): 붓다, 주조하다. 같은 표현 ⇒ (창35:14), (출25:29,30:9),
(사29:10,30:1,40:19,44:10), (렘7:18,19:13,32:29,44:17,18,19,25).

915) 나바(נָבָא): 예언하다. ☞ 나비(נָבִיא : 예언자)에서 유래. 같은 표현 ⇒ (민11:25,26),
(렘2:8,5:31,11:21,14:14,15,16,19:14,20:1,6,23:13,16,21,25,26,32,25:13,30,26:9,11,12,18,20,
27:10,14,15,16,28:6,8,9,21,26,27,31,32:3,37:19), (겔4:7,36:1,3,6,37:4,7,9,10,12,38:2,14,17,
39:1), (욜2:28), (암2:12,3:8).

916) 콰솨(קָשָׁה): 어렵다, 완고하다, 힘들다. 같은 표현 ⇒ (창35:16,49:7), (출7:3,13:15),
(신10:16,15:18), (사8:21), (렘7:26,17:23,19:15).

이르메야 20장

20:1 여호와의 집(바이트)의 지도자 겸 감독자(피퀴드)[917] 인 파쉬흐르 임메르
그 제사장(코헨)의 아들(벤)이, 이르메야가 바로 이 일(다바르,복)에 대해
예언한 것(바나)[918] 을 듣고(쇠마),

20:2 파쉬흐르가 이르메야 그 예언자(나비)를 때려서(나카), 그를 여호와의
집(바이트)에 있는 그 위쪽, 빈야민의 대문(쇠아르)에 있는 그 감옥(마흐페
케트)에 넣었다(나탄).

20:3 또 이런 일이 있었으니, 그 다음 날,
파쉬흐르가 그 감옥(마흐페케트)에서 이르메야을 풀어주니(야짜),
그때 이르메야가 그에게 말하기를(아마르),
"여호와가 당신의 이름(쉠)을 파쉬흐르라고 부르지(콰라) 않고,
반드시 마고르 밋싸비브[919] 라고 (부른다).פ

20:4 왜냐하면 여호와가 이와 같이 말하였으니(아마르),
'보라(헨)! 내(여호와)가 너와 네 사랑하는(아헤브)[920] 모든 자들에게
너(파쉬호르)를 공포(마고르)[921] 로 넘겨주니(나탄),
그때 그들이 자신들의 원수(오예브)들의 칼(헤레브)에 쓰러지고(나팔),
네 눈이 (그것을) 본다(라아).
또 내(여호와)가 온 예후다를 바벨 왕의 손(야드)에 넘겨주니(나탄),
그가 바벨로 그들을 포로로 잡아가고(갈라)[922], 또 그 칼(헤레브)로

---

917) 파퀴드(פָּקִיד): 감독자. ☞ 파콰드(פָּקַד : 방문하다, 임명하다)에서 유래.
같은 표현 ⇒ (창41:34), (렘20:1,29:26,52:25).

918) 나바(נָבָא): 예언하다. ☞ 나비(נָבִיא : 예언자)에서 유래. 같은 표현 ⇒
(민11:25,26,27), (렘2:8,5:31,11:21,14:14,15,16,19:14,20:1,6,23:13,16,21,25,26,32,25:13,30,
26:9,11,12,18,20,27:10,14,15,16,28:6,8,9,21,26,27,31,32:3,37:19), (겔4:7,36:1,3,6,37:4,7,9,
10,12,38:2,14,17,39:1), (욜2:28), (암2:12,3:8).

919) 마고르 밋싸비브(מָגוֹר מִסָּבִיב): 사방의 공포.

920) 아헤브(אָהֵב): 사랑하다, 좋아하다. 같은 표현 ⇒ (창22:2,24:67), (사1:23,41:8,43:4,
48:14,56:6,10,57:8,61:8,66:10), (렘2:25,5:31,8:2,14:10,20:4,6,22:20,22,30:14,31:3).

921) 마고르(מָגוֹר): 두려움, 공포. 같은 표현 ⇒ (사31:9), (렘6:25,20:4,10,46:5,49:29).

922) 갈라(גָּלָה): 덮개를 벗기다, 계시하다, 폭로하다, 옮기다, 포로의 몸이 되다.
같은 표현 ⇒ (창9:21,35:7), (삼하7:27), (사5:13,16:3,22:8,14,23:1,24:11,26:21,38:12,

그들을 쳐 죽인다(나카).

20:5 또한 내(여호와)가 바로 이 성읍(이르)의 모든 재물(호쎈)과 그곳의 모든
소산물(예기아으)923)과 그곳의 모든 귀중한 것(예콰르)924)과 예후다 왕들
의 모든 보물(오짜르)을 주고(나탄),
그들의 원수(오예브)들의 손(야드)에 주니(나탄),
그때 그들이 그것들을 노략질하여(바자즈)925) 취하고(라콰흐),
또 바벨로 가져간다(보).

20:6 그때 너 <u>파쉬흐르</u>와 네 집(바이트)에 거주하는(야솨브) <u>모든 자</u>가 그 포
로로 가고(알라크), 또 너도 바벨에 이르러(보), 그곳에서 죽는다(무트),
또한 너와 그 거짓(쉐퀘르)으로 예언한(나바) 네 사랑하는(아헤브) <u>모든 자</u>
가 그곳에서 묻힌다(콰바르).' "라고 하였다.ס

20:7 또 (이르메야가 말하기를),
"여호와여, 당신이 나를 설득하니(파타)926),
내가 설득당하였습니다(파타).
당신이 나에게 강권하니(하자크),
내가 온 종일 웃음거리(세호크)가 될 수 있었습니다(야콜 하야),
(다시 말해), 그들 모두가 나를 조롱하였습니다(라아그).927)

20:8 왜냐하면 내가 말할(다바르) 때마다,
나는 부르짖으며(자아크)928), 폭력(하마쓰)929)과 약탈(쇼드)930)을 외치기(콰라)

40:5,47:2,3,49:9,21,53:1,56:1), (렘1:3,11:20,13:19,22,20:4,12,22:12,24:1,27:20,29:1,4,7,14,32:11,14,33:6,39:9,40:1,7,43:3,49:10,52:15,27,28,30), (단10:1), (호2:10), (암1:5,6,3:7).

923) 예기아으(יְגִיעַ): 수고, 산물. 같은 표현 ⇒ (창31:42), (신28:33), (사45:14,55:2), (렘3:24,20:5), (겔23:29).

924) 예콰르(יְקָר): 귀중함, 영예, 빛남, 가격. ☞ 야콰르(יָקַר : 귀중히 여기다, 가치가 있다, 값으로 치다)의 명사. 같은 표현 ⇒ (렘20:5), (겔22:25), (슥11:13).

925) 바자즈(בָּזַז): 약탈하다, 노략질하다. 같은 표현 ⇒ (창34:27,29), (민31:9), (사10:2,6,11:14,17:14,24:3,33:23,42:22,24), (렘20:5,30:16,50:37), (암3:11), (나2:9), (습2:9).

926) 파타(פָּתָה): 넓다, 넓히다, 유혹하다, 속이다. 같은 표현 ⇒ (창9:27), (출22:16), (신11:16), (왕상22:20,21,22), (렘20:7,10), (겔14:9), (호2:14).

927) 라아그(לָעַג): 조롱하다, 비웃다. 같은 표현 ⇒ (사33:19,37:22), (렘20:7).

928) 자아크(זָעַק): 부르짖다, 외치다, 부르다. 같은 표현 ⇒ (출2:23), (사14:31,15:4,5), (렘11:11,12,20:8,25:34,30:15,47:2,48:20,31), (욜1:14), (욘1:5,3:7), (합1:2,2:11).

929) 하마쓰(חָמָס): 폭력, 포악, 불법. 같은 표현 ⇒ (창6:11,13,16:5,49:5), (신19:16), (사53:9,59:6,60:18), (렘6:7,20:8,51:35,46), (겔7:11,8:17,12:19,28:16,45:9).

때문입니다.
왜냐하면 여호와의 말(다바르)이 나에게 온 종일 조롱(헤르파)931)과
놀림감(켈레쓰)이 되기(하야) 때문입니다.

20:9 또한 내가 말하기를(아마르), '나는 그것을 기억하지(자카르) 않고,
다시는 그의 이름(쉠)으로 말하지(아마르) 않는다.'라고 하더라도,
내 마음(레브) 속에 타오르는(바아르)932) 불(에쉬) 같은 것이
내 뼈(에쩸) 속에 갇혀 있어(아짜르)933),
내가 지쳐(라아)934) 견딜 수(야콜 쿨935)) 수가 없습니다.

20:10 왜냐하면 나는 많은 수군거림(딥바)을 들었으니(솨마),
곧 (그것은) '공포(마고르)가 사방에 (있으니), 너희는 전하라(나가드)936).
우리도 그것을 전한다(나가드).'라고 하기 때문입니다.
(다시 말해), 나의 친한(샬롬) 모든 자들(에노쉬)도 나의 넘어짐(쩰라, 측면)을
기다리면서(솨마르), '혹시 그가 설득 당하면(파다), 우리가 그를 제압
하여(야콜), 그로부터 우리의 보복(네콰마)937)을 하자(라콰흐).'라고 합니다.

20:11 그러나 여호와가 두려움을 주는(아리쯔)938) 용사(기보르)처럼 나와 함께(계시니),

---

930) 쇼드(שֹׁד): 약탈, 황폐, 대파괴, 멸망. 같은 표현 ⇒ (사13:6,51:19,59:7,60:18), (렘6:7,20:8,48:3), (욜1:15), (합1:3,2:17).

931) 헤르파(חֶרְפָּה): 수치, 조롱, 치욕, 책망. 여성명사. 같은 표현 ⇒ (창30:23,34:14), (사4:1,25:8,30:5,47:3,51:7,54:4), (렘6:10,15:15,20:8,23:40,24:9,29:18,31:19,42:18, 44:8,12,49:13,51:51).

932) 바아르(בָּעַר): 불타다, 소멸하다, 불타오르다. 같은 표현 ⇒ (출3:2,22:6), (왕상21:21), (사40:16,42:25), (렘4:4,7:18,20,10:8,14,21,20:9,21:12,36:22,44:6,51:17), (나2:13), (말4:1).

933) 아짜르(עָצַר): 못하게 하다, 감금하다, 그만두다, 보존하다.
같은 표현 ⇒ (창16:2,20:18), (민16:48,50,25:8), (왕상18:44,21:21), (왕하4:24,9:8), (사66:9), (렘20:9,33:1,36:5,39:15), (단10:8,16,11:6).

934) 라아(לָאָה): 피곤하다, 지치다, 싫증나다. 같은 표현 ⇒ (창19:11), (출7:18), (사1:14,7:13,16:12,47:13), (렘6:11,9:5,12:5,16:6,20:9).

935) 쿨(כּוּל): 을 담다, 부양하다, 감당하다. 같은 표현 ⇒ (창45:11,47:12,50:21), (왕상17:4,9,18:4,13,20:27), (사40:12), (렘2:13,6:11,10:10,20:9), (욜2:11), (말3:2).

936) 나가드(נָגַד): 자세히 알려주다, 폭로하다, 선언하다. 같은 표현 ⇒ (창3:11,32:29), (출13:8), (신4:13,17:9), (사3:9,7:2,19:12,21:2,6,10), (렘4:5,15,5:20,9:12,16:10,20:10, 31:10,33:3,36:13,16,17,20,38:15,25,27,42:3,4,20,21,46:14,48:20,50:2,28,51:31).

937) 네콰마(נְקָמָה): 복수, 앙갚음. ☞ 나캄(נָקַם : 복수하다, 앙갚음하다)의 여성명사.
같은 표현 ⇒ (민31:2,3), (렘11:20,20:10,12,46:10,50:28,51:6,11,36).

그러므로 나를 박해하는 자(라다프)[939]들이 넘어지고(카샬)[940],
이기지(야콜) 못합니다.
곧 그들은 매우 부끄러워할 것이니(부쉬)[941],
왜냐하면 그들은 성공치(사칼)[942] 못하고, 또 그들의 영원한 수치(켈림마)[943]가 잊혀지지(솨카흐)[944] 않을 것이기 때문입니다.

20:12 의인(짜디크)을 시험하고(바한)[945], 속 감정(칼야, 콩팥, 복)과 마음(레브)을 보는(라아) 만군의 여호와여,
나(이르메야)는 그들로부터 당신의 보복(네콰마)을 보았습니다(라아).
왜냐하면 내가 당신께 나의 송사(리브)[946]를 드러냈기(갈라) 때문입니다.ㅁ

20:13 너희는 여호와를 노래하라(쉬르).
너희는 여호와을 찬양하라(할랄)[947].
왜냐하면 그(여호와)가 궁핍한 자(에브욘)의 목숨(네페쉬)을 악을 행하는 자(라아)들의 손(야드)으로부터 구출하기(나짤)[948] 때문이다.ㅁ

---

938) 아리쯔(עָרִיץ): 두려움을 주는, 공포감을 주는.
같은 표현 ⇒ (사13:11,25:3,4,5,29:5,20,49:25), (렘15:21,20:11).

939) 라다프(רָדַף): 쫓아가다, 추격하다, 박해하다. 같은 표현 ⇒ (창14:14,15,31:23,35:5), (사1:23,5:11,30:16,41:3,51:1), (렘15:15,17:18,20:11,29:18,39:5,52:8), (호2:7), (암1:11).

940) 카샬(כָּשַׁל): 비틀 거리다, 걸려 넘어지다. 같은 표현 ⇒ (사3:8,5:27,8:15,40:30,59:10), (렘6:15,21,8:12,18:15,23,20:11,31:9,46:6,12,16,50:32), (단11:14,19,33), (나2:5), (말2:8).

941) 부쉬(בּוֹשׁ): 부끄러워하다, 수치를 당하다. 같은 표현 ⇒ (창2:25), (사1:29,41:11, 42:17,44:9,11,45:16,17,24,49:23,50:7,54:4,65:13,66:5), (렘2:36,6:15,8:9,12,9:19,10:14,12:13, 14:3,4,15:9,17:13,18,20:11,22:22,31:19,46:24,48:1,13,20,39,49:23,50:2,12,51:17,47,51).

942) 사칼(שָׂכַל): 지혜롭게 행하다, 통찰력 있게 행하다, 번영하다, 형통하다, 교차하여 두다. 같은 표현 ⇒ (창3:6,48:14), (신29:9,32:29), (사41:20,44:18,52:13), (렘3:15,9:24,10:21,20:11,23:5,50:9).

943) 켈림마(כְּלִמָּה): 수치, 치욕, 목욕. 같은 표현 ⇒ (사45:16,50:6,61:7), (렘3:25,20:11,51:51), (겔39:26), (미2:6).

944) 솨카흐(שָׁכַח): 잊다, 모르다. 같은 표현 ⇒ (창27:45,40:23,41:30), (사17:10,23:15,16), (렘2:32,3:21,13:25,18:15,20:11,23:27,40,30:14,44:9,50:5,6), (겔22:12,23:35).

945) 바한(בָּחַן): 입증하다, 시험하다, 자세히 보다. 같은 표현 ⇒ (창42:15,16), (시11:4,5), (렘6:27,9:7,11:20,12:3,17:10,20:12), (겔21:13), (슥13:9), (말3:10,15).

946) 리브(רִיב): 말다툼, 분쟁, 소송, 논쟁, 송사. 같은 표현 ⇒ (창13:7), (출23:2,6), (신1:12,21:5,25:1), (사1:23,34:8,41:11,21,58:4), (렘11:20,15:10,20:12,25:31,50:34,51:36).

947) 할랄(הָלַל): 밝게 비추다, 자랑하다, 찬양하다. 같은 표현 ⇒ (창12:15), (왕상20:11), (사13:10,38:18,41:16,44:25,45:25,62:9,64:11), (렘4:2,9:23,24,20:13,25:16,31:7,46:9,49:4, 50:38,51:7), (욜2:26), (나2:4).

20:14 내가 태어난(얄라드) 그 날(욤)은,
곧 내 어머니가 나를 낳은(얄라드) 날(욤)은,
복을 받지(바라크) 않고, 저주를 받았어야 했는데(아라르)[949])!

20:15 내 아버지에게, '당신에게 사내아이(벤 자카르)가 태어났다(얄라드).'라고
말하며(아마르) 소식을 전하여(바사르), 그를 정녕 기쁘게 한(솨마흐)[950])
그 자(이쉬)는 저주를 받았어야 했는데(아라르)!

20:16 바로 그 자(이쉬)는 여호와가 뒤엎고(하파크)[951]) 후회하지(나함)[952]) 않는
성읍(이르)과 같이 되어(하야),
그날 아침에는 그는 부르짖음(자아크)을 듣고(솨마),
정오의 때에는 그는 소리질음(테루아)[953])을 (들었어야 했는데)!

20:17 왜냐하면 그(여호와)가 나를 태(레헴)에서 죽이지(무트) 않아,
내 어머니가 나의 무덤이 되지(하야) 못하고,
그녀의 자궁(레헴)이 계속 임신하였기(하레)[954]) 때문입니다.

20:18 어찌하여 내(이르메야)가 태(레헴)에서 나와(야짜), 고생(아말)과 슬픔(야곤)[955])을
보며, 나의 날(욤,복)을 수치(보쉐트)로 끝내야 하는가(칼라)[956])?"라고 하였다.פ

---

948) 나짤(נָצַל): 구출하다, 벗기다, 빼앗다, 약탈하다. 같은 표현 ⇒ (창31:9), (시5:29, 19:20,20:6,31:5,36:14,15,18,19,20,37:11,12,38:6,42:22,43:13,44:17,20,47:14,50:2,57:13), (렘1:8,19,7:10,15:20,21,20:13,21:12,22:3,39:17,42:11), (겔3:19,21), (단8:4,7), (호2:9,10).

949) 아라르(אָרַר): (마력으로) 제지하다, 저주하다, (주문으로) 묶다. 같은 표현 ⇒ (창3:14,17,4:11,5:29,9:25,12:3,27:29,49:7), (렘11:3,17:5,20:14,15,48:10), (말1:14,2:2,3:9).

950) 솨마흐(שָׂמַח): 기뻐하다, 즐거워하다. 같은 표현 ⇒ (출4:14), (레23:40), (신12:7), (사9:3,17,14:8,29,25:9,39:2,56:7,65:13,66:10), (렘20:15,31:13,41:13,50:11).

951) 하파크(הָפַךְ): 돌리다, 변화시키다, 뒤집어엎다. 같은 표현 ⇒ (창3:24,19:21), (사34:9,60:5,63:10), (렘2:21,13:23,20:16,23:36,30:6,31:13), (단10:8,16), (욜2:31), (학2:22).

952) 나함(נָחַם): 위로하다, 후회하다. 같은 표현 ⇒ (창5:29,6:6,7), (사1:24,12:1,22:4, 40:1,49:13,51:3,12,19,52:9,54:11,57:6,61:2,66:13), (렘4:28,8:6,15:6,16:7,18:8,10,20:16, 26:3,13,19,31:13,15,19,42:10).

953) 테루아(תְּרוּעָה): 전쟁, 위급, 기쁨을 알리는 나팔소리, 소리질음. 여성명사.
☞ 루아(רוּעַ : 소리 지르다)의 명사.
같은 표현 ⇒ (레23:24,25:9), (민10:5,6,23:21,29:1,31:6), (렘4:19,20:16,49:2).

954) 하레(הָרֶה): 임신한. ☞ 하라(הָרָה : 임신,잉태하다)에서 유래.
같은 표현 ⇒ (창16:11,38:24,25), (출21:22), (사7:14,26:17,18), (렘20:17,31:8).

955) 야곤(יָגוֹן): 큰 슬픔, 비탄, 괴로움. 같은 표현 ⇒ (창42:38,44:31), (시51:11), (렘8:18,20:18,31:13,45:3).

이르메야 21장

21:1 여호와로부터 이르메야에게 임한(하야) 그 말(다바르),
곧 그 왕 찌드키야가 파쉬후르 말키야의 아들과 쯔판야 마아쎄야
그 제사장(코헨)의 아들(벤)을 그(이르메야)에게 보낼(솰라흐) 때,
말하기를(아마르),

21:2 (그들이 이르메야에게 말하기를),
"청컨대, 너는 우리를 위하여 여호와께 간구하라(다라쉬)[957],
왜냐하면 네부칸네짜르 바벨 왕(멜레크)이 우리에 대적하여 전쟁을
하니(라함)[958],
혹시 여호와가 우리에게 그 모든 놀라운 일(팔라)[959]들을 행하여(아사),
그(바벨 왕)가 우리에게로부터 물러가게 하기(알라) 위해서이다."라고
하였다.ס

21:3 이르메야가 그들(파쉬후르와 쯔판야)에게 말하기를(아마르),
"당신들은 이와 같이 찌드키야에게 말하소서(아마르).

21:4 '여호와 이스라엘의 하나님(엘로힘)이 이와 같이 말하십니다(아마르).
〈너희가 그 성벽 밖(후쯔)에서 자신들을 그 포위하고 있는(쭈르)[960]
바벨 왕과 카스딤 사람들과 대적하여 전쟁하는데(라함),
보라(헨)! (내가) 너희의 손(야드)에 (있는) 그 전쟁의 무기(켈리)들을 회수

---

956) 칼라(כָּלָה): 완성하다, 끝마치다, 끝나다. 같은 표현 ⇒ (창2:1,17:22), (왕상17:14), (사1:28,10:18), (렘5:3,8:20,9:16,10:25,14:6,12,16:4,20:18,26:8,43:1,44:27,49:37,51:63).

957) 다라쉬(דָּרַשׁ): 자주가다, 찾다, 구하다, 묻다, 하려고 노력하다. 같은 표현 ⇒ (창9:5,25:22,42:22), (사1:17,8:19,9:13,11:10,16:5,19:3,31:1,34:16,55:6,58:2,62:12,65:1,10), (렘8:2,10:21,21:2,29:7,13,30:14,17,37:7,38:4,).

958) 라함(לָחַם): 싸우다, 전쟁하다. 같은 표현 ⇒ (출1:10,14:14,17:8,9), (사7:1,19:2,20:1, 30:32,37:8,9,63:10), (렘1:19,15:20,21:2,4,5,32:5,24,29,33:5,34:1,7,22,37:8,10,41:12,51:30), (단10:20,11:11), (슥10:5,14:3,14).

959) 팔라(פָּלָא): 뛰어나다, 기이하다, 놀랍다, 놀라운 일이 일어나게 하다, (서약을) 이행하다. 같은 표현 ⇒ (창18:14), (레22:21,27:2), (사28:29,29:14), (렘21:2,32:17,27), (단8:24,11:36), (욜2:26).

960) 쭈르(צוּר): 포위 공격하다, 둘러싸다, 가두다, 형성하다, 모양으로 만들다. 같은 표현 ⇒ (출23:22), (사21:2,29:3), (렘21:4,9,32:2,37:5,39:1), (겔4:3), (단1:1).

하여(싸바브), 그것들을 바로 이 성읍(이르) 가운데로 모은다(아싸프).

21:5 또한 내(여호와)가 뻗은 손(야드)과 강한 팔(제로아)로 너희에 대적하여
전쟁을 하니(라함), 곧 화(아프)와 진노(헤마)[961])와 큰 격노(퀘쩨프)[962]) 로이다.

21:6 또 내(여호와)가 바로 이 성읍(이르)에 거주하는 자(야솨브)들 곧 사람(아담)
과 짐승(베헤마)을 쳐 죽이니(나카), 곧 그들이 지독한 전염병(데베르)으로
죽는다(무트).

21:7 또 그와 같은 일 후에, 여호와의 말(네움),
내(여호와)가 찌드키야 예후다 왕과 그의 신하들과 그 백성과 바로
이 성읍(이르)에 그 전염병(데베르)과 그 칼(헤레브)과 그 기근(라아브)으로부
터 살아 남은 자(솨아르)[963])들을 네부칸네짜르 바벨 왕의 손(야드)과
그들의 원수(오예브)들의 손(야드)과 그들의 목숨(네페쉬)을 찾는 자(비콰
쉬)[964])들의 손(야드)에 넘겨주면(나탄),
그때 그가 그들을 칼날로 쳐 죽이되(나카), 그들을 가엽게 여기지도
(후쓰)[965]) 않고, 불쌍히 여기지도(하말)[966]) 않고, 긍휼을 베풀지도(라
함)[967]) 않는다.〉라고 합니다.'고 하였고,

21:8 또한 당신(파쉬후르와 쯔판야)들은 바로 이 백성(암)에게 말하소서(아마르),
'여호와가 이와 같이 말하십니다(아마르),

---

961) 헤마(חֵמָה): 열, 격노, 분노. ☞ 야함(יָחַם : 뜨겁다)의 여성명사. 같은 표현 ⇒ (창27:44), (사42:25,51:13,17,20,22,59:18,63:3,5,6,66:15), (렘4:4,6:11,7:20,10:25,18:20,21:5,12,23:19,25:15,30:23,32:31,37,33:5,36:7,42:18,44:6), (나1:6).

962) 퀘쩨프(קֶצֶף): 분노, 격노, 노여움, 특별히 하나님의 진노. 같은 표현 ⇒ (민1:53,16:46,18:5), (신29:28), (시34:2,54:8,60:10), (렘10:10,21:5,32:37,50:13), (슥1:2,15).

963) 솨아르(שָׁאַר): 남기다, 살아남다. 같은 표현 ⇒ (창7:23,14:10,32:8), (왕상19:18), (사4:3,11:16,17:6,24:6,12,37:31), (렘8:3,21:7,24:8,34:7,37:10,38:4,22,39:9,10,40:6,41:10,42:2,49:9,50:20,52:16), (겔36:36), (단10:8,17), (욜2:14), (옵1:5), (학2:3).

964) 바콰쉬(בָּקַשׁ): 찾다, 요구하다, 묻다. 같은 표현 ⇒ (창31:39), (사40:20,41:12,17,45:19,51:1,65:1), (렘2:24,33,4:30,5:1,11:21,19:7,9,21:7,22:25,26:21,29:13,34:20,21,38:16,44:30,45:5,46:26,49:37,50:4,20), (단1:8,20,8:15,9:3), (호2:7).

965) 후쓰(חוּס): 불쌍히 여기다, 측은히 여기다. 같은 표현 ⇒ (창45:20), (신7:16,13:8,19:13,21,25:12), (사13:18), (렘13:14,21:7), (겔5:11,7:4,9,8:18,9:5,10).

966) 하말(חָמַל): 아끼다, 용서하다, 불쌍히 여기다. 같은 표현 ⇒ (출2:6), (삼하12:4,6), (사9:19,30:14), (렘13:14,15:5,21:7,50:14,51:3), (욜2:18), (합1:17), (말3:17).

967) 라함(רָחַם): 긍휼히 여기다, 긍휼을 베풀다. 같은 표현 ⇒ (출33:19), (신13:17), (렘6:23,12:15,13:14,21:7,30:18,31:20,33:26,42:12,50:42), (호1:6,7,2:1,4,23), (슥1:12).

〈보라(헨)! 내가 너희 앞에 그 삶(하이,복)의 길(데레크)과 그 죽음(마베트)의
길(데레크)을 주니(나탄),

21:9 (다시 말해), 바로 이 성읍(이르)에 거주하는 자(야솨브)는
그 칼(헤레브)과 그 기근(라아브)과 그 전염병(데베르)으로 죽으나(무트),
그러나, 너희를 포위하고 있는(쭈르) 카스딤 사람들에게 항복하여(나팔)
나오는 자(야짜)는 살아서(하야), 그의 목숨(네페쉬)은 전리품(솰랄)968)이
된다(하야).

21:10 왜냐하면 내가 내 얼굴을 바로 이 성읍(이르)에 두는 것(숨)은
재앙(라)을 위해서이지, 복(토브)을 위해서가 아니기 때문이다.
여호와의 말(네움),
그곳이 바벨 왕의 손(야드)에 주어지고(나탄),
그가 그곳을 그 불(에쉬)로 사른다(사라프).〉고 합니다.' "라고 하였다.ס

21:11 (이르메야가 그들(파쉬후르와 쯔판야)에게 말하기를),
"예후다 왕의 집(바이트)이여,
너희는 여호와의 말(다바르)을 들어라(솨마).

21:12 다뷔드의 집(바이트)아,
(너희는 여호와의 말을 들어라),
여호와가 이와 같이 말하니(아마르),
'아침마다 너희가 재판(미쉬파트)969)을 행하여(딘)970), 억압하는 자
(아솨크)971)의 손(야드)에서 강탈당하는 자(가잘)972)를 구하라(나짤)973).

---

968) 솰랄(שָׁלָל): 노략물, 약탈품. 같은 표현 ⇒ (창49:27), (삼하12:30), (왕하3:23), (사8:4,9:3,10:2,6,33:4,23,53:12), (렘21:9,38:2,39:18,45:5,49:32,50:10), (겔38:12,13), (슥2:9).

969) 미쉬파트(מִשְׁפָּט): 공의, 법도, 재판, 심판. ☞ 솨파트(שָׁפַט : 재판하다)의 명사. 같은 표현 ⇒ (창18:19), (사40:14,27,41:1,42:1,3,4,49:4,50:8,51:4,53:8,54:17,56:1,58:2, 59:8,9,61:8), (렘1:16,4:2,12,5:1,4,5,28,7:5,8:7,9:24,10:24,12:1,17:11,21:12,22:3,13,15,23:5, 26:11,16,30:11,18,32:7,9,33:15,39:5,46:28,48:21,47,51:9,52:9).

970) 딘(דִּין): 심판하다, 다투다, 변호하다. 같은 표현 ⇒ (창6:3,15:14), (신32:36), (사3:13), (렘5:28,21:12,22:16,30:13).

971) 아솨크(עָשַׁק): 억압하다, 학대하다, 강탈하다. 같은 표현 ⇒ (레6:2,4,19:13), (신24:14), (사23:12,52:4), (렘7:6,21:12,50:33), (미2:2), (말3:5).

972) 가잘(גָּזַל): 잡아채가다, 벗기다, 강탈하다. 같은 표현 ⇒ (창21:25,31:31), (사10:2), (렘21:12,22:3), (미2:2), (말1:13).

973) 나짤(נָצַל): 구출하다, 벗기다, 빼앗다, 약탈하다. 같은 표현 ⇒ (창31:9), (사5:29,

그렇게 하지 않으면, 너희 행실(마아랄,복)[974]의 악함(로아으)[975] 때문에,
내 진노(헤마)가 그 불(에쉬)처럼 나가서(아짜), 불타니(바아르)[976],
아무도 끌 자(카바)[977]가 없다.

21:13 보라(헨)! 그 골짜기의 거주민(야솨브)아, 그 평평한 바위(쭈르)야,
(내가) 너에 대적하여 (있으니),
여호와의 말(네움),
〈누가 우리에 대적하여 내려오겠느냐(나헤트)?
누가 우리의 처소(메오나)에 들어오겠느냐(보)?〉라고
말하는 자(아마르)들아,

21:14 내(여호와)가 너희 행실(마아랄,복)의 열매(페리)에 따라 너희를 벌하여 보응하니(파콰드)[978], 그때 내가 그 숲(야아르)에 불을 놓아(야짜트)[979],
그것이 그 주위 모두를 삼킨다(아칼).
여호와의 말(네움).'이라고 합니다."라고 하였다.ㅁ

19:20,20:6,31:5,36:14,15,18,19,20,37:11,12,38:6,42:22,43:13,44:17,20,47:14,50:2,57:13), (렘1:8,19,7:10,15:20,21,20:13,21:12,22:3,39:17,42:11), (겔3:19,21), (단8:4,7), (호2:9,10).

974) 마알랄(מַעֲלָל): 행위, 행실. ☞ 알랄(עָלַל): 호되게 다루다, 행동하다)에서 유래. 같은 표현 ⇒ (신28:20), (사1:16,3:8,10), (렘4:4,18,7:3,5,11:18,17:10,18:11,21:12,14, 23:2,22,25:5,26:3,13,32:19,35:15,44:22), (미2:7), (슥1:4,6).

975) 로아으(רֹעַ): 나쁨, 악함. 같은 표현 ⇒ (신28:20), (사1:16), (렘21:12,23:2,22,24:2,3,8,25:5,26:3,29:17).

976) 바아르(בָּעַר): 불타다, 소멸하다, 불타오르다. 같은 표현 ⇒ (출3:2,22:6), (왕상21:21), (사40:16,42:25), (렘4:4,7:18,20,10:8,14,21,20:9,21:12,36:22,44:6,51:17), (나2:13), (말4:1).

977) 카바(כָּבָה): 끄다, 꺼지게 하다. 같은 표현 ⇒ (레6:12,13), (사1:31,34:10,42:3,43:17,66:24), (렘4:4,7:20,17:27,21:12,).

978) 파콰드(פָּקַד): 방문하다, 계수하다, 임명하다, 보응하여 벌하다. 같은 표현 ⇒ (창21:1), (왕상20:15,26,27,39), (왕하3:6,5:24,7:17,9:34), (사13:4,62:6), (렘1:10,3:16, 5:9,29,6:6,15,9:9,25,11:22,13:21,14:10,15:3,15,21:14,23:2,4,34,25:12,27:8,22,29:10,32,30:20, 32:3,36:31,37:21,40:5,7,11,41:2,10,18,44:13,29,46:25,49:8,19,50:18,31,44,51:27,44,47,52), (호1:4,2:13), (습1:8,9,11,2:7).

979) 야짜트(יָצַת): 불을 붙이다, 태우다. 같은 표현 ⇒ (사9:18,27:4,33:12), (렘2:15, 9:10,12,11:16,17:27,21:14,32:29,43:12,46:19,49:2,27,50:32,51:30,58), (암1:14).

이르메야 22장

22:1 여호와가 이와 같이 말하였으니(아마르),
"너는 예후다 왕의 집(바이트)에 내려가(야라드),
그곳에서 바로 이 말(다바르)을 하라(다바르),

22:2 말하기를(아마르),
'다뷔드의 보좌(키쎄)에 앉아 있는 예후다 왕(멜레크) 너와,
네 신하(에베드)들과
바로 이 성문(솨아르)들로 들어오는(보) 네 백성(암)아,
너희는 여호와의 말(다바르)을 들어라(솨마).

22:3 여호와가 이와 같이 말하였으니(아마르),
〈너희는 법도(미쉬파트)[980]와 의로움(쩨다콰)[981]을 행하라(아사),
너희는 압제자(아쇼크)의 손에서 강탈당하는 자(가잘)[982]를 구하라(나짤)[983],
너희는 나그네와 고아와 과부를 억울하게 하거나(야나)[984], 학대하지
(하마쓰)[985] 말고, 죄 없는(나퀴)[986] 피(담)를 이곳에서 흘리지(솨파크)[987] 말라,

---

980) 미쉬파트(מִשְׁפָּט): 공의, 법도, 재판, 심판. ☞ 솨파트(שָׁפַט : 재판하다)의 명사.
같은 표현 ⇒ (창18:19), (사40:14,27,41:1,42:1,3,4,49:4,50:8,51:4,53:8,54:17,56:1,58:2,
59:8,9,61:8), (렘1:16,4:2,12,5:1,4,5,28,7:5,8:7,9:24,10:24,12:1,17:11,21:12,22:3,13,15,23:5,
26:11,16,30:11,18,32:7,9,33:15,39:5,46:28,48:21,47,51:9,52:9).

981) 쩨다콰(צְדָקָה): 의로움. 여성명사. 같은 표현 ⇒ (창15:6), (사1:27,5:7,16,23,9:7),
(렘4:2,9:24,22:3,15,23:5,33:15,51:10), (슥8:8), (말3:3,4:2).

982) 가잘(גָּזַל): 잡아채가다, 벗기다, 강탈하다. 같은 표현 ⇒ (창21:25,31:31),
(사10:2), (렘21:12,22:3), (미2:2), (말1:13).

983) 나짤(נָצַל): 구출하다, 벗기다, 빼앗다, 약탈하다. 같은 표현 ⇒ (창31:9), (사5:29,
19:20,20:6,31:5,36:14,15,18,19,20,37:11,12,38:6,42:22,43:13,44:17,20,47:14,50:2,57:13),
(렘1:8,19,7:10,15:20,21,20:13,21:12,22:3,39:17,42:11), (겔3:19,21), (단8:4,7), (호2:9,10).

984) 야나(יָנָה): 억울하게 하다, 학대하다. 같은 표현 ⇒ (출22:21), (레19:33,25:14,17),
(신23:16), (사49:26), (렘22:3,25:38,46:16,50:16), (습3:1).

985) 하마쓰(חָמַס): 폭력을 행사하다, 부당하게 행하다, 상해를 가하다.
같은 표현 ⇒ (렘13:22,22:3), (습3:4).

986) 나퀴(נָקִי): 죄 없는, 무죄한, 결백한, 깨끗한. 같은 표현 ⇒ (창24:41,44:10),
(사59:7), (렘2:34,7:6,19:4,22:3,17,26:15), (욜3:19), (욘1:14).

987) 솨파크(שָׁפַךְ): 붓다, 쏟다, 흘리다, 쌓다. 같은 표현 ⇒ (창9:6), (사37:33,42:25,
59:7), (렘6:6,11,10:25,14:16,22:3,17), (겔36:18,39:29), (단11:15), (욜2:28,29,3:19).

22:4 왜나하면 만일 너희가 바로 이 일(다바르)을 정녕 행하면(아사),
다뷔드의 보좌(키쎄)에 앉아 있을 왕들, 곧 그와 그의 신하(에베드)들과
그의 백성(암)이 바로 이 집(바이트)의 성문(솨아르)들로 들어오는 바(보),
곧 그들이 그 전차와 그 말들을 타고(라카드), (이 집의 성문으로 들어오
기) 때문이다.

22:5 그러나, 만약 너희가 바로 이 말(다바르,복) 듣지(솨마) 않으면,
내가 맹세하건데(솨바),
바로 이 집(바이트)은 황폐(호르바)[988]가 된다(하야),
여호와의 말(네움).〉이라고 한다.ㅁ

22:6 왜나하면 여호와가 예후다의 왕(멜레크)의 집(바이트)에 관하여 이와 같
이 말하였으니(아마르),
〈너는 나(여호와)에게 길르앋이고, 레바논의 꼭대기인데,
그러나 반드시 나(여호와)는 너를 광야(미드바르)로 만들고(쉬트),
거주하지(야솨브) 못하는 성읍(이르)들로 (만든다).

22:7 또 내(여호와)가 너에 대적하여 파멸케 하는 자(솨하트)[989]들 곧 각자
무기든 자를 특별히 준비하니(콰다쉬),
그들이 너의 최고(미브하르)[990]의 백향목(에레즈)들을 잘라(카라트)
그 불에 던진다(나팔).

22:8 많은 민족(고이)들이 바로 이 성읍(이르)을 지나가며(아바르), 각자 자신의
이웃에게, 무엇 때문에 여호와가 바로 이 큰 성읍(이르)을 이와 같이
행하였는가(아사)라고 말하면(아마르),

22:9 그들이 여호와 자신들의 하나님(엘로힘)의 언약(베리트)[991]을 버리고(아자
브)[992], 다른 신들(엘로힘)에게 경배하며(솨하) 그들을 섬겼기(아바드) 때문

---

988) 호르바(חָרְבָּה): 황폐, 폐허. 여성명사. 같은 표현 ⇒ (레26:31,33), (사5:17,44:26,48:21, 49:19,51:3,52:9,58:12,61:4,64:11), (렘7:13,22:5,25:9,11,18,27:17,44:2,6,22,49:13), (말1:4).

989) 솨하트(שָׁחַת): 부패케 하다, 멸망시키다. 같은 표현 ⇒ (창6:11), (사1:4,11:9,14:20, 36:10,37:12,51:13,54:16,65:8,25), (렘2:30,4:7,5:10,6:5,28,11:19,12:10,13:7,9,14,15:3,6,18:4, 22:7,36:29,48:18,49:9,51:1,11,20,25), (말2:8,3:11).

990) 미브하르(מִבְחָר): 특선, 최고의 선택, 최고로 좋음. ☞ 바하르(בָּחַר : 선택하다)의 명사. 같은 표현 ⇒ (창23:6), (출15:4), (신12:11), (사22:7,37:24), (렘22:7,48:15).

991) 베리트(בְּרִית): 언약, 계약. 여성명사. 같은 표현 ⇒ (창6:18,9:9,12,14:13), (사24:5, 28:15), (렘3:16,11:2,3,8,10,14:21,22:9,31:31,32,33,32:40,33:20,21,25,34:8,10,13,18,50:5).

이다 라고 말할 것이다(아마르).〉라고 한다.' "고 하는 것이다.ס

22:10 (여호와가 여호아하스에 대하여 이와 같이 말하였으니),
"너는 죽은 자(요시아)를 위하여 울지(바카) 말고,
그(요시아)를 위하여 애도하지(누드)[993] 도 말며,
떠나가는 자(할라크)를 위하여 정녕 울라(바카),
왜냐하면 그(솰룸)가 돌아와서(슈브), 다시는 자신의 고향(몰레데트) 땅을
보지(라아) 못하기 때문이다.ס

22:11 왜냐하면 요쉬야 그의 아버지를 대신하여 왕이 되었다(말라크)가
바로 이곳에서 나간(야짜) 샬룸(여호아하스) 요쉬야 예후다 왕(멜레크)의
아들(벤)에 관하여, 여호와가 이와 같이 말하기를(아마르),
'그(솰롬)는 그곳에 다시는 돌아오지(슈브) 못하고,

22:12 포로로 잡혀간(갈라)[994] 그곳에서 죽어, 바로 이 땅(에레쯔)을 다시는
보지(라아) 못한다.'라고 하기 때문이다."고 하는 것이다.ס

22:13 (여호와가 예호야킴에 대하여 이와 같이 말하였으니),
"화로다(호이),
불의(로 쩨데크[995]))로 자신의 집(바이트)을 짓는 자(바나)에게,
불법(로 미슈파트)으로 자신의 윗방(알리야)들을 짓는 자(바나)에게,
(다시 말해), 자신의 이웃에게 값없이 일을 시키고(아바드),
품삯(포알)[996])을 주지(나탄) 않는 자에게,

22:14 '나는 큰 집과 넓은 윗방(알리야)을 짓고(바나), 그 창문들을 잘라 만들
고(콰라)[997]), 그 백향목(에레즈)으로 입히며, 그 주홍색으로 칠할 것이

---

992) 아자브(עָזַב): 떠나다, 남기다, 버리다. 같은 표현 ⇒ (창2:24), (렘1:16,2:13,17,19, 4:29,5:7,19,9:2,13,19,12:7,14:5,16:11,17:11,13,18:14,19:4,22:9,25:38,48:28,49:11,25,51:9).

993) 누드(נוּד): 이리저리 방황하다, 슬퍼하다, 애도하다. 같은 표현 ⇒ (창4:12,14), (사51:19), (렘4:1,15:5,16:5,18:16,22:10,31:18,48:17,27,30,50:3,8).

994) 갈라(גָּלָה): 덮개를 벗기다, 계시하다, 폭로하다, 옮기다, 포로의 몸이 되다. 같은 표현 ⇒ (창9:21,35:7), (삼하7:27), (사5:13,16:3,22:8,14,23:1,24:11,26:21,38:12, 40:5,47:2,3,49:9,21,53:1,56:1), (렘1:3,11:20,13:19,22,20:4,12,22:12,24:1,27:20,29:1,4,7,14, 32:11,14,33:6,39:9,40:1,7,43:3,49:10,52:15,27,28,30), (단10:1), (호2:10), (암1:5,6,3:7).

995) 쩨데크(צֶדֶק): 의로움, 공정. 남성명사. ☞ 쩨다콰(צְדָקָה : 의로움) 여성명사. 같은 표현 ⇒ (레19:15,36), (사1:21,26), (렘11:20,22:13,31:23,33:16,50:7).

996) 포알(פֹּעַל): 행위, 하는 일. 같은 표현 ⇒ (사1:31,41:24,45:9,11), (렘22:13,25:14,50:29).

997) 콰라(קָרַע): 찢다, 잡아 째다, 찢어서 조각을 내다. 같은 표현 ⇒ (창37:29,34,44:13),

다.'라고 말하는 자(아마르)에게,

22:15 네가 그 백향목(에레즈)으로 경쟁한다(티라하)라고 해서,
너는 왕이 되느냐(말라크)?
네 아버지는 먹고(아칼) 마시지(솨타) 않고,
법도(미쉬파트)와 의로움(쩨데콰)으로 행하였다(아사).
바로 그 때에(에즈) 그것이 그에게 복이 있었다(토브).

22:16 (다시 말해), 그는 가난한 자(아니)[998]와 궁핍한 자(에브욘)의 탄원(딘)을
변호하였으니(딘)[999],
바로 그 때에(에즈) 그것이 (그에게) 복이 있었다(토브).
곧 이것이 나(여호와)에 대한 깨달음(다아트)이다.
여호와의 말(네움).

22:17 왜냐하면 네 눈과 네 마음(레브)이 (그런 것에) 있지 않기 때문이다,
참으로 (네 눈과 네 마음이) 네 불의한 이익(베짜)[1000]과 죄 없는 자(나
퀴)의 피를 흘리는 것(솨파크)과 압제(오쉐크)[1001]와 억압(메루짜)을 행한
다(아사)."라고 하는 것이다.ㅁ

22:18 그러므로 여호와가 예호야킴 요쉬야 예후다 왕의 아들(벤)에게
이와 같이 말하였으니(아마르),
"그들이 그(예호야킴)를 위해,
'화로다(호이), 나의 형제여.'라고 애곡하지(싸파드)[1002] 않으며,
그(예호야킴)를 위해,
'화로다(호이), 나의 자매여.'라고 애곡하지(싸파드) 않고,

(왕상21:27), (왕하2:12,5:7,8,6:30), (사64:1), (렘4:30,22:14,36:23,24,41:5), (욜2:13).

998) 아니(עָנִי): 가난한, 비천한, 억압받는. ☞ 아나(עָנָה : 낮아지게 하다).
같은 표현 ⇒ (사3:14,15,10:2,30,14:32,26:6,41:17,49:13,51:21,54:11,58:7,66:2),
(렘22:16), (겔16:49,18:12,17,22:29), (슥7:10,9:9,11:7,11).

999) 딘(דִּין): 심판하다, 다투다, 변호하다. 같은 표현 ⇒ (창6:3,15:14), (신32:36),
(사3:13), (렘5:28,21:12,22:16,30:13).

1000) 베짜(בֶּצַע): 폭력에 의한 취득, 불의의 이득. 같은 표현 ⇒ (창37:26), (출18:21),
(사33:15,56:11,57:17), (렘6:13,8:10,22:17,51:13), (합2:9), (말3:14).

1001) 오쉐크(עֹשֶׁק): 압박, 압제, 억압, 강탈. 같은 표현 ⇒ (사30:12,54:14,59:13),
(렘6:6,22:17), (겔18:18,22:7,12,29).

1002) 싸파드(סָפַד): 슬퍼하다, 애곡하다. 같은 표현 ⇒ (창23:2,50:10), (사32:12),
(렘4:8,16:4,5,6,22:18,25:33,34:5,49:3), (욜1:13), (미1:8), (슥12:10,12).

(그를 위해),
'화로다(호이), 주인(아돈)이여,
화로다(호이), 그의 영광(호드)[1003])이여.'라고 (애곡하지 않는다).

22:19 그(예호야킴)는 끌려나가(싸하브)[1004]) 예루솰라임 성문(솨아르) 밖에 멀리 던져져서(솰라크), 나귀의 묻히는 것(퀘부라)처럼 묻힌다(콰라브)."라고 하는 것이다.ㅇ.

22:20 또 (여호와가 예루솰라임에 대하여 이와 같이 말하였으니),
"너(예루솰라임)는 그 레바논에 올라가서 부르짖고(짜아크),[1005])
그 바솬에서 네 소리(콜)를 지르며(나탄),
아바림에서 부르짖어라(짜아크).
왜냐하면 네 사랑하는(아헤브)[1006]) 모든 자(우방국)가 부서졌기(솨바르)[1007]) 때문이다.

22:21 너(예루솰라임)의 평안(솰바)의 때에,
내(여호와)가 너에게 말하여도(다바르),
너(예루솰라임)는 말하기를(아마르),
'나는 그것을 듣지(솨마) 않는다.'라고 하였고,
네 어릴 시절(나우르)부터 네 길(데레크)은
'네가 나(여호와)의 음성(콜)을 듣지(솨마) 않는다.'라고 하는 것이다.

22:22 바람(루아흐)이 네 모든 목자들(로임)[1008])을 먹어 치우고(라아),

1003) 호드(הוֹד): 빛남, 광채, 위엄, 권위, 영광, 영예. 같은 표현 ⇒ (민27:20), (시8:1,104:1), (사30:30), (렘22:18), (단10:8,11:21), (슥6:13,10:3).
1004) 싸하브(סָחַב): 질질 끌다. 같은 표현 ⇒ (렘15:3,22:19,49:20,50:45).
1005) 짜아크(צָעַק): 부르짖다, 소리치다. 같은 표현 ⇒ (창4:10,27:34,41:55), (왕상20:39), (왕하2:12,3:21,4:1,40,6:5,26,8:3,5), (사19:20,33:7,42:2,46:7,65:14), (렘22:20,49:3).
1006) 아헤브(אָהֵב): 사랑하다, 좋아하다. 같은 표현 ⇒ (창22:2,24:67), (사1:23,41:8,43:4, 48:14,56:6,10,57:8,61:8,66:10), (렘2:25,5:31,8:2,14:10,20:4,6,22:20,22,30:14,31:3).
1007) 솨바르(שָׁבַר): 깨뜨려 부수다, 산산이 부수다. 같은 표현 ⇒ (창19:9), (왕상19:11, 22:48), (사8:15,14:5,25,21:9,24:10,27:11,28:13,30:14,38:13,42:3,45:2), (렘2:13,20,5:5,8:21, 14:17,17:18,19:10,11,22:20,23:9,28:2,4,10,11,12,13,30:8,43:13,48:4,17,25,38,49:35,50:23, 51:8,30,52:17), (단8:7,8,22,25,11:4,20,22,26), (호1:5,2:18), (암1:5), (욘1:4), (나1:13).
1008) 로임(רֹעִים): ☞ 라아(רָעָה : 풀을 뜯다, 방목하다)의 분사 복수.
라아(רָעָה): 풀을 뜯다, 돌보다, 먹이다, 친구가 되다.
같은 표현 ⇒ (창4:2,13:7), (렘3:15,6:3,10:21,12:10,22:22,23:4,25:34,36,50:6), (겔34:2).

네 사랑하는 자(아헤브)들이 그 포로(쉐비)로 간다(알라크),
왜냐하면 바로 그 때에, 너는 자신의 모든 악(라)으로 인하여,
부끄러워하고(부쉬)1009), 수치를 당하기(칼람)1010) 때문이다.

22:23 그 레바논에 거주하는 자(야솨브)여,
그 백향목(에레즈)에 보금자리를 짓는 자(콰난)1011)여,
네 진통(헤벨)1012)이 그 해산하는 여인(얄라드)과 같이 이를(보) 때,
네가 얼마나 긍휼이 여김을 받겠느냐(하난)1013)?"라고 하는 것이다.

22:24 (여호와가 예호야킨에 대하여 이와 같이 말하였으니),
"내가 사는 한(하이), 여호와의 말(네움),
비록 콘야후 예호야킴 예후다 왕(멜레크)의 아들(벤)이 내 오른 손의 인장반지(호탐)이더라도,
반드시 내가 너를 뽑아내어(나타크)1014),

22:25 네 목숨을 찾는 자(비콰쉬)1015)들의 손(야드)과 네가 그들의 얼굴을
두려워 하는 자(야고르)들의 손(야드) 곧 네부칻네짜르의 손(야드)과
카스딤 사람들의 손(야드)에 넘겨준다(나탄).

22:26 내(여호와)가; 너와 너를 낳은(얄라드) 네 어머니를, 너희가 태어나지
(얄라드) 않은 다른 땅(에레쯔)으로 내던지니(툴)1016), 그곳에서 너희가

1009) 부쉬(בּוֹשׁ): 부끄러워하다, 수치를 당하다. 같은 표현 ⇒ (창2:25), (사1:29,41:11,42:17,44:9,11,45:16,17,24,49:23,50:7,54:4,65:13), (렘2:36,6:15,8:9,12,9:19,10:14,12:13,14:3,4,15:9,17:13,18,20:11,22:22,31:19,46:24,48:1,13,20,39,49:23,50:2,12,51:17,47,51).

1010) 칼람(כָּלַם): 수치를 당하다, 부끄러워하다, 얼굴을 붉히다. 같은 표현 ⇒ (민12:14), (사41:11,45:16,17,50:7,54:4), (렘3:3,6:15,8:12,14:3,22:22,31:19).

1011) 콰난(קָנַן): 보금자리를 짓다. 같은 표현 ⇒ (시34:15), (렘22:23,48:28), (겔31:6).

1012) 헤벨(חֶבֶל): 끈, 줄, 영역, 분깃, 부분, 고통, 진통. 같은 표현 ⇒ (신3:4,32:9), (사5:18,13:8,33:20,66:7), (렘13:21,22:23,38:6,11,12,13), (미2:5,10), (습2:5,6,7), (슥2:1).

1013) 하난(חָנַן): 은혜를 베풀다, 불쌍히 여기다. 같은 표현 ⇒ (창33:5,11,42:21,43:29), (출33:19), (민6:25), (사26:10,27:11,30:18,19,33:2), (렘22:23), (말1:9).

1014) 나타크(נָתַק): 잡아끊다, 잡아 뽑다, 끌어내다. 같은 표현 ⇒ (레22:24), (사5:27,33:20,58:6), (렘2:20,5:5,6:29,10:20,12:3,22:24,30:8), (나1:13).

1015) 바콰쉬(בָּקַשׁ): 찾다, 요구하다, 묻다. 같은 표현 ⇒ (창31:39), (사40:20,41:12,17,45:19,51:1,65:1), (렘2:24,33,4:30,5:1,11:21,19:7,9,21:7,22:25,26:21,29:13,34:20,21,38:16,44:30,45:5,46:26,49:37,50:4,20), (단1:8,20,8:15,9:3), (호2:7).

1016) 툴(טוּל): 집어 던지다, 내던지다. 같은 표현 ⇒ (사22:17), (렘16:13,22:26,28), (욘1:4,5,12,15).

죽는다,

22:27 그런즉 그들은, 자신들이 돌아가기(슈브)를 원하던(나사) 그 땅(에레쯔)으로 돌아가지(슈브) 못한다.ㅁ

22:28 바로 이 사람(이쉬) 콘야후는 멸시를 받아(바자)[1017] 깨어진(나파쯔)[1018]
그릇(에짜브)이냐?
아니면 (콘야후는) 기쁨(헤페쯔)[1019]이 없는 그릇(켈리)이냐?
어찌하여 그와 그의 자손(제라)이 내던져져서(툴),
그들이 잘 알지도(야다) 못하는 그 땅(에레쯔)으로 던져지는가(샬라크)?"
라고 하는 것이다.

22:29 (이르메야가 말하기를),
"땅(에레쯔)아, 땅(에레쯔)아, 땅(에레쯔)아,
네가 여호와의 말(다바르)을 들어라(샤마)."라고 하였다.ㅁ

22:30 여호와가 이와 같이 말하였으니(아마르),
"너희는 바로 이 사람(이쉬)을 자식이 없고(아리리)
자신의 날(욤)에 형통하지(짤라흐)[1020] 못한 자(게베르)로 기록하라(카타브).
왜냐하면 그의 자손(제라,씨) 중에 누구도 성공하여(짤라흐), 다시는
다뷔드의 보좌(키쎄)에 앉아 예후다를 다시는 다스리지(마샬)[1021]
못하기 때문이다."라고 하는 것이다.

1017) 바자(בָּזָה): 경멸하다, 업신여기다. 같은 표현 ⇒ (창25:34), (민15:31), (사37:22,53:3), (렘22:28,49:15), (단11:21), (옵1:1), (말1:6,7,12,2:9).

1018) 나파쯔(נָפַץ): 산산이 부수다, 흩뿌리다. 같은 표현 ⇒ (창9:19), (사11:12), (렘13:14,22:28,48:12,51:20,21,22,23), (단12:7).

1019) 헤페쯔(חֵפֶץ): 기쁨, 즐거움. 같은 표현 ⇒ (사44:28,46:10,48:14,53:10,54:12,58:3,13), (렘22:28,48:38), (말1:10,3:12).

1020) 짤라흐(צָלַח): 앞으로 나아가다, 형통하다. 같은 표현 ⇒ (창24:21,40,56,39:2,23), (사48:15,53:10,54:17), (렘2:37,5:28,12:1,13:7,10,22:30,32:5), (단8:12,24,25,11:27,36).

1021) 마샬(מָשַׁל): 다스리다, 지배권을 가지다. 같은 표현 ⇒ (창1:18,3:16,4:7,37:8,45:8,26), (신15:6), (렘22:30,30:21,33:26,51:46).

이르메야 23장

23:1 화로다(호이),
내 목장(미르이트)[1022]의 양떼(쫀)를 길 잃케 하여(아바드)[1023] 흩는(푸쯔)[1024]
목자들(로임)에게,
여호와의 말(네움).

23:2 그러므로 여호와 이스라엘의 하나님(엘로힘)이 내 백성을 먹이는(라아)
그 목자들(로임)에게 이와 같이 말하였으니(아마르),
"너희는, 내 양떼(쫀)를 흩고(푸쯔) 쫓아내어(나다흐)[1025], 그들을 돌아보
지(파콰드)[1026] 않는다.
보라(헨)! 내가 너희의 행실(마아랄,복)[1027]의 악함(로아으)[1028]로 인하여
너희를 벌하여 보응한다(파콰드).
여호와의 말(네움).

1022) 미르이트(מִרְעִית): 목장, 목초지, 사육, 목양. ☞ 라아(רָעָה : 풀을 먹이다)에서 유래. 같은 표현 ⇒ (사49:9), (렘10:21,23:1,25:36), (겔34:31).

1023) 아바드(אָבַד): 멸망시키다, 사라지게 하다, 길을 잃다. 같은 표현 ⇒ (출10:7), (레23:30,26:38), (사26:14,27:13,29:14,37:19,41:11,57:1,60:12), (렘1:10,4:9,6:21,7:28, 9:12,10:15,12:17,15:7,18:7,18,23:1,25:10,35,27:10,15,31:28,40:15,46:8,48:8,36,46,49:7,38, 50:6,51:18,55), (욜1:11), (암2:14,3:15), (옵1:8,12), (욘1:6,14), (습2:5,13).

1024) 푸쯔(פּוּץ): 흩어지다, 넘쳐흐르다. 같은 표현 ⇒ (창10:18,11:4,8,9,49:7), (사24:1,28:25,41:16), (렘9:16,10:21,13:24,18:17,23:1,2,29,30:11,40:15,52:8), (나2:1), (슥1:17,13:7).

1025) 나다흐(נָדַח): 몰아내다, 내어 쫓다, 몰리게 되다, 미혹되다. 같은 표현 ⇒ (신4:19), (사8:22,13:14,16:3,4,27:13), (렘8:3,16:15,23:2,3,8,24:9,27:10,15,29:14,18, 30:17,32:37,40:12,43:5,46:28,49:5,36,50:17), (겔4:13), (단9:7), (욜2:20), (습3:19).

1026) 파콰드(פָּקַד): 방문하다, 계수하다, 임명하다, 보응하여 벌하다. 같은 표현 ⇒ (창21:1), (왕상20:15,26,27,39), (왕하3:6,5:24,7:17,9:34), (사13:4,62:6), (렘1:10,3:16, 5:9,29,6:6,15,9:9,25,11:22,13:21,14:10,15:3,15,21:14,23:2,4,34,25:12,27:8,22,29:10,32,30:20, 32:3,36:31,37:21,40:5,7,11,41:2,10,18,44:13,29,46:25,49:8,19,50:18,31,44,51:27,44,47,52), (호1:4,2:13), (습1:8,9,11,2:7).

1027) 마알랄(מַעֲלָל): 행위, 행실. ☞ 알랄(עָלַל): 호되게 다루다, 행동하다)에서 유래. 같은 표현 ⇒ (신28:20), (사1:16,3:8,10), (렘4:4,18,7:3,5,11:18,17:10,18:11,21:12,14, 23:2,22,25:5,26:3,13,32:19,35:15,44:22), (미2:7), (슥1:4,6).

1028) 로아으(רֹעַ): 나쁨, 악함. 같은 표현 ⇒ (신28:20), (사1:16), (렘21:12,23:2,22,24:2,3,8,25:5,26:3,29:17).

23:3 그런 후, 내가 쫓아냈던(나다흐) 모든 땅(에레쯔)에서 내 양떼(쫀)의 남은 자(쉐에리트)[1029]를 모아(콰바쯔)[1030], 다시 그 목장(나베)[1031]으로 돌아오게 하니(슈브), 그들이 열매를 맺어(파라)[1032] 번성한다(라바).

23:4 그런즉 내(여호와)가 그들 위에 목자들(로임)[1033]을 세워(쿰) 그 양떼(쫀)를 먹이니(라아),
그들은 더 이상 두려워하지(야레) 않고, 낙심치(하타트)[1034] 않고,
부족하게 되지(파콰드) 않는다.
여호와의 말(네움).ס

23:5 보라(힌네)! 날(욤, 복)이 이르니(보),
여호와의 말(네움),
내가 다뷔드에게 한 의로운(짜디크) 가지(쩨마흐, 싹)[1035]을 일으키니(쿰),
그가 왕(멜레크)으로서 성공하여(사칼)[1036], 그 땅(에레쯔)에서
법도(미쉬파트)[1037]와 의로움(쩨다콰)[1038]을 행한다(아사).

1029) 쉐에리트(שְׁאֵרִית): 살아남은 자, 남은 것, 후손. ☞ 솨아르 (שָׁאַר : 살아남다)의 여성명사. 같은 표현 ⇒ (창45:7), (렘6:9,8:3,11:23,15:9,23:3,24:8,25:20,31:7,39:3,40:11,15, 41:10,16,42:2,15,19,43:5,44:12,14,28,47:4,5,50:26), (슥8:6), (미2:12,4:7), (습2:9).

1030) 콰바쯔(קָבַץ): 모으다, 거둬들이다, 소집하다. 같은 표현 ⇒ (창41:35,48,49:2), (사11:12,13:14,22:9,34:15,16,40:11), (렘23:3,29:14,31:8,10,32:37,40:15,49:5,14), (호1:11), (욜2:6,16,3:2), (미1:7,2:12), (나2:10), (합2:5).

1031) 나베(נָוֶה): 목초지, 양떼나 목자의 거처, 거처. ☞ 나바(נָוָה : 아름답게 하다, 집에 머무르다)에서 유래. 같은 표현 ⇒ (출15:13), (사27:10,32:18,33:20,34:13,35:7, 65:10), (렘6:2,10:25,23:3,25:30,31:23,33:12,49:19,20,50:7,19,44,45), (습2:6).

1032) 파라(פָּרָה): 열매를 맺다, 번성하다. 같은 표현 ⇒ (창1:22,28,8:17,9:1,7,17:6,20), (사11:1,17:6,32:12,45:8), (렘3:16,23:3), (겔19:10,36:11).

1033) 로임(רֹעִים): ☞ 라아(רָעָה : 풀을 뜯다, 방목하다)의 분사 복수.
라아(רָעַה): 풀을 뜯다, 돌보다, 먹이다, 친구가 되다.
같은 표현 ⇒ (창4:2,13:7), (렘3:15,6:3,10:21,12:10,22:22,23:4,25:34,36,50:6), (겔34:2).

1034) 하타트(חָתַת): 깜짝 놀라다, 당황하다, 낙심하다, 두려워하다.
같은 표현 ⇒ (신1:21,31:8), (사7:8,8:9,9:4,20:5,30:31,31:4,9,37:27,51:6,7), (렘1:17,8:9,10:2,14:4,17:18,23:4,30:10,51:56), (겔2:6,3:9), (합2:17).

1035) 쩨마흐(צֶמַח): 싹, 가지, 생장. 같은 표현 ⇒ (사4:2,61:11), (렘23:5,33:15), (슥3:8).

1036) 사칼(שָׂכַל): 지혜롭게 행하다, 통찰력 있게 행하다, 번영하다, 형통하다, 교차하여 두다. 같은 표현 ⇒ (창3:6,48:14), (신29:9,32:29), (사41:20,44:18,52:13), (렘3:15,9:24,10:21,20:11,23:5,50:9).

1037) 미쉬파트(מִשְׁפָּט): 공의, 법도, 재판, 심판. ☞ 솨파트(שָׁפַט : 재판하다)의 명사.
같은 표현 ⇒ (창18:19), (사40:14,27,41:1,42:1,3,4,49:4,50:8,51:4,53:8,54:17,56:1,58:2,

23:6 그의 날(욤)에, 예후다가 구원 받으며(야쇠)[1039],
이스라엘이 안전하게 거주한다(솨칸).
그때 이것이 '여호와는 우리의 의로움(쩨데크)이다.'라고 불릴(콰라)
그의 이름(쉠)이다,

23:7 그러므로 보라(힌네)! 날(욤,복)이 이르니(보),
여호와의 말(네움),
그들이 다시는 미쯔라임 땅(에레쯔)으로부터 이스라엘의 자손(벤)들을
이끌어 올린(알라) 살아 계신(하이) 여호와로 말하지(아마르) 않고,

23:8 반드시, 이스라엘의 집(바이트)의 자손(제라,씨)을 북쪽 땅(에레쯔)으로부터,
또 내가 그들을 쫓아낸(나다흐) 모든 땅(에레쯔)으로부터 이끌어 올려(알라) 데려온(보) 살아 계신(하이) 여호와로 (말한다),
그때 그들이 자신들의 땅(아다마)에 거주한다(야솨브)."라고 하는 것이다.ㅁ

23:9 (이르메야가 말하기를),
"그 예언자(나비)들로 인하여,
내 마음(레브)이 내 속에서(케레브) 산산이 부서지고(솨바르)[1040],
내 모든 뼈(에쩸)가 풀리어서(라하프)[1041],
내(이르메야)가 술 취한(쉬코르) 사람(이쉬)처럼 되었고(하야),
포도주에 절은 남자(게베르)처럼 (되었으니),
(그것은) 여호와 때문이고, 그의 거룩한(코데쉬) 말(다바르,복) 때문입니다.

23:10 왜냐하면 그 땅(에레쯔)이 간음하는 자(나아프)[1042]들로 가득하기(말레) 때

59:8,9,61:8), (렘1:16,4:2,12,5:1,4,5,28,7:5,8:7,9:24,10:24,12:1,17:11,21:12,22:3,13,15,23:5, 26:11,16,30:11,18,32:7,9,33:15,39:5,46:28,48:21,47,51:9,52:9).

1038) 쩨다콰(צְדָקָה): 의로움. 여성명사. 같은 표현 ⇒ (창15:6), (사1:27,5:7,16,23,9:7), (렘4:2,9:24,22:3,15,23:5,33:15,51:10), (슥8:8), (말3:3,4:2).

1039) 야솨(יָשַׁע): 구원하다, 구출하다. 같은 표현 ⇒ (출2:17,14:30), (사19:20,25:9), (렘2:27,28,4:14,8:20,11:12,14:8,9,15:20,17:14,23:6,30:7,10,11,31:7,33:16,42:11,46:27).

1040) 솨바르(שָׁבַר): 깨뜨려 부수다, 산산이 부수다. 같은 표현 ⇒ (창19:9), (왕상19:11, 22:48), (사8:15,14:5,25,21:9,24:10,27:11,28:13,30:14,38:13,42:3,45:2), (렘2:13,20,5:5,8:21, 14:17,17:18,19:10,11,22:20,23:9,28:2,4,10,11,12,13,30:8,43:13,48:4,17,25,38,49:35,50:23, 51:8,30,52:17), (단8:7,8,22,25,11:4,20,22,26), (호1:5,2:18), (암1:5), (욘1:4), (나1:13).

1041) 라하프(רָחַף): 풀어지다, 기운을 잃다, (새가)배회하다, 비상하다.
같은 표현 ⇒ (창1:2), (신32:11), (렘23:9).

1042) 나아프(נָאַף): 간음하다. 같은 표현 ⇒ (출20:14), (레20:10), (신5:18), (사57:3), (렘3:8,9,5:7,23:10,14,29:23).

문입니다.
왜냐하면 저주(알라)[1043]로 인하여, 그 땅(에레쯔)이 애곡하여(아발)[1044],
광야(미드바르)의 초장(나아)[1045]들이 마르기(야베쉬) 때문입니다.
(다시 말해), 그들의 행로(메루짜,다름질)는 악하고(라),
그들의 힘 쓰는 것(게부라)[1046]은 옳지(켄) 못하기 때문입니다."라고
하였다.

23:11 (여호와가 이와 같이 말하였으니),
"왜냐하면 예언자(나비)도 제사장(코헨)도 (그 땅을) 더럽히고(하네프)[1047],
심지어 내 집(바이트)에서도 내(여호와)가 그들의 악(라)을 발견하기(마짜)
때문이다,
여호와의 말(네움).

23:12 그러므로 그들에게는 그들의 길(데레크)이 그 암흑(아펠라)[1048] 속의
미끄러움처럼 되어(하야), 그들이 내몰리어져서(다하), 그곳(암흑)으로
떨어진다(나팔),
왜냐하면 그들의 형벌(페쿠다)[1049]의 해(솨네)에,
내(여호와)가 그들에게 재앙(라)을 가져오기(보) 때문이다.
여호와의 말(네움).

23:13 또한 그 쇼므론의 예언자(나비)들 안에서도,
내(여호와)가 보기 흉함(딮라)을 보았으니(라아),

1043) 알라(אָלָה): 맹세, 저주, 저주의 맹세. 여성명사. 같은 표현 ⇒ (창24:41), (레5:1), (민5:21), (신29:12,19,20,21,30:7), (사24:6), (렘23:10,29:18).
1044) 아발(אָבַל): 애곡하다, 슬퍼하다. 같은 표현 ⇒ (창37:34), (출33:4), (사3:26,19:8, 24:4,7,33:9,57:18,61:2,3), (렘4:28,12:4,11,14:2,23:10), (단10:2), (욜1:9,10), (암1:2,8:8).
1045) 나아(נָאָה): 목장, 초원. 같은 표현 ⇒ (렘9:10,23:10,25:37), (욜1:19,20,2:22), (암1:2).
1046) 게부라(גְּבוּרָה): 힘, 권능, 능력. ☞ 가바르(גָּבַר : 우세하다, 강하다)의 여성명사. 같은 표현 ⇒ (출32:18), (신3:24), (왕상22:45), (시3:25,11:2,28:6,30:15,33:13, 36:5,63:15), (렘9:23,10:6,16:21,23:10,49:35,51:30).
1047) 하네프(חָנֵף): 신성을 더럽히다, 모독하다. 같은 표현 ⇒ (민35:33), (사24:5), (렘3:1,2,9,23:11), (단11:32).
1048) 아펠라(אֲפֵלָה): 어두움, 재앙. 같은 표현 ⇒ (출10:22), (신28:29), (사8:22,58:10,59:9), (렘23:12), (욜2:2).
1049) 페쿠다(פְּקֻדָּה): 방문, 감독, 징벌, 형벌, 소집. ☞ 파콰드(פָּקַד : 방문하다)의 여성명사. 같은 표현 ⇒ (민3:32,36,4:16,16:29), (사10:3,15:7,60:17), (렘8:12,10:15,11:23,23:12,46:21,48:44,50:27,51:18,52:11).

곧 그들이 그 바알에 의해 예언하고(나바)[1050],
내 백성 이스라엘을 길 잃게 하였다(타아)[1051].ס

23:14 또한 그 예루솰라임의 예언자(나비)들 안에서도,
내(여호와)가 소름끼치도록 싫은 것(솨아루라)을 보니(라아),
곧 그들이 간음을 행하며(나아프) 그 거짓(쉐퀘르) 가운데 살아간다(할라크),
또 그들이 악을 행하는 자(라아)들의 손(야드)을 강하게 하고(하자크),
누구(아쉬)도 자신의 악(라)으로부터 돌아서지(슈브) 않으니,
그들은 모두 나(여호와)에게는 소돔 같고,
그곳의 거주민(야솨브)들은 아모라 같다."라고 하는 것이다.ס

23:15 그러므로 만군의 여호와가 그 예언자(나비)들에 관하여 이와 같이
말하였으니(아마르),
"보라(헨)! 내(여호와)가 그들에게 쓴 쑥(라아나,저주)[1052]을 먹이고,
독초(로쉬)[1053]의 물을 마시게 하니(솨콰)[1054],
왜냐하면 그 온 땅(에레쯔)의 더럽힘(하누파)[1055]이 예루솰라임의 예언
자(나비)들에게로부터 나왔기(야짜) 때문이다."라고 하는 것이다.פ

23:16 만군의 여호와가 이와 같이 말하였으니(아마르),
"너희는 자신들에게 예언하는(나비) 그 예언자(나비)들의 말(다바르,복)을
듣지(솨마) 말라.
그들이 너희에게 헛된 말로 속이고 있으니(하발)[1056],
곧 그들은 자신들의 마음(레브)의 환상(하존)[1057]을 말하는 것이지

1050) 나바(נָבָא): 예언하다. ☞ 나비(נָבִיא : 예언자)에서 유래. 같은 표현 ⇒ (민11:25,26,27), (렘2:8,5:31,11:21,14:14,15,16,19:14,20:1,6,23:13,16,21,25,26,32,25:13,30,26:9,11,12,18,20,27:10,14,15,16,28:6,8,9,21,26,27,31,32:3,37:19), (겔4:7,36:1,3,6,37:4,7,9,10,12,38:2,14,17,39:1), (욜2:28), (암2:12,3:8).

1051) 타아(תָּעָה): 방황하다, 길을 잃다, 잘못 행하다.
같은 표현 ⇒ (창20:13,21:14), (사3:12,9:16,16:8,19:13,14,21:4,28:7,29:24,30:28,35:8,47:15,53:6,63:17), (렘23:13,32,42:20,50:6), (암2:4), (미3:5).

1052) 라아나(לַעֲנָה): 쓴 쑥. 여성명사. 같은 표현 ⇒ (신29:18), (렘23:15).

1053) 로쉬(רֹאשׁ): 독, 쓰고 유독한 것.
같은 표현 ⇒ (신29:18,32:32,33), (렘8:14,9:15,23:15).

1054) 솨콰(שָׁקָה): 물을 마시게 하다, 물을 대다. 같은 표현 ⇒ (창2:6,21:19), (출2:16), (사27:3,43:20), (렘8:14,9:15,16:7,23:15,25:15,17,35:2), (욜3:18), (암2:12), (합2:15).

1055) 하누파(חֲנֻפָּה): (땅의) 더럽힘, 불경, 사악. ☞ 하네프(חָנֵף : 더럽히다)에서 유래.

1056) 하발(הָבַל): 헛되이 행하다, 헛되이 되다. 같은 표현 ⇒ (렘2:5,23:16).

(다바르) 여호와의 입(페)으로부터 (말하는 것이) 아니다.

23:17 그들은 나의 (말을) 멸시하는 자(나아쯔)1058)들에게 정녕 말하기를(다바르),
'너희에게 평안(솰롬)이 있다(하야).'라고 하고,
또 그들은 자신의 마음의 강퍅함(쉐리루트)1059)으로 살아가는(할라크)
모든 자에게 말하기를(아마르),
'너희에게 재앙(라)이 오지(보) 않는다.'라고 한다.

23:18 왜냐하면 누가 여호와의 회의(쏘드)1060)에 서서(아마드) 보고(라아),
그의 말(다바르)을 듣느냐(솨마)?
누가 그의 말(다바르)에 귀 기우려(콰솨브)1061) 듣느냐(솨마)?

23:19 보라(힌네)! 여호와의 폭풍(싸아르)1062)이 진노(헤마)1063)로 나오니(야짜),
곧 (그것은) 소용돌이 치는(훌)1064) 회오리바람(싸아르)이다,
(다시 말해), 그것은 악인(라솨)들의 머리를 괴롭게 한다(훌).

23:20 여호와의 화(아프)가 자신의 마음(레브)의 계획(메짐마)1065)을 행하여(아사)

1057) 하존(חָזוֹן): 환상. ☞ 하자(חָזָה : 환상으로 보다, 바라보다)에서 유래. 같은 표현 ⇒ (역상17:15), (사1:1,29:7), (렘14:14,23:16), (겔7:13,27,12:22,23,24,27, 13:16), (단1:17,8:1,2,13,15,17,26,9:21,24,10:14), (옵1:1), (미3:6), (나1:1), (합2:2,3).

1058) 나아쯔(נָאַץ): 거부하다, 경멸하다, 업신여기다. 같은 표현 ⇒ (민14:11,23), (삼하12:14), (사1:4,5:24,52:5,60:14), (렘14:21,23:17,33:24).

1059) 쉐리루트(שְׁרִירוּת): 견고, 완고, 완악, 강퍅함. ☞ 솨라르(שָׁרַר : 원수로 취급하다)의 여성명사. 같은 표현 ⇒ (신29:19), (렘3:17,7:24,9:14,11:8,13:10,16:12,18:12,23:17).

1060) 쏘드(סוֹד): 의논, 회의, 조언, 음모. 같은 표현 ⇒ (창49:6), (렘15:17,23:18,22), (암3:7).

1061) 콰솨브(קָשַׁב): 귀를 기울려 청종하다, 주의하다. ☞ 시문에서 많이 쓰이는 표현. 같은 표현 ⇒ (사10:30,21:7,28:23,32:3,34:1,42:23,48:18,49:1,51:4), (렘6:10,17,19,8:6, 18:18,19,23:18), (단9:19), (미1:2), (슥1:4), (말3:16).

1062) 싸아르(סַעַר): 태풍, 회오리바람. 같은 표현 ⇒ (왕하2:1,11), (사29:6,40:24,41:16), (렘23:19,25:32,30:23), (겔1:4), (암1:14), (욘1:4,12).

1063) 헤마(חֵמָה): 열, 격노, 분노. ☞ 야함(יָחַם : 뜨겁다)의 여성명사. 같은 표현 ⇒ (창27:44), (사42:25,51:13,17,20,22,59:18,63:3,5,6,66:15), (렘4:4,6:11,7:20,10:25,18:20, 21:5,12,23:19,25:15,30:23,32:31,37,33:5,36:7,42:18,44:6), (나1:6).

1064) 훌(חוּל): 산고로 괴로워하다, 몸부림치며 괴로워하다, 빙빙 돌다. 같은 표현 ⇒ (창8:10), (신2:25,32:18), (사13:8,23:4,5,26:17,18,45:10,51:2,54:1,66:7,8), (렘4:19,5:3,22,23:19,30:23), (욜2:6), (미1:12,4:10).

1065) 메짐마(מְזִמָּה): 계획, 의도, 악한 생각. ☞ 자맘(זָמַם : 생각하다, 꾀하다, 궁리하다)에서 유래. 같은 표현 ⇒ (렘23:20,30:24,51:11).

이루기(쿰)까지 돌아서지(슈브) 않으니,
곧 그 날(욤,복)의 마지막(아하리트)[1066]에야;
너희가 그것을 완전히(비나)[1067] 분별하여 안다(빈).

23:21 (다시 말해), 내(여호와)가 그 예언자(나비)들을 보내지(솰라흐) 않았는데도,
그들은 달려가며(루쯔),
내(여호와)가 그들에게 말하지(다바르) 않았는데도,
그들은 예언한다(나바).

23:22 만일 그들이 내 회의(쏘드)에 섰으면(아마드),
그들은 내 백성(암)에게 하는 나의 말(다바르,복)을 듣게 하여(솨마),
자신들을 자신들의 악한 길(데레크)로부터 또 자신들의 행실(마알랄,복)의 악함(로아으,복)으로부터 돌아서게 하는 것이다(슈브).ס

23:23 내(여호와)가 가까운 곳(콰로브)에서는 하나님(엘로힘)이고,
여호와의 말(네움),
먼 곳(라호크)에서는 하나님(엘로힘)이 아니냐?

23:24 만일 어떤 자(이쉬)가 그 은밀한 곳(미쓰타르)으로부터 숨겨지면(싸타르)[1068],
내(여호와)가 그를 보지(라아) 못하느냐?
여호와의 말(네움),
내(여호와)가 그 하늘(솨마임)과 그 땅(에레쯔)에 충만하지(말레) 않느냐?
여호와의 말(네움),

23:25 내(여호와)가 그 예언자(나비)들이 예언하는 것(나바) 곧 내 이름(쉠)으로 거짓(쉐퀘르)[1069]으로 예언하는 것(나바)을 듣는 바(솨마),
그들은, '내가 꿈을 꾸었다(할람), 꿈을 꾸었다(할람).'라고 말한다(아마르).

1066) 아하리트(אַחֲרִית): 마지막 때, 끝, 결말. ☞ 아하르(אָחַר : 뒤에 있다)의 여성명사.
같은 표현 ⇒ (창49:1), (민23:10), (신4:30,8:16), (사2:2,41:22,46:10,47:7), (렘5:31, 12:4,17:11,23:20,29:11,30:24,31:17,48:47,49:39,50:12), (단8:19,23,10:14,11:4,12:8).

1067) 비나(בִּינָה): 총명, 통찰, 분별. ☞ 빈(בִּין : 분별하다)에서 유래.
같은 표현 ⇒ (신4:6), (사11:2,27:11,29:14,24,33:19), (단1:20,8:15,9:22,10:1).

1068) 싸타르(סָתַר): 숨기다, 감추다. 같은 표현 ⇒ (창4:14,31:49), (사8:17,16:3,28:15, 29:14,15,40:27,45:15,49:2,50:6,54:8), (렘16:17,23:24,33:5,36:19,26), (미3:4), (습2:3).

1069) 쉐퀘르(שֶׁקֶר): 거짓, 속임. ☞ 솨콰르(שָׁקַר : 거짓으로 행하다)의 명사.
같은 표현 ⇒ (출5:9,20:16,23:7), (왕상22:22,23), (사44:20,57:4,59:3,13), (렘3:10,23,5:2,31,23:25,26,32,28:15,29:9,21,23,31).

23:26 그 예언자(나비)들의 마음(레브) 속에 그 거짓(쉐퀘르)으로 예언하는 것(나비)들과 그들의 마음(레브)으로 속임(토르마)1070)의 예언자(나비)들이 어느 때까지 있으랴?

23:27 그들의 조상들이 바알로 인해 내 이름(쉠)을 잊은 것(솨카흐)1071)처럼, 그들이 서로 서로에게 낱낱이 말하는(싸파르) 그들의 꿈(할롬,복)으로 내 백성(암)에게 내 이름(쉠)을 잊게 하려고(솨카) 생각하는 것(하솨브)이 어느 때까지 (있으랴)?

23:28 꿈(할롬)이 있는 그 예언자(나비)는
꿈(할롬)을 낱낱이 말하고(싸파르),
내 말(다바르)이 있는 그 예언자(나비)는
내 말(다바르)을 진심(에메트)1072)으로 말하라(다바르),
그 알곡(바르)은 그 밀짚에 대하여 어떤 것이냐?
여호와의 말(네움).

23:29 내 말(다바르)이 그 불(에쉬)과 같지 아니하냐?
여호와의 말(네움),
바위(쎌라)를 흩어지게 하는(푸쯔)1073) 망치와 같지 아니하냐?

23:30 그러므로 보라(헨)! (내가) 그 예언자(나비)를 대적하니(알),
여호와의 말(네움),
곧 서로 서로에게서 내 말(다바르)을 도적질하는(가나브) (그 예언자에게) 이다,

23:31 보라(헨)! (내가) 그 예언자(나비)를 대적하니(알),
여호와의 말(네움),

1070) 토르마(תָּרְמָה): 배반, 속임. ☞ 라마(רָמָה : 던지다, 속이다, 미혹하다)에서 유래.
같은 표현 ⇒ (렘8:5,14:14,23:26), (습3:13).

1071) 솨카흐(שָׁכַח): 잊다, 모르다. 같은 표현 ⇒ (창27:45,40:23,41:30), (사17:10,23:15,16), (렘2:32,3:21,13:25,18:15,20:11,23:27,40,30:14,44:9,50:5,6), (겔22:12,23:35).

1072) 에메트(אֱמֶת): 진실, 성실, 진리. ☞ 아만(אָמַן : 믿다)의 여성명사.
같은 표현 ⇒ (창24:27,48,32:10), (신22:20), (사42:3,43:9,48:1,59:14,15,61:8), (렘2:21,4:2,9:5,10:10,14:13,23:28,26:15,28:9,32:41,33:6,42:5).

1073) 푸쯔(פּוּץ): 흩어지다, 넘쳐흐르다. 같은 표현 ⇒ (창10:18,11:4,8,9,49:7), (사24:1,28:25,41:16), (렘9:16,10:21,13:24,18:17,23:1,2,29,30:11,40:15,52:8), (나2:1), (슥1:17,13:7).

곧 자신의 혀를 놀려(라콰흐), (여호와의) 말(네움)이라고 말하는(나암)
(그 예언자에게)이다.

23:32 보라(헨)!
(내가) 거짓(쉐퀘르)의 꿈(할롬,복)을 예언하는 자(나비)들을 대적하니(알),
여호와의 말(네움),
즉 그들은 그것(거짓의 꿈)들을 낱낱이 말하고(싸파르), 내 백성(암)을
자신들의 거짓(쉐퀘르)과 분별없음(파하주트)으로 길을 잃게 한다(타아).
그때 나는 그들을 보내지도(솰라흐) 않았고, 명하지도(짜바) 않았으니,
그들은 바로 이 백성(암)에게 전혀 유익이 되지(야알)[1074] 않는다.

23:33 바로 이 백성(암)이나 그 예언자(나비)나 한 제사장(코헨)이 너에게
물어(솨알) 말하기를(아마르),
'여호와의 경고성 발언(맛사)[1075]이 무엇이냐?'라고 하거든,
너는 그들에게 말하기를(아마르),
'무거운 짐(맛사)이 무엇을 (말하느냐)고?
내가 너희를 내버린다(나타쉬)[1076].'라고 하라.
여호와의 말(네움).

23:34 '여호와의 경고성 발언(맛사)'이라고 말하는(아마르)
그 예언자(나비)나 그 제사장(코헨)이나 그 백성(암)은
내가 바로 그 사람(이쉬)과 그의 집안(바이트)을 벌하여 보응한다(파콰드).

23:35 너희는 이웃끼리 형제끼리 이와 같이 말하라(아마르).
즉, '여호와가 무엇이라고 응답하며(아나),
여호와가 무엇이라고 말하느냐(아마르)?'라고 하라.

23:36 너희는 여호와의 경고성 발언(맛사)을 다시는 기억하지(자카르) 말라.
왜냐하면 그 경고성 발언(맛사)은 각자(이쉬) 자신의 말(다바르)이니,
즉 너희가 살아계신(하이) 하나님(엘로힘) 만군의 여호와 우리 하나님

1074) 야알(יָעַל): 이익을 되다, 이익을 얻다.
같은 표현 ⇒ (사30:5,6,44:9,10,47:12,48:17,57:12), (렘2:8,1123:32), (합2:18).

1075) 맛사(מַשָּׂא): 무거운 짐, 들어 올림, 옮김, 경고성 발언. ☞ 나사(נָשָׂא : 들어 올리다, 나르다)의 명사. 같은 표현 ⇒ (출23:5), (사13:1,14:28,15:1,17:1,19:1,21:1), (렘17:21,22,24,27,23:33,34,36,38), (겔12:10,24:25), (나1:1), (합1:1), (슥9:1,12:1), (말1:1).

1076) 나타쉬(נָטַשׁ): 상태로 놓아두다, 맡기다, 내버리다, 허락하다. 같은 표현 ⇒ (창31:28), (출23:11), (민11:31), (사2:6,16:8,21:15,32:14,33:23), (렘7:29,23:33,39).

(엘로힘)의 말(다바르)을 왜곡하기(하파크)[1077] 때문이다.

23:37 너는 그 예언자(나비)에게 이와 같이 말하라(아마르).
즉, '여호와가 너에게 무엇이라 응답하느냐(아나)?
여호와가 너에게 무엇을 말하느냐(다바르)?'라고 하라.

23:38 그럼에도 불구하고,
너희가 여호와의 경고성 발언(맛사)을 말하면(아마르),
그러므로 여호와가 이와 같이 말하니(아마르),
내가 너희에게 (사람을) 보내어(솰라흐),
여호와의 경고성 발언(맛사)이다고 말하지(아마르) 말라고 하여도(아마르),
너희는 바로 이 말(다바르)을 여호와의 경고성 발언(마사)이라고 말하기(아마르) 때문이다.

23:39 그러므로 보라(헨) 내(여호와)가 너희를 정녕 잊어버려(나솨)[1078],
내 앞에서 너희를, 또 내가 너희와 너희 조상들에게 준(나탄) 그 성읍(이르)을 내버린다(나타쉬).

23:40 또한 내가 너희에게 영원한 수치(헤르파)[1079]와 잊지(솨카흐) 못할 영원한 모욕(케림무트)[1080]을 준다(나탄)."라고 하는 것이다.

1077) 하파크(הָפַךְ): 돌리다, 변화시키다, 뒤집어엎다. 같은 표현 ⇒ (창3:24,19:21), (사34:9,60:5,63:10), (렘2:21,13:23,20:16,23:36,30:6,31:13), (단10:8,16), (욜2:31), (학2:22).

1078) 나솨(נָשָׁא): 미혹하다, 속이다. 같은 표현 ⇒ (창3:13), (사19:13,36:14,37:10), (렘4:10,23:39,29:8,37:9,49:16), (옵1:3,7).

1079) 헤르파(חֶרְפָּה): 수치, 조롱, 치욕, 책망. 여성명사. 같은 표현 ⇒ (창30:23,34:14), (사4:1,25:8,30:5,47:3,51:7,54:4), (렘6:10,15:15,20:8,23:40,24:9,29:18,31:19,42:18, 44:8,12,49:13,51:51).

1080) 켈림무트(כְּלִמּוּת): 수치, 불명예. ☞ 이곳에 한번 쓰임.

이르메야 24장

24:1 네부칻네짜르 바벨 왕이 예콘야[1081] 예호야킴 예후다의 왕의 아들(벤)과 예후다의 고관(사르)들과 그 기술자(하라쉬)[1082]들과 그 대장장이들을 예루솰라임에서 포로로 잡아(갈라)[1083] 바벨로 데려간(보) 후,
여호와가 보여주었으니(라아),
곧 보라(힌네)! 여호와의 전(헤칼) 앞에 놓여 있는(야아드)[1084]
무화과(테엔) 두 광주리를 (보라).

24:2 한 광주리는 그 처음 익은(박쿠라) 무화과(테엔)들처럼
매우 좋은(토브) 무화과(테엔)들이고,
한 광주리는 나쁨(로아으)[1085]으로 인해 먹을 수 없는
매우 나쁜(라) 무화과(테엔)들이었다.

24:3 여호와가 나에게 말하기를(아마르),
"이르메야야, 네가 무엇을 보느냐(라아)?"라고 하여,
내가 말하기를(아마르),
"무화과(테엔)들입니다.
그 좋은(토브) 무화과(테엔)들은 매우 좋고(토브),
그 나쁜(라) (무화과들은) 나쁨(로아으)으로 인해 먹을 수 없는 정도로
나쁩니다(라)."라고 하였다.

24:4 그리고 여호와의 말(다바르)이 나에게 임하였으니(하야), 말하기를(아마르),

1081) 예콘야(יְכָנְיָה): 여곤야, 예후다 왕 여호야긴의 다른 이름.
같은 표현 ⇒ (렘24:1,27:20,28:4,29:2).

1082) 하라쉬(חָרָשׁ): 장인, 기능공, 조각가. 같은 표현 ⇒ (사40:19.20,41:7,44:11,45:16,54:16), (렘10:3,9,24:1,29:2), (겔21:31), (슥1:20).

1083) 갈라(גָּלָה): 덮개를 벗기다, 계시하다, 폭로하다, 옮기다, 포로의 몸이 되다.
같은 표현 ⇒ (창9:21,35:7), (삼하7:27), (사5:13,16:3,22:8,14,23:1,24:11,26:21,38:12,40:5,47:2,3,49:9,21,53:1,56:1), (렘1:3,11:20,13:19,22,20:4,12,22:12,24:1,27:20,29:1,4,7,14,32:11,14,33:6,39:9,40:1,7,43:3,49:10,52:15,27,28,30), (단10:1), (호2:10), (암1:5,6,3:7).

1084) 야아드(יָעַד): 첩으로 지명하다, 지정한 장소에서 만나다, 약속하여 모이다.
같은 표현 ⇒ (출21:8,25:22,29:42), (민10:3,4), (렘24:1,47:7,49:19,50:44), (겔21:16).

1085) 로아으(רֹעַ): 나쁨, 악함. 같은 표현 ⇒ (신28:20), (사1:16),
(렘21:12,23:2,22,24:2,3,8,25:5,26:3,29:17).

24:5 “여호와 이스라엘의 하나님(엘로힘)이 이와 같이 말하였으니(아마르),
‘바로 이 좋은(토브) 무화과(테엔)들처럼, 그와 같이
내(여호와)가 바로 이곳(마콤)에서 카스딤의 땅(에레쯔)으로 보낸(솰라흐)
예후다의 포로(갈루트)[1086]들을 좋게(토브) 주목하여 보고(나카르)[1087],

24:6 또한 나(여호와)는 내 눈을 그들에게 좋게(토브) 두어(숨),
그들을 바로 이 땅(에레쯔)으로 돌아오게 한다(슈브).
그런즉 내가 그들을 짓고(바나) 허물지(하라쓰)[1088] 않으며,
또 내가 그들을 심고(나타) 뽑지(나타쉬)[1089] 않는다.

24:7 또한 나(여호와)는 그들에게, 내가 여호와인 것을 깨달아 아는(야다)
마음(레브)을 주니(나탄),
그때 그들은 나에게 백성(암)이 되고(하야),
나는 그들에게 하나님(엘로힘)이 된다(하야).
왜냐하면 그들은 자신들의 온 마음(레브)으로 나에게 돌아오기(슈브)
때문이다.

24:8 나쁨(로아으)으로 인해 먹을 수 없는 그 나쁜(라) 무화과(테엔)들처럼,
왜냐하면 여호와가 이와 같이 말하기(아마르) 때문이다,
왜냐하면 내가 찌드키야와 그의 고관(사르)들과 예루솰라임의 살아
남은 자(쉐에리트)[1090]들 곧 바로 이 땅(에레쯔)에 남겨진 자(솨아르)[1091]들
과 미쯔라임의 땅(에레쯔)에 거주하는 자(야솨브)들을 넘겨주기(나탄) 때문

1086) 갈루트(גָּלוּת): 사로잡힌 자, 유배자. 같은 표현 ⇒ (사20:4,45:13), (렘24:5,28:4,29:22,40:1,52:31), (겔1:2), (암1:6,9), (옵1:20).

1087) 나카르(נָכַר): 주목하다, 눈여겨보다, 인식하다. 같은 표현 ⇒ (창27:23), (사61:9,63:16), (렘24:5), (단11:39).

1088) 하라쓰(הָרַס): 넘어뜨리다, 헐다, 파괴하다. 같은 표현 ⇒ (출15:7,19:21,24,23:24), (사49:17), (렘1:10,24:6,31:28,40,42:10,45:4,50:15).

1089) 나타쉬(נָתַשׁ): 잡아 뽑다, 근절하다, 멸망시키다. 같은 표현 ⇒ (신29:28), (렘1:10,12:14,15,17,18:7,14,24:6,31:28,40,42:10,45:4,), (단11:4).

1090) 쉐에리트(שְׁאֵרִית): 살아남은 자, 남은 것, 후손. ☞ 솨아르 (שָׁאַר : 살아남다)의 여성명사. 같은 표현 ⇒ (창45:7), (렘6:9,8:3,11:23,15:9,23:3,24:8,25:20,31:7,39:3, 40:11,15,41:10,16,42:2,15,19,43:5,44:12,14,28,47:4,5,50:26), (슥8:6), (미2:12,4:7), (습2:9).

1091) 솨아르(שָׁאַר): 남기다, 살아남다. 같은 표현 ⇒ (창7:23,14:10,32:8), (왕상19:18), (사4:3,11:16,17:6,24:6,12,37:31), (렘8:3,21:7,24:8,34:7,37:10,38:4,22,39:9,10,40:6,41:10, 42:2,49:9,50:20,52:16), (겔36:36), (단10:8,17), (욜2:14), (옵1:5), (학2:3).

이다.

24:9 또한 나(여호와)는 그들을 그 땅(에레쯔)의 모든 왕국(맘라카)에 재앙(라)의
공포(자아바)[1092]로 주어(나탄), 그들을 쫓아내는(나다흐)[1093] 모든 장소
(마콤)에서 수치(헤르파)[1094]와 속담(마샬)[1095]과 웃음거리와 저주(퀘랄라)[1096]
가 되게 한다.

24:10 또한 나(여호와)는 그들 안에 칼(헤레브)과 기근(라아브)과 전염병(데레브)을
보내니(솰라흐), 곧 그들이 내가 그들과 그들의 조상들에게 준(나탄)
그 땅(아다마)에서 완전히 끝장날(타맘)[1097] 때까지이다.' "라고 하는
것이다.פ

1092) 자아바(זְעָוָה): 공포, 떨림, 공포나 전율의 대상.
같은 표현 ⇒ (신28:25), (렘15:4,24:9,29:18,34:17).

1093) 나다흐(נָדַח): 몰아내다, 내어 쫓다, 몰리게 되다, 미혹되다. 같은 표현 ⇒ (신4:19), (사8:22,13:14,16:3,4,27:13), (렘8:3,16:15,23:2,3,8,24:9,27:10,15,29:14,18, 30:17,32:37,40:12,43:5,46:28,49:5,36,50:17), (겔4:13), (단9:7), (욜2:20), (습3:19).

1094) 헤르파(חֶרְפָּה): 수치, 조롱, 치욕, 책망. 여성명사. 같은 표현 ⇒ (창30:23,34:14), (사4:1,25:8,30:5,47:3,51:7,54:4), (렘6:10,15:15,20:8,23:40,24:9,29:18,31:19,42:18, 44:8,12,49:13,51:51).

1095) 마솰(מָשָׁל): 속담, 비유, 비슷함. 같은 표현 ⇒ (민23:7,18,24:3,15,20,21,23), (신28:37), (사14:4), (렘24:9), (겔12:22,23,14:8,17:2,18:2,3,20:49,24:3).

1096) 퀘랄라(קְלָלָה): 저주, 악담. ☞ 콸랄(קָלַל : 무시하다, 저주하다)의 여성명사.
같은 표현 ⇒ (창27:12,13), (신11:26,28,29,21:23,23:5,27:13,28:15,45,29:27,30:1,19) (렘24:9,25:18,26:6,29:22,42:18,44:8,12,22,49:13), (슥8:13).

1097) 타맘(תָּמַם): 완전히 끝마치다, 다 소비하다. 같은 표현 ⇒ (창47:15,18), (사16:4,18:5,33:1), (렘1:3,14:15,24:10,27:8,36:23,37:21,44:12,18,27), (단8:23).

이르메야 25장

25:1 예호야킴 요시아 예후다의 왕의 아들(벤) 사 년(주전 605년)에,
즉 네부칸네짜르 바벨의 왕 그 원년에,
이르메야에게 예후다의 모든 백성에 관하여 임한(하야) 그 말(다바르).

25:2 즉 이르메야 그 예언자(나비)가 예후다의 모든 백성(암)과 예루솰라임
모든 거주민(야솨브)에게 말한(다바르) 말(다바르)이 말하기를(아마르),

25:3 "요시아 아몬 예후다의 왕의 아들(벤) 십삼년부터 바로 이 날(욤)까지
이십삼년 동안, 여호와의 말(다바르)이 나(이르메야)에게 임하여(하야)
내가 너희들에게 부지런히(솨캄,일찍 일어나다) 정녕 말하였으나(다바르),
너희는 듣지(솨마) 않았다.

25:4 (다시 말해), 여호와가 너희들에게 자신의 모든 종(에베드)들 그 예언자
(나비,복)를 부지런히(솨캄,일찍 일어나다) 정녕 보내었으나(솰라흐)
너희는 듣지(솨마) 않았고 들으려고(솨마) 자신들의 귀를 기울이지도
(나타) 않았다.

25:5 말하기를(아마르),
'자, 너희 각자는 자신의 악한 길(데레크) 즉 자신들의 행실(마알랄,복)1098)
의 악함(로아으)1099)으로부터 돌아서라(슈브),
그러면, 너희 각자는 나 여호와가 너희와 너희 조상들에게 준(나탄)
그 땅(아다마)에 영원부터 영원까지 거주한다(야솨브).

25:6 너희는 다른 신들(엘로힘)을 섬기고(아바드) 경배하려고(솨하) 그들을 좇아
가지(알라크) 말고,
또 너희는 자신들의 손(야드)으로 만든 것(마아세)으로 나(여호와)를 화나
게 하지(카아쓰)1100) 말라.

1098) 마알랄(מַעֲלָל): 행위, 행실. ☞ 알랄(עָלַל): 호되게 다루다, 행동하다)에서 유래. 같은 표현 ⇒ (신28:20), (사1:16,3:8,10), (렘4:4,18,7:3,5,11:18,17:10,18:11,21:12,14, 23:2,22,25:5,26:3,13,32:19,35:15,44:22), (미2:7), (슥1:4,6).

1099) 로아으(רֹעַ): 나쁨, 악함. 같은 표현 ⇒ (신28:20), (사1:16), (렘21:12,23:2,22,24:2,3,8,25:5,26:3,29:17).

1100) 카아쓰(כַּעַס): 성내다, 화내다, 분노하다. 같은 표현 ⇒ (신4:25,9:18), (왕상21:22,22:53), (사65:3), (렘7:18,19,8:19,11:17,25:6,7,32:29,30,32,44:3,8).

그러면 내(여호와)가 너희에게 악하게 하지(라아) 않는다.

25:7 그럼에도 불구하고, 너희는 나의 (말을) 듣지(쇠마) 않는다,
여호와의 말(네움),
오히려 너희가 자신들의 악(라)으로 인하여 자신들의 손(야드)의 만든 것(마아세)으로 나(여호와)를 화나게 한다(카아쓰).' "라고 하였다.ㅁ

25:8 그러므로 만군의 여호와가 이와 같이 말하였으니(아마르),
"왜냐하면 너희가 나의 말(다바르)을 듣지(솨마) 않기 때문이다,

25:9 보라(헨)! 내(여호와)가 보내어(솰라흐), 북쪽의 모든 가문(미쉬파하)들과
네부칻네짜르 바벨 왕 나의 종(에베드)을 데리고 온다(라콰흐).
여호와의 말(네움),
(다시 말해), 내가 그들을 바로 이 땅(에레쯔)에, 이곳에 거주하는 자(야솨브)들에게, 주위의 바로 이 모든 민족(고이)들에게 데리고 와서(보),
그들을 전멸시켜(하람)[1101], 황폐(솸마)[1102]와 야유거리(쉐레콰, 쉿하는 소리)로 만들고(숨), 또 영원한 황무(호르바)[1103]로 (만든다).

25:10 내(여호와)가 그들에게서
즐거움(사손)[1104]의 소리와 기쁨(심하)[1105]의 소리,
신랑의 소리와 신부의 소리, 맷돌들의 소리와
등불(니르)[1106]의 빛(오르)을 사라지게 하여(아바드)[1107],

1101) 하람(חָרַם): 바치다, 전멸시켜 하나님에게 바친다. 같은 표현 ⇒ (출22:20), (레27:28,29), (민21:2,3), (신2:34,3:6,7:2,13:15,20:17), (사11:15,34:2,37:11), (렘25:9,50:21,26,51:3), (단11:44).

1102) 솸마(שַׁמָּה): 황폐, 공포, 소름끼침. 같은 표현 ⇒ (신28:37), (렘2:15,4:7,5:30,8:21, 18:16,19:8,25:9,11,18,38,29:18,42:18,44:12,22,46:19,48:9,49:13,17,50:23,51:29,37,41,43), (욜1:7), (습2:15).

1103) 호르바(חָרְבָּה): 황폐, 폐허. 여성명사. 같은 표현 ⇒ (레26:31,33), (사5:17,44:26, 48:21,49:19,51:3,52:9,58:12,61:4), (렘7:13,22:5,25:9,11,18,27:17,44:2,6,22,49:13), (말1:4).

1104) 사손(שָׂשׂוֹן): 기쁨, 즐거움, 환희. 같은 표현 ⇒ (사12:3,22:13,35:10,51:3,11,61:3), (렘7:34,15:16,16:9,25:10,31:13,33:9,10), (욜1:12).

1105) 심하(שִׂמְחָה): 기쁨, 즐거움. ☞ 솨마흐(שָׂמַח : 기뻐하다)의 여성명사. 같은 표현 ⇒ (창31:27), (사9:3,16:10,22:13,24:11), (렘7:34,15:16,16:9,25:10,31:7,33:11,48:33).

1106) 니르(נֵר): 등잔, 등불. 같은 표현 ⇒ (출25:37,27:20,30:7,8,35:14,37:23,39:37,40:4,25), (레24:2,4), (민4:9,8:2,3), (렘25:10), (습1:12), (슥4:2).

1107) 아바드(אָבַד): 멸망시키다, 사라지게 하다, 길을 잃다. 같은 표현 ⇒ (출10:7), (레23:30,26:38), (사26:14,27:13,29:14,37:19,41:11,57:1,60:12), (렘1:10,4:9,6:21,7:28,

25:11 바로 이 온 땅(에레쯔)은 황무(호르바)와 황폐(솸마)가 되고(하야),
또 바로 이 민족(고이)들이 바벨 왕을 칠십년 동안 섬긴다(아바드).

25:12 그리고 이런 일이 있을 것이니, 칠십 년이 찰 때,
내(여호와)가 바벨 왕(멜레크)과 바로 이 민족(고이)을 벌하여 보응하니
(파콰드)[1108], 여호와의 말(네움),
(다시 말해), 내가 그들의 행악(아본)[1109]을, 또 카스딤의 땅(에레쯔)을
(벌하여 보응하니), 그 민족(고이)을 영원한 황폐(쉐마마)[1110]로 만든다(숨).

25:13 내가 그 땅(에레쯔)에 관하여 말한(다바르) 내 모든 말(다바르) 곧 이르메
야가 그 모든 민족(고이)들에 관하여 예언하고(나바)[1111] 바로 이 책
(쎄페르)에 기록된 것을 바로 그 땅(에레쯔)에 임하게 한다(보),

25:14 왜냐하면 심지어 그들도 많은 민족(고이)들과 큰 왕(멜레크)들을 섬기
기(아바드) 때문이다.
그런즉 내가 그들의 행위(포알)[1112]와 그들의 손(야드)으로 만든 것
(마아세)에 따라 그들에게 갚는다(솰람)[1113]."라고 하는 것이다.

9:12,10:15,12:17,15:7,18:7,18,23:1,25:10,35,27:10,15,31:28,40:15,46:8,48:8,36,46,49:7,38, 50:6,51:18,55), (욜1:11), (암2:14,3:15), (옵1:8,12), (욘1:6,14), (습2:5,13).

1108) 파콰드(פָּקַד): 방문하다, 계수하다, 임명하다, 보응하여 벌하다. 같은 표현 ⇒ (창21:1), (왕상20:15,26,27,39), (왕하3:6,5:24,7:17,9:34), (사13:4,62:6), (렘1:10,3:16, 5:9,29,6:6,15,9:9,25,11:22,13:21,14:10,15:3,15,21:14,23:2,4,34,25:12,27:8,22,29:10,32,30:20, 32:3,36:31,37:21,40:5,7,11,41:2,10,18,44:13,29,46:25,49:8,19,50:18,31,44,51:27,44,47,52), (호1:4,2:13), (습1:8,9,11,2:7).

1109) 아본(עָוֹן): 행악, 죄악, 행악의 형벌, 행악과 형벌 사이의 죄의식. 집합명사. 같은 표현 ⇒ (창4:13,15:16,19:15), (렘2:22,3:13,5:25,11:10,13:22,14:7,10,20,16:10,17, 18:23,25:12,30:14,15,31:30,34,32:18,33:8,36:3,31,50:20,51:6), (단9:13,16,24).

1110) 쉐마마(שְׁמָמָה): 황폐, 황무지. ☞ 솨멤(שָׁמֵם : 황폐하게 하다)의 여성명사. 같은 표현 ⇒ (출23:39), (사1:7,62:4,64:10), (렘4:27,6:8,9:11,10:22,12:10,11,25:12, 32:43,34:22,44:6,49:2,33,50:13,51:26,62), (욜2:3,20,3:19), (습2:9).

1111) 나바(נָבָא): 예언하다. ☞ 나비(נָבִיא : 예언자)에서 유래. 같은 표현 ⇒ (민11:25,26,27), (렘2:8,5:31,11:21,14:14,15,16,19:14,20:1,6,23:13,16,21,25,26,32,25:13,30, 26:9,11,12,18,20,27:10,14,15,16,28:6,8,9,21,26,27,31,32:3,37:19), (겔4:7,36:1,3,6,37:4,7,9, 10,12,38:2,14,17,39:1), (욜2:28), (암2:12,3:8).

1112) 포알(פֹּעַל): 행위, 하는 일. 같은 표현 ⇒ (사1:31,41:24,45:9,11), (렘22:13,25:14,50:29).

1113) 솰람(שָׁלַם): 온전케 하다, 완전,완성하다, 회복,배상하다, 평화하다. 같은 표현 ⇒ (창44:4), (사19:21,38:12,13,42:19,44:26,28,57:18,59:18,60:20,65:6), (렘16:18,18:20,25:14,

25:15 왜냐하면 여호와 이스라엘의 하나님(엘로힘)이 나(이르메야)에게 이와 같이 말하였기(아마르) 때문이니,
"너희는 바로 이 진노(헤마)1114)의 포도주 잔(코쓰)을 내 손(야드)에서 취하여(라콰흐), 내(여호와)가 너를 보내는(솰라흐) 모든 민족(고이)들에게 그것을 마시게 하라(솨콰)1115).

25:16 그들이 마시고(솨타)1116) 비틀거리며(가아쉬)1117), 미치니(할랄)1118), 곧 내(여호와)가 그들 사이에 보내는(솰라흐) 그 칼(헤레브)로 인해서이다." 라고 하는 것이다.

25:17 내(이르메야)가 여호와의 손(야드)에서 그 잔(코쓰)을 취하여(라콰흐), 여호와가 나를 보내는 그 모든 민족(고이)들에 마시게 하니(솨콰),

25:18 곧 바로 이 날(욤)처럼,
내(이르메야)가 그들을 황무함(호르바)과 황폐(솸마)1119)와 비웃음(쉐레콰, 쉿 하는 소리)과 저주(퀘랄라)1120)로 만들기(나탄) 위해,
예루솰라임과 예후다의 성읍들과 그곳의 왕들과 그곳의 고관(사르)들에게 마시게 하고(솨콰),

32:18,50:29,51:6,24,56), (욘2:9), (나1:15).

1114) 헤마(חֵמָה): 열, 격노, 분노. ☞ 야함(יָחַם : 뜨겁다)의 여성명사. 같은 표현 ⇒ (창27:44), (사42:25,51:13,17,20,22,59:18,63:3,5,6,66:15), (렘4:4,6:11,7:20,10:25,18:20, 21:5,12,23:19,25:15,30:23,32:31,37,33:5,36:7,42:18,44:6), (나1:6).

1115) 솨콰(שָׁקָה): 물을 마시게 하다, 물을 대다. 같은 표현 ⇒ (창2:6,21:19), (출2:16), (사27:3,43:20), (렘8:14,9:15,16:7,23:15,25:15,17,35:2), (욜3:18), (암2:12), (합2:15).

1116) 솨타(שָׁתָה): 마시다. 같은 표현 ⇒ (사44:12,51:17,22,62:8,9,65:13), (렘2:13, 25:16,26,27,28,51:7), (단1:12), (욜1:5,3:3), (암2:8), (옵1:16), (합2:16), (습1:13).

1117) 가아쉬(גָּעַשׁ): 진동하다, 흔들리다, 떨다. 같은 표현 ⇒ (렘5:22,25:16,46:7,8).

1118) 할랄(הָלַל): 밝게 비추다, 자랑하다, 찬양하다, 미치다. 같은 표현 ⇒ (창12:15), (왕상20:11), (사13:10,38:18,41:16,44:25,45:25,62:9,64:11), (렘4:2,9:23,24,20:13,25:16, 31:7,46:9,49:4,50:38,51:7), (욜2:26), (나2:4).

1119) 솸마(שַׁמָּה): 황폐, 공포, 소름끼침. 같은 표현 ⇒ (신28:37), (사5:9,13:9,24:12), (렘2:15,4:7,5:30,25:18,38,29:18,51:29,37,41,43), (욜1:7), (습2:15).

1119) 쇰마(שַׁמָּה): 황폐, 공포, 소름끼침. 같은 표현 ⇒ (신28:37), (사5:9,13:9,24:12), (렘2:15,4:7,5:30,8:21,18:16,19:8,25:9,11,18,38,29:18,42:18,44:12,22,46:19,48:9, 49:13,17,50:23,51:29,37,41,43), (욜1:7), (습2:15).

1120) 퀘랄라(קְלָלָה): 저주, 악담. ☞ 콸랄(קָלַל : 무시하다, 저주하다)의 여성명사. 같은 표현 ⇒ (창27:12,13), (신11:26,28,29,21:23,23:5,27:13,28:15,45,29:27,30:1,19) (렘24:9,25:18,26:6,29:22,42:18,44:8,12,22,49:13).

25:19 파르오 미쯔라임 왕과 그의 신하들과 그의 고관(사르)들과
그의 모든 백성과,

25:20 그 모든 혼합된 민족(에레브)과 그 우쯔 땅(에레쯔)의 모든 왕들과
플레쉩인들의 땅(에레쯔)의 모든 왕과 아쉬켈론과 아자와 에크론과
아쉬돋의 살아남은 자(쉐에리트[1121])와

25:21 에돔과 모압과 암몬 족(벤)들과,

25:22 쪼르의 모든 왕들과 찌돈의 모든 왕들과
그 바다 건너편에 있는 그 섬의 왕들과

25:23 드단과 테마와 부즈와 머리의 옆 머리카락을 짧게 깍은(콰짜쯔[1122])
모든 자들과

25:24 아라비아의 모든 왕들과 그 광야에 머무는 혼합된 민족(에레브)의
모든 왕들과

25:25 지므리의 모든 왕들과 엘람의 모든 왕들과 마다이의 모든 왕들과

25:26 그 북쪽의 가깝고 먼 모든 왕들 각자 각자와
그 땅(아다마)의 지면에 있는 모든 왕국들에게 (마시게 한다).
그리고 그런 일들 후에,
쉐솨크[1123]의 왕(멜레크)이 마신다(솨타).

25:27 너(이르메야)는 그들에게 말하라(아마르).ס
"만군의 여호와 이스라엘의 하나님이 이와 같이 말하였으니(아마르),
'내(여호와)가 너희 사이에 보내는(솰라흐) 그 칼(헤레브)로 인하여,
너희는 마시고(솨타) 술 취하고(솨카르[1124]) 토하고(콰야) 쓰러져라(나팔),
그런즉 너희는 일어나지(쿰) 못한다.'고 하는 것이다."라고 하였다.

1121) 쉐에리트(שְׁאֵרִית): 살아남은 자, 남은 것, 후손. ☞ 솨아르 (שְׁאָר : 살아남다)의 여성 명사. 같은 표현 ⇒ (창45:7), (렘6:9,8:3,11:23,15:9,23:3,24:8,25:20,31:7,39:3,40:11,15, 41:10,16,42:2,15,19,43:5,44:12,14,28,47:4,5,50:26), (슥8:6), (미2:12,4:7), (습2:9).

1122) 콰짜쯔(קָצַץ): 잘라내다, 베어내다, 끊다. 같은 표현 ⇒ (출39:3), (신25:12), (렘9:26,25:23,49:32).

1123) 쉐솨크(שֵׁשַׁךְ): 바벨론을 지칭하는 칭호. 같은 표현 ⇒ (렘25:26,51:41).

1124) 솨카르(שָׁכַר): 술 취하다. 같은 표현 ⇒ (창9:21,43:34), (사29:9,49:26,51:21,63:6), (렘25:27,48:26,51:7,39,57).

25:28 또한 이런 일이 있을 것이니,
그들이 네 손(야드)에서 그 잔(코쓰)을 취하여(라콰흐) 마시기(솨타)를
거절할(마엔) 때,
너는 그들에게 말하라(아마르),
"만군의 여호와가 이와 같이 말하였으니(아마르),
'너희는 정녕 마셔야 한다(솨타).

25:29 왜냐하면 보라(힌네)! 내 이름(쉠)이 불리는 그 성읍(이르)에,
내(여호와)가 재앙을 내리기 시작하니(할랄[1125] 라아),
너희는 정녕 무사하겠느냐(나콰)[1126]?
너희가 무사하지(나콰) 못한다.
왜냐하면 칼(헤레브)을, 내가 그 땅(에레쯔)의 모든 거주민(야솨브) 위에
부르기 때문이다.
만군의 여호와의 말(네움).' "

25:30 그런즉 너(이르메야)는 그들에게 바로 이 모든 말(다바르)을 예언하여
(나바) 그들에게 말하라(아마르).
"여호와가 높은 곳(마롬)으로부터 크게 소리지르고(솨아그)[1127],
또 자신의 거룩한 처소(마온)[1128]로부터 자신의 소리를 내고(나탄),
또 자신의 목장(나베)[1129]을 향해 정녕 크게 소리지르고(솨아그),
또 포도 밟는 자(다라크)[1130]들처럼 외침(헤다드)[1131]으로 그 땅(에레쯔)
의 모든 거주민(야솨브)에게 응답하니(아나),

1125) 할랄(חָלַל): 꿰뚫다, 더럽히다, 모독하다, 시작하다. 같은 표현 ⇒ (창4:26,6:1), (출20:25,31:14), (레21:4,22:2), (민16:46,18:32), (신2:24,3:24,16:9), (사23:9,43:28,47:6,48:11,51:9,53:5,56:2,6), (렘16:18,25:29,31:5,34:16), (암2:7).
1126) 나콰(נָקָה): 비우다, 깨끗하다, 무죄하다. 같은 표현 ⇒ (창24:8,41), (출20:7,21:19,34:7), (사3:26), (렘2:35,25:29,30:11,46:28,49:12), (욜3:21), (나1:3).
1127) 솨아그(שָׁאַג): 으르렁거리다, 큰 소리 지르다.
같은 표현 ⇒ (렘2:15,25:30,51:38), (욜3:16), (암1:2).
1128) 마온(מָעוֹן): 처소, 거주. 같은 표현 ⇒ (신26:15), (렘9:11,10:22,25:30,49:33,51:37), (나2:11), (습3:7), (슥2:13).
1129) 나베(נָוֶה): 목초지, 양떼나 목자의 거처, 거처. ☞ 나바(נָוָה : 아름답게 하다, 집에 머무르다)에서 유래. 같은 표현 ⇒ (출15:13), (사27:10,32:18,33:20,34:13,35:7, 65:10), (렘6:2,10:25,23:3,25:30,31:23,33:12,49:19,20,50:7,19,44,45), (습2:6).
1130) 다라크(דָּרַךְ): 밟다, 행진하다, 나아가다. 같은 표현 ⇒ (민24:17), (사5:28,11:15, 16:10,21:15,42:16,48:17,59:8,63:2,3), (렘9:3,25:30,46:9,48:33,50:14,29,51:3,33).
1131) 헤다드(הֵידָד): 외침, 환호, 함성. 같은 표현 ⇒ (사16:9,10), (렘25:30,48:33,51:14).

25:31 요란한 소리(솨온)[1132]가 그 땅끝까지 이른다(보),
왜냐하면 여호와의 송사(리브)[1133]가 그 민족(고이)들 안에 (있어),
그(여호와)가 모든 육신을 심판하고(솨파트)[1134],
그 악인(라솨)들을 그 칼(헤레브)로 넘겨주기(나탄) 때문이다.
여호와의 말(네움)."이라고 하였다.ס

25:32 만군의 여호와가 이와 같이 말하였으니,
"보라(힌네)! 재앙(라)이 민족(고이)에서 민족(고이)으로 나오고(야짜),
큰 폭풍(싸아르)[1135]이 땅 끝(예레카,측면)으로부터 깨어 일어난다(우르)[1136].

25:33 바로 그 날(욤)에, 여호와에 의해 칼에 찔린 자(할랄)[1137]들이
그 땅끝에서 그 땅끝까지 있으니(하야),
곧 그들이 애곡을 받지도(싸파드)[1138] 못하고,
모아져(아싸프) 묻히지도(콰라브) 못하고,
그들이 그 땅(아다마)의 지면 위에 똥(도멘,거름)이 된다(하야).

25:34 그 목자들(로임)[1139]아,
너희는 통곡하고(얄랄)[1140], 부르짖어라(자아크)[1141].

1132) 솨온(שָׁאוֹן): 요란한 소리, 소음. 같은 표현 ⇒ (사5:14,13:4,17:12,13,24:8,25:5,66:6), (렘25:31,46:17,48:45,51:55), (암2:2).
1133) 리브(רִיב): 말다툼, 분쟁, 소송, 논쟁, 송사. 같은 표현 ⇒ (창13:7), (출23:2,6), (신1:12,21:5,25:1), (사1:23,34:8,41:11,21,58:4), (렘11:20,15:10,20:12,25:31,50:34,51:36).
1134) 솨파트(שָׁפַט): 판단하다, 재판하다, 다스리다, 통치하다. 같은 표현 ⇒ (창16:5, 18:25,19:9), (사1:17,23,26,2:4,3:2,5:3), (렘2:35,5:28,11:20,25:31), (단9:12), (슥7:9,8:16).
1135) 싸아르(סַעַר): 태풍, 회오리바람. 같은 표현 ⇒ (왕하2:1,11), (사29:6,40:24,41:16), (렘23:19,25:32,30:23), (겔1:4), (암1:14), (욘1:4,12).
1136) 우르(עוּר): 깨다, 분발하다, 일으키다, 각성하다. 같은 표현 ⇒ (사41:2,25,42:13, 45:13,50:4,51:9,17,52:1,64:7), (렘6:22,25:32,50:9,41,51:1,11), (단11:2,25), (합2:19), (학1:14), (슥2:13), (말2:12).
1137) 할랄(חָלָל): 꿰찔린, 살해된, 치명적인 상처를 입은. ☞ 할랄(חָלַל : 꿰뚫다, 더럽히다, 시작하다)의 형용사. 같은 표현 ⇒ (창34:27), (레21:7,14), (사22:2,34:3,66:16), (렘9:1,14:18,25:33,51:4,47,49,52), (단11:26), (습2:12).
1138) 싸파드(סָפַד): 슬퍼하다, 애곡하다. 같은 표현 ⇒ (창23:2,50:10), (사32:12), (렘4:8,16:4,5,6,22:18,25:33,34:5,49:3), (욜1:13), (미1:8), (슥12:10,12).
1139) 로임(רֹעִים): ☞ 라아(רָעָה : 풀을 뜯다, 방목하다)의 분사 복수.
라아(רָעָה): 풀을 뜯다, 돌보다, 먹이다, 친구가 되다.
같은 표현 ⇒ (창4:2,13:7), (렘3:15,6:3,10:21,12:10,22:22,23:4,25:34,36,50:6), (겔34:2).
1140) 얄랄(יָלַל): 울부짖다, 통곡하다. 같은 표현 ⇒ (사13:6,14:31,15:2,3,16:7,23:1,6,14,

그 양떼(쫀)의 인도자(아디르)[1142])들아,
너희는 재(에페르)[1143]) 속에서 뒹굴어라(파라쉬).[1144])
왜냐하면 너희의 도살당할(타바흐)[1145]) 날(욤)들이 가득 차서,
너희의 흩음(데포짜)이 귀한(헤므다)[1146]) 그릇(켈리)처럼 떨어지기(나팔)
때문이다.

25:35 피난처(마노쓰)가 그 목자들(로임)로부터 사라지고(아바드),
또 도피(펠레타)[1147])도 그 양떼(쫀)의 인도자(아디르)들로부터 (사라진다)."
라고 하는 것이다.

25:36 목자들(로임)의 부르짖음(짜아콰)[1148])의 소리(콜)와
그 양떼(쫀)의 인도자(아디르)들의 울부짖음(옐랄라)의 (소리)가 (있으니),
왜냐하면 여호와가 그들의 목장(미르이트)[1149])을 파괴하기(솨다드)[1150])
때문이다.

52:5,65:14), (렘4:8,25:34,47:2,48:20,31,39,49:3,51:8), (욜1:5,11,13), (미1:8), (습1:11).

1141) 자아크(זָעַק): 부르짖다, 외치다, 부르다. 같은 표현 ⇒ (출2:23), (사14:31,15:4,5), (렘11:11,12,20:8,25:34,30:15,47:2,48:20,31), (욜1:14), (욘1:5,3:7), (합1:2,2:11).

1142) 아디르(אַדִּיר): 큰, 위대한, 위엄 있는, 장엄한. 같은 표현 ⇒ (출15:10), (사10:34,33:21), (렘14:3,25:34,35,36,30:21), (나2:5).

1143) 에페르(אֵפֶר): 재. 같은 표현 ⇒ (민19:9,10), (사44:20,58:5,61:3), (렘6:26,25:34), (겔27:30,28:18), (단9:3), (말4:3).

1144) 파라쉬(פָּלַשׁ): 구르다, 뒹굴다. 같은 표현 ⇒ (렘6:26,25:34), (겔27:30), (미1:10).

1145) 타바흐(טָבַח): 도살하다, 살해하다, 무자비하게 죽이다. ☞ 테바흐(טֶבַח : 짐승, 도살, 살해)의 동사. 같은 표현 ⇒ (창43:13), (출22:1), (렘11:19,25:34,51:40).

1146) 헤므다(חֶמְדָּה): 갈망, 탐하는 것, 귀한, 기뻐하는.
☞ 하마드(חָמַד : 몹시 바라다, 탐하다, 기뻐하다)에서 유래.
같은 표현 ⇒ (렘3:19,12:10,25:34), (단9:23,10:3,11,19,11:8,37,38).

1147) 펠레타(פְּלֵיטָה): 도피, 탈출, 구원(생존). ☞ 팔라트(פָּלַט : 도피하다, 탈출하다, 구원하다)의 여성명사. 같은 표현 ⇒ (창32:8,45:7), (사4:2,10:20,15:9,37:31,32), (렘25:35,50:29), (단11:42), (욜2:3,32), (옵1:17).

1148) 짜아콰(צְעָקָה): 부르짖음. ☞ 짜아크(צָעַק : 부르짖다, 소리치다)의 여성명사.
같은 표현 ⇒ (창18:20,21,19:13,27:34), (사5:7), (렘25:36,48:3,5,49:21), (습1:10).

1149) 미르이트(מַרְעִית): 목장, 목초지, 사육, 목양. ☞ 라아(רָעָה : 풀을 먹이다)에서 유래. 같은 표현 ⇒ (사49:9), (렘10:21,23:1,25:36), (겔34:31).

1150) 솨다드(שָׁדַד): 난폭하게 다루다, 파괴하다, 황폐케 하다. 같은 표현 ⇒ (사15:1,16:4,21:2,23:1,14,33:1), (렘4:13,20,30,5:6,6:26,9:19,10:20,12:12,15:8,25:36,47:4, 48:1,8,15,18,20,32,49:3,10,28,51:48,53,55,56), (욜1:10), (옵1:5), (미2:4).

25:37 그 평화(샬롬)의 초장(나아,복)1151)이 적막하니(다맘)1152),
여호와의 맹렬한(하론)1153) 화(아프)로 인해서이다.

25:38 그(여호와)가 자신의 굴(쏘크,은신처)을 그 어린 사자처럼 떠나고(아자
브)1154), 그들의 땅(에레쯔)이 황폐(솸마)가 되니(하야)
압제자(야나)1155)의 격분(하론)으로 인해서,
또 맹렬한(하론) 화(아프)로 인해서이다.פ

1151) 나아(נָאָה): 목장, 초원. 같은 표현 ⇒ (렘9:10,23:10,25:37), (욜1:19,20,2:22), (암1:2).

1152) 다맘(דָּמַם): 침묵을 지키다, 조용하다, 잠자코 있다. 같은 표현 ⇒ (출15:16), (레10:3), (사23:2), (렘8:14,25:37,47:6,48:2,49:26,50:30,51:6).

1153) 하론(חָרוֹן): 맹렬함, 격노. ☞ 하라(חָרָה : 성내다, 격노하다)의 명사. 같은 표현 ⇒ (출15:7,32:12), (민25:4), (렘4:8,26,12:13,25:37,38,30:24,49:37,51:45), (나1:6).

1154) 아자브(עָזַב): 떠나다, 남기다, 버리다. 같은 표현 ⇒ (창2:24), (렘1:16,2:13,17,19, 4:29,5:7,19,9:2,13,19,12:7,14:5,16:11,17:11,13,18:14,19:4,22:9,25:38,48:28,49:11,25,51:9).

1155) 야나(יָנָה): 억울하게 하다, 학대하다. 같은 표현 ⇒ (출22:21), (레19:33,25:14,17), (신23:16), (사49:26), (렘22:3,25:38,46:16,50:16), (습3:1).

이르메야 26장

26:1 예호야킴 요쉬야 예후다 왕의 아들(벤)의 통치(맘라카)의 초기(레쉬트)에,
여호와로부터 바로 이 말(다바르)이 임하여(하야), 말하기를(아마르),

26:2 여호와가 나(이르메야)에게 이와 같이 말하였으니(아마르),
"너(이르메야)는 여호와의 집(바이트) 뜰(하쩨르)에 서서, 여호와의 집(바이트)
으로 경배하러(솨하) 오는(보) 예후다의 모든 성읍(이르)에게,
내가 너에게 명하여(짜바) 그들에게 말하는(다바르) 모든 말(다바르, 복)을
말하며(다바르), 한 마디(다바르)도 감하지(가라)[1156] 말라.

26:3 혹시 그들이 듣고(솨마) 각자 자신의 악한 길(데레크)에서 돌아서면(슈브),
나는 그들의 행실(마아랄, 복)[1157]의 악함(로아으)[1158]으로 인하여 그들에
게 행하려고 생각한(하솨브 아사) 그 재앙(라)에 대하여 뜻을 돌이킨다(나
함)[1159]."라고 하는 것이다.

26:4 너(이르메야)는 그들에게 말하라(아마르),
"여호와가 이와 같이 말하였으니(아마르),
'만일 너희가 나의 (말을) 듣지(솨마) 않아, 내가 너희 앞에 준(나탄)
내 토라 안에서 걸어가지(알라크) 않고,

26:5 또 너희가 내가 자신들에게 보내는(솰라흐) 내 종 그 예언자(나비)들의
(말을), (다시 말해) 부지런히 보내는(솰라흐) (내 종 그 예언자들의 말을),
듣지(솨마) 않으면,

26:6 내가 바로 이 집(바이트)을 쉴로[1160]처럼 주고(나탄), 바로 이 성읍(이르)

1156) 가라(גָּרַע): 감소하다, 제지하다, 딴 데로 돌리다.
같은 표현 ⇒ (출5:8,11,19,21:10), (사15:2), (렘26:2,48:37).

1157) 마알랄(מַעֲלָל): 행위, 행실. ☞ 알랄(עָלַל): 호되게 다루다, 행동하다)에서 유래.
같은 표현 ⇒ (신28:20), (사1:16,3:8,10), (렘4:4,18,7:3,5,11:18,17:10,18:11,21:12,14,
23:2,22,25:5,26:3,13,32:19,35:15,44:22), (미2:7), (슥1:4,6).

1158) 로아으(רֹעַ): 나쁨, 악함. 같은 표현 ⇒ (신28:20), (사1:16),
(렘21:12,23:2,22,24:2,3,8,25:5,26:3,29:17).

1159) 나함(נָחַם): 위로하다, 후회하다. 같은 표현 ⇒ (창5:29,6:6,7), (사1:24,12:1,22:4,
40:1,49:13,51:3,12,19,52:9,54:11,57:6,61:2,66:13), (렘4:28,8:6,15:6,16:7,18:8,10,20:16,
26:3,13,19,31:13,15,19,42:10).

을 그 땅(에레쯔)의 모든 민족(고이)들에게 저주(퀘랄라)[1161]로 준다.' "라
고 하라.ם

26:7 그 제사장(코헨)들과 그 예언자(나비)들과 모든 백성(암)이 여호와의 집(바
이트)에서 바로 이 말(다바르,복)을 하는(다바르) 이르메야의 (말을) 들었다(솨마).

26:8 그때 이런 일이 있었으니,
이르메야가 여호와가 명하는 것(짜바)을 모든 백성(암)에게 말하기를
(아마르) 마쳤을(칼라)[1162] 때,
그 제사장(코헨)들과 그 예언자(나비)들과 모든 백성(암)들이 그를 붙잡
고(타파스)[1163], 말하기를(아마르),
"너는 정녕 죽을 것이다(무트).

26:9 어찌하여 너는 '바로 이 집(바이트)이 쉴로처럼 되고(하야),
바로 이 성읍(이르)이 황폐하여(하라브)[1164] 거주하는 자(야솨브)가 없다.'
라고 여호와의 이름(쉠)으로 예언하느냐(나바)[1165]?"라고 하였다.
그러자 그 모든 백성(암)이 여호와의 집(바이트)에서 이르메야에게
모였다(콰할).

26:10 예후다의 고관(사르)들이 바로 이 말(다바르,복)을 듣고(솨마),
그 왕의 궁(바이트)으로부터 여호와의 집(바이트)으로 올라와,

1160) 쉴로(שִׁלֹה): 실로, 사사 시대에 성막이 있은 곳.
같은 표현 ⇒ (렘7:12,14,26:6,9,41:5).

1161) 퀘랄라(קְלָלָה): 저주, 악담. ☞ 콸랄(קָלַל : 무시하다, 저주하다)의 여성명사.
같은 표현 ⇒ (창27:12,13), (신11:26,28,29,21:23,23:5,27:13,28:15,45,29:27,30:1,19)
(렘24:9,25:18,26:6,29:22,42:18,44:8,12,22,49:13).

1162) 칼라(כָּלָה): 완성하다, 끝마치다, 끝나다. 같은 표현 ⇒ (창2:1,17:22), (왕상17:14),
(사1:28,10:18), (렘5:3,8:20,9:16,10:25,14:6,12,16:4,20:18,26:8,43:1,44:27,49:37,51:63).

1163) 타파스(תָּפַשׂ): 붙잡다. 사로잡다. 같은 표현 ⇒ (창4:21,39:12), (왕상18:40,20:18),
(왕하7:12), (사3:6,36:1), (렘2:8,26:8,34:3,37:13,14,38:23,40:10,46:9,50:16,24,46,
51:32,41,52:9), (암2:15), (합2:19).

1164) 하라브(חָרֵב): 마르다, 시들다. ☞ 마르는 지역을 묘사.
같은 표현 ⇒ (창8:13), (사19:5,6,34:10,37:18,25,42:15,44:27,49:17,50:2,51:10,60:12),
(렘2:12,26:9,50:21,27,51:36), (나1:4).

1165) 나바(נָבָא): 예언하다. ☞ 나비(נָבִיא : 예언자)에서 유래. 같은 표현 ⇒
(민11:25,26,27), (렘2:8,5:31,11:21,14:14,15,16,19:14,20:1,6,23:13,16,21,25,26,32,25:13,30,
26:9,11,12,18,20,27:10,14,15,16,28:6,8,9,21,26,27,31,32:3,37:19), (겔4:7,36:1,3,6,37:4,7,9,
10,12,38:2,14,17,39:1), (욜2:28), (암2:12,3:8).

여호와의 집(바이트)의 새로운 문(솨아르) 입구에 앉았다.ס

26:11 그 제사장(코헨)들과 그 예언자(나비)들이 그 고관(사르)들과 그 모든 백성(암)에게 말하였으니(아마르), 말하기를(아마르),
"죽음의 심판(미쉬파트)1166)이 바로 이 자(아쉬)에게 (있다),
왜냐하면 당신들이 자신들의 귀로 들은 바(솨마)와 같이
그(이르메야)가 바로 이 성읍(이르)에 관하여 예언하였기(나바) 때문이다."라고 하였다.

26:12 그때 이르메야가 그 모든 고관(사르)들과 그 모든 백성(암)에게 말하였으니(아마르), 말하기를(아마르),
"여호와가 나를 보내었으니(솰라흐),
곧 내가 바로 이 집(바이트)과 바로 이 성읍(이르)에 관하여 너희가 듣는(솨마) 그 모든 말(다바르,복)을 예언하기(나바) 위해서이다.

26:13 그런즉 지금 당신들은 자신들의 길(데레크,복)과 자신들의 행실(마아랄,복)을 선하게 하고(야타브), 여호와 당신들의 하나님(엘로힘)의 음성(콜)을 들어라(솨마).
그러면 여호와가 당신들에게 말하는(다바르) 그 재앙(라)에 대하여 뜻을 돌이킨다(나함).

26:14 또한 보라(헨)! 나는 당신들의 손(야드)에 (있으니),
당신들의 눈에 그 좋은 것(토브)대로, 또는 그 바른 것(야솨르) 대로 나에게 행하라(아사).

26:15 그럼에도 불구하고, 당신들은 정녕 잘 알지니(야다),
즉 만일 당신들이 나를 죽이면(무트),
참으로 당신들은 죄 없는(나키)1167) 피 흘림(담)을 당신들과
바로 이 성읍(이르)과 이곳의 거주민(야솨브)에게 주는 것이다(나탄).
왜냐하면 진실(에메트)1168)로 여호와가 나를 당신들에게 보내어(솰라흐)

1166) 미쉬파트(מִשְׁפָּט): 공의, 법도, 재판, 심판. ☞ 솨파트(שָׁפַט : 재판하다)의 명사. 같은 표현 ⇒ (창18:19), (사40:14,27,41:1,42:1,3,4,49:4,50:8,51:4,53:8,54:17,56:1,58:2,59:8,9,61:8), (렘1:16,4:2,12,5:1,4,5,28,7:5,8:7,9:24,10:24,12:1,17:11,21:12,22:3,13,15,23:5,26:11,16,30:11,18,32:7,9,33:15,39:5,46:28,48:21,47,51:9,52:9).

1167) 나키(נָקִי): 죄 없는, 무죄한, 결백한, 깨끗한. 같은 표현 ⇒ (창24:41,44:10), (사59:7), (렘2:34,7:6,19:4,22:3,17,26:15), (욜3:19), (욘1:14).

1168) 에메트(אֱמֶת): 진실, 성실, 진리. ☞ 아만(אָמַן : 믿다)의 여성명사.

당신들의 귀에 바로 이 모든 말(다바르,복)을 말하였기(다바르) 때문이
다."라고 하였다.

26:16 그 고관(사르)들과 그 모든 백성(암)이 그 제사장(코헨)들과 그 예언자
(나비)들에게 말하기를(아마르),
"죽음의 심판(미쉬파트)이 바로 이 자(이쉬)에게 (있지) 않느냐?
왜냐하면 그가 여호와 우리 하나님(엘로힘)의 이름(쉠)으로 우리에게
말하기(다바르) 때문이다."라고 하였다.

26:17 그때 그 땅(에레쯔)의 장로(자켄)들 중 (몇) 사람들(에노쉬)이 일어나서(쿰)
그 백성의 온 공동체(콰할)[1169]에 말하였으니(아마르), 말하기를(아마르),

26:18 "히즈키야 예후다 왕의 날(욤,복)에,
미카 모레쉩 사람이 예언하여(나바), 예후다 모든 백성(암)에게
말하기를(아마르),
'만군의 여호와가 이와 같이 말하였으니(아마르),
〈찌욘은 밭처럼 경작되고(하라쉬)[1170],
예루솰라임은 폐허의 무더기(이)가 되며(하야),
그 집(바이트)의 산은 숲(야아르)의 산당(바마)들이 (된다).〉'라고 하였다.

26:19 히즈키야 예후다 왕과 온 예후다가 그(미카)를 정녕 죽였습니까?
그(히즈키야)가 여호와를 경외하여(야레) 여호와의 얼굴을 간구하니
(할라)[1171], 여호와가 그들에게 말한(다바르) 그 재앙(라)에 대하여
뜻을 돌이키지(나함) 않았습니까?
우리는 자신들의 목숨(네페쉬)에 대적하여 큰 악(라)을 행하는 것
입니다(아사).

26:20 그때 또한 여호와의 이름(쉠)으로 예언하는(나바) 어떤 자(이쉬)도

같은 표현 ⇒ (창24:27,48,32:10), (신22:20), (사42:3,43:9,48:1,59:14,15,61:8),
(렘2:21,4:2,9:5,10:10,14:13,23:28,26:15,28:9,32:41,33:6,42:5).

1169) 콰할(קָהָל): 공동체, 모임, 집회. ☞ 콰할(קָהַל : 소집하다)의 명사.
같은 표현 ⇒ (창28:3,35:11,48:4,49:6), (렘26:17,31:8,44:15), (욜2:16), (미2:5).

1170) 하라쉬(חָרַשׁ): 새기다, 밭을 갈다, 궁리하다, 침묵하다. 같은 표현 ⇒ (창24:21),
(사28:24,36:21,41:1,42:14,44:12,13), (렘4:19,17:1,26:18,38:27), (미3:12), (합1:13).

1171) 할라(חָלָה): 병들다, 아프게 하다, 약하다, 간절히 원하다, 간청하다.
같은 표현 ⇒ (창48:1), (출32:11), (신29:22), (왕상17:17,22:34), (왕하1:2,8:7,29),
(사14:10,53:10,57:10), (렘4:31,10:19,12:13,14:17,26:19,30:12).

있었는데(하야),
곧 (그는) 키르얕예아림 출신 우리야 쉬마야의 아들(벤)이었습니다.
또한 그도 바로 이 성읍(이르)과 바로 이 땅(에레쯔)에 관하여 이르메야의 모든 말(다바르, 복)처럼 예언하였습니다(나바).

26:21 그 왕 예호야킴과 그의 모든 용사(기보르)들와 고관(사르)들이
그의 말(다바르, 복)을 듣고(솨마),
그 왕이 그(우리야)를 죽이려고(무트) 찾았으니(바콰쉬)[1172]
우리야가 듣고(솨마) 두려워하여(야레) 도망하여(바라흐)[1173] 미쯔라임으로 갔습니다(보).

26:22 그 왕 예호야킴이 사람들(에노쉬)을 미쯔라임으로 보냈으니(솰라흐),
곧 엘나탄 악보르의 아들(벤)과 그와 함께 있는 사람들(에노쉬)을
미쯔라임으로 (보냈습니다).

26:23 그들이 우리야를 미쯔라임에서 끌어내어(야짜), 그 왕 예호야킴에게 데려오니(보), 그가 그를 그 칼로 쳐서(나카) 그의 시체를 그 백성의 자녀(벤)들 묘지(퀘레브)에 던졌습니다(솰라크)."라고 하였다.

26:24 참으로 아히캄 솨판의 아들(벤)의 손(야드)이 이르메야와 함께 있어(하야), (그들이) 그(이르메야)를 죽이도록(무트) 그 백성(암)의 손(야드)으로 그를 넘겨주지(나탄) 못하였다.פ

1172) 바콰쉬(בָּקַשׁ): 찾다, 요구하다, 묻다. 같은 표현 ⇒ (창31:39), (사40:20,41:12,17, 45:19,51:1,65:1), (렘2:24,33,4:30,5:1,11:21,19:7,9,21:7,22:25,26:21,29:13,34:20,21,38:16, 44:30,45:5,46:26,49:37,50:4,20), (단1:8,20,8:15,9:3), (호2:7).

1173) 바라흐(בָּרַח): 도망가다, 도피하다. 같은 표현 ⇒ (창16:6), (사22:3,48:20), (렘4:29,26:21,39:4,52:7), (단10:7), (욘1:3,10).

이르메야 27장

27:1 예호야킴 요쉬야 예후다 왕의 아들(벤)의 통치(맘라카) 초기(레쉬트)에,
여호와로부터 이르메야에게 바로 이 말(다바르)이 임하였으니(하야),
말하기를(아마르),

27:2 여호와가 나에게 이와 같이 말하였으니(아마르),
"너는 줄(모쎄르,복)과 멍에 장대(모타,복)1174)를 만들어(아사),
네 목에 그것들을 메고(나탄),

27:3 그것들을 에돔 왕과 모압 왕과 암몬 족(벤)의 왕과 쪼르 왕과
찌돈 왕에게 보내되(솰라흐),
예루솰라임으로 곧 찌드키야 예후다 왕에게 오는(보) 사신들(말아크)의
손(야드)을 통해서 (보내라),

27:4 또한 너는 그들에게 자신들의 주인(아돈)들에게 말하도록(아마르),
명하라(짜바), 곧 만군의 여호와가 이와 같이 말하였으니(아마르),
너희는 자신들의 주인(아돈)들에게 이와 같이 말하라(아마르),

27:5 '내(여호와)가 그 땅(에레쯔)과 또 그 땅에 있는 그 사람(아담)과 그 짐승
(베헤마)을 나의 그 큰 힘(코아흐)과 나의 그 편 팔(제로아)로 지었고(아사),
또 내가 그것을 내 눈에 바르게 행하는 자(야솨르)1175)에게 주었다.

27:6 또한 지금 나는 바로 이 모든 땅(에레쯔)을 내 종 네부칻네짜르 바벨
왕의 손(야드)에 주고(나탄), 심지어 그 들판의 생명체(하이)도 그를 섬기
도록(아바드) 그에게 준다(나탄).

27:7 그런즉 그 모든 민족(고이)들이
그(느부칻네짜르)와 그의 아들(벤)과 그의 손자(벤)를 섬기니(아바드),
곧 그가 심지어 자신의 땅(에레쯔)의 때(에트)에 이르기(보)까지이다.

27:8 또한 이런 일이 있을 것이니,
네부칻네짜르 바벨 왕을 섬기지(아바드) 않고

1174) 모타(מוֹטָה): 멍에 장대. 같은 표현 ⇒ (레26:13), (사58:6,9), (렘27:2,28:10,12,13).
1175) 야솨르(יָשַׁר): 평탄하다, 똑바르다, 옳게 여기다, 기뻐하다.
같은 표현 ⇒ (사40:3,45:2,13), (렘18:4,27:5), (합2:4).

그의 목에 바벨 왕의 멍에(올)[1176]를 메지(나탄) 않는
그 민족(고이)과 그 왕국(맘라카)은,
내(여호와)가 그 칼(헤레브)과 그 기근(라아브)과 그 전염병(데베르)으로
바로 그 민족(고이)을 벌하여 보응하니(파콰드)[1177],
여호와의 말(네움),
내가 그의 손(야드)으로 그들을 완전히 끝낼(타맘)[1178] 때까지이다.

27:9 그런즉 너희는, '바벨 왕을 섬기지(아바드) 말라'고 말하는(아마르) 너희
의 예언자(나비)들과 점치는 자(코셈)[1179]들과 꿈꾸는 자(할롬)들과 길흉
을 말하는 자(아난)[1180]들과 요술사(카솨프)들의 (말을) 듣지(솨마) 말라.

27:10 왜냐하면 그들이 너희의 땅(에레쯔)에서 너희를 멀리 옮기려고(라하크),
거짓(쉐케르)으로 너희에게 예언하면(나바)[1181],
나(여호와)는 너희가 멸망하도록(아바드)[1182], 너희를 쫓아내기(나다흐)[1183]

1176) 올(עֹל): 멍에. 같은 표현 ⇒ (창27:40), (레26:13), (민19:2), (신21:3,28:48), (사9:4,10:27,14:25,47:6), (렘2:20,5:5,27:8,11,12,28:2,4,11,14,30:8).

1177) 파콰드(פָּקַד): 방문하다, 계수하다, 임명하다, 보응하여 벌하다. 같은 표현 ⇒ (창21:1), (왕상20:15,26,27,39), (왕하3:6,5:24,7:17,9:34), (사13:4,62:6), (렘1:10,3:16, 5:9,29,6:6,15,9:9,25,11:22,13:21,14:10,15:3,15,21:14,23:2,4,34,25:12,27:8,22,29:10,32,30:20, 32:3,36:31,37:21,40:5,7,11,41:2,10,18,44:13,29,46:25,49:8,19,50:18,31,44,51:27,44,47,52), (호1:4,2:13), (습1:8,9,11,2:7).

1178) 타맘(תָּמַם): 완전히 끝마치다, 다 소비하다. 같은 표현 ⇒ (창47:15,18), (사16:4,18:5,33:1), (렘1:3,14:15,24:10,27:8,36:23,37:21,44:12,18,27), (단8:23).

1179) 코셈(קֹסֵם): 점치는 자. ☞ 콰쌈(קָסַם : 점치다, 복술하다)의 분사, 같은 표현 ⇒ (신18:10,14), (사3:2,44:25), (렘27:9,29:8).

1180) 아난(עָנַן): 점을 치다, 강신술(예언)을 행하다, 구름이 끼다. 같은 표현 ⇒ (창9:14), (사2:6,57:3), (렘27:9).

1181) 나바(נָבָא): 예언하다. ☞ 나비(נָבִיא : 예언자)에서 유래. 같은 표현 ⇒ (민11:25,26,27), (렘2:8,5:31,11:21,14:14,15,16,19:14,20:1,6,23:13,16,21,25,26,32,25:13,30, 26:9,11,12,18,20,27:10,14,15,16,28:6,8,9,21,26,27,31,32:3,37:19), (겔4:7,36:1,3,6,37:4,7,9, 10,12,38:2,14,17,39:1), (욜2:28), (암2:12,3:8).

1182) 아바드(אָבַד): 멸망시키다, 사라지게 하다, 길을 잃다. 같은 표현 ⇒ (출10:7), (레23:30,26:38), (사26:14,27:13,29:14,37:19,41:11,57:1,60:12), (렘1:10,4:9,6:21,7:28, 9:12,10:15,12:17,15:7,18:7,18,23:1,25:10,35,27:10,15,31:28,40:15,46:8,48:8,36,46,49:7,38, 50:6,51:18,55), (욜1:11), (암2:14,3:15), (옵1:8,12), (욘1:6,14), (습2:5,13).

1183) 나다흐(נָדַח): 몰아내다, 내어 쫓다, 몰리게 되다, 미혹되다. 같은 표현 ⇒ (신4:19), (사8:22,13:14,16:3,4,27:13), (렘8:3,16:15,23:2,3,8,24:9,27:10,15,29:14,18, 30:17,32:37,40:12,43:5,46:28,49:5,36,50:17), (겔4:13), (단9:7), (욜2:20), (습3:19).

때문이다.

27:11 그러나 그의 목에 바벨 왕의 멍에(올)를 메고(보) 그를 섬기는(아바드)
그 민족(고이)은 내(여호와)가 그의 땅(아다마)에 그(민족)를 정착케 하여
(야나흐)1184) 그(민족)가 그곳에서 경작하며(아바드) 거주한다(야샤브),
여호와의 말(네움).'이라고 하라."고 하는 것이다.

27:12 내(이르메야)가 찌드키야 예후다 왕에게 바로 이 모든 말(다바르)에 따
라 말하였으니(다바르), 말하기를(아마르),
"당신들은 자신들의 목에 바벨 왕의 멍에(올)를 메고(보),
그들과 그의 백성(암)을 섬기시오(아바드),
그러면 당신들은 삽니다(하야).

27:13 어찌하여 당신과 당신의 백성은, 여호와가 바벨 왕을 섬기지(아바드)
않는 그 민족(고이)에 대적하여 말하는(다바르) 대로, 그 칼(헤레브)과
그 기근(라아브)과 그 전염병(데베르)으로 <u>죽으려고 합니까</u>(무트)?

27:14 그런즉 당신들은, '너희는 바벨 왕을 섬기지(아바드) 말라.'고 말하는
(아마르) 그 예언자들의 말(다바르,복)을 듣지(솨마) 마십시오,
왜냐하면 그들은 당신들에게 거짓(쉐퀘르)으로 예언하기(나바) 때문
입니다.

27:15 왜냐하면 그들은 내(여호와)가 그들을 보내지(솰라흐) 않았는데도,
내 이름(쉠)으로 그 거짓(쉐퀘르)을 예언하기(나바) 때문입니다.
여호와의 말(네움).
그런즉 내(여호와)가 너희를 쫓아내니(나다흐),
너희는 멸망하고(아바드),
너희와 너희에게 예언하는(나바) 그 예언자(나비)들도 (멸망한다)."라고
하였다.

27:16 또한 내(이르메야)가 그 제사장(코헨)들과 바로 이 모든 백성(암)에게
말하였으니(다바르), 말하기를(아마르),
"여호와가 이와 같이 말하였으니(아마르),
'당신들은 자신들에게, 〈보라(힌네)! 여호와의 집(바이트)의 용기(켈리)들

1184) 야나흐(יָנַח): 쉬다, 휴식하다, 정착하다. ☞ 누아흐(נוּחַ : 쉬다, 휴식하다)와 동일 의미. 같은 표현 ⇒ (창2:15), (출16:34,32:10), (민17:4,32:15), (신26:4), (왕상19:3), (사14:1,28:2,46:7,65:15), (렘14:9,27:11,43:6).

이 바벨로부터 이제 속히 돌아온다(슈브).〉라고 예언하는(나바) 너희 예언자(나비)들의 말(다바르,복)을 듣지(솨마) 말라.
왜냐하면 그들이 너희에게 거짓(쉐퀘르)으로 예언하기(나바) 때문이다.

27:17 너희는 그들의 (말을) 듣지(솨마) 말고, 바벨 왕을 섬겨라(아바드).
그러면 너희는 산다(하야).
어찌하여 바로 이 성읍(이르)이 황폐(호르바)[1185]가 되느냐(하야)?

27:18 만일 그들이 예언자(나비)들이고,
여호와의 말(다바르)이 그들에게 있으면,
그들은 만군의 여호와께 간구하라(파가)[1186],
곧 예루솰라임에 있는 여호와의 집(바이트)과 예후다 왕의 집(바이트)에 그 남아 있는(야타르)[1187] 용기(켈리)들이 바벨로 옮겨지지(보) 않도록 (간구하라).פ

27:19 왜냐하면 만군의 여호와가 그 기둥들과 그 바다와 그 받침대들과 바로 이 성읍(이르)에 그 남아 있는(야타르) 용기(켈리)들의 나머지(예테르)에 대하여 이와 같이 말하니(아마르),

27:20 즉 그것들은, 네부칻네짜르 바벨 왕이 예콘야[1188] 예호야킴 예후다 왕의 아들(벤)과 예루솰라임과 유다에 있는 모든 귀족(호르)들을 예루솰라임으로부터 바벨로 포로로 잡아 갈(갈라)[1189] 때, 가지고 가지(라콰흐) 않은 것이기 때문이다.'ס

27:21 왜냐하면 만군의 여호와 이스라엘의 하나님이 여호와의 집(바이트)과 예후다 왕의 집(바이트)과 예루솰라임에 그 남아 있는(야타르) 용기

1185) 호르바(חָרְבָּה): 황폐, 폐허. 여성명사. 같은 표현 ⇒ (레26:31,33), (사5:17,44:26,48:21,49:19,51:3,52:9,58:12,61:4), (렘7:13,22:5,25:9,11,18,27:17,44:2,6,22,49:13), (말1:4).
1186) 파가(פָּגַע): 만나다, 도달하다, 우연히 마주치다, 중재하다, 탄원하다.
같은 표현 ⇒ (창23:8,28:11), (사47:3,53:6,12,59:16,64:5), (렘7:16,15:11,27:18,36:25).
1187) 야타르(יָתַר): 남다, 남기다, 탁월하다, 넘치다, 두고 가다. 같은 표현 ⇒ (창30:36,32:24), (사1:8,9,4:3,7:22,30:17,39:6), (렘27:18,19,21,34:7,44:7), (슥13:8,14:16).
1188) 예콘야(יְכָנְיָה): 여곤야, 예후다 왕 여호야긴의 다른 이름.
같은 표현 ⇒ (렘24:1,27:20,28:4,29:2).
1189) 갈라(גָּלָה): 덮개를 벗기다, 계시하다, 폭로하다, 옮기다, 포로의 몸이 되다.
같은 표현 ⇒ (창9:21,35:7), (삼하7:27), (사5:13,16:3,22:8,14,23:1,24:11,26:21,38:12,40:5,47:2,3,49:9,21,53:1,56:1), (렘1:3,11:20,13:19,22,20:4,12,22:12,24:1,27:20,29:1,4,7,14,32:11,14,33:6,39:9,40:1,7,43:3,49:10,52:15,27,28,30), (단10:1), (호2:10), (암1:5,6,3:7).

(켈리)들에 관하여 말하였으니(아마르),

27:22 '그것들이 바벨로 옮겨져(보), 내(여호와)가 그것들을 돌아보는(파콰드)
날(욤)까지 그곳에 있다(하야),
여호와의 말(네움),
그런 후, 내가 그것들을 끌어 올려(알라), 바로 이곳에 그것들을
다시 돌아오게 한다(슈브).' "라고 하였다.פ

이르메야 28장

28:1 그리고 이런 일이 있었으니, 바로 그 해(솨네)에,
찌드키야 예후다 왕의 통치(마므라카) 처음(레쉬트), 곧 제 사년 오월에,
기브온 출신, 하난야 아주르의 아들(벤) 그 예언자(나비)가 나(이르메야)
에게 여호와의 집(바이트)에서 그 제사장(코헨)들과 그 모든 백성(암)의
눈 앞에서 말하기를(아마르),

28:2 "만군의 여호와 이스라엘의 하나님이 이와 같이 말하였으니(아마르),
말하기를(아마르),
'내(여호와)가 바벨의 왕의 멍에(올)[1190]를 부수었다(솨바르)[1191].

28:3 내(여호와)가, 네브칻네짜르 바벨 왕이 바로 이곳에서 취하여(라콰흐)
바벨로 가져간(보), 여호와의 집(바이트)의 모든 용기(켈리)를 이 년 안에
바로 이곳으로 되돌리고(슈브),

28:4 또한 내(여호와)가 예콘야[1192] 예호야킴 예후다의 왕의 아들(벤)과 바
벨로 간 예후다의 모든 포로(갈루트)[1193]를 바로 이곳으로 돌아오게
한다(슈브), 여호와의 말(네움),
왜냐하면 내(여호와)가 바벨의 왕의 멍에(올)를 부수기(솨바르) 때문이다.' "
라고 하였다.

28:5 이르메야 그 예언자(나비)가,
여호와의 집(바이트)에 서 있는 그 제사장(코헨)들의 눈앞에서,

1190) 올(עֹל): 멍에. ☞ 알랄(עָלַל : 호되게 다루다, 학대하다)에서 유래.
같은 표현 ⇒ (창27:40), (레26:13), (민19:2), (신21:3,28:48),
(사9:4,10:27,14:25,47:6), (렘2:20,5:5,27:8,11,12,28:2,4,11,14,30:8).

1191) 솨바르(שָׁבַר): 깨뜨려 부수다, 산산이 부수다. 같은 표현 ⇒ (창19:9), (왕상19:11,
22:48), (사8:15,14:5,25,21:9,24:10,27:11,28:13,30:14,38:13,42:3,45:2,61:1), (렘2:13,20,
5:5,8:21,14:17,17:18,19:10,11,22:20,23:9,28:2,4,10,11,12,13,30:8,43:13,48:4,17,25,38,49:35,
50:23,51:8,30,52:17), (단8:7,8,22,25,11:4,20), (호1:5,2:18), (암1:5), (욘1:4), (나1:13).

1192) 예콘야(יְכָנְיָה): 여곤야, 예후다 왕 여호야긴의 다른 이름.
같은 표현 ⇒ (렘24:1,27:20,28:4,29:2).

1193) 갈루트(גָּלוּת): 사로잡힌 자, 유배자. 같은 표현 ⇒ (사20:4,45:13),
(렘24:5,28:4,29:22,40:1,52:31), (겔1:2), (암1:6,9), (옵1:20).

또 그 모든 백성(암)의 눈앞에서,
하난야 그 예언자(나비)에게 말하였으니(아마르),

28:6 (다시 말해), 이르메야 그 예언자(나비)가 말하기를(아마르),
“아멘, 여호와는 그와 같이 행하소서(아사)
여호와는 당신(하난야)이 예언한(나바) 당신의 말(다바르,복)을 이루소서(쿰),
곧 여호와의 집(바이트)의 용기(켈리)들과 그 모든 유배자(고라)를 바벨로부터 바로 이곳으로 돌아오게 한다(슈브)라고 (예언한 당신의 말을) 이루소서.

28:7 그럼에도 불구하고,
자! 당신(하난야)은 내(이르메야)가 당신의 귀와 그 모든 백성(암)의 귀에 말하고 있는(다바르) 바로 이 말(다바르)을 들으소서(솨마).

28:8 내 앞에 또 당신 앞에 있는(하야) 그 예언자(나비)들 곧 그들은
그 오래(올람) 전부터
많은 땅(에레쯔)들에 대해서,
큰 왕국(맘라카)들에 대해서,
전쟁(밀하마)과 재앙(라)과 전염병(데베르)에 대해서
예언하였고(나바),

28:9 (또) 평안(솰롬)에 대하여 예언한(나바) 그 예언자(나비)도
그 예언자(나비)의 말(다바르)이 일어날(보) 때에야,
진실로(에메트)1194) 여호와가 보낸(솰라흐) 그 예언자(나비)로
잘 알게 되는 것입니다(야다).”라고 하였다.

28:10 그러자 하난야 그 예언자(나비)가 이르메야 그 예언자(나비)의 목에서 멍에 장대(모타)1195)를 취하여(라콰흐) 그것을 부수었다(솨바르)1196).

28:11 그때 하난야가 그 모든 백성(암)의 눈앞에서 말하기를(아마르),

1194) 에메트(אֱמֶת): 진실, 성실, 진리. ☞ 아만(אָמַן : 믿다)의 여성명사.
같은 표현 ⇒ (창24:27,48,32:10), (신22:20), (사42:3,43:9,48:1,59:14,15,61:8), (렘2:21,4:2,9:5,10:10,14:13,23:28,26:15,28:9,32:41,33:6,42:5).

1195) 모타(מוֹטָה): 멍에 장대. 같은 표현 ⇒ (레26:13), (사58:6,9), (렘27:2,28:10,12,13).

1196) 솨바르(שָׁבַר): 깨뜨려 부수다, 산산이 부수다. 같은 표현 ⇒ (창19:9), (왕상19:11, 22:48), (사8:15,14:5,25,21:9,24:10,27:11,28:13,30:14,38:13,42:3,45:2), (렘2:13,20,5:5,8:21, 14:17,17:18,19:10,11,22:20,23:9,28:2,4,10,11,12,13,30:8,43:13,48:4,17,25,38,49:35,50:23, 51:8,30,52:17), (단8:7,8,22,25,11:4,20,22,26), (호1:5,2:18), (암1:5), (욘1:4), (나1:13).

"여호와가 이와 같이 말하였으니(아마르),
'이 년이 채워지기 전에 이와 같이,
내가 그 모든 민족(고이)들의 목에서 네부칸네짜르 바벨 왕의 멍에(올)를 부순다(솨바르).' "라고 하였다.
그러자 이르메야 그 예언자(나비)는 자신의 길(데레크)로 갔다(할라크).פ

28:12 여호와의 말(다바르)이 이르메야에게 임하였으니(하야),
곧 하난야 그 예언자(나비)가 이르메야 그 예언자(나비)의 목에서
멍에 장대(모타)를 부순(솨바르) 후에 (임하였으니),
말하기를(아마르),

28:13 자, 너(이르메야)는 하난야에게 말하라(아마르), 말하기를(아마르),
"여호와가 이와 같이 말하였으니(아마르),
'너는 나무 멍에 장대(모타)들을 부수나(솨바르),
그러나 네가 그것들을 대신하여 철 멍에 막대기(모타)들을
만든다(아사).

28:14 왜냐하면 만군의 여호와 이스라엘의 하나님(엘로힘)이 이와 같이 말하였기(아마르) 때문이다,
내(여호와)가 바로 이 모든 민족(고이)들의 목에 철 멍에(올)를 주니(나탄),
곧 (그들이) 네부칸네짜르 바벨 왕을 섬기기(아바드) 위해서이다,
그런즉 그들(민족)이 그를 섬기고(아바드),
또한 내(여호와)가 심지어 그 들판의 짐승(하이)도 그에게 주니(나탄),
(그런즉 그들이 그것을 섬긴다).'라고 한다."고 하라.

28:15 이르메야 그 예언자(나비)가 하난야 그 예언자(나비)에게 말하기를(아마르),
"하난야여, 당신은 들으소서,
여호와가 당신을 보내지(솰라흐) 않았는데도,
당신은 바로 이 백성(암)에게 거짓(쉐케르)[1197]을 믿게 한다(바타흐)[1198].

28:16 그러므로 여호와가 이와 같이 말하였으니(아마르),

1197) 쉐케르(שֶׁקֶר): 거짓, 속임. ☞ 솨콰르(שָׁקַר : 거짓으로 행하다)의 명사.
같은 표현 ⇒ (출5:9,20:16,23:7), (왕상22:22,23), (사44:20,57:4,59:3,13), (렘3:10,23,5:2,31,23:25,26,32,28:15,29:9,21,23,31).

1198) 바타흐(בָּטַח): 신뢰하다, 의지하다, 안전하다. 같은 표현 ⇒ (사12:2,26:3,4,30:12,31:1,32:10,11,36:4,5,6,7,9,15,37:10,42:17,47:10,50:10,59:4), (렘5:17,7:4,8,14,9:4,12:5,13:25,17:5,7,28:15,29:31,39:18), (합2:18).

‘보라(헨)! 내(여호와)가 너를 그 땅(아다마)의 지면 위에서 없애니(쉴라흐),
그 해(솨네)에 너는 죽는다(무트).
왜냐하면 네가 여호와의 배교(싸라)[1199]를 말하기(디바르) 때문이다.’ ”
라고 하였다.

28:17 그러하여, 하난야 그 예언자(나비)는 바로 그 해 일곱째 달에 죽었다(무트).פ

1199) 싸라(סָרָה): 변절, 배신, 배교 ☞ 쑤르(סוּר : 빗나가다, 벗어나다)의 여성명사.
같은 표현 ⇒ (신13:5,19:16), (사1:5,11:13,14:6,31:6,59:13), (렘28:16,29:32).

이르메야 29장

29:1 이것들은, 이르메야 그 예언자(나비)가 예루솰라임으로부터,
네부칻네짜르가 예루솰라임에서 바벨로 포로로 잡아간(갈라[1200] 골
라[1201]) 장로들 중 남은 자(예테르)들과 그 제사장(코헨)들과 그 예언자
(나비)들과 그 모든 백성(암)에게 보낸 편지(세페르)의 말(다바르, 복)이다.

29:2 예콘야[1202] 그 왕과 그 왕비와 그 환관(싸리쓰)들과 예후다와 예루솰
라임의 고관(사르)들과 기술자(하라쉬)[1203]들과 대장장이들이, 예루솰라
임으로부터 떠난(야짜) 후에,

29:3 찌드키야 예후다의 왕이 네부칻네짜르 바벨 왕에게 바벨로 보낸
(솰라흐) 엘르아사 솨판의 아들(벤)과 그마르야 힐키야의 아들(벤)의 손
(야드)을 통해서 말하기를(아마르),

29:4 "만군의 여호와 이스라엘의 하나님(엘로힘)이, 자신이 예루솰라임에서
바벨로 잡혀가게 한(갈라) 그 모든 포로(골라)에게 이와 같이 말하였으니(아마르),
29:5 '너희는 집(바이트)들을 짓고 거주하라(야솨브),
또 너희는 정원들을 만들어(나타) 그곳들의 열매(페리)를 먹어라.

29:6 너희는 아내(이솨)들을 취하여(라콰흐) 아들(벤)들과 딸(바트)들을 낳고(얄라드),
또 너희는 자신들의 아들(벤)들을 위하여 아내(이솨)들을 취하고(라콰흐),
또 너희는, 그녀들이 아들(벤)들과 딸(바트)들을 낳도록(얄라드), 자신들
의 딸(바트)들을 남자(에노쉬)들에게 주어라(나탄),
또 너희는 그곳에서, 줄어들지(마아트)[1204] 않도록 번성하라(라바).

1200) 갈라(גָּלָה): 덮개를 벗기다, 계시하다, 폭로하다, 옮기다, 포로의 몸이 되다.
같은 표현 ⇒ (창9:21,35:7), (삼하7:27), (사5:13,16:3,22:8,14,23:1,24:11,26:21,38:12,40:5,47:2,3,49:9,21,53:1,56:1), (렘1:3,11:20,13:19,22,20:4,12,22:12,24:1,27:20,29:1,4,7,14,32:11,14,33:6,39:9,40:1,7,43:3,49:10,52:15,27,28,30), (단10:1), (호2:10), (암1:5,6,3:7).

1201) 골라(גּוֹלָה): 포로, 사로잡힘. ☞ 갈라(גָּלָה : 덮개를 벗기다, 계시하다, 폭로하다, 포로가 되다)에서 유래. 같은 표현 ⇒ (렘29:1,4,16,20,31), (겔1:1,3:11,15), (암1:15).

1202) 예콘야(יְכָנְיָה): 여곤야, 예후다 왕 여호야긴의 다른 이름.
같은 표현 ⇒ (렘24:1,27:20,28:4,29:2).

1203) 하라쉬(חָרָשׁ): 장인, 기능공, 조각가. 같은 표현 ⇒ (사40:19.20,41:7,44:11,45:16,54:16), (렘10:3,9,24:1,29:2), (겔21:31), (슥1:20).

29:7 너희는 내(여호와)가 너희를 포로로 잡혀가게 한(갈라) 그 성읍(이르)의
평안(샬롬)을 구하고(다라쉬)[1205], 그곳을 위해 여호와께 기도하라(팔랄)[1206].
왜냐하면 그곳의 평안(샬롬)으로 인하여,
너희에게도 평안(샬롬)이 있기(하야) 때문이다.' "라고 하였다.פ

29:8 왜냐하면 만군의 여호와 이스라엘의 하나님(엘로힘)이 이와 같이 말
하였으니(아마르),
"너희 중에(케레브) 있는 너희의 예언자(나비)들과 너희의 점쟁이(코셈)[1207]
들이 너희를 미혹하지(나솨)[1208] 못하게 하라.
또한 너희는 바로 너희가 꿈꾸는(할람) 자신들의 꿈(할롬,복)도 듣지(솨마)
말라.

29:9 왜냐하면 내(여호와)가 그들을 보내지(솰라흐) 않는데도, 바로 그들이
거짓(쉐퀘르)[1209]으로 너희에게 나의 이름(쉠)으로 예언하기(나바)[1210]
때문이다. 여호와의 말(네움)."이라고 하는 것이다.ס

29:10 왜냐하면 여호와가 이와 같이 말하였으니(아마르),
"바벨에 가득 채움(말레)의 가장자리(페) 곧 칠십 년(솨네)이 (이르를) 때,
나는 너희를 돌아보아(파콰드)[1211], 너희를 바로 이곳으로 돌아오게

1204) 마아트(מְעַט): 작다, 작게 되다, 감소하다. 같은 표현 ⇒ (출12:4,16:17,18,30:15),
(레25:16,26:22), (사21:17), (렘10:24,29:6,30:19), (겔29:15).

1205) 다라쉬(דָּרַשׁ): 자주가다, 찾다, 구하다, 묻다, 하려고 노력하다. 같은 표현 ⇒
(창9:5,25:22,42:22), (사1:17,8:19,9:13,11:10,16:5,19:3,31:1,34:16,55:6,58:2,62:12,65:1,10),
(렘8:2,10:21,21:2,29:7,13,30:14,17,37:7,38:4,).

1206) 팔랄(פָּלַל): 중재하다, 기도하다, 개입하다. 같은 표현 ⇒ (창20:7,17,48:11),
(삼하7:27), (사16:12,37:15,21,38:2,44:17), (렘7:16,11:14,29:7,12,32:16,37:3,42:2,4,20).

1207) 코셈(קֹסֵם): 점치는 자. ☞ 콰쌈(קָסַם : 점치다, 복술하다)의 분사,
같은 표현 ⇒ (신18:10,14), (사3:2,44:25), (렘29:8).

1208) 나솨(נָשָׁא): 미혹하다, 속이다. 같은 표현 ⇒ (창3:13), (사19:13,36:14,37:10),
(렘4:10,23:39,29:8,37:9,49:16), (옵1:3,7).

1209) 쉐퀘르(שֶׁקֶר): 거짓, 속임. ☞ 솨콰르(שָׁקַר : 거짓으로 행하다)의 명사.
같은 표현 ⇒ (출5:9,20:16,23:7), (왕상22:22,23), (사44:20,57:4,59:3,13),
(렘3:10,23,5:2,31,23:25,26,32,28:15,29:9,21,23,31).

1210) 나바(נָבָא): 예언하다. ☞ 나비(נָבִיא : 예언자)에서 유래. 같은 표현 ⇒
(민11:25,26,27), (렘2:8,5:31,11:21,14:14,15,16,19:14,20:1,6,23:13,16,21,25,26,32,25:13,30,
26:9,11,12,18,20,27:10,14,15,16,28:6,8,9,21,26,27,31,32:3,37:19), (겔4:7,36:1,3,6,37:4,7,9,
10,12,38:2,14,17,39:1), (욜2:28), (암2:12,3:8).

1211) 파콰드(פָּקַד): 방문하다, 계수하다, 임명하다, 보응하여 벌하다. 같은 표현 ⇒

하려는(슈브) 나의 복 있는(토브) 말(다바르)을 너희에게 이루게 하기(쿰) 때문이다.

29:11 왜냐하면 바로 내(여호와)가 너희에 관해 생각하고 있는(하솨브) 그 생각(마하솨바, 복)[1212]을 잘 알기(야다) 때문이다,
여호와의 말(네움),
곧 (그것은) 너희에게 장래(아하리트)[1213]와 소망(티크바)[1214]을 주는(나탄) 평화(솰롬)의 생각(마하솨바, 복)이지 재앙(라)의 (생각)이 아니다.

29:12 그때 너희가 나를 부르고(콰라) 나에게 와서(할라크) 기도하면(팔랄),
나(여호와)는 너희의 (말을) 듣고(솨마),

29:13 또한 너희가 나를 찾아(바콰쉬)[1215],
너희의 온 마음(레바브)으로 나를 구할(다라쉬) 때,
너희는 (나를) 만난다(마짜).

29:14 그때 내(여호와)가 너희를 만나니(마짜),
여호와의 말(네움),
내(여호와)가 너희의 포로상태(쉐부트)[1216]를 되돌리고(슈브),
또한 내(여호와)가 너희를, 모든 민족(고이)들로부터
즉 내가 쫓아낸(나다흐)[1217] 모든 장소로부터 모은다(콰바쯔)[1218],

(창21:1), (왕상20:15,26,27,39), (왕하3:6,5:24,7:17,9:34), (사13:4,62:6), (렘1:10,3:16, 5:9,29,6:6,15,9:9,25,11:22,13:21,14:10,15:3,15,21:14,23:2,4,34,25:12,27:8,22,29:10,32,30:20, 32:3,36:31,37:21,40:5,7,11,41:2,10,18,44:13,29,46:25,49:8,19,50:18,31,44,51:27,44,47,52), (호1:4,2:13), (습1:8,9,11,2:7).

1212) 마하솨바(מַחֲשָׁבָה): 생각, 사상, 고안, 발명. ☞ 하솨브(חָשַׁב : 생각하다, 고안하다)의 여성명사. 같은 표현 ⇒ (창6:5), (출31:4,35:32,33,35), (사55:7,8,9,59:7,65:2), (렘4:14,6:19,11:19,18:11,12,18,29:11,49:20,30,50:45,51:29), (단11:24,25).

1213) 아하리트(אַחֲרִית): 마지막 때, 끝, 결말. ☞ 아하르(אָחַר : 뒤에 있다)의 여성명사. 같은 표현 ⇒ (창49:1), (민23:10), (신4:30,8:16), (사2:2,41:22,46:10,47:7), (렘5:31, 12:4,17:11,23:20,29:11,30:24,31:17,48:47,49:39,50:12), (단8:19,23,10:14,11:4,12:8).

1214) 티크바(תִּקְוָה): 끝, 줄, 소망, 희망. ☞ 콰바(קָוָה : 기대하다, 바라다, 소망하다)의 명사. 같은 표현 ⇒ (렘29:11,31:17), (겔19:5,37:11), (호2:15).

1215) 바콰쉬(בָּקַשׁ): 찾다, 요구하다, 묻다. 같은 표현 ⇒ (창31:39), (사40:20,41:12,17, 45:19,51:1,65:1), (렘2:24,33,4:30,5:1,11:21,19:7,9,21:7,22:25,26:21,29:13,34:20,21,38:16, 44:30,45:5,46:26,49:37,50:4,20), (단1:8,20,8:15,9:3), (호2:7).

1216) 쉐부트(שְׁבוּת): 포로상태, 사로잡힘, 포로. 같은 표현 ⇒ (민21:29), (신30:3), (렘29:14,30:3,18,31:23,32:44,33:7,10,26,48:47,49:6,39), (습2:7).

여호와의 말(네움),
(다시 말해), 나는 너희를 포로로 잡혀가게 한(갈라) 그 장소로 돌아오게 한다(슈브).

29:15 왜냐하면 너희가 말하기를(아마르), '여호와가 바벨에서도 우리를 위하여 예언자(나비)들을 일으킨다(쿰).'고 하기 때문이다."라고 하는 것이다.ס

29:16 왜냐하면 여호와가 다뷔드의 보좌(키쎄)에 앉아 있는 왕과 바로 이 성읍(이르)에 거주하는(야솨브) 그 모든 백성, 곧 너희와 함께 포로(골라)로 가지(야짜) 않은 너희의 형제들에 대하여 이와 같이 말하기(아마르) 때문이다,

29:17 곧 만군의 여호와가 이와 같이 말하였으니(아마르),
"보라(헨)! 내(여호와)가 그들 안에 그 칼(헤레브)과 그 기근(라아브)과 그 전염병(데베르)을 보내어(솰라흐), 그들을 상태의 악함(로아으)[1219]으로 먹을 수 없는 그 넌더리나는 무화과(테엔,복)처럼 준다(나탄).

29:18 또한 내(여호와)가 그 칼(헤레브)과 그 기근(라아브)과 그 전염병(데베르)으로 그들 뒤를 쫓아가서(라다프)[1220], 그들을 그 땅(에레쯔)의 모든 왕국(마므라카)들에게 공포의 대상(재비아)[1221]으로 넘겨준다(나탄),
(다시 말해), 내가 그들을 쫓아낸(나다흐) 그 모든 민족(고이)들 중에 그들을 저주(알라)[1222], 공포(솸마)[1223], 야유거리(쉐리콰,쉿하는 소리), 치욕

1217) 나다흐(נָדַח): 몰아내다, 내어 쫓다, 몰리게 되다, 미혹되다. 같은 표현 ⇒ (신4:19), (사8:22,13:14,16:3,4,27:13), (렘8:3,16:15,23:2,3,8,24:9,27:10,15,29:14,18, 30:17,32:37,40:12,43:5,46:28,49:5,36,50:17), (겔4:13), (단9:7), (욜2:20), (습3:19).

1218) 콰바쯔(קָבַץ): 모으다, 거둬들이다, 소집하다. 같은 표현 ⇒ (창41:35,48,49:2), (사11:12,13:14,22:9,34:15,16,40:11), (렘23:3,29:14,31:8,10,32:37,40:15,49:5,14), (호1:11), (욜2:6,16,3:2), (미1:7,2:12), (나2:10), (합2:5).

1219) 로아으(רֹעַ): 나쁨, 악함. 같은 표현 ⇒ (신28:20), (사1:16), (렘21:12,23:2,22,24:2,3,8,25:5,26:3,29:17).

1220) 라다프(רָדַף): 쫓아가다, 추격하다, 박해하다. 같은 표현 ⇒ (창14:14,15,31:23,35:5), (사1:23,5:11,30:16,41:3,51:1), (렘15:15,17:18,20:11,29:18,39:5,52:8), (호2:7), (암1:11).

1221) 자아바(זַעֲוָה): 공포, 떨림, 공포나 전율의 대상. 같은 표현 ⇒ (신28:25), (렘15:4,24:9,29:18,34:17).

1222) 알라(אָלָה): 맹세, 저주, 저주의 맹세. 여성명사. 같은 표현 ⇒ (창24:41), (레5:1), (민5:21), (신29:12,19,20,21,30:7), (사24:6), (렘23:10,29:18).

1223) 솸마(שַׁמָּה): 황폐, 공포, 소름끼침. 같은 표현 ⇒ (신28:37), (사5:9,13:9,24:12),

(헤르파)[1224]으로 (넘겨준다),

29:19 곧 그들이 나의 말(다바르)을 듣지(솨마) 않기 때문이다,
여호와의 말(네움),
(다시 말해), 내가 그들에게 나의 종(에베드,복) 곧 그 예언자(나비,복)를
부지런히 보내고(솰라흐) 보내었으나(솰라흐),
너희가 (나의 말을) 듣지(솨마) 않았다,
여호와의 말(네움).

29:20 그런즉, 내가 예루솰라임에서 바벨로 보낸 모든 포로(골라)들아,
너희는 여호와의 말(다바르)을 들어라(솨마)."고 하는 것이다.▢

29:21 만군의 여호와 이스라엘의 하나님이 이와 같이 말하였으니(아마르),
"보라(헨)! 나의 이름(쉠)으로 너희에게 거짓(쉐퀘르)을 예언하는(나바),
아흐아브 콜라야의 아들(벤)과 찌드키야 아이쎄야의 아들(벤)에
대해서,
내가 그들을 네부칸네짜르 바벨의 왕의 손(야드)에 넘겨주니(나탄),
그때 그(느부칸네짜르)가 너희 눈앞에서 그들을 쳐 죽인다(나카)[1225].

29:22 그런즉 바벨에 있는 예후다의 모든 포로(갈루트)[1226]에게
저주(퀘랄라)[1227]의 (말)이 사용되니(라콰흐), 말하기를(아마르),
'여호와가 너를, 바벨의 왕이 불에 복아 태운(콸라)[1228] 찌드키야와
아흐아브처럼 되게 한다(숨).'라고 하는 것이다,

(렘2:15,4:7,5:30,8:21,18:16,19:8,25:9,11,18,38,29:18,42:18,44:12,22,46:19,48:9,
49:13,17,50:23,51:29,37,41,43), (욜1:7), (습2:15).

1224) 헤르파(חֶרְפָּה): 수치, 조롱, 치욕, 책망. 여성명사. 같은 표현 ⇒ (창30:23,34:14),
(사4:1,25:8,30:5,47:3,51:7,54:4), (렘6:10,15:15,20:8,23:40,24:9,29:18,31:19,42:18,
44:8,12,49:13,51:51).

1225) 나카(נָכָה): 치다, 때리다, 죽이다. 같은 표현 ⇒ (창4:15,8:21,14:5,7,15,17),
(출2:11,12,3:20,7:17), (레24:17), (사49:10,50:6,53:4,57:17,58:4,60:10,66:3),
(렘2:30,5:3,6,29:21,30:14).

1226) 갈루트(גָּלוּת): 사로잡힌 자, 유배자. 같은 표현 ⇒ (사20:4,45:13),
(렘24:5,28:4,29:22,40:1,52:31), (겔1:2), (암1:6,9), (옵1:20).

1227) 퀘랄라(קְלָלָה): 저주, 악담. ☞ 콸랄(קָלַל : 무시하다, 저주하다)의 여성명사.
같은 표현 ⇒ (창27:12,13), (신11:26,28,29,21:23,23:5,27:13,28:15,45,29:27,30:1,19)
(렘24:9,25:18,26:6,29:22,42:18,44:8,12,22,49:13).

1228) 콸라(קָלָה): 굽다, 복다, 태우다. 같은 표현 ⇒ (레2:14), (수5:11), (렘29:22).

29:23 왜냐하면 그들은 이스라엘 안에서 어리석은 짓(네발라)[1229]을 행하고, 또 그들의 이웃의 아내(이솨)들과 간음하며(나아프)[1230],
내(여호와)가 그들에게 명하지(짜바) 아니한 거짓(쉐퀘르)을 내 이름(쉠)으로 말하기(다바르) 때문이다.
즉 내가 (그들의 마음을) 잘 아는 이(야다)요, 증인(에드)[1231]이다,
여호와의 말(네움)."이라고 하는 것이다.ㅁ

29:24 네(이르메야)가 바로 쉬마야 그 네헬람 사람에게 말하라(아마르),
말하기를(아마르),

29:25 "만군의 여호와 이스라엘의 하나님이 이와 같이 말하였으니(아마르),
말하기를(아마르),
'왜냐하면 바로 네(쉬마야)가 자신의 이름(쉠)으로 편지(쎄페르, 복)를
예루살라임에 있는 모든 백성(암)과 쯔판야 마아쎄야 그 제사장의
아들(벤)과 그 모든 제사장(코헨)에게 보내었기(솰라흐) 때문이다,
말하기를(아마르),

29:26 〈여호와가 예호야다 그 제사장을 대신하여 너(쉬마야)를 제사장으로 삼아서(나탄),
네가, 미쳐서(솨가)[1232] 스스로 예언하는(나바) 모든 자(이쉬)로 인하여,
여호와의 집(바이트)의 감독자(파퀴드)[1233]가 되었으니(하야),
즉 네가 그(이르메야)에게 차꼬대(마흐페케트)와 감옥을 넘겨주어야 하는 데(나탄),

29:27 그럼에도 불구하고,
지금 어찌하여 네(쉬마야)가 너희들에게 스스로 예언하는(나바)
이르메야 아나톤 사람을 꾸짖지(가아르)[1234] 않느냐?〉'고 한다."라고 하라.

1229) 네발라(נְבָלָה): 어리석음, 무분별함. ☞ 여성명사.
같은 표현 ⇒ (창34:7), (신22:21), (렘29:23).

1230) 나아프(נָאַף): 간음하다. 같은 표현 ⇒ (출20:14), (사57:3), (렘3:8,9,5:7,29:23).

1231) 에드(עֵד): 증인, 증거. ☞ 우드(עוּד : 되돌아가다, 반복하다, 증거하다)의 남성명사.
같은 표현 ⇒ (창31:44,48,50), (사43:9,10,12,44:8,9,55:4), (렘29:23), (미1:2), (말3:5).

1232) 솨가(שָׁגַע): 미치다. 같은 표현 ⇒ (신28:34), (왕하9:11), (렘29:26).

1233) 파퀴드(פָּקִיד): 감독자. ☞ 파콰드(פָּקַד : 방문하다, 임명하다)에서 유래.
같은 표현 ⇒ (창41:34), (렘20:1,29:26,52:25).

1234) 가아르(גָּעַר): 꾸짖다, 책망하다. 같은 표현 ⇒ (창37:10), (사17:13,54:9), (렘29:27),
(나1:4), (슥3:2), (말2:3,3:11).

29:28 그러므로 왜냐하면 그(이르메야)가 바벨에 있는 우리에게 (편지를)
보내어, 말하기를(아마르),
'그것이 오래 갈 것이니,
너희는 집(바이트,복)을 짓고(바나) 거주하며(야솨브), 정원들을 만들어(나타)
그곳의 열매를 먹어라.'고 하였기 때문이다.

29:29 그러자 쯔판야 그 제사장(코헨)이 바로 이 편지(쎄페르)를 이르메야
그 예언자(나비)의 귀에 읽었다(콰라).פ

29:30 그때 이런 일이 있었으니,
여호와의 말(다바르)이 이르메야에게 임하여(하야), 말하기를(아마르),

29:31 네(이르메야)가 그 모든 포로(골라)에게 (편지를) 보내어(솰라흐) 말하라(아마르),
"여호와가 쉬마야 네헬람 사람에 대하여 이와 같이 말하였으니(아마르),
'왜냐하면 쉬마야가 너희에게 예언하기(나바) 때문이다,
바로 나는 그(쉬마야)를 보내지(솰라흐) 않았는데도,
그럼에도 불구하고,
그가 너희에게 거짓(쉐퀘르)을 믿게 한다(바타흐)1235).' "라고 하라.

29:32 그러므로 여호와가 이와 같이 말하였으니(아마르),
"보라(헨)! 내(여호와)가 쉬마야 네헬람 사람과 그의 자손(제라,씨)에게
벌하여 보응한다(파콰드),
곧 그에게는 한 사람(이쉬)도 바로 이 백성(암) 가운데(타베크) 거주하
지(야솨브) 못한다,
(다시 말해), 그(쉬마야)는 바로 내(여호와)가 나의 백성(암)에게 행하는
(아사) 그 복 있는 일(토브)을 알지(라아) 못한다,
여호와의 말(네움),
왜냐하면 그가 여호와께 배교(싸라)1236)를 말하기(다바르) 때문이다"
라고 하는 것이다.ס

1235) 바타흐(בָּטַח): 신뢰하다, 의지하다, 안전하다. 같은 표현 ⇒ (사12:2,26:3,4,30:12, 31:1,32:10,11,36:4,5,6,7,9,15,37:10,42:17,47:10,50:10,59:4), (렘5:17,7:4,8,14,9:4,12:5, 13:25,17:5,7,28:15,29:31,39:18), (합2:18).

1236) 싸라(סָרָה): 변절, 배신, 배교, ☞ 쑤르(סוּר : 빗나가다, 벗어나다)의 여성명사. 같은 표현 ⇒ (신13:5,19:16), (사1:5,11:13,14:6,31:6,59:13), (렘28:16,29:32).

이르메야 30장

30:1 여호와로부터 이르메야에게 임한(하야) 그 말(다바르),
말하기를(아마르),

30:2 여호와 이스라엘의 하나님(엘로힘)이 이와 같이 말하였으니(아마르),
말하기를(아마르),
"너는 내가 너에게 말하는(다바르) 모든 말(다바르)을 책(쎄페르)에 기록
하라(카타브).

30:3 왜냐하면 보라(힌네)! 날(욤,복)이 이르기(보) 때문이다,
여호와의 말(네움).
내(여호와)가 나의 백성(암) 이스라엘과 예후다의 포로(쉐부트)[1237]들을
돌아오게 한다(슈브).
여호와가 말한다(아마르).
(다시 말해), 내(여호와)가 그들의 조상들에게 준 그 땅(에레쯔)으로
그들을 돌아오게 하니(슈브),
그때 그들이 그곳을 차지한다(야라쉬)."라고 하는 것이다.פ

30:4 이것들이 여호와가 이스라엘과 예후다에게 말하는(다바르) 말(다바르,복)
이다.

30:5 왜냐하면 여호와가 이와 같이 말하였으니(아마르),
"우리가 떨림(하라다)의 음성(콜)을 들음이요(솨마),
곧 두려움(파하드)[1238]이요, 평안(샬롬)이 없음이라.

30:6 이제 너희는 물어보라(솨알),
즉 너희는 남성이 아이를 낳는지(얄라드) 어쩐 지를 보라(라아),
어찌하여 내(여호와)가 모든 남자가 아이 낳는 여자(얄라드)처럼 자신
의 손(야드)을 허리에 대고, 완전히 창백함의 얼굴로 범벅이 되는
것(하파크)[1239]을 보느냐?

1237) 쉐부트(שְׁבוּת): 포로상태, 사로잡힘, 포로. 같은 표현 ⇒ (민21:29), (신30:3), (렘29:14,30:3,18,31:23,32:44,33:7,10,26,48:47,49:6,39), (습2:7).

1238) 파하드(פַּחַד): 두려움의 대상, 두려움, 공포. 같은 표현 ⇒ (창31:42,53), (출15:16), (신2:25,11:25,28:67), (사2:10,19,21,24:17,18,), (렘30:5,48:43,44,49:5).

30:7 화로다(호이)!
왜냐하면 바로 그 날(욤)은 무엇도 비교할 수 없이 크기 때문이다,
즉 야아콥의 바로 그 환난(짜라)[1240]의 때이나,
그러나 그(야아콥)는 그것으로부터 구원된다(야솨)[1241],

30:8 또한 이런 일이 있을 것이니, 바로 그 날(욤)에,
만군의 여호와의 말(네움),
내(여호와)가 너의 목에서 그의 멍에(올)[1242]를 부수고(솨바르)[1243],
너의 족쇄들을 잡아끊으니(나타크),[1244]
그들은 그것으로 인하여 더 이상 이방인(주르)[1245]들을 섬기지(아바드)
않고,

30:9 여호와 그들의 하나님(엘로힘)과 내(여호와)가 그들을 위해 일으키는(쿰)
그들의 왕 다뷔드를 섬긴다(아바드).ס

30:10 그러므로 나의 종 야아콥아,
너는 두려워하지(야레) 말라,
여호와의 말(네움)
이스라엘아,
너는 너무 놀라지(하타트)[1246] 말라,

1239) 하파크(הָפַךְ): 돌리다, 변화시키다, 뒤집어엎다. 같은 표현 ⇒ (창3:24,19:21), (사34:9,60:5), (렘2:21,13:23,20:16,23:36,30:6,31:13), (단10:8,16), (욜2:31), (학2:22).

1240) 짜라(צָרָה): 환난, 고난. ☞ 짜르(צַר : 고난, 대적, 적)의 여성명사. 같은 표현 ⇒ (창35:3), (사8:22,28:20,30:6,33:2,37:3,46:7,63:9,65:16), (렘4:31,6:24, 14:8,15:11,16:19,30:7,49:24,50:43), (단12:1), (옵1:12,14), (욘2:2), (나1:7,9), (습1:15).

1241) 야솨(יָשַׁע): 구원하다, 구출하다. 같은 표현 ⇒ (출2:17,14:30), (사19:20,25:9), (렘2:27,28,4:14,8:20,11:12,14:8,9,15:20,17:14,23:6,30:7,10,11,31:7,33:16,42:11,46:27).

1242) 올(עֹל): 멍에. ☞ 알랄(עָלַל : 호되게 다루다, 학대하다)에서 유래. 같은 표현 ⇒ (창27:40), (레26:13), (민19:2), (신21:3,28:48), (사9:4,10:27,14:25,47:6), (렘2:20,5:5,27:8,11,12,28:2,4,11,14,30:8).

1243) 솨바르(שָׁבַר): 깨뜨려 부수다, 산산이 부수다. 같은 표현 ⇒ (창19:9), (왕상19:11, 22:48), (사8:15,14:5,25,21:9,24:10,27:11,28:13,30:14,38:13,42:3,45:2,61:1), (렘2:13,20, 5:5,8:21,14:17,17:18,19:10,11,22:20,23:9,28:2,4,10,11,12,13,30:8,43:13,48:4,17,25,38,49:35, 50:23,51:8,30,52:17), (단8:7,8,22,25,11:4,20,22), (호1:5,2:18), (암1:5), (욘1:4), (나1:13).

1244) 나타크(נָתַק): 잡아끊다, 잡아 뽑다, 끌어내다. 같은 표현 ⇒ (레22:24), (사5:27,33:20,58:6), (렘2:20,5:5,6:29,10:20,12:3,22:24,30:8), (나1:13).

1245) 주르(זוּר): 외인, 일반인, 타인. 같은 표현 ⇒ (출29:33,30:9,33), (렘2:25,3:13,5:15,30:8,51:2,51).

왜냐하면 보라(헨)! 내(여호와)가 너를 멀리서,
즉 그들의 포로의 땅(에레쯔)에서
너의 자손(제라, 씨)을 구원하기(야솨) 때문이다,
그런즉 야아콥이 돌아와(슈브), 평온하고(솨콰트)[1247],
마음을 놓는다(솨안),
그때는 누구도 두렵게 할 자(하라드)[1248]가 없다.

30:11 왜냐하면 내(여호와)가 너(야아콥)와 함께 하여, 너를 구원하기(야솨) 때문이다,
여호와의 말(네움),
왜냐하면 내(여호와)가 너를 흩어지게 한(푸쯔)[1249] 그 모든 민족(고이)들을 그곳에서 끝장을 내나(아사 칼라[1250]),
오직 너(야아콥)만은 끝장을 내지(아사 칼라)을 않기 때문이다.
그럼에도 불구하고,
내(여호와)가 너(야아콥)를 그 법도(미쉬파트)[1251]로 징계하니(야싸르)[1252],
그런즉 내가 너(야아콥)를 정녕 죄 없다 하지(나콰)[1253]는 않는다."
라고 하는 것이다.

1246) 하타트(חָתַת): 깜짝 놀라다, 당황하다, 낙심하다, 두려워하다. 같은 표현 ⇒ (신1:21,31:8), (사51:6,7), (렘1:17,30:10,51:56), (겔2:6,3:9), (합2:17), (말2:5).

1247) 솨콰트(שָׁקַט): 평온하다, 조용하다. 같은 표현 ⇒ (사7:4,14:7,18:4,30:15,32:17, 57:20,62:1), (렘30:10,46:27,47:6,7,48:11,49:23), (슥1:11).

1248) 하라드(חָרַד): 떨다, 진동하다, 두려워하다. 같은 표현 ⇒ (창27:33), (출19:16), (사10:29,17:2,19:16), (렘7:33,30:10,46:27), (암3:6), (나2:11), (습3:13), (슥1:21).

1249) 푸쯔(פּוּץ): 흩어지다, 넘쳐흐르다. 같은 표현 ⇒ (창10:18,11:4,8,9,49:7), (사24:1,28:25,41:16), (렘9:16,10:21,13:24,18:17,23:1,2,29,30:11,40:15,52:8), (나2:1), (슥1:17,13:7).

1250) 칼라(כָּלָה): 완전한 종결, 완전한 멸망. 같은 표현 ⇒ (렘4:27,5:10,18,30:11,46:28), (겔11:13), (단9:27,11:16), (나1:8,9), (습1:18).

1251) 미쉬파트(מִשְׁפָּט): 공의, 법도, 재판, 심판. ☞ 솨파트(שָׁפַט : 재판하다)의 명사. 같은 표현 ⇒ (창18:19), (사40:14,27,41:1,42:1,3,4,49:4,50:8,51:4,53:8,54:17,56:1,58:2, 59:8,9,61:8), (렘1:16,4:2,12,5:1,4,5,28,7:5,8:7,9:24,10:24,12:1,17:11,21:12,22:3,13,15,23:5, 26:11,16,30:11,18,32:7,9,33:15,39:5,46:28,48:21,47,51:9,52:9).

1252) 야싸르(יָסַר): 훈계,징계 하다, 교훈 하다, 징벌하다. 같은 표현 ⇒ (레26:18,23), (신4:36,8:5,21:18,22:18), (사8:11,28:26), (렘2:19,6:8,30:11,31:18).

1253) 나콰(נָקָה): 비우다, 깨끗하다, 무죄하다. 같은 표현 ⇒ (창24:8,41), (출20:7,21:19,34:7), (사3:26), (렘2:35,30:11), (나1:3).

30:12 왜냐하면 여호와가 이와 같이 말하였으니(아마르),
“너(야아콥)의 파멸(쉐베르)[1254]이 심히 병들어 있고(아나쉬)[1255],
너(야아콥)의 상처(마카)[1256]가 심히 병들어 있다(할라)[1257],

30:13 짓누르는 것(마조르)에 대한 송사(딘)를 정녕 변호할 자(딘)[1258]가 없고,
너(야아콥)를 위한 치료(테알라)의 약(레프아)[1259]이 없다.פ

30:14 너(야아콥)를 사랑하는 자(아헤브)[1260] 모두가 너를 잊어버려(솨카흐)[1261],
너를 찾지(다라쉬)[1262] 않는다,
왜냐하면 너의 죄(하타아,복)가 너의 많은 행악(아본)[1263]으로 인해
증가하여(아짬)[1264], 내(여호와)가 원수(오예브)[1265]를 치듯이 너(야아콥)를

1254) 쉐베르(שֶׁבֶר): 파괴, 파멸, 부숨, 골절. ☞ 솨바르(שָׁבַר : 깨뜨리다, 부수다)에서 유래. 같은 표현 ⇒ (사1:28,51:19,59:7,60:18,65:14), (렘4:6,20,6:1,14,8:11,21,10:19,14:17,30:12,15,48:3,5,50:22,51:54).
1255) 아나쉬(אָנַשׁ): 고칠 수 없을 정도로 병들다.
같은 표현 ⇒ (삼하12:15), (사17:11), (렘15:18,17:9,16,30:12,15), (미1:9).
1256) 마카(מַכָּה): 타격, 상처, 재앙. ☞ 나카(נָכָה : 치다, 때리다)의 여성명사.
같은 표현 ⇒ (레26:21), (신25:3,28:59,29:22), (왕상20:21,22:35), (왕하8:29,9:15), (사1:6,10:26,14:6,27:7), (렘6:7,10:19,14:17,15:18,19:8,30:12,14,17,49:17,50:13,), (미1:9).
1257) 할라(חָלָה): 병들다, 아프게 하다, 약하다. 같은 표현 ⇒ (창48:1), (출32:11), (신29:22), (왕상17:17,22:34), (왕하1:2,8:7,29), (사14:10,53:10,57:10), (렘4:31,10:19,12:13,14:17,26:19,30:12).
1258) 딘(דִּין): 심판하다, 다투다, 변호하다. 같은 표현 ⇒ (창6:3,15:14), (신32:36), (사3:13), (렘5:28,21:12,22:16,30:13).
1259) 레프아(רְפֻאָה): 약. ☞ 라파(רָפָא : 치료하다)에서 유래.
같은 표현 ⇒ (렘30:13,46:11), (겔30:21).
1260) 아헤브(אָהֵב): 사랑하다, 좋아하다. 같은 표현 ⇒ (창22:2,24:67), (사1:23,41:8,43:4,48:14,56:6,10,57:8,61:8,66:10), (렘2:25,5:31,8:2,14:10,20:4,6,22:20,22,30:14,31:3).
1261) 솨카흐(שָׁכַח): 잊다, 모르다. 같은 표현 ⇒ (창27:45,40:23,41:30), (사17:10,23:15,16), (렘2:32,3:21,13:25,18:15,20:11,23:27,40,30:14,44:9,50:5,6), (겔22:12,23:35).
1262) 다라쉬(דָּרַשׁ): 자주가다, 찾다, 구하다, 묻다, 하려고 노력하다. 같은 표현 ⇒ (창9:5,25:22,42:22), (사1:17,8:19,9:13,11:10,16:5,19:3,31:1,34:16,55:6,58:2,62:12,65:1,10), (렘8:2,10:21,21:2,29:7,13,30:14,17,37:7,38:4,).
1263) 아본(עָוֹן): 행악, 죄악, 행악의 형벌, 행악과 형벌 사이의 죄의식. 집합명사.
같은 표현 ⇒ (창4:13,15:16,19:15), (렘2:22,3:13,5:25,11:10,13:22,14:7,10,20,16:10,17,18:23,25:12,30:14,15,31:30,34,32:18,33:8,36:3,31,50:20,51:6), (단9:13,16,24).
1264) 아짬(עָצַם): 강하다, 강대하다. ☞ 에쩸(עֶצֶם : 뼈)의 동사.
같은 표현 ⇒ (창26:16), (출1:7,20), (렘30:14,15), (단8:8,24,11:23).
1265) 오예브(אֹיֵב): 대적, 적, 원수. ☞ 아야브(אָיַב : 적이 되다, 원수가 되다)의 분사.

잔인한 훈계(무싸르)[1266]로 치기(나카)[1267] 때문이다.

30:15 어찌하여 네(야아콥)가 자신의 고통(마크오브)[1268]의 고칠 수 없을 정도
로 병 들은(아나쉬) 파멸(쉐베르)로 인하여 부르짖느냐(자아크)[1269]?
곧 너의 죄(하타아,복)가 너의 많는 행악(아본)으로 인해 점점 강성하기
에(아짬), 내(여호와)가 너에게 이런 일들을 행하는 것이다(아사).

30:16 그럼에도 불구하고,
너(야아콥)를 삼키는 자(아칼)는 누구든지 삼켜지며(아칼),
너의 대적(짜르) 모두 곧 바로 그들 모두는 그 포로(쉐비)가 되고(알라크),
너(야아콥)를 강탈하는 자(솨아쓰)들은 탈취물(메쉬싸)[1270]이 되며(하야),
너를 약탈하는 자(바자즈)[1271] 모두는 내가 (그를) 약탈물(바즈)[1272]로
넘겨준다(나탄).

30:17 왜냐하면 내(여호와)가 너의 회복(아루카)[1273]을 이루게 하며(알라),
너의 부상(마카)으로부터 너를 치료하기(라파)[1274] 때문이다,

같은 표현 ⇒ (창49:8), (사1:24,9:11,42:13,59:18,62:8,63:10,66:6), (렘30:14,31:16), (미2:8), (나1:2,8).

1266) 무싸르(מוּסָר): 징계, 훈계, 교훈. ☞ 야싸르(יָסַר : 징계하다, 훈련하다)의 명사. 야싸르(יָסַר): 훈계,징계 하다, 교훈 하다. 같은 표현 ⇒ (신11:2), (사26:16,53:5), (렘2:30,5:3,7:28,10:8,17:23,30:14,32:33,35:13), (습3:2,7).

1267) 나카(נָכָה): 치다, 때리다, 죽이다. 같은 표현 ⇒ (창4:15,8:21,14:5,7,15,17), (출2:11,12,3:20,7:17), (레24:17), (사49:10,50:6,53:4,57:17,58:4,60:10,66:3), (렘2:30,5:3,6,29:21,30:14).

1268) 마크오브(מַכְאֹב): 고통(슬픔, 비통, 근심). ☞ 카아브(כָּאַב : 아프다)의 명사. 같은 표현 ⇒ (출3:7), (사53:3,4), (렘30:15,45:3,51:8).

1269) 자아크(זָעַק): 부르짖다, 외치다, 부르다. 같은 표현 ⇒ (출2:23), (사14:31,15:4,5), (렘11:11,12,20:8,25:34,30:15,47:2,48:20,31), (욜1:14), (욘1:5,3:7), (합1:2,2:11).

1270) 메쉬싸(מְשִׁסָּה): 약탈, 노략질. 같은 표현 ⇒ (사42:22), (렘30:16), (합2:7), (습1:13).

1271) 바자즈(בָּזַז): 약탈하다, 노략질하다. 같은 표현 ⇒ (창34:27,29), (민31:9), (사10:2,6, 11:14,17:14,24:3,33:23,42:22,24), (렘20:5,30:16,50:37), (암3:11), (나2:9), (습2:9).

1272) 바즈(בַּז): 약탈, 포획, 약탈품, 노략물. 같은 표현 ⇒ (민14:3,31,31:32), (사8:1,10:6,33:23,42:22), (렘2:14,15:13,17:3,30:16,49:32).

1273) 아루카(אֲרוּכָה): 치료, 회복, 복원. ☞ 아라크(אָרַךְ : 길다, 장구하다)의 수동 분사. 같은 표현 ⇒ (사58:8), (렘8:22,30:17,33:6).

1274) 라파(רָפָא): 고치다, 치료하다. 같은 표현 ⇒ (창20:17,50:2), (사6:10,19:22,30:26, 53:5,57:18,19), (렘3:22,6:14,8:11,22,15:18,17:14,19:11,30:17,33:6,51:8,9), (겔34:4,47:8,9).

여호와의 말(네움),
왜냐하면 그들이 너(야아콥)를 쫓겨난 자(나다흐)[1275]라고 부른다(콰라),
(다시 말해), 그들이 '정녕 그를 찾는 자(다라쉬)가 없는 찌욘이다.'라
고 부르기 때문이다."라고 하는 것이다.ס

30:18 여호와가 이와 같이 말하였으니(아마르),
"보라(헨)! 내(여호와)가 야아콥의 장막(오헬)들의 포로(쉐부트)를 돌아
오게 하고(슈브), 그의 거주지(미쉬칸)[1276]들을 긍휼히 여기니(라함)[1277],
그런즉 한 성읍(이르)이 그곳의 작은 언덕 위에 지어지고(바나)
한 궁전(아르몬)은 그 법도(미쉬파트)에 따라 거주한다(야솨브),

30:19 또한 그들에게 감사(토다)와 웃음 짓는 자(사하크)[1278]들의 소리가
나오고(야짜) 내(여호와)가 그들을 번성케 하니(라바),
그런즉 그들이 작아지지(마아트)[1279] 않는다,
또한 내(여호와)가 그들을 존귀케 하니(카바드)[1280],
그런즉 그들이 비천하지(짜아르) 않는다.

30:20 또한 그(야아콥)의 자손(벤)들은 이전과 같고,
그의 회중(에다)은 내 앞에 굳건하게 세워진다(쿤),
또한 내(여호와)가 그(야아콥)의 모든 억압하는 자(라하쯔)[1281]들을 벌하
여 보응한다(파콰드)[1282].

1275) 나다흐(נָדַח): 몰아내다, 내어 쫓다, 몰리게 되다, 미혹되다. 같은 표현 ⇒ (신4:19), (사8:22,13:14,16:3,4,27:13), (렘8:3,16:15,23:2,3,8,24:9,27:10,15,29:14,18,30:17,32:37,40:12,43:5,46:28,49:5,36,50:17), (겔4:13), (단9:7), (욜2:20), (습3:19).
1276) 미쉬칸(מִשְׁכָּן): 성막, 거처, 처소. ☞ 솨칸(שָׁכַן : 머물다)의 명사.
같은 표현 ⇒ (출25:9,26:1), (사22:16,32:18,54:2), (렘9:19,30:18,51:30), (겔25:4).
1277) 라함(רָחַם): 긍휼히 여기다, 긍휼을 베풀다. 같은 표현 ⇒ (출33:19), (신13:17), (렘6:23,12:15,13:14,21:7,30:18,31:20,33:26,42:12,50:42), (호1:6,7,2:1,4,23), (슥1:12).
1278) 사하크(שָׂחַק): 웃다, 놀다, 조롱하다. 같은 표현 ⇒ (렘15:17,30:19,31:4), (합1:10).
1279) 마아트(מָעַט): 작다, 작게 되다, 감소하다. 같은 표현 ⇒ (출12:4,16:17,18,30:15), (레25:16,26:22), (사21:17), (렘10:24,29:6,30:19), (겔29:15).
1280) 카바드(כָּבַד): 무겁다, 중하다, 존경하다, 영광 돌리다. 같은 표현 ⇒ (창18:20,34:19,48:10), (사3:5,4:2,6:10,9:1,23:8,9,24:15,20,25:3,26:15,29:13,43:4,20,23,47:6,49:5,58:13,59:1,60:13,66:5), (렘30:19), (합2:6).
1281) 라하쯔(לָחַץ): 억압하다, 학대하다. (출3:9,22:21,23:9), (민22:25), (렘30:20).
1282) 파콰드(פָּקַד): 방문하다, 계수하다, 임명하다, 보응하여 벌하다. 같은 표현 ⇒ (창21:1), (왕상20:15,26,27,39), (왕하3:6,5:24,7:17,9:34), (사13:4,62:6), (렘1:10,3:16,5:9,29,6:6,15,9:9,25,11:22,13:21,14:10,15:3,15,21:14,23:2,4,34,25:12,27:8,22,29:10,32,30:20,

30:21 그(야아콥)의 지도자(아디르)[1283]는 자신 중에서 나오고(하야),
그의 통치하는 자(마솰)[1284]는 그 가운데에서 나오며(야짜)
내(여호와)가 그(야아콥)를 가까이 오게 하니(콰라브),
그런즉 그가 나에게 가까이 다가온다(나가쉬)[1285].
왜냐하면 나(여호와)에게 가까이 다가오기(나가쉬) 위해,
실로 누가 자신의 마음(레브)을 담보물로 교환하느냐(아라브)[1286]?
여호와의 말(네움).

30:22 그런즉 너희는 나의 백성(암)이 되고(하야),
나는 너희의 하나님(엘로힘)이 된다(하야).”라고 하는 것이다.ס

30:23 보라(힌네)! 여호와의 회오리 바람(싸아르)[1287]
곧 진노(헤마)[1288]가 몰아치는 폭풍(싸아르)[1289]으로 나오니(야짜),
그것이 악인(라솨)들의 머리 위에 머문다(훌)[1290].

30:24 여호와가 행하기(아사)까지 곧 그가 자신의 마음(레브)의 계획(메짐마)[1291]

32:3,36:31,37:21,40:5,7,11,41:2,10,18,44:13,29,46:25,49:8,19,50:18,31,44,51:27,44,47,52), (호1:4,2:13), (습1:8,9,11,2:7).

1283) 아디르(אַדִּיר): 큰, 위대한, 위엄 있는, 장엄한. 같은 표현 ⇒ (출15:10), (사10:34,33:21), (렘14:3,25:34,35,36,30:21), (나2:5).

1284) 마솰(מָשַׁל): 다스리다, 지배권을 가지다. 같은 표현 ⇒ (창1:18,3:16,4:7,37:8,45:8,26), (신15:6), (렘22:30,30:21,33:26,51:46).

1285) 나가쉬(נָגַשׁ): 가까이 끌어당기다, 접근하다, 제물을 드리다. 같은 표현 ⇒ (사41:1,22,45:20,21,49:20,50:8,65:5), (렘30:21,42:1,46:3), (말1:7,8,11,2:12,3:3).

1286) 아라브(עָרַב): 보증하다, 저당 잡히다, 담보하다.
같은 표현 ⇒ (창43:9,44:32), (사36:8,38:14), (렘30:21).

1287) 싸아르(סַעַר): 태풍, 회오리바람. 같은 표현 ⇒ (사40:24,41:16), (렘30:23), (겔1:4), (암1:14), (욘1:4,12).

1288) 헤마(חֵמָה): 열, 격노, 분노. ☞ 야함(יָחַם : 뜨겁다)의 여성명사. 같은 표현 ⇒ (창27:44), (사42:25,51:13,17,20,22,59:18,63:3,5,6,66:15), (렘4:4,6:11,7:20,10:25,18:20, 21:5,12,23:19,25:15,30:23,32:31,37,33:5,36:7,42:18,44:6), (나1:6).

1289) 싸아르(סַעַר): 태풍, 회오리바람. 같은 표현 ⇒ (왕하2:1,11), (사29:6,40:24,41:16), (렘23:19,25:32,30:23), (겔1:4), (암1:14), (욘1:4,12).

1290) 훌(חול): 산고로 괴로워하다, 몸부림치며 괴로워하다, 빙빙 돌다. 같은 표현 ⇒ (창8:10), (신2:25,32:18), (사13:8,23:4,5,26:17,18,45:10,51:2,54:1,66:7,8), (렘4:19,5:3,22,30:23), (욜2:6), (미1:12,4:10).

1291) 메짐마(מְזִמָּה): 계획, 의도, 악한 생각. ☞ 자맘(זָמַם : 생각하다, 꾀하다, 궁리하다)에서 유래. 같은 표현 ⇒ (렘23:20,30:24,51:11).

들을 이루기(쿰)까지, 여호와의 맹렬한(하론)[1292] 화(아프)가 돌아서지
(슈브) 않으니,
즉 그 마지막(아하리트)[1293]의 날(욤,복)에,
너희가 그것을 깨달아 분별케 된다(빈).

1292) 하론(חָרוֹן): 맹렬함, 격노. ☞ 하라(חָרָה : 성내다, 격노하다)의 명사. 같은 표현 ⇒ (출15:7,32:12), (신13:17), (렘4:8,26,12:13,25:37,38,30:24,49:37,51:45), (나1:6).

1293) 아하리트(אַחֲרִית): 마지막 때, 끝, 결말. ☞ 아하르(אָחַר : 뒤에 있다)의 여성명사. 같은 표현 ⇒ (창49:1), (민23:10), (신4:30,8:16), (사2:2,41:22,46:10,47:7), (렘5:31, 12:4,17:11,23:20,29:11,30:24,31:17,48:47,49:39,50:12), (단8:19,23,10:14,11:4,12:8).

이르메야 31장

31:1 바로 그 때(에트)에,
내(여호와)가 이스라엘의 모든 가문(미슈파하)의 하나님(엘로힘)이 되고(하야),
바로 그들은 나의 백성(암)이 된다(하야).
여호와의 말(네움)."이라고 하는 것이다.ס

31:2 여호와가 이와 같이 말하였으니(아마르),
"이스라엘이 안식하려(라가)[1294] 갈(할라크) 때,
백성(암) 곧 칼(헤레브)에서 살아남은 자(사리드)[1295]들은
그 광야(미드바르)에서 은혜(헨)[1296]를 입는다(마짜).

31:3 옛적에(라호크) 여호와가 나(이스라엘)에게 나타나 보였으니(라아),
곧 내가 영원한 사랑(아하바)으로 너(이스라엘)를 사랑하였기(아헤브)[1297]에,
그러므로 내(여호와)가 너를 인애(헤쎄드)[1298]로 끌어당겼다(마솨크)[1299].

31:4 다시 내(여호와)가 너(이스라엘)를 세우니(바나),
처녀(베툴라) 이스라엘아, 너는 세워지는 것이다(바나),
다시 네가 너의 탬버린(작은 북)으로 나아가고(야다),
또 네가 춤추며 노는 자(솨하크)[1300]들의 춤으로 나오라.

31:5 다시 네가 쇼므론의 산지(하르, 복)에 포도원을 심으니(나타),

1294) 라가(רָגַע): 쉬다, 휴식하다, 안식하다, 반짝이다, 깜박하다.
같은 표현 ⇒ (신28:65), (사34:14,51:4,15), (렘31:2,35,47:6,49:19,50:34,44).
1295) 사리드(שָׂרִיד): 살아남은 자, 생존자, 남은 자. 같은 표현 ⇒ (민21:35,24:19), (신2:34), (렘31:2,42:17,44:14,47:4), (욜2:32), (옵1:14,18).
1296) 헨(חֵן): 은혜, 호의. ☞ 하난(חָנַן : 은혜를 베풀다)의 명사.
같은 표현 ⇒ (창6:8,18:3,19:19,30:27,32:5,33:8), (신24:1), (렘31:2), (슥4:7,12:10).
1297) 아헤브(אָהֵב): 사랑하다, 좋아하다. 같은 표현 ⇒ (창22:2,24:67), (사1:23,41:8,43:4,48:14,56:6,10,57:8,61:8,66:10), (렘2:25,5:31,8:2,14:10,20:4,6,22:20,22,30:14,31:3).
1298) 헤쎄드(חֶסֶד): 인애, 친절, 신실, 변함 없음. 같은 표현 ⇒ (창19:19), (사16:5,40:6,54:8,10,55:3,57:1,63:7), (렘2:2,9:24,16:5,31:3,32:18,33:11), (단1:9,9:4), (호2:19), (욜2:13), (슥7:9).
1299) 마솨크(מָשַׁךְ): 끌다, 끌어당기다, 붙잡다, 소리 내다. 같은 표현 ⇒ (창37:28), (출12:21,19:13), (왕상22:34), (사5:18,13:22,18:2,7,66:19), (렘31:3,38:13).
1300) 사하크(שָׂחַק): 웃다, 놀다, 조롱하다. 같은 표현 ⇒ (렘15:17,30:19,31:4), (합1:10).

심는 자(나타)들이 심고(나타), 그 열매를 딴다(할랄)[1301].

31:6 왜냐하면 한 날(욤)이 있기(예쉬) 때문이다,
에프라임의 산(하르)에서 파수하는 자(나짜르)[1302]들이 외치기를(콰라),
'너희는 일어나라(쿰),
우리가 찌욘 곧 여호와 우리의 하나님(엘로힘)에게 올라가자(알라).' "라
고 하는 것이다.פ

31:7 왜냐하면 여호와가 이와 같이 말하였으니(아마르),
"너희는 야아콥을 위하여 기쁨(심하)[1303]으로 기뻐 외쳐라(라난)[1304].
너희는 그 민족(고이)들의 머리에게 소리 높여 외쳐라(짜할)[1305].
너희는 경청하게 하라(솨마),
너희는 찬양하라(할랄)[1306].
너희는 말하기를(아마르),
'여호와여, 당신의 백성(암), 곧 이스라엘의 남은 자(쉐에리트)[1307]를
구원하소서(야솨)[1308].'라고 하라.

31:8 보라(헨)! 내(여호와)가 그들을 북쪽 땅(에레쯔)에서 데려 오고(보),
또 내가 땅(에레쯔) 끝(예레카,측면)에서 그들을 모으니(콰바쯔)[1309],

1301) 할랄(חָלַל): 꿰뚫다, 더럽히다, 모독하다, 시작하다. 같은 표현 ⇒ (창4:26,6:1), (출20:25,31:14), (레21:4,22:2), (민16:46,18:32), (신2:24,3:24,16:9), (사23:9,43:28,47:6,48:11,51:9,53:5,56:2,6), (렘16:18,25:29,31:5,34:16), (암2:7).

1302) 나짜르(נָצַר): 지키다, 보호하다, 망보다. 같은 표현 ⇒ (출34:7), (신32:10), (사1:8,26:3,27:3,42:6,48:6,49:8,65:4), (렘4:16,31:6), (나2:1).

1303) 심하(שִׂמְחָה): 기쁨, 즐거움. ☞ 솨마흐(שָׂמַח : 기뻐하다)의 여성명사. 같은 표현 ⇒ (창31:27), (사9:3,16:10,22:13,24:11), (렘7:34,15:16,16:9,25:10,31:7,33:11,48:33).

1304) 라난(רָנַן): 기뻐 소리치다. 같은 표현 ⇒ (사12:6,16:10,24:14,26:19,35:2,6, 42:11,44:23,49:13,52:8,9,54:1,61:7,65:14), (렘31:7,51:48), (슥2:10).

1305) 짜할(צָהַל): 소리 높여 외치다, 부르다, 울다.
같은 표현 ⇒ (사10:30,12:6,24:14,54:1), (렘5:8,31:7,50:11).

1306) 할랄(הָלַל): 밝게 비추다, 자랑하다, 찬양하다. 같은 표현 ⇒ (창12:15), (왕상20:11), (사13:10,38:18,41:16,44:25,45:25,62:9,64:11), (렘4:2,9:23,24,20:13,25:16,31:7,46:9,49:4, 50:38,51:7), (욜2:26), (나2:4).

1307) 쉐에리트(שְׁאֵרִית): 살아남은 자, 남은 것, 후손. ☞ 솨아르 (שָׁאַר : 살아남다)의 여성명사. 같은 표현 ⇒ (창45:7), (렘6:9,8:3,11:23,15:9,23:3,24:8,25:20,31:7,39:3,40:11,15, 41:10,16,42:2,15,19,43:5,44:12,14,28,47:4,5,50:26), (슥8:6), (미2:12,4:7), (습2:9).

1308) 야솨(יָשַׁע): 구원하다, 구출하다. 같은 표현 ⇒ (출2:17,14:30), (사19:20,25:9), (렘2:27,28,4:14,8:20,11:12,14:8,9,15:20,17:14,23:6,30:7,10,11,31:7,33:16,42:11,46:27).

곧 그들 안에는 눈먼 자와 다리 저는 자, 임신한 자와
아이 낳는 자가 함께(야하드) (있어),
그들이 큰 공동체(콰할)1310)로 이곳에 돌아온다(슈브).

31:9 그들이 통곡(베키)하며 오니(보),
그때 내(여호와)가 간청함(타하눈)1311)으로 그들을 인도하고(야발)1312)
그들을 물 있는 강가(나할)로 가게 하면(얄라크),
곧 그들은 바른 길(데레크)로 그곳에서 넘어지지(카쇨)1313) 않는다,
왜냐하면 바로 내(여호와)가 이스라엘의 아버지(아브)가 되고(하야),
에프라임은 정녕 내 맏아들(베코르)이 (되기) 때문이다."라고 하는
것이다.ㅁ

31:10 (왜냐하면 여호와가 이와 같이 말하였으니),
"민족(고이)들아,
너희는 여호와의 말(다바르)을 들어라(솨마).
또 너희는 먼 곳 섬들에게 자세히 알게 하라(나가드)1314),
또 너희는 말하기를(아마르),
'이스라엘을 흩으신 분(자라)1315)이 그(이스라엘)를 모으고(콰바쯔),
그의 양떼(에데르)1316)를 돌보는 목자(라아)처럼 그(이스라엘)를 지킨다

1309) 콰바쯔(קָבַץ): 모으다, 거둬들이다, 소집하다. 같은 표현 ⇒ (창41:35,48,49:2), (사11:12,13:14,22:9,34:15,16,40:11), (렘23:3,29:14,31:8,10,32:37,40:15,49:5,14), (호1:11), (욜2:6,16,3:2), (미1:7,2:12), (나2:10), (합2:5).

1310) 콰할(קָהָל): 공동체, 모임, 집회. ☞ 콰할(קָהַל : 소집하다)의 명사. 같은 표현 ⇒ (창28:3,35:11,48:4,49:6), (렘26:17,31:8,44:15), (욜2:16), (미2:5).

1311) 타하눈(תַּחֲנוּן): 은혜를 위한 간청, 간구. ☞ 하난(חָנַן : 은혜를 베풀다)에서 유래. 같은 표현 ⇒ (렘3:21,31:9), (단9:3,17,18,23), (슥12:10).

1312) 야발(יָבַל): 가져오다, 이끌다, 인도하다. 같은 표현 ⇒ (사18:7,23:7,53:7,55:12), (렘11:19,31:9), (습3:10).

1313) 카쇨(כָּשַׁל): 비틀 거리다, 걸려 넘어지다. 같은 표현 ⇒ (사3:8,5:27,8:15,40:30,59:10), (렘6:15,21,8:12,18:15,23,20:11,31:9,46:6,12,16,50:32), (단11:14,19,33), (나2:5), (말2:8).

1314) 나가드(נָגַד): 자세히 알려주다, 폭로하다, 선언하다. 같은 표현 ⇒ (창3:11,32:29), (출13:8), (신4:13,17:9), (사3:9,7:2,19:12,21:2,6,10), (렘4:5,15,5:20,9:12,16:10,20:10, 31:10,33:3,36:13,16,17,20,38:15,25,27,42:3,4,20,21,46:14,48:20,50:2,28,51:31).

1315) 자라(זָרָה): 흩뿌리다, 흩어버리다, 키질하다. 같은 표현 ⇒ (출32:20), (사41:16), (렘4:11,15:7,31:10,49:32,36,51:2), (슥1:19,21), (말2:3).

1316) 에데르(עֵדֶר): 떼, 무리. 같은 표현 ⇒ (창29:2,3,8,30:40,32:16), (사17:2,32:14,40:11), (렘6:3,13:17,20,31:10,24,51:23), (겔34:12), (욜1:18), (미2:12), (습2:14), (말1:14) .

(쇠마르).'라고 하라.

31:11 왜냐하면 여호와가 야아콥을 구속하니(파다)[1317],
즉 그(야아콥)보다 강한 자의 손(야드)으로부터 그(야아콥)를 속량하기(가알)[1318] 때문이다.

31:12 그런즉 그들이 와서, 찌욘의 높은 곳에서 기뻐 외치며(라난),
또 곡식(다간)에 대한, 새 포도주(티로쉬)에 대한, 신선한 기름(이쯔하르)에 대한, 양떼(쫀)와 소떼(바콰르)의 어린 것(벤)에 대한 여호와의 복 있음(투브)[1319]으로 인하여 빛을 발한다(나하르)[1320].
그런즉 그들의 영혼(네페쉬)은 물이 풍부한 정원 같고,
다시는 더 이상 근심하지 않는다(야싸프 다아브[1321]).

31:13 그때 처녀(베툴라)가 춤으로 기뻐하고(솨마흐),[1322]
또 청년(바후르)들과 노인(자켄)들이 함께 기뻐하니(솨마흐),
그런즉 내(여호와)가 그들의 애곡(에벨)[1323]을 환희(사손)[1324]로 바꾸고(하파크)[1325],
또한 내가 그들을 위로하고(나함)[1326], 또 그들을 큰 슬픔(야곤)[1327]

1317) 파다(פָּדָה): 속량하다, 구속하다, 대속하다. 같은 표현 ⇒ (출13:13,15,21:8), (사1:27,29:22,35:10,51:11), (렘31:11).
1318) 가알(גָּאַל): 근친의 의무를 하다, 되 사다, 무르다, 속량하다. 같은 표현 ⇒ (창48:16), (사35:9,41:14,43:1,14,44:6,22,23,24,47:4,48:17,20,49:7,26,51:10,52:3,9, 54:5,8,59:20,60:16,62:12,63:4,9,16), (렘31:11,50:34), (미4:10).
1319) 투브(טוּב): 좋은 것, 복 있는 것. 같은 표현 ⇒ (창24:10,45:18,20), (사1:19,63:7), (렘2:7,31:12).
1320) 나하르(נָהַר): 흘러들어가다, 빛을 발하다. 같은 표현 ⇒ (사2:2,60:5), (렘31:12,51:44).
1321) 다아브(דָּאַב): 기운이 없어지다, 슬퍼하다, 근심하다. 같은 표현 ⇒ (렘31:12,25).
1322) 솨마흐(שָׂמַח): 기뻐하다, 즐거워하다. 같은 표현 ⇒ (출4:14), (레23:40), (신12:7), (사9:3,17,14:8,29,25:9,39:2,56:7,65:13,66:10), (렘20:15,31:13,41:13,50:11), (욜2:21,23), (옵1:12), (합1:15), (슥2:10,4:10).
1323) 에벨(אֵבֶל): 슬퍼함, 애도. 같은 표현 ⇒ (창27:41,50:10,11), (신34:8), (사60:20,61:3), (렘31:13), (암8:10), (미1:8).
1324) 사손(שָׂשׂוֹן): 기쁨, 즐거움, 환희. 같은 표현 ⇒ (사12:3,22:13,35:10,51:3,11,61:3), (렘7:34,15:16,16:9,25:10,31:13,33:9,10), (욜1:12).
1325) 하파크(הָפַךְ): 돌리다, 변화시키다, 뒤집어엎다. 같은 표현 ⇒ (창3:24,19:21), (사34:9,60:5,63:10), (렘2:21,13:23,20:16,23:36,30:6,31:13), (단10:8,16), (욜2:31), (학2:22).

으로부터 기뻐하게 한다(솨마흐).

31:14 또한 내(여호와)가 제사장(코헨)들의 영혼(네페쉬)을 기름진 것(데쉔)[1328]으로 흡족케 하니(라바)[1329],
그런즉 나의 백성(암)은 나의 복 있음(투부)을 만족한다(사바)[1330].
여호와의 말(네움)."라고 하는 것이다.ס

31:15 여호와가 이와 같이 말하였으니(아마르),
"라마[1331]에서 음성(콜)
곧 울부짖음(네히,애곡)과 비통(타므루르)의 통곡(베키)이 들리니(솨마),
라헬이 자신의 자녀(벤)들을 위해 통곡한다(바카),
그녀는 자신의 자녀(벤)들로 인하여 위로 받기(나함)를 거절하니(마엔),
왜냐하면 그들이 전혀 없기 때문이다."라고 하는 것이다.ס

31:16 여호와가 이와 같이 말하였으니(아마르),
"너는 통곡(베키)으로 인해 자신의 음성(콜)을 멈추고(마나)[1332],
또 눈물(담아)로 인해 자신의 눈(아인)을 (멈추어라),
왜냐하면 너의 행함(페울라)[1333]에 보상(사카르)[1334]이 있기(예쉬) 때문이다,

1326) 나함(נָחַם): 위로하다, 후회하다. 같은 표현 ⇒ (창5:29,6:6,7), (사1:24,12:1,22:4,40:1,49:13,51:3,12,19,52:9,54:11,57:6,61:2,66:13), (렘4:28,8:6,15:6,16:7,18:8,10,20:16,26:3,13,19,31:13,15,19,42:10).

1327) 야곤(יָגוֹן): 큰 슬픔, 비탄, 괴로움. 같은 표현 ⇒ (창42:38,44:31), (사51:11), (렘8:18,20:18,31:13,45:3).

1328) 데쉔(דֶּשֶׁן): 살찜, 기름짐, 기름기 많은 재.
같은 표현 ⇒ (레1:16,4:12,6:10,11), (사55:2), (렘31:14,40).

1329) 라바(רָוָה): 흠뻑 젖다, 흡족하게 만족하다.
같은 표현 ⇒ (사43:24,55:10), (렘31:14,25).

1330) 사바(שָׂבַע): 만족하다, 배부르다. 같은 표현 ⇒ (출16:8,12), (레25:19,26:26), (신6:11,8:10,12,11:15,14:29,26:12,31:20), (사1:11,9:20,44:16,53:11,58:10,11,66:11), (렘31:14).

1331) 라마(רָמָה): 예루살렘에서 약 10km 떨어진 높은 곳, 라헬의 묘가 근처에 있음, 바벨론 포로시 유대인들이 집결한 곳.

1332) 마나(מָנַע): 억제하다, 거절하다, 제지하다. 같은 표현 ⇒ (창30:2), (민22:16,24:11), (왕상20:7), (렘2:25,3:3,5:25,31:16,42:4,48:10), (욜1:13).

1333) 페울라(פְּעֻלָּה): 일, 품삯, 보응. ☞ 파알(פָּעַל : 행하다)의 여성명사.
같은 표현 ⇒ (사40:10,49:4,61:8,62:11,65:7), (렘31:16).

1334) 사카르(שָׂכָר): 임금, 상급, 보수, 삯. ☞ 사카르(שָׂכַר : 고용하다)의 명사.
같은 표현 ⇒ (창15:1,30:18,28,32,33,31:8), (출2:9,22:15), (민18:31), (신15:18,24:15),

여호와의 말(네움),
그때 그들이 네 원수(오예브)[1335]의 땅(에레쯔)에서 돌아온다(슈브).

31:17 네 마지막(아하리트)[1336]의 소망(티크바)[1337]이 있으니(예쉬),
여호와의 말(네움),
그런즉 자녀(벤)들이 자신들의 경계(게불, 영역)로 돌아온다(슈브).ס

31:18 내(이르메야)가 에프라임이 슬퍼하는 것(누드)[1338]을 정녕 듣기를(솨마),
'당신이 나를 징계하니(야싸르)[1339],
곧 내가 길들이지(라마드)[1340] 않은 송아지(에겔)[1341]처럼 징계를 받습니다(야싸르).
당신이 나를 돌이키게 하소서(슈브),
그러면 내가 돌아옵니다(슈브),
왜냐하면 당신은 여호와 나의 하나님(엘로힘)이기 때문입니다.

31:19 왜냐하면 내가 돌이킨(슈브) 후에, 위로를 받고(나함), 깨달아 알은(야다)
후에, 넓적다리(야레크)[1342]를 손(야드)으로 치기(싸파크)[1343] 때문입니다,

(사40:10,62:11), (렘31:16).

1335) 오예브(אֹיֵב): 대적, 적, 원수. ☞ 아야브(אָיַב : 적이 되다, 원수가 되다)의 분사. 같은 표현 ⇒ (창49:8), (사1:24,9:11,42:13,59:18,62:8,63:10,66:6), (렘30:14,31:16), (미2:8), (나1:2,8).

1336) 아하리트(אַחֲרִית): 마지막 때, 끝, 결말. ☞ 아하르(אָחַר : 뒤에 있다)의 여성명사. 같은 표현 ⇒ (창49:1), (민23:10), (신4:30,8:16), (사2:2,41:22,46:10,47:7), (렘5:31, 12:4,17:11,23:20,29:11,30:24,31:17,48:47,49:39,50:12), (단8:19,23,10:14,11:4,12:8).

1337) 티크바(תִּקְוָה): 끝, 줄, 소망, 희망. ☞ 콰바(קָוָה : 기대하다, 바라다, 소망하다)의 명사. 같은 표현 ⇒ (렘29:11,31:17), (겔37:11), (호2:15).

1338) 누드(נוּד): 이리저리 방황하다, 슬퍼하다, 애도하다. 같은 표현 ⇒ (창4:12,14), (사51:19), (렘4:1,15:5,16:5,18:16,22:10,31:18,48:17,27,30,50:3,8).

1339) 야싸르(יָסַר): 훈계, 징계 하다, 교훈 하다, 징벌하다. 같은 표현 ⇒ (레26:18,23), (신4:36,8:5,21:18,22:18), (사8:11,28:26), (렘2:19,6:8,30:11,31:18).

1340) 라마드(לָמַד): 가르치다, 배우다, 훈련하다. 같은 표현 ⇒ (신4:1,10,14:23,17:19, 31:12,13), (사1:17,2:4,40:14,48:17), (렘2:33,31:18,34).

1341) 에겔(עֵגֶל): 송아지. 같은 표현 ⇒ (출32:4,8,19,20,24,35), (레9:2,3,8), (신9:16,21), (사11:6,27:10), (렘31:18), (겔1:7).

1342) 야레크(יָרֵךְ): 넓적다리, 허리, 측면. 같은 표현 ⇒ (창24:2,9,32:25,31,46:26), (출1:5), (민5:21,22,27), (렘31:19), (겔21:12,24:4).

1343) 싸파크(סָפַק): 손뼉을 치다, 찰싹 때리다. 같은 표현 ⇒ (민24:10), (왕상20:10), (사2:6), (렘31:19,48:26).

또한 내가 나의 어린 시절(나우르)의 수치(헤르파)[1344]를 들어 올리기
(나사) 때문에,
나는 부끄러워하고(부쉬)[1345], 심지어 수치를 당합니다(칼람)[1346].'라
고 하였다.

31:20 에프라임이 나의 귀중한(야키르)[1347] 아들(벤)이 아니냐?
혹은 즐거움(솨으슈아으)[1348]의 자식(옐레드)이 아니냐?
왜냐하면 내(여호와)가 그(에프라임) 안에서(베) 말할 때(다바르)마다
여전히 그를 정녕 기억하기(자카르) 때문이다.
그러므로 나의 심정(메에)[1349]이 그를 위해 애를 태워서(하마)[1350]
내(여호와)가 그(에프라임)를 정녕 긍휼히 여긴다(라함)[1351],
여호와의 말(네움).ס

31:21 너는 자신을 위해 표지판(찌윤)을 세우고(나짜브)[1352],
자신을 위해 이정표(타므루루)를 만들어라(숨).
(다시 말해), 네가 그 큰길(메씰라)[1353]의 마음(레브)

1344) 헤르파(חֶרְפָּה): 수치, 조롱, 치욕, 책망. 여성명사. 같은 표현 ⇒ (창30:23,34:14), (사4:1,25:8,30:5,47:3,51:7,54:4), (렘6:10,15:15,20:8,23:40,24:9,29:18,31:19,42:18, 44:8,12,49:13,51:51).

1345) 부쉬(בּוֹשׁ): 부끄러워하다, 수치를 당하다. 같은 표현 ⇒ (창2:25), (사1:29,41:11, 42:17,44:9,11,45:16,17,24,49:23,50:7,54:4,65:13,66:5), (렘2:36,6:15,8:9,12,9:19,10:14, 12:1314:3,4,15:9,17:13,18,20:11,22:22,31:19,46:24,48:1,13,20,39,49:23,50:2,12,51:17,47,51).

1346) 칼람(כָּלַם): 수치를 당하다, 부끄러워하다, 얼굴을 붉히다. 같은 표현 ⇒ (민12:14), (사41:11,45:16,17,50:7,54:4), (렘3:3,6:15,8:12,14:3,22:22,31:19).

1347) 야키르(יַקִּיר): 귀중한, 값진 ☞ 야콰르(יָקַר : 귀중히 여기다, 가치가 있다)의 형용사, 이곳에 한번 쓰임.

1348) 솨으슈아으(שַׁעֲשֻׁעַ): 즐거움.
☞ 솨아(שָׁעַע : 눈을 멀다, 장난치다, 즐거워하다)에서 유래.

1349) 메에(מֵעֶה): 내부기관, 내장, 배, 창자. 같은 표현 ⇒ (창15:4,25:23), (사48:19,49:1,63:15), (렘4:19,31:20), (겔3:3), (욘1:17,2:1).

1350) 하마(הָמָה): 중얼거리다, 으르렁거리다, 외치다, 떠들썩하다.
같은 표현 ⇒ (사51:15,59:11), (렘4:19,5:22,6:23,31:20,35,48:36,50:42,51:55).

1351) 라함(רָחַם): 긍휼히 여기다, 긍휼을 베풀다. 같은 표현 ⇒ (출33:19), (신13:17), (렘6:23,12:15,13:14,21:7,30:18,31:20,33:26,42:12,50:42), (호1:6,7,2:1,4,23), (슥1:12).

1352) 나짜브(נָצַב): 서다, 놓다, 세우다. 같은 표현 ⇒ (창18:2,33:20,37:7), (사3:13,21:8), (렘5:26,31:21).

1353) 메씰라(מְסִלָּה): 큰길, 대로, 높인 길. ☞ 싸랄(סָלַל : 높이다, 쌓아올리다, 찬양하다)에서 유래. 같은 표현 ⇒ (민20:19), (사7:3,11:16,19:23,33:8,36:2,40:3,49:11,59:7,

곧 네가 걸어갈(할라크) 길(데레크)을 놓아라(쉬트),
이스라엘의 처녀(베툴라)야,
네가 돌아오라(슈브),
네가 바로 이 성읍(이르)으로 돌아오라(슈브).

31:22 그 배반한(쇼베브)[1354] 딸(바트)아!
네가 어느 때까지 방황하려느냐(하마크)[1355]?
왜냐하면 여호와가 그 새로운(하다쉬)[1356] 땅(에레쯔)을 지으니(바나),
한 여성(네케바)이 한 힘센 남자(게베르)를 둘러싸기(싸바르) 때문이다."라고 하는 것이다.ס

31:23 만군의 여호와 이스라엘의 하나님이 이와 같이 말하였으니(아마르),
"내(여호와)가 그들의 포로상태(쉐부트)[1357]를 되돌릴(슈브) 때,
그들이 예후다 땅(에레쯔)과 그곳의 성읍(이르)들에 바로 이 말(다바르)을 다시 말하기를(아마르),
'의로운(쩨데크)[1358] 거처(나베)[1359]야, 거룩한(코데쉬) 산(하르)아,
여호와가 너에게 복을 주기를(바라크) (원하노라).'고 할 것이다.

31:24 그런즉 예후다 즉 그곳 성읍(이르,복)의 모든 자들이 그 가축 떼(에데르)를 이끄는(나싸)[1360] 농부(이카르)들과 함께(야하드) 거주한다(야솨브).

31:25 왜냐하면 내(여호와)가 기운이 없는 자(네페쉬)를 흡족히 마시게 하고(라바), 또 허약한(다이브) 모든 자(네페쉬)들을 가득 배불리기(말레) 때문이

62:10), (렘31:21), (욜2:8).

1354) 쇼베브(שׁוֹבָב): 배반한, 되돌아간. ☞ 슈브(שׁוּב : 되돌아가다)에서 유래.
같은 표현 ⇒ (렘31:22,49:4).

1355) 하마크(חָמַק): 돌아다니다, 물러나다, 돌리다.

1356) 하다쉬(חָדָשׁ): 새로운. 같은 표현 ⇒ (사41:15,42:9,10,43:19,48:6,62:2,65:17,66:22), (렘31:22,31), (겔36:26).

1357) 쉐부트(שְׁבוּת): 포로상태, 사로잡힘, 포로. 같은 표현 ⇒ (민21:29), (신30:3), (렘29:14,30:3,18,31:23,32:44,33:7,10,26,48:47,49:6,39), (습2:7).

1358) 쩨데크(צֶדֶק): 의로움, 공정. 남성명사. ☞ 쩨다콰(צְדָקָה : 의로움) 여성명사.
같은 표현 ⇒ (레19:15,36), (사1:21,26), (렘11:20,22:13,31:23,33:16,50:7).

1359) 나베(נָוֶה): 목초지, 양떼나 목자의 거처, 거처. ☞ 나바(נָוָה : 아름답게 하다, 집에 머무르다)에서 유래. 같은 표현 ⇒ (출15:13), (사27:10,32:18,33:20,34:13,35:7, 65:10), (렘6:2,10:25,23:3,25:30,31:23,33:12,49:19,20,50:7,19,44,45), (습2:6).

1360) 나싸(נָסַע): 옮기다, 이동하다, 출발하다, 떠나다.
같은 표현 ⇒ (창11:2), (출12:37), (민1:51), (신1:7), (렘4:7,31:24), (슥10:2).

다.’ ”라고 하는 것이다.

31:26 바로 이 때에, 내(이르메야)가 깨어 일어나(쿠쯔)[1361] 보니(라아),
그때 내 잠(쉐나)이 나에게 달았다(아레브)[1362].ס

31:27 (만군의 여호와 이스라엘의 하나님이 이와 같이 말하였으니),
“보라(힌네)! 날(욤,복)이 이르니(보),
그때 내(여호와)가 이스라엘 집(바이트)과 예후다 집(바이트)에
사람(아담)의 씨(제라)와 짐승(베헤마)의 씨(제라)를 뿌린다(자라)[1363],
여호와의 말(네움).

31:28 또한 이런 일이 있을 것이니,
내(여호와)가 잡아 뽑아내고(나타쉬)[1364] 허물고(나타쯔)[1365],
파괴하고(하라쓰)[1366] 멸망시키고(아바드)[1367] 깨어 부수기(라아) 위해
그들을 지켜본 것(솨콰드)[1368] 같이, 그와 같이
나(여호와)는 세우고(바나) 심기(나타) 위해 그들을 지켜본다(솨콰드),
여호와의 말(네움).

31:29 바로 그 날(욤,복)에,
그들이 ‘아버지(아브)들이 신 포도(보쎄르)를 먹었는데,

1361) 쿠쯔(קִיץ): 깨우다, 일으키다, 깨워 일으키다. 같은 표현 ⇒ (왕하4:31), (사26:19,29:8), (렘31:26,51:39,57), (단12:2), (욜1:5), (합2:19).

1362) 아레브(עָרֵב): 즐거워하다, 기뻐하다, 달다. 같은 표현 ⇒ (렘31:26), (말3:4).

1363) 자라(זָרַע): 씨 뿌리다. ☞ 제라(זֶרַע : 씨, 후손)의 동사. 같은 표현 ⇒ (창1:11,12,29,26:12,47:23), (사17:10,28:24,30:23,32:20,37:30,40:24,55:10), (렘2:2,4:3,12:13,31:27,35:7,50:16), (겔36:9), (호2:23), (나1:14), (학1:6), (슥10:9).

1364) 나타쉬(נָתַשׁ): 잡아 뽑다, 근절하다, 멸망시키다. 같은 표현 ⇒ (신29:28), (렘1:10,12:14,15,17,18:7,14,24:6,31:28,40,42:10,45:4,), (단11:4).

1365) 나타쯔(נָתַץ): 헐다, 파괴하다(강조). 같은 표현 ⇒ (출34:13), (레11:35,14:45), (신7:5,12:3), (사22:10), (렘1:10,4:26,18:7,31:28,33:4,39:8,52:14).

1366) 하라쓰(הָרַס): 넘어뜨리다, 헐다, 파괴하다. 같은 표현 ⇒ (출15:7,19:21,24,23:24), (사49:17), (렘1:10,24:6,31:28,40,42:10,45:4,50:15).

1367) 아바드(אָבַד): 멸망시키다, 사라지게 하다, 길을 잃다. 같은 표현 ⇒ (출10:7), (레23:30,26:38), (사26:14,27:13,29:14,37:19,41:11,57:1,60:12), (렘1:10,4:9,6:21,7:28, 9:12,10:15,12:17,15:7,18:7,18,23:1,25:10,35,27:10,15,31:28,40:15,46:8,48:8,36,46,49:7,38, 50:6,51:18,55), (욜1:11), (암2:14,3:15), (옵1:8,12), (욘1:6,14), (습2:5,13).

1368) 솨콰드(שָׁקַד): 지켜보다, 감시하다, 깨어있다.
같은 표현 ⇒ (사29:20), (렘1:12,5:6,31:28,44:27), (단9:14).

아들(벤)들의 이가 시다(콰하,무디다)[1369].'[1370]라고
다시는 말하지(아마르) 않는다.

31:30 그러나 오히려, 각자(이쉬)는 자신의 행악(아본)[1371]으로 인하여 죽으
니(무트), 그 신 포도(보쎄르)를 먹는 모든 자(아담)는 자신의 이가 시큰
거린다(콰하)."라고 하는 것이다.ם

31:31 (만군의 여호와 이스라엘의 하나님이 이와 같이 말하였으니),
"보라(힌네)! 날(욤,복)이 이르니(보),
그때 내(여호와)가 이스라엘의 집(바이트)과 예후다의 집(바이트)에
새로운(하다쉬)[1372] 언약(베리트)[1373]을 세운다(카라트),
여호와의 말(네움),

31:32 (다시 말해), 내(여호와)가 미쯔라임 땅(에레쯔)에서 그들을 나오게 하려
고(야짜), 그들의 손(야드)을 강하게 붙잡은(하자크) 날(욤,복)에,
그들의 조상(아브)들과 세운(카라트) 언약(베리트)과 같지 않은,
곧 바로 내(여호와)가 그들에게 남편이 되었는데도(바알)[1374]
그들이 나의 언약(베리트)을 깨어 무효와 시킨(파라르)[1375] (언약과 같지
않은 언약을 세운다),
여호와의 말(네움),

31:33 왜냐하면 이것은 내가 이스라엘의 집(바이트)과 세울 언약(베리트)이니,
바로 그 날(욤,복) 후에,
여호와의 말(네움),

1369) 콰하(קָהָה): 무디다, 둔하다. 같은 표현 ⇒ (렘31:29,30), (겔18:2).
1370) ☞ (겔18:2) 참조.
1371) 아본(עָוֹן): 행악, 죄악, 행악의 형벌, 행악과 형벌 사이의 죄의식. 집합명사.
같은 표현 ⇒ (창4:13,15:16,19:15), (렘2:22,3:13,5:25,11:10,13:22,14:7,10,20,16:10,17,18:23,25:12,30:14,15,31:30,34,32:18,33:8,36:3,31,50:20,51:6), (단9:13,16,24).
1372) 하다쉬(חָדָשׁ): 새로운. 같은 표현 ⇒ (사41:15,42:9,10,43:19,48:6,62:2,65:17,66:22), (렘31:22,31), (겔36:26).
1373) 베리트(בְּרִית): 언약, 계약. 여성명사. 같은 표현 ⇒ (창6:18,9:9,12,14:13), (사24:5,28:15), (렘3:16,11:2,3,8,10,14:21,22:9,31:31,32,33,32:40,33:20,21,25,34:8,10,13,18,50:5).
1374) 바알(בָּעַל): 결혼하다, 주인이 되다. 같은 표현 ⇒ (창20:3), (사54:1,5,62:4,5), (렘31:32).
1375) 파라르(פָּרַר): 깨뜨리다, 어기다, 무효화 시키다. 같은 표현 ⇒ (창17:14), (레26:15,44), (민15:31,30:8,12,13,15), (신31:16,20), (사8:10,14:27,24:5,19,33:8,44:25), (렘11:10,14:21,31:32,33:20,21).

여호와 내가 그들 속(케레브)에 나의 토라를 준다(나탄),
(다시 말해), 내(여호와)가 바로 그들 마음(레브)에 (나의 토라)를 새겨 넣으니(카타브),
그때 나(여호와)는 그들의 하나님(엘로힘)이 되고(하야)
그들은 나의 백성(암)이 되기(하야) 때문이다.

31:34 그런즉 그들은 다시는 각자가 자신의 이웃에게 또 각자가 자신의 형제에게, '너희는 여호와를 깨달아 알라(야다).'고 말하도록(아마르) 가르치지(라마드) 않는다,
왜냐하면 그들 모두 곧 그들의 가장 작은 자로부터 가장 큰 자까지 나(여호와)를 깨달아 알기(야다) 때문이다.
여호와의 말(네움),
왜냐하면 내(여호와)가 그들의 행악(아본)을 용서하고(쌀라흐)1376), 또 그들의 죄(하타아)를 다시는 기억하지(자카르) 않기 때문이다."라고 하는 것이다.ס

31:35 여호와가 이와 같이 말하였으니(아마르),
"그(여호와)가 해를 낮의(요맘) 빛(오르)으로 주고(나탄),
달과 별들의 규례(후콰,복)1377)를 밤의 빛(오르)으로 주며(나탄),
바다가 노하여 소리 칠(라가) 때,
그(여호와)가 그 바다의 파도(갈)를 으르렁 거리게 하니(하마),
만군의 여호와가 그의 이름(쉠)이다.

31:36 만일 이 규례(호크)1378)가 내 앞에서 떠나면(무쉬)1379),
심지어 이스라엘 자손(제라)도 내 앞에서 한 나라(고이)가 되는 것(하야)에서 영원히 끊어진다(솨바트)1380),

---

1376) 쌀라흐(סָלַח): 하나님이 용서하다, 사면하다. 같은 표현 ⇒ (출34:9), (레4:20, 5:10,6:7,19:22), (왕하5:18), (사55:7), (렘5:1,7,31:34,33:8,36:3,50:20), (단9:19).

1377) 후콰(חֻקָּה): 규례, 규정된 것. ☞ 하콰크(חָקַק : 새기다, 긁다)의 여성명사. 같은 표현 ⇒ (창26:5) (출12:14,17,13:10), (렘5:24,10:3,31:35,33:25,44:10,23), (겔5:6,7,11:20,18:9,17,19,21,20:11,13,16,19,21,24,33:15,37:24,43:11,18,44:5,24,46:14).

1378) 호크(חֹק): 규례, 권리, 정해진 몫. ☞ 하콰크(חָקַק : 새기다, 기입하다)의 남성명사. 같은 표현 ⇒ (창47:22,26), (출5:14,12:24,15:25,18:16,29:28,30:21), (사5:14,24:5), (렘5:22,31:36,32:11), (겔11:12,16:27,20:18,25,36:27,45:14).

1379) 무쉬(מוּשׁ): 떠나다, 물러나다, 옮기다. 같은 표현 ⇒ (출13:22,33:11), (사22:25,46:7,54:10,59:21), (렘17:8,31:36), (미2:3,4), (슥14:4).

1380) 솨바트(שָׁבַת): 그치다, 쉬다, 안식하다. 같은 표현 ⇒ (창2:2,3,8:22), (사13:11,14:4,

여호와의 말(네움).”이라고 하는 것이다.ס

31:37 여호와가 이와 같이 말하였으니(아마르).
“만일 위로 하늘(솨마임)이 측량되고(마다드)[1381],
아래로 땅(에레쯔)의 기초(모싸드)가 밝혀지면(하콰르)[1382],
심지어 나도 그들이 행하는(아사) 모든 일로 인하여
이스라엘 자손(제라, 씨) 모두를 거절한다(마아쓰)[1383],
여호와의 말(네움).

31:38 보라(힌네)! 날(욤, 복)이 이르니(보),
그때 그 성읍(이르)이 하난엘[1384]의 망대로부터 모퉁이(핀나)의 성문(솨아르)까지 여호와를 위하여 세워지고(바나),
여호와의 말(네움),

31:39 또한 측량의 줄이 가렙[1385]의 언덕 그것 맞은편에서 나와(야짜),
고아[1386]로 휘돌게 된다(싸바브).

31:40 또한 그 시체(페게르, 복)[1387]와 그 재(데쉔)의 모든 골짜기(에메크)와,
또 키드론 시냇가(나할) 곧 동편 그 말(쑤쓰)들의 성문(솨아르)의 모퉁이까지의 모든 들판(쉐데마)이 여호와의 거룩함(코데쉬)이니,
그곳이 다시는 영원히 잡아 뽑히거나(나타쉬), 파괴되지(하라쓰) 않는다.”
라고 하는 것이다.ס

16:10,17:3,21:2,24:8,30:11,33:8), (렘7:34,31:36,36:29), (단9:27,11:18), (호1:4,2:11), (암8:4).

1381) 마다드(מָדַד): 측량하다. 같은 표현 ⇒ (출16:18), (민35,5), (신21:2), (사40:12,65:7), (렘31:37,33:22).

1382) 하콰르(חָקַר): 찾다, 조사하다, 시험하다. 같은 표현 ⇒ (신13:14), (렘31:37).

1383) 마아쓰(מָאַס): 거절하다, 멸시하다. 같은 표현 ⇒ (레26:15,43,44), (민11:20,14:31), (사5:24,7:15,16,8:6,30:12,31:7,33:8,15,41:9,54:6), (렘2:37,4:30,31:37,33:24,26).

1384) 하난엘(חֲנַנְאֵל): 예루살렘 성전의 서북 모퉁이에 있던 망루. 같은 표현 ⇒ (렘31:38), (슥14:10).

1385) 가레브(גָּרֵב): 예루살렘 서남쪽에 있는 언덕, 예루살렘 성읍에 대한 미래의 경계선.

1386) 고아(גֹּעָה): 예루살렘 부근, 기드론의 세 골짜기가 합치는 부근, 예루살렘의 회복.

1387) 페게르(פֶּגֶר): 시체, 송장. 같은 표현 ⇒ (창15:11), (레26:30), (민14:29,32), (사14:19,66:24), (렘31:40).

이르메야 32장

32:1 찌드키야 예후다의 왕 제 십 년(B.C.587),
즉 네부칸네짜르 제 십팔 년에,
여호와로부터 이르메야에게 임한(하야) 그 말(다바르).

32:2 그때 바벨 왕의 군대(하일)가 예루샬라임을 포위하고 있었고(쭈르)[1388],
이르메야 그 예언자(나비)는 예후다의 왕의 집(바이트)에 있는 그 호위
대의 뜰(하쩨르)에 갇혀 있었다(하야 칼라[1389]).

32:3 찌드키야 예후다의 왕이 그를 가둘(칼라) 때, 말하기를(아마르),
"어찌하여 너는 이와 같이 예언하였느냐(나바)[1390]?
곧 '여호와가 이와 같이 말하였으니(아마르),
〈보라(헨)! 내(여호와)가 바로 이 성읍(이르)을 바벨 왕의 손(야드)에
넘겨주니(나탄), 그가 그곳을 점령하고(라카드),[1391]

32:4 찌드키야 예후다의 왕(멜레크)은 카스딤 사람들의 손(야드)에서 도망하
지(말라트)[1392] 못한다,
왜냐하면 그는 바벨 왕(멜레크)의 손(야드)에 정녕 넘겨져서(나탄),
그와 그의 입으로 말하고(다바르), 눈과 눈으로 보기(라아) 때문이다.

32:5 그리고 그가 찌드키야를 바벨로 가게 해서(얄라크),

1388) 쭈르(צוּר): 포위 공격하다, 둘러싸다, 가두다, 형성하다, 모양으로 만들다.
같은 표현 ⇒ (출23:22), (사21:2,29:3), (렘21:4,9,32:2,37:5,39:1), (겔4:3), (단1:1).

1389) 칼라(כָּלָא): 보류하다, 닫다, 완전히 끝내다, 가두다.
같은 표현 ⇒ (창8:2,23:6), (출36:6), (사43:6), (렘32:2,3), (학1:10).

1390) 나바(נָבָא): 예언하다. ☞ 나비(נָבִיא : 예언자)에서 유래. 같은 표현 ⇒
(민11:25,26,27), (렘2:8,5:31,11:21,14:14,15,16,19:14,20:1,6,23:13,16,21,25,26,32,25:13,30,
26:9,11,12,18,20,27:10,14,15,16,28:6,8,9,21,26,27,31,32:3,37:19), (겔4:7,36:1,3,6,37:4,7,9,
10,12,38:2,14,17,39:1), (욜2:28), (암2:12,3:8).

1391) 라카드(לָכַד): 사로잡다, 붙잡다, 점령하다, 취하다. 같은 표현 ⇒ (민21:32,32:39),
(사8:15,20:1,24:18,28:13), (렘5:26,6:11,8:9,18:22,32:3,24,28,34:22,37:8,38:3,28,
48:1,7,41,44,50:2,9,24,51:31,41,56).

1392) 말라트(מָלַט): 도망가다, 피하다, 구출하다. 같은 표현 ⇒ (창19:17), (왕상18:40,
19:17,20:20), (사20:6,31:5,34:15,37:38,46:2,4,49:24,25,66:7), (렘32:3,34:3,38:18,23,39:18,
41:15,46:6,48:6,8,19,51:6,45), (단11:41,12:1), (욜2:32), (암2:14,15), (슥2:7).

내(여호와)가 그를 찾아갈(파콰드) 때까지 그는 그곳에 있을 것이다(하야).
너희는 카스딤과 전쟁하여도(라함)[1393] 승리하지(짤라흐)[1394] 못한다,
예호와의 말(네움).〉' "이라고 하였느냐?

32:6 이르메야가 말하기를(아마르),
"여호와의 말(다바르)이 나에게 임하였으니(하야),

32:7 '보라(힌네)! 하남엘 살룸 네 삼촌의 아들(벤)이 너에게 와서(보),
말하기를(아마르),
〈당신은 아나톹에 있는 내 밭(사데)을 사라(콰나)[1395].
왜냐하면 그 기업무르기(게울라)[1396]의 권리(미쉬파트)[1397]가
당신에게 속하여 (있기) 때문이다.〉라고 하는 것이다.

32:8 그때 하남엘 살룸 네 삼촌의 아들(벤)이 여호와의 말(다바르)대로
호위대의 뜰(하쩨르)로 나에게 와서(보), 나에게 말하기를(아마르),
〈청컨대, 당신은 아나톹에 있는 즉 빈야민의 땅(에레쯔)에 있는
그 밭(사데)을 사소서(콰나).
왜냐하면 그 소유(예루샤)의 권리(미쉬파트)가 당신에게 속하여 (있어),
그 기업무르기(게울라)가 당신에 속하여 (있기) 때문이니,
당신이 사십시오(콰나).〉'라고 하여,
그러자 나는 그것이 여호와의 말(다바르)인 줄을 깨달아 알았다(야다).

32:9 그런즉 나는 아나톹에 있는 그 밭(사데)을 하남엘 나의 사촌으로부터
사서(콰나) 그에게 그 값으로 은 십칠 쉐켈을 달아 주었다(솨콸)[1398].

1393) 라함(לָחַם): 싸우다, 전쟁하다. 같은 표현 ⇒ (출1:10,14:14,17:8,9), (사7:1,19:2,20:1,30:32,37:8,9,63:10), (렘1:19,15:20,21:2,4,5,32:5,24,29,33:5,34:1,7,22,37:8,10,41:12,51:30), (단10:20,11:11), (슥10:5,14:3,14).

1394) 짤라흐(צָלַח): 앞으로 나아가다, 형통하다. 같은 표현 ⇒ (창24:21,40,56,39:2,23), (사48:15,53:10,54:17), (렘2:37,5:28,12:1,13:7,10,22:30,32:5), (단8:12,24,25,11:27,36).

1395) 콰나(קָנָה): 사다, 취득하다, 창조하다. 같은 표현 ⇒ (창4:1,14:19,25:10,39:1), (사1:3,11:11,24:2,43:24), (렘13:1,2,4,19:1,32:7,8,9,15,25,43,44), (겔7:12), (잠8:6), (슥11:5,13:5).

1396) 게울라(גְּאֻלָּה): 무르기, 되삼, 도로 찾음. ☞ 가알(גָּאַל : 되사다, 무르다)의 여성명사. 같은 표현 ⇒ (레25:24,26,29,31,32,48,51,52), (렘32:7,8).

1397) 미쉬파트(מִשְׁפָּט): 공의, 법도, 재판, 심판. ☞ 솨파트(שָׁפַט : 재판하다)의 명사. 같은 표현 ⇒ (창18:19), (사40:14,27,41:1,42:1,3,4,49:4,50:8,51:4,53:8,54:17,56:1,58:2,59:8,9,61:8), (렘1:16,4:2,12,5:1,4,5,28,7:5,8:7,9:24,10:24,12:1,17:11,21:12,22:3,13,15,23:5,26:11,16,30:11,18,32:7,8,33:15,39:5,46:28,48:21,47,51:9,52:9).

32:10 그때 내가 그 증서(쎄페르)에 서명하고(카타브) 봉인하여(하탐)[1399] 증인
(에드)들을 세우고(우드)[1400] 그 은을 저울에 달아 주었다(솨콸).

32:11 그리고 나서, 나는 매매 계약서(쎄페르)를, 그 명령(미쯔바)과 그 규례
(호크,복)[1401]에 따라 봉인된 것(하탐)과 봉인되지 않은 것(갈라)[1402]을
취하여(라콰흐),

32:12 그 매매 계약서(쎄페르)를 바룩 네리야의 아들(벤) 마흐세야의 손자(벤)
에게 주었으니, 곧 하남엘 내 사촌과 매매 계약서(쎄페르)에 서명한
(카타브) 증인(에드)들과 그 호위병의 뜰(하쩨르)에 앉아 있는(야솨드) 모든
예후다인들의 눈 앞에서 주었다(나탄).

32:13 그리고 내(이르메야)가 그들의 눈 앞에서 바룩에게 명하기를(짜바),

32:14 '만군의 여호와 이스라엘의 하나님이 이와 같이 말하였으니(아마르),
너는 이 계약서(쎄페르)들 곧 봉인된(하탐) 계약서(쎄페르)와 봉인되지
않은(갈라) 매매 계약서(쎄페르)를 취하여(라콰흐), 그것들을 토기에 담아
라(나탄), 곧 그것들이 많은 날(욤,복) 동안 보존하기(아마드) 위해서이니,

32:15 왜냐하면 만군의 여호와 이스라엘의 하나님(엘로힘)이 이와 같이 말
하기를(아마르), 〈그때 다시 집(바이트)들과 밭(사데)들과 포도원들이 바
로 이 땅(에레쯔)에서 사게 되기(콰나) 때문이다.〉'라고 하였다.פ

32:16 그리고 나서, 나(이르메야)는 매매 계약서(쎄페르)를 바룩 네리야의 아
들(벤)에게 준(나탄) 후에, 여호와께 기도하여(팔랄)[1403] 말하기를(아마르),

1398) 솨콸(שָׁקַל): 무게를 달다. ☞ 쉐켈(שֶׁקֶל : 무게 단위)의 동사.
같은 표현 ⇒ (창23:16), (출22:17), (사33:18,40:12,46:6,55:2), (렘32:9,10).

1399) 하탐(חָתַם): 인을 찍다, 봉인하다. 같은 표현 ⇒ (레15:3), (신32:34), (사8:16,29:11), (렘32:10,11,14,44), (단9:24,12:4,9).

1400) 우드(עוּד): 증인으로 세우다, 증거 하다, 되돌리다, 반복하다, 엄숙히 경고하다.
같은 표현 ⇒ (창43:3), (출19:21,23,21:29), (사8:2), (렘6:10,11:7,32:10,25,44,42:19), (암3:13), (말2:14).

1401) 호크(חֹק): 규례, 권리, 정해진 몫. ☞ 하콰크(חָקַק : 새기다, 기입하다)의 남성명사.
같은 표현 ⇒ (창47:22,26), (출5:14,12:24,15:25,18:16,29:28,30:21), (사5:14,24:5), (렘5:22,31:36,32:11), (겔11:12,16:27,20:18,25,36:27,45:14).

1402) 갈라(גָּלָה): 덮개를 벗기다, 계시하다, 폭로하다, 옮기다, 포로의 몸이 되다.
같은 표현 ⇒ (창9:21,35:7), (삼하7:27), (사5:13,16:3,22:8,14,23:1,24:11,26:21,38:12,40:5,47:2,3,49:9,21,53:1,56:1), (렘1:3,11:20,13:19,22,20:4,12,22:12,24:1,27:20,29:1,4,7,14,32:11,14,33:6,39:9,40:1,7,43:3,49:10,52:15,27,28,30), (단10:1), (호2:10), (암1:5,6,3:7).

32:17 '오! 나의 주(아도나이) 여호와여,
보소서(힌네)! 당신은 그 하늘(솨마임)과 그 땅(에레쯔)을 그 큰 당신의 힘(코아흐)과 당신의 편 팔(제로아)로 만들었으니(아사),
당신에게는 어떤 일(다바르)도 어렵지(팔라)[1404] 않습니다.

32:18 당신은 천만인에게 인애(헤쎄드)[1405]를 베풀며(아사),
아버지들의 행악(아본)[1406]을 그들 후에 오는 그들 자손(벤)들의 가슴(헤크)[1407]에 갚으오니(솰람)[1408],
당신은 그 크고 능한(기보르) 하나님(엘)이요,
당신의 이름(쉠)은 만군의 여호와입니다.

32:19 그 계획(에짜)[1409]은 크고, 그 행위(알릴리야)가 많습니다,
즉 당신의 눈(아인)은 인류(벤 아담)의 모든 길(데레크)에 열려 있어(파콰흐),
(당신의 눈은) 각자에게 그의 길(데레크)과 그의 행실(마알랄,복)[1410]의 열매대로 보응합니다(나탄).

1403) 팔랄(פָּלַל): 중재하다, 기도하다, 개입하다. 같은 표현 ⇒ (창20:7,17,48:11), (삼하7:27), (사16:12,37:15,21,38:2,44:17), (렘7:16,11:14,29:7,12,32:16,37:3,42:2,4,20).

1404) 팔라(פָּלָא): 뛰어나다, 기이하다, 놀랍다, 놀라운 일이 일어나게 하다, (서약을) 이행하다. 같은 표현 ⇒ (창18:14), (레22:21,27:2), (사28:29,29:14), (렘21:2,32:17,27), (단8:24,11:36), (욜2:26).

1405) 헤쎄드(חֶסֶד): 인애, 친절, 신실, 변함 없음. 같은 표현 ⇒ (창19:19), (사16:5,40:6,54:8,10,55:3,57:1,63:7), (렘2:2,9:24,16:5,31:3,32:18,33:11), (단1:9,9:4), (호2:19), (욜2:13), (슥7:9).

1406) 아본(עָוֹן): 행악, 죄악, 행악의 형벌, 행악과 형벌 사이의 죄의식. 집합명사. 같은 표현 ⇒ (창4:13,15:16,19:15), (렘2:22,3:13,5:25,11:10,13:22,14:7,10,20,16:10,17, 18:23,25:12,30:14,15,31:30,34,32:18,33:8,36:3,31,50:20,51:6), (단9:13,16,24).

1407) 헤크(חֵיק): 가슴, 내부. 같은 표현 ⇒ (창16:5), (출4:6,7), (민11:12), (신13:6,28:54,56), (사40:11,65:6,7), (렘32:18).

1408) 솰람(שָׁלַם): 온전케 하다, 완전,완성하다, 회복,배상하다, 평화하다. 같은 표현 ⇒ (창44:4), (사19:21,38:12,13,42:19,44:26,28,57:18,59:18,60:20,65:6), (렘16:18,18:20,25:14, 32:18,50:29,51:6,24,56), (욘2:9), (나1:15).

1409) 에짜(עֵצָה): 충고, 조언, 의논. ☞ 야아쯔(יָעַץ : 조언하다, 권면하다)의 명사. 같은 표현 ⇒ (신32:28), (사5:19,8:10,11:2,14:26,16:3,19:3,11,17,25:1,28:29,29:15, 30:1,36:5,40:13,44:26,46:10,11,47:13), (렘18:18,23,19:7,32:19,49:7,20,30,50:45).

1410) 마알랄(מַעֲלָל): 행위, 행실. ☞ 알랄(עָלַל): 호되게 다루다, 행동하다)에서 유래. 같은 표현 ⇒ (신28:20), (사1:16,3:8,10), (렘4:4,18,7:3,5,11:18,17:10,18:11,21:12,14, 23:2,22,25:5,26:3,13,32:19,35:15,44:22), (미2:7), (슥1:4,6).

32:20 (다시 말해), 당신은 미쯔라임 땅(에레쯔)에서
표적(오트,복)1411)과 이적(모페트,복)1412)을 정하였고(숨),
또 (당신은) 바로 이 날(욤)까지,
또 이스라엘과 인류(아담) 안에서도
(표적들과 이적들을 정합니다).
그런즉 당신은 바로 이 날(욤)처럼 한 이름(쉠)을 나타냅니다(아사).

32:21 그때 당신은 당신의 백성(암) 이스라엘을 표적(오트,복)과 이적(모페트,복)
과 강한 손과 편 팔과 큰 두려움(모라)1413)으로 미쯔라임 땅(에레쯔)
에서 나오게 하였습니다(야짜).

32:22 또한 당신이 그들에게 주기(나탄)로 그들의 조상들에게 맹세한(솨바)
바로 이 땅(에레쯔)을 당신은 그들에게 주었으니(나탄),
곧 젖이 흐르고 꿀이 있는 땅(에레쯔)입니다.

32:23 그들이 들어와서(보) 그곳을 차지하였으나(야라쉬)1414),
그들은 당신의 음성(콜)을 듣지(솨마) 않고,
당신의 <u>토라</u>로 살아가지(할라크) 않았고,
또 그들은 당신이 자신들에게 행하도록(아사) 명한(짜바) 모든 것을
행하지(아사) 않았습니다.
그래서 당신은 그들에게 바로 이 모든 재앙(라아)을 일어나게 하였
습니다(콰라).1415)

32:24 보소서(한네), 당신은 토성(쏠렐라)들을 (보소서),
그들이 그 성읍(이르)에 들어오니(보), 곧 그곳을 점령하기(라카드) 위해
서 입니다.

1411) 오트(אוֹת): 표적. ☞ 아바(אָוָה : 표시하다)의 명사. 같은 표현 ⇒ (창1:14,4:15), (사7:11,14,8:18,19:20,20:3,37:30,38:7,22,44:25,55:13,66:19), (렘10:2,32:20,21,44:29).

1412) 모페트(מוֹפֵת): 이적, 놀라움, 경이. 같은 표현 ⇒ (출4:21,7:3,11:9), (시8:18,20:3), (렘32:20,21), (욜2:30).

1413) 모라(מוֹרָא): 두려움, 공포. ☞ 야레(יָרֵא : 두려워하다, 경외하다)의 명사. 같은 표현 ⇒ (창9:2), (신26:8,34:12), (사8:12,13), (렘32:21), (말1:6,2:5).

1414) 야라쉬(יָרַשׁ): 상속하다, 유업으로 얻다, 상속권을 박탈하다, 쫓아내다. 같은 표현 ⇒ (창15:3), (신1:8), (사14:21,34:11,17,54:3,57:13,60:21,61:7,63:18,65:9), (렘32:23), (옵1:17).

1415) 콰라(קָרָא): 부르다, 만나다, 부닥치다, 일어나다. 같은 표현 ⇒ (창14:17,18:2,42:4), (왕상18:7), (왕하2:15,4:26,31,8:8,9,9:18,21), (사7:3,14:9,21:14,51:19), (렘13:22,32:23).

그런즉 그 성읍(이르)은 칼(헤레브)과 기근(라아브)과 전염병(데베르)으로 인해서 그곳에 대적하여 전쟁하는(라함) 카스딤 사람들의 손(야드)에 넘어갑니다(나탄),
즉 (그것은) 당신이 말한(다바르) 대로 이루어졌습니다(하야).
보소서(헨)! 당신은 보고 있습니다(라아).

32:25 나의 주(아도나이), 여호와여,
당신이 나에게 말하기를(아마르),
〈너는 밭을 은으로 사고, 증인들을 세우라(우드).〉라고 하였으나,
그러나 바로 이 성읍(이르)은 카스딤 사람들의 손(야드)에 넘어갑니다(나탄).' "라고 하였다.

32:26 그러자 여호와의 말(다바르)이 이르메야에게 임하였으니(하야),
말하기를(아마르),

32:27 "보라(힌네)! 나는 여호와, 모든 육신(바사르)의 하나님(엘로힘)이다,
어떤 일이 나에게 어렵겠느냐(팔라)[1416]?

32:28 그러므로 여호와가 이와 같이 말하였으니(아마르),
'보라(헨)! 내가 바로 이 성읍(이르)을 카스딤 사람들의 손(야드)과
네부칻에짜르 바벨 왕의 손(야드)에 넘겨주니(나탄),
그가 그곳을 점령한다(라카드).

32:29 그 전쟁을 하는 카스딤 사람들은 바로 이 성읍(이르)에 들어와서(보),
바로 이 성읍(이르)에 그 불을 놓아(야짜트)[1417], 그곳을 불사르니(사라프),
곧 (그들이), 지붕 위에서 그 바알에게 분향하고(콰타르),
나를 화나게 하기(카아쓰)[1418] 위해, 다른 신들(엘로힘)에게 술제물(네쎄크)[1419]을 부은(나싸크)[1420] 그 집(바이트)들을 (불사른다).

1416) 팔라(פָּלָא): 뛰어나다, 기이하다, 놀랍다, 놀라운 일이 일어나게 하다, (서약을) 이행하다. 같은 표현 ⇒ (창18:14), (레22:21,27:2), (사28:29,29:14), (렘21:2,32:17,27), (단8:24,11:36), (욜2:26).

1417) 야짜트(יָצַת): 불을 붙이다, 태우다. 같은 표현 ⇒ (사9:18,27:4,33:12), (렘2:15, 9:10,12,11:16,17:27,21:14,32:29,43:12,46:19,49:2,27,50:32,51:30,58), (암1:14).

1418) 카아쓰(כָּעַס): 성내다, 화내다, 분노하다. 같은 표현 ⇒ (신4:25,9:18), (왕상21:22,22:53), (사65:3), (렘7:18,19,8:19,11:17,25:6,7,32:29,30,32,44:3,8).

1419) 네쎄크(נֶסֶךְ): 술제물, 주조된 상. ☞ 나싸크(נָסַךְ : 붓다, 주조하다)의 명사. 같은 표현 ⇒ (창35:14), (사41:29,48:5,57:6), (렘7:18,10:14,19:13,32:29,

32:30 왜냐하면 이스라엘 자손(벤)과 예후다 자손(벤) 그들은 자신들의 어
릴(나우르) 때부터 내 목전에서 오직 그 악(라)을 행하기(아사) 때문이다,
왜냐하면 이스라엘 자손(벤)들이 자신들의 손(야드)으로 만든 것(마아
쎄)으로 오직 나를 화나게 하기(카아쓰) 때문이다.
여호와의 말(네움).

32:31 왜냐하면 바로 이 성읍(이르)이 내 화(아프)와 분노(헤마)1421)에 있으니,
곧 그들이 그곳을 세운(바나) 날(욤)부터 바로 이 날(욤)까지 (내 화와
분노에 있기) 때문이다,
그런즉 내(여호와)가 그곳을 내 앞에서 없애는 바(쑤르)1422),

32:32 이스라엘 자손(벤)과 예후다 자손(벤)의 모든 악(라)으로 인해서,
즉 그들의 왕(멜레크)들과 그들의 고관(사르)들과 그들의 제사장(코헨)들
과 그들의 예언자(나비)들과 예후다 사람(이쉬)과 예루솰라임 거주민
(야솨브)들이, 나(여호와)를 화나게 하기(카아쓰) 위해, 행한(아사) (모든 악으
로 인해서)이다.

32:33 또한 내(여호와)가 그들을 가르치고(마라드) 부지런히 가르치지만(마라드),
그들은 나(여호와)에게 등을 돌리고(파나) 얼굴을 (돌리지) 않고,
전혀 듣지(솨마) 않고 훈계(무싸르)1423)를 취하지도 않는다.

32:34 또한 그들은 자신들의 가증한 것(쉬쿠쯔)1424)들을 내 이름(쉠)이 불리
는 집(바이트) 안에 두어(숨), 그곳을 부정케 한다(타메).1425)

44:17,18,19,25,51:17).

1420) 나싸크(נָסַךְ): 붓다, 주조하다. 같은 표현 ⇒ (창35:14), (출25:29,30:9), (사29:10,30:1,40:19,44:10), (렘7:18,19:13,32:29,44:17,18,19,25).

1421) 헤마(חֵמָה): 열, 격노, 분노. ☞ 야함(יָחַם : 뜨겁다)의 여성명사. 같은 표현 ⇒ (창27:44), (사42:25,51:13,17,20,22,59:18,63:3,5,6,66:15), (렘4:4,6:11,7:20,10:25,18:20, 21:5,12,23:19,25:15,30:23,32:31,37,33:5,36:7,42:18,44:6), (나1:6).

1422) 쑤르(סוּר): 옆으로 빗나가다, 제거하다, 고개를 돌리다, 배교하다, 떠나다. 같은 표현 ⇒ (창19:2,35:2), (사1:16,25,49:21,52:11,58:9,59:15), (렘4:1,4,5:10,23, 6:12,28,15:5,17:5,32:31,40), (말2:8,3:7).

1423) 무싸르(מוּסָר): 징계, 훈계, 교훈. ☞ 야싸르(יָסַר : 징계하다, 훈련하다)의 명사. 야싸르(יָסַר): 훈계,징계 하다, 교훈 하다. 같은 표현 ⇒ (신11:2), (사26:16,53:5), (렘2:30,5:3,7:28,10:8,17:23,30:14,32:33,35:13), (습3:2,7).

1424) 쉬쿠쯔(שִׁקּוּץ): 몹시 싫은 것, 가증한 짓. ☞ 솨콰쯔(שָׁקַץ : 몹시 싫어하다)의 명사. 같은 표현 ⇒ (신29:17), (사66:3), (렘4:1,7:30,13:27,16:18,32:34), (단9:27,11:31,12:11).

1425) 타메(טָמֵא): 부정하게 하다, 더럽히다. 같은 표현 ⇒ (창34:5), (레7:19,10:10),

32:35 또한 그들은 힌놈의 아들(벤)의 골짜기(가예)[1426]에 그 바알의 산당(바
마)[1427]들을 짓고(바나) 자신들의 아들들과 딸들을 몰렉[1428]에게 지
나가게 한다(아바르).
그때 내(여호와)가 그것들을 명하지도(짜바) 않았고,
내 마음(레브)에 떠올리지도(알라) 않았는데도,
그들은 바로 이 가증한 짓(토에바)[1429]을 행하니(아사),
곧 예후다를 죄짓게 하기(하타)[1430] 위해서이다.'라고 하는 것이다.□

32:36 그러므로 지금 여호와 이스라엘의 하나님(엘로힘)이 너희가 그 칼(헤레
브)과 기근(라아브)과 그 전염병(데베르)으로 인해 바벨 왕의 손(야드)에
넘겨진다(나탄)고 말하는(아마르) 바로 이 성읍(이르)에 관하여 이와 같
이 말하였으니(아마르),

32:37 '보라(헨)! 내(여호와)가 내 화(아프)와 내 진노(헤마)와 큰 격노(퀘쩨프)[1431]로
그들을 쫓아낸(나다흐)[1432] 온 땅(에레쯔)에서 그들을 모아(콰바쯔)[1433],
그들을 바로 이 장소(마콤)로 돌아오게 하여(슈브), 그들을 안전하게
거주케 한다(야솨브).

32:38 그때 그들은 내 백성(암)이 되고(하야),

(민5:3,9:6), (신21:23), (사30:22), (렘2:7,23,32:34), (겔4:14,5:11,9:7,14:11,18:6,11,15).

1426) 가예(גַּיְא): 길고 바닥이 평평한 저지대에만 있는 계곡, 골짜기. 같은 표현 ⇒ (민21:20), (신3:29,4:46), (사22:1,5,28:1,4,40:4), (렘2:23,7:31,32,19:2,6,32:35), (미1:6),

1427) 바마(בָּמָה): 높은 곳, 산당. 같은 표현 ⇒ (레26:30), (민21:28), (사14:14,15:2,16:12,36:7,58:14), (렘7:31,26:18,32:35), (미1:3,5,3:12).

1428) 몰레크(מֹלֶךְ): 몰렉(밀곰), 암몬 족속이 좋아하며, 유아 희생제물을 통해 숭배됨, 가나안 사람들에 의해 행해짐. 같은 표현 ⇒ (레20:2,3,4,5), (렘32:35).

1429) 토에바(תּוֹעֵבָה): 가증한 것, 가증한 짓. 여성명사. 같은 표현 ⇒ (창43:32,46:34), (출8:26), (사1:13,41:24,44:19), (렘2:7,6:15,7:10,8:12,16:18,32:35,44:4,22), (말2:11).

1430) 하타(חָטָא): 죄를 짓다, 빗나가다, 잘못하다. 같은 표현 ⇒ (창20:6), (사1:4,29:21, 42:24,43:27,64:5,65:20), (렘2:35,3:25,8:14,14:7,20,16:10,32:35,33:8,37:18,40:3,44:23,50:7).

1431) 퀘쩨프(קֶצֶף): 분노, 격노, 노여움, 특별히 하나님의 진노. 같은 표현 ⇒ (민1:53, 16:46,18:5), (신29:28), (사34:2,54:8,60:10), (렘10:10,21:5,32:37,50:13), (슥1:2,15).

1432) 나다흐(נָדַח): 몰아내다, 내어 쫓다, 몰리게 되다, 미혹되다. 같은 표현 ⇒ (신4:19), (사8:22,13:14,16:3,4,27:13), (렘8:3,16:15,23:2,3,8,24:9,27:10,15,29:14,18, 30:17,32:37,40:12,43:5,46:28,49:5,36,50:17), (겔4:13), (단9:7), (욜2:20), (습3:19).

1433) 콰바쯔(קָבַץ): 모으다, 거둬들이다, 소집하다. 같은 표현 ⇒ (창41:35,48,49:2), (사11:12,13:14,22:9,34:15,16,40:11), (렘23:3,29:14,31:8,10,32:37,40:15,49:5,14), (호1:11), (욜2:6,16,3:2), (미1:7,2:12), (나2:10), (합2:5).

나는 그들의 하나님(엘로힘)이 (된다).

32:39 또한 내(여호와)가 그들에게 한 마음(레브)과 한 길(데레크)을 주어(나탄),
그 모든 날(욤,복) 동안, (그들에게) 나를 경외케 하고(야레),
그들과 그들 후에, 그들의 자손(벤)들에게 복 있게 한다(토브).

32:40 또한 나는 그들과 영원한 언약(베리트)[1434]을 맺으니(카라트),
즉 내가 그들 뒤에서 벗어나지(쑤르) 않는 (영원한 언약을 맺으니),
그때 내가 그들을 복 있게 하기(야타브)[1435] 위해서,
또 내가 그들의 마음(레바브) 속에 경외함(이르아)을 주어(나탄),
그들이 나로부터 벗어나지(쑤르) 않기 위해서이다.

32:41 또한 내(여호와)가 그들로 인해 크게 기뻐하여(수스),
그들을 복 있게 하고(토브),
그들을 바로 이 땅(에레쯔)에 진리(에메트)[1436]로
내 온 마음(레브)과 내 온 영혼(네페쉬)을 다해 심는다(나타).'라고
하는 것이다.

32:42 왜냐하면 여호와가 이와 같이 말하였으니(아마르),
'내가 바로 이 큰 모든 재앙(라)을 바로 이 백성(암)에게 가져온 것
(보)처럼, 나는 그들에게 말하는(다바르) 그 모든 복 있는 것(토브)을
그들에게 가져온다(보).

32:43 그런즉 너희는, 〈카스딤 사람들의 손(야드)에 넘겨진 바(나탄), 그것이
황폐(쉐마마)[1437]하여, 사람(아담)과 짐승(베헤마)이 없다.〉라고 말하는
(아마르) 바로 이 땅(에레쯔)에 그 밭(사데)을 사게 되니(콰나),

1434) 베리트(בְּרִית): 언약, 계약. 여성명사. 같은 표현 ⇒ (창6:18,9:9,12,14:13), (사24:5, 28:15), (렘3:16,11:2,3,8,10,14:21,22:9,31:31,32,33,32:40,33:20,21,25,34:8,10,13,18,50:5).

1435) 야타브(יָטַב): 잘하다, 선하게 하다, 즐겁게 하다, 복 있다.
☞ 토브(טוֹב : 좋은)의 동사. 같은 표현 ⇒ (창4:7,12:13,32:9), (사1:17,41:23), (렘1:12,2:33,4:22,7:3,5,23,32:40), (미2:7), (습1:12).

1436) 에메트(אֱמֶת): 진실, 성실, 진리. ☞ 아만(אָמַן : 믿다)의 여성명사.
같은 표현 ⇒ (창24:27,48,32:10), (신22:20), (사42:3,43:9,48:1,59:14,15,61:8), (렘2:21,4:2,9:5,10:10,14:13,23:28,26:15,28:9,32:41,33:6,42:5).

1437) 쉐마마(שְׁמָמָה): 황폐, 황무지. ☞ 솨멤(שָׁמֵם : 황폐하게 하다)의 여성명사.
같은 표현 ⇒ (출23:39), (사1:7,62:4), (렘4:27,6:8,9:11,10:22,12:10,11,25:12,32:43, 34:22,44:6,49:2,33,50:13,51:26,62), (욜2:3,20,3:19), (습2:9).

32:44 곧 빈야민 땅(에레쯔)과 예루솰라임 사방과 예후다 성읍들과 산지의
성읍들과 쉬펠라의 성읍들과 네게브의 성읍들에 있는 밭(사데)들을
그 은(케쎄프)으로 사며(콰나), 계약서(쎄페르)에 서명하고(카타브) 봉인하여
(하탐) 증인들을 세운다(우드).
왜냐하면 내가 그들의 포로(쉐부트)[1438]들을 돌아오게 하기(슈브) 때
문이다. 여호와의 말(네움).' "이라고 하였다.פ

1438) 쉐부트(שְׁבוּת): 포로상태, 사로잡힘, 포로. 같은 표현 ⇒ (민21:29), (신30:3), (렘29:14,30:3,18,31:23,32:44,33:7,10,26,48:47,49:6,39), (습2:7).

이르메야 33장

33:1 그때 이르메야가 아직 그 호위대의 뜰(하쩨르)에 갇혔을(아짜르)[1439] 때,
여호와의 말(다바르)이 그에게 두 번째로 임하였으니(하야), 말하기를(아마르),

33:2 "여호와가 자신의 이름(쉠)을 성취하기(쿤) 위해서,
여호와가 그것(땅)을 만들고(아사)
여호와가 그것(땅)을 모양으로 짓고(야짜르)[1440]
여호와가 이와 같이 말하였으니(아마르),

33:3 '네가 나(여호와)에게 부르짖으라(콰라),
그러면 내(여호와)가 너에게 응답하고(아나),
또 내가 너에게 네가 잘 알지(야다) 못하는 크고 도달하기 힘든 것(바짜르)[1441]들을 자세히 알려준다(나가드)[1442].' "라고 하는 것이다.ס

33:4 왜냐하면 여호와 이스라엘의 하나님(엘로힘)이 그 토성(쏠렐라,포위자들이 쌓은 둑)들과 그 칼(헤레브)에 허물어진(나타쯔)[1443] 바로 이 성읍의 집(바이트)들과 예후다 왕들의 집(바이트)들에 관하여 이와 같이 말하였으니(아마르),

33:5 "그들이 그 카스딤 사람들과 싸우러(라함)[1444] 오지만(보),

1439) 아짜르(עָצַר): 못하게 하다, 감금하다, 그만두다, 보존하다.
같은 표현 ⇒ (창16:2,20:18), (민16:48,50,25:8), (왕상18:44,21:21), (왕하4:24,9:8), (사66:9), (렘20:9,33:1,36:5,39:15), (단10:8,16,11:6).

1440) 야짜르(יָצַר): 모양으로 만들다, 형성하다. 같은 표현 ⇒ (창2:7,8,19), (사22:11,27:11,29:16,30:14,37:26,41:25,43:1,7,10,21,44:2,9,10,12,21,24,45:7,9,11,18, 46:11,49:5,54:17,64:8), (렘1:5,10:16,18:2,3,4,6,11,19:1,11,33:2,51:19), (합2:18), (슥12:1).

1441) 바짜르(בָּצַר): 잘라내다, 접근하지 못하게 하다, 억제하다, 포도를 거두다.
같은 표현 ⇒ (창11:6), (레25:5,11), (민13:28), (사2:15,22:10,25:2,27:10,36:1,37:26), (렘6:9,15:20,33:3,49:9,51:53), (옵1:5), (습1:16).

1442) 나가드(נָגַד): 자세히 알려주다, 폭로하다, 선언하다. 같은 표현 ⇒ (창3:11,32:29), (출13:8), (신4:13,17:9), (사3:9,7:2,19:12,21:2,6,10), (렘4:5,15,5:20,9:12,16:10,20:10, 31:10,33:3,36:13,16,17,20,38:15,25,27,42:3,4,20,21,46:14,48:20,50:2,28,51:31).

1443) 나타쯔(נָתַץ): 헐다, 파괴하다(강조). 같은 표현 ⇒ (출34:13), (레11:35,14:45), (신7:5,12:3), (사22:10), (렘1:10,4:26,18:7,31:28,33:4,39:8,52:14).

1444) 라함(לָחַם): 싸우다, 전쟁하다. 같은 표현 ⇒ (출1:10,14:14,17:8,9), (사7:1,19:2,20:1,

나는 그곳들을 나의 화(아프)와 나의 진노(헤마)1445)로 쳐 죽인(나카) 시체들로 채운다.
즉 나는 내 얼굴(파님)을 그들의 모든 악(라)으로 인해 바로 이 성읍(이르)으로부터 숨긴다(싸타르)1446),

33:6 그러나 보라(헨)! (내가) 그곳에 회복(아루카,새살)1447)과 치유(마르페)1448)를 이루어(알라), 그들을 낫게하고(라파)1449),
또 그들에게 평강(샬롬)과 진리(에메트)1450)의 풍성함을 드러내며(갈라)1451),

33:7 내가 예후다의 포로(쉐부트)1452)와 이스라엘의 포로(쉐부트)를 돌아오게 하여(슈브), 그들을 그 처음(리숀)과 같이 세운다(바나).

33:8 또한 내가 그들이 죄 지은(하타) 모든 행악(아본)1453)으로부터 그들을 정결케 하고(타헤르)1454), 그들이 나에게 죄 짓고(하타)1455), 나에 대적

30:32,37:8,9,63:10), (렘1:19,15:20,21:2,4,5,32:5,24,29,33:5,34:1,7,22,37:8,10,41:12,51:30), (단10:20,11:11), (슥10:5,14:3,14).

1445) 헤마(חֵמָה): 열, 격노, 분노. ☞ 야함(יָחַם : 뜨겁다)의 여성명사. 같은 표현 ⇒ (창27:44), (사42:25,51:13,17,20,22,59:18,63:3,5,6,66:15), (렘4:4,6:11,7:20,10:25,18:20, 21:5,12,23:19,25:15,30:23,32:31,37,33:5,36:7,42:18,44:6), (나1:6).

1446) 싸타르(סָתַר): 숨기다, 감추다. 같은 표현 ⇒ (창4:14,31:49), (사8:17,16:3,28:15, 29:14,15,40:27,45:15,49:2,50:6,54:8), (렘16:17,23:24,33:5,36:19,26), (미3:4), (습2:3).

1447) 아루카(אֲרוּכָה): 치료, 회복, 복원. ☞ 아라크(אָרַךְ : 길다, 장구하다)의 수동 분사. 같은 표현 ⇒ (사58:8), (렘8:22,30:17,33:6).

1448) 마르페(מַרְפֵּא): 치유, 고침, 건강, 도움. ☞ 라파(רָפָא : 고치다)에서 유래. 같은 표현 ⇒ (렘8:15,14:19,33:6), (말4:2).

1449) 라파(רָפָא): 고치다, 치료하다. 같은 표현 ⇒ (창20:17,50:2), (사6:10,19:22,30:26, 53:5,57:18,19), (렘3:22,6:14,8:11,22,15:18,17:14,19:11,30:17,33:6,51:8,9), (겔34:4,47:8,9).

1450) 에메트(אֱמֶת): 진실, 성실, 진리. ☞ 아만(אָמַן : 믿다)의 여성명사. 같은 표현 ⇒ (창24:27,48,32:10), (신22:20), (사42:3,43:9,48:1,59:14,15,61:8), (렘2:21,4:2,9:5,10:10,14:13,23:28,26:15,28:9,32:41,33:6,42:5).

1451) 갈라(גָּלָה): 덮개를 벗기다, 계시하다, 폭로하다, 옮기다, 포로의 몸이 되다. 같은 표현 ⇒ (창9:21,35:7), (삼하7:27), (사5:13,16:3,22:8,14,23:1,24:11,26:21,38:12, 40:5,47:2,3,49:9,21,53:1,56:1), (렘1:3,11:20,13:19,22,20:4,12,22:12,24:1,27:20,29:1,4,7,14, 32:11,14,33:6,39:9,40:1,7,43:3,49:10,52:15,27,28,30), (단10:1), (호2:10), (암1:5,6,3:7).

1452) 쉐부트(שְׁבוּת): 포로상태, 사로잡힘, 포로. 같은 표현 ⇒ (민21:29), (신30:3), (렘29:14,30:3,18,31:23,32:44,33:7,10,26,48:47,49:6,39), (습2:7).

1453) 아본(עָוֹן): 행악, 죄악, 행악의 형벌, 행악과 형벌 사이의 죄의식. 집합명사. 같은 표현 ⇒ (창4:13,15:16,19:15), (렘2:22,3:13,5:25,11:10,13:22,14:7,10,20,16:10,17, 18:23,25:12,30:14,15,31:30,34,32:18,33:8,36:3,31,50:20,51:6), (단9:13,16,24).

하여 반역한(파솨)1456) 그들의 모든 행악(아본)을 용서한다(쌀라흐)1457),

33:9 그곳은 나(여호와)에게 즐거움(사숀)1458)의 이름과 찬양(테힐라)1459)과
영광(티프아라)1460)이 되니(하야),
곧 내가 베푼(아사) 그 모든 복(토브)을 들은(솨마) 그 땅(에레쯔)의 모든
민족(고이)들에게이다,
그때 그들(민족)은 내가 그들에게 베푼(아사) 그 모든 복(토브)과 그 평
강(샬롬)으로 인하여 두려워하며(파하드)1461) 떤다(라가즈)1462)."라고 하기
때문이다.ס

33:10 여호와가 이와 같이 말하였으니(아마르),
"너희가 말하기를(아마르), '그곳은 황무하여(하야 하레브) 사람(아담)도 없
고, 짐승(베헤마)도 없다.'라고 하는 바로 이 장소(마콤)에,
곧 그 황폐케 된(솨멤)1463) 예후다 성읍(이르)들과 예루솰라임 거리
(후쯔,복)로 인해 사람(아담)도 없고 거주민(야솨브)도 없고 짐승(베헤마)도

1454) 타헤르(טָהֵר): 정결케 하다, 깨끗게 하다. 같은 표현 ⇒ (창35:2), (레11:32,12:7,8), (사66:17), (렘13:27,33:8), (겔22:24,24:13,36:25,33,37:23,39:12,14,16,43:26), (말3:3).

1455) 하타(חָטָא): 죄를 짓다, 빗나가다, 잘못하다. 같은 표현 ⇒ (창20:6), (사1:4,29:21, 42:24,43:27,64:5,65:20), (렘2:35,3:25,8:14,14:7,20,16:10,32:35,33:8,37:18,40:3,44:23,50:7).

1456) 파솨(פָּשַׁע): 반역하다, 범죄 하다. 같은 표현 ⇒ (사1:2,28,43:27,46:8,48:8,53:12,13, 59:13,66:24), (렘2:8,29,3:13,33:8), (겔2:3), (단8:23).

1457) 쌀라흐(סָלַח): 하나님이 용서하다, 사면하다. 같은 표현 ⇒ (출34:9), (레4:20, 5:10,6:7,19:22), (왕하5:18), (사55:7), (렘5:1,7,31:34,33:8,36:3,50:20), (단9:19).

1458) 사손(שָׂשׂוֹן): 기쁨, 즐거움, 환희. 같은 표현 ⇒ (사12:3,22:13,35:10,51:3,11,61:3), (렘7:34,15:16,16:9,25:10,31:13,33:9,10), (욜1:12).

1459) 테힐라(תְּהִלָּה): 찬양. ☞ 할랄(הָלַל : 찬양하다)의 여성명사. 같은 표현 ⇒ (출15:11), (신10:21), (사42:8,10,12,43:21,48:9), (렘13:11,17:14,33:9,48:2,49:25,51:41).

1460) 티프아라(תִּפְאָרָה): 아름다움, 영광.
☞ 파아르(פָּאַר : 아름답게 하다, 영광스럽게 하다)의 여성명사.
같은 표현 ⇒ (출28:2,40), (사3:18,4:2), (렘13:11,18,20,33:9,48:17), (슥12:7).

1461) 파하드(פָּחַד): 무서워 떨다, 두려워하다, 경외하다.
같은 명사 ⇒ (사12:2,19:16,17,33:14,44:8,11,51:13,60:5), (렘33:9,36:16,24).

1462) 라가즈(רָגַז): 떨다, 동요하다, 분노로 말다툼하다. 같은 표현 ⇒ (창45:24), (출15:14), (신2:25), (사5:25,13:13,14:9,16,23:11,28:21,32:10,11,37:28,29,64:2), (렘33:9,50:34), (욜2:1,10), (암8:8).

1463) 솨멤(שָׁמֵם): 황폐하게 하다, 깜짝 놀라게 하다. 같은 표현 ⇒ (레26:22), (민21:30), (사33:8,49:8,19,52:14,54:1,3,59:16,61:4,63:5), (렘2:12,4:9,10:25,12:11,18:16,19:8,33:10, 49:17,20,50:13,45), (단8:27).

없다라고 하는 (바로 이 장소에),

33:11 즐거움(사손)의 소리와 기쁨(심하)[1464]의 소리,
신랑의 소리와 신부의 소리,
곧 '너희는 만군의 여호와께 감사하라(야다).'고 말하는(아마르)
소리(콜)가 다시 들린다(솨마),
왜냐하면 여호와는 선하기(토브) 때문이다,
왜냐하면 여호와의 집(바이트)에 감사제물(토다)을 가져오는(보) 소리(콜)
로 인하여, 그(여호와)의 인애(헤쎄드)[1465]가 영원하기 때문이다.
왜냐하면 내(여호와)가 그 땅(에레쯔)의 포로(쉐부트)들을 그 처음(리숀)과
같이 돌아오게 하기(슈브) 때문이다.
여호와가 말한다(아마르)."라고 하는 것이다.ᄆ

33:12 만군의 여호와가 이와 같이 말하였으니(아마르),
"사람(아담)도 없고 짐승(베헤마)도 없어,
그 황무한(하레브) 바로 이 장소(마콤), 곧 그 모든 성읍(이르)에,
양떼(쫀)를 눕게 하는(라바쯔)[1466] 그 목자들(로임)의 초장(나베)[1467]이
다시 있으니(하야),

33:13 (다시 말해), 그 산지의 성읍(이르)들과 그 쉬펠라의 성읍(이르)들과
그 네게브의 성읍(이르)들과 빈야민의 땅(에레쯔)과 예루솰라임의
주변들과 예후다의 성읍(이르)들에,
그 양떼(쫀)가 수를 세는 자(마나)[1468]의 손(야드) 아래로
다시 지나간다(아바르).
여호와의 말(네움).ᄆ

1464) 심하(שִׂמְחָה): 기쁨, 즐거움. ☞ 솨마흐(שָׂמַח : 기뻐하다)의 여성명사. 같은 표현 ⇒ (창31:27), (사9:3,16:10,22:13,24:11), (렘7:34,15:16,16:9,25:10,31:7,33:11,48:33).

1465) 헤쎄드(חֶסֶד): 인애, 친절, 신실, 변함 없음. 같은 표현 ⇒ (창19:19), (사16:5,40:6,54:8,10,55:3,57:1,63:7), (렘2:2,9:24,16:5,31:3,32:18,33:11), (단1:9,9:4), (호2:19), (욜2:13), (슥7:9).

1466) 라바쯔(רָבַץ): 내뻗다, 드러눕다, 놓다. 같은 표현 ⇒ (창4:7,29:2,49:9,14), (사11:6,7,13:20,21,14:30,17:2,27:10,54:11), (렘33:12).

1467) 나베(נָוֶה): 목초지, 양떼나 목자의 거처, 거처. ☞ 나바(נָוָה : 아름답게 하다, 집에 머무르다)에서 유래. 같은 표현 ⇒ (출15:13), (사27:10,32:18,33:20,34:13,35:7,65:10), (렘6:2,10:25,23:3,25:30,31:23,33:12,49:19,20,50:7,19,44,45), (습2:6).

1468) 마나(מָנָה): 계산하다, 세다, 지정하다. 같은 표현 ⇒ (창13:16), (민23:10), (사53:12,65:12), (렘33:13), (단1:5,10).

33:14 보라(힌네)! 날(욤,복)이 이르니(보),
여호와의 말(네움),
내(여호와)가 이스라엘의 집(바이트)과 예후다의 집(바이트)에 관하여
말한(다바르) 그 복 있는(토브) 말(다바르)을 이룬다(쿰).

33:15 바로 그 날(욤,복)과 바로 그 때(에트)에,
내(여호와)가 다뷔드에게 한 의로운(쩨다콰)[1469] 가지(쩨마흐,싹)[1470]을
자라나게 하니(짜마흐)[1471],
그가 그 땅(에레쯔)에 법도(미쉬파트)[1472]와 의로움(쩨다콰)을 행한다(아사).

33:16 바로 그 날(욤,복)에,
예후다와 예루솰라임이 구원을 받아(야솨)[1473],
안전하게 거주하니(솨칸),
그때 그곳은, '여호와는 우리의 의로움(쩨데크)[1474]이다.'라고 부른다
(콰라),

33:17 왜냐하면 여호와가 이와 같이 말하기를(아마르),
'이스라엘의 집(바이트)의 보좌(키쎄) 위에 앉는 자(아쉬)는
다뷔드에게 끊어지지(카라트) 않고,

33:18 그 모든 날(욤,복) 동안, 그 레뷔 사람 그 제사장(코헨)들에게,
올림제물(올라)을 올리고(알라), 선물제물(민하)을 태우며(콰타르),
희생제물(제바흐)을 드리는 자(아사)는 한 사람(아쉬)도
내 앞에서 끊어지지(카라트) 않는다.'라고 하기 때문이다."라고

1469) 쩨다콰(צְדָקָה): 의로움. 여성명사. 같은 표현 ⇒ (창15:6), (사1:27,5:7,16,23,9:7), (렘4:2,9:24,22:3,15,23:5,33:15,51:10), (슥8:8), (말3:3,4:2).

1470) 쩨마흐(צֶמַח): 싹, 가지, 생장. 같은 표현 ⇒ (사4:2,61:11), (렘23:5,33:15), (슥3:8).

1471) 짜마흐(צָמַח): 싹이 트다, 나오다, 솟아나다. 같은 표현 ⇒ (창2:5,9), (사42:9,43:19,44:4,45:8,55:10,58:8,61:11), (렘33:15).

1472) 미쉬파트(מִשְׁפָּט): 공의, 법도, 재판, 심판. ☞ 솨파트(שָׁפַט : 재판하다)의 명사. 같은 표현 ⇒ (창18:19), (사40:14,27,41:1,42:1,3,4,49:4,50:8,51:4,53:8,54:17,56:1,58:2, 59:8,9,61:8), (렘1:16,4:2,12,5:1,4,5,28,7:5,8:7,9:24,10:24,12:1,17:11,21:12,22:3,13,15,23:5, 26:11,16,30:11,18,32:7,8,33:15,39:5,46:28,48:21,47,51:9,52:9).

1473) 야솨(יָשַׁע): 구원하다, 구출하다. 같은 표현 ⇒ (출2:17,14:30), (사19:20,25:9), (렘2:27,28,4:14,8:20,11:12,14:8,9,15:20,17:14,23:6,30:7,10,11,31:7,33:16,42:11,46:27).

1474) 쩨데크(צֶדֶק): 의로움, 공정. 남성명사. ☞ 쩨다콰(צְדָקָה : 의로움) 여성명사. 같은 표현 ⇒ (레19:15,36), (사1:21,26), (렘11:20,22:13,31:23,33:16,50:7).

하는 것이다.ㅇ

33:19 여호와의 말(다바르)이 이르메야에게 임하였으니(하야), 말하기를(아마르),

33:20 "여호와가 이와 같이 말하였으니(아마르),
'만일 너희가 그 낮의 내 언약(베리트)[1475]과 그 밤의 내 언약(베리트)
을 깨지게 하여(파라르)[1476], 그것들의 때(에트)에 낮과 밤이 있지(하야)
않으면,

33:21 심지어 다뷔드 내 종(에베드)에 대한 나의 언약(베리트)도 깨어져(파라르),
그의 보좌(키쎄) 위에 다스리는(말라크) 한 아들(벤)도 있지(하야) 않고,
또 나를 섬기는(솨라트)[1477] 그 레뷔 제사장(코헨)들에 대한 (나의 언약
도 깨어진다).

33:22 즉 내(여호와)가, 그 하늘의 군상(짜바)이 세어질(싸파르) 수 없고,
그 바다의 모래가 측량될(마다드)[1478] 수 없는 것처럼,
다뷔드 내 종(에베드)의 씨(제라)와 나를 섬기는(솨라트) 그 레뷔사람들도
많게 한다(라바).' "라고 하는 것이다.

33:23 여호와의 말(다바르)이 이르메야에게 임하였으니(하야), 말하기를(아마르),

33:24 "너희는 바로 이 백성(암)을 무엇이라고 말하는지(다바르) 보지(라아) 못
하느냐? 말하기를(아마르),
'여호와가 택한(바하르) 그 두 가문(미쉬파하),
즉 그(여호와)가 그들(두 가문)을 거절하였으니(마아쓰)[1479],
(다시 말해), 그들이 내 백성(암)을 멸시하여(나아쯔)[1480], 자신들 앞에서

1475) 베리트(בְּרִית): 언약, 계약. 여성명사. 같은 표현 ⇒ (창6:18,9:9,12,14:13), (사24:5, 28:15), (렘3:16,11:2,3,8,10,14:21,22:9,31:31,32,33,32:40,33:20,21,25,34:8,10,13,18,50:5).

1476) 파라르(פָּרַר): 깨뜨리다, 어기다, 무효화 시키다. 같은 표현 ⇒ (창17:14), (레26:15,44), (민15:31,30:8,12,13,15), (신31:16,20), (사8:10,14:27,24:5,19,33:8,44:25), (렘11:10,14:21,31:32,33:20,21).

1477) 솨라트(שָׁרַת): 섬기다, 시중들다. 같은 표현 ⇒ (창39:4,40:4), (사56:6,60:7,10,61:6), (렘33:21,22,52:18), (겔20:32,40:46,42:14,43:19,44:11,12,15,16,17,19,27,45:4,5,46:24).

1478) 마다드(מָדַד): 측량하다. 같은 표현 ⇒ (출16:18), (민35,5), (신21:2), (사40:12,65:7), (렘31:37,33:22).

1479) 마아쓰(מָאַס): 거절하다, 멸시하다. 같은 표현 ⇒ (레26:15,43,44), (민11:20,14:31), (사5:24,7:15,16,8:6,30:12,31:7,33:8,15,41:9,54:6), (렘2:37,4:30,31:37,33:24,26).

1480) 나아쯔(נָאַץ): 거부하다, 경멸하다, 업신여기다. 같은 표현 ⇒ (민14:11,23),

더 이상 한 민족(고이)이 되지(하야) 못한다.'라고 하였다.○

33:25 여호와가 이와 같이 말하였으니(아마르),
'만일 낮과 밤에 대한 내 언약(베리트)이 없고,
내가 하늘과 땅의 규례(후콰)[1481]들을 정하지(숨) 않았으면,

33:26 심지어 나도 야아콥과 다뷔드 내 종(에베드)의 자손(제라,씨)을 거절하여
(마아쓰), 그의 자손(제라,씨) 중에 아브라함과 이쯔학과 야아콥의 자손
(제라,씨) 다스리는 자(마솰)[1482]들을 취하지(라콰흐) 않는다.
왜냐하면 내(여호와)가 그들의 포로(쉐부트)를 되돌리고(슈브) 그들에게
긍휼을 베풀기(라함)[1483] 때문이다.' "라고 하는 것이다.

(삼하12:14), (사1:4,5:24,52:5,60:14), (렘14:21,23:17,33:24).

1481) 후콰(חֻקָּה): 규례, 규정된 것. ☞ 하콰크(חָקַק : 새기다, 긁다)의 여성명사.
같은 표현 ⇒ (창26:5) (출12:14,17,13:10), (렘5:24,10:3,31:35,33:25,44:10,23),
(겔5:6,7,11:20,18:9,17,19,21,20:11,13,16,19,21,24,33:15,37:24,43:11,18,44:5,24,46:14).

1482) 마솰(מָשַׁל): 다스리다, 지배권을 가지다. 같은 표현 ⇒ (창1:18,3:16,4:7,37:8,45:8,26),
(신15:6), (렘22:30,30:21,33:26,51:46).

1483) 라함(רָחַם): 긍휼히 여기다, 긍휼을 베풀다. 같은 표현 ⇒ (출33:19), (신13:17),
(렘6:23,12:15,13:14,21:7,30:18,31:20,33:26,42:12,50:42), (호1:6,7,2:1,4,23), (슥1:12).

이르메야 34장

34:1 네부칸네짜르 바벨 왕과 그의 모든 군대(하일)와 그의 손(야드)의 통치
(멤샬라)에 있는 땅(에레쯔)의 모든 왕국(맘라카)들과 그 모든 백성(암)이
예루솰아임과 그 모든 성읍(이르)과 전쟁하고 있을(라함)1484) 때,
여호와께로부터 이르메야에게 임한(하야) 그 말(다바르), 말하기를(아마르),

34:2 여호와 이스라엘의 하나님(엘로힘)이 이와 같이 말하였으니(아마르),
자, 너는 찌드키야 예후다 왕에게 말하라(아마르).
즉 너는 그에게 말하기를(아마르),
여호와가 이와 같이 말하였으니(아마르),
"보라(헨)! 내(여호와)가 바로 이 성읍(이르)을 바벨 왕의 손(야드)에 넘겨
주니(나탄), 그가 그곳을 그 불로 사른다(사라프).

34:3 그때 너는 그의 손(야드)에서 도망하지(말라트)1485) 못한다,
왜냐하면 네가 정녕 잡혀서(타파스)1486), 그의 손(야드)에 넘겨져(나탄),
네 눈이 바벨 왕의 눈을 보고(라아), 그의 입이 네 입과 말하기(다바르)
때문이다, 그런즉 너는 바벨로 간다(보)."라고 하는 것이다.

34:4 그렇지만, 찌드키야 예후다의 왕(멜레크)이여,
당신은 여호와의 말(다바르)을 들으소서(솨마),
여호와가 당신에 관하여 이와 같이 말하였으니(아마르),
"(당신이 바벨 왕에게 항복하면),
당신은 그 칼(헤레브)에 죽지 않고,

34:5 평안(솰롬) 가운데 죽는다,

1484) 라함(לָחַם): 싸우다, 전쟁하다. 같은 표현 ⇒ (출1:10,14:14,17:8,9), (사7:1,19:2,20:1,30:32,37:8,9,63:10), (렘1:19,15:20,21:2,4,5,32:5,24,29,33:5,34:1,7,22,37:8,10,41:12,51:30), (단10:20,11:11), (슥10:5,14:3,14).

1485) 말라트(מָלַט): 도망가다, 피하다, 구출하다. 같은 표현 ⇒ (창19:17), (왕상18:40,19:17,20:20), (사20:6,31:5,34:15,37:38,46:2,4,49:24,25,66:7), (렘32:3,34:3,38:18,23,39:18,41:15,46:6,48:6,8,19,51:6,45), (단11:41,12:1), (욜2:32), (암2:14,15), (슥2:7).

1486) 타파스(תָּפַשׂ): 붙잡다. 사로잡다. 같은 표현 ⇒ (창4:21,39:12), (왕상18:40,20:18), (왕하7:12), (사3:6,36:1), (렘2:8,26:8,34:3,37:13,14,38:23,40:10,46:9,50:16,24,46,51:32,41,52:9), (암2:15), (합2:19).

(당신이 바벨 왕에게 항복하지 않으면),
그들은, 당신 앞에 있은(하야) 당신의 조상 곧 그 이전(리숀)의 왕들의
분향(미스라파)처럼, 당신을 위해 그와 같이 향을 사르면서(사라프),
또 '화로다(호이), 주인(아돈)이여.'라고 하며,
당신을 위해 애곡한다(싸파드)[1487].
왜냐하면 내가 말(다바르) 하기(다바르) 때문이다,
여호와의 말(네움).”이라고 하는 것이다.ס

34:6 그러자 이르메야 그 예언자(나비)가 찌드키야 예후다 왕(멜레크)에게
바로 이 모든 말(다바르,복)을 예루솰라임에서 말하였다(아마르),

34:7 그때 바벨 왕의 군대(하일)가 예루솰라임과 그 남아 있는(야타르)[1488]
예후다의 모든 성읍(이르)들 곧 라키쉬와 아제카와 전쟁을 하고
있었다(라함).
왜냐하면 이것들이 예후다의 성읍(이르)들 중 요새의 성읍(이르)으로
남겨졌기(솨아르)[1489] 때문이었다.פ

34:8 찌드키야 왕이 예루솰라임에 (있는) 모든 백성에게 자유(데로르)[1490]를
선포하는(콰라) 언약(베리트)[1491]을 맺은(카라트) 후에,
여호와로부터 이르메야에게 임한(하야) 그 말(다바르),

34:9 각자(이쉬)는 자신의 종(에베드) 곧 히브리 남종(쉬프하)과 히브리 여종을
자유(호프쉬)[1492]로 보내는 것(솰라흐),
곧 어떤 자(이쉬)도 자신의 형제 유대인을 종으로 삼지(아바드) 않는

1487) 싸파드(סָפַד): 슬퍼하다, 애곡하다. 같은 표현 ⇒ (창23:2,50:10), (사32:12), (렘4:8,16:4,5,6,22:18,25:33,34:5,49:3), (욜1:13), (미1:8), (슥12:10,12).

1488) 야타르(יָתַר): 남다, 남기다, 탁월하다, 넘치다, 두고 가다. 같은 표현 ⇒ (창30:36,32:24), (사1:8,9,4:3,7:22,30:17,39:6), (렘27:18,19,21,34:7,44:7), (슥13:8,14:16).

1489) 솨아르(שָׁאַר): 남기다, 살아남다. 같은 표현 ⇒ (창7:23,14:10,32:8), (왕상19:18), (사4:3,11:16,17:6,24:6,12,37:31), (렘8:3,21:7,24:8,34:7,37:10,38:4,22,39:9,10,40:6,41:10, 42:2,49:9,50:20,52:16), (겔36:36), (단10:8,17), (욜2:14), (옵1:5), (학2:3).

1490) 데로르(דְּרוֹר): 액체, 흐름, 자유, 해방, 매 50년 희년의 자유. 같은 표현 ⇒ (출30:23), (레25:10), (사61:1), (렘34:8,15,17).

1491) 베리트(בְּרִית): 언약, 계약. 여성명사. 같은 표현 ⇒ (창6:18,9:9,12,14:13), (사24:5, 28:15), (렘3:16,11:2,3,8,10,14:21,22:9,31:31,32,33,32:40,33:20,21,25,34:8,10,13,18,50:5).

1492) 호프쉬(חָפְשִׁי): 자유로운, 면제된. 같은 표현 ⇒ (출21:2,5), (신15:12,13,18), (사58:6), (렘34:9,10,11,14,16).

것이다.

34:10 그러자 그 언약(베리트)에 참여한(보) 그 모든 고관(사르)들과 그 모든 백성(암)이 자신의 남종(에베드)과 자신의 여종(쉬프하)을 자유(호프쉬)로 보내었으니(솰라흐),
그때 그들이 다시는 그들을 종으로 삼지(아바드) 않았다,
그런즉 그들은 순종하여(솨마) 보냈다(솰라흐).

34:11 그러나, 그렇게 한 후, 그들은 자신들이 자유(호프쉬)로 보낸(솰라흐) 자신의 남종(에베드)들과 여종(쉬프하)들을 다시 돌이켰으니(슈브),
그때 그들은 그들(종)을 속박하였다(카바쉬)1493),
(다시 말해), 그들은 남종(에베드)들과 여종(쉬프하)들을 속박하였다(카바쉬).ס

34:12 그러자 여호와의 말(다바르)이 여호와에게로부터 이르메야에게 임하여(하야), 말하기를(아마르),

34:13 "여호와 이스라엘의 하나님(엘로힘)이 이와 같이 말하였으니(아마르),
'내가 너희 조상들을 미쯔라임의 땅(에레쯔) 곧 종(에베드)들의 집(바이트)으로부터 나오게 한(야짜) 날(욤)에,
나는 그들과 함께 언약(베리트)을 맺었으니(카라트),

34:14 곧 칠 년 끝에,
너희 각자는 너희에게 팔린(마카르)1494) 그 형제 이브리인을 보내라(솰라흐).
그가 육 년 동안 너를 섬겼으면(아바드),
너는 그를 자신에게로부터 자유(호프쉬)로 보내라(솰라흐).
그러나 너희 조상들은 나의 (말을) 듣지(솨마) 않고,
자신들의 귀를 기울이지(나타)도 않았다.

34:15 그런데 너희가 오늘날 다시 돌이켜(슈브), 내 눈앞에서 바른 것(야솨르) 행하여(아사), 각자 자신의 이웃에게 자유(데로르)를 선포하며(콰라),
내 이름(쉠)으로 불리는 그 집(바이트) 내 앞에서 언약(베리트)을 맺었으나(카라트),

1493) 카바쉬(כָּבַשׁ): 정복하다, 속박하다, 강요하다.
같은 표현 ⇒ (창1:28), (렘34:11,16), (슥9:15).

1494) 마카르(מָכַר): 팔다. 같은 표현 ⇒ (창25:31,33,37:27,28,36,45:4,5,47:19), (사24:2,50:1,52:3), (렘34:14), (겔7:12,14,30:12,48:14), (욜3:3,6,7,8), (슥11:5).

34:16 그러나 너희는 다시 돌이켜(슈브) 내 이름(쉠)을 더럽히고(할랄)[1495],
그들의 마음(네페쉬)에 따라 너희가 자유(호프쉬)로 보낸(솰라흐) 각자
자신의 남종(에베드)들과 각자 자신의 여종(쉬프하)들을 돌이켜(슈브),
그들을 속박하니(카바쉬), 곧 자신들에게 남종(에베드)들과 여종(쉬프하)들
이 되게 하였다(하야).'라고 하는 것이다.ㅁ

34:17 그러므로 여호와가 이와 같이 말하였으니(아마르),
'너희는 〈각자 자신의 형제에게, 또 각자 자신의 이웃에게
자유(데로르)를 선포하라(콰라).〉는 나의 (말을) 듣지(솨마) 않는다.
보라(헨)! 내가 너희를 향해 그 칼(헤레브)과 그 전염병(데베르)과
그 기근(라아브)에게 자유(데로르)를 선포하여(콰라),
너희를 그 땅(에레쯔)의 모든 왕국(맘라카)들에게 공포(자아바)[1496]로 넘
겨준다(나탄). 여호와의 말(네움).

34:18 그런 후, 나는 내 언약(베리트)을 어긴(아바르) 그 사람들(에노쉬)을,
곧 내 앞에서 맺은(카라트) 그 언약의 말(다바르,복)을 세우지(쿰) 않은
그 사람들을, 그들이 둘로 가르고(카라트) 그것의 조각 사이로 지나
간(아바르) 그 송아지(에겔)로 주니(나탄),

34:19 즉 그 갈라진(카라트) 송아지(에겔) 사이로 지나간(아바르) 예후다 고관
(사르)들과 예루솰라임 고관(사르)들과 환관(싸리쓰)들과 그 제사장(코헨)
들과 그 땅(에레쯔)의 모든 백성(암)을 (그것의 조각사이로 지나간 그 송아
지로 주니),

34:20 (다시 말해), 그들을 그들의 원수(오예브)들의 손(야드)과 그들의 목숨(네페쉬)
을 찾는 자(바콰쉬)[1497]들의 손(야드)에 넘겨주니(나탄),
그때 그들의 시체가 그 하늘의 새와 그 땅의 짐승의 먹이(마아칼)가
된다(하야),

1495) 할랄(חָלַל): 꿰뚫다, 더럽히다, 모독하다, 시작하다. 같은 표현 ⇒ (창4:26,6:1), (출20:25,31:14), (레21:4,22:2), (민16:46,18:32), (신2:24,3:24,16:9), (사23:9,43:28,47:6,48:11,51:9,53:5,56:2,6), (렘16:18,25:29,31:5,34:16), (암2:7).

1496) 자아바(זַעֲוָה): 공포, 떨림, 공포나 전율의 대상.
같은 표현 ⇒ (신28:25), (렘15:4,24:9,29:18,34:17).

1497) 바콰쉬(בָּקַשׁ): 찾다, 요구하다, 묻다. 같은 표현 ⇒ (창31:39), (사40:20,41:12,17, 45:19,51:1,65:1), (렘2:24,33,4:30,5:1,11:21,19:7,9,21:7,22:25,26:21,29:13,34:20,21,38:16, 44:30,45:5,46:26,49:37,50:4,20), (단1:8,20,8:15,9:3), (호2:7).

34:21 또 내가 찌드키야 예후다 왕과 그의 고관(사르)들을,
그들의 원수(오예브)들의 손(야드)과 그들의 목숨(네페쉬)을 찾는 자(비콰쉬)
들의 손(야드)과 너희에게로부터 (잠시) 떠나 간(알라) 바벨 왕의 군대
(하일)의 손(야드)에 넘겨주니(나탄),

34:22 보라(헨)! (내가) 명하여(짜바), 그들(바벨 군대)을 바로 이 성읍(이르)으로
다시 오게하여(슈브), 그들이 바로 이 성읍(이르)과 전쟁하고, 이곳을
점령하여(라카드)1498) 그 불로 사르고(사라프), 예후다 성읍들을 황폐(쉐
마마)1499)로 만들어(나탄) 거주하는 자(야솨브)가 없게 한다,
여호와의 말(네움).' "이라고 하는 것이다.פ

1498) 라카드(לָכַד): 사로잡다, 붙잡다, 점령하다, 취하다. 같은 표현 ⇒ (민21:32,32:39), (사8:15,20:1,24:18,28:13), (렘5:26,6:11,8:9,18:22,32:3,24,28,34:22,37:8,38:3,28, 48:1,7,41,44,50:2,9,24,51:31,41,56).

1499) 쉐마마(שְׁמָמָה): 황폐, 황무지. ☞ 솨멤(שָׁמֵם : 황폐하게 하다)의 여성명사. 같은 표현 ⇒ (출23:39), (사1:7,62:4,64:10), (렘4:27,6:8,9:11,10:22,12:10,11,25:12, 32:43,34:22,44:6,49:2,33,50:13,51:26,62), (욜2:3,20,3:19), (습2:9).

이르메야 35장

35:1 예호야킴 요쉬야 예후다 왕의 아들(벤)의 날(욤,복)에,
여호와께로부터 이르메야에게 임한(하야) 그 말(다바르),
곧 말하기를(아마르),

35:2 "너는 그 레갑인[1500])들의 집안(바이트)에 가서(할라크), 그들에게 말하여
(다바르), 그들을 여호와의 집(바이트) 그 방(라쉬카)들 중 하나에 데려와(보),
네가 그들에게 포도주(야인)를 마시게 하라(솨콰)[1501])."고 하는 것이다.

35:3 그래서 내(이르메야)가 야아잔야 이르메야의 아들(벤) 하바찐야의 손자
(벤)와 그의 형제들과 그의 모든 아들(벤)과 그 레갑인들의 모든 집
안(바이트)을 데리고(라콰흐),

35:4 여호와의 집(바이트)으로 들어가(보), 익달야 그 하나님(엘로힘)의 사람(이쉬)
의 손자(벤)인 하난의 아들(벤)들의 방(라쉬카)에 이르렀는데,
그 방(라쉬카)은 고관들의 방(라쉬카) 옆에 있고, 현관(싸프)을 지키는
마아쎄야 솰룸의 아들(벤)의 방(라쉬카) 위에 있었다.

35:5 그런 후, 내가 그 레갑인의 집안(바이트)의 자손(벤)들 앞에 포도주(야인)
가 가득한 사발과 잔(코쓰)들을 주며(나탄), 그들에게 말하기를(아마르),
"너희가 포도주(야인)를 마셔라(솨타)."고 하였다.

35:6 그러자 그들이 말하기를(아마르),
"우리는 포도주(야인)를 마시지(솨타) 않습니다.
왜냐하면 요나답 레갑 우리의 조상의 아들(벤)이 우리에게 명하여
(짜바) 말하기를(아마르),
'너희와 너희 자손(벤)들은 영원까지 포도주(야인)를 마시지(솨타) 말고,

35:7 너희는 집(바이트)도 짓지(바나) 말고,
씨(제라)도 뿌리지(자라)[1502]) 말고,

1500) 레카브(רֵכָב): 그 당시 약 200년전 레갑 족속의 조상, 그의 아들 여호나답이 예후와 함께 바알 예언자를 진멸함. 같은 표현 ⇒ (렘35:2,3,5,6,8,14,16,18,19).

1501) 솨콰(שָׁקָה): 물을 마시게 하다, 물을 대다. 같은 표현 ⇒ (창2:6,21:19), (출2:16), (사27:3,43:20), (렘8:14,9:15,16:7,23:15,25:15,17,35:2), (욜3:18), (암2:12), (합2:15).

포도원(케렘)도 심지(나타) 말고,
어떤 것도 너희에게 있게 하지(하야) 말라,
왜냐하면 너희 모든 날(욤,복) 동안,
너희는 그 장막(오헬,복)에서 거주하라(야솨브),
그러면 너희가 우거하는(구르) 그 땅(아다마)의 지면에서 많은 날(욤,복) 동안, 너희는 살기(하야) 때문이다.'라고 하였습니다.

35:8 그래서 우리가 <u>요나답</u> 레갑 우리의 조상의 아들(벤)이 우리에게 명한(짜바) 모든 음성(콜)을 들어(솨마),
우리와 우리의 아내들과 우리의 아들들과 우리의 딸들은
우리의 모든 날(욤,복) 동안 포도주(야인)를 마시지(솨타) 않고,

35:9 거주할 집(바이트)들도 짓지(바나) 않고,
우리에게는 포도원과 밭과 씨도 있지(하야) 않고,

35:10 그 장막(오헬,복)에 거주하며(야솨브),
<u>요나답</u> 우리 조상이 우리에게 명한(짜바) 모든 것대로 듣고(솨마) 행하였습니다(아사).”라고 하였다.

35:11 그리고 이런 일이 있었으니,
네부칻네짜르 바벨 왕이 그 땅(에레쯔)에 올라왔을(알라) 때,
우리가 말하기를(아마르),
“너희는 가라(보),
그런즉 우리는 카스딤 군대(하일)와 아람 군대(하일) 때문에
예루솰라임으로 갔고(보),
또 예루솰라임에 거주하였습니다(야솨브)”라고 하였다.פ

35:12 그때 여호와의 말(다바르)이 이르메야에게 임하여(하야), 말하기를(아마르),

35:13 “만군의 여호와 이스라엘의 하나님이 이와 같이 말하였으니(아마르),
자, 너는 예후다 사람(이쉬)과 예루솰라임 거주민(야솨브)들에게 말하기를(아마르),
'너희는 내 말(다바르)을 듣고(솨마), 훈계(무싸르)[1503])를 받아들이지(라콰흐)

1502) 자라(זָרַע): 씨 뿌리다. ☞ 제라(זֶרַע : 씨, 후손)의 동사. 같은 표현 ⇒ (창1:11,12,29,26:12,47:23), (사17:10,28:24,30:23,32:20,37:30,40:24,55:10), (렘2:2,4:3,12:13,31:27,35:7,50:16), (겔36:9), (호2:23), (나1:14), (학1:6), (슥10:9).
1503) 무싸르(מוּסָר): 징계, 훈계, 교훈. ☞ 야싸르(יָסַר : 징계하다, 교훈하다)의 명사.

아니하겠느냐?'라고 하라.
여호와의 말(네움).

35:14 그러나 그들(레갑인)은 포도주(야인)를 마시지(솨타) 말라고 자신의 자손(벤)
들에게 명한(짜바) 요나답 레갑의 아들(벤)의 말(다바르,복)을 실행한다(쿰).
그런즉 그들은 바로 이 날(욤)까지, 포도주(야인)를 마시지(솨타) 않는다.
왜냐하면 그들은 자신들의 조상의 명령(미쯔바)을 듣기(솨마) 때문이다.
그러나 내(여호와)가 너희(예후다 사람과 예루솰라임 거주민)에게 말하고(다바르)
부지런히 말하는데도(다바르), 너희는 나의 (말을) 듣지(솨마) 않는다.

35:15 또한 내가 너희에게 내 모든 종(에베드) 그 예언자(나비)들을 보내고
(솰라흐), 부지런히 또 보내어(솰라흐), 말하기를(아마르),
'너희는 돌이오라(슈브),
제발, 너희 각자는 자신의 그 악한 길(데레크)로부터, 너희의 행실
(마아랄,복)1504)을 선하게 하고(야타브), 다른 신들을 섬기려고(아바드)
그것들을 좇아 가지(알라크) 말고, 내가 너희와 너희 조상들에게 준
그 땅(에레쯔)에 거주하라(야솨브).'고 하나,
너희는 자신들의 귀를 기울이지(나타) 않고, 나의 (말을) 듣지(솨마)
않는다.

35:16 왜냐하면 요나답 레갑의 아들(벤)의 자손(벤)들은 자신들의 조상들이
자신들에게 명한(짜바) 명령(미쯔바)을 준행하나(쿰),
바로 이 백성(암)은 나의 (말을) 듣지(솨마) 않기 때문이다.'라고 하는
것이다.ο

35:17 그러므로 여호와 만군의 하나님(엘로힘) 이스라엘의 하나님(엘로힘)이
이와 같이 말하였으니(아마르),
'보라(헨)! 나는 예후다와 예루솰라임의 모든 거주민(야솨브)들에게,
그들에 대하여 말한(다바르) 그 모든 재앙(라)을 가져오니(보),
왜냐하면 내가 그들에게 말하나(다바르), 그들은 듣지(솨마) 않고,
내가 그들을 불러도(콰라), 그들은 대답하지(아나) 않기 때문이다.' "

같은 표현 ⇒ (신11:2), (사26:16,53:5), (렘2:30,5:3,7:28,10:8,17:23,30:14,32:33,35:13), (습3:2,7).

1504) 마알랄(מַעֲלָל): 행위, 행실. ☞ 알랄(עָלַל): 호되게 다루다, 행동하다)에서 유래.
같은 표현 ⇒ (신28:20), (사1:16,3:8,10), (렘4:4,18,7:3,5,11:18,17:10,18:11,21:12,14, 23:2,22,25:5,26:3,13,32:19,35:15,44:22), (미2:7), (슥1:4,6).

라고 하는 것이다.

35:18 그때 이르메야가 레갑인들의 집안(바이트)에게 말하기를(아마르),
"만군의 여호와 이스라엘의 하나님이 이와 같이 말하였으니(아마르),
'왜냐하면 너희는 요나답 자신의 조상의 명령(미쯔바)을 듣고(솨마)
그의 모든 명령(미쯔바)을 지켜(솨마르) 그가 너희에게 명한(짜바) 모든
것대로 행하기(아사) 때문이다.'라고 하는 것이다.ס

35:19 그러므로 만군의 여호와 이스라엘의 하나님(엘로힘)이 이와 같이
말하였으니(아마르),
'요나답 레갑의 아들(벤)의 사람(이쉬)은 끊어지지(카라트) 않고
내 앞에 모든 날(욤,복) 동안 선다(아마드).' "라고 하는 것이다.פ

이르메야 36장

36:1 그리고 이런 일이 있었으니,
예호야킴 요쉬야 예후다의 왕의 아들(벤) 그 사 년(주전 605년)에,
바로 이 말(다바르)이 여호와로부터 이르메야에게 임하였으니(하야),
말하기를(아마르),

36:2 "너는 두루마리(메길라)[1505] 책(쎄페르)을 취하여(라콰흐), 내가 이스라엘과
예후다와 그 모든 민족(고이)들에 관하여 너에게 말한(다바르) 모든 말
(다바르,복)을 그것 위에 기록하라(카타브).
(다시 말해), 내(여호와)가 너에게 말한(다바르) 날(욤) 곧 요쉬아의 날(욤,복)
로부터 바로 이날(욤) 까지 (말한 모든 말을 기록하라).

36:3 혹시 예후다 집안(바이트)이 내가 그들에게 행하려고 생각하는(하솨브 아사)
그 모든 재앙(라)을 듣고(솨마) 그들 각자가 자신의 그 악한(라) 길(데레크)
로부터 돌이키면(슈브), 내가 그들의 행악(아본)[1506]과 죄(하타아)를 용서
한다(쌀라흐)[1507]"라고 하는 것이다.ס

36:4 그때 이르메야가 바루크 네리야의 아들(벤)을 부르니(콰라),
바루크는 이르메야의 입(페)으로부터 자신에게 말하는(다바르) 여호와
의 모든 말(다바르,복)을 두루마리(메길라) 책(쎄페르)에 기록하였다(카타브).

36:5 이르메야가 바루크에게 명하여(짜바) 말하기를(아마르),
"나는 감금되어서(아짜르)[1508] 여호와의 집(바이트)에 들어갈 수(야콜 보)
없으니,

1505) 메길라(מְגִלָּה): 두루마리. 같은 표현 ⇒ (렘36:2,4,6,14,20,21,23,25,27,28,29,32), (겔2:9,3:1,2,3), (슥5:1,2).

1506) 아본(עָוֹן): 행악, 죄악, 행악의 형벌, 행악과 형벌 사이의 죄의식. 집합명사. 같은 표현 ⇒ (창4:13,15:16,19:15), (렘2:22,3:13,5:25,11:10,13:22,14:7,10,20,16:10,17, 18:23,25:12,30:14,15,31:30,34,32:18,33:8,36:3,31,50:20,51:6), (단9:13,16,24).

1507) 쌀라흐(סָלַח): 하나님이 용서하다, 사면하다. 같은 표현 ⇒ (출34:9), (레4:20, 5:10,6:7,19:22), (왕하5:18), (사55:7), (렘5:1,7,31:34,33:8,36:3,50:20), (단9:19).

1508) 아짜르(עָצַר): 못하게 하다, 감금하다, 그만두다, 보존하다. 같은 표현 ⇒ (창16:2,20:18), (민16:48,50,25:8), (왕상18:44,21:21), (왕하4:24,9:8), (사66:9), (렘20:9,33:1,36:5,39:15), (단10:8,16,11:6).

36:6 금식(쫌)[1509]의 날(욤)에, 네가 들어가서(보), 네가 내 입(페)으로부터 기록한(카타브) 그 두루마리(메길라)에서 여호와의 말(다바르,복)을 여호와의 집(바이트)에서 그 백성(암)의 귀에 읽어라(콰라).
또한 너는 그들의 성읍(이르)들로부터 오는(보) 모든 예후다인들의 귀에도 그것들을 읽어라(콰라).

36:7 혹시 여호와 앞의 그들의 간구(테힌나)[1510]가 드려지고(나팔), 그들 각자가 자신의 그 악한(라) 길(데레크)로부터 돌아설 지(슈브)도 모른다.
왜냐하면 여호와가 바로 이 백성(암)에 대하여 말하는(다바르) 화(아프)와 진노(헤마)[1511]가 크기 때문이다."라고 하였다.

36:8 바루크 네리야의 아들(벤)은 이르메야 그 예언자(나비)가 명하는(짜바) 모든 것대로 행하니(아사),
곧 그는 여호와의 집(바이트)에서 그 책(쎄페르)에 있는 여호와의 말(다바르,복)을 읽었다(콰라).ס

36:9 그리고 이런 일이 있었으니,
예호야킴 요쉬야 예후다의 왕의 아들(벤)
그 오 년(B.C.604), 아홉째 달에,
그들은 예루솰라임에 있는 모든 백성과 예후다 성읍(이르)들로부터 예루솰라임에 오는(보) 모든 백성에게 여호와 앞에서 금식(쫌)을 선포하였다(콰라).

36:10 바루크가 여호와의 집(바이트)에서 그 책(쎄페르)에 있는 이르메야의 말(다바르,복)을 읽었다(콰라).
(다시 말해), 그가 여호와의 집(바이트) 새 대문(솨아르) 입구, 윗뜰(하쩨르)에 있는 그마르야 솨판 그 서기관의 아들(벤)의 객실(리쉬카)에서 온 백성의 귀에 읽었다(콰라).

36:11 미카예후 그마르야의 아들(벤) 솨판의 손자(벤)가 그 책(쎄페르)으로

1509) 쫌(צוֹם): 금식. 같은 표현 ⇒ (삼하12:16), (왕상21:9,12), (사58:3,5,6), (렘36:6), (단9:3).

1510) 테힌나(תְּחִנָּה): 은혜를 위한 간구, 기도. 같은 표현 ⇒ (렘36:7,37:20,38:26,42:2,9), (단9:20).

1511) 헤마(חֵמָה): 열, 격노, 분노. ☞ 야함(יָחַם : 뜨겁다)의 여성명사. 같은 표현 ⇒ (창27:44), (사42:25,51:13,17,20,22,59:18,63:3,5,6,66:15), (렘4:4,6:11,7:20,10:25,18:20,21:5,12,23:19,25:15,30:23,32:31,37,33:5,36:7,42:18,44:6), (나1:6).

부터 여호와의 모든 말(다바르,복)을 듣고(솨마),

36:12 그 왕의 집(바이트) 그 서기관의 객실(리솨카)로 내려가니(야라드),
보라(힌네), 거기에 모든 고관(사르)들이 앉아 있었다(야솨드),
곧 엘리솨마 그 서기관, 들리야 쉬마야의 아들(벤), 엘리탄 악보르
의 아들(벤), 그마르야 솨판의 아들(벤), 찌드키야 하난야의 아들(벤)
과 그 모든 고관(사르)들이 (앉아 있었다).

36:13 미카예후는 바루크가 모든 백성(암)의 귀에 그 책(쎄페르)을 읽을 때,
자신이 들은(솨마) 그 모든 말(다바르,복)을 그들에게 전하였다(나가드)[1512].

36:14 그러자 그 모든 고관(사르)들이 바루크에게 예후디 느탄야의 아들(벤)
쉘렘야후의 손자(벤) 쿠쉬의 증손(벤)을 보내어(솰라흐) 말하기를(아마르),
"너는 바로 이 백성(암)에게 낭독한(콰라) 두루마리(메길라)를 자신의
손(야드)에 들고(라콰흐) 오라(보)."고 하니,
바루크 네리야의 아들(벤)이 그 두루마리(메길라)를 자신의 손(야드)에
들고(라콰흐) 그들에게 갔다(보).

36:15 그들이 그에게 말하기를(아마르),
"자, 너는 앉아서(야솨브) 우리 귀에 읽어라(콰라)."고 하자
바루크가 그들의 귀에 읽었다(콰라).

36:16 그리고 이런 일이 있었으니, 그들이 그 모든 말(다바르,복)을 들을 때,
그들은 서로 두려워 떨며(파하드)[1513] 바루크에게 말하기를(아마르),
"우리는 바로 이 모든 말(다바르,복)을 그 왕께 정녕 전하리라(나가드)."
고 하였다.

36:17 그때 그들이 바루크에게 물어(솨알) 말하기를(아마르),
"자, 당신은 우리에게 자세히 말하라(나가드),
어떻게 당신이 바로 이 모든 말(다바르,복)을 그(이르메야)의 입(페)으로
부터 기록하였느냐(카타브)?"라고 하니,

36:18 그러자 바루크가 그들에게 말하기를(아마르),

1512) 나가드(נָגַד): 자세히 알려주다, 폭로하다, 선언하다. 같은 표현 ⇒ (창3:11,32:29), (출13:8), (신4:13,17:9), (사3:9,7:2,19:12,21:2,6,10), (렘4:5,15,5:20,9:12,16:10,20:10, 31:10,33:3,36:13,16,17,20,38:15,25,27,42:3,4,20,21,46:14,48:20,50:2,28,51:31).

1513) 파하드(פָּחַד): 무서워 떨다, 두려워하다, 경외하다.
같은 명사 ⇒ (사12:2,19:16,17,33:14,44:8,11,51:13,60:5), (렘33:9,36:16,24).

"그(이르메야)가 자신의 입(페)으로부터 나에게 바로 이 모든 말(다바르, 복)을 읽어 주면(콰라),
나는 먹(데요)[1514]으로 그 책(쎄페르)에 기록하였습니다(카타브)."라고 하였다:פ

36:19 그 고관(사르)들이 바루크에게 말하기를(아마르),
"자, 이르메야와 너(바루크)는 함께 숨어(싸타르)[1515], 아무도 너희들이 어디 (있는 지) 잘 알지(야다) 못하게 하라."고 하였다.

36:20 그리고 그들은 그 두루마리(메길라)를 엘리솨마 그 서기관의 객실(리쉬카)에 보관해 두고(파콰드)[1516] 뜰(하쩨르)로 그 왕에게 가서(보) 그 왕의 귀에 그 모든 말(다바르, 복)을 전하였다(나가드).

36:21 그 왕이 그 두루마리(메길라)를 취하러(라콰흐) 예후디를 보내니(솰라흐),
그가 엘리솨마 그 서기관의 객실(리쉬카)에서 그것을 취하여(라콰흐),
예후디가 그 왕의 귀에 읽었다(콰라).

36:22 그때 그 왕은 아홉째 달에 겨울의 집(바이트)에 거주하였고(야솨브),
그의 앞에는 그 화로가 불타고 있었다(바아르)[1517].

36:23 그리고 이런 일이 있었으니,
예후디가 세 네 장(델레트, 복)[1518]을 읽을(콰라) 때
그는 그 책(쎄페르)을 그 서기관의 칼로 잘라내어(콰라)[1519], 그 화로

1514) 데요(דְּיוֹ): 먹, 잉크 ☞ 이곳에 한번 쓰임.
1515) 싸타르(סָתַר): 숨기다, 감추다. 같은 표현 ⇒ (창4:14,31:49), (사8:17,16:3,28:15,29:14,15,40:27,45:15,49:2,50:6,54:8), (렘16:17,23:24,33:5,36:19,26), (미3:4), (습2:3).
1516) 파콰드(פָּקַד): 방문하다, 계수하다, 임명하다, 보응하여 벌하다. 같은 표현 ⇒ (창21:1), (왕상20:15,26,27,39), (왕하3:6,5:24,7:17,9:34), (사13:4,62:6), (렘1:10,3:16,5:9,29,6:6,15,9:9,25,11:22,13:21,14:10,15:3,15,21:14,23:2,4,34,25:12,27:8,22,29:10,32,30:20,32:3,36:20,31,37:21,40:5,7,11,41:2,10,18,44:13,29,46:25,49:8,19,50:18,31,44,51:27,44,47,52), (호1:4,2:13), (습1:8,9,11,2:7).
1517) 바아르(בָּעַר): 불타다, 소멸하다, 불타오르다. 같은 표현 ⇒ (출3:2,22:6), (왕상21:21), (사40:16,42:25), (렘4:4,7:18,20,10:8,14,21,20:9,21:12,36:22,44:6,51:17), (나2:13), (말4:1).
1518) 델레트(דֶּלֶת): 출입문, 방문. 같은 표현 ⇒ (창19:6,9,10), (출21:6), (신3:5,15:17), (사26:20,45:1,2,57:8), (렘36:23,49:31), (겔26:2,38:11,41:23,24,25).
1519) 콰라(קָרַע): 찢다, 잡아 째다, 찢어서 조각을 내다. 같은 표현 ⇒ (창37:29,34,44:13), (왕상21:27), (왕하2:12,5:7,8,6:30), (사64:1), (렘4:30,22:14,36:23,24,41:5), (욜2:13).

에 있는 그 불에 던져 넣었으니(솰라크),
그 모든 두루마리(메길라)가 그 화로에 있는 그 불에 완전히 탈
(타맘)[1520] 때까지이었다.

36:24 그 왕과 바로 이 모든 말(다바르,복)을 들은(솨마) 그의 모든 신하(에베드)
들은 두려워하지(파하드)도 않고, 그들의 옷들을 찢지(콰라)도 않았다.

36:25 엘나탄과 들라야와 그마르야가 그 왕에게 그 두루마리(메길라)를
불사르지(사라프) 않도록 간청하였으나(파가)[1521],
그는 그들의 (말을) 듣지(솨마) 않았다.

36:26 그 왕은 예라흐메엘 그 왕의 아들(벤), 쓰라야후 아즈리엘의 아들(벤),
쉘렘야후 아브데엘의 아들(벤)에게 바루크 그 서기관(싸파르)과
이르메야 그 예언자(나비)를 잡도록(라콰흐) 명하였다(짜바).
그러나 여호와가 그들을 숨기었다(싸타르).ס

36:27 그 왕이 그 두루마리(메길라) 곧 바루크가 이르메야의 입(페)으로부터
기록한(카타브) 그 말(다바르,복)을 불사른(사라프) 후에,
여호와의 말(다바르)이 이르메야에게 임하였으니(하야), 말하기를(아마르)

36:28 "너는 다시(슈브) 다른 두루마리(메길라)를 취하여(라콰흐), 그것 위에,
예호야킴 예후다의 왕이 불사른(사라프), 그 처음 두루마리(메길라)에
있은(하야) 그 처음의 모든 말(다바르,복)을 기록하라(카타브).

36:29 또 너는 예호야킴 예후다의 왕에게 말하라(아마르).
여호와가 이와 같이 말합니다(아마르),
'네(예호야킴)가 바로 이 두루마리(메길라)를 불사르며(사라프) 말하였으니
(아마르), 어찌하여 그(바루크)가 기록하여(카타브) 말하기를(아마르),
〈바벨의 왕이 정녕 와서(보), 바로 이 땅(에레쯔)을 멸망시키고(솨하
트)[1522], 또 그것(땅)의 사람(아담)과 짐승(베헤마)을 없앨 것이다(솨바

1520) 타맘(תָּמַם): 완전히 끝마치다, 다 소비하다. 같은 표현 ⇒ (창47:15,18), (사16:4,18:5,33:1), (렘1:3,14:15,24:10,27:8,36:23,37:21,44:12,18,27), (단8:23).

1521) 파가(פָּגַע): 만나다, 도달하다, 우연히 마주치다, 중재하다, 탄원하다. 같은 표현 ⇒ (창23:8,28:11), (사47:3,53:6,12,59:16,64:5), (렘7:16,15:11,27:18,36:25).

1522) 솨하트(שָׁחַת): 부패케 하다, 멸망시키다. 같은 표현 ⇒ (창6:11), (사1:4,11:9,14:20, 36:10,37:12,51:13,54:16,65:8,25), (렘2:30,4:7,5:10,6:5,28,11:19,12:10,13:7,9,14,15:3,6,18:4, 22:7,36:29,48:18,49:9,51:1,11,20,25), (말2:8,3:11).

트)[1523]〉라고 하였느냐?'라고 하라.ס

36:30 그러므로 여호와가 예호야킴 예후다의 왕에 관하여 이와 같이
말하였으니(아마르),
'그에게는 다뷔드의 보좌(키쎄)에 앉을 자(야솨브)가 없으며,
그의 시체(네벨라)는 내던져져서(솰라크),
그날 낮에는 그 폭염에
그날 밤에는 그 추위에 있고(하야),

36:31 또 내(여호와)가 그와 그의 자손(제라)과 그의 신하(에베드)들을 그들의
행악(아본)으로 인해 벌하여 보응하며(파콰드), 그들과 예루솰라임의
거주민(야솨브)들과 예후다 사람에게 말하나(다바르) 듣지(솨마) 않은
그 모든 재앙(라)을 가져온다(보).'라고 하라."고 하는 것이다.

36:32 이르메야가 다른 두루마리(메길라)를 취하여(라콰흐), 그것을 바루크
네리야의 아들(벤) 그 서기관에게 주니(나탄),
그때 그(바루크)는 그것 위에 이르메야의 입(페)으로부터 예호야킴
예후다의 왕이 그 불에 사른(사라프) 그 책(쎄페르)의 모든 말(다바르, 복)을
기록하였고(카타브), 또 그것들 외에 그것들과 같은 많은 말(다바르, 복)
이 더 추가되었다(야싸프).ס

1523) 솨바트(שָׁבַת): 그치다, 쉬다, 안식하다. 같은 표현 ⇒ (창2:2,3,8:22), (사13:11,14:4,16:10,17:3,21:2,24:8,30:11,33:8), (렘7:34,31:36,36:29), (단9:27,11:18), (호1:4,2:11), (암8:4).

이르메야 37장

37:1 그때 찌드키야 요쉬아의 아들(벤)이 콘야후 예호야킴의 아들(벤)을 대신하여 왕이 되었으니(말라크), 즉 네부칸네짜르 바벨의 왕이 그를 예후다의 땅(에레쯔)에 왕으로 세웠다(말라크).

37:2 그러나 그(찌드키야)와 그의 신하들과 그 땅(에레쯔)의 백성이 이르메야 그 예언자(나비)를 통해 말하는(다바르) 여호와의 말(다바르,복)을 듣지(솨마) 않았다.

37:3 그 왕 찌드키야가 예후칼 쉘렘야의 아들(벤)과 쯔판야 마아쎄야 그 제사장(코헨)의 아들(벤)을 이르메야 그 예언자(나비)에게 보내어(솰라흐) 말하기를(아마르),
"자, 당신은 우리를 위하여 여호와 우리 하나님(엘로힘)께 기도하시오(팔랄)[1524]."라고 하였다.

37:4 그때 이르메야는 그 백성(암) 가운데로 들어가고(보) 나오고(야짜) 하였으니, 아직 그들이 그를 그 감금의 집(바이트)에 넣지(나탄) 않았다.

37:5 파르오의 군대(하일)가 미쯔라임에서 나오자(야짜), 예루솰라임을 포위하고 있던(쭈르)[1525] 카스딤 사람들이 그들의 소식(쉐마)을 듣고(솨마) 예루솰라임에서 (잠시) 떠났다(알라).פ

37:6 여호와의 말(다바르)이 이르메야 그 예언자(나비)에게 임하여(하야),

37:7 여호와 이스라엘의 하나님(엘로힘)이 이와 같이 말하였으니(아마르),
"너희는 나를 구하러(다라쉬)[1526] 자신들을 나에게 보낸(솰라흐) 예후다의 왕(멜레크)에게 이와 같이 말하라(아마르).
'보라(힌네)! 너희를 돕기(에즈라) 위해 나온(야짜) 파르오의 군대(하일)가

1524) 팔랄(פָּלַל): 중재하다, 기도하다, 개입하다. 같은 표현 ⇒ (창20:7,17,48:11), (삼하7:27), (사16:12,37:15,21,38:2,44:17), (렘7:16,11:14,29:7,12,32:16,37:3,42:2,4,20).

1525) 쭈르(צוּר): 포위 공격하다, 둘러싸다, 가두다, 형성하다, 모양으로 만들다. 같은 표현 ⇒ (출23:22), (사21:2,29:3), (렘21:4,9,32:2,37:5,39:1), (겔4:3), (단1:1).

1526) 다라쉬(דָּרַשׁ): 자주가다, 찾다, 구하다, 묻다, 하려고 노력하다. 같은 표현 ⇒ (창9:5,25:22,42:22), (사1:17,8:19,9:13,11:10,16:5,19:3,31:1,34:16,55:6,58:2,62:12,65:1,10), (렘8:2,10:21,21:2,29:7,13,30:14,17,37:7,38:4,).

자신의 땅(에레쯔) 미쯔라임으로 되돌아가고(슈브),

37:8 그 카스딤 사람들이 다시 돌아와서(슈브), 바로 이 성읍(이르)과 전쟁하여(라함)[1527] 이곳을 점령하고(라카드)[1528], 그 불로 이곳을 사른다(사라프).'라고 하라.

37:9 여호와가 이와 같이 말하였으니(아마르),
'너희는 너희 자신(네페쉬)들을 속이지(나솨)[1529] 말라,
곧 너희가 〈그 카스딤 사람들이 우리에게서 정녕 간다(알라크).〉라고 말하면서(아마르) (속이지 말라).
왜냐하면 그들은 가지(알라크) 않기 때문이다.

37:10 왜냐하면 비록 너희가 자신들에 대적하여 전쟁하는 카스딤의 모든 군대(하일)를 쳐서(나카), 그중에 칼에 찔린(다콰르) 사람들(에노쉬)만 남겨지더라도(솨아르)[1530],
그들 각자가 자신의 장막(오헬)에서 일어나(쿰), 바로 이 성읍(이르)을 그 불로 사른다(사라프).' "라고 하는 것이다.

37:11 그때 이런 일이 있을 것이니,
그 카스딤 사람들의 군대(하일)가 파르오의 군대(하일) 때문에
예루솰라임으로부터 (잠시) 떠나갈(알라) 때,

37:12 이르메야가 예루솰라임으로부터 나왔으니(야짜),
곧 그가 그 백성(암) 중에 분깃을 받으려고(할라크)[1531]
빈야민의 땅(에레쯔)으로 가기(알라크) 위해서이었다.

1527) 라함(לָחַם): 싸우다, 전쟁하다. 같은 표현 ⇒ (출1:10,14:14,17:8,9), (사7:1,19:2,20:1,30:32,37:8,9,63:10), (렘1:19,15:20,21:2,4,5,32:5,24,29,33:5,34:1,7,22,37:8,10,41:12,51:30), (단10:20,11:11), (슥10:5,14:3,14).

1528) 라카드(לָכַד): 사로잡다, 붙잡다, 점령하다, 취하다. 같은 표현 ⇒ (민21:32,32:39), (사8:15,20:1,24:18,28:13), (렘5:26,6:11,8:9,18:22,32:3,24,28,34:22,37:8,38:3,28,48:1,7,41,44,50:2,9,24,51:31,41,56).

1529) 나솨(נָשָׁא): 미혹하다, 속이다. 같은 표현 ⇒ (창3:13), (사19:13,36:14,37:10), (렘4:10,23:39,29:8,37:9,49:16), (옵1:3,7).

1530) 솨아르(שָׁאַר): 남기다, 살아남다. 같은 표현 ⇒ (창7:23,14:10,32:8), (왕상19:18), (사4:3,11:16,17:6,24:6,12,37:31), (렘8:3,21:7,24:8,34:7,37:10,38:4,22,39:9,10,40:6,41:10,42:2,49:9,50:20,52:16), (겔36:36), (단10:8,17), (욜2:14), (옵1:5), (학2:3).

1531) 할라크(חָלַק): 나누다, 분배하다. 같은 표현 ⇒ (창14:15,49:7), (민26:53), (신4:19), (사9:3,33:23,34:17,41:7,53:12), (렘37:12), (슥14:1).

37:13 그(이르메야)가 빈야민의 성문(솨아르)에 있을 때(하야),
그곳 문지기의 책임자(바알) 곧 그의 이름이 이르이야 쉘렘야의
아들(벤) 하난야의 손자(벤), 그가 이르메야 그 예언자(나비)를 붙잡
으며(타파스)[1532] 말하기를(아마르),
"당신은 그 카스딤인들에게 항복하려 한다(나팔,엎드러지다)."라고 하니,

37:14 그러자 이르메야가 말하기를(아마르),
"거짓말(쉐퀘르)[1533]이다.
나는 그 카스딤인들에게 절대 항복하지(나팔,엎드러지다) 않는다."라고
하였으나,
그러나 그는 그의 (말을) 듣지(솨마) 않고, 이르메야를 붙잡아(타파스)
그 고관(사르)들에게 데려갔다(보).

37:15 그 고관(사르)들이 이르메야에게 크게 화를 내며(콰짜프)[1534], 그를
때리고(나카) 그 감옥의 집(바이트)에 곧 예호나탄 그 서기관의 집(바이
트)에 넣었다(나탄),
왜냐하면 그들은 그곳을 그 감옥의 집(바이트)으로 삼았기(아사) 때문
이었다.

37:16 이르메야가 그 토굴(보르)[1535]의 집(바이트) 곧 감방(하누트)으로 들어가
서(보) 그곳에서 많은 날(욤,복) 동안 거주하였다(야솨브).

37:17 그 왕 찌드키야가 (사람을) 보내어(솰라흐) 그를 데려왔다(라콰흐).
자신의 궁(바이트)에 있는 그 왕이 그에게 은밀히(쎄테르) 물어(솨알)
말하기를(아마르),
"여호와로부터 말(다바르)이 있느냐(예쉬)?"라고 하니,

1532) 타파스(תָּפַשׂ): 붙잡다. 사로잡다. 같은 표현 ⇒ (창4:21,39:12), (왕상18:40,20:18), (왕하7:12), (사3:6,36:1), (렘2:8,26:8,34:3,37:13,14,38:23,40:10,46:9,50:16,24,46, 51:32,41,52:9), (암2:15), (합2:19).

1533) 쉐퀘르(שֶׁקֶר): 거짓, 속임. ☞ 솨콰르(שָׁקַר : 거짓으로 행하다)의 명사. 같은 표현 ⇒ (출5:9,20:16,23:7), (왕상22:22,23), (사44:20,57:4,59:3,13), (렘3:10,23,5:2,31,23:25,26,32,28:15,29:9,21,23,31,37:14).

1534) 콰짜프(קָצַף): 화내다, 격노하다. 같은 표현 ⇒ (창40:2,41:10), (사8:21,47:6,54:9,57:16,17,64:5,9), (렘37:15), (슥1:2,15).

1535) 보르(בּוֹר): 구덩이, 우물. 같은 표현 ⇒ (창37:20), (사14:15,19,24:22,36:16,38:18, 51:1), (렘6:7,37:16,38:6,7,9,10,11,13,41:7,9), (겔26:20,31:14,16,32:18,23,24,25,29,30), (슥9:11).

이르메야가 말하기를(아마르),
"예, 있습니다(예쉬)."라고 하고,
또 그가 말하기를(아마르),
"당신은 바벨의 왕의 손(야드)에 넘겨집니다(나탄)."라고 하였다.

37:18 이르메야가 그 왕 찌드키야에게 말하기를(아마르),
"내가 당신과 당신의 신하(에베드)들과 바로 이 백성(암)에게 무슨 죄를 지었습니까(하타)[1536]?
왜냐하면 당신들이 나를 그 감옥(켈레)의 집(바이트)에 넣었기(나탄) 때문입니다.

37:19 '바벨의 왕이 당신들에게 또 바로 이 땅(에레쯔)에 오지(보) 않는다.'라고 당신들에게 예언하여(나바)[1537] 말한(아마르) 당신들의 예언자(나비)들은 어디에 (있습니까)?

37:20 그런즉 지금, 청컨대, 나의 주인(아도니) 왕이여,
당신은 들으소서(솨마),
청컨대, 나의 간청(테힌나)[1538]을 당신 앞에 드리오니(나팔),
당신은 나를 예호나탄 그 서기관의 집(바이트)으로 돌려보내지(슈브) 마소서. 내가 그곳에서 죽지(무트) 않게 하소서."라고 하였다.

37:21 그 왕 찌드키야가 명하여(짜바) 이르메야를 그 호위병의 뜰(하쩨르)에 두게 하고(파콰드)[1539], 그 빵 굽는 자(아파)[1540]들의 바깥쪽(후쯔)에서

1536) 하타(חָטָא): 죄를 짓다, 빗나가다, 잘못하다. 같은 표현 ⇒ (창20:6), (사1:4,29:21, 42:24,43:27,64:5,65:20), (렘2:35,3:25,8:14,14:7,20,16:10,32:35,33:8,37:18,40:3,44:23,50:7).

1537) 나바(נָבָא): 예언하다. ☞ 나비(נָבִיא : 예언자)에서 유래. 같은 표현 ⇒ (민11:25,26,27), (렘2:8,5:31,11:21,14:14,15,16,19:14,20:1,6,23:13,16,21,25,26,32,25:13,30, 26:9,11,12,18,20,27:10,14,15,16,28:6,8,9,21,26,27,31,32:3,37:19), (겔4:7,36:1,3,6,37:4,7,9, 10,12,38:2,14,17,39:1), (욜2:28), (암2:12,3:8).

1538) 테힌나(תְּחִנָּה): 은혜를 위한 간구, 기도.
같은 표현 ⇒ (렘36:7,37:20,38:26,42:2,9), (단9:20).

1539) 파콰드(פָּקַד): 방문하다, 계수하다, 임명하다, 보응하여 벌하다. 같은 표현 ⇒ (창21:1), (왕상20:15,26,27,39), (왕하3:6,5:24,7:17,9:34), (사13:4,62:6), (렘1:10,3:16, 5:9,29,6:6,15,9:9,25,11:22,13:21,14:10,15:3,15,21:14,23:2,4,34,25:12,27:8,22,29:10,32,30:20, 32:3,36:31,37:21,40:5,7,11,41:2,10,18,44:13,29,46:25,49:8,19,50:18,31,44,51:27,44,47,52), (호1:4,2:13), (습1:8,9,11,2:7).

1540) 아파(אָפָה): 빵을 굽다. 같은 표현 ⇒ (창19:3,40:1), (출16:23), (레2:4,23:17,24:5), (렘37:21), (겔46:20).

그에게 그날의 빵(레헴) 한 덩어리씩 주니(나탄),
곧 모든 빵(레헴)이 그 성읍에서 다 소비될(타맘)1541) 때까지이었다.
그런즉 이르메야가 호위병의 뜰(하쩨르)에서 거주하였다(야솨브).

1541) 타맘(תָּמַם): 완전히 끝마치다, 다 소비하다. 같은 표현 ⇒ (창47:15,18), (사16:4,18:5,33:1), (렘1:3,14:15,24:10,27:8,36:23,37:21,44:12,18,27), (단8:23).

이르메야 38장

38:1 쉬팥야 말탄의 아들(벤)과 그달야후 파쉬후르의 아들(벤)과 유칼 쉘렘
야후의 아들(벤)과 파쉬흐르 말키야의 아들(벤)이
이르메야가 그 모든 백성(암)에게 말하는(다바르) 그 말(다바르,복)을 들어
(솨마), 말하였으니(아마르),ס

38:2 “여호와가 이와 같이 말하기를(아마르),
‘바로 이 성읍에 거주하는 자(야솨브)는
그 칼(헤레브)과 그 기근(라아브)과 그 전염병(데베르)으로 죽고(무트)
그 카스딤 사람에게로 나오는 자(야짜)는 사는데(하야),
즉 그에게 자신의 목숨(네페쉬)이 전리품(솰랄)[1542]으로 있어(하야),
그가 생명을 보존하기(하야이)[1543] 위해서이다.’라고 하고,ס

38:3 또 여호와가 이와 같이 말하였으니(아마르),
‘바로 이 성읍(이르)이 바벨 왕 군대(하일)의 손(야드)에 정녕 넘겨지니(나탄),
그(군대)가 이곳을 점령한다(라카드)[1544].’ ”라고 하였다,

38:4 그런즉 고관(사르)들이 그 왕에게 말하기를(아마르),
“청컨대, 당신은 바로 이 자(이쉬)를 죽이소서(무트).
왜나하면 반드시 그(이르메야)는 바로 이런 말(다바르)로서 그들에게
말하여(다바르), 바로 이 성읍에 남겨진(솨아르)[1545] 전쟁의 사람들(에노쉬)
의 손(야드)과 그 모든 백성(암)의 손(야드)을 약하게 하기(라파)[1546] 때문

1542) 솰랄(שָׁלָל): 노락물, 약탈품. 같은 표현 ⇒ (창49:27), (삼하12:30), (왕하3:23), (사8:4,9:3,10:2,6,33:4,23,53:12), (렘21:9,38:2,39:18,45:5,49:32,50:10), (겔38:12,13), (슥2:9).

1543) 하야이(חָיִי): 살다, 살아 있다, 생명을 보존하다. 같은 표현 ⇒ (창3:22,5:5), (출33:20), (민21:8,9), (신4:42,5:24,19:4,5), (렘38:2), (겔18:13,24,20:11,13,21,47:9).

1544) 라카드(לָכַד): 사로잡다, 붙잡다, 점령하다, 취하다. 같은 표현 ⇒ (민21:32,32:39), (사8:15,20:1,24:18,28:13), (렘5:26,6:11,8:9,18:22,32:3,24,28,34:22,37:8,38:3,28, 48:1,7,41,44,50:2,9,24,51:31,41,56).

1545) 솨아르(שָׁאַר): 남기다, 살아남다. 같은 표현 ⇒ (창7:23,14:10,32:8), (왕상19:18), (사4:3,11:16,17:6,24:6,12,37:31), (렘8:3,21:7,24:8,34:7,37:10,38:4,22,39:9,10,40:6,41:10, 42:2,49:9,50:20,52:16), (겔36:36), (단10:8,17), (욜2:14), (옵1:5), (학2:3).

1546) 라파(רָפָה): 가라앉다, 떨어지다, 느슨해 지다, 낙심하다. 같은 표현 ⇒

입니다,
왜냐하면 바로 이 자(이쉬)는 이 백성(암)을 위해 평안(샬롬)을 구하지 (다라쉬)[1547] 않고, 도리어 재앙(라)을 (구하기) 때문입니다."라고 하였다.

38:5 찌드키야 왕(멜레크)이 말하기를(아마르),
"보라(힌네)! 그(이르메야)가 너희 손(야드)에 (있으니),
왜냐하면 그 왕(멜레크)은 너희를 거슬러 어떤 것(다바르)도 할 수(야콜) 없기 때문이다."라고 하니,

38:6 그러자 그들이 이르메야를 데리고 가(라콰흐), 그 호위병의 뜰(하쩨르)에 있는 말키야 왕의 아들(벤)의 그 웅덩이(보르)[1548]에 이르메야를 밧줄(헤벨 복)[1549]로 내려 놓았는데(샬라크),
그때 그 웅덩이(보르)에는 물이 없고, 진흙만 있어,
그런즉 이르메야가 진흙 속에 빠졌다(타바).

38:7 그때에 에벧멜렉 그 쿠쉬 사람 환관이 들었다(솨마).
그들이 이르메야를 그 웅덩이(보르)에 넣을(나탄) 때,
그(에벧멜렉)는 그 왕(멜레크)의 집(바이트)에 (있었고),
또 그 왕(멜레크)은 빈야민의 성문(솨아르)에 거주하고 있었다(야솨브).

38:8 에벧멜렉이 그 왕(멜레크)의 집(바이트)에서 밖으로 나와(야짜)
그 왕(멜레크)에게 말하였으니(다바르), 말하기를(아마르),

38:9 "나의 주인(아도니) 그 왕(멜레크)이여,
바로 이 사람들(에노쉬)은 이르메야 그 예언자에게 행한(아사) 모든 것 곧 그 웅덩이(보르)에 내려놓은 것(샬라크)으로 악을 행하였습니다(라아).
이제 그는 그곳에서 굶주림(라아브)으로 죽습니다(무트),
왜냐하면 그 성읍에는 더 이상 그 양식(레헴)이 없기 때문입니다."

(출4:26,5:8,17), (사5:24,13:7), (렘6:24,38:4,49:24,50:43), (겔1:24,25).

1547) 다라쉬(דָּרַשׁ): 자주가다, 찾다, 구하다, 묻다, 하려고 노력하다. 같은 표현 ⇒ (창9:5,25:22,42:22), (사1:17,8:19,9:13,11:10,16:5,19:3,31:1,34:16,55:6,58:2,62:12,65:1,10), (렘8:2,10:21,21:2,29:7,13,30:14,17,37:7,38:4,).

1548) 보르(בּוֹר): 구덩이, 우물. 같은 표현 ⇒ (창37:20), (사14:15,19,24:22,36:16,38:18, 51:1), (렘6:7,37:16,38:6,7,9,10,11,13,41:7,9), (겔26:20,31:14,16,32:18,23,24,25,29,30), (슥9:11).

1549) 헤벨(חֶבֶל): 끈, 줄, 영역, 분깃, 부분, 고통, 진통. 같은 표현 ⇒ (신3:4,32:9), (사5:18,13:8,33:20,66:7), (렘13:21,22:23,38:6,11,12,13), (미2:5,10), (습2:5,6,7), (슥2:1).

라고 하니,

38:10 그 왕(멜레크)이 에벧멜렉 그 쿠쉬 사람에게 명하여(짜바) 말하기를(아마르),
"너희는 여기서 네 손(야드)에 삼십명을 데리고 가(라콰흐),
너는 이르메야 그 예언자(나비)가 죽기(무트) 전에 그 웅덩이(보르)에서
그를 끌어 올려라(알라)."고 하니,

38:11 그러자 에벧멜렉이 자신의 손(야드)에 그 사람들(에노쉬)을 데리고 가(라콰흐), 그 왕의 집(바이트) 그 창고(오짜르) 아래로 들어 가(보), 그곳에서 낡은 헝겊들과 낡은 옷들을 취하여(라콰흐), 그 웅덩이(보르)에 있는 이르메야에게 밧줄(헤벨 복)로 그것들을 내려놓고(솰라크),

38:12 에벧멜렉 그 쿠쉬 사람이 이르메야에게 말하기를(아마르),
"자! 당신은 자신의 겨드랑 밑에 그 낡은 헝겊들과 낡은 옷들을
놓고(숨), 그 밧줄(헤벨)을 아래에 (놓으소서)."라고 하니,
그때 이르메야가 그와 같이 행하였다(아사).

38:13 그러자 그들이 밧줄(헤벨)로 이르메야를 끌어당겨(마솨크)[1550], 그를
그 웅덩이(보르)에서 끌어 올렸다(알라).
그런 후, 이르메야는 호위병의 뜰(하쩨르)에서 거주하였다(야솨브).ס

38:14 찌드키야 그 왕이 (사람을) 보내어(솰라흐), 이르메야 그 예언자를
여호와의 집(바이트)에 있는 세 번째 입구(마보)로 데려 왔으니(라콰흐),
그 왕(멜레크)이 이르메야에게 말하기를(아마르),
"내가 너에게 한 가지 일(다바르)을 묻겠으니(솨알),
너는 어떤 일(다바르)도 숨기지(카하드)[1551] 말라."고 하였다,

38:15 그러자 이르메야가 찌드키야에게 말하기를(아마르),
"만약 내가 당신에게 자세히 알려주면(나가드)[1552],
당신은 나를 정녕 죽이지(무트) 않겠습니까?

1550) 마솨크(מָשַׁךְ): 끌다, 끌어당기다, 붙잡다, 소리 내다. 같은 표현 ⇒ (창37:28), (출12:21,19:13), (왕상22:34), (시5:18,13:22,18:2,7,66:19), (렘31:3,38:13).

1551) 카하드(כָּחַד): 숨기다, 지우다, 말살하다. 같은 표현 ⇒ (창47:18), (출9:15,23:23), (사3:9), (렘38:14,25,50:2).

1552) 나가드(נָגַד): 자세히 알려주다, 폭로하다, 선언하다. 같은 표현 ⇒ (창3:11,32:29), (출13:8), (신4:13,17:9), (사3:9,7:2,19:12,21:2,6,10), (렘4:5,15,5:20,9:12,16:10,20:10, 31:10,33:3,36:13,16,17,20,38:15,25,27,42:3,4,20,21,46:14,48:20,50:2,28,51:31).

왜냐하면 내가 당신께 조언을 해 주어도(야아쯔)[1553],
당신은 나의 (말을) 듣지(솨마) 않기 때문입니다."라고 하였다.

38:16 그 왕(멜레크) 찌드키야가 이르메야에게 맹세하여(솨바) 은밀히(쎄테르)
말하기를(아마르),
"우리에게 바로 이 목숨(네페쉬)을 지은(아사) 여호와가 사는 한(하이),
나는 너를 죽이지(무트) 않을 것이고, 또 너의 목숨(네페쉬)을 찾고 있는 자(바콰쉬)[1554]들의 손(야드)에 너를 넘기지(나탄)도 않을 것이다."라고 하였다.

38:17 그때 이르메야가 찌드키야에게 말하기를(아마르),
"여호와 만군의 하나님(엘로힘) 이스라엘의 하나님(엘로힘)이 이와 같이 말하였습니다(아마르),
'만약 당신이 바벨 왕의 고관(사르)들에게 정녕 나가면(야짜),
당신의 목숨(네페쉬)이 살고(하야),
또 바로 이 성읍(이르)은 그 불로 살라지지(사라프) 않으며,
당신과 당신의 집(바이트)도 삽니다(하야).

38:18 그러나 만약 당신이 바벨 왕의 고관(사르)들에게 나가지(야짜) 않으면,
바로 이 성읍(이르)은 그 카스딤 사람들의 손(야드)에 넘어가(나탄)
그들이 바로 이 성읍(이르)을 그 불로 사르고(사라프),
당신은 그들의 손(야드)에서도 도망가지(말라트)[1555] 못합니다.' "라고 하였다.ס

38:19 그러자 그 왕 찌드키야가 이르메야에게 말하기를(아마르),
"나는 그 카스딤 사람들에게 항복한(나팔) 그 예후다 사람들을
두려워하니(다아그)[1556],

1553) 야아쯔(יָעַץ): 권면하다, 조언하다, 고안하다, 계획하다. 같은 표현 ⇒ (출18:19), (민24:14), (왕하6:8), (사1:26,3:3,7:5,9:6,14:24,26,27,19:11,12,17,23:8,9,32:7,8,40:14,41:28,45:21), (렘38:15,49:20,30), (미4:9), (나1:11), (합2:10).

1554) 바콰쉬(בָּקַשׁ): 찾다, 요구하다, 묻다. 같은 표현 ⇒ (창31:39), (사40:20,41:12,17,45:19,51:1,65:1), (렘2:24,33,4:30,5:1,11:21,19:7,9,21:7,22:25,26:21,29:13,34:20,21,38:16,44:30,45:5,46:26,49:37,50:4,20), (단1:8,20,8:15,9:3), (호2:7).

1555) 말라트(מָלַט): 도망가다, 피하다, 구출하다. 같은 표현 ⇒ (창19:17), (왕상18:40,19:17,20:20), (사20:6,31:5,34:15,37:38,46:2,4,49:24,25,66:7), (렘32:3,34:3,38:18,23,39:18,41:15,46:6,48:6,8,19,51:6,45), (단11:41,12:1), (욜2:32), (암2:14,15), (슥2:7).

1556) 다아그(דָּאַג): 걱정하다, 두려워 하다. 같은 표현 ⇒ (사57:11), (렘17:8,38:19,42:16).

곧 그들(예후다 사람)이 그들(카스딤 사람)의 손(야드)에 넘기면(나탄),
그들(카스딤 사람)이 나를 갖고 놀지(알랄)1557) 않을까 염려하여서
이다."라고 하였다.פ

38:20 그때 이르메야가 말하기를(아마르),
"그들이 넘기지(나탄) 않습니다.
청컨대, 당신은 내가 당신에게 말하는(다바르) 여호와의 음성(콜)을
들으소서(솨마). 그것이 당신에게 복 있게 하고(야타브),
당신의 목숨(네페쉬)은 살 것입니다(하야).

38:21 그러나 만약 당신이 나가기(야짜)를 거절하면(마엔),
이것이 여호와가 나에게 보여 준(라아) 그 말(다바르)입니다,

38:22 '보라(힌네)! 예후다 왕의 집(바이트)에 남아 있는(솨아르) 모든 여자(이솨)가
바벨 왕의 고관(사르)들에게 끌려나가며(야짜), 말하기를(아마르),
〈네 친구(솰롬)들의 사람들(에노쉬)이 너를 유인하여(쑤트)1558), 너를 이
기고(야콜), 네 발이 그 진흙에 빠질 때(타바), 뒤로 물러났다(쑤그)1559).〉
라고 하고,

38:23 또 그들이 당신의 모든 여자(이솨)와 당신의 아들(벤)들을 그 카스딤
으로 끌어내니(야짜),
그때 당신은 그들의 손(야드)에서 도망가지(말라트) 못한다.
왜냐하면 당신은 바벨 왕의 손(야드)에 붙잡히고(타파스)1560),
또 바로 이 성읍(이르)이 당신에 의해 그 불로 살라지기(사라프) 때문
이다.' "라고 하였다.פ

38:24 찌드키야가 이르메야에게 말하기를(아마르),
"어떤 사람(이쉬)도 바로 이 말(다바르)을 잘 알게 하지(야다) 말라.

1557) 알랄(עָלַל): 호되게 다루다, 지나치게 줍다, 이삭을 줍다, 아이처럼 행동하다.
같은 표현 ⇒ (출10:2), (레19:10), (민22:29), (신24:21), (사3:12), (렘6:9,38:19).
1558) 쑤트(סוּת): 꾀다, 선동하다, 유인하다, 자극하다.
같은 표현 ⇒ (신13:6), (사36:18), (렘38:22,43:3).
1559) 쑤그(סוּג): 되돌아가다, 물러가다.
같은 표현 ⇒ (사42:17,50:5), (렘38:22,46:5), (습1:6).
1560) 타파스(תָּפַשׂ): 붙잡다. 사로잡다. 같은 표현 ⇒ (창4:21,39:12), (왕상18:40,20:18), (왕하7:12), (사3:6,36:1), (렘2:8,26:8,34:3,37:13,14,38:23,40:10,46:9,50:16,24,46, 51:32,41,52:9), (암2:15), (합2:19).

그러면, 네가 죽지(무트) 않는다.

38:25 또 만일 고관(사르)들이 내가 너와 말하는 것(다바르)을 들을 때(쇠마),
그들이 너에게 와서(보), 너에게 말하기를(아마르),
'자, 네가 그 왕에게 무엇을 말하였는지(다바르), 또 그 왕이 너에게
무엇을 말하였는지(다바르)를 우리에게 숨기지(카하드) 말고, 자세히
알려라(나가드). 그러면, 우리가 너를 죽이지(무트) 않는다.'라고 하면,

38:26 그때 너는 그들에게 말하기를(아마르),
'내(이르메야)가 그 왕 앞에 내 간구(테힌나)[1561] 곧 내가 예호나탄의
집(바이트)으로 돌아가(슈브) 그곳에서 죽지(무트) 않도록 드렸다(나팔).'라
고 하라."고 하였다.פ

38:27 그러자 그 모든 고관(사르)들이 이르메야에게 와서(보) 그에게
물으니(솨알),
그때 그는 그 왕이 명한(짜바) 바로 이 모든 말(다바르,복)대로 그들
에게 자세히 알려주었다(나가드).
그런즉 그들이 가만히 있었으니(하라쉬)[1562],
왜냐하면 그 일(다바르)이 알려지지(솨마) 않았기 때문이었다.פ

38:28 그리고 이르메야는, 예루솰라임이 점령되는(라카드) 날(욤)까지
그 호위병의 뜰(하쩨르)에 거주하였다(야솨브).ס
(다시 말해), 그는 예루솨라임이 점령될(라카드) 때,
(그곳에) 있었다(하야).פ

1561) 테힌나(תְּחִנָּה): 은혜를 위한 간구, 기도.
같은 표현 ⇒ (렘36:7,37:20,38:26,42:2,9), (단9:20).

1562) 하라쉬(חָרַשׁ): 새기다, 밭을 갈다, 궁리하다, 침묵하다. 같은 표현 ⇒ (창24:21), (사28:24,36:21,41:1,42:14,44:12,13), (렘4:19,17:1,26:18,38:27), (미3:12), (합1:13).

이르메야 39장

39:1 찌드키야 예후다 왕 제 구년(B.C.588) 열째 달에,
네부칻네짜르 바벨 왕과 그의 모든 군대(하일)가 예루솰라임으로
와서(보), 그곳을 포위하였다(쭈르)[1563].ס

39:2 찌드키야 제 십일 년(B.C.586) 넷째 달 구 일에,
그 **성읍**(이르)이 함락되었다(바콰)[1564].

39:3 그런즉 바벨 왕의 모든 고관(사르)들이 들어와서(보)
그 중앙의 성문(솨아르)에 앉았으니(야솨브),
곧 (그들은) 네르갈사라쩨르, 삼갈느보, 사르쎄킴 환관장, 네르갈,
싸르에쩨르 박사장, 그리고 바벨 왕의 고관(사르)들의 살아남은 자
(쉐에리트)[1565] 모두가 (그곳에 있었다).

39:4 그때 이런 일이 있었으니,
찌드키야 예후다 왕과 그 전쟁의 모든 사람들(에노쉬)이 그들을 보자
(라아), 도망하여(바라흐)[1566], 밤에 그 왕의 정원 길(데레크)로 성벽들 사이
성문(솨아르)을 통해 그 성읍(이르)에서 나와(야짜), 그 아라바 길(데레크)로
나갔다(야짜).

39:5 그러나 카스딤 군대(하일)가 그들의 뒤를 추격하여(라다프)[1567] 예리호
의 아라바에서 찌드키야를 따라잡아(나사그)[1568] 그를 사로잡고(라콰흐)

1563) 쭈르(צוּר): 포위 공격하다, 둘러싸다, 가두다, 형성하다, 모양으로 만들다.
같은 표현 ⇒ (출23:22), (사21:2,29:3), (렘21:4,9,32:2,37:5,39:1), (겔4:3), (단1:1).

1564) 바콰(בָּקַע): 쪼개다, 을 뚫다, 부수다. 같은 표현 ⇒ (창7:11,22:3), (출14:16,21), (민16:31), (사7:6,34:15,35:6,48:21,58:8,59:5,63:12), (렘39:2,52:7), (암1:13), (미1:4).

1565) 쉐에리트(שְׁאֵרִית): 살아남은 자, 남은 것, 후손. ☞ 솨아르 (שָׁאַר : 살아남다)의 여성 명사. 같은 표현 ⇒ (창45:7), (렘6:9,8:3,11:23,15:9,23:3,24:8,25:20,31:7,39:3,40:11,15, 41:10,16,42:2,15,19,43:5,44:12,14,28,47:4,5,50:26), (슥8:6), (미2:12,4:7), (습2:9).

1566) 바라흐(בָּרַח): 도망가다, 도피하다. 같은 표현 ⇒ (창16:6), (사22:3,48:20), (렘4:29,26:21,39:4,52:7), (단10:7), (욘1:3,10).

1567) 라다프(רָדַף): 쫓아가다, 추격하다, 박해하다. 같은 표현 ⇒ (창14:14,15,31:23,35:5), (사1:23,5:11,30:16,41:3,51:1), (렘15:15,17:18,20:11,29:18,39:5,52:8), (호2:7), (암1:11).

1568) 나사그(נָשַׂג): 을 따라잡다, 에 이르다, 붙잡다, 부하게 되다.
같은 표현 ⇒ (창31:25), (사35:10,51:11,59:9), (렘39:5,42:16,52:8).

하맡의 땅 리블라로 네부칸네짜르 바벨 왕에게 데려가니(알라),
그때 그가 그(찌드키야)에게 재판(미쉬파트)[1569]을 하였다(다바르).

39:6 바벨 왕이 리블라에서 찌드키야의 아들(벤)들을
그의 눈 앞에서 죽이고(솨하트)[1570],
또 바벨 왕은 예후다의 모든 귀족(호르)을 죽였다(솨하트).

39:7 그런 후, 그는 찌드키야의 두 눈을 눈 멀게하고(아바르)[1571],
그를 그 청동사슬로 결박하여(아싸르)[1572] 바벨로 데려갔다(보).

39:8 그 카스딤 사람들이 그 왕의 집(바이트)과 그 백성의 집(바이트)을 그 불
로 사르고(사라프), 그 예루솰라임의 성벽들을 허물었으며(나타쯔)[1573],

39:9 느부자르아단 경호대장이 그 성읍(이르)에 남아 있는(솨아르)[1574] 그 백
성(암)의 나머지(예테르) 곧 자신에게 항복한 자(나팔)들과 남아 있는(솨아
르) 그 백성(암)의 나머지(예테르)를 바벨로 포로로 잡아갔다(갈라)[1575].

39:10 그러나 느부자르아단 경호대장은 그들에게 아무것도 없는 가난한
(달) 백성(암) 중에서 예후다의 땅(에레쯔)을 남겨주어(솨아르)
바로 그 날(욤)에 그들에게 포도원(케렘)과 밭(야게브)들을 주었다(나탄).

1569) 미쉬파트(מִשְׁפָּט): 공의, 법도, 재판, 심판. ☞ 솨파트(שָׁפַט : 재판하다)의 명사.
같은 표현 ⇒ (창18:19), (사40:14,27,41:1,42:1,3,4,49:4,50:8,51:4,53:8,54:17,56:1,58:2,59:8,9,61:8), (렘1:16,4:2,12,5:1,4,5,28,7:5,8:7,9:24,10:24,12:1,17:11,21:12,22:3,13,15,23:5,26:11,16,30:11,18,32:7,8,33:15,39:5,46:28,48:21,47,51:9,52:9).

1570) 솨하트(שָׁחַט): 죽이다, 도살하다, (짐승)을 잡다.
같은 표현 ⇒ (창22:10,37:31), (사22:13,57:5,66:3), (렘9:8,39:6,41:7,52:10).

1571) 아바르(עָוַר): 눈 멀게 하다. 같은 표현 ⇒ (출23:8), (신16:19), (렘39:7,52:11).

1572) 아싸르(אָסַר): 매다, 결박하다, 맹세나 서약으로 속박하다. ☞ 에싸르(אֱסָר : 서약)의 동사. 같은 표현 ⇒ (창39:20), (사22:3,49:9,61:1), (렘39:7,40:1,46:4,52:11).

1573) 나타쯔(נָתַץ): 헐다, 파괴하다(강조). 같은 표현 ⇒ (출34:13), (레11:35,14:45), (신7:5,12:3), (사22:10), (렘1:10,4:26,18:7,31:28,33:4,39:8,52:14).

1574) 솨아르(שָׁאַר): 남기다, 살아남다. 같은 표현 ⇒ (창7:23,14:10,32:8), (왕상19:18), (사4:3,11:16,17:6,24:6,12,37:31), (렘8:3,21:7,24:8,34:7,37:10,38:4,22,39:9,10,40:6,41:10,42:2,49:9,50:20,52:16), (겔36:36), (단10:8,17), (욜2:14), (옵1:5), (학2:3).

1575) 갈라(גָּלָה): 덮개를 벗기다, 계시하다, 폭로하다, 옮기다, 포로의 몸이 되다.
같은 표현 ⇒ (창9:21,35:7), (삼하7:27), (사5:13,16:3,22:8,14,23:1,24:11,26:21,38:12,40:5,47:2,3,49:9,21,53:1,56:1), (렘1:3,11:20,13:19,22,20:4,12,22:12,24:1,27:20,29:1,4,7,14,32:11,14,33:6,39:9,40:1,7,43:3,49:10,52:15,27,28,30), (단10:1), (호2:10), (암1:5,6,3:7).

39:11 또한 네부칸네짜르 바벨 왕은 이르메야에 관하여
느부자르아단 경호대장에게 명하여(짜바) 말하기를(아마르),

39:12 "너는 (그를) 데리고 가(라콰흐), 그를 잘 보살펴라(숨 아인),
그에게 악한(라) 어떤 것도 행하지(아사) 말라,
반드시 너는 그(이르메야)가 너에게 말하는(다바르) 대로, 그와 같이
그에게 행하라(아사)."고 하였다.

39:13 그런즉 느부자르아단 경호대장, 느부사즈반 환관장, 네르갈,
사르에젤 박사장, 그리고 바벨 왕의 모든 장관들이 (사람을)
보내었으니(살라흐),

39:14 (다시 말해), 그들이 (사람을) 보내어(살라흐), 그 경호원 뜰(하쩨르)에서
이르메야를 데리고 가(라콰흐), 그를 그달야 아히캄의 아들(벤) 사판
의 손자(벤)에게 넘겨주니(나탄),
곧 그들이 그를 그 집(바이트)에서 밖으로 나가게 하여(야짜),
그 백성(암) 가운데서 거주하게 하였다(야솨브).ס

39:15 또한 이르메야가 경호원 뜰(하쩨르)에 갇혀 있을(아짜르)1576) 때,
그에게 여호와의 말(다바르)이 임하여(하야), 말하기를(아마르),

39:16 "자, 너는 에벧멜렉 그 쿠쉬 사람에게 말하라(아마르),
만군의 여호와 이스라엘의 하나님이 이과 같이 말하였으니(아마르),
'보라(헨)! 내가 바로 이 성읍(이르)에 내 말(다바르, 복)을 재앙(라)으로
가져오고(보), 복 있는 것(토브)으로 (가져오지) 않으니,
즉 그것들이 바로 그 날(욤)에 네 앞에서 임한다(하야).

39:17 그러나 내(여호와)가 바로 그 날(욤)에 너를 구출하니(나짤)1577),
여호와의 말(네움).
너는 그들 앞에서 두려워하는(야고르) 그 사람들(에노쉬)의 손(야드)에
넘겨지지(나탄) 않는다.

1576) 아짜르(עָצַר): 못하게 하다, 감금하다, 그만두다, 보존하다.
같은 표현 ⇒ (창16:2,20:18), (민16:48,50,25:8), (왕상18:44,21:21), (왕하4:24,9:8),
(사66:9), (렘20:9,33:1,36:5,39:15), (단10:8,16,11:6).

1577) 나짤(נָצַל): 구출하다, 벗기다, 빼앗다, 약탈하다. 같은 표현 ⇒ (창31:9), (시5:29,
19:20,20:6,31:5,36:14,15,18,19,20,37:11,12,38:6,42:22,43:13,44:17,20,47:14,50:2,57:13),
(렘1:8,19,7:10,15:20,21,20:13,21:12,22:3,39:17,42:11), (겔3:19,21), (단8:4,7), (호2:9,10).

39:18 왜냐하면 내가 너를 정녕 구출하되(말라트)[1578], 그 칼(헤레브)에 쓰러
지지(나팔) 않고, 네 목숨(네페쉬)이 전리품(솰랄)[1579]이 되기(하야) 때문이다,
왜냐하면 네가 나를 의지하기(바타흐)[1580] 때문이다.
여호와의 말(네움).”이라고 하는 것이다.ס

1578) 말라트(מָלַט): 도망가다, 피하다, 구출하다. 같은 표현 ⇒ (창19:17), (왕상18:40, 19:17,20:20), (사20:6,31:5,34:15,37:38,46:2,4,49:24,25,66:7), (렘32:3,34:3,38:18,23,39:18, 41:15,46:6,48:6,8,19,51:6,45), (단11:41,12:1), (욜2:32), (암2:14,15), (슥2:7).

1579) 솰랄(שָׁלָל): 노략물, 약탈품. 같은 표현 ⇒ (창49:27), (삼하12:30), (왕하3:23), (사8:4,9:3,10:2,6,33:4,23,53:12), (렘21:9,38:2,39:18,45:5,49:32,50:10), (겔38:12,13), (슥2:9).

1580) 바타흐(בָּטַח): 신뢰하다, 의지하다, 안전하다. 같은 표현 ⇒ (사12:2,26:3,4,30:12, 31:1,32:10,11,36:4,5,6,7,9,15,37:10,42:17,47:10,50:10,59:4), (렘5:17,7:4,8,14,9:4,12:5, 13:25,17:5,7,28:15,29:31,39:18), (합2:18).

이르메야 40장

40:1 이르메야가 바벨로 잡혀가는(갈라)[1581] 예루살라임과 예후다의 모든
포로(갈루트)[1582]들 중에 쇠사슬에 묶여 있을(아싸르)[1583] 때,
느부자르아단 경호대장이 그(이르메야)를 데려가(라콰흐), 라마에서
그(이르메야)를 놓아보낸(쉴라흐) 후에,
여호와께로부터 이르메야에게 임한(하야) 그 말(다바르),

40:2 경호대장이 이르메야를 데려가(라콰흐) 그에게 말하기를(아마르),
"여호와 네 하나님(엘로힘)이 바로 이 곳(마콤)에 바로 이 재앙(라)을
말하였고(다바르),

40:3 여호와가 (그것을) 가져와(보), 행하였으니(아사),
곧 그가 말하는(다바르) 대로이었다.
왜냐하면 당신들이 여호와께 죄 짓고(하타)[1584],
그의 음성(콜)을 듣지(솨마) 않았기 때문이다.
그런즉 당신들에게 바로 이 일(다바르)이 임하였다(하야),

40:4 이제 지금, 보라(힌네)! 오늘,
내가 당신을 당신 손(야드)에 있는 쇠사슬로부터 풀어 주니(파타흐),
만약 나와 함께 바벨로 가는 것(보)이 당신 눈에 좋으면(토브),
당신은 가자(보). 내가 너를 돌보아 줄 것이다(숨 아인),
그러나 나와 함께 바벨로 가는 것(보)이 당신 눈에 싫으면(라),
당신은 그만두어라(하달)[1585],

1581) 갈라(גָּלָה): 덮개를 벗기다, 계시하다, 폭로하다, 옮기다, 포로의 몸이 되다. 같은 표현 ⇒ (창9:21,35:7), (삼하7:27), (사5:13,16:3,22:8,14,23:1,24:11,26:21,38:12, 40:5,47:2,3,49:9,21,53:1,56:1), (렘1:3,11:20,13:19,22,20:4,12,22:12,24:1,27:20,29:1,4,7,14, 32:11,14,33:6,39:9,40:1,7,43:3,49:10,52:15,27,28,30), (단10:1), (호2:10), (암1:5,6,3:7).

1582) 갈루트(גָּלוּת): 사로잡힌 자, 유배자. 같은 표현 ⇒ (사20:4,45:13), (렘24:5,28:4,29:22,40:1,52:31), (겔1:2), (암1:6,9), (옵1:20).

1583) 아싸르(אָסַר): 매다, 결박하다, 맹세나 서약으로 속박하다. ☞ 에싸르(אֱסָר : 서약)의 동사. 같은 표현 ⇒ (창39:20), (사22:3,49:9,61:1), (렘39:7,40:1,46:4,52:11).

1584) 하타(חָטָא): 죄를 짓다, 빗나가다, 잘못하다. 같은 표현 ⇒ (창20:6), (사1:4,29:21, 42:24,43:27,64:5,65:20), (렘2:35,3:25,8:14,14:7,20,16:10,32:35,33:8,37:18,40:3,44:23,50:7).

1585) 하달(חָדַל): 그만두다, 중지하다, 끝내다. 같은 표현 ⇒ (창11:8), (왕상22:6,15),

당신은 자신 앞에 있는 그 온 땅(에레쯔)을 보고(라아),
자신의 눈에 좋은 곳(토브)대로 또는 그 바른 곳(야솨르)대로,
그곳으로 정녕 가소서(알라크).”라고 하였다.

40:5 또한 그(이르메야)가 아직 돌아서지(슈브) 않고 있을 때,
(그가 말하기를),
“당신은 바벨 왕이 예후다 성읍들의 총독으로 세운(파콰드)[1586]
그달야 아히캄의 아들(벤) 솨판의 손자(벤)에게 돌아가서(슈브),
그 백성(암) 가운데서 그와 함께 거주하든지(야솨브),
자신의 눈에 그 바른 곳(야솨르)대로 정녕 가소서(알라크).”라고 하면서,
경호대장은 그(이르메야)에게 음식의 정량(아루하)과 분깃(마스에트)을 주어(나탄) 그를 보내주었다(솰라흐).

40:6 이르메야가 그달야 아히캄의 아들(벤)에게 미쯔파로 가서(보), 그 땅(에레쯔)에 그 남아 있는(솨아르)[1587] 백성(암) 가운데 그와 함께 거주하였다(야솨브).ㅁ

40:7 그리고 그 들(사데)에 있는 그 군대(하일)의 모든 대장(사르)들과 그들의 사람들(에노쉬)은, 바벨 왕이 그달야 아히캄의 아들(벤)을 그 땅(에레쯔)의 총독으로 임명하여(파콰드), 바벨로 잡혀가지(갈라) 않은 여자(이솨)들과 어린 아이(타프)들과 그 땅(에레쯔)의 취약한 자(달라)들을 그에게 맡겼다(파콰드) 함을 들었다(솨마),

40:8 그러자 그들이 그달야에게 미쯔파로 갔으니(보),
이쉬마엘 느탄야의 아들(벤)과 요하난과 요나탄 카레아흐의 두 아들(벤)들과 쉐라야 탄후멭의 아들(벤)과 에파이의 아들(벤)들 느토파 사람과 예잔야 마아카 사람들의 아들(벤), 곧 이들이 그들의 사람들(에노쉬)이었다.

(사1:16,2:22,24:8), (렘40:4,41:8,44:18,51:30), (겔2:5,7).

1586) 파콰드(פָּקַד): 방문하다, 계수하다, 임명하다, 보응하여 벌하다. 같은 표현 ⇒ (창21:1), (왕상20:15,26,27,39), (왕하3:6,5:24,7:17,9:34), (사13:4,62:6), (렘1:10,3:16,5:9,29,6:6,15,9:9,25,11:22,13:21,14:10,15:3,15,21:14,23:2,4,34,25:12,27:8,22,29:10,32,30:20,32:3,36:31,37:21,40:5,7,11,41:2,10,18,44:13,29,46:25,49:8,19,50:18,31,44,51:27,44,47,52), (호1:4,2:13), (습1:8,9,11,2:7).

1587) 솨아르(שָׁאַר): 남기다, 살아남다. 같은 표현 ⇒ (창7:23,14:10,32:8), (왕상19:18), (사4:3,11:16,17:6,24:6,12,37:31), (렘8:3,21:7,24:8,34:7,37:10,38:4,22,39:9,10,40:6,41:10,42:2,49:9,50:20,52:16), (겔36:36), (단10:8,17), (욜2:14), (옵1:5), (학2:3).

40:9 그달야 아히캄의 아들(벤) 솨판의 손자(벤)가 그들과 그들의 사람들(에노쉬)에게 맹세하여(솨바) 말하기를(아마르),
"당신들은 카스딤 사람들 섬기기(아바드)를 두려워하지(야레) 마십시오.
바로 이 땅(에레쯔)에 거주하며(야솨브), 바벨 왕을 섬기시오(아바드),
그러면, 그것이 당신들에게 복 있게 합니다(야타브).

40:10 나는 미쯔파에 거주하면서(야솨브), 우리에게 오는(보) 카스딤 사람들 앞에 서 있을 것이니(아마드),
당신들은 포도주와 여름과일(콰이쯔)과 기름(쉐멘)을 모아(아싸프), 당신들의 용기(켈리)들에 담고(숨), 당신들이 붙잡고 있는(타파스)[1588] 당신들의 성읍(이르)들에 거주하시오(야솨브)."라고 하였다.

40:11 그때 심지어, 모압에 있는, 암몬 족(벤)들 중에 있는, 에돔에 있는, 그 모든 땅(에레쯔)에 있는 예후다인들도,
바벨 왕이 예후다에 살아남은 자(쉐에리트)[1589]들을 넘겨주어(나탄),
그들 위에 그달야 아히캄의 아들(벤) 솨판의 손자(벤)를 (총독으로) 임명한 것(파콰드)을 들었다(솨마).

40:12 그런즉 그 모든 예후다인들이, 쫓겨난(나다흐)[1590] 그 모든 장소(마콤)로부터 돌아와(슈브), 예후다 땅(에레쯔) 그달야에게 미쯔파로 와서(보),
그들이 포도주와 여름과일(콰이쯔)을 매우 많이 모았다(아싸프). פ

40:13 요하난 카레아흐의 아들(벤)과 그 들(사데)에 있은 모든 대장(사르)들이 그달야에게 미쯔파로 가서(보),

40:14 그에게 말하기를,
"바알리스 암몬 족(벤)들의 왕이 당신의 목숨을 쳐 죽이려고(나카) 이쉬마엘 느탄야의 아들(벤)을 보낸 것(솰라흐)을 정녕 잘 아느냐

1588) 타파스(תָּפַשׂ): 붙잡다, 사로잡다. 같은 표현 ⇒ (창4:21,39:12), (왕상18:40,20:18), (왕하7:12), (사3:6,36:1), (렘2:8,26:8,34:3,37:13,14,38:23,40:10,46:9,50:16,24,46, 51:32,41,52:9), (암2:15), (합2:19).

1589) 쉐에리트(שְׁאֵרִית): 살아남은 자, 남은 것, 후손. ☞ 솨아르 (שָׁאַר : 살아남다)의 여성명사. 같은 표현 ⇒ (창45:7), (렘6:9,8:3,11:23,15:9,23:3,24:8,25:20,31:7,39:3,40:11,15, 41:10,16,42:2,15,19,43:5,44:12,14,28,47:4,5,50:26), (슥8:6), (미2:12,4:7), (습2:9).

1590) 나다흐(נָדַח): 몰아내다, 내어 쫓다, 몰리게 되다, 미혹되다. 같은 표현 ⇒ (신4:19), (사8:22,13:14,16:3,4,27:13), (렘8:3,16:15,23:2,3,8,24:9,27:10,15,29:14,18, 30:17,32:37,40:12,43:5,46:28,49:5,36,50:17), (겔4:13), (단9:7), (욜2:20), (습3:19).

(야다)?"라고 하였으나,
그러나 그달야 아히캄의 아들(벤)은 그들의 (말을) 믿지(아만)[1591]
않았다.

40:15 그러자 요하난 카레아흐의 아들(벤)이 미쯔파에서 그달야에게
은밀히 말하였으니(아마르), 말하기를(아마르),
"청컨대, 내가 가서(알라크), 이쉬마엘 느탄야의 아들(벤)을 누구도
모르게 쳐 죽이게 하소서(나카),
어찌하여 그가 당신의 목숨을 쳐 죽여서(나카), 당신에게 모인
(콰바쯔)[1592] 모든 예후다인들이 흩어지게 되어(푸쯔)[1593], 예후다의
살아남은 자(쉐에리트)들을 멸망케 합니까(아바드)[1594]?"라고 하여도,

40:16 그러나 그달야 아히캄의 아들(벤)은 요하난 카레아흐의 아들(벤)에
게 말하기를(아마르),
"당신은 바로 이 일(다바르)을 행하지(아사) 마십시오.
왜냐하면 당신은 이쉬마엘에 대해 거짓(쉐퀘르)으로 말하기(다바르)
때문입니다."라고 하였다.

1591) 아만(אָמַן): 확실하게 하다, 충실하다, 믿다, 신뢰하다, 기르다.
같은 표현 ⇒ (창15:6), (삼상3:20), (사1:21,26,7:9,8:2,22:23,25,28:16,33:16,43:10,
49:7,23,53:1,55:3,60:4), (렘12:6,15:18,40:14,42:5).

1592) 콰바쯔(קָבַץ): 모으다, 거둬들이다, 소집하다. 같은 표현 ⇒ (창41:35,48,49:2),
(사11:12,13:14,22:9,34:15,16,40:11), (렘23:3,29:14,31:8,10,32:37,40:15,49:5,14),
(호1:11), (욜2:6,16,3:2), (미1:7,2:12), (나2:10), (합2:5).

1593) 푸쯔(פּוּץ): 흩어지다, 넘쳐흐르다. 같은 표현 ⇒ (창10:18,11:4,8,9,49:7),
(사24:1,28:25,41:16), (렘9:16,10:21,13:24,18:17,23:1,2,29,30:11,40:15,52:8),
(나2:1), (슥1:17,13:7).

1594) 아바드(אָבַד): 멸망시키다, 사라지게 하다, 길을 잃다. 같은 표현 ⇒ (출10:7),
(레23:30,26:38), (사26:14,27:13,29:14,37:19,41:11,57:1,60:12), (렘1:10,4:9,6:21,7:28,
9:12,10:15,12:17,15:7,18:7,18,23:1,25:10,35,27:10,15,31:28,40:15,46:8,48:8,36,46,49:7,38,
50:6,51:18,55), (욜1:11), (암2:14,3:15), (옵1:8,12), (욘1:6,14), (습2:5,13).

이르메야 41장

41:1 그리고 이런 일이 있었으니, 그 일곱째 달에,
그 왕족(멜루카)[1595]의 자손(제라) 중에 이쉬마엘 느탄야의 아들(벤)
엘리쇠마의 손자(벤)와 그 왕의 장관들과 열 사람들(에노쉬)이,
그달야 아히캄의 아들(벤)에게 미쯔파로 가서(보), 미쯔파에서 함께
음식(레헴)을 먹었다.

41:2 그때 이쉬마엘 느탄야의 아들(벤)과 그와 함께 있은 열 사람들(에노쉬)
이 일어나(쿰), 그달야 아히캄의 아들(벤) 솨판의 손자(벤)를 그 칼로
쳐서(나카), 바벨 왕이 그 땅(에레쯔)에 총독으로 임명한(파콰드)[1596] 그를
죽였다(무트).

41:3 그리고 그 미쯔파에 그달야와 함께 있은(하야) 모든 예후다의 사람
들과 그곳에 발견된 카스딤 사람들과 그 전쟁의 사람들(에노쉬)을,
이쉬말엘이 쳐 죽였다(나카).

41:4 그리고 이런 일이 있었으니,
그달야를 죽인(무트) 그 다음 날(욤)에,
(다시 말해), 누구(이쉬)도 잘 알지(야다) 못할 때,

41:5 쉐켐과 쉴로[1597]와 쇼므론으로부터 (온) 사람들(에노쉬) 팔십 명(이쉬)이
왔으니(보),
그때 그들이, 여호와의 집(바이트)에 들어가기(보) 위해,
수염을 밀고(갈라흐)[1598], 옷들을 찢고(콰라)[1599], 몸에 상처를 내고

1595) 멜루카(מְלוּכָה): 왕의 신분, 왕권, 왕위. 같은 표현 ⇒ (사34:12,62:3), (렘41:1).
1596) 파콰드(פָּקַד): 방문하다, 계수하다, 임명하다, 보응하여 벌하다. 같은 표현 ⇒ (창21:1), (왕상20:15,26,27,39), (왕하3:6,5:24,7:17,9:34), (사13:4,62:6), (렘1:10,3:16,5:9,29,6:6,15,9:9,25,11:22,13:21,14:10,15:3,15,21:14,23:2,4,34,25:12,27:8,22,29:10,32,30:20,32:3,36:31,37:21,40:5,7,11,41:2,10,18,44:13,29,46:25,49:8,19,50:18,31,44,51:27,44,47,52), (호1:4,2:13), (습1:8,9,11,2:7).
1597) 쉴로(שִׁלֹה): 실로, 사사 시대에 성막이 있은 곳.
같은 표현 ⇒ (렘7:12,14,26:6,9,41:5).
1598) 갈라흐(גָּלַח): 깍다, 면도하다. 같은 표현 ⇒ (창41:14), (레13:33,21:5), (민6:9,18), (신21:12), (렘41:5), (겔44:20).

(가다드)1600), 자신들의 손(야드)에 선물제물(민하)과 유향(레보나)1601)을 (들고) 이었다.

41:6 이쉬마엘 느탄야의 아들(벤)이 그들을 맞이하려(콰라) 미쯔파로부터 나와(야짜), 통곡하며(바카) 계속 걸어가다가(할라크),
그때 이런 일이 있었으니,
그가 그들을 만나자(파가쉬)1602), 그들에게 말하기를(아마르),
"당신들은 그달야 아히캄의 아들(벤)에게 가보소서(보)."라고 하였다.
ס

41:7 그리고 이런 일이 있었으니,
그들이 그 성읍(이르) 가운데로 들어가자(보),
이쉬마엘 느탄야의 아들(벤), 즉 그와 그와 함께 (있은) 그 사람들(에노쉬)이 그들을 죽여(솨하트)1603) 그 웅덩이(보르)1604) 가운데로 (던졌다).

41:8 그때 그들 중에 있던 열 사람들(에노쉬) 곧 그들이 이쉬마엘에게 말하기를(아마르),
"당신은 우리를 죽이지(무트) 마소서,
왜냐하면 우리에게는 그 밭에 숨겨둔 것(마트몬) 곧 밀과 보리와 기름과 꿀이 있기 때문입니다."라고 하자,
그가 멈추어(하달)1605), 그들의 형제들 중에 그들을 죽이지(무트) 않았다.

1599) 콰라(קָרַע): 찢다, 잡아 째다, 찢어서 조각을 내다. 같은 표현 ⇒ (창37:29,34,44:13), (왕상21:27), (왕하2:12,5:7,8,6:30), (사64:1), (렘4:30,22:14,36:23,24,41:5), (욜2:13).

1600) 가다드(גָּדַד): 꿰뚫다, 베다, 떼를 지어 모이다. 같은 표현 ⇒ (신14:1), (왕상18:28), (렘5:7,16:6,41:5,47:5).

1601) 레보나(לְבוֹנָה): 유향, 유향나무의 진에서 나는 향기로운 향. 여성명사. 같은 표현 ⇒ (출30:34), (레2:1,2,15,16), (민5:15), (렘6:20,17;26,41:5).

1602) 파가쉬(פָּגַשׁ): 우연히 만나다, 마주치다. 같은 표현 ⇒ (창32:17,33:8), (출4:24,27), (사34:14), (렘41:6).

1603) 솨하트(שָׁחַט): 죽이다, 도살하다, (짐승)을 잡다. 같은 표현 ⇒ (창22:10,37:31), (사22:13,57:5,66:3), (렘9:8,39:6,41:7,52:10).

1604) 보르(בּוֹר): 구덩이, 우물. 같은 표현 ⇒ (창37:20), (사14:15,19,24:22,36:16,38:18, 51:1), (렘6:7,37:16,38:6,7,9,10,11,13,41:7,9), (겔26:20,31:14,16,32:18,23,24,25,29,30), (슥9:11).

1605) 하달(חָדַל): 그만두다, 중지하다, 끝내다. 같은 표현 ⇒ (창11:8), (왕상22:6,15), (사1:16,2:22,24:8), (렘40:4,41:8,44:18,51:30), (겔2:5,7).

41:9 그때 이쉬마엘이 그달야로 인해 쳐 죽인(나카) 모든 사람들(에노쉬)의 시체를 던져 넣은(솰라크) 그 웅덩이(보르)는
그 왕 아싸가 바솨 이스라엘 왕 때문에 만든(아사) 그것인데,
이쉬마엘 느탄야의 아들(벤)이 그곳을 (죽임 당한 자들로) 채웠다.

41:10 이쉬마엘이 미쯔파에 있은 그 백성(암)의 살아 남은 자(쉐에리트)[1606] 모두를 그 왕의 딸들과 함께 포로로 잡았으니(솨바)[1607],
곧 느부자르아단 경호대장이 그달야 아히캄의 아들(벤)을 총독으로 임명한(파콰드) 미쯔파에 남아 있는(솨아르)[1608] 모든 백성(암)을 (포로로 잡았다).
그런 후, 이쉬마엘 느탄야의 아들(벤)은 그들을 포로로 잡아(솨바) 암몬 족(벤)들에게로 건너가기(아바르) 위해 떠났다(알라크).ס

41:11 요하난 카레아흐의 아들(벤)과 그와 함께 있은 그 군대(하일)들의 대장(사르)들이 이쉬마엘 느탄야의 아들(벤)이 행한 그 모든 악(라)을 듣고(솨마),

41:12 모든 사람들(에노쉬)을 데리고(라콰흐), 이쉬마엘 느탄야의 아들(벤)과 싸우러(라함)[1609] 가다(알라크), 기브온에 있는 큰 물가에서 그를 만났다(마짜).

41:13 그때 이런 일이 있었으니,
이쉬마엘과 함께 있은 모든 백성(암)이 요하난 카레아흐의 아들(벤)과 그와 함께 있은 그 군대(하일)들의 대장(사르)들을 보자(라아),
그들은 기뻐하였다(솨마흐)[1610].

1606) 쉐에리트(שְׁאֵרִית): 살아남은 자, 남은 것, 후손. ☞ 솨아르 (שָׁאַר : 살아남다)의 여성 명사. 같은 표현 ⇒ (창45:7), (렘6:9,8:3,11:23,15:9,23:3,24:8,25:20,31:7,39:3,40:11,15,41:10,16,42:2,15,19,43:5,44:12,14,28,47:4,5,50:26), (슥8:6), (미2:12,4:7), (습2:9).
1607) 솨바(שָׁבָה): 포로로 잡다. ☞ 쉐비(שְׁבִי : 포로)의 동사.
같은 표현 ⇒ (창14:14,31:26,34:29), (렘13:17,41:10,14,43:12,50:33).
1608) 솨아르(שָׁאַר): 남기다, 살아남다. 같은 표현 ⇒ (창7:23,14:10,32:8), (왕상19:18), (사4:3,11:16,17:6,24:6,12,37:31), (렘8:3,21:7,24:8,34:7,37:10,38:4,22,39:9,10,40:6,41:10,42:2,49:9,50:20,52:16), (겔36:36), (단10:8,17), (욜2:14), (옵1:5), (학2:3).
1609) 라함(לָחַם): 싸우다, 전쟁하다. 같은 표현 ⇒ (출1:10,14:14,17:8,9), (사7:1,19:2,20:1,30:32,37:8,9,63:10), (렘1:19,15:20,21:2,4,5,32:5,24,29,33:5,34:1,7,22,37:8,10,41:12,51:30), (단10:20,11:11), (슥10:5,14:3,14).
1610) 솨마흐(שָׂמַח): 기뻐하다, 즐거워하다. 같은 표현 ⇒ (출4:14), (레23:40), (신12:7),

41:14 이쉬마엘이 미쯔파에서 포로로 잡은(솨바) 그 모든 백성(암)은 방향을 돌려(싸바브), 요하난 카레아흐의 아들(벤)에게로 되돌아(슈브), 갔다(알라크).

41:15 그러나 이쉬마엘 느탄야의 아들(벤)은 요하난으로 인해 여덟 명과 함께 도망하여(말라트)[1611] 암몬 족(벤)들에게로 갔다(알라크).

41:16 이쉬마엘 느탄야의 아들(벤)이 그달야 아히캄의 아들(벤)을 쳐 죽인(나카) 후, 그 미쯔파로부터 (잡아갔으나),
요하난 카레아흐의 아들(벤)과 그와 함께 있은 그 군대(하일)들의 대장(사르)들은, 이쉬마엘 느탄야의 아들(벤)로부터 되찾은(슈브) 그 백성(암)의 살아남은 자(쉐에리트) 모두 즉 기브온로부터 되찾은(슈브) 용사(게베르)들 곧 전쟁의 사람들(에노쉬)과 여자(이솨)들과 어린아이(타프)들과 환관들을 데리고 왔다(라콰흐).

41:17 그때 그들은 가다가(알라크), 벧레헴 곁에 있는 게룻킴함에 머물렀으니(야솨브), 곧 미쯔라임으로 떠나 가기(알라크) 위해서이었다,

41:18 (그것은) 카스딤 사람 때문이니,
왜냐하면 그들이 카스딤 사람들을 두려워하기(야레) 때문이었다,
왜냐하면 이쉬마엘 느탄야의 아들(벤)이, 바벨 왕이 그 땅(에레쯔)에 총독으로 임명한(파콰드) 그달야 아히캄의 아들(벤)을 쳐 죽였기(나카) 때문이었다.ㅁ

(사9:3,17,14:8,29,25:9,39:2,56:7,65:13,66:10), (렘20:15,31:13,41:13,50:11), (욜2:21,23), (욥1:12), (합1:15), (슥2:10,4:10).

1611) 말라트(מָלַט): 도망가다, 피하다, 구출하다. 같은 표현 ⇒ (창19:17), (왕상18:40, 19:17,20:20), (사20:6,31:5,34:15,37:38,46:2,4,49:24,25,66:7), (렘32:3,34:3,38:18,23,39:18, 41:15,46:6,48:6,8,19,51:6,45), (단11:41,12:1), (욜2:32), (암2:14,15), (슥2:7).

이르메야 42장

42:1 그리고 그 군대(하일)들의 모든 대장(사르)들과 요하난 카레아흐의 아들
(벤)과 예잔야 호솨야의 아들(벤)과 작은 자로부터 큰 자까지의 그
모든 백성(암)이 다가와(나가쉬)[1612],

42:2 이르메야 그 예언자(나비)에게 말하기를(아마르),
"청컨대, 당신은 우리의 간구(테힌나)[1613]를 자신 앞에 받아들여(나팔),
우리 곧 바로 이 살아남은 자(쉐에리트)[1614] 모두를 위하여
여호와 당신의 하나님(엘로힘)께 기도해 주소서(팔랄)[1615].
왜냐하면 당신의 눈이 보는 바(라아)와 같이,
우리는 많은 자 중에 적게 남았기(솨아르)[1616] 때문입니다.

42:3 또한 여호와 당신의 하나님(엘로힘)이 우리가 걸어갈(얄라크) 길(데레크)과
우리가 행할(아사) 일(다바르)을 우리에게 자세히 알려주게 하소서
(나가드)[1617]."라고 하였다.

42:4 이르메야 그 예언자(나비)가 그들에게 말하기를(아마르),
"내가 들었으니(솨마), 보라(헨)! 내가 당신들의 말(다바르)대로
여호와 당신들의 하나님(엘로힘)께 기도하고(팔랄),
여호와가 당신들에게 응답하는(아나) 모든 말(다바르)을 당신들에게

1612) 나가쉬(נָגַשׁ): 가까이 끌어당기다, 접근하다, 제물을 드리다. 같은 표현 ⇒ (사41:1,22,45:20,21,49:20,50:8,65:5), (렘30:21,42:1,46:3), (말1:7,8,11,2:12,3:3).

1613) 테힌나(תְּחִנָּה): 은혜를 위한 간구, 기도. 같은 표현 ⇒ (렘36:7,37:20,38:26,42:2,9), (단9:20).

1614) 쉐에리트(שְׁאֵרִית): 살아남은 자, 남은 것, 후손. ☞ 솨아르 (שָׁאַר : 살아남다)의 여성 명사. 같은 표현 ⇒ (창45:7), (렘6:9,8:3,11:23,15:9,23:3,24:8,25:20,31:7,39:3,40:11,15, 41:10,16,42:2,15,19,43:5,44:12,14,28,47:4,5,50:26), (슥8:6), (미2:12,4:7), (습2:9).

1615) 팔랄(פָּלַל): 중재하다, 기도하다, 개입하다. 같은 표현 ⇒ (창20:7,17,48:11), (삼하7:27), (사16:12,37:15,21,38:2,44:17), (렘7:16,11:14,29:7,12,32:16,37:3,42:2,4,20).

1616) 솨아르(שָׁאַר): 남기다, 살아남다. 같은 표현 ⇒ (창7:23,14:10,32:8), (왕상19:18), (사4:3,11:16,17:6,24:6,12,37:31), (렘8:3,21:7,24:8,34:7,37:10,38:4,22,39:9,10,40:6,41:10, 42:2,49:9,50:20,52:16), (겔36:36), (단10:8,17), (욜2:14), (옵1:5), (학2:3).

1617) 나가드(נָגַד): 자세히 알려주다, 폭로하다, 선언하다. 같은 표현 ⇒ (창3:11,32:29), (출13:8), (신4:13,17:9), (사3:9,7:2,19:12,21:2,6,10), (렘4:5,15,5:20,9:12,16:10,20:10, 31:10,33:3,36:13,16,17,20,38:15,25,27,42:3,4,20,21,46:14,48:20,50:2,28,51:31).

자세히 알려 줄 것입니다(나가드).
내가 당신들에게 어떤 일(다바르)도 숨기지(마나)1618) 않을 것입니다."
라고 하였다.

42:5 그러자 그들이 이르메야에게 말하기를(아마르),
"여호와가 우리 사이에 신실한(아만)1619) 진리(에메트)1620)의 증인(에드)
이 되게 하소서(하야),
반드시 우리는 여호와 당신의 하나님(엘로힘)이 우리를 위해 당신에
게 보내는(솰라흐) 그 모든 말(다바르)대로 그와 같이 행할 것입니다(아사).

42:6 비록 (그것이) 좋은 것(토브)이든 나쁜 것(라)이든 간에,
우리가 당신을 보낸(솰라흐) 여호와 우리 하나님(엘로힘)의 음성(콜)에,
우리는 순종할 것이니(솨마),
곧 우리가 여호와 우리 하나님(엘로힘)의 음성(콜)에 순종할(솨마) 때,
그것이 우리에게 복 있기(야타브) 위해서입니다."라고 하였다.ס

42:7 그리고 이런 일이 있었으니, 십 일 끝에,
여호와의 말(다바르)이 이르메야에게 있하였으니(하야),

42:8 그(이르메야)가 요하난 카레아흐의 아들(벤)과 그와 함께 있는 그 군
대(하일)들의 모든 대장(사르)들과 작은 자부터 큰 자까지의 그 모든
백성(암)을 불러(콰라),

42:9 그들에게 말하기를(아마르),
"당신들이 나를, 자신들의 간구(테힌나)를 그분 앞에 드리기(나팔) 위해,
보낸(솰라흐) 여호와 이스라엘의 하나님(엘로힘)이 이와 같이 말하였으
니(아마르),

42:10 '너희가 바로 이 땅(에레쯔)에 정녕 거주하면(야솨브),
내(여호와)가 너희를 짓고(바나), 허물지(하라쓰)1621) 않으며,

1618) 마나(מָנַע): 억제하다, 거절하다, 제지하다. 같은 표현 ⇒ (창30:2), (민22:16,24:11), (왕상20:7), (렘2:25,3:3,5:25,31:16,42:4,48:10), (욜1:13).

1619) 아만(אָמַן): 확실하게 하다, 충실하다, 믿다, 신뢰하다, 기르다.
같은 표현 ⇒ (창15:6), (삼상3:20), (사1:21,26,7:9,8:2,22:23,25,28:16,33:16,43:10, 49:7,23,53:1,55:3,60:4), (렘12:6,15:18,40:14,42:5).

1620) 에메트(אֱמֶת): 진실, 성실, 진리. ☞ 아만(אָמַן : 믿다)의 여성명사.
같은 표현 ⇒ (창24:27,48,32:10), (신22:20), (사42:3,43:9,48:1,59:14,15,61:8), (렘2:21,4:2,9:5,10:10,14:13,23:28,26:15,28:9,32:41,33:6,42:5).

내(여호와)가 너희를 심고(나타) 뽑지(나타쉬)[1622] 않는다.
왜냐하면 내가 너희에게 행한(아사) 그 재앙(라)을 후회하기(나함)[1623]
때문이다.

42:11 너희가 두려워하는(야레) 바벨 왕으로 인하여 두려워하지(야레) 말라.
너희는 두려워하지(야레) 말라.
여호와의 말(네움).
왜냐하면 내가 너희와 함께 (있어), 너희를 구원하여(야솨)[1624],
그의 손(야드)에서 구출하기(나짤)[1625] 때문이다.

42:12 내(여호와)가 너희에게 긍휼(라함,복)[1626]을 베푸니(나탄),
그때 그가 너희를 긍휼히 여겨(라함)[1627], 너희를 너희의 땅(에레쯔)
으로 돌려보낸다(슈브).

42:13 그러나 만일 너희가, '우리는 바로 이 땅(에레쯔)에서 거주하지(야솨브)
않을 것이다.'라고 말하며(아마르), 여호와 너희 하나님(엘로힘)의 음성
(콜)을 듣지(솨마) 않고,

42:14 아니다, '우리는, 전쟁을 보지 않고, 뿔나팔 소리도 듣지 않고,
그 양식에 굶주리지 않는 미쯔라임 땅(에레쯔)으로 가서(보), 그곳에
서 거주할 것이다(야솨브).'라고 말하면(아마르),

1621) 하라쓰(הָרַס): 넘어뜨리다, 헐다, 파괴하다. 같은 표현 ⇒ (출15:7,19:21,24,23:24), (사49:17), (렘1:10,24:6,31:28,40,42:10,45:4,50:15).

1622) 나타쉬(נָתַשׁ): 잡아 뽑다, 근절하다, 멸망시키다. 같은 표현 ⇒ (신29:28), (렘1:10,12:14,15,17,18:7,14,24:6,31:28,40,42:10,45:4,), (단11:4).

1623) 나함(נָחַם): 위로하다, 후회하다. 같은 표현 ⇒ (창5:29,6:6,7), (사1:24,12:1,22:4, 40:1,49:13,51:3,12,19,52:9,54:11,57:6,61:2,66:13), (렘4:28,8:6,15:6,16:7,18:8,10,20:16, 26:3,13,19,31:13,15,19,42:10).

1624) 야솨(יָשַׁע): 구원하다, 구출하다. 같은 표현 ⇒ (출2:17,14:30), (사19:20,25:9), (렘2:27,28,4:14,8:20,11:12,14:8,9,15:20,17:14,23:6,30:7,10,11,31:7,33:16,42:11,46:27).

1625) 나짤(נָצַל): 구출하다, 벗기다, 빼앗다, 약탈하다. 같은 표현 ⇒ (창31:9), (사5:29, 19:20,20:6,31:5,36:14,15,18,19,20,37:11,12,38:6,42:22,43:13,44:17,20,47:14,50:2,57:13), (렘1:8,19,7:10,15:20,21,20:13,21:12,22:3,39:17,42:11), (겔3:19,21), (단8:4,7), (호2:9,10).

1626) 라함(רַחַם): 긍휼, 불쌍히 여김. ☞ 레헴(רֶחֶם : 태, 자궁)에 유래.
같은 표현 ⇒ (창43:14,30,49:25), (신13:17), (사46:3,47:6,54:7,63:7,15), (렘16:5,42:12), (슥1:16,7:9).

1627) 라함(רָחַם): 긍휼히 여기다, 긍휼을 베풀다. 같은 표현 ⇒ (출33:19), (신13:17), (렘6:23,12:15,13:14,21:7,30:18,31:20,33:26,42:12,50:42), (호1:6,7,2:1,4,23), (슥1:12).

(그렇게 되지 않는다).

42:15 그러므로 지금 예후다의 살아남은 자(쉐에리트)여,
너희는 여호와의 말(다바르)을 들어라(솨마).
만군의 여호와 이스라엘의 하나님이 이와 같이 말하였으니(아마르),
'만일 너희가 미쯔라임으로 들어가려는(보) 자신들의 마음(파님, 얼굴)
을 정녕 정하면(숨), (다시 말해), 그곳에 우거하려고(구르) 들어가면(보),

42:16 그때 이런 일이 일어날 것이니,
곧 너희가 두려워하는(야레) 그 칼(헤레브)이
미쯔라임 땅(에레쯔)에서 너희를 따라붙고(나사그)[1628],
너희가 두려워하는(다아그)[1629] 그 기근(라아브)이
미쯔라임에서 너희 뒤를 따라붙어(다바크)[1630],
너희가 그곳에서 죽는다(무트).

42:17 또한 이런 일이 있을 것이니,
그곳에서 우거하려고(구르) 미쯔라임으로 들어가려는(보) 자신들의
마음(파님, 얼굴)을 정하는(숨) 모든 자들(에노쉬)은
그 칼(헤레브)과 그 기근(라아브)과 그 전염병(데베르)으로 죽는다(무트),
(다시 말해), 그들에게는 내(여호와)가 내리는(보) 그 재앙(라)으로 인해
생존자(사리드)[1631]나 또는 피할 자(팔리트)[1632]가 없다.'라고 하고,ס

42:18 왜냐하면 만군의 여호와 이스라엘의 하나님(엘로힘)이 이와 같이 말
하였으니(아마르),
'내 화(아프)와 내 진노(헤마)[1633]가 예루솰라임 거주민(야솨브)들에게

1628) 나사그(נָשַׂג): 을 따라잡다, 에 이르다, 붙잡다, 부하게 되다.
같은 표현 ⇒ (창31:25), (사35:10,51:11,59:9), (렘39:5,42:16,52:8).

1629) 다아그(דָּאַג): 걱정하다, 두려워 하다. 같은 표현 ⇒ (사57:11), (렘17:8,38:19,42:16).

1630) 다바크(דָּבַק): 굳게 결합하다, 달라붙다, 에 충실하다.
같은 표현 ⇒ (창2:24,19:19), (민36:7,9), (신10:20,11:22), (렘13:11,42:16).

1631) 사리드(שָׂרִיד): 살아남은 자, 생존자, 남은 자. 같은 표현 ⇒ (민21:35,24:19),
(신2:34), (렘31:2,42:17,44:14,47:4), (욜2:32), (옵1:14,18).

1632) 팔리트(פָּלִיט): 도피자, 도망자, 구출자. ☞ 팔라트(פָּלַט : 도망하다, 탈출하다,
구원하다)에서 유래. 같은 표현 ⇒ (사45:20,66:19), (렘42:17,44:14,28).

1633) 헤마(חֵמָה): 열, 격노, 분노. ☞ 야함(יָחַם : 뜨겁다)의 여성명사. 같은 표현 ⇒
(창27:44), (사42:25,51:13,17,20,22,59:18,63:3,5,6,66:15), (렘4:4,6:11,7:20,10:25,18:20,
21:5,12,23:19,25:15,30:23,32:31,37,33:5,36:7,42:18,44:6), (나1:6).

부어진 것(나타크)1634)처럼, 너희가 미쯔라임으로 들어갈(보) 때,
내 진노(헤마)가 너희 위에 부어지니(나타크),
그때 너희가 저주의 맹세(알라)와 황폐(솸마)1635)와 저주(퀘랄라)1636)와
비난거리(헤르파)1637)가 되고(하야),
또 너희가 바로 이 땅(에레쯔)을 더 이상 보지(라아) 못한다.'라고
하기 때문이다.

42:19 예후다의 살아남은 자(쉐에리트)여,
여호와가 너희들에게 말하니(다바르),
'너희는 미쯔라임으로 들어가지(보) 말라.
너희들은 내가 오늘 너희들에게 경고하는 것(우드)1638)을
정녕 깨달아 알아야 한다(야다).

42:20 왜냐하면 너희가 나(이르메야)를 여호와 당신들의 하나님(엘로힘)에게
보낼(솰라흐) 때,
당신이 우리를 위해 여호와 우리 하나님(엘로힘)께 기도하도록(팔랄)
말하면서(아마르), 또 여호와 우리 하나님(엘로힘)이 말하는(아마르) 모든
것대로, 당신이 우리에게 자세히 알려 주어라(나가드),
그러면 우리가 그와 같이 행한다(아사)라고 (말하면서도),
너희들은 자신들의 마음(네페쉬)을 방황케 하고 있기(타아)1639) 때문

1634) 나타크(נָתַךְ): 쏟아지다, 흘러나오다. 같은 표현 ⇒ (출9:33), (렘7:20,42:18,44:6), (겔22:20,21,22,24:11), (단9:11,27), (나1:6).

1635) 솸마(שַׁמָּה): 황폐, 공포, 소름끼침. 같은 표현 ⇒ (신28:37), (사5:9,13:9,24:12), (렘2:15,4:7,5:30,8:21,18:16,19:8,25:9,11,18,38,29:18,42:18,44:12,22,46:19,48:9, 49:13,17,50:23,51:29,37,41,43), (욜1:7), (습2:15).

1636) 퀘랄라(קְלָלָה): 저주, 악담. ☞ 콸랄(קָלַל : 무시하다, 저주하다)의 여성명사. 같은 표현 ⇒ (창27:12,13), (신11:26,28,29,21:23,23:5,27:13,28:15,45,29:27,30:1,19) (렘24:9,25:18,26:6,29:22,42:18,44:8,12,22,49:13).

1637) 헤르파(חֶרְפָּה): 수치, 조롱, 치욕, 책망. 여성명사. 같은 표현 ⇒ (창30:23,34:14), (사4:1,25:8,30:5,47:3,51:7,54:4), (렘6:10,15:15,20:8,23:40,24:9,29:18,31:19,42:18, 44:8,12,49:13,51:51).

1638) 우드(עוּד): 증인으로 세우다, 증거 하다, 되돌리다, 반복하다, 엄숙히 경고하다. 같은 표현 ⇒ (창43:3), (출19:21,23,21:29), (사8:2), (렘6:10,11:7,32:10,25,44,42:19), (암3:13), (말2:14).

1639) 타아(תָּעָה): 방황하다, 길을 잃다, 잘못 행하다. 같은 표현 ⇒ (창20:13,21:14), (사3:12,9:16,16:8,19:13,14,21:4,28:7,29:24,30:28, 35:8,47:15,53:6,63:17), (렘23:13,32,42:20,50:6), (암2:4), (미3:5).

이다.

42:21 그런즉 내(이르메야)가 오늘 당신들에게 자세히 알려주어도(나가드),
당신들은 여호와 당신들의 하나님(엘로힘)의 음성(콜),
곧 그분이 나에게 보낸(쏼라흐) 모든 것을 듣지(솨마) 않으니,

42:22 그러니 지금 당신들은 당신들이 들어가(보) 우거하고 싶어하는
(하페쯔1640) 구르) 그 장소(마콤)에서 그 칼(헤레브)과 그 기근(라아브)과
그 전염병(데베르)으로 죽을 것(무트)을 정녕 잘 아소서(야다)."라고
하였다.ס

1640) 하페쯔(חָפֵץ): 기뻐하다, 에 호의를 느끼다. 같은 표현 ⇒ (창34:19), (민14:8), (사1:11,13:17,42:21,53:10,55:11,56:4,58:2,62:4,65:12,66:3,4), (렘6:10,9:24,42:22).

이르메야 43장

43:1 또한 이런 일이 있었으니,
이르메야가 그 모든 백성에게 여호와 그들의 하나님(엘로힘)이 자신
에게 보낸(쇨라흐) 모든 말(다바르,복) 곧 바로 이 모든 말(다바르,복) 하기(다
바르)를 다 마쳤을(칼라)[1641] 때이었다.ס

43:2 아자르야 호솨야의 아들(벤)과 요하난 카레아흐의 아들(벤)과
그 교만한(제드) 모든 사람들(에노쉬)이 이르메야에게 말하기를(아마르),
"당신은 거짓(쉐퀘르)을 말하고 있소(다바르),
곧 여호와 우리 하나님(엘로힘)은 당신을 보내어(쇨라흐), 말하기를(아마르),
'너희는 미쯔라임에 우거하기(구르) 위해 들어가지(보) 말라.'고 하고
있지 않소.

43:3 왜냐하면 바룩 네리야의 아들(벤)이, 우리를 카스딤 사람의 손(야드)
에 주어(나탄), 우리를 죽이기(무트) 위해서, 또 우리를 바벨로 (포로로)
잡아가게 하기(갈라)[1642] 위해서, 우리에 대적하여 당신을 부추기기
(쑤트)[1643] 때문이요."라고 하였다.

43:4 그런즉 요하난 카레아흐의 아들(벤)과 그 군대(하일) 모든 대장(사르)들
과 그 모든 백성(암)은, 예후다 땅(에레쯔)에 거주하라(야솨브)는 여호와
의 음성(콜)을 듣지(솨마) 않았다.

43:5 요하난 케레아흐의 아들(벤)과 그 군대(하일) 모든 대장(사르)들이
예후다의 살아남은 자(쉐에리트)[1644] 모두를 데리고 갔으니(라콰흐),

1641) 칼라(כָּלָה): 완성하다, 끝마치다, 끝나다. 같은 표현 ⇒ (창2:1,17:22), (왕상17:14), (사1:28,10:18), (렘5:3,8:20,9:16,10:25,14:6,12,16:4,20:18,26:8,43:1,44:27,49:37,51:63).

1642) 갈라(גָּלָה): 덮개를 벗기다, 계시하다, 폭로하다, 옮기다, 포로의 몸이 되다. 같은 표현 ⇒ (창9:21,35:7), (삼하7:27), (사5:13,16:3,22:8,14,23:1,24:11,26:21,38:12, 40:5,47:2,3,49:9,21,53:1,56:1), (렘1:3,11:20,13:19,22,20:4,12,22:12,24:1,27:20,29:1,4,7,14, 32:11,14,33:6,39:9,40:1,7,43:3,49:10,52:15,27,28,30), (단10:1), (호2:10), (암1:5,6,3:7).

1643) 쑤트(סות): 꾀다, 선동하다, 유인하다, 자극하다. 같은 표현 ⇒ (신13:6), (시36:18), (렘38:22,43:3).

1644) 쉐에리트(שְׁאֵרִית): 살아남은 자, 남은 것, 후손. ☞ 솨아르 (שָׁאַר : 살아남다)의 여성명사. 같은 표현 ⇒ (창45:7), (렘6:9,8:3,11:23,15:9,23:3,24:8,25:20,31:7,39:3,40:11,15,

곧 쫓겨난(나다흐)[1645] 그 모든 민족(고이)으로부터 예후다의 땅(에레쯔)에 우거하기(구르) 위해 돌아온(슈브) (예후다의 살아남은 자),

43:6 (다시 말해), 그 남자(게베르)들과 그 여자(이솨)들과 어린 아이(타프)들과 그 왕의 딸들과, 느부자르아단 경호대장이 그달야 아히캄의 아들(벤) 솨판의 손자(벤)에게 남겨준(야나흐)[1646] 모든 자(네페쉬)와 이르메야 그 예언자(나비)와 바룩 네리야의 아들(벤)을 (데리고),

43:7 미쯔라임의 땅(에레쯔)으로 들어가(보), 타흐판헤스까지 이르렀다(보). 왜냐하면 그들이 여호와의 음성(콜)을 듣지(솨마) 않기 때문이었다.ס

43:8 그때 이런 일이 있었으니,
여호와의 말(다바르)이 타흐판헤스에서 이르메야에게 임하여(하야),
말하기를(아마르),

43:9 "너는 자신의 손(야드)에 큰 돌들을 취하여(라콰흐), 그것들을 예후다 사람들(에노쉬)의 눈앞에서 타흐판헤스에 있는 파르오의 집(바이트) 입구에 있는 벽돌가마(말벤) 진흙 속에 숨겨라(타만)[1647].

43:10 그때 너(이르메야)는 그들에게 말하라(아마르).
만군의 여호와가 이와 같이 말하였으니(아마르),
'보라(헨)! 내가 네부칸네짜르 바벨 왕 내 종(에베드)을 보내어(솰라흐)
데리고 가니(라콰흐), 그때 내가 숨겨둔(타만) 바로 이 돌들 위에
그의 보좌(키쎄)를 놓고(숨), 그것 위에 차양을 펼친다(나타).

43:11 그(네부칸네짜르)가 이르러(보) 들어가서(보), 미쯔라임 땅(에레쯔)을 치니(나카),
즉 사망(마베트)은 사망(마베트)으로,
사로잡힘(쉐비)은 사로잡힘(쉐비)으로,
그 칼(헤레브)은 그 칼(헤레브)로 (친다).

41:10,16,42:2,15,19,43:5,44:12,14,28,47:4,5,50:26), (슥8:6), (미2:12,4:7), (습2:9).

1645) 나다흐(נָדַח): 몰아내다, 내어 쫓다, 몰리게 되다, 미혹되다. 같은 표현 ⇒ (신4:19), (사8:22,13:14,16:3,4,27:13), (렘8:3,16:15,23:2,3,8,24:9,27:10,15,29:14,18, 30:17,32:37,40:12,43:5,46:28,49:5,36,50:17), (겔4:13), (단9:7), (욜2:20), (습3:19).

1646) 야나흐(יָנַח): 쉬다, 휴식하다, 정착하다. ☞ 누아흐(נוח : 쉬다, 휴식하다)와 동일 의미. 같은 표현 ⇒ (창2:15), (출16:34,32:10), (민17:4,32:15), (신26:4), (왕상19:3), (사14:1,28:2,46:7,65:15), (렘14:9,27:11,43:6).

1647) 타만(טָמַן): 숨기다, 감추다. 같은 표현 ⇒ (창35:4), (출2:12), (신33:19), (사2:10), (렘13:4,5,6,7,18:22,43:9,10).

43:12 내(여호와)가 미쯔라임 신들(엘로힘)의 집(바이트)에 불(에쉬)을 놓으니(야짜트)[1648],
그(네부칻네짜르)가 그것들을 사르고(사라프),
그들을 포로로 잡아가며(솨바)[1649],
또한 그는, 그 목자(로에)가 자신의 옷(베게드)을 묶듯이(아타)[1650],
미쯔라임의 땅(에레쯔)을 속박한다(아타).
그런 후, 그가 그곳에서 평안히 나가며(야짜),

43:13 미쯔라임 땅(에레쯔)에 있는 벧쉐메쉬(태양의 집)의 석상(마쩨바)[1651]들을
부수고(솨바르)[1652], 미쯔라임 신들(엘로힘)의 집(바이트)을 그 불(에쉬)로
사른다(사라프).' "라고 하는 것이다.ם

1648) 야짜트(יָצַת): 불을 붙이다, 태우다. 같은 표현 ⇒ (사9:18,27:4,33:12), (렘2:15, 9:10,12,11:16,17:27,21:14,32:29,43:12,46:19,49:2,27,50:32,51:30,58), (암1:14).

1649) 솨바(שָׁבָה): 포로로 잡다. ☞ 쉐비(שְׁבִי : 포로)의 동사.
같은 표현 ⇒ (창14:14,31:26,34:29), (렘13:17,41:10,14,43:12,50:33).

1650) 아타(עָטָה): 감싸다, 두르다, 입다, 덮다, 가리다, 붙잡다.
같은 표현 ⇒ (레13:45), (사22:17,59:17), (렘43:12), (미3:7).

1651) 마쩨바(מַצֵּבָה): 기둥, 석상. ☞ 나짜브(נָצַב : 세우다, 서다, 놓다)의 여성명사.
같은 표현 ⇒ (창28:18,22,31:13,35:14), (사19:19), (렘43:13), (겔26:11), (호3:4,10:1,2), (미5:13).

1652) 솨바르(שָׁבַר): 깨뜨려 부수다, 산산이 부수다. 같은 표현 ⇒ (창19:9), (왕상19:11, 22:48), (시8:15,14:5,25,21:9,24:10,27:11,28:13,30:14,38:13,42:3,45:2,61:1), (렘2:13,20, 5:5,8:21,14:17,17:18,19:10,11,22:20,23:9,28:2,4,10,11,12,13,30:8,43:13,48:4,17,25,38,49:35, 50:23,51:8,30,52:17), (단8:7,8,22,25,11:4,20), (호1:5,2:18), (암1:5), (욘1:4), (나1:13).

이르메야 44장

44:1 미쯔라임 땅(에레쯔)에 거주하는(야솨브) 그 모든 예후다인들 곧 믹돌과
타흐판헤스와 놉과 파트로스[1653]의 거주하는 자(야솨브)들에 대하여,
이르메야에게 임한(하야) 그 말(다바르), 말하기를(아마르),ס

44:2 "만군의 여호와 이스라엘의 하나님이 이와 같이 말하였으니(아마르),
'너희는 내(여호와)가 예루솰라임과 예후다 모든 성읍(이르)들에 이르
게 한(보) 모든 재앙(라)을 보았다(라아).
보라(헨)! 바로 그 날(욤)에, (그곳들은) 황폐(호르바)[1654]가 (되어),
아무도 그곳 안에 거주하는 자(야솨브)가 없다.

44:3 (그곳들은) 그들이, 너희와 너희 조상들이 잘 알지(야다) 못하는 다른
신들(엘로힘)에게 가서(알라크) 분향하고(사라프) 섬기며(아바드), 나(여호와)를
화나게 하기(카아쓰)[1655] 위해, 행한(아사) 자신들의 악(라) 때문이다.

44:4 그때 내(여호와)가 너희들에게 내 모든 종(에베드)들 그 예언자(나비)들을
보내고(솰라흐), 또 부지런히 보내면서(솰라흐) 말하기를(아마르),
〈바라건대(나)! 너희는 내(여호와)가 미워하는(사네)[1656] 바로 이 가증한
(토에바)[1657] 짓(다바르)을 행하지(아사) 말라.〉고 하였으나,

44:5 그들은 듣지(솨마) 않고, 또 자신들의 악(라)에서 돌이키기(슈브) 위해,
자신의 귀를 기울이지(나타) 않았으며, 또 다른 신들(엘로힘)에게 분향
하지(사라프) 않으려고도 (하지 않았다).

44:6 그런즉 내 진노(헤마)[1658]와 내 화(아프)가 쏟아져(나타크)[1659],

1653) 파트로스(פַּתְרוֹס): 상부 이집트를 가리킴. 같은 표현 ⇒ (사11:11), (렘44:1,15), (겔29:14,30:14).

1654) 호르바(חָרְבָּה): 황폐, 폐허. 여성명사. 같은 표현 ⇒ (레26:31,33), (사5:17,44:26,48:21, 49:19,51:3,52:9,58:12,61:4,64:11), (렘7:13,22:5,25:9,11,18,27:17,44:2,6,22,49:13), (말1:4).

1655) 카아쓰(כַּעַס): 성내다, 화내다, 분노하다. 같은 표현 ⇒ (신4:25,9:18), (왕상21:22,22:53), (사65:3), (렘7:18,19,8:19,11:17,25:6,7,32:29,30,32,44:3,8).

1656) 사네(שָׂנֵא): 미워하다. 같은 표현 ⇒ (창24:60,26:27,29:31,33,37:4), (사1:14,60:15,66:5), (렘12:8,44:4), (겔16:37,23:28,35:6).

1657) 토에바(תּוֹעֵבָה): 가증한 것, 가증한 짓. 여성명사. 같은 표현 ⇒ (창43:32,46:34), (출8:26), (사1:13,41:24,44:19), (렘2:7,6:15,7:10,8:12,16:18,32:35,44:4,22), (말2:11).

예후다 성읍(이르)들과 예루솰라임 거리(후쯔,복)를 바로 이 날(욤)처럼 불태우니(바아르)[1660],
그때 그곳들이 황무(호르바)와 황폐(쉐마마)[1661]가 되었다(하야).' "라고 하는 것이다.ס

44:7 또한 지금 만군의 여호와 이스라엘의 하나님(엘로힘)이 이와 같이 말하였으니(아마르),
"어찌하여 너희는 자신들의 영혼(네페쉬)에게 큰 악(라)을 행하여(아사) 예후다 중에 남자(이쉬)와 여자(이솨)와 어린아이(올렐)와 젖먹이(야나크)를 멸절시켜(카라트), 살아남은 자(쉐에리트)[1662]를 남기지(야타르)[1663] 않게 하려느냐?

44:8 또 (어찌하여) 너희가 우거하러(구르) 들어가는(보) 미쯔라임 땅(에레쯔)에서 다른 신들(엘로힘)에게 분향하는(사라프) 너희 손(야드)의 일(마아세)들로 나를 화나게 하여(카아쓰), 너희 자신들을 멸절시켜(카라트), 너희가 그 땅(에레쯔)의 모든 민족(고이)들 안에 저주거리(퀘랄라)[1664]와 비난거리(헤르파)[1665]가 되려하느냐(하야)?

1658) 헤마(חֵמָה): 열, 격노, 분노. ☞ 야함(יָחַם : 뜨겁다)의 여성명사. 같은 표현 ⇒ (창27:44), (사42:25,51:13,17,20,22,59:18,63:3,5,6,66:15), (렘4:4,6:11,7:20,10:25,18:20, 21:5,12,23:19,25:15,30:23,32:31,37,33:5,36:7,42:18,44:6), (나1:6).

1659) 나타크(נָתַךְ): 쏟아지다, 흘러나오다. 같은 표현 ⇒ (출9:33), (렘7:20,42:18,44:6), (겔22:20,21,22,24:11), (단9:11,27), (나1:6).

1660) 바아르(בָּעַר): 불타다, 소멸하다, 불타오르다. 같은 표현 ⇒ (출3:2,22:6), (왕상21:21), (사40:16,42:25), (렘4:4,7:18,20,10:8,14,21,20:9,21:12,36:22,44:6,51:17), (나2:13), (말4:1).

1661) 쉐마마(שְׁמָמָה): 황폐, 황무지. ☞ 솨멤(שָׁמֵם : 황폐하게 하다)의 여성명사. 같은 표현 ⇒ (출23:39), (사1:7,62:4,64:10), (렘4:27,6:8,9:11,10:22,12:10,11,25:12, 32:43,34:22,44:6,49:2,33,50:13,51:26,62), (욜2:3,20,3:19), (습2:9).

1662) 쉐에리트(שְׁאֵרִית): 살아남은 자, 남은 것, 후손. ☞ 솨아르 (שָׁאַר : 살아남다)의 여성명사. 같은 표현 ⇒ (창45:7), (렘6:9,8:3,11:23,15:9,23:3,24:8,25:20,31:7,39:3,40:11,15, 41:10,16,42:2,15,19,43:5,44:7,12,14,28,47:4,5,50:26), (슥8:6), (미2:12,4:7), (습2:9).

1663) 야타르(יָתַר): 남다, 남기다, 탁월하다, 넘치다, 두고 가다. 같은 표현 ⇒ (창30:36,32:24), (사1:8,9,4:3,7:22,30:17,39:6), (렘27:18,19,21,34:7,44:7), (슥13:8,14:16).

1664) 퀘랄라(קְלָלָה): 저주, 악담. ☞ 콸랄(קָלַל : 무시하다, 저주하다)의 여성명사. 같은 표현 ⇒ (창27:12,13), (신11:26,28,29,21:23,23:5,27:13,28:15,45,29:27,30:1,19) (렘24:9,25:18,26:6,29:22,42:18,44:8,12,22,49:13).

1665) 헤르파(חֶרְפָּה): 수치, 조롱, 치욕, 책망. 여성명사. 같은 표현 ⇒ (창30:23,34:14), (사4:1,25:8,30:5,47:3,51:7,54:4), (렘6:10,15:15,20:8,23:40,24:9,29:18,31:19,42:18, 44:8,12,49:13,51:51).

44:9 너희는 예후다 땅(에레쯔)과 예루솰라임 거리(후쯔, 복)에서 행한(아사)
너희 조상들의 악(라)들과 예후다 왕들의 악(라)들과 그의 아내들의
악(라)들과 너희의 악(라)들과 너희의 아내들의 악(라)들을 잊었느냐
(솨카흐)[1666]?

44:10 그들은 바로 이 날(욤)까지 겸손하여 뉘우치지(다카)[1667] 않았고, 경
외하지(야레) 않았으며, 내가 너희 앞에 또 너희 조상들 앞에 준(나탄)
내 토라와 규례(후콰)[1668]들 안에 살아가지(할라크) 않았다."라고 하는
것이다.ס

44:11 그러므로 만군의 여호와 이스라엘의 하나님(엘로힘)이 이와 같이 말
하였으니(아마르),
"보라(헨)! 내가 너희에 대적하여 내 얼굴을 재앙(라)으로 놓아(숨),
온 예후다를 멸절시킨다(카라트).

44:12 또한 내가 미쯔라임 땅(에레쯔)에 들어가서(보) 그곳에서 우거하려는
(구르) 자신들의 마음(파님 얼굴)을 정한(숨) 예후다의 살아남은 자(쉐에리트)
를 취하니(라콰흐),
그때 그들은 미쯔라임 온 땅(에레쯔)에서 완전히 소멸되되(타맘)[1669],
그 칼(헤레브)과 그 기근(라아브)으로 쓰러지고(나팔), 작은 자로부터
큰 자까지 그 칼(헤레브)과 그 기근(라아브)으로 완전히 소멸되어(타맘),
죽는다(무트).
그런즉 그들은 저주(알라)와 소름끼침(솨마)[1670]과 저주거리(퀘랄라)와
비난거리(헤르파)가 된다(하야).

1666) 솨카흐(שָׁכַח): 잊다, 모르다. 같은 표현 ⇒ (창27:45,40:23,41:30), (사17:10,23:15,16), (렘2:32,3:21,13:25,18:15,20:11,23:27,40,30:14,44:9,50:5,6), (겔22:12,23:35).

1667) 다카(דָּכָא): 눌러 부수다, 분쇄하다, 박멸하다.
같은 표현 ⇒ (사3:15,19:10,53:5,10), (렘44:10).

1668) 후콰(חֻקָּה): 규례, 규정된 것. ☞ 하콰크(חָקַק : 새기다, 긁다)의 여성명사.
같은 표현 ⇒ (창26:5) (출12:14,17,13:10), (렘5:24,10:3,31:35,33:25,44:10,23), (겔5:6,7,11:20,18:9,17,19,21,20:11,13,16,19,21,24,33:15,37:24,43:11,18,44:5,24,46:14).

1669) 타맘(תָּמַם): 완전히 끝마치다, 다 소비하다. 같은 표현 ⇒ (창47:15,18), (사16:4,18:5,33:1), (렘1:3,14:15,24:10,27:8,36:23,37:21,44:12,18,27), (단8:23).

1670) 솸마(שַׁמָּה): 황폐, 공포, 소름끼침. 같은 표현 ⇒ (신28:37), (사5:9,13:9,24:12), (렘2:15,4:7,5:30,8:21,18:16,19:8,25:9,11,18,38,29:18,42:18,44:12,22,46:19,48:9, 49:13,17,50:23,51:29,37,41,43), (욜1:7), (습2:15).

44:13 (다시 말해), 내(여호와)가 예루솰라임을 벌하여 보응한 것(파콰드)[1671]
처럼, 미쯔라임 땅(에레쯔)에 거주하는 자(야솨브)들을 그 칼(헤레브)과
그 기근(라아브)과 그 전염병(데베르)으로 벌하여 보응한다(파콰드).

44:14 미쯔라임 땅(에레쯔)에 우거하려(구르) 들어간(보) 예후다의 살아남은
자(쉐에리트) 중에는 피한자(팔리트)[1672]나 생존자(사리드)[1673]가 없다,
그런즉 그들이 자신들의 목숨(네페쉬)을 걸고 정녕 되돌아 가기(슈브)
를 원하는(나사) 예후다 땅(에레쯔)으로 돌아가지(슈브) 못한다,
왜냐하면 그들 외에는 아무도 되돌아 가지(슈브) 못하기 때문이다."
라고 하는 것이다.ס

44:15 그러자 자신들의 아내(이솨)들이 다른 신들(엘로힘)에게 분향하는 것(콰
타르)을 잘 아는(야다) 그 모든 사람들(에노쉬)과 큰 공동체(콰할)[1674]에
서 있는(아마드) 그 모든 여자(이솨)들과 미쯔라임의 땅 파트로스에
거주하는(야솨브) 그 모든 백성(암)이 이르메야에게 대답하여(아나) 말
하기를(아마르),

44:16 "당신이 여호와의 이름(쉠)으로 우리에게 말하는(다바르) 그 말(다바르),
곧 우리는 당신의 (말을) 결코 듣지(솨마) 않을 것입니다.

44:17 왜냐하면 우리는 자신의 입(페)에서 나오는(야짜) 그 모든 말(다바르)을
정녕 행하니(아사), 곧 예후다 성읍(이르)들과 예루솰라임 거리(후쯔,복)
에서 행한(아사) 대로, 우리와 우리의 조상들과 우리의 왕들과
우리의 고관(사르)들이 그 하늘의 여왕(멜레케트)에게 분향하고(콰타르)
술제물(네쎄크,복)[1675]들을 부을 것이기(나싸크)[1676] 때문입니다.

1671) 파콰드(פָּקַד): 방문하다, 계수하다, 임명하다, 보응하여 벌하다. 같은 표현 ⇒ (창21:1), (왕상20:15,26,27,39), (왕하3:6,5:24,7:17,9:34), (사13:4,62:6), (렘1:10,3:16,5:9,29,6:6,15,9:9,25,11:22,13:21,14:10,15:3,15,21:14,23:2,4,34,25:12,27:8,22,29:10,32,30:20,32:3,36:31,37:21,40:5,7,11,41:2,10,18,44:13,29,46:25,49:8,19,50:18,31,44,51:27,44,47,52), (호1:4,2:13), (습1:8,9,11,2:7).

1672) 팔리트(פָּלִיט): 도피자, 도망자, 구출자. ☞ 팔라트(פָּלַט : 도망하다, 탈출하다, 구원하다)에서 유래. 같은 표현 ⇒ (사45:20,66:19), (렘42:17,44:14,28).

1673) 사리드(שָׂרִיד): 살아남은 자, 생존자, 남은 자. 같은 표현 ⇒ (민21:35,24:19), (신2:34), (렘31:2,42:17,44:14,47:4), (욜2:32), (옵1:14,18).

1674) 콰할(קָהָל): 공동체, 모임, 집회. ☞ 콰할(קָהַל : 소집하다)의 명사. 같은 표현 ⇒ (창28:3,35:11,48:4,49:6), (렘26:17,31:8,44:15), (욜2:16), (미2:5).

1675) 네쎄크(נֶסֶךְ): 술제물, 주조된 상. ☞ 나싸크(נָסַךְ : 붓다, 주조하다)의 명사.

그때 우리는 양식(레헴)으로 배불렀고(사바), 복이 있었고(하야 토브),
재앙(라)을 보지 않았습니다.

44:18 그러나 우리가 그 하늘의 여왕(멜레케트)에게 분향하고(콰타르), 술제물(네쎄크,복) 붓은 것(나싸크)을 중지한(하달)1677) 이후로부터는,
우리는 모든 것이 부족하고(하쎄르)1678), 그 칼(헤레브)과 그 기근(라아브)으로 완전히 소멸됩니다(타맘).

44:19 우리가 그 하늘의 여왕(멜레케트)에게 분향하고(콰타르), 술제물(네쎄크,복)을 드릴(나싸크) 때,
우리는 우리 남편들(에노쉬)의 허락 없이, 케이크(카반)를 만들었으니(아사), 곧 그녀에게 경배하고(아짜브)1679), 또 그녀에게 술제물(네쎄크,복)을 붓기(나싸크) 위해서이었다."라고 하였다.פ

44:20 이르메야가 그 모든 백성(암) 곧 그 남자(게베르)들과 그 여자(이솨)들에게 말하였으니(아마르), 자신에게 그 응답하는(아나) 그 모든 백성(암)에게 한 마디 말(다바르)로 말하기를(아마르),

44:21 "당신들과 당신들의 조상들과 당신들의 왕들과 당신들의 고관(사르)들과 그 땅(에레쯔)의 백성(암)이 예후다 성읍(이르)들과 예루솰라임 거리(후쯔,복)에서 분향한(콰타르) 그 분향(퀴테르)을,
여호와가 기억하지(자카르) 아니하며, 자신의 마음(레브)에 떠올리지(알라) 아니하겠느냐?

44:22 여호와가 당신들의 행실(마아랄,복)1680)의 악함(라)으로 인해,

같은 표현 ⇒ (창35:14), (사41:29,48:5,57:6), (렘7:18,10:14,19:13,32:29, 44:17,18,19,25,51:17).

1676) 나싸크(נָסַךְ): 붓다, 주조하다. 같은 표현 ⇒ (창35:14), (출25:29,30:9), (사29:10,30:1,40:19,44:10), (렘7:18,19:13,32:29,44:17,18,19,25).

1677) 하달(חָדַל): 그만두다, 중지하다, 끝내다. 같은 표현 ⇒ (창11:8), (왕상22:6,15), (사1:16,2:22,24:8), (렘40:4,41:8,44:18,51:30), (겔2:5,7).

1678) 하쎄르(חָסֵר): 부족하다, 필요하다, 감소하다. 같은 표현 ⇒ (창8:3,5,18:28), (출16:18), (사32:6,51:14), (렘44:18), (겔4:17).

1679) 아짜브(עָצַב): 몹시 가슴 아파 하다, 몹시 슬퍼하다, 감정을 상하다, 마음을 드리다. 같은 표현 ⇒ (창6:6), (사54:6,63:10), (렘44:19).

1680) 마알랄(מַעֲלָל): 행위, 행실. ☞ 알랄(עָלַל): 호되게 다루다, 행동하다)에서 유래. 같은 표현 ⇒ (신28:20), (사1:16,3:8,10), (렘4:4,18,7:3,5,11:18,17:10,18:11,21:12,14, 23:2,22,25:5,26:3,13,32:19,35:15,44:22), (미2:7), (슥1:4,6).

곧 당신들이 행한(아사) 가증한 것(토에바)들로 인해,
더 이상 참을 수(야콜 나사)가 없어서,
당신들의 땅(에레쯔)을 황무(호르바)와 소름끼침(솸마)과 저주거리(퀘랄라)가 되게 하여(하야),
바로 이 날(욤)처럼 아무도 거주하는 자(야솨브)가 없다.

44:23 (다시 말해), 당신들이 분향한 것(콰타르)으로 인해,
당신들이 여호와께 죄 짓은 것(하타)[1681]으로 인해,
당신들이 여호와의 음성(콜)를 듣지(솨마) 않고,
그의 토라와 그의 규례(후콰)들과 그의 증거(에두트)들 안에서
살아가지(할라크) 않은 것으로 인해,
그러므로 바로 이 재앙(라)이 바로 이 날(욤)처럼 당신들에게
일어났다(콰라)."라고 하였다.ס

44:24 이르메야가 그 모든 백성(암)과 그 모든 여자에게 말하기를(아마르),
"미쯔라임 땅(에레쯔)에 있는 모든 예후다인들아,
너희는 여호와의 말(다바르)을 들어라(솨마)."고 하였다.ס

44:25 만군의 여호와 이스라엘의 하나님(엘로힘)이 이와 같이 말하였으니 (아마르), 말하기를(아마르),
"너희와 너희 여자(이솨)들이 자신들의 입(페)으로 말하고(다바르),
자신들의 손(야드)으로 이루며(말레), 말하기를(아마르)
'우리는 그 하늘의 여왕(멜레케트)에게 분향하고(콰타르),
술제물(네쎄크,복)을 부으며(나싸크),
서원한(나다르) 자신의 서원(네데르)[1682]을 정녕 행한다(아사).'라고 하니,
곧 너희는 자신의 서원(네데르)을 정녕 이르켜(쿰), 자신의 서원(네데르)을 정녕 행하라(아사).' "라고 하는 것이다.פ

44:26 그러므로 미쯔라임 땅(에레쯔)에 거주하는(야솨브) 그 모든 예후다인들아,
너희는 여호와의 말(다바르)을 들어라(솨마),
보라(헨)! 내(여호와)가 나의 그 큰 이름(솀)으로 맹세하여(솨바)
말하기를(아마르),

1681) 하타(חָטָא): 죄를 짓다, 빗나가다, 잘못하다. 같은 표현 ⇒ (창20:6), (사1:4,29:21, 42:24,43:27,64:5,65:20), (렘2:35,3:25,8:14,14:7,20,16:10,32:35,33:8,37:18,40:3,44:23,50:7).

1682) 네데르(נֶדֶר): 서원, 맹세, 서원제물. ☞ 나다르(נָדַר : 서원하다)의 명사.
같은 표현 ⇒ (창28:20,31:13), (렘44:25), (욘1:16), (나1:15).

"내 이름(쉠)이, 미쯔라임 온 땅(에레쯔)에 예후다 모든 사람(이쉬)의 입(페)에서, 더 이상 '나의 주 여호와가 사는 한(하이)'이라고 말하며(아마르), 불리지(콰라) 않는다.
여호와의 말(네움).

44:27 보라(헨)! 내가 그들의 복(토브)이 아니고, 재앙(라)을 지켜보니(솨콰드)[1683],
미쯔라임 땅(에레쯔)에 있는 예후다 모든 자(이쉬)는 그 칼(헤레브)과
그 기근(라아브)으로 완전히 소멸된다(타맘),
곧 그들이 완전히 끝날(칼라)[1684] 때까지이다.

44:28 칼(헤레브)을 피한 자(팔리트)들 곧 소수의 사람(마트)[1685]이 미쯔라임 땅(에레쯔)에서 예후다 땅(에레쯔)으로 돌아오니(슈브),
곧 미쯔라임 땅(에레쯔)에 들어가서(보) 그곳에 우거한(구르) 예후다의 살아남은 자(쉐에리트)는 나의 (말)과 그들의 (말) 중 누구의 말(다바르)이 이루어지는 지(쿰) 깨달아 안다(야다).

44:29 그런즉 이것이 너희의 표적(오트)[1686]이니, 곧 너희가 나의 말(다바르)이 너희 위에 재앙(라)으로 정녕 이루어 지는 것(쿰)을 깨달아 알도록(야다), 내가 바로 이 장소(마콤)에서 너희를 벌하여 보응할(파콰드) 때이다, 여호와의 말(네움)."이라고 하는 것이다.ס

44:30 여호와가 이와 같이 말하였으니(아마르),
"보라(헨)! 내(여호와)가 찌드키야 예후다 왕을 네부칸네짜르 바벨 왕 그의 목숨(네페쉬)을 찾는(바콰쉬)[1687] 그의 원수(오예브)의 손(야드)에 넘겨주는 것(나탄)처럼, 파르오 미쯔라임의 왕을 그의 목숨(네페쉬)을 찾는(바콰쉬) 그의 원수(오예브)들의 손(야드)에 넘겨준다(나탄)."라고 하는 것이다.

1683) 솨콰드(שָׁקַד): 지켜보다, 감시하다, 깨어있다.
같은 표현 ⇒ (사29:20), (렘1:12,5:6,31:28,44:27), (단9:14).

1684) 칼라(כָּלָה): 완성하다, 끝마치다, 끝나다. 같은 표현 ⇒ (창2:1,17:22), (왕상17:14), (사1:28,10:18), (렘5:3,8:20,9:16,10:25,14:6,12,16:4,20:18,26:8,43:1,44:27,49:37,51:63).

1685) 마트(מַת): 남자, 사람, 소수의 사람. 같은 표현 ⇒ (사3:25,5:13,41:14), (렘44:28).

1686) 오트(אוֹת): 표적. ☞ 아바(אָוָה : 표시하다)의 명사. 같은 표현 ⇒ (창1:14,4:15), (사7:11,14,8:18,19:20,20:3,37:30,38:7,22,44:25,55:13,66:19), (렘10:2,32:20,21,44:29).

1687) 바콰쉬(בָּקַשׁ): 찾다, 요구하다, 묻다. 같은 표현 ⇒ (창31:39), (사40:20,41:12,17, 45:19,51:1,65:1), (렘2:24,33,4:30,5:1,11:21,19:7,9,21:7,22:25,26:21,29:13,34:20,21,38:16, 44:30,45:5,46:26,49:37,50:4,20), (단1:8,20,8:15,9:3), (호2:7).

이르메야 45장

45:1 예호야킴 요쉬아 예후다 왕의 아들(벤) 제 사 년(주전 605년)에,
이르메야 그 예언자(나비)가 바룩 네리야의 아들(벤)에게 말한(다바르)
그 말(다바르).
곧 그(바룩)가 이르메야의 입(페)에서 바로 이 말(다바르)을 책(쎄페르)에
기록할(카타브) 때, 말하기를(아마르),

45:2 바룩아,
여호와 이스라엘의 하나님(엘로힘)이 너에게 이와 같이 말하였으니
(아마르),

45:3 네(바룩)가 말하기를(아마르),
"자, 화로다(호이) 나(바룩)에게,
왜냐하면 여호와가 내 고통(마크오프)[1688] 위에 큰 슬픔(야곤)[1689]을
더하니(야싸프), 곧 나(바룩)는 내 신음(아나하)[1690]으로 인해 피곤하여
지쳤는데도(야가)[1691], 쉴 곳(메누하)을 찾아내지(마짜) 못하기 때문이다."
라고 하였다.ס

45:4 네(바룩)가 그(여호와)에게 이와 같이 말할(아마르) 때,
여호와도 이와 같이 말하였으니(아마르),
"보라(힌네)! 나(여호와)는 내가 지은 것(바나)을 헐기도 하고(하라쓰)[1692],
내가 심은 것(나타)을 뽑기도 한다(나타쉬)[1693],

1688) 마크오브(מַכְאֹב): 고통(슬픔, 비통, 근심). ☞ 카아브(כָּאַב : 아프다)의 명사.
같은 표현 ⇒ (출3:7), (사53:3,4), (렘30:15,45:3,51:8).
1689) 야곤(יָגוֹן): 큰 슬픔, 비탄, 괴로움. 같은 표현 ⇒ (창42:38,44:31),
(사51:11), (렘8:18,20:18,31:13,45:3).
1690) 아나하(אֲנָחָה): 신음, 한탄, 탄식. ☞ 아나흐(אָנַח : 신음하다)에서 유래.
같은 표현 ⇒ (사21:2,35:10,51:11), (렘45:3).
1691) 야가(יָגַע): 피곤하여 지치다, 기력이 다하다, 싫증나게 하다, 수고하다.
같은 표현 ⇒ (사40:28,30,31,43:22,23,24,47:12,15,49:4,57:10,62:8,65:23),
(렘45:3,51:58), (합2:13), (말2:17).
1692) 하라쓰(הָרַס): 넘어뜨리다, 헐다, 파괴하다. 같은 표현 ⇒ (출15:7,19:21,24,23:24),
(사49:17), (렘1:10,24:6,31:28,40,42:10,45:4,50:15).
1693) 나타쉬(נָתַשׁ): 잡아 뽑다, 근절하다, 멸망시키다. 같은 표현 ⇒ (신29:28),

또한 (나는) 바로 이 온 땅(에레쯔)이라도 (뽑는다).

45:5 네가 자신을 위해 큰 일(가돌)들을 찾고 있느냐(바콰쉬)[1694]?
그러나 너는 찾지(바콰쉬) 말라.
왜냐하면 보라(힌네)! 내(여호와)가 모든 육신(바사르) 위에 재앙(라)을 가져오기(보) 때문이다.
여호와의 말(네움).
(다시 말해), 나(여호와)는 네가 살아가는(할라크) 그 모든 곳(마콤)에서 네 목숨(네페쉬)을 전리품(솰랄)[1695]으로 넘겨준다(나탄).”라고 하는 것이다.ㅇ

(렘1:10,12:14,15,17,18:7,14,24:6,31:28,40,42:10,45:4,), (단11:4).

1694) 바콰쉬(בָּקַשׁ): 찾다, 요구하다, 묻다. 같은 표현 ⇒ (창31:39), (사40:20,41:12,17,45:19,51:1,65:1), (렘2:24,33,4:30,5:1,11:21,19:7,9,21:7,22:25,26:21,29:13,34:20,21,38:16,44:30,45:5,46:26,49:37,50:4,20), (단1:8,20,8:15,9:3), (호2:7).

1695) 솰랄(שָׁלָל): 노략물, 약탈품. 같은 표현 ⇒ (창49:27), (삼하12:30), (왕하3:23), (사8:4,9:3,10:2,6,33:4,23,53:12), (렘21:9,38:2,39:18,45:5,49:32,50:10), (겔38:12,13), (슥2:9).

이르메야 46장

46:1 여호와의 말(다바르)이 민족(고이)들에 관해 이르메야에게 임한(하야) (그 말),

46:2 예호야킴 요쉬야 예후다 왕의 아들(벤) 제 사 년(주전 605년)에,
페라트[1696] 강가에, 네부칸네짜르 바벨 왕이 친(나카)
카르케미쉬에 있은(하야) 미쯔라임에 관하여,
곧 파르오 느고 미쯔라임 왕의 군대(하일)에 관해서이다.

46:3 (여호와가 이와 같이 말하기를),
"너희는 작은 방패와 큰 방패를 정열하고(아라크)[1697],
그 전쟁을 위해 나가라(나가쉬)[1698].

46:4 기병들(파라쉬)아,
너희는 그 말(쑤쓰)에 마구를 채우고(아싸르)[1699], 올라타라(알라),
또 투구(코바)를 쓰고, 자리에 서라(야짜브)[1700].
창을 문질러 광을 내고(마라크) 그 갑옷(씨르욘)을 입어라(라비쉬).

46:5 내가 본 즉(라아),
어찌하여 그들은 깜짝 놀라(하트) 뒤로 후퇴하고(쑤그)[1701],
그들의 용사(기보르)들이 격퇴되어(카타트)[1702], 급히(마노쓰) 도망하느냐.

1696) 페라트(פְּרָת): 유브라테, 큰 강. 같은 표현 ⇒ (창2:14,15:18), (신1:7,11:24), (렘46:2,6,10,51:63).

1697) 아라크(עָרַךְ): 정돈하다, 질서 있게 놓다, 배열하다, 값을 정하다.
같은 표현 ⇒ (창14:8,22:9), (출27:21,40:4), (레1:7,8,6:12,24:3), (민23:4), (사21:5,30:33,40:18,44:7,65:11), (렘6:23,46:3,50:9,14,42).

1698) 나가쉬(נָגַשׁ): 가까이 끌어당기다, 접근하다, 제물을 드리다. 같은 표현 ⇒ (사41:1,22,45:20,21,49:20,50:8,65:5), (렘30:21,42:1,46:3), (말1:7,8,11,2:12,3:3).

1699) 아싸르(אָסַר): 매다, 결박하다, 맹세나 서약으로 속박하다. ☞ 에싸르(אֱסָר : 서약)의 동사. 같은 표현 ⇒ (창39:20), (사22:3,49:9,61:1), (렘39:7,40:1,46:4,52:11).

1700) 야짜브(יָצַב): 서다, 위치를 잡다, 에 나타나다(출두).
같은 표현 ⇒ (출2:4,8:20,9:13,14:13,19:17,34:5), (삼상3:10), (렘46:4,14), (합2:1).

1701) 쑤그(סוּג): 되돌아가다, 물러가다.
같은 표현 ⇒ (사42:17,50:5), (렘38:22,46:5), (습1:6).

1702) 카타트(כָּתַת): 치다, 부수다, 분쇄하다. 같은 표현 ⇒ (레22:24), (민14:45), (신1:44,9:21), (사2:4,24:12,30:14), (렘46:4), (욜3:10), (미1:7).

(누쓰)[1703]?
그때 그들은 공포(마고르)[1704]로 주위를 돌아보지도(파나) 못한다.
여호와의 말(네움).

46:6 그 빠른 자(콸)도 도망하지(누쓰) 못하며,
그 용사(기보르)도 달아나지(말라트)[1705] 못한다.
북쪽, <u>페라트</u> 강 옆에서 그들이 넘어지며(카솰)[1706] 쓰러졌다(나팔).

46:7 그 예오르 강이 올라오는 것(알라) 같은,
그 강(나하르)이 물로 범람하는 것(가아쉬)[1707] 같은
이자는 누구냐?

46:8 (다시 말해), 미쯔라임은 그 예오르 강이 올라오는 것(알라) 같고,
그 강(나하르)이 물로 범람하는 것(가아쉬) 같으니,
그때 그(여호와)가 말하기를(아마르),
'내(여호와)가 올라가서(알라) 땅(에레쯔)을 덮는다(카싸)[1708].
내가 성읍(이르)과 그곳의 거주민(야솨브)들을 멸망케 한다(아바드)[1709].

46:9 그 말(쑤쓰)들아,
너희는 올라가라(알라),
그 병거(레베브)들아,
너희는 <u>미친 듯이 달려라</u>(할랄)[1710].

1703) 누쓰(נוס): 급히 도망가다, 달아나다. 같은 표현 ⇒ (창14:10), (사10:3,29,13:14), (렘46:5,6,48:6,19,45,49:8,24,30,50:16,28,51:6), (암2:16), (나2:8), (슥2:6,14:5).
1704) 마고르(מָגוֹר): 두려움, 공포. 같은 표현 ⇒ (사31:9), (렘6:25,20:4,10,46:5,49:29).
1705) 말라트(מָלַט): 도망가다, 피하다, 구출하다. 같은 표현 ⇒ (창19:17), (왕상18:40, 19:17,20:20), (사20:6,31:5,34:15,37:38,46:2,4,49:24,25,66:7), (렘32:3,34:3,38:18,23,39:18, 41:15,46:6,48:6,8,19,51:6,45), (단11:41,12:1), (욜2:32), (암2:14,15), (슥2:7).
1706) 카솰(כָּשַׁל): 비틀 거리다, 걸려 넘어지다. 같은 표현 ⇒ (사3:8,5:27,8:15,40:30,59:10), (렘6:15,21,8:12,18:15,23,20:11,31:9,46:6,12,16,50:32), (단11:14,19,33), (나2:5), (말2:8).
1707) 가아쉬(גָּעַשׁ): 진동하다, 흔들리다, 떨다. 같은 표현 ⇒ (렘5:22,25:16,46:7,8).
1708) 카싸(כָּסָה): 숨기다, 감추다, 덮다. 같은 표현 ⇒ (창7:19,20), (사6:2,11:9,26:21,29:10,37:1,2,51:16,58:7,59:6,60:2,6), (렘3:25,46:8,51:42,51).
1709) 아바드(אָבַד): 멸망시키다, 사라지게 하다, 길을 잃다. 같은 표현 ⇒ (출10:7), (레23:30,26:38), (사26:14,27:13,29:14,37:19,41:11,57:1,60:12), (렘1:10,4:9,6:21,7:28, 9:12,10:15,12:17,15:7,18:7,18,23:1,25:10,35,27:10,15,31:28,40:15,46:8,48:8,36,46,49:7,38, 50:6,51:18,55), (욜1:11), (암2:14,3:15), (옵1:8,12), (욘1:6,14), (습2:5,13).
1710) 할랄(הָלַל): 밝게 비추다, 자랑하다, 찬양하다, 미치다. 같은 표현 ⇒ (창12:15),

그 용사(기보르)들아,
너희는 나오라(야짜),
또 방패를 잡은(타파스)[1711] 쿠쉬와 풑 사람들아,
활을 당기는(다라크)[1712] 루딤 사람들아,
(너희는 나오라),

46:10 바로 그 날(욤)은 나의 주 만군의 여호와의 (날)이요,
보복(네콰마)[1713]의 날(욤) 곧 그의 적(짜르)들을 보복하는(나콤)[1714] (날)
이다.
(다시 말해), 칼(헤레브)이 삼켜(아칼), 배부르고(사바), 그들의 피로 흠뻑
젖는다(라바),
왜냐하면 나의 주 만군의 여호와의 희생제물(제바흐)이 페라트 강가
북녘의 땅(에레쯔)에 있기 때문이다.

46:11 처녀(베툴라) 미쯔라임의 딸아,
너는 길르앋으로 올라가(알라) 유향을 취하라(라콰흐),
내(여호와)가 그 헛됨(솨브)[1715]으로 만드니(라바, 증가시키다),
네가 약(레프아)[1716]을 써도(라바, 증가시키다),
너에게 결코 치료(테알라)가 (되지) 않는다.

46:12 민족(고이)들이 네 수치(콸론)[1717]를 듣고(솨마),

(왕상20:11), (사13:10,38:18,41:16,44:25,45:25,62:9,64:11), (렘4:2,9:23,24,20:13,25:16,31:7,46:9,49:4,50:38,51:7), (욜2:26), (나2:4).

1711) 타파스(תָּפַשׂ): 붙잡다. 사로잡다. 같은 표현 ⇒ (창4:21,39:12), (왕상18:40,20:18), (왕하7:12), (사3:6,36:1), (렘2:8,26:8,34:3,37:13,14,38:23,40:10,46:9,50:16,24,46,51:32,41,52:9), (암2:15), (합2:19).

1712) 다라크(דָּרַךְ): 밟다, 행진하다, 나아가다. 같은 표현 ⇒ (민24:17), (사5:28,11:15,16:10,21:15,42:16,48:17,59:8,63:2,3), (렘9:3,25:30,46:9,48:33,50:14,29,51:3,33).

1713) 네콰마(נְקָמָה): 복수, 앙갚음. ☞ 나콤(נָקַם : 복수하다, 앙갚음하다)의 여성명사.
같은 표현 ⇒ (민31:2,3), (렘11:20,20:10,12,46:10,50:28,51:6,11,36).

1714) 나콤(נָקַם): 복수하다, 앙갚음 하다. 같은 표현 ⇒ (창4:15), (출21:20), (사1:24), (렘5:9,29,9:9,15:15,46:10,50:15,51:36), (나1:2).

1715) 솨브(שָׁוְא): 텅빔, 공허, 헛됨, 허무, 거짓. 같은 표현 ⇒ (출20:7), (신5:11), (사1:13,5:18,30:28,59:4), (렘2:30,4:30,6:29,18:15,46:11), (욘2:8), (말3:14).

1716) 레프아(רְפֻאָה): 약. ☞ 라파(רָפָא : 치료하다)에서 유래.
같은 표현 ⇒ (렘30:13,46:11), (겔30:21).

1717) 콸론(קָלוֹן): 부끄러움, 수치. 같은 표현 ⇒ (사22:18), (렘13:26,46:12), (합2:16).

네 울부짖음(쩨바하)이 그 땅(에레쯔)을 가득 채운다,
왜냐하면 용사(기보르)가 용사(기보르)에게 걸려 넘어져(카샬)
그들 둘이 함께 쓰러지기(나팔) 때문이다.' "라고 하는 것이다.פ

46:13 네부칸네짜르 바벨 왕이 미쯔라임의 땅(에레쯔)을 치러(나카) 올 것(보)
에 대해, 여호와가 이르메야 그 예언자(나비)에게 말한(다바르) 그 말
(다바르), (말하기를),

46:14 "너희는 미쯔라임에 전하고(나가드)[1718], 믹돌에 듣게 하라(솨마),
너희는 높과 타흐판헤스에 듣게 하라,(솨마)
너희는 말하라(아마르),
'너희는 서 있어(야짜브), 준비하라(쿤),
왜냐하면 칼(헤레브)이 네 주위를 삼키기(아칼) 때문이다.'라고 하라.

45:15 어찌하여 너의 힘센 자(아비르)[1719]들이 쓸어졌느냐(싸하프)?
어찌하여 그들이 서지(아마드) 못하느냐?
왜냐하면 여호와가 쫓아내기(하다프)[1720] 때문이다.

46:16 그(여호와)가 넘어지게 하는 자(카샬)들을 많게 하니(라바),
그때 각자(이쉬)가 자신의 이웃에게 쓰러지며(나팔) 말하기를(아마르),
'우리는 일어나(쿰), 우리의 백성(암)에게로 즉 그 압제자(야나)[1721]의
칼(헤레브)로 인하여 우리의 고향 땅(에레쯔)으로 돌아가자(슈브).'라고
하며,

46:17 그들이 그곳에서 부르기를(콰라),
'파르오 미쯔라임의 왕은 소란한 자(솨온)[1722]이고,
또 그는 그 정해진 때(메오드)를 망쳤다(아바르).'라고 하였다.

1718) 나가드(נָגַד): 자세히 알려주다, 폭로하다, 선언하다. 같은 표현 ⇒ (창3:11,32:29), (출13:8), (신4:13,17:9), (사3:9,7:2,19:12,21:2,6,10), (렘4:5,15,5:20,9:12,16:10,20:10, 31:10,33:3,36:13,16,17,20,38:15,25,27,42:3,4,20,21,46:14,48:20,50:2,28,51:31).

1719) 아비르(אַבִּיר): 강한, 용감한, 황소. 같은 표현 ⇒ (사10:13,34:7,46:12), (렘8:16,46:15,47:3,50:11).

1720) 하다프(הָדַף): 밀치다, 쫓아내다, 몰아내다. 같은 표현 ⇒ (민35:20,22), (신6:18,19,9:4), (사22:19), (렘46:15).

1721) 야나(יָנָה): 억울하게 하다, 학대하다, 억압하다. 같은 표현 ⇒ (출22:21), (레19:33,25:14,17), (신23:16), (사49:26), (렘22:3,25:38,46:16,50:16), (습3:1).

1722) 솨온(שָׁאוֹן): 요란한 소리, 소음. 같은 표현 ⇒ (사5:14,13:4,17:12,13,24:8,25:5,66:6), (렘25:31,46:17,48:45,51:55), (암2:2).

46:18 내가 사는 한(하이),
그 왕 만군의 여호와 그의 이름의 말(네움),
왜냐하면 그가 그 산지 중 타보르 같이, 그 바다 곁 카르멜 같이,
오기(보) 때문이다,

46:19 딸(바트) 미쯔라임의 거주민(야솨브)아,
너는 자신을 위해 포로(콜라)의 용기(켈리)들을 준비하라(아사),
왜냐하면 높이 황폐(솸마)[1723]가 되고(하야), 불에 타서(야짜트)[1724]
거주하는 자(야솨브)가 없기 때문이다.ㅁ

46:20 미쯔라임은 예쁘디 예쁜 암송아지(에글라)이지만,
북쪽으로부터 멸망(퀘레쯔)이 이르고(보) 이른다(보).

46:21 심지어 그곳 중에 있는 그곳의 용병(사키르, 고용된 자)들도 외양간의
송아지(에겔)들과 같으니,
왜냐하면 심지어 그들도 돌이켜(파나) 함께 도망하고(누쓰) 버티지(아마드) 못하기 때문이다,
왜냐하면 그들의 환난(에드)[1725]의 날(욤) 곧 그들의 벌 받을(페쿠다)[1726]
때(에트)가 그들에게 이르렀기(보) 때문이다.

46:22 그곳의 소리(콜)가 그 뱀(나하쉬)이 기는 것(알라크)과 같으니,
왜냐하면 그들이 군대(하일)로 오기(알라크) 때문이다,
즉 그들은 나무를 베는 자(하타브)들처럼 도끼들을 들고 그곳에
대항하여 이른다(보).

46:23 그들이 그곳의 숲(야아르)을 베어내니(카라트),
여호와의 말(네움),

1723) 솸마(שַׁמָּה): 황폐, 공포, 소름끼침. 같은 표현 ⇒ (신28:37), (사5:9,13:9,24:12), (렘2:15,4:7,5:30,8:21,18:16,19:8,25:9,11,18,38,29:18,42:18,44:12,22,46:19,48:9, 49:13,17,50:23,51:29,37,41,43), (욜1:7), (습2:15).
1724) 야짜트(יָצַת): 불을 붙이다, 태우다. 같은 표현 ⇒ (사9:18,27:4,33:12), (렘2:15, 9:10,12,11:16,17:27,21:14,32:29,43:12,46:19,49:2,27,50:32,51:30,58), (암1:14).
1725) 에드(אֵיד): 재난, 재앙, 특히 국가적 재난.
같은 표현 ⇒ (신32:35), (렘18:17,46:21,48:16,49:8,32), (옵1:13).
1726) 페쿠다(פְּקֻדָּה): 방문, 감독, 징벌, 형벌, 소집. ☞ 파콰드(פָּקַד : 방문하다)의 여성명사. 같은 표현 ⇒ (민3:32,36,4:16,16:29), (사10:3,15:7,60:17), (렘8:12,10:15,11:23,23:12,46:21,48:44,50:27,51:18,52:11).

왜냐하면 그곳(숲)은 탐지하지(하콰르)1727) 못하기 때문이다.
왜냐하면 그들은 메뚜기(아르베)1728)보다 많아, 수를 헤아리는 것(미쓰파르)이 불가능하기 때문이다.

46:24 (다시 말해), 딸(바트) 미쯔라임은 부끄러움을 당하고(부쉬)1729), 그곳은 북쪽 백성(암)의 손(야드)에 넘겨진다(나탄).”라고 하는 것이다.

46:25 만군의 여호와 이스라엘의 하나님(엘로힘)이 말하기를(아마르), “보라(헨)! 내가 노1730)의 아몬과 파르오와 미쯔라임과 그곳의 신들(엘로힘)과 그곳의 왕들 곧 파르오와 그를 의지하는 자(바타흐)1731)들을 벌하여 보응한다(파콰드)1732).

46:26 내가 그들을 그들의 목숨(네페쉬)을 찾는 자(바콰쉬)1733)들의 손(야드), 곧 네부칸네짜르 바벨 왕의 손(야드)과 그의 신하들의 손(야드)에 넘겨준다(나탄).
그런 후, 그곳(미쯔라임)은 그 이전(퀘뎀)의 날(욤)처럼 그와 같이 정착한다(솨칸). 여호와의 말(네움).ס

46:27 나의 종(에베드) 야아콥아,

1727) 하콰르(חָקַר): 찾다, 조사하다, 시험하다.
같은 표현 ⇒ (신13:14), (렘17:10,31:37,46:23).

1728) 아르베(אַרְבֶּה): 메뚜기 일종. 같은 표현 ⇒ (출10:4,12,13,14,19), (레11:22), (신28:38), (렘46:23), (욜1:4).

1729) 부쉬(בּוּשׁ): 부끄러워하다, 수치를 당하다. 같은 표현 ⇒ (창2:25), (사1:29,41:11,42:17,44:9,11,45:16,17,24,49:23,50:7,54:4,65:13), (렘2:36,6:15,8:9,12,9:19,10:14,12:13,14:3,4,15:9,17:13,18,20:11,22:22,31:19,46:24,48:1,13,20,39,49:23,50:2,12,51:17,47,51).

1730) 노(נֹא): 이집트의 도시, 암몬신의 성읍, 헬라어로 테베.
같은 표현 ⇒ (렘26:5), (겔30:14,15,16), (나3:8).

1731) 바타흐(בָּטַח): 신뢰하다, 의지하다, 안전하다. 같은 표현 ⇒ (사12:2,26:3,4,30:12,31:1,32:10,11,36:4,5,6,7,9,15,37:10,42:17,47:10,50:10,59:4), (렘5:17,7:4,8,14,9:4,12:5,13:25,17:5,7,28:15,29:31,39:18,46:25,48:7,49:4,11), (합2:18).

1732) 파콰드(פָּקַד): 방문하다, 계수하다, 임명하다, 보응하여 벌하다. 같은 표현 ⇒ (창21:1), (왕상20:15,26,27,39), (왕하3:6,5:24,7:17,9:34), (사13:4,62:6), (렘1:10,3:16,5:9,29,6:6,15,9:9,25,11:22,13:21,14:10,15:3,15,21:14,23:2,4,34,25:12,27:8,22,29:10,32,30:20,32:3,36:31,37:21,40:5,7,11,41:2,10,18,44:13,29,46:25,49:8,19,50:18,31,44,51:27,44,47,52), (호1:4,2:13), (습1:8,9,11,2:7).

1733) 바콰쉬(בָּקַשׁ): 찾다, 요구하다, 묻다. 같은 표현 ⇒ (창31:39), (사40:20,41:12,17,45:19,51:1,65:1), (렘2:24,33,4:30,5:1,11:21,19:7,9,21:7,22:25,26:21,29:13,34:20,21,38:16,44:30,45:5,46:26,49:37,50:4,20), (단1:8,20,8:15,9:3), (호2:7).

너는 두려워하지(야레) 말라.
이스라엘아,
너는 낙심하지(하타트)[1734] 말라.
왜냐하면 보라(헨)! 내가 먼 곳에서 너를 구원하고(야솨)[1735],
포로(쉐비)의 땅(에레쯔)에서 네 자손(제라, 씨)을 (구원하니),
그때 야아콥은 돌아와(슈브) 평온하고(솨콰트)[1736] 평안하니(솨아난)[1737],
두렵게 하는 자(하라드)[1738]가 없기 때문이다.ס

46:28 나의 종(에베드) 야아콥아,
너는 두려워하지(야레) 말라,
여호와의 말(네움),
왜냐하면 내가 너와 함께 (있기) 때문이다,
내가 너를 쫓아낸(나다흐)[1739] 그 모든 민족(고이)들을 끝장낼지라도 (아사 칼라[1740]), 너만은 끝장내지(아사 칼라)는 않는다,
그러나 나는 너를 그 법도(미쉬파트)[1741]로 징계하니(야싸르)[1742],

1734) 하타트(חָתַת): 깜짝 놀라다, 당황하다, 낙심하다, 두려워하다. 같은 표현 ⇒ (신1:21,31:8), (사7:8,8:9,9:4,20:5,30:31,31:4,9,37:27,51:6,7), (렘1:17,8:9,10:2,14:4,17:18,23:4,30:10,46:27,48:1,20,39,50:2,36,51:56), (겔2:6,3:9), (합2:17).

1735) 야솨(יָשַׁע): 구원하다, 구출하다. 같은 표현 ⇒ (출2:17,14:30), (사19:20,25:9), (렘2:27,28,4:14,8:20,11:12,14:8,9,15:20,17:14,23:6,30:7,10,11,31:7,33:16,42:11,46:27).

1736) 솨콰트(שָׁקַט): 평온하다, 조용하다. 같은 표현 ⇒ (사7:4,14:7,18:4,30:15,32:17,57:20,62:1), (렘30:10,46:27,47:6,7,48:11,49:23), (슥1:11).

1737) 솨아난(שַׁאֲנָן): 평안한, 평온한, 안일한. ☞ 솨안(שָׁאַן : 마음을 놓다, 평안하다)에서 유래. 같은 표현 ⇒ (사32:9,11,18,33:20,37:29), (렘46:27), (슥1:15).

1738) 하라드(חָרֵד): 떨다, 진동하다, 두려워하다. 같은 표현 ⇒ (창27:33), (출19:16), (사10:29,17:2,19:16), (렘7:33,30:10,46:27), (암3:6), (나2:11), (습3:13), (슥1:21).

1739) 나다흐(נָדַח): 몰아내다, 내어 쫓다, 몰리게 되다, 미혹되다. 같은 표현 ⇒ (신4:19), (사8:22,13:14,16:3,4,27:13), (렘8:3,16:15,23:2,3,8,24:9,27:10,15,29:14,18,30:17,32:37,40:12,43:5,46:28,49:5,36,50:17), (겔4:13), (단9:7), (욜2:20), (습3:19).

1740) 칼라(כָּלָה): 완전한 종결, 완전한 멸망. 같은 표현 ⇒ (사28:22), (렘4:27,5:10,18,30:11,46:28), (겔11:13), (단9:27,11:16), (나1:8,9), (습1:18).

1741) 미쉬파트(מִשְׁפָּט): 공의, 법도, 재판, 심판. ☞ 솨파트(שָׁפַט : 재판하다)의 명사. 같은 표현 ⇒ (창18:19), (사40:14,27,41:1,42:1,3,4,49:4,50:8,51:4,53:8,54:17,56:1,58:2,59:8,9,61:8), (렘1:16,4:2,12,5:1,4,5,28,7:5,8:7,9:24,10:24,12:1,17:11,21:12,22:3,13,15,23:5,26:11,16,30:11,18,32:7,8,33:15,39:5,46:28,48:21,47,51:9,52:9).

1742) 야싸르(יָסַר): 훈계,징계 하다, 교훈 하다, 징벌하다. 같은 표현 ⇒ (레26:18,23), (신4:36,8:5,21:18,22:18), (사8:11,28:26), (렘2:19,6:8,10:24,30:11,31:18,46:28).

정녕 그냥 죄 없다(나콰)[1743]고 하지는 않는다."라고 하는 것이다.ס

1743) 나콰(נָקָה): 비우다, 깨끗하다, 무죄하다. 같은 표현 ⇒ (창24:8,41), (출20:7,21:19,34:7), (사3:26), (렘2:35,25:29,30:11,46:28,49:12), (욜3:21), (나1:3).

이르메야 47장

47:1 파르오가 아자를 치기(나카) 전에,
플레쉩에 관하여 여호와의 말(다바르)이 이르메야 그 예언자(나비)에게
임한(하야) (그 말),ס

47:2 여호와가 이와 같이 말하였으니(아마르),
“보라(한네)! 물이 북쪽으로부터 올라오니(알라),
그것(물)들이 넘쳐흐르는(쇠타프)[1744] 강(나할)이 되어(하야),
땅(에레쯔)과 그곳의 충만과 성읍(이르)과 그곳의 거주자(야솨브)들에
넘쳐흐르니(쇠타프),
그때 그 사람(아담)이 부르짖으며(자아크)[1745],
그 땅(에레쯔)의 모든 거주자(야솨브)들도 통곡한다(얄랄)[1746].

47:3 그의 힘센 말(아비르)[1747]들의 말발굽 소리(콜)와
그의 병거의 진동소리(라아쉬)[1748]와
그의 수레바퀴의 소리(하몬)로 인하여,
아버지들은 자신들의 손(야드)이 풀림(리프욘)으로 자녀(벤)들을 돌아보
지(파나) 못하니,

47:4 곧 모든 플레쉩 사람들을 파괴하며(솨다드)[1749], 쪼르와 찌돈에 남은
자(사리드)[1750] 모두 곧 도울 자(아자르)를 끊어버릴(카라트) 그 다가오는(보)

1744) 쇠타프(שָׁטַף): 씻어 깨끗케 하다, 물이 넘쳐흐르다. 같은 표현 ⇒ (레6:28, 15:11,12), (사8:8,10:22,28:15,17,18,30:28,43:2,66:12), (렘8:6,47:2), (단11:10,22,26,40).

1745) 자아크(זָעַק): 부르짖다, 외치다, 부르다. 같은 표현 ⇒ (출2:23), (사14:31,15:4,5), (렘11:11,12,20:8,25:34,30:15,47:2,48:20,31), (욜1:14), (욘1:5,3:7), (합1:2,2:11).

1746) 얄랄(יָלַל): 울부짖다, 통곡하다. 같은 표현 ⇒ (사13:6,14:31,15:2,3,16:7,23:1,6,14, 52:5,65:14), (렘4:8,25:34,47:2,48:20,31,39,49:3,51:8), (욜1:5,11,13), (미1:8), (습1:11).

1747) 아비르(אַבִּיר): 강한, 용감한, 황소. 같은 표현 ⇒ (사10:13,34:7,46:12), (렘8:16,46:15,47:3,50:11).

1748) 라아쉬(רַעַשׁ): 진동, 흔들림, 지진, 떨림. 같은 표현 ⇒ (사9:5,29:6), (렘10:22,47:3), (겔3:12,13), (암1:1), (슥14:5).

1749) 솨다드(שָׁדַד): 난폭하게 다루다, 파괴하다, 황폐케 하다. 같은 표현 ⇒ (사15:1,16:4,21:2,23:1,14,33:1), (렘4:13,20,30,5:6,6:26,9:19,10:20,12:12,15:8,25:36,47:4, 48:1,8,15,18,20,32,49:3,10,28,51:48,53,55,56), (욜1:10), (옵1:5), (미2:4).

날(욤)로 인해서이다,
왜냐하면 여호와가 플레셑 사람들 곧 칼토르 섬의 살아남은 자(쉐에리트)[1751])를 파괴하기(솨다드) 때문이다.

47:5 머리 벗기짐(코르하)[1752])이 아자에 이르고(보),
아쉬켈론이 멸망하니(다마)[1753]),
그들의 골짜기(에메크)의 살아남은 자(쉐에리트)여,
어느 때까지 네가 자신의 몸을 베려하느냐(가다드)[1754])?ס

47:6 화로다(호이), 여호와의 칼(헤레브)이여,
어느 때까지 당신은 쉬지(솨콰트)[1755]) 않으렵니까?
당신은 자신의 칼집에 들어가서(아싸프), 쉬며(라가)[1756]) 잠잠하소서(다맘)[1757]).

47:7 여호와가 아쉬켈론과 그 바닷가에 대적하여 명하는데(짜바),
어떻게 네가 가만히 있겠느냐(솨콰트)?
(다시 말해), 그(여호와)가 그곳을 지정하였다(야아드)[1758]).”라고 하는 것이다.ס

1750) 사리드(שָׂרִיד): 살아남은 자, 생존자, 남은 자. 같은 표현 ⇒ (민21:35,24:19), (신2:34), (렘31:2,42:17,44:14,47:4), (욜2:32), (옵1:14,18).

1751) 쉐에리트(שְׁאֵרִית): 살아남은 자, 남은 것, 후손. ☞ 솨아르 (שָׁאַר : 살아남다)의 여성 명사. 같은 표현 ⇒ (창45:7), (렘6:9,8:3,11:23,15:9,23:3,24:8,25:20,31:7,39:3,40:11,15,41:10,16,42:2,15,19,43:5,44:12,14,28,47:4,5,50:26), (슥8:6), (미2:12,4:7), (습2:9).

1752) 코르하(קָרְחָה): 머리 벗겨짐. ☞ 콰라흐(קָרַח : 대머리가 되다)의 명사; (신14:1). 같은 표현 ⇒ (레13:43), (사3:24,15:2,22:12), (렘47:5,48:37), (겔7:18).

1753) 다마(דָּמָה): 그치다, 끝나다, 잘라내다, 멸망하다, 망하다. 같은 표현 ⇒ (사6:5), (렘6:2,14:17,47:5), (습1:11), (옵1:5).

1754) 가다드(גָּדַד): 꿰뚫다, 베다, 떼를 지어 모이다. 같은 표현 ⇒ (신14:1), (왕상18:28), (렘5:7,16:6,41:5,47:5).

1755) 솨콰트(שָׁקַט): 평온하다, 조용하다. 같은 표현 ⇒ (사7:4,14:7,18:4,30:15,32:17,57:20,62:1), (렘30:10,46:27,47:6,7,48:11,49:23), (슥1:11).

1756) 라가(רָגַע): 쉬다, 휴식하다, 안식하다, 반짝이다, 깜박하다. 같은 표현 ⇒ (신28:65), (사34:14,51:4,15), (렘31:2,35,47:6,49:19,50:34,44).

1757) 다맘(דָּמַם): 침묵을 지키다, 조용하다, 잠자코 있다. 같은 표현 ⇒ (출15:16), (레10:3), (사23:2), (렘8:14,25:37,47:6,48:2,49:26,50:30,51:6).

1758) 야아드(יָעַד): 첩으로 지명하다, 지정한 장소에서 만나다, 약속하여 모이다. 같은 표현 ⇒ (출21:8,25:22,29:42,43,30:6,36), (민10:3,4), (렘24:1,47:7,49:19,50:44).

이르메야 48장

48:1 모압에 관하여,
만군의 여호와 이스라엘의 하나님이 이와 같이 말하였으니(아마르),
"화로다(호이), 느보에게,
왜냐하면 그곳이 파괴되고(솨다드)[1759] 키르야타임이 부끄러움을 당하고(부쉬)[1760], 점령되며(라카드)[1761], 그 미스갑은 깨진다(하타트)[1762].

48:2 모압의 찬양(테힐라)[1763]은 더 이상 없으니,
헤쉬본에서 그들이 그곳에 대해 재앙(라)을 생각하기를(하솨브),
'너희는 오라(알라크),
우리가 그곳을 한 민족(고이)으로부터 끊어버리자(카라트).'라고 하였다.
마드멘이여, 심지어 너도 망하게 되니(다맘)[1764],
곧 칼(헤레브)이 네 뒤를 쫓아간다(알라크).

48:3 호로나임으로부터 부르짖음(짜아콰)[1765]의 소리(콜)
곧 대파괴(쇼드)[1766]와 큰(가돌) 파멸(쉐베르)[1767]이 (있고),

1759) 솨다드(שָׁדַד): 난폭하게 다루다, 파괴하다, 황폐케 하다. 같은 표현 ⇒ (사15:1,16:4,21:2,23:1,14,33:1), (렘4:13,20,30,5:6,6:26,9:19,10:20,12:12,15:8,25:36,47:4,48:1,8,15,18,20,32,49:3,10,28,51:48,53,55,56), (욜1:10), (옵1:5), (미2:4).

1760) 부쉬(בּוֹשׁ): 부끄러워하다, 수치를 당하다. 같은 표현 ⇒ (창2:25), (사1:29,41:11,42:17,44:9,11,45:16,17,24,49:23,50:7,54:4,65:13), (렘2:36,6:15,8:9,12,9:19,10:14,12:13,14:3,4,15:9,17:13,18,20:11,22:22,31:19,46:24,48:1,13,20,39,49:23,50:2,12,51:17,47,51).

1761) 라카드(לָכַד): 사로잡다, 붙잡다, 점령하다, 취하다. 같은 표현 ⇒ (민21:32,32:39), (사8:15,20:1,24:18,28:13), (렘5:26,6:11,8:9,18:22,32:3,24,28,34:22,37:8,38:3,28,48:1,7,41,44,50:2,9,24,51:31,41,56).

1762) 하타트(חָתַת): 깜짝 놀라다, 당황하다, 낙심하다, 두려워하다. 같은 표현 ⇒ (신1:21,31:8), (사7:8,8:9,9:4,20:5,30:31,31:4,9,37:27,51:6,7), (렘1:17,8:9,10:2,14:4,17:18,23:4,30:10,46:27,48:1,20,39,50:2,36,51:56), (겔2:6,3:9), (합2:17).

1763) 테힐라(תְּהִלָּה): 찬양. ☞ 할랄(הָלַל : 찬양하다)의 여성명사. 같은 표현 ⇒ (출15:11), (신10:21), (사42:8,10,12,43:21,48:9), (렘13:11,17:14,33:9,48:2,49:25,51:41).

1764) 다맘(דָּמַם): 침묵을 지키다, 조용하다, 잠자코 있다. 같은 표현 ⇒ (출15:16), (레10:3), (사23:2), (렘8:14,25:37,47:6,48:2,49:26,50:30,51:6).

1765) 짜아콰(צְעָקָה): 부르짖음. ☞ 짜아크(צָעַק : 부르짖다, 소리치다)의 여성명사. 같은 표현 ⇒ (창18:20,21,19:13,27:34), (사5:7), (렘25:36,48:3,5,49:21), (습1:10).

1766) 쇼드(שֹׁד): 약탈, 황폐, 대파괴, 멸망. 같은 표현 ⇒ (사13:6,51:19,59:7,60:18),

48:4 모압이 부서지니(쇠바르)[1768],
그곳의 어린아이(짜이르)들의 부르짖음(자아크)이 들리게 한다(솨마).

48:5 왜냐하면 그들이 그 <u>루힡</u> 언덕을 통곡(베키)에 통곡(베키)으로 올라가
기(알라) 때문이다,
왜냐하면 그들이 <u>호로나임</u> 비탈길에서 파멸(쉐베르)의 고통(짜르)의
부르짖음(짜아콰)을 듣기(솨마) 때문이다.

48:6 너희는 도망하여(누쓰)[1769], 자신의 목숨(네페쉬)을 구하라(말라트)[1770],
또 너희는 그 광야(미드바르)의 떨기나무(아로에르)처럼 되어라(하야).

48:7 왜냐하면 네가 자신의 일(마아세,복)과 보물(오짜르,복)을 의지함(바타흐)[1771]
으로 인해, 너도 정복되기(라카드) 때문이다.
<u>크모쉬</u>도 그의 제사장(코헨)들과 그의 고관(사르)들과 함께 사로잡힘
(골라)으로 밖으로 나간다(야짜).

48:8 파괴자(솨다드)가 모든 성읍(이르)에 들어오니(보),
어떤 성읍(이르)도 피하지(말라트) 못한다,
여호와가 말하는(아마르) 대로,
그 골짜기는 파괴되고(아바드)[1772],

(렘6:7,20:8,48:3), (욜1:15), (합1:3,2:17).

1767) 쉐베르(שֶׁבֶר): 파괴, 파멸, 부숨, 골절. ☞ 솨바르(שָׁבַר : 깨뜨리다, 부수다)에서 유래. 같은 표현 ⇒ (사1:28,51:19,59:7,60:18,65:14), (렘4:6,20,6:1,14,8:11,21, 10:19,14:17,30:12,15,48:3,5,50:22,51:54).

1768) 솨바르(שָׁבַר): 깨뜨려 부수다, 산산이 부수다. 같은 표현 ⇒ (창19:9), (왕상19:11, 22:48), (시8:15,14:5,25,21:9,24:10,27:11,28:13,30:14,38:13,42:3,45:2,61:1), (렘2:13,20, 5:5,8:21,14:17,17:18,19:10,11,22:20,23:9,28:2,4,10,11,12,13,30:8,43:13,48:4,17,25,38,49:35, 50:23,51:8,30,52:17), (단8:7,8,22,25,11:4,20,22), (호1:5,2:18), (암1:5), (욘1:4), (나1:13).

1769) 누쓰(נוּס): 급히 도망가다, 달아나다. 같은 표현 ⇒ (창14:10), (사10:3,29,13:14), (렘46:5,6,48:6,19,45,49:8,24,30,50:16,28,51:6), (암2:16), (나2:8), (슥2:6,14:5).

1770) 말라트(מָלַט): 도망가다, 피하다, 구출하다. 같은 표현 ⇒ (창19:17), (왕상18:40, 19:17,20:20), (사20:6,31:5,34:15,37:38,46:2,4,49:24,25,66:7), (렘32:3,34:3,38:18,23,39:18, 41:15,46:6,48:6,8,19,51:6,45), (단11:41,12:1), (욜2:32), (암2:14,15), (슥2:7).

1771) 바타흐(בָּטַח): 신뢰하다, 의지하다, 안전하다. 같은 표현 ⇒ (사12:2,26:3,4,30:12, 31:1,32:10,11,36:4,5,6,7,9,15,37:10,42:17,47:10,50:10,59:4), (렘5:17,7:4,8,14,9:4,12:5, 13:25,17:5,7,28:15,29:31,39:18,46:25,48:7,49:4,11), (합2:18).

1772) 아바드(אָבַד): 멸망시키다, 사라지게 하다, 길을 잃다. 같은 표현 ⇒ (출10:7), (레23:30,26:38), (사26:14,27:13,29:14,37:19,41:11,57:1,60:12), (렘1:10,4:9,6:21,7:28,

그 평지는 못쓰게 된다(솨마드).

48:9 너희는 모압에게 날개를 주어라(나탄),
왜냐하면 그곳이 정녕 밖으로 나가기(야짜) 때문이다.
그곳의 성읍(이르)들이 황폐(솸마)[1773] 되어(하야),
그곳에 거주하는 자(야솨브)가 없다.

48:10 여호와의 일(멜라카)[1774]을 게으르게 행하는 자(아사)는
저주를 받고(아라르)[1775],
그의 칼(헤레브)로 피 흘림(담)을 금하는 자(마나)[1776]는
저주를 받는다(아라르).

48:11 모압은 자신의 어린시절(나우르)부터 평안하니(솨안),
곧 그곳은 오래 저장된 것(쉐메르) 위에 가라앉아 있어(솨콰트)[1777],
이 용기(켈리)에서 저 용기(켈리)으로 비워지지(루크)[1778] 않았고,
사로잡힘(골라)으로 가지(할라크) 않았다.
그러므로 그곳의 맛(타암)[1779]이 그곳 안에 서 있고(아마드),
그곳의 향기(레아흐)도 바뀌지(무르)[1780] 않았다.ㅁ

9:12,10:15,12:17,15:7,18:7,18,23:1,25:10,35,27:10,15,31:28,40:15,46:8,48:8,36,46,49:7,38,
50:6,51:18,55), (욜1:11), (암2:14,3:15), (옵1:8,12), (욘1:6,14), (습2:5,13).

1773) 솸마(שַׁמָּה): 황폐, 공포, 소름끼침. 같은 표현 ⇒ (신28:37), (사5:9,13:9,24:12),
(렘2:15,4:7,5:30,8:21,18:16,19:8,25:9,11,18,38,29:18,42:18,44:12,22,46:19,48:9,
49:13,17,50:23,51:29,37,41,43), (욜1:7), (습2:15).

1774) 멜라카(מְלָאכָה): 업무, 주어진 일, 사업, 소유재물. 여성명사.
☞ 말아크(מַלְאָךְ : 천사, 특별임무)과 같은 어원
같은 표현 ⇒ (창2:2,3,39:11), (렘17:22,24,18:3,48:10,50:25), (욘1:8), (학1:14).

1775) 아라르(אָרַר): (마력으로) 제지하다, 저주하다, (주문으로) 묶다. 같은 표현 ⇒
(창3:14,17,4:11,5:29,9:25,12:3,27:29,49:7), (렘11:3,17:5,20:14,15,48:10), (말1:14,2:2,3:9).

1776) 마나(מָנַע): 억제하다, 거절하다, 제지하다. 같은 표현 ⇒ (창30:2), (민22:16,24:11),
(왕상20:7), (렘2:25,3:3,5:25,31:16,42:4,48:10), (욜1:13).

1777) 솨콰트(שָׁקַט): 평온하다, 조용하다. 같은 표현 ⇒ (사7:4,14:7,18:4,30:15,32:17,
57:20,62:1), (렘30:10,46:27,47:6,7,48:11,49:23), (슥1:11).

1778) 루크(רוּק): 거느리다, 비우다, 비우게 하다, 쏟아 붓다. 같은 표현 ⇒
(창14:14,42:35), (출15:9), (레26:33), (사32:6), (렘48:11,12), (합1:17), (말3:10).

1779) 타암(טַעַם): 맛, 미각, 판결. ☞ 타암(טָעַם : 맛보다, 지각하다)에서 유래.
같은 표현 ⇒ (출16:31), (민11:8), (렘48:11).

1780) 무르(מוּר): 바꾸다, 변경하다. ☞ 테무라(תְּמוּרָה : 교환, 변경)의 동사.
같은 표현 ⇒ (레27:10,33), (렘2:11,48:11,14), (미2:4).

48:12 그러므로 보라(힌네)! 날(욤, 복)이 이르니(보),
여호와의 말(네움),
내가 그에게 몸을 굽히는 자(짜아)[1781]를 보내니(솰라흐),
그들이 그에게 몸을 굽혀(짜아) 그의 용기(켈리)들을 비우고(루크),
그들의 항아리들을 부순다(나파쯔)[1782].

48:13 이스라엘의 집(바이트)이 벧엘의 의지(미브타흐)[1783]로 인하여
부끄러움을 당하는 것(부쉬)처럼,
모압이 크모스로 인하여 부끄러움을 당한다(부쉬).

48:14 어떻게 너희가 말하기를(아마르),
'우리는 용사(기보르)들이고, 그 전쟁의 군대(하일)의 사람들(에노쉬)이다.'
라고 하느냐?

48:15 모압이 파괴되니(솨다드), 그가 그곳의 성읍들로 올라가기 때문이다,
그곳의 청년(나후르)들 중 뽑힌 자(미브하르)[1784]들이 학살(테바흐)[1785]로
인해 내려간다(야라드).
그 왕 만군의 여호와 그의 이름의 말(네움).

48:16 모압의 환난(에드)[1786]이 가까이 오니(보),
곧 그곳의 재앙(라)이 매우 서두른다(마하르).

48:17 그곳의 주위에 있는 모든 자여,
너희는 그곳을 위해 슬퍼하라(누드)[1787],

1781) 짜아(צָעָה): 몸을 굽히다, 구부리다, 기울이다.
같은 표현 ⇒ (사51:14,63:1), (렘2:20,48:12).
1782) 나파쯔(נָפַץ): 산산이 부수다, 흩뿌리다. 같은 표현 ⇒ (창9:19), (사11:12),
(렘13:14,22:28,48:12,51:20,21,22,23), (단12:7).
1783) 미브타흐(מִבְטָח): 신뢰, 확신. ☞ 바타흐(בָּטַח : 신뢰하다, 확신하다)에서 유래.
같은 표현 ⇒ (사32:18), (렘2:37,17:7,48:13).
1784) 미브하르(מִבְחָר): 특선, 최고의 선택, 최고로 좋음. ☞ 바하르(בָּחַר : 선택하다)의
명사. 같은 표현 ⇒ (창23:6), (출15:4), (신12:11), (사22:7,37:24), (렘22:7,48:15).
1785) 테바흐(טֶבַח): 짐승, 도살, 살해. ☞ 타바흐(טָבַח : 도살하다, 무자비하게 죽이다)의
명사. 같은 표현 ⇒ (창43:16), (사34:2,6,53:7,65:12), (렘48:15,50:27).
1786) 에드(אֵיד): 재난, 재앙, 특히 국가적 재난.
같은 표현 ⇒ (신32:35), (렘18:17,46:21,48:16,49:8,32), (옵1:13).
1787) 누드(נוּד): 이리저리 방황하다, 슬퍼하다, 애도하다. 같은 표현 ⇒ (창4:12,14),
(사51:19), (렘4:1,15:5,16:5,18:16,22:10,31:18,48:17,27,30,50:3,8).

그곳의 이름(쉠)을 잘 아는(야다) 모든 자여,
너희는 말하라(아마르),
'어떻게 강한(오즈) 지팡이(마테)가 부서졌으며(솨바르),
아름다운(티프아라)[1788] 막대기(막켈)가 (부서졌는가)?'라고 하라.

48:18 딸 디본의 거주민(야솨브)아,
너는 영광(카보드)[1789]에서 내려와(야라드) 앉아라(야솨브),
즉 너는 그 목마름(짜마)[1790]에 앉아라(야솨브),
왜냐하면 모압의 파괴자(솨다드)가 너에 대적하여 올라와(알라),
너의 요새들을 파멸시키기(솨하트)[1791] 때문이다.

48:19 아로에르의 거주민(야솨브)아,
너는 길(데레크)가에 서서(아마드) 지켜보아라(짜파)[1792].
도망하는 자(누쓰)와 도피하는 자(말라트)에게
물어(솨알) 말하기를(아마르), '무슨 일이 일어났느냐(하야)?'라고 하라.

48:20 (다시 말해), 모압이 부끄러움을 당하니(부쉬),
왜냐하면 그곳이 부서져 넘어지기(하타트) 때문이다.
너는 울부짖고(얄랄)[1793], 부르짖으라(자아크)[1794].
너희는 아르논에, 모압이 파괴되는 것(솨다드)을 전하라(나가드)[1795].

1788) 티프아라(תִּפְאָרָה): 아름다움, 영광.
☞ 파아르(פָּאַר : 아름답게 하다, 영광스럽게 하다)의 여성명사.
같은 표현 ⇒ (출28:2,40), (사3:18,4:2), (렘13:11,18,20,33:9,48:17), (슥12:7).
1789) 카보드(כָּבוֹד): 풍부, 다수, 영광, 무거운 물건의 양.
☞ 카바드(כָּבַד : 무겁다)의 명사. 같은 표현 ⇒ (창31:1), (출16:7),
(사3:8,4:5,5:13), (렘2:11,13:16,14:21,17:12,48:18), (겔1:28,3:12,23), (단11:39).
1790) 짜마(צָמָא): 목마름, 갈증. 같은 표현 ⇒ (출17:3), (신28:48), (사5:13,41:17,50:2),
(렘48:18), (호2:3), (암8:11,13).
1791) 솨하트(שָׁחַת): 부패케 하다, 멸망시키다. 같은 표현 ⇒ (창6:11), (사1:4,11:9,14:20,
36:10,37:12,51:13,54:16,65:8,25), (렘2:30,4:7,5:10,6:5,28,11:19,12:10,13:7,9,14,15:3,6,18:4,
22:7,36:29,48:18,49:9,51:1,11,20,25), (말2:8,3:11).
1792) 짜파(צָפָה): 지켜보다, 망보다. 같은 표현 ⇒ (창31:49),
(사21:6,52:8,56:10), (렘6:17,48:19), (겔3:17), (나2:1).
1793) 얄랄(יָלַל): 울부짖다, 통곡하다. 같은 표현 ⇒ (사13:6,14:31,15:2,3,16:7,23:1,6,14,
52:5,65:14), (렘4:8,25:34,47:2,48:20,31,39,49:3,51:8), (욜1:5,11,13), (미1:8), (습1:11).
1794) 자아크(זָעַק): 부르짖다, 외치다, 부르다. 같은 표현 ⇒ (출2:23), (사14:31,15:4,5),
(렘11:11,12,20:8,25:34,30:15,47:2,48:20,31), (욜1:14), (욘1:5,3:7), (합1:2,2:11).
1795) 나가드(נָגַד): 자세히 알려주다, 폭로하다, 선언하다. 같은 표현 ⇒ (창3:11,32:29),

48:21 심판(미쉬파트)[1796]이 그 평원(미쇼르)[1797]의 땅(에레쯔)에 이르니(보),
곧 홀론과 야하짜와 메파앝과

48:22 디본과 느보와 벧디블라타임과

48:23 키르야타임과 벧가뭍과 벧메온과

48:24 크리욭과 보쯔라와 모압 땅(에레쯔)의 멀고 가까운 모든 성읍(이르)
이다.

48:25 모압의 뿔(퀘렌)이 잘리고(가다)[1798],
그곳의 팔(제로아)이 부서졌다(솨바르).
여호와의 말(네움).

48:26 너희는 그곳을 술 취하게 하라(솨카르)[1799],
왜냐하면 그곳이 여호와께 대적하여 자신을 높였기(가달)[1800]
때문이다.
모압이 자신의 토한 것(퀘) 속에서 뒹굴며(싸파크)[1801],
심지어 그도 웃음거리(세호크)가 된다(하야).

48:27 그때 이스라엘이 너에게 웃음거리(세호크)가 되지(하야) 않았느냐?
심지어 그도 도둑(가나브)들 가운데 발견되지(마짜) (않았느냐)?
왜냐하면 네가 그에 대적하여 말할(다바르) 때마다,

(출13:8), (신4:13,17:9), (시3:9,7:2,19:12,21:2,6,10), (렘4:5,15,5:20,9:12,16:10,20:10, 31:10,33:3,36:13,16,17,20,38:15,25,27,42:3,4,20,21,46:14,48:20,50:2,28,51:31).

1796) 미쉬파트(מִשְׁפָּט): 공의, 법도, 재판, 심판. ☞ 솨파트(שָׁפַט : 재판하다)의 명사. 같은 표현 ⇒ (창18:19), (사40:14,27,41:1,42:1,3,4,49:4,50:8,51:4,53:8,54:17,56:1,58:2, 59:8,9,61:8), (렘1:16,4:2,12,5:1,4,5,28,7:5,8:7,9:24,10:24,12:1,17:11,21:12,22:3,13,15,23:5, 26:11,16,30:11,18,32:7,8,33:15,39:5,46:28,48:21,47,51:9,52:9).

1797) 미쇼르(מִישׁוֹר): 평원, 평지, 정직함, 똑바름. 같은 표현 ⇒ (신3:10,4:43), (사11:4,40:4,42:16), (렘21:13,48:8,21), (말2:6).

1798) 가다(גָּדַע): 베어 넘기다, 절단하다, 잘라내다. 같은 표현 ⇒ (신7:5,12:3), (사9:10,10:33,14:12,22:25,45:2), (렘48:25,50:23), (암3:14).

1799) 솨카르(שָׁכַר): 술 취하다. 같은 표현 ⇒ (창9:21,43:34), (사29:9,49:26,51:21,63:6), (렘25:27,48:26,51:7,39,57).

1800) 가달(גָּדַל): 성장하다, 크게 하다, 커지다. 같은 표현 ⇒ (창12:2), (사1:2,9:3,10:15,23:4,28:29,42:21,44:14,49:21,51:18), (렘5:27,48:26,42).

1801) 싸파크(סָפַק): 손뼉을 치다, 찰싹 때리다. 같은 표현 ⇒ (민24:10), (왕상20:10), (사2:6), (렘31:19,48:26).

너는 자신의 (머리를) 흔들기(누드)[1802] 때문이다.

48:28 모압의 거주민(야솨브)들아,
너희는 성읍들을 떠나(아자브)[1803] 그 바위에 거주하라(야솨브),
또 너희는 구덩이(파하트) 입구 건너편에 보금자리를 짓는(콰난)[1804]
비둘기 같이 되어라(하야).

48:29 우리는 모압의 교만(가온)을 들었으니(솨마),
(다시 말해), 그가 매우 교만하니(게에),
그런즉 (우리는) 그의 교만(가온)과 거만(가아바)과
그의 마음의 자고함(룸)을 (들었다).

48:30 나 여호와가 그의 격분(에브라)[1805]을 잘 아노니(야다),
여호와의 말(네움),
즉 그의 헛된 말(바드, 복)[1806]이 그와 같이 (되지) 않고,
또 그것들이 그와 같이 이루어지지(아사) 않기 때문이다.

48:31 그러므로 내(여호와)가 모압을 위해 울부짖고(얄랄),
내(여호와)가 온 모압을 위해 부르짖으며(자아크),
키르헤레스 사람들(에노쉬)을 위하여 슬퍼한다(하가)[1807].

48:32 세밤 그 포도나무(게펜)야,
내(여호와)가 너를 위해,
야제르의 통곡(베키)으로 인하여 통곡한다(비카),
(왜냐하면), 너의 포도나무덩굴들이 바다를 건너가(아바르),
야제르의 바다까지 닿으니(나가)[1808]

1802) 누드(נוד): 이리저리 방황하다, 슬퍼하다, 애도하다, 흔들다. 같은 표현 ⇒ (창4:12,14), (사51:19), (렘4:1,15:5,16:5,18:16,22:10,31:18,48:17,27,30,50:3,8).

1803) 아자브(עָזַב): 떠나다, 남기다, 버리다. 같은 표현 ⇒ (창2:24), (렘1:16,2:13,17,19, 4:29,5:7,19,9:2,13,19,12:7,14:5,16:11,17:11,13,18:14,19:4,22:9,25:38,48:28,49:11,25,51:9).

1804) 콰난(קָנַן): 보금자리를 짓다. 같은 표현 ⇒ (사34:15), (렘22:23,48:28), (겔31:6).

1805) 에브라(עֶבְרָה): 넘침, 격노, 격분. 여성명사. ☞ 에베르(עֵבֶר : 건너편 지역, 저편). 같은 표현 ⇒ (창49:7), (사9:19,10:6,13:9,13,14:6,16:6), (렘7:29,48:30), (암1:11), (습1:15,18).

1806) 바드(בַּד): 거짓말, 공허하거나 헛된 말.
같은 표현 ⇒ (사16:6,44:25), (렘48:30,50:36).

1807) 하가(הָגָה): 신음하다, 슬퍼하다, 중얼거리다, 묵상하다, 깊이 생각하다.
같은 표현 ⇒ (사8:19,16:7,31:4,33:18,38:14,59:3,11,13), (렘48:31).

파괴자(솨다드)가 네 여름과일(콰이쯔)과 네 포도수확(바쯔르)에
이르렀기(나팔) 때문이다.

48:33 기쁨(심하)1809)과 즐거움(길)이
기름진 밭(카르멜)과 모압의 땅(에레쯔)에서 거두어지고(아싸프),
내(여호와)가 포도 짜는 틀(예께브)에서 포도주를 그치게 하니(솨바트)1810),
누구도 환호소리(헤다드)1811)로 밟지(다라크)1812) 못하고,
외침(헤다드)이 환호소리(헤다드)가 (되지) 못한다.

48:34 그곳들의 소리(콜)가 났으니(나탄),
곧 헤쉬본의 부르짖음(자아크)으로부터
엘르알레까지이고, 야하쯔까지이고,
쪼아르으로부터 호로나임까지이고, 에글랕 쉘리쉬야까지이다,
왜냐하면 심지어 니므림1813)의 물도 황폐(메쇰마)1814)가 되기(하야)
때문이다.

48:35 그때 내(여호와)가 모압을 그치게 하니(솨바트),
곧 산당(바마)에서 올림제물을 드리는 자(알라)와
그곳의 신들(엘로힘)에게 분향하는 자(콰타르)를 (그치게 한다),
여호와의 말(네움),

48:36 그러므로 내 마음(레브)이 모압에게 피리처럼 소리를 내고(하마)1815),
또 내 마음(레브)이 키르헤레스 사람들(에노쉬)에게 피리처럼 소리를

1808) 나가(נָגַע): 가까이 가다, 만지다, 에 닿다, 에 이르다, 치다. 같은 표현 ⇒ (창3:3,12:17), (사5:8,6:7,16:8,25:12,26:5,30:4,52:11), (렘1:9,4:10,18,12:14,48:32,51:9).

1809) 심하(שִׂמְחָה): 기쁨, 즐거움. ☞ 솨마흐(שָׂמַח : 기뻐하다)의 여성명사. 같은 표현 ⇒ (창31:27), (사9:3,16:10,22:13,24:11), (렘7:34,15:16,16:9,25:10,31:7,33:11,48:33).

1810) 솨바트(שָׁבַת): 그치다, 쉬다, 안식하다. 같은 표현 ⇒ (창2:2,3,8:22), (사13:11,14:4, 16:10,17:3,21:2,24:8,30:11,33:8), (렘7:34,16:9,31:6,36:29,48:33,35), (단9:27,11:18), (호1:4,2:11), (암8:4).

1811) 헤다드(הֵידָד): 외침, 환호, 함성. 같은 표현 ⇒ (사16:9,10), (렘25:30,48:33,51:14).

1812) 다라크(דָּרַךְ): 밟다, 행진하다, 나아가다. 같은 표현 ⇒ (민24:17), (사5:28,11:15, 16:10,21:15,42:16,48:17,59:8,63:2,3), (렘9:3,25:30,46:9,48:33,50:14,29,51:3,33).

1813) 니므림(נִמְרִים): 맑은 물, 모압의 경계에 있는 강.

1814) 메솸마(מְשַׁמָּה): 황폐, 황폐케 함. ☞ 솨멤(שָׁמֵם : 황폐)에서 유래.
같은 표현 ⇒ (사15:6), (렘48:34).

1815) 하마(הָמָה): 중얼거리다, 으르렁거리다, 외치다, 떠들썩하다.
같은 표현 ⇒ (사51:15,59:11), (렘4:19,5:22,6:23,31:20,35,48:36,50:42,51:55).

내니(하마), 그러므로 그가 모은(아사) 재물(이트라)이 사라진다(아바드).

48:37 왜냐하면 모든 자의 머리는 머리 벗어짐(코르하)[1816]이 (되고),
모든 자의 수염이 잘리며(가라)[1817],
그들의 모든 손(야드)에는 베임(게두드)이 (있고)
허리에는 굵은 베옷(사크)이 (있기) 때문이다.

48:38 모압의 모든 지붕과 그곳의 광장(레호브, 넓은 곳)들에서는
모두가 애곡(미쓰페드)[1818]하니
왜냐하면 내(여호와)가 모압을 그릇(켈리)처럼 부수어(솨바르)
기쁨(하페쯔)[1819]이 조금도 없게 하기 때문이다.
여호와의 말(네움).

48:39 그들이 울부짖기를(얄랄),
'어찌하여 그곳이 부수어졌는가(하타트)?
어찌하여 모압이 등을 돌려(파나) 수치를 당하였는가(부쉬)?
이제 모압이 그곳 주위 모두에게 웃음거리(세호크)와 공포(메히타)가
되었다(하야).'라고 한다.ס

48:40 왜냐하면 여호와가 이와 같이 말하였으니(아마르),
'보라(힌네)! 그가 그 독수리처럼 재빠르게 날아와(다아), 모압 위에
자신의 두 날개를 펼친다(파라스)[1820].

48:41 그 크리욧이 점령되고(라카드), 그 요새(메짜드)들이 함락되니(타파스)[1821],
바로 그 날(욤)에, 모압 용사(기보르)들의 마음(레브)이

1816) 코르하(קָרְחָה): 머리 벗겨짐. ☞ 콰라흐(קָרַח : 대머리가 되다)의 명사, (신14:1).
같은 표현 ⇒ (레13:43), (사3:24,15:2,22:12), (렘47:5,48:37), (겔7:18).
1817) 가라(גָּרַע): 감소하다, 제지하다, 딴 데로 돌리다.
같은 표현 ⇒ (출5:8,11,19,21:10), (사15:2), (렘26:2,48:37).
1818) 미쓰페드(מִסְפֵּד): 울부짖음, 통곡, 애곡. 같은 표현 ⇒ (창50:10),
(사22:12), (렘6:26,48:38), (욜2:12), (미1:8,11), (슥12:10,11).
1819) 헤페쯔(חֵפֶץ): 기쁨, 즐거움. 같은 표현 ⇒ (사44:28,46:10,48:14,53:10,54:12,58:3,13),
(렘22:28,48:38), (말1:10,3:12).
1820) 파라스(פָּרַשׂ): 펴다, 펼치다, 뻗치다. 같은 표현 ⇒ (출9:29,33,25:20,37:9,40:19),
(사1:15,65:2), (렘4:31,48:40,49:22), (겔2:10).
1821) 타파스(תָּפַשׂ): 붙잡다. 사로잡다. 같은 표현 ⇒ (창4:21,39:12), (왕상18:40,20:18),
(왕하7:12), (사3:6,36:1), (렘2:8,26:8,34:3,37:13,14,38:23,40:10,46:9,48:41,49:16,
50:16,24,46,51:32,41,52:9), (암2:15), (합2:19).

해산 중에 구로하는(찌라르) 여인(이솨)의 마음(레브)과 같다.

48:42 그때 모압이 한 백성(암)으로부터 멸망하니(솨마드),
왜냐하면 그가 여호와에 대적하여 자신을 높이기(가달) 때문이다.

48:43 모압의 거주민(야솨브)아,
공포(파하드)[1822]과 함정(파하트)과 새 덫(파흐)이 네게 (있다).
여호와의 말(네움).

48:44 그 공포(파하드)로 인해 도망하는(누쓰) 도망자(니쓰)는
그 함정(파하트)에 떨어지고(나팔),
그 함정(파하트)으로부터 올라오는 자(알라)는
그 새 덫(파흐)에 걸린다(라카드).
왜냐하면 그들의 징벌(페쿠다)[1823]의 해(솨네)에,
내(여호와)가 모압에 그것(징벌)을 가져오기(보) 때문이다.
여호와의 말(네움).

48:45 도망하는 자(누쓰)들이 힘(코아흐)이 떨어져,
헤쉬본 그늘 아래에 서 있는데(아마드),
왜냐하면 불(에쉬)이 헤쉬본에서 나오고(야짜),
화염(레하바)이 시혼 사이에서 (나와),
모압의 관자놀이와 요란한(솨온)[1824] 자손(벤)들의 정수리를
삼키기(아칼) 때문이다.

48:46 모압이여, 화로다(호이) 너에게.
크모쉬의 백성(암)이 멸망하는도다(아바드).
왜냐하면 네 아들(벤)들이 포로(쉐비)로 잡혀가고(라콰흐)
네 딸(바트)들이 포로(쉬브야)로 (잡혀가기) 때문이다.

48:47 그럼에도 불구하고, 그 날(욤, 복)의 마지막(아하리트)[1825]에,

1822) 파하드(פַּחַד): 두려움의 대상, 두려움, 공포. 같은 표현 ⇒ (창31:42,53), (사2:10,19,21,24:17,18,), (렘30:5,48:43,44,49:5).
1823) 페쿠다(פְּקֻדָּה): 방문, 감독, 징벌, 형벌, 소집. ☞ 파콰드(פָּקַד : 방문하다)의 여성명사. 같은 표현 ⇒ (민3:32,36,4:16,16:29), (사10:3,15:7,60:17), (렘8:12,10:15,11:23,23:12,46:21,48:44,50:27,51:18,52:11).
1824) 솨온(שָׁאוֹן): 요란한 소리, 소음. 같은 표현 ⇒ (사5:14,13:4,17:12,13,24:8,25:5,66:6), (렘25:31,46:17,48:45,51:55), (암2:2).
1825) 아하리트(אַחֲרִית): 마지막 때, 끝, 결말. ☞ 아하르(אָחַר : 뒤에 있다)의 여성명사.

내(여호와)가 모압의 포로(쉐부트)[1826]를 돌리니(슈브),
여기까지 곧 모압의 심판(미쉬파트)이 여기까지이다,
여호와의 말(네움).' "이라고 하는 것이다.ㅁ

같은 표현 ⇒ (창49:1), (민23:10), (신4:30,8:16), (사2:2,41:22,46:10,47:7), (렘5:31, 12:4,17:11,23:20,29:11,30:24,31:17,48:47,49:39,50:12), (단8:19,23,10:14,11:4,12:8).

1826) 쉐부트(שְׁבוּת): 포로상태, 사로잡힘, 포로. 같은 표현 ⇒ (민21:29), (신30:3), (렘29:14,30:3,18,31:23,32:44,33:7,10,26,48:47,49:6,39), (습2:7).

이르메야 49장

49:1 암몬 족(벤)들에 관하여,
여호와가 이와 같이 말하였으니(아마르),
"이스라엘은 자식(벤)들이 없느냐?
또한 상속자(야라쉬)가 없느냐?
어찌하여 말캄[1827]이 갇의 상속권을 빼앗아(야라쉬),
그의 백성(암)이 그의 성읍(이르)들에 거주하느냐(야솨브)?

49:2 그러므로 여호와가 말하기를(아마르),
'날(욤,복)이 이르니(보),
여호와의 말(네움),
내(여호와)가 암몬 족(벤)들의 랍바에서 전쟁의 함성(테루아)[1828]을
들리게 할(솨마) 때,
랍바가 황폐(쉐마마)[1829]의 무더기(텔)가 되고(하야),
그곳의 촌락(바트)들은 그 불에 타니(야짜트)[1830],
그때 이스라엘은 자신의 상속권을 빼앗은 자(야라쉬)들의 상속권을
빼앗는다(야라쉬).
여호와가 말한다(아마르).'라고 하는 것이다.

49:3 헤쉬본아,
너는 울부짖으라(얄랄)[1831],
왜냐하면 아이가 파괴되기(솨다드)[1832] 때문이다.

1827) 말캄(מַלְכָּם): 암몬족의 신 밀곰. 같은 표현 ⇒ (렘49:1,3), (습1:5).
1828) 테루아(תְּרוּעָה): 전쟁, 위급, 기쁨을 알리는 나팔소리. 여성명사.
☞ 루아(רוּעַ : 소리 지르다)의 명사.
같은 표현 ⇒ (레23:24,25:9), (민10:5,6,23:21,29:1,31:6), (렘4:19,20:16,49:2).
1829) 쉐마마(שְׁמָמָה): 황폐, 황무지. ☞ 솨멤(שָׁמֵם : 황폐하게 하다)의 여성명사.
같은 표현 ⇒ (출23:39), (사1:7,62:4,64:10), (렘4:27,6:8,9:11,10:22,12:10,11,25:12,
32:43,34:22,44:6,49:2,33,50:13,51:26,62), (욜2:3,20,3:19), (습2:9).
1830) 야짜트(יָצַת): 불을 붙이다, 태우다. 같은 표현 ⇒ (사9:18,27:4,33:12), (렘2:15,
9:10,12,11:16,17:27,21:14,32:29,43:12,46:19,49:2,27,50:32,51:30,58), (암1:14).
1831) 얄랄(יָלַל): 울부짖다, 통곡하다. 같은 표현 ⇒ (사13:6,14:31,15:2,3,16:7,23:1,6,14,
52:5,65:14), (렘4:8,25:34,47:2,48:20,31,39,49:3,51:8), (욜1:5,11,13), (미1:8), (습1:11).
1832) 솨다드(שָׁדַד): 난폭하게 다루다, 파괴하다, 황폐케 하다. 같은 표현 ⇒

랍바의 딸(바트)들아,
너희는 부르짖으라(짜아크)[1833] ,
굵은 베옷(사크)을 허리에 걸쳐(하가르), 애곡하고(싸파드)[1834]
그 울타리에서 이리저리 돌아다녀라(슈트)[1835].
왜냐하면 말캄[1836]이 그 사로잡힘(골라)으로 그의 제사장(코헨)들과
그의 고관(사르)들이 함께 가기(알라크) 때문이다.

49:4 그 배반한(쇼베드)[1837] 딸(바트)아,
어찌하여 너는 그 골짜기(에메크)를 곧 네 흐르는 골짜기(에메크)를
자랑하느냐(할랄)[1838]?
어찌하여 너는 자신의 보물(오짜르)을 의지하며(바타흐)[1839]
'누가 나에게 오리요(보)?'라고 하느냐?

49:5 보라(헨)! 내(여호와)가 너에게 공포(파하드)[1840]을 네 온 사방에서 가져
와(보), 너희 각자(이쉬)는 그것 앞에서 쫓겨나니(나다흐)[1841],

(사15:1,16:4,21:2,23:1,14,33:1), (렘4:13,20,30,5:6,6:26,9:19,10:20,12:12,15:8,25:36,47:4, 48:1,8,15,18,20,32,49:3,10,28,51:48,53,55,56), (욜1:10), (옵1:5), (미2:4).

1833) 짜아크(צָעַק): 부르짖다, 소리치다. 같은 표현 ⇒ (창4:10,27:34,41:55), (왕상20:39), (왕하2:12,3:21,4:1,40,6:5,26,8:3,5), (사19:20,33:7,42:2,46:7,65:14), (렘22:20,49:3).

1834) 싸파드(סָפַד): 슬퍼하다, 애곡하다. 같은 표현 ⇒ (창23:2,50:10), (사32:12), (렘4:8,16:4,5,6,22:18,25:33,34:5,49:3), (욜1:13), (미1:8), (슥12:10,12).

1835) 슈트(שׁוּט): 이리저리 돌아다니다. 같은 표현 ⇒ (민11:8), (렘5:1,49:3), (단12:4), (암8:12), (슥4:10).

1836) 말캄(מַלְכָּם): 암몬족의 신 밀곰. 같은 표현 ⇒ (렘49:1,3), (습1:5).

1837) 쇼베브(שׁוֹבֵב): 배반한, 되돌아간. ☞ 슈브(שׁוּב : 되돌아가다)에서 유래. 같은 표현 ⇒ (렘31:22,49:4).

1838) 할랄(הָלַל): 밝게 비추다, 자랑하다, 찬양하다. 같은 표현 ⇒ (창12:15), (왕상20:11), (사13:10,38:18,41:16,44:25,45:25,62:9,64:11), (렘4:2,9:23,24,20:13,25:16,31:7,46:9,49:4, 50:38,51:7), (욜2:26), (나2:4).

1839) 바타흐(בָּטַח): 신뢰하다, 의지하다, 안전하다. 같은 표현 ⇒ (사12:2,26:3,4,30:12, 31:1,32:10,11,36:4,5,6,7,9,15,37:10,42:17,47:10,50:10,59:4), (렘5:17,7:4,8,14,9:4,12:5, 13:25,17:5,7,28:15,29:31,39:18,46:25,48:7,49:4,11), (합2:18).

1840) 파하드(פַּחַד): 두려움의 대상, 두려움, 공포. 같은 표현 ⇒ (창31:42,53), (출15:16), (신2:25,11:25,28:67), (사2:10,19,21,24:17,18,), (렘30:5,48:43,44,49:5).

1841) 나다흐(נָדַח): 몰아내다, 내어 쫓다, 몰리게 되다, 미혹되다. 같은 표현 ⇒ (신4:19), (사8:22,13:14,16:3,4,27:13), (렘8:3,16:15,23:2,3,8,24:9,27:10,15,29:14,18, 30:17,32:37,40:12,43:5,46:28,49:5,36,50:17), (겔4:13), (단9:7), (욜2:20), (습3:19).

누구도 그 도망하는 자(나다드)[1842]를 모으지(콰바쯔)[1843] 못한다.
나의 주 만군의 여호와의 말(네움),

49:6 그런 후, 내가 암몬 족(벤)들의 포로(쉐부트)[1844]를 돌아오게 한다(슈브).
여호와의 말(네움)."이라고 하는 것이다.ㅁ

49:7 에돔에 관하여,
만군의 여호와가 이와 같이 말하였으니(아마르),
"테만에 지혜(호크마)가 더 이상 없느냐?
분별력 있는 자(빈)들에게서 모사(에짜)[1845]가 사라졌느냐(아바드)[1846]?
그들의 지혜(호크마)가 사라졌느냐(싸라흐)[1847]?

49:8 드단의 거주민(야솨브)들아,
너희는 도망하라(누쓰)[1848],
너희는 방향을 돌려(파나), 깊은 곳으로 가서(아마크)[1849], 거주하라(야솨브),
왜냐하면 내(여호와)가 그를 벌하여 보응할(파콰드)[1850] 때(에트),

1842) 나다드(נָדַד): 도망하다, 방황하다, 퍼덕거리며 날다. 같은 표현 ⇒ (창31:40), (사10:14,31,16:2,3,21:14,15,22:3,33:3), (렘4:25,9:10,49:5).
1843) 콰바쯔(קָבַץ): 모으다, 거둬들이다, 소집하다. 같은 표현 ⇒ (창41:35,48,49:2), (사11:12,13:14,22:9,34:15,16,40:11), (렘23:3,29:14,31:8,10,32:37,40:15,49:5,14), (호1:11), (욜2:6,16,3:2), (미1:7,2:12), (나2:10), (합2:5).
1844) 쉐부트(שְׁבוּת): 포로상태, 사로잡힘, 포로. 같은 표현 ⇒ (민21:29), (신30:3), (렘29:14,30:3,18,31:23,32:44,33:7,10,26,48:47,49:6,39), (습2:7).
1845) 에짜(עֵצָה): 충고, 조언, 의논. ☞ 야아쯔(יָעַץ : 조언하다, 권면하다)의 명사. 같은 표현 ⇒ (신32:28), (사5:19,8:10,11:2,14:26,16:3,19:3,11,17,25:1,28:29,29:15, 30:1,36:5,40:13,44:26,46:10,11,47:13), (렘18:18,23,19:7,32:19,49:7,20,30,50:45).
1846) 아바드(אָבַד): 멸망시키다, 사라지게 하다, 길을 잃다. 같은 표현 ⇒ (출10:7), (레23:30,26:38), (사26:14,27:13,29:14,37:19,41:11,57:1,60:12), (렘1:10,4:9,6:21,7:28, 9:12,10:15,12:17,15:7,18:7,18,23:1,25:10,35,27:10,15,31:28,40:15,46:8,48:8,36,46,49:7,38, 50:6,51:18,55), (욜1:11), (암2:14,3:15), (옵1:8,12), (욘1:6,14), (습2:5,13).
1847) 싸라흐(סָרַח): 자유롭게 가다, 위에 걸치다, 도를 넘다, 퍼지다. 같은 표현 ⇒ (출26:12,13), (렘49:7), (겔17:6,23:15).
1848) 누쓰(נוּס): 급히 도망가다, 달아나다. 같은 표현 ⇒ (창14:10), (사10:3,29,13:14), (렘46:5,6,48:6,19,45,49:8,24,30,50:16,28,51:6), (암2:16), (나2:8), (슥2:6,14:5).
1849) 아마크(עָמַק): 깊다, 깊게 하다. 같은 표현 ⇒ (사7:11,29:15,30:33,31:6), (렘49:8,30).
1850) 파콰드(פָּקַד): 방문하다, 계수하다, 임명하다, 보응하여 벌하다. 같은 표현 ⇒ (창21:1), (왕상20:15,26,27,39), (왕하3:6,5:24,7:17,9:34), (사13:4,62:6), (렘1:10,3:16, 5:9,29,6:6,15,9:9,25,11:22,13:21,14:10,15:3,15,21:14,23:2,4,34,25:12,27:8,22,29:10,32,30:20, 32:3,36:31,37:21,40:5,7,11,41:2,10,18,44:13,29,46:25,49:8,19,50:18,31,44,51:27,44,47,52),

그에게 에싸브의 환난(에드)[1851]을 가져오기(보) 때문이다.

49:9 만일 포도를 거두는 자(바짜르)[1852]들이 너에게 오면(보),
그들이 이삭줍기(올렐라)[1853]를 남기지(솨아르)[1854] 않겠느냐?
만일 도둑들이 그날 밤에 오면(보),
그들은 <u>자신들이 만족할 때</u>까지 파괴하지(솨하트)[1855] 않겠느냐?

49:10 그러나 나는 에싸브를 벌거벗겨(하사프)[1856] 그의 은밀한 곳(미쓰타르)을
드러내니(갈라)[1857], 그는 자신을 숨길 수(야콜 하바) 없다;
(다시 말해), 그의 자손(벤)과 형제들과 이웃(솨켄)들이 파괴되고(솨다드),
그도 없어진다.

49:11 너는 자신의 고아들을 남겨두어라(아자브)[1858].
내(여호와)가 살게 한다(하야).
네 과부(알마나)들은 나(여호와)를 의지하라(바타흐)."고 하는 것이다.ㅁ

49:12 왜냐하면 여호와가 이와 같이 말하였으니(아마르),

(호1:4,2:13), (습1:8,9,11,2:7).

1851) 에드(אֵיד): 재난, 재앙, 특히 국가적 재난.
같은 표현 ⇒ (신32:35), (렘18:17,46:21,48:16,49:8,32), (옵1:13).

1852) 바짜르(בָּצַר): 잘라내다, 접근하지 못하게 하다, 억제하다, 포도를 거두다.
같은 표현 ⇒ (창11:6), (레25:5,11), (민13:28), (사2:15,22:10,25:2,27:10,36:1,37:26), (렘6:9,15:20,33:3,49:9,51:53), (옵1:5), (습1:16).

1853) 올렐라(עֹלֵלָה): 이삭줍기, 주워 모으는 이삭. ☞ 알랄(עָלַל : 호되게 다루다, 지나치게 줍다)에서 유래. 같은 표현 ⇒ (사17:6,24:13), (렘49:9), (옵1:5).

1854) 솨아르(שָׁאַר): 남기다, 살아남다. 같은 표현 ⇒ (창7:23,14:10,32:8), (왕상19:18), (사4:3,11:16,17:6,24:6,12,37:31), (렘8:3,21:7,24:8,34:7,37:10,38:4,22,39:9,10,40:6,41:10, 42:2,49:9,50:20,52:16), (겔36:36), (단10:8,17), (욜2:14), (옵1:5), (학2:3).

1855) 솨하트(שָׁחַת): 부패케 하다, 멸망시키다. 같은 표현 ⇒ (창6:11), (사1:4,11:9,14:20, 36:10,37:12,51:13,54:16,65:8,25), (렘2:30,4:7,5:10,6:5,28,11:19,12:10,13:7,9,14,15:3,6,18:4, 22:7,36:29,48:18,49:9,51:1,11,20,25), (말2:8,3:11).

1856) 하사프(חָשַׂף): 벌거벗기다, 드러내다, 물을 퍼 올리다.
같은 표현 ⇒ (사20:4,30:14,47:2,52:10), (렘13:26,49:10), (욜1:7), (학2:16).

1857) 갈라(גָּלָה): 덮개를 벗기다, 계시하다, 폭로하다, 옮기다, 포로의 몸이 되다.
같은 표현 ⇒ (창9:21,35:7), (삼하7:27), (사5:13,16:3,22:8,14,23:1,24:11,26:21,38:12, 40:5,47:2,3,49:9,21,53:1,56:1), (렘1:3,11:20,13:19,22,20:4,12,22:12,24:1,27:20,29:1,4,7,14, 32:11,14,33:6,39:9,40:1,7,43:3,49:10,52:15,27,28,30), (단10:1), (호2:10), (암1:5,6,3:7).

1858) 아자브(עָזַב): 떠나다, 남기다, 버리다. 같은 표현 ⇒ (창2:24), (렘1:16,2:13,17,19, 4:29,5:7,19,9:2,13,19,12:7,14:5,16:11,17:11,13,18:14,19:4,22:9,25:38,48:28,49:11,25,51:9).

“보라(힌네)! 그 잔(코쓰)을 마시는 것(솨타)이 전혀 자신들의 법도(미슈파트)
가 아닌 자들도 정녕 마시는데(솨타),
바로 네가 정녕 무죄하냐(나콰)[1859]?
네가 무죄하지(나콰) 않다.
왜냐하면 네가 정녕 마셔야 하기(솨타) 때문이다.

49:13 왜냐하면 내(여호와)가 자신을 걸고 맹세하기(솨바) 때문이다,
여호와의 말(네움),
왜냐하면 보쯔라가 황폐(솸마)[1860]와 비난거리(헤르파)[1861]와
황무(호르바)[1862]와 저주거리(퀘랄라)[1863]가 되고(하야),
또 그곳의 모든 성읍(이르)들이 영원한 황무(호르바)가 되기(하야) 때문
이다.”라고 하는 것이다.

49:14 내(이르메야)가 한 소식(쉐무아)을 여호와께로부터 들었는데(솨마),
즉 너희는 사신(찌르)을 그 민족(고이)들에게 보내어(솰라흐),
‘너희는 모여(콰바쯔), 그곳에 대항하여 와서(보), 그 전쟁을 위해 일
어나라(쿰).’고 하라.

49:15 왜냐하면 보라(힌네)! 내(여호와)가 너를 그 민족(고이)들 중에 작은 자
(콰탄)로 만드니(나탄), 곧 사람(아담) 가운데서 멸시를 받기(바자)[1864] 때문
이다.

49:16 그 바위틈에 거주하며(솨칸) 언덕 높은 곳을 점령한 자(타파스)[1865]여,

1859) 나콰(נָקָה): 비우다, 깨끗하다, 무죄하다. 같은 표현 ⇒ (창24:8,41), (출20:7,21:19,34:7), (사3:26), (렘2:35,25:29,30:11,46:28,49:12), (욜3:21), (나1:3).

1860) 솸마(שַׁמָּה): 황폐, 공포, 소름끼침. 같은 표현 ⇒ (신28:37), (사5:9,13:9,24:12), (렘2:15,4:7,5:30,8:21,18:16,19:8,25:9,11,18,38,29:18,42:18,44:12,22,46:19,48:9, 49:13,17,50:23,51:29,37,41,43), (욜1:7), (습2:15).

1861) 헤르파(חֶרְפָּה): 수치, 조롱, 치욕, 책망. 여성명사. 같은 표현 ⇒ (창30:23,34:14), (사4:1,25:8,30:5,47:3,51:7,54:4), (렘6:10,15:15,20:8,23:40,24:9,29:18,31:19,42:18, 44:8,12,49:13,51:51).

1862) 호르바(חָרְבָּה): 황폐, 폐허. 여성명사. 같은 표현 ⇒ (레26:31,33), (사5:17,44:26,48:21, 49:19,51:3,52:9,58:12,61:4,64:11), (렘7:13,22:5,25:9,11,18,27:17,44:2,6,22,49:13), (말1:4).

1863) 퀘랄라(קְלָלָה): 저주, 악담. ☞ 콸랄(קָלַל : 무시하다, 저주하다)의 여성명사. 같은 표현 ⇒ (창27:12,13), (신11:26,28,29,21:23,23:5,27:13,28:15,45,29:27,30:1,19) (렘24:9,25:18,26:6,29:22,42:18,44:8,12,22,49:13).

1864) 바자(בָּזָה): 경멸하다, 업신여기다. 같은 표현 ⇒ (창25:34), (민15:31), (사37:22,53:3), (렘22:28,49:15), (단11:21), (옵1:1), (말1:6,7,12,2:9).

두렵고 떨게 하는 것(티플레쩨트)과 네 마음(레브)의 교만(자돈)[1866]이
너를 속였다(나솨)[1867].
비록 네가 자신의 보금자리를 그 독소리처럼 높게 지었을지라도
(가바)[1868], 내(여호와)가 그곳에서 너를 끌어내린다(야라드).
여호와의 말(네움).

49:17 에돔이 황폐(솸마)가 되어(하야),
그곳을 지나가는 자(아바르)마다 깜짝 놀라며(솨멤)[1869], 그곳의 모든
재앙(마카)[1870]으로 인해 야유한다(솨라크)[1871].

49:18 여호와가 말하기를(아마르),
'스돔과 아모라와 그곳의 이웃(솨켄)들의 뒤엎음(마흐페카)[1872]처럼,
그곳에 한 사람(이쉬)도 거주하지(야솨브) 못하니,
곧 어떤 자(아담)의 아들(벤)도 그곳에 우거하지(구르) 못한다.'라고
하는 것이다.

49:19 보라(힌네)! 사자가 그 야르덴의 굽이침(가온)에서 올라오는 것(알라)
같이, 그가 견고한 거주지(나베)[1873]에 대항하여 (올라온다),

1865) 타파스(תָּפַשׂ): 붙잡다. 사로잡다. 같은 표현 ⇒ (창4:21,39:12), (왕상18:40,20:18), (왕하7:12), (사3:6,36:1), (렘2:8,26:8,34:3,37:13,14,38:23,40:10,46:9,48:41,49:16, 50:16,24,46,51:32,41,52:9), (암2:15), (합2:19).

1866) 자돈(זָדוֹן): 교만, 거만, 건방짐. 같은 표현 ⇒ (신17:12,18:22), (렘49:16,50:31,32), (겔7:10), (옵1:3).

1867) 나솨(נָשָׁא): 미혹하다, 속이다. 같은 표현 ⇒ (창3:13), (사19:13,36:14,37:10), (렘4:10,23:39,29:8,37:9,49:16), (옵1:3,7).

1868) 가바(גָּבַהּ): 높다, 고귀하다, 높게 되다, 고귀하게 되다.
같은 표현 ⇒ (사3:16,5:16,7:11,52:13,55:9), (렘13:15,49:16), (옵1:4), (습3:11).

1869) 솨멤(שָׁמֵם): 황폐하게 하다, 깜짝 놀라게 하다. 같은 표현 ⇒ (레26:22), (민21:30), (사33:8,49:8,19,52:14,54:1,3,59:16,61:4,63:5), (렘2:12,4:9,10:25,12:11,18:16,19:8,33:10, 49:17,20,50:13,45), (단8:27).

1870) 마카(מַכָּה): 타격, 상처, 재앙. ☞ 나카(נָכָה : 치다, 때리다)의 여성명사.
같은 표현 ⇒ (레26:21), (신25:3,28:59,29:22), (왕상20:21,22:35), (왕하8:29,9:15), (사1:6,10:26,14:6,27:7), (렘6:7,10:19,14:17,15:18,19:8,30:12,14,17,49:17,50:13,), (미1:9).

1871) 솨라크(שָׁרַק): 쉿 소리를 내다, 휘파람을 불다. 같은 표현 ⇒ (사5:26,7:18), (렘19:8,49:17,50:13), (겔27:36), (습2:15).

1872) 마흐페카(מַהְפֵּכָה): 멸망, 타도, 뒤엎음. ☞ 하파크(הָפַךְ : 뒤집어엎다, 변화시키다) 의 명사. 같은 표현 ⇒ (신29:23), (사1:7,13:19), (렘49:18,50:40).

1873) 나베(נָוֶה): 목초지, 양떼나 목자의 거처, 거처. ☞ 나바(נָוָה : 아름답게 하다, 집

왜냐하면 내(여호와)가 한 순간에(라가)[1874] 그곳에서 그를 쫓아내기
(루쯔, 달리게 하다) 때문이다,
내(여호와)가 그곳 위에 세울(파콰드) 택한 자(바하르)가 누구인가?
왜냐하면 나와 같은 이가 누구인가?
나에게 때를 정해 줄 자(야아드)[1875]가 누구인가?
내 앞에 설(아마드) 바로 이 목자(로에)가 누군인가?□

49:20 그러므로 너희는 에돔에 관해 계획한(야아쯔)[1876] 여호와의 생각(에짜)
과 테만의 거주민(야솨브)들에 관해 생각하는(하솨브) 그의 생각(마하솨바,
복)[1877]을 들어라(솨마),
그들이 반드시 그 어린 양떼(쫀)들을 질질 끌고 가니(싸하브)[1878],
곧 그(여호와)가 반드시 그들의 목장(나베)을 황폐케 한다(솨멤).

49:21 그들의 넘어지는 소리(콜)로 인해, 그 땅(에레쯔)이 진동하고(라아쉬)[1879],
그곳의 소리(콜) 곧 숲 바다에 부르짖음(짜아콰)[1880]이 들린다(솨마).

49:22 보라(힌네)! 그가 그 독수리처럼 올라와, 재빠르게 날아(다아),
자신의 날개를 보쯔라 위에 펼친다(파라스)[1881].
바로 그 날(욤)에는, 에돔의 용사(기보르)들의 마음(레브)이

에 머무르다)에서 유래. 같은 표현 ⇒ (출15:13), (사27:10,32:18,33:20,34:13,35:7, 65:10), (렘6:2,10:25,23:3,25:30,31:23,33:12,49:19,20,50:7,19,44,45), (습2:6).

1874) 라가(רָגַע): 쉬다, 휴식하다, 안식하다, 반짝이다, 깜박하다.
같은 표현 ⇒ (신28:65), (사34:14,51:4,15), (렘31:2,35,47:6,49:19,50:34,44).

1875) 야아드(יָעַד): 첩으로 지명하다, 지정한 장소에서 만나다, 약속하여 모이다.
같은 표현 ⇒ (출21:8,25:22,29:42,43,30:6,36), (민10:3,4), (렘24:1,47:7,49:19,50:44).

1876) 야아쯔(יָעַץ): 권면하다, 조언하다, 고안하다, 계획하다. 같은 표현 ⇒ (출18:19), (민24:14), (왕하6:8), (사1:26,3:3,7:5,9:6,14:24,26,27,19:11,12,17,23:8,9,32:7,8,40:14, 41:28,45:21), (렘38:15,49:20,30), (미4:9), (나1:11), (합2:10).

1877) 마하솨바(מַחֲשָׁבָה): 생각, 사상, 고안, 발명. ☞ 하솨브(חָשַׁב : 생각하다, 고안하다)의 여성명사. 같은 표현 ⇒ (창6:5), (출31:4,35:32,33,35), (사55:7,8,9,59:7,65:2), (렘4:14,6:19,11:19,18:11,12,18,29:11,49:20,30,50:45,51:29), (단11:24,25).

1878) 싸하브(סָחַב): 질질 끌다. 같은 표현 ⇒ (렘15:3,22:19,49:20,50:45).

1879) 라아쉬(רָעַשׁ): 흔들리다, 떨다, 진동하다. 같은 표현 ⇒
(렘4:24,8:16,10:10,49:21,50:46,51:29), (겔38:20), (욜2:10), (나1:5), (학2:6,7,21).

1880) 짜아콰(צְעָקָה): 부르짖음. ☞ 짜아크(צָעַק : 부르짖다, 소리치다)의 여성명사.
같은 표현 ⇒ (창18:20,21,19:13,27:34), (사5:7), (렘25:36,48:3,5,49:21), (습1:10).

1881) 파라스(פָּרַשׂ): 펴다, 펼치다, 뻗치다. 같은 표현 ⇒ (출9:29,33,25:20,37:9,40:19), (사1:15,65:2), (렘4:31,48:40,49:22), (겔2:10).

구로하는(짜라르) 여인(이솨)의 마음(레브)과 같다.ס

49:23 다메섹에 관하여,
(만군의 여호와가 이와 같이 말하였으니),
"하맡과 아르팔이 부끄러움을 당하니(부쉬)[1882],
왜냐하면 그들이 나쁜(라) 소문(쉐무아)을 듣고, 마음이 녹아내리기(무그)[1883] 때문이다,
그 바다에는 염려(데아가)[1884]로 잠잠할 수(야콜 솨콰트[1885])가 없다.

49:24 다메섹이 맥이 풀려서(라파)[1886] 도망하려고(누쓰) 방향을 돌리니(파나),
돌연한 공포(레테트)가 그곳을 붙잡고(하자크),
고통(짜라)[1887]과 진통(헤벨)들이 해산하는 여인(알라드)처럼 그곳을 사로 잡는다(아하즈)[1888].

49:25 찬양(테힐라)의 성읍(이르) 곧 나의 기쁨(마소스)[1889]의 성읍(키르야)이
어찌하여 버림받지(아자브) 않느냐?

49:26 그러므로 바로 그 날(욤)에,
다메섹의 청년(바후르)들이 그 광장(레호브, 넓은 곳)들에서 쓰러지고(나팔),
그 전쟁의 모든 사람들(에노쉬)도 완전히 끝나게 된다(다맘)[1890].

1882) 부쉬(בּוֹשׁ): 부끄러워하다, 수치를 당하다. 같은 표현 ⇒ (창2:25), (사1:29,41:11,42:17,44:9,11,45:16,17,24,49:23,50:7,54:4,65:13), (렘2:36,6:15,8:9,12,9:19,10:14,12:13,14:3,4,15:9,17:13,18,20:11,22:22,31:19,46:24,48:1,13,20,39,49:23,50:2,12,51:17,47,51).

1883) 무그(מוּג): 녹다, 녹아버리다. 같은 표현 ⇒ (출15:15), (사14:31,64:7), (렘49:23), (겔21:15), (나1:5,2:6).

1884) 데아가(דְּאָגָה): 걱정, 염려. 같은 표현 ⇒ (렘49:23), (겔4:16,12:18,19).

1885) 솨콰트(שָׁקַט): 평온하다, 조용하다. 같은 표현 ⇒ (사7:4,14:7,18:4,30:15,32:17,57:20,62:1), (렘30:10,46:27,47:6,7,48:11,49:23), (슥1:11).

1886) 라파(רָפָה): 가라앉다, 떨어지다, 느슨해 지다, 낙심하다. 같은 표현 ⇒ (출4:26,5:8,17), (사5:24,13:7), (렘6:24,38:4,49:24,50:43), (겔1:24,25).

1887) 짜라(צָרָה): 환난, 고난. ☞ 짜르(צַר : 고난, 대적, 적)의 여성명사.
같은 표현 ⇒ (창35:3), (사8:22,28:20,30:6,33:2,37:3,46:7,63:9,65:16), (렘4:31,6:24,14:8,15:11,16:19,30:7,49:24,50:43), (단12:1), (옵1:12,14), (욘2:2), (나1:7,9), (습1:15).

1888) 아하즈(אָחַז): 붙잡다, 사로잡다, 취하다, 소유하다. ☞ 아후자(אֲחֻזָּה : 소유, 소유재산, 유업, 상속재산). 같은 표현 ⇒ (창22:13,34:10,47:27), (사5:29,13:8,21:3), (렘13:21,49:24), (겔41:6).

1889) 마소스(מָשׂוֹשׂ): 몹시 기뻐함, 즐거워 함. ☞ 수스(שׂוּשׂ : 크게 기뻐하다)에서 유래.
같은 표현 ⇒ (사8:6,24:8,11,32:13,14,60:15,62:5,65:18,66:10), (렘49:25), (호2:11).

만군의 여호와의 말(네움).

49:27 그런즉 내가 다메섹의 성벽에 불을 놓으니(야짜트),
그것(불)이 벤하닫의 궁전(아르몬)들을 삼킨다(아칼).”라고
하는 것이다.ס

49:28 네부칻네짜르 바벨 왕이 치는(나카)
케다르[1891]와 하쪼르 왕국(맘라카)들에 대하여,
여호와가 이와 같이 말하였으니(아마르),
“너희는 일어나(쿰), 케다르로 올라가(알라), 동쪽의 자손(벤)들을
파괴하라(솨다드),

49:29 그때 그들은 그들의 장막들과 그들의 양떼(쫀)를 빼앗고(라콰흐),
그들의 휘장(예리아)들과 그들의 모든 기구(켈리)들과 그들의 낙타들
을 자신의 것들로 삼으며(나사), 그들에게 ‘사방에 공포(마고르)[1892]가
있다.’라고 외친다(콰라).

49:30 하쪼르의 거주민(야솨브)들아,
너희는 도망하여(누쓰) 멀리 이리저리 다녀라(누드),
너희는 깊은 곳으로 가서(아마크)[1893], 거주하라(야솨브),
여호와의 말(네움).
왜냐하면 네부칻네짜르 바벨 왕이 너희에 대적하여 계획(에짜)을
세워(야아쯔)[1894], 너희에 대적하여 생각(마하솨바)을 굳혔기(하솨브)
때문이다.

49:31 너희는 일어나(쿰), 염려 없이 거주하는(야솨브) 평안한 민족(고이)에
대적하여 올라가라(알라),
여호와의 말(네움),

1890) 다맘(דָּמַם): 침묵을 지키다, 조용하다, 잠자코 있다. 같은 표현 ⇒ (출15:16), (레10:3), (사23:2), (렘8:14,25:37,47:6,48:2,49:26,50:30,51:6).

1891) 케다르(קֵדָר): 아라비아 광야에 거하는 이스마엘 족속의 유목민의 애칭. 같은 표현 ⇒ (사21:16,17,42:11,60:7), (렘2:10,49:28), (겔27:21).

1892) 마고르(מָגוֹר): 두려움, 공포. 같은 표현 ⇒ (사31:9), (렘6:25,20:4,10,46:5,49:29).

1893) 아마크(עָמַק): 깊다, 깊게 하다. 같은 표현 ⇒ (사7:11,29:15,30:33,31:6), (렘49:8,30).

1894) 야아쯔(יָעַץ): 권면하다, 조언하다, 고안하다, 계획하다. 같은 표현 ⇒ (출18:19), (민24:14), (왕하6:8), (사1:26,3:3,7:5,9:6,14:24,26,27,19:11,12,17,23:8,9,32:7,8,40:14, 41:28,45:21), (렘38:15,49:20,30), (미4:9), (나1:11), (합2:10).

출입문(델레트, 복)[1895]도 없고, 빗장(베리아흐)도 없이,
그들만이 홀로 거주하는 곳에 (올라가라).

49:32 그들의 낙타들은 약탈물(바즈)[1896]이 되고(하야),
그들의 많은 가축(미크네)은 전리품(솰랄)[1897]이 (되니),
내가 머리의 옆을 짧게 깎은 자(콰짜쯔)[1898]들을 모든 바람으로
흩고(자라)[1899], 그곳 건너편(에베르) 모든 곳으로부터 그들의 환난(에드)
을 가져온다(보).
여호와의 말(네움).

49:33 하쪼르는 들개들의 소굴(마온)[1900]이 되니(하야),
곧 영원히 황폐(쉐마마)가 (된다),
그곳에 어떤 자(이쉬)도 거주하지(야솨브) 못하고,
어떤 사람(아담)의 아들(벤)도 우거하지(구르) 못한다."라고
하는 것이다.ㅁ

49:34 찌드키야 예후다 왕의 왕국(말쿠트) 초(레쉬트)에,
엘람에 관하여,
여호와의 말(다바르)이 이르메야 그 예언자(나비)에게
임한(하야) (그 말), 말하기를(아마르),

49:35 만군의 여호와가 이와 같이 말하였으니(아마르),
"보라(헨)! 내(여호와)가 엘람의 활(퀘쉐트) 곧 그들의 힘(게부라)[1901]의

1895) 델레트(דֶּלֶת): 출입문, 방문. 같은 표현 ⇒ (창19:6,9,10), (출21:6), (신3:5,15:17), (사26:20,45:1,2,57:8), (렘36:23,49:31), (겔26:2,38:11,41:23,24,25).

1896) 바즈(בַּז): 약탈, 포획, 약탈품, 노략물. 같은 표현 ⇒ (민14:3,31,31:32), (사8:1,10:6,33:23,42:22), (렘2:14,15:13,17:3,30:16,49:32).

1897) 솰랄(שָׁלָל): 노략물, 약탈품. 같은 표현 ⇒ (창49:27), (삼하12:30), (왕하3:23), (사8:4,9:3,10:2,6,33:4,23,53:12), (렘21:9,38:2,39:18,45:5,49:32,50:10), (겔38:12,13), (슥2:9).

1898) 콰짜쯔(קָצַץ): 잘라내다, 베어내다, 끊다. 같은 표현 ⇒ (출39:3), (신25:12), (렘9:26,25:23,49:32).

1899) 자라(זָרָה): 흩뿌리다, 흩어버리다, 키질하다. 같은 표현 ⇒ (출32:20), (사41:16), (렘4:11,15:7,31:10,49:32,36,51:2), (슥1:19,21), (말2:3).

1900) 마온(מָעוֹן): 처소, 거주. 같은 표현 ⇒ (신26:15), (렘9:11,10:22,25:30,49:33,51:37), (나2:11), (습3:7), (슥2:13).

1901) 게부라(גְּבוּרָה): 힘, 권능, 능력. ☞ 가바르(גָּבַר : 우세하다, 강하다)의 여성명사. 같은 표현 ⇒ (출32:18), (신3:24), (왕상22:45), (사3:25,11:2,28:6,30:15,33:13,

으뜸(레쉬트)을 부수고(쇠바르)[1902],

49:36 그 하늘의 네 끝으로부터 사방의 바람(루아흐)을 엘람으로 오게
하여(보), 바로 이 모든 바람(루아흐)으로 그들을 흩으니(자라),
그때 엘람의 쫓겨난 자(나다흐)들, 곧 그들이 가지(보) 않은 그 민족
(고이)이 없다.

49:37 내(여호와)가 엘람을 그들의 원수(오예브), 곧 그들의 목숨(네페쉬)을 찾는
자(바콰쉬)[1903]들 앞에 놀라게 하고(하타트)[1904], 그들에게 재앙(라)
곧 나의 맹렬한(하론)[1905] 화(아프)를 가져온다(보).
여호와의 말(네움),
내(여호와)가 그들을 완전히 끝낼(칼라)[1906] 때까지, 그들 위에
그 칼(헤레브)을 보낸다(솰라흐).

49:38 그런 후, 내(여호와)가 엘람에 내 보좌(키쎄)를 베풀어(숨), 그곳으로부
터 왕과 고관(사르)들을 멸망케 한다(아바드).
여호와의 말(네움).

49:39 그러나 이런 일이 있을 것이니,
그 날(욤, 복)의 마지막(아하리트)[1907]에,

36:5,63:15), (렘9:23,10:6,16:21,23:10,49:35,51:30).

1902) 쇠바르(שָׁבַר): 깨뜨려 부수다, 산산이 부수다. 같은 표현 ⇒ (창19:9), (왕상19:11, 22:48), (사8:15,14:5,25,21:9,24:10,27:11,28:13,30:14,38:13,42:3,45:2), (렘2:13,20,5:5,8:21, 14:17,17:18,19:10,11,22:20,23:9,28:2,4,10,11,12,13,30:8,43:13,48:4,17,25,38,49:35,50:23, 51:8,30,52:17), (단8:7,8,22,25,11:4,20,22,26), (호1:5,2:18), (암1:5), (욘1:4), (나1:13).

1903) 바콰쉬(בָּקַשׁ): 찾다, 요구하다, 묻다. 같은 표현 ⇒ (창31:39), (사40:20,41:12,17, 45:19,51:1,65:1), (렘2:24,33,4:30,5:1,11:21,19:7,9,21:7,22:25,26:21,29:13,34:20,21,38:16, 44:30,45:5,46:26,49:37,50:4,20), (단1:8,20,8:15,9:3), (호2:7).

1904) 하타트(חָתַת): 깜짝 놀라다, 당황하다, 낙심하다, 두려워하다. 같은 표현 ⇒ (신1:21,31:8), (사7:8,8:9,9:4,20:5,30:31,31:4,9,37:27,51:6,7), (렘1:17,8:9,10:2,14:4, 17:18,23:4,30:10,46:27,48:1,20,39,49:37,50:2,36,51:56), (겔2:6,3:9), (합2:17).

1905) 하론(חָרוֹן): 맹렬함, 격노. ☞ 하라(חָרָה : 성내다, 격노하다)의 명사. 같은 표현 ⇒ (출15:7,32:12), (민25:4), (렘4:8,26,12:13,25:37,38,30:24,49:37,51:45), (나1:6).

1906) 칼라(כָּלָה): 완성하다, 끝마치다, 끝나다. 같은 표현 ⇒ (창2:1,17:22), (왕상17:14), (사1:28,10:18), (렘5:3,8:20,9:16,10:25,14:6,12,16:4,20:18,26:8,43:1,44:27,49:37,51:63).

1907) 아하리트(אַחֲרִית): 마지막 때, 끝, 결말. ☞ 아하르(אָחַר : 뒤에 있다)의 여성명사. 같은 표현 ⇒ (창49:1), (민23:10), (신4:30,8:16), (사2:2,41:22,46:10,47:7), (렘5:31, 12:4,17:11,23:20,29:11,30:24,31:17,48:47,49:39,50:12), (단8:19,23,10:14,11:4,12:8).

내(여호와)가 엘람의 포로(쉐부트)를 돌아오게 한다(슈브).
여호와의 말(네움)."이라고 하는 것이다.▫

이르메야 50장

50:1 여호와가 <u>바벨</u>에 관해서 곧 카스딤의 땅(에레쯔)에 관하여,
이르메야 그 예언자(나비)의 손(야드)을 통해서 말한(다바르) 그 말(다바르),
(말하기를),

50:2 "너희는 그 민족(고이)들에 전하여(나가드)[1908], 듣게 하라(솨마),
또 너희는 깃발을 들고(나사) 듣게 하라(솨마),
또 너희는 숨기지(카하드)[1909] 말고 말하라(아마르),
곧 <u>바벨</u>이 점령되고(라카드)[1910],
<u>벨</u>[1911]이 부끄러움을 당하며(부쉬)[1912],
<u>므로닥</u>[1913]이 깨지니(하타트)[1914],
또한 그곳의 형상(아짜브)[1915]들이 부끄러움을 당하며(부쉬),
그곳의 우상(길룰,복)[1916]이 깨진다(하타트).

1908) 나가드(נָגַד): 자세히 알려주다, 폭로하다, 선언하다. 같은 표현 ⇒ (창3:11,32:29), (출13:8), (신4:13,17:9), (사3:9,7:2,19:12,21:2,6,10), (렘4:5,15,5:20,9:12,16:10,20:10, 31:10,33:3,36:13,16,17,20,38:15,25,27,42:3,4,20,21,46:14,48:20,50:2,28,51:31).

1909) 카하드(כָּחַד): 숨기다, 지우다, 말살하다. 같은 표현 ⇒ (창47:18), (출9:15,23:23), (사3:9), (렘38:14,25,50:2).

1910) 라카드(לָכַד): 사로잡다, 붙잡다, 점령하다, 취하다. 같은 표현 ⇒ (민21:32,32:39), (사8:15,20:1,24:18,28:13), (렘5:26,6:11,8:9,18:22,32:3,24,28,34:22,37:8,38:3,28, 48:1,7,41,44,50:2,9,24,51:31,41,56).

1911) 벨(בֵּל): 바벨론의 신 마르둑의 히브리어 명칭.
같은 표현 ⇒ (사46:1), (렘50:2,51:44).

1912) 부쉬(בּוֹשׁ): 부끄러워하다, 수치를 당하다. 같은 표현 ⇒ (창2:25), (사1:29,41:11, 42:17,44:9,11,45:16,17,24,49:23,50:7,54:4,65:13), (렘2:36,6:15,8:9,12,9:19,10:14,12:13, 14:3,4,15:9,17:13,18,20:11,22:22,31:19,46:24,48:1,13,20,39,49:23,50:2,12,51:17,47,51).

1913) 메로다크(מְרֹדָךְ): 바벨 성읍의 수호신 므로닥.

1914) 하타트(חָתַת): 깜짝 놀라다, 당황하다, 낙심하다, 두려워하다. 같은 표현 ⇒ (신1:21,31:8), (사7:8,8:9,9:4,20:5,30:31,31:4,9,37:27,51:6,7), (렘1:17,8:9,10:2,14:4, 17:18,23:4,30:10,46:27,48:1,20,39,50:2,36,51:56), (겔2:6,3:9), (합2:17).

1915) 아짜브(עָצָב): 우상, 형상. ☞ 아짜브(עָצַב : 모양을 만들다)에서 유래.
같은 표현 ⇒ (사10:11), (렘50:2), (미1:7), (슥13:2).

1916) 길룰(גִּלּוּל): 우상, 형상. 같은 표현 ⇒ (레26:30), (신29:17), (렘50:2), (겔6:4,5,6,9,13,8:10,14:3,4,5,6,7,16:36,18:6,12,15,20:7,8,16,18,24,31,39,22:3,4, 23:7,30,37,39,49,30:13,33:25,36:18,25,37:23,44:10,12).

50:3 왜냐하면 한 민족(고이)이 북쪽으로부터 그곳에 올라가서(알라)
그곳의 땅(에레쯔)을 황폐(쇄마)[1917]로 만들어(쉬트), 그곳에 거주하는 자(야솨브)가 없기 때문이다.
사람(아담)으로부터 짐승(베헤마)까지,
그들은 이리저리 다니며(누드)[1918] 떠나간다(할라크).

50:4 바로 그 날(욤, 복)과 바로 그 때(에트)에,
여호와의 말(네움),
이스라엘의 자손(벤)들이 오니(보),
그때 그들과 예후다 자손(벤)들이 함께(야하드) 살아가되(할라크),
통곡하며(바카) 살아가고(얄라크),
또한 그들은 여호와 자신들의 하나님(엘로힘)을 찾는다(바콰쉬)[1919].

50:5 (다시 말해), 그들이 자신들의 얼굴을 <u>찌욘</u>으로 향해 길(데레크)을 물으면(솨알), (그들은 말하기를),
'너희는 오라(보), 그러면 그들이 여호와와 연합하게 되어(라바),
영원한 언약(베리트)[1920]으로 잊혀지지(솨카흐)[1921] 않는다.' "라고 하는 것이다.ㅁ

50:6 (여호와가 이와 같이 말하였으니),
"내 백성(암)은 길 잃은(아바드)[1922] 양떼(쫀)다,

1917) 솸마(שַׁמָּה): 황폐, 공포, 소름끼침. 같은 표현 ⇒ (신28:37), (사5:9,13:9,24:12), (렘2:15,4:7,5:30,8:21,18:16,19:8,25:9,11,18,38,29:18,42:18,44:12,22,46:19,48:9, 49:13,17,50:3,23,51:29,37,41,43), (욜1:7), (습2:15).
1918) 누드(נוּד): 이리저리 방황하다, 슬퍼하다, 애도하다. 같은 표현 ⇒ (창4:12,14), (사51:19), (렘4:1,15:5,16:5,18:16,22:10,31:18,48:17,27,30,50:3,8).
1919) 바콰쉬(בָּקַשׁ): 찾다, 요구하다, 묻다. 같은 표현 ⇒ (창31:39), (사40:20,41:12,17, 45:19,51:1,65:1), (렘2:24,33,4:30,5:1,11:21,19:7,9,21:7,22:25,26:21,29:13,34:20,21,38:16, 44:30,45:5,46:26,49:37,50:4,20), (단1:8,20,8:15,9:3), (호2:7).
1920) 베리트(בְּרִית): 언약, 계약. 여성명사. 같은 표현 ⇒ (창6:18,9:9,12,14:13), (사24:5, 28:15), (렘3:16,11:2,3,8,10,14:21,22:9,31:31,32,33,32:40,33:20,21,25,34:8,10,13,18,50:5).
1921) 솨카흐(שָׁכַח): 잊다, 모르다. 같은 표현 ⇒ (창27:45,40:23,41:30), (사17:10,23:15,16), (렘2:32,3:21,13:25,18:15,20:11,23:27,40,30:14,44:9,50:5,6), (겔22:12,23:35).
1922) 아바드(אָבַד): 멸망시키다, 사라지게 하다, 길을 잃다. 같은 표현 ⇒ (출10:7), (레23:30,26:38), (사26:14,27:13,29:14,37:19,41:11,57:1,60:12), (렘1:10,4:9,6:21,7:28, 9:12,10:15,12:17,15:7,18:7,18,23:1,25:10,35,27:10,15,31:28,40:15,46:8,48:8,36,46,49:7,38, 50:6,51:18,55), (욜1:11), (암2:14,3:15), (옵1:8,12), (욘1:6,14), (습2:5,13).

그들의 목자들(로임)[1923]이 그들을 잘못 인도하여(타아)[1924], 산(하르, 복)
으로 돌이키게 하니(슈브),
곧 그것(양떼)들이 산(하르)에서 언덕으로 걸어다니며(할라크), 자신들의
누울 곳(레베쯔)을 잊었다(솨카흐).

50:7 그것(양떼)들을 만나는(마짜) 모든 자들은 그것들을 삼키고(아칼),
또 그것(양떼)들의 대적(짜르)들이 말하기를(아마르),
'우리는 잘못하지(아솸)[1925] 않았는데, 그것 대신에,
그들이 의로움(쩨데크)[1926]의 거처(나베)[1927] 여호와
곧 자신들의 조상들의 희망(미크베) 여호와께 죄를 지었다(하타)[1928].'
라고 하였다.ס

50:8 너희는 바벨 가운데서 도망하라(누드),
너희는 카스딤 땅(에레쯔)에서 나와라(야짜),
너희는 양떼(쫀)들 앞에서 숫염소(아투드)처럼 되라(하야).

50:9 왜냐하면 보라(힌네)! 내가 깨어 일으켜서(우르)[1929], 바벨에 대적하여
북쪽 땅(에레쯔)에서 큰 민족(고이)들의 무리(콰할)를 올라오게 하고(알라),
그들이 그곳에 대항해 전열을 정비하니(아라크)[1930],

1923) 로임(רֹעִים): ☞ 라아(רָעָה : 풀을 뜯다, 방목하다)의 분사 복수.
라아(רָעָה): 풀을 뜯다, 돌보다, 먹이다, 친구가 되다.
같은 표현 ⇒ (창4:2,13:7), (렘3:15,6:3,10:21,12:10,22:22,23:4,25:34,36,50:6), (겔34:2).

1924) 타아(תָּעָה): 방황하다, 길을 잃다, 잘못 행하다.
같은 표현 ⇒ (창20:13,21:14), (사3:12,9:16,16:8,19:13,14,21:4,28:7,29:24,30:28,35:8,47:15,53:6,63:17), (렘23:13,32,42:20,50:6), (암2:4), (미3:5).

1925) 아솸(אָשַׁם): 잘못하다, 잘못 행하다, 죄가 있다, 유죄로 판결받다.
같은 표현 ⇒ (레4:13,22,27,5:2,5,17,19,6:4), (민5:6,7,8), (사24:6), (렘2:3,50:7,51:5).

1926) 쩨데크(צֶדֶק): 의로움, 공정. 남성명사. ☞ 쩨다콰(צְדָקָה : 의로움) 여성명사.
같은 표현 ⇒ (레19:15,36), (사1:21,26), (렘11:20,22:13,31:23,33:16,50:7).

1927) 나베(נָוֶה): 목초지, 양떼나 목자의 거처, 거처. ☞ 나바(נָוָה : 아름답게 하다, 집에 머무르다)에서 유래. 같은 표현 ⇒ (출15:13), (사27:10,32:18,33:20,34:13,35:7,65:10), (렘6:2,10:25,23:3,25:30,31:23,33:12,49:19,20,50:7,19,44,45), (습2:6).

1928) 하타(חָטָא): 죄를 짓다, 빗나가다, 잘못하다. 같은 표현 ⇒ (창20:6), (사1:4,29:21,42:24,43:27,64:5,65:20), (렘2:35,3:25,8:14,14:7,20,16:10,32:35,33:8,37:18,40:3,44:23,50:7).

1929) 우르(עוּר): 깨다, 분발하다, 일으키다, 각성하다. 같은 표현 ⇒ (사41:2,25,42:13,45:13,50:4,51:9,17,52:1,64:7), (렘6:22,25:32,50:9,41,51:1,11), (단11:2,25), (합2:19), (학1:14), (슥2:13), (말2:12).

1930) 아라크(עָרַךְ): 정돈하다, 질서 있게 놓다, 배열하다, 값을 정하다.

곧 바벨이 그들로 인해 정복되기(라카드) 때문이다.
그들의 화살들은 능숙한(사칼)[1931] 용사(게베르)처럼 헛되이 돌아오지 (슈브) 않는다.

50:10 그때 카스딤이 전리품(솰랄)[1932]이 되니(하야),
그곳을 약탈하는(솰랄)[1933] 모든 자들이 만족한다(사바).
여호와의 말(네움).

50:11 내 유업(나할라)을 약탈하는 자(쇠싸)[1934]들아,
왜냐하면 너희가 기뻐하기(쇠마흐)[1935] 때문이다,
왜냐하면 너희가 기뻐 날뛰기(알라즈)[1936] 때문이다,
왜냐하면 너희가 타작하는(두쉬)[1937] 암송아지(에글라)처럼 뛰어오르고 (푸쉬)[1938], 그 힘센 말(아비르)[1939]처럼 소리 높여 외치기(짜할)[1940] 때문이다,

50:12 너희 어미가 매우 부끄러움을 당하고(부쉬),

같은 표현 ⇒ (창14:8,22:9), (출27:21,40:4), (레1:7,8,6:12,24:3), (민23:4), (사21:5,30:33,40:18,44:7,65:11), (렘6:23,46:3,50:9,14,42).

1931) 사칼(שָׂכַל): 지혜롭게 행하다, 통찰력 있게 행하다, 번영하다, 형통하다, 교차하여 두다. 같은 표현 ⇒ (창3:6,48:14), (신29:9,32:29), (사41:20,44:18,52:13), (렘3:15,9:24,10:21,20:11,23:5,50:9).

1932) 솰랄(שָׁלָל): 노략물, 약탈품. 같은 표현 ⇒ (창49:27), (삼하12:30), (왕하3:23), (사8:4,9:3,10:2,6,33:4,23), (렘21:9,38:2,39:18,45:5,49:32,50:10), (겔38:12,13), (슥2:9).

1933) 솰랄(שָׁלַל): 뽑아내다, 넘어지게 하다, 약탈하다, 노략질하다. 같은 표현 ⇒ (사10:6,59:15), (렘50:10), (합2:8), (슥2:8).

1934) 솨싸(שָׁסָה): 약탈하다, 노략질 하다. 같은 표현 ⇒ (사10:13,17:14,42:22), (렘50:11).

1935) 솨마흐(שָׂמַח): 기뻐하다, 즐거워하다. 같은 표현 ⇒ (출4:14), (레23:40), (신12:7), (사9:3,17,14:8,29,25:9,39:2,56:7,65:13,66:10), (렘20:15,31:13,41:13,50:11), (욜2:21,23), (옵1:12), (합1:15), (슥2:10,4:10).

1936) 알라즈(עָלַז): 크게 기뻐하다, 기뻐 날뛰다, 이겨서 좋아하다. 같은 표현 ⇒ (사23:12), (렘11:15,15:17,50:11,51:39), (습3:14).

1937) 두쉬(דּוּשׁ): 짓밟다, 타작하다. 같은 표현 ⇒ (신25:4), (사25:10,28:27,28,41:15), (렘50:11), (호10:11), (암1:3), (미4:13), (합3:12).

1938) 푸쉬(פּוּשׁ): 뛰어오르다, 달려들다. 같은 표현 ⇒ (렘50:11), (합1:8), (말4:2).

1939) 아비르(אַבִּיר): 강한, 용감한, 황소. 같은 표현 ⇒ (사10:13,34:7,46:12), (렘8:16,46:15,47:3,50:11).

1940) 짜할(צָהַל): 소리 높여 외치다, 부르다, 울다. 같은 표현 ⇒ (사10:30,12:6,24:14,54:1), (렘5:8,31:7,50:11).

너희를 낳은 여인(얄라드)이 창피를 당한다(하페르)[1941],
보라(힌네)! (그곳은) 민족(고이)들의 마지막(아하리트)[1942]이 (되고),
광야(미드바르), 메마른 땅(찌야), 사막(아라바)이 (된다).

50:13 그곳은 여호와의 격노(퀘쩨프)[1943]로 인하여, 거주하지(야솨브) 못하니,
곧 그곳 전체가 황폐(쉐마마)[1944]가 된다(하야).
바벨을 지나는(아바르) 모든 자가 그곳의 모든 재앙(마카)[1945]으로
인해 깜짝 놀라며(솨멤)[1946], 야유한다(솨라크)[1947].

50:14 활(퀘쉐트)을 당기는(다라크)[1948] 모든 자들아,
너희는 바벨에 대적하여 주위를 전열로 정비하라(아라크),
너희는 그곳에 활을 쏘되(야다), 화살(헤쯔)을 아끼지(하말)[1949] 말아라,
왜냐하면 그곳이 여호와께 죄를 지었기(하타) 때문이다.

50:15 너희는 그곳 주위에 함성을 울려라(루아으)[1950],

1941) 하페르(חָפֵר): 부끄러워하다, 수치를 당하다, 당황하다.
같은 표현 ⇒ (사1:29,54:4), (렘15:9,50:12), (미3:7).

1942) 아하리트(אַחֲרִית): 마지막 때, 끝, 결말. ☞ 아하르(אָחַר : 뒤에 있다)의 여성명사.
같은 표현 ⇒ (창49:1), (민23:10), (신4:30,8:16), (사2:2,41:22,46:10,47:7), (렘5:31,12:4,17:11,23:20,29:11,30:24,31:17,48:47,49:39,50:12), (단8:19,23,10:14,11:4,12:8).

1943) 퀘쩨프(קֶצֶף): 분노, 격노, 노여움, 특별히 하나님의 진노. 같은 표현 ⇒ (민1:53,16:46,18:5), (신29:28), (사34:2,54:8,60:10), (렘10:10,21:5,32:37,50:13), (슥1:2,15).

1944) 쉐마마(שְׁמָמָה): 황폐, 황무지. ☞ 솨멤(שָׁמֵם : 황폐하게 하다)의 여성명사.
같은 표현 ⇒ (출23:39), (사1:7,62:4,64:10), (렘4:27,6:8,9:11,10:22,12:10,11,25:12,32:43,34:22,44:6,49:2,33,50:13,51:26,62), (욜2:3,20,3:19), (습2:9).

1945) 마카(מַכָּה): 타격, 상처, 재앙. ☞ 나카(נָכָה : 치다, 때리다)의 여성명사.
같은 표현 ⇒ (레26:21), (신25:3,28:59,29:22), (왕상20:21,22:35), (왕하8:29,9:15), (사1:6,10:26,14:6,27:7), (렘6:7,10:19,14:17,15:18,19:8,30:12,14,17,49:17,50:13,), (미1:9).

1946) 솨멤(שָׁמֵם): 황폐하게 하다, 깜짝 놀라게 하다. 같은 표현 ⇒ (레26:22), (민21:30), (사33:8,49:8,19,52:14,54:1,3,59:16,61:4,63:5), (렘2:12,4:9,10:25,12:11,18:16,19:8,33:10,49:17,20,50:13,45), (단8:27).

1947) 솨라크(שָׁרַק): 쉿 소리를 내다, 휘파람을 불다. 같은 표현 ⇒ (사5:26,7:18), (렘19:8,49:17,50:13), (겔27:36), (습2:15).

1948) 다라크(דָּרַךְ): 밟다, 행진하다, 나아가다. 같은 표현 ⇒ (민24:17), (사5:28,11:15,16:10,21:15,42:16,48:17,59:8,63:2,3), (렘9:3,25:30,46:9,48:33,50:14,29,51:3,33).

1949) 하말(חָמַל): 아끼다, 용서하다, 불쌍히 여기다. 같은 표현 ⇒ (출2:6), (삼하12:4,6), (사9:19,30:14), (렘13:14,15:5,21:7,50:14,51:3), (욜2:18), (합1:17), (말3:17).

1950) 루아으(רוּעַ): 외치다, 소리지르다, 큰 소리로 부르다. 같은 표현 ⇒ (민10:7,9), (사15:4,16:10,42:13,44:23), (렘50:15), (욜2:1), (미4:9), (슥9:9).

그곳(바벨)이 자신의 손(야드)을 넘겨주었다(나탄).
그곳의 버팀벽(아슈야)이 쓰러지고(나팔),
그곳의 성벽(호마)들이 허물어진다(하라쓰)[1951].
왜냐하면 이것이 여호와의 보복(네콰마)[1952]이기 때문이다.
너희는 정녕 그곳에 보복하라(나콤)[1953],
너희는 그곳이 행한(아사) 대로 그곳에게 행하라(아사).

50:16 너희는 바벨로부터 씨 뿌리는 자(자라)[1954]와 추수(콰찌르)의 때에
낫을 잡는 자(타파스)[1955]를 끊어버려라(카라트).
그 압제자(야나)[1956]의 칼(헤레브) 때문에,
각자(이쉬)는 자신의 백성(암)에게로 방향을 돌리고(파나),
또 각자(이쉬)는 자신의 땅(에레쯔)으로 도망가라(누쓰)[1957].

50:17 이스라엘은 흩뿌려진(파자르)[1958] 양(세)이라,
사자들이 몰아내었다(나다흐)[1959].
그 처음(리숀)에는 앗슈르 왕이 그를 먹었고,
그 나중(아하론)에는 네부칸네짜르 바벨 왕이 그의 뼈를 먹었다."
라고 하는 것이다.

1951) 하라쓰(הָרַס): 넘어뜨리다, 헐다, 파괴하다. 같은 표현 ⇒ (출15:7,19:21,24,23:24), (사49:17), (렘1:10,24:6,31:28,40,42:10,45:4,50:15).

1952) 네콰마(נְקָמָה): 복수, 앙갚음. ☞ 나콤(נָקַם : 복수하다, 앙갚음하다)의 여성명사. 같은 표현 ⇒ (민31:2,3), (렘11:20,20:10,12,46:10,50:15,28,51:6,11,36).

1953) 나콤(נָקַם): 복수하다, 앙갚음 하다. 같은 표현 ⇒ (창4:15), (출21:20), (사1:24), (렘5:9,29,9:9,15:15,46:10,50:15,51:36), (나1:2).

1954) 자라(זָרַע): 씨 뿌리다. ☞ 제라(זֶרַע : 씨, 후손)의 동사. 같은 표현 ⇒ (창1:11,12,29,26:12,47:23), (사17:10,28:24,30:23,32:20,37:30,40:24,55:10), (렘2:2,4:3,12:13,31:27,35:7,50:16), (겔36:9), (호2:23), (나1:14), (학1:6), (슥10:9).

1955) 타파스(תָּפַשׂ): 붙잡다. 사로잡다. 같은 표현 ⇒ (창4:21,39:12), (왕상18:40,20:18), (왕하7:12), (사3:6,36:1), (렘2:8,26:8,34:3,37:13,14,38:23,40:10,46:9,50:16,24,46, 51:32,41,52:9), (암2:15), (합2:19).

1956) 야나(יָנָה): 억울하게 하다, 학대하다, 억압하다. 같은 표현 ⇒ (출22:21), (레19:33,25:14,17), (신23:16), (사49:26), (렘22:3,25:38,46:16,50:16), (습3:1).

1957) 누쓰(נוּס): 급히 도망가다, 달아나다. 같은 표현 ⇒ (창14:10), (사10:3,29,13:14), (렘46:5,6,48:6,19,45,49:8,24,30,50:16,28,51:6), (암2:16), (나2:8), (슥2:6,14:5).

1958) 파자르(פָּזַר): 흩뜨리다, 흩뿌리다. 같은 표현 ⇒ (렘3:13,50:17), (욜3:2).

1959) 나다흐(נָדַח): 몰아내다, 내어 쫓다, 몰리게 되다, 미혹되다. 같은 표현 ⇒ (신4:19), (사8:22,13:14,16:3,4,27:13), (렘8:3,16:15,23:2,3,8,24:9,27:10,15,29:14,18, 30:17,32:37,40:12,43:5,46:28,49:5,36,50:17), (겔4:13), (단9:7), (욜2:20), (습3:19).

50:18 그러므로 만군의 여호와 이스라엘의 하나님(엘로힘)이 이와 같이
말하였으니(아마르),
"보라(헨)! 내(여호와)가 앗슈르 왕을 벌하여 보응한 것(파콰드)[1960] 처럼,
나(여호와)는 바벨 왕과 그의 땅(에레쯔)을 벌하여 보응한다(파콰드).

50:19 내(여호와)가 이스라엘을 그의 목장(나베)으로 돌아오게 하니(슈브),
그가 그 카르멜과 그 바산에서 풀을 뜯고(라아),
그의 영혼(네페쉬)이 에프라임 산과 그 길르앋에서 만족한다(사바).

50:20 바로 그 날(욤,복)과 바로 그 때(에트)에,
여호와의 말(네움),
이스라엘의 행악(아본)[1961]을 찾아도(바콰쉬) 어떤 것도 없고,
예후다의 죄(하타아)를 (찾아도), 어떤 것도 찾아내지(마짜) 못한다,
왜냐하면 내(여호와)가 남겨진 자(솨아르)[1962]들을 용서하기(쌀라흐)[1963]
때문이다.

50:21 네가 메라타임[1964]의 땅(에레쯔)에 대항하여, 그곳으로 올라가서(알라)
페코드[1965]의 거주민(야솨브)들을 황폐케 하고(하라브)[1966],
또 그들을 뒤쫓아 전멸시켜라(하람)[1967],

1960) 파콰드(פָּקַד): 방문하다, 계수하다, 임명하다, 보응하여 벌하다. 같은 표현 ⇒ (창21:1), (왕상20:15,26,27,39), (왕하3:6,5:24,7:17,9:34), (사13:4,62:6), (렘1:10,3:16, 5:9,29,6:6,15,9:9,25,11:22,13:21,14:10,15:3,15,21:14,23:2,4,34,25:12,27:8,22,29:10,32,30:20, 32:3,36:31,37:21,40:5,7,11,41:2,10,18,44:13,29,46:25,49:8,19,50:18,31,44,51:27,44,47,52), (호1:4,2:13), (습1:8,9,11,2:7).

1961) 아본(עָוֹן): 행악, 죄악, 행악의 형벌, 행악과 형벌 사이의 죄의식. 집합명사. 같은 표현 ⇒ (창4:13,15:16,19:15), (렘2:22,3:13,5:25,11:10,13:22,14:7,10,20,16:10,17, 18:23,25:12,30:14,15,31:30,34,32:18,33:8,36:3,31,50:20,51:6), (단9:13,16,24).

1962) 솨아르(שָׁאַר): 남기다, 살아남다. 같은 표현 ⇒ (창7:23,14:10,32:8), (왕상19:18), (사4:3,11:16,17:6,24:6,12,37:31), (렘8:3,21:7,24:8,34:7,37:10,38:4,22,39:9,10,40:6,41:10, 42:2,49:9,50:20,52:16), (겔36:36), (단10:8,17), (욜2:14), (옵1:5), (학2:3).

1963) 쌀라흐(סָלַח): 하나님이 용서하다, 사면하다. 같은 표현 ⇒ (출34:9), (레4:20, 5:10,6:7,19:22), (왕하5:18), (사55:7), (렘5:1,7,31:34,33:8,36:3,50:20), (단9:19).

1964) 메라타임(מְרָתַיִם): 바벨론 남쪽 유프라테 강 하구 근처, 바벨론에 대한 상징적 이름.

1965) 페코드(פְּקוֹד): 티그리스 강 동쪽에 사는 소수의 아람족.

1966) 하라브(חָרֵב): 마르다, 시들다. ☞ 마르는 지역을 묘사. 같은 표현 ⇒ (창8:13), (사19:5,6,34:10,37:18,25,42:15,44:27,49:17,50:2,51:10,60:12), (렘2:12,26:9,50:21,27,51:36), (나1:4).

여호와의 말(네움),
(다시 말해), 내가 너에게 명한(짜바) 모든 것대로 행하라(아사).□

50:22 그 땅(에레쯔)에 전쟁의 소리(콜)와 큰 파멸(쉐베르)[1968]이 (있다),

50:23 어찌하여 온 땅(에레쯔)의 망치(파티쉬)가 절단되어(가다)[1969] 부서지는가(솨바르)[1970]?
어찌하여 그 민족(고이)들 중 바벨이 황폐(솸마)[1971]가 되는가(하야)?

50:24 바벨아,
내가 너에게 올무를 놓으니(야코쉬)[1972],
네가 걸려들었고(라카드), 잘 알아차리지도(야다) 못하고, 발견되어(마짜) 붙잡히는구나(타파스),
왜냐하면 네가 여호와께 대항하여 다투기(가라)[1973] 때문이다,

50:25 여호와가 자신의 창고(오짜르)를 열어(파타흐), 분노(자암)[1974]의 무기(켈리)들을 꺼내니(야짜),
왜냐하면 이것이 카스딤 땅(에레쯔)에서 나의 주 만군의 여호와의 일(멜라카)[1975]이기 때문이다.

1967) 하람(חָרַם): 신에게 바치다, 전멸시키다. 같은 표현 ⇒ (출22:20), (레27:28), (민21:2), (신2:34,3:6,7:2), (사11:15,34:2,37:11), (렘25:9,50:21,26,51:3), (단11:44).

1968) 쉐베르(שֶׁבֶר): 파괴, 파멸, 부숨, 골절. ☞ 솨바르(שָׁבַר : 깨뜨리다, 부수다)에서 유래. 같은 표현 ⇒ (사1:28,51:19,59:7,60:18,65:14), (렘4:6,20,6:1,14,8:11,21, 10:19,14:17,30:12,15,48:3,5,50:22,51:54).

1969) 가다(גָּדַע): 베어 넘기다, 절단하다, 잘라내다. 같은 표현 ⇒ (신7:5,12:3), (사9:10,10:33,14:12,22:25,45:2), (렘48:25,50:23), (암3:14).

1970) 솨바르(שָׁבַר): 깨뜨려 부수다, 산산이 부수다. 같은 표현 ⇒ (창19:9), (왕상19:11, 22:48), (사8:15,14:5,25,21:9,24:10,27:11,28:13,30:14,38:13,42:3,45:2), (렘2:13,20,5:5,8:21, 14:17,17:18,19:10,11,22:20,23:9,28:2,4,10,11,12,13,30:8,43:13,48:4,17,25,38,49:35,50:23, 51:8,30,52:17), (단8:7,8,22,25,11:4,20,22,26), (호1:5,2:18), (암1:5), (욘1:4), (나1:13).

1971) 솸마(שַׁמָּה): 황폐, 공포, 소름끼침. 같은 표현 ⇒ (신28:37), (사5:9,13:9,24:12), (렘2:15,4:7,5:30,8:21,18:16,19:8,25:9,11,18,38,29:18,42:18,44:12,22,46:19,48:9, 49:13,17,50:23,51:29,37,41,43), (욜1:7), (습2:15).

1972) 야코쉬(יָקֹשׁ): 미끼를 놓다, 덫에 걸리게 되다. ☞ 모케쉬(מוֹקֵשׁ : 미끼, 올무)의 동사. 같은 표현 ⇒ (신7:25), (사8:15,28:13), (렘50:24).

1973) 가라(גָּרָה): 선동하다, 싸우다, 자극하다, 다투다.
같은 표현 ⇒ (신2:5,9,19,24), (렘50:24), (단11:10,25).

1974) 자암(זַעַם): 분노, 분개, 격노. 같은 표현 ⇒ (사10:5,25,13:5,26:20,30:27), (렘10:10,15:17,50:25), (단8:19,11:36), (나1:6).

50:26 너희는 가장 먼 곳에서 그곳(바벨)에 대적하여 오라(보).
너희는 그곳의 곡물창고들을 열고(파타흐), 곡식더미와 같이 쌓아올려(쌀랄)[1976], 그곳을 전멸시켜라(하람),
그곳에 살아남은 자(쉐에리트)[1977]가 없게 하라.

50:27 너희는 그곳의 모든 소(파르)를 도살하라(하라브),
그것들이 그 도살장(테바흐)[1978]으로 내려가게 하라(야라브),
화로다(호이), 그들에게,
왜냐하면 그들의 날(욤,복) 곧 그들의 징벌(페쿠다)[1979]의 때(에트)가 이르렀기(보) 때문이다.ㅁ

50:28 바벨 땅(에레쯔)으로부터 도망하는 자(누쓰)들과 도피자(팔레트)들의 소리(콜)가 있으니,
(그것은) 여호와 우리 하나님(엘로힘)의 복수(네콰마)[1980] 곧 그의 성전(헤칼)의 복수(네콰마)를 찌욘에 전하는(나가드) (소리이다).

50:29 너희는 바벨에 대적하여 활쏘는 자(라브)들에게 듣게 하라(솨마),
너희는 그곳 주위에 활을 당기는(다라크) 모든 자로 진영을 쳐서(하나),
도피자(펠레타)가 없게 하라.
너희는 그곳의 행위(포알)[1981]대로 그곳에게 갚아주어라(쉴람)[1982],

1975) 멜라카(מְלָכָה): 업무, 주어진 일, 사업, 소유재물. 여성명사.
☞ 말아크(מַלְאָךְ : 천사, 특별임무)과 같은 어원.
같은 표현 ⇒ (창2:2,3,39:11), (렘17:22,24,18:3,48:10,50:25), (욘1:8), (학1:14).

1976) 싸랄(סָלַל): 높이다, 쌓아올리다, 찬양하다.
같은 표현 ⇒ (출9:17), (사57:14,62:10), (렘18:15,50:26).

1977) 쉐에리트(שְׁאֵרִית): 살아남은 자, 남은 것, 후손. ☞ 솨아르 (שָׁאַר : 살아남다)의 여성명사. 같은 표현 ⇒ (창45:7), (렘6:9,8:3,11:23,15:9,23:3,24:8,25:20,31:7,39:3,40:11,15,41:10,16,42:2,15,19,43:5,44:12,14,28,47:4,5,50:26), (슥8:6), (미2:12,4:7), (습2:9).

1978) 테바흐(טֶבַח): 짐승, 도살, 살해. ☞ 타바흐(טָבַח : 도살하다, 무자비하게 죽이다)의 명사. 같은 표현 ⇒ (창43:16), (사34:2,6,53:7,65:12), (렘48:15,50:27).

1979) 페쿠다(פְּקֻדָּה): 방문, 감독, 징벌, 형벌, 소집. ☞ 파콰드(פָּקַד : 방문하다)의 여성명사. 같은 표현 ⇒ (민3:32,36,4:16,16:29), (사10:3,15:7,60:17), (렘8:12,10:15,11:23,23:12,46:21,48:44,50:27,51:18,52:11).

1980) 네콰마(נְקָמָה): 복수, 앙갚음. ☞ 나캄(נָקַם : 복수하다, 앙갚음하다)의 여성명사.
같은 표현 ⇒ (민31:2,3), (렘11:20,20:10,12,46:10,50:28,51:6,11,36).

1981) 포알(פֹּעַל): 행위, 하는 일. 같은 표현 ⇒ (사1:31,41:24,45:9,11), (렘22:13,25:14,50:29).

1982) 쉴람(שָׁלַם): 온전케 하다, 완전,완성하다, 회복,배상하다, 평화하다. 같은 표현 ⇒ (창44:4), (사19:21,38:12,13,42:19,44:26,28,57:18,59:18,60:20,65:6), (렘16:18,18:20,25:14,

(다시 말해), 너희는 그곳이 행한(아사) 모든 것대로 그곳에게 행하라 (아사).
왜냐하면 그곳(바벨)이 여호와 곧 이스라엘의 거룩한 분(콰도쉬)께
교만하게 행하였기(주드)[1983] 때문이다.

50:30 그러므로 그곳의 청년(바후르)들이 그곳의 광장(레호브,넓은 곳)들에서 쓰러지고(나팔), 바로 그 날(욤)에 그곳의 전쟁의 모든 사람들(에노쉬)이 <u>완전히 끝나게 된다</u>(다맘)[1984].
여호와의 말(네움).ס

50:31 보라(헨)! 교만한 자(자돈)[1985]여,
(내가) 너에게 대적하여 (있다),
나의 주 만군의 여호와의 말(네움),
왜냐하면 너의 날(욤) 곧 내가 너를 벌하여 보응할(파콰드) 때(에트)가 이르기(보) 때문이다.

50:32 교만한 자(자돈)가 걸려 넘어져(카쇌)[1986] 쓰러져도(나팔),
그를 일으킬 자(쿰)가 없고,
내(여호와)가 그의 성읍(이르)들에 불을 놓으면(야짜트)[1987],
그것(불)이 그의 주위 모두를 삼킨다(아칼)."라고 하는 것이다.ס

50:33 만군의 여호와가 이와 같이 말하였으니(아마르),
"이스라엘의 자손(벤)들과 예후다의 자손(벤)들이 함께(야하드) 압제를 당하니(아솨크)[1988],
곧 그들을 포로로 잡아간(솨바)[1989] 모든 자가 그들을 붙잡고(하자크),

32:18,50:29,51:6,24,56), (욘2:9), (나1:15).

1983) 주드(זוּד): 교만하게 주제넘게 반역적으로 행동하다.
같은 표현 ⇒ (출18:11,21:14), (신1:43,17:13,18:20), (렘50:29).

1984) 다맘(דָּמַם): 침묵을 지키다, 조용하다, 잠자코 있다. 같은 표현 ⇒ (출15:16), (레10:3), (사23:2), (렘8:14,25:37,47:6,48:2,49:26,50:30,51:6).

1985) 자돈(זָדוֹן): 교만, 거만, 건방짐.
같은 표현 ⇒ (신17:12,18:22), (렘49:16,50:31,32), (옵1:3).

1986) 카쇌(כָּשַׁל): 비틀 거리다, 걸려 넘어지다. 같은 표현 ⇒ (사3:8,5:27,8:15,40:30,59:10), (렘6:15,21,8:12,18:15,23,20:11,31:9,46:6,12,16,50:32), (단11:14,19,33), (나2:5), (말2:8).

1987) 야짜트(יָצַת): 불을 붙이다, 태우다. 같은 표현 ⇒ (사9:18,27:4,33:12), (렘2:15, 9:10,12,11:16,17:27,21:14,32:29,43:12,46:19,49:2,27,50:32,51:30,58), (암1:14).

1988) 아솨크(עָשַׁק): 억압하다, 학대하다, 강탈하다. 같은 표현 ⇒ (레6:2,4,19:13), (신24:14), (사23:12,52:4), (렘7:6,21:12,50:33), (미2:2), (말3:5).

1989) 솨바(שָׁבָה): 포로로 잡다. ☞ 쉐비(שְׁבִי : 포로)의 동사.

그들 보내기(쉴라흐)를 거절한다(마엔).

50:34 그들의 구속자(가알)[1990]는 강하니(하자크),
그의 이름(쉠)은 만군의 여호와다
그가 그들의 송사(리브)[1991]를 대신하여 정녕 변호하니(리브)[1992],
곧 그가 그 땅(에레쯔)을 쉬게 하고(라가)[1993], 바벨의 거주민(야솨브)들을 불안으로 떨게하기(라가즈)[1994] 위해서이다.

50:35 카스딤인들 위에 칼(헤레브)이 (있으니),
바벨의 거주민(야솨브)과 그곳의 고관(사르)들과 그곳의 지혜자(하캄)들에게이다. 여호와의 말(네움).

50:36 칼(헤레브)이 그 헛된 것을 말하는 자(바드)[1995]들에게 (있으니),
그때 그들이 어리석게 되고(야알)[1996],
칼(헤레브)이 그곳의 용사(기보르)들에게 (있으니),
그때 그들이 깜짝 놀란다(하타트).

50:37 칼(헤레브)이 그의 말(쑤쓰)들과 그의 전차에 (있고),
(칼이) 그곳 가운데 있는 그 모든 잡족(에레브)에게 (있으니),
그때 그들이 여자(이솨)들이 된다(하야).
칼(헤레브)이 그곳의 보물창고(오짜르)들에 (있으니),

같은 표현 ⇒ (창14:14,31:26,34:29), (렘13:17,41:10,14,43:12,50:33).

1990) 가알(גָּאַל): 근친의 의무를 하다, 되 사다, 무르다, 속량하다. 같은 표현 ⇒ (창48:16), (사35:9,41:14,43:1,14,44:6,22,23,24,47:4,48:17,20,49:7,26,51:10,52:3,9,54:5,8,59:20,60:16,62:12,63:4,9,16), (렘31:11,50:34), (미4:10).

1991) 리브(רִיב): 말다툼, 분쟁, 소송, 논쟁, 송사. 같은 표현 ⇒ (창13:7), (출23:2,6), (신1:12,21:5,25:1), (사1:23,34:8,41:11,21,58:4), (렘11:20,15:10,20:12,25:31,50:34,51:36).

1992) 리브(רִיב): 말로 다투다, 싸우다, 경쟁하다. 같은 표현 ⇒ (창26:20,21,22,31:36), (사1:17,3:13,19:20,27:8,45:9,49:25,50:8,51:22,57:16), (렘2:9,29,12:1,50:34,51:36).

1993) 라가(רָגַע): 쉬다, 휴식하다, 안식하다, 반짝이다, 깜박하다.
같은 표현 ⇒ (신28:65), (사34:14,51:4,15), (렘31:2,35,47:6,49:19,50:34,44).

1994) 라가즈(רָגַז): 떨다, 동요하다, 분노로 말다툼하다. 같은 표현 ⇒ (창45:24), (출15:14), (신2:25), (사5:25,13:13,14:9,16,23:11,28:21,32:10,11,37:28,29,64:2), (렘33:9,50:34), (욜2:1,10), (암8:8).

1995) 바드(בַּד): 거짓말, 공허하거나 헛된 말.
같은 표현 ⇒ (사16:6,44:25), (렘48:30,50:36).

1996) 야알(יָאַל): 하나님의 뜻을 알지 못해 어리석게 행동하다.
같은 표현 ⇒ (민12:11), (사19:13), (렘5:4,50:36).

그때 그것들이 탈취를 당한다(바자즈)[1997].

50:38 가뭄(호레브)이 그곳의 물에 (있으니),
그때 그것(물)이 마른다(야베쉬).
왜냐하면 그곳은 조각상(페쎌)[1998]들의 땅(에레쯔)이요,
그들이 그 두려움(에마,복)[1999]으로 미치게 되기(할랄)[2000] 때문이다.

50:39 그러므로 (사막에 거하는) 들짐승(찌이)들이 이리들과 함께 거주하며(야쇄브), 타조들이 그곳 가운데 거주한다(야쇄브).
그곳은 더 이상 영원히 거주하지(야쇄브) 못하니,
즉 그곳은 대대로 거주하지(야쇄브) 못한다.

50:40 스돔과 아모라와 그곳의 이웃(솨켄)들에 대한 하나님(엘로힘)의 뒤엎음(마흐페카)[2001]처럼, 여호와의 말(네움),
그곳에 어떤 자(이쉬)도 거주하지(야쇄브) 못하고,
어떤 사람(아담)의 아들(벤)도 우거하지(구르) 못한다.

50:41 보라(힌네)! 한 백성(암)이 북쪽(짜폰)으로부터 이르니(보),
큰 민족(고이)과 많은 왕들이 땅 끝(예레카,측면)에서 깨어 일어난다(우르).

50:42 그들은 활(퀘쉐트)과 단창을 잡고(하자크), 또 잔인하여(아크자리), 긍휼을 베풀지(라함)[2002] 않는다.
바벨의 딸(바트)아,
그들의 소리(콜)는 노호하는(하마)[2003] 그 바다와 같고,

1997) 바자즈(בָּזַז): 약탈하다, 노략질하다. 같은 표현 ⇒ (창34:27,29), (민31:9), (사10:2,6, 11:14,17:14,24:3,33:23,42:22,24), (렘20:5,30:16,50:37), (암3:11), (나2:9), (습2:9).
1998) 페쎌(פֶּסֶל): 우상, 형상. ☞ 파쌀(פָּסַל : 깍아 다듬다)의 명사.
같은 표현 ⇒ (신7:5,25,12:3), (사10:10,21:9,30:22,42:8), (렘8:19,50:38), (미1:7).
1999) 에마(אֵימָה): 무서움, 두려움. 여성명사. 같은 표현 ⇒ (창15:12), (출15:16,23:27), (신32:25), (사33:18), (렘50:38).
2000) 할랄(הָלַל): 밝게 비추다, 자랑하다, 찬양하다, 미치다. 같은 표현 ⇒ (창12:15), (왕상20:11), (사13:10,38:18,41:16,44:25,45:25,62:9,64:11), (렘4:2,9:23,24,20:13,25:16, 31:7,46:9,49:4,50:38,51:7), (욜2:26), (나2:4).
2001) 마흐페카(מַהְפֵּכָה): 멸망, 타도, 뒤엎음. ☞ 하파크(הָפַךְ : 뒤집어엎다, 변화시키다)의 명사. 같은 표현 ⇒ (신29:23), (사1:7,13:19), (렘49:18,50:40).
2002) 라함(רָחַם): 긍휼히 여기다, 긍휼을 베풀다. 같은 표현 ⇒ (출33:19), (신13:17), (렘6:23,12:15,13:14,21:7,30:18,31:20,33:26,42:12,50:42), (호1:6,7,2:1,4,23), (슥1:12).
2003) 하마(הָמָה): 중얼거리다, 으르렁거리다, 외치다, 떠들썩하다.

그들은 말들을 타고(라카브), 그 전쟁의 사람(이쉬)처럼 그곳에 대적하여 전열을 정비한다(아라크).

50:43 바벨 왕이 그들의 소문(쉐마)을 듣고(솨마), 그의 손(야드)이 풀리며(라파)[2004], 고통(짜라)[2005]이 그를 사로잡으니(하자크),
진통(힐)[2006]이 그 해산하는 여인(얄라드)과 같다.

50:44 보라(힌네)! 한 사자(아리)가 그 야르덴의 굽이침(가온)에서 항상 흐르는 초장(나베)으로 올라오는 것(알라)과 같이,
내(여호와)가 눈 깜빡하는 사이(라가) 그곳에서 그들을 쫓아내고(루쯔),
택함 받은 자(바하르)를 그곳에 임명한다(파콰드).
왜냐하면 나와 같은 자가 누구며,
나를 지명할 자(야아드)[2007]가 누구며,
내 앞에 설(아마드) 바로 그 목자(로에)가 누구냐?

50:45 그러므로 너희는 바벨에 관하여 계획한(야아쯔) 여호와의 계획(에짜)[2008]을 듣고(솨마), 카스딤 땅(에레쯔)에 관하여 생각한(하솨브) 그의 생각(마하솨바, 복)[2009]을 (들어라),
반드시 그들은 그 어린 양떼(쫀)들을 질질 끌고 나간다(싸하브)[2010],
즉 반드시 그들의 목장(나베)은 그들로 인해 황폐케 된다(솨멤).

50:46 바벨의 함락되는(타파스) 소리(콜)에 그 땅(에레쯔)이 진동하고(라아쉬)[2011],

같은 표현 ⇒ (사51:15,59:11), (렘4:19,5:22,6:23,31:20,35,48:36,50:42,51:55).

2004) 라파(רָפָה): 가라앉다, 떨어지다, 느슨해 지다, 낙심하다. 같은 표현 ⇒ (출4:26,5:8,17), (사5:24,13:7), (렘6:24,38:4,49:24,50:43), (겔1:24,25).

2005) 짜라(צָרָה): 환난, 고난. ☞ 짜르(צַר : 고난, 대적, 적)의 여성명사. 같은 표현 ⇒ (창35:3), (사8:22,28:20,30:6,33:2,37:3,46:7,63:9,65:16), (렘4:31,6:24,14:8,15:11,16:19,30:7,49:24,50:43), (단12:1), (옵1:12,14), (욘2:2), (나1:7,9), (습1:15).

2006) 힐(חִיל): 몸부림, 고통. 같은 표현 ⇒ (출15:14), (렘6:24,22:23,50:43).

2007) 야아드(יָעַד): 첩으로 지명하다, 지정한 장소에서 만나다, 약속하여 모이다. 같은 표현 ⇒ (출21:8,25:22,29:42,43,30:6,36), (민10:3,4), (렘24:1,47:7,49:19,50:44).

2008) 에짜(עֵצָה): 충고, 조언, 의논. ☞ 야아쯔(יָעַץ : 조언하다, 권면하다)의 명사. 같은 표현 ⇒ (신32:28), (사5:19,8:10,11:2,14:26,16:3,19:3,11,17,25:1,28:29,29:15,30:1,36:5,40:13,44:26,46:10,11,47:13), (렘18:18,23,19:7,32:19,49:7,20,30,50:45).

2009) 마하솨바(מַחֲשָׁבָה): 생각, 사상, 고안, 발명. ☞ 하솨브(חָשַׁב : 생각하다, 고안하다)의 여성명사. 같은 표현 ⇒ (창6:5), (출31:4,35:32,33,35), (사55:7,8,9,59:7,65:2,66:18), (렘4:14,6:19,11:19,18:11,12,18,29:11,49:20,30,50:45,51:29), (단11:24,25).

2010) 싸하브(סָחַב): 질질 끌다. 같은 표현 ⇒ (렘15:3,22:19,49:20,50:45).

또 그 부르짖음(자아크)이 온 민족(고이)들에 들린다(솨마)."라고 하는 것이다.ㅁ

2011) 라아쉬(רָעַשׁ): 흔들리다, 떨다, 진동하다. 같은 표현 ⇒
(렘4:24,8:16,10:10,49:21,50:46,51:29), (겔38:20), (욜2:10), (나1:5), (학2:6,7,21).

이르메야 51장

51:1 여호와가 이와 같이 말하였으니(아마르),
"보라(헨)! 내(여호와)가 바벨에 대적하여 깨워 일으킨다(우르)[2012],
즉 나에 대적하여 멸망케 하는 자(쇠하트)[2013]의 바람(루아흐)[2014]을
일으키는 자(쿰)들, 그들의 마음(레브) 중에 거주하는 자(야솨브)들에
(내가) 대적하여 (깨워 일르킨다).

51:2 (다시 말해), 내(여호와)가 바벨에 타 민족(주르)[2015]들 즉 그곳(바벨)을 흩
어 버리는 자(자라)[2016]들을 보내어(쇨라흐), 그곳의 땅(에레쯔)을 비우게 한
다(바콰크)[2017],
왜나하면 재앙(라아)의 날(욤)에, 그들(타 민족)이 그곳(바벨) 주위에 대항
하여 있기(하야) 때문이다.

51:3 활 당기는 자(다라크)[2018]와 갑옷(씨르욘)을 갖춘 자를 향하여,
활을 쏘는 자(다라크)가 자신의 활을 당긴다(다라크),
너희는 그곳(바벨)의 청년(바후르)들을 불쌍히 여기지(하말)[2019] 말고,
그곳의 모든 군대(짜바)를 전멸시켜라(하람)[2020].

2012) 우르(עור): 깨다, 분발하다, 일으키다, 각성하다.
같은 표현 ⇒ (사41:2,25,42:13,45:13,50:4,51:9,17,52:1,64:7), (렘6:22,25:32,50:9,41,51:1,11), (단11:2,25), (합2:19), (학1:14), (슥2:13), (말2:12).

2013) 쇠하트(שָׁחַת): 부패케 하다, 멸망시키다. 같은 표현 ⇒ (창6:11), (사1:4,11:9,14:20,36:10,37:12,51:13,54:16,65:8,25), (렘2:30,4:7,5:10,6:5,28,11:19,12:10,13:7,9,14,15:3,6,18:4,22:7,36:29,48:18,49:9,51:1,11,20,25), (말2:8,3:11).

2014) 루아흐(רוּחַ): 영, 바람, 숨. 같은 표현 ⇒ (창1:2), (렘4:11,12,5:13,51:1,11,16,17), (겔1:4,12,20,21,2:2,3:12,14,24,11:1,5,19,24,36:26,27,37:1,5,6,8,9,10,14), (단2:1,3,8:8).

2015) 주르(זוּר): 외인, 일반인, 타인. 같은 표현 ⇒ (출29:33,30:9,33), (렘2:25,3:13,5:15,30:8,51:2,51).

2016) 자라(זָרָה): 흩뿌리다, 흩어버리다, 키질하다. 같은 표현 ⇒ (출32:20), (사41:16), (렘4:11,15:7,31:10,51:2), (슥1:19,21), (말2:3).

2017) 바콰크(בָּקַק): 비우다, 공허하게 하다.
같은 표현 ⇒ (사19:3,24:1,3), (렘19:7,51:2), (나2:2).

2018) 다라크(דָּרַךְ): 밟다, 행진하다, 나아가다. 같은 표현 ⇒ (민24:17), (사5:28,11:15,16:10,21:15,42:16,48:17,59:8,63:2,3), (렘9:3,25:30,46:9,48:33,50:14,29,51:3,33).

2019) 하말(חָמַל): 아끼다, 용서하다, 불쌍히 여기다. 같은 표현 ⇒ (출2:6), (삼하12:4,6), (사9:19,30:14), (렘13:14,15:5,21:7,50:14,51:3), (욜2:18), (합1:17), (말3:17).

51:4 칼에 찔린 자(할랄)[2021]들이 카스딤의 땅(에레쯔)에 쓰러지고(나팔),
그곳의 거리(후쯔,복)에 널려 있다(다콰르)[2022].

51:5 왜냐하면 비록 그들(이스라엘과 예후다)의 땅(에레쯔)이 이스라엘의 거룩한
분(콰도쉬)에게 잘못(아솸)[2023]으로 가득 할지라도(말레),
이스라엘과 예후다는 만군의 여호와 그의 하나님(엘로힘)에게 버림받
지(알만)[2024] 않기 때문이다.

51:6 너희는 바벨 가운데서 도망하라(누쓰)[2025].
각자 자신의 목숨(네페쉬)을 구출하라(말라트)[2026].
너희는 그곳(바벨)의 행악(아본)[2027]으로 인해 잠잠하지(다맘)[2028] 말라.
왜냐하면 정녕 여호와의 복수(네콰마)[2029]의 때,
그(여호와)가 그곳(바벨)에 보응(게물)[2030]으로 갚기(쉴람)[2031] 때문이다.

2020) 하람(חֵרֶם): 신에게 바치다, 전멸시키다. 같은 표현 ⇒ (출22:20), (레27:28,29), (민21:2), (신2:34,3:6,7:2), (사11:15,34:2,37:11), (렘25:9,50:21,26,51:3), (단11:44).

2021) 할랄(חָלָל): 꿰찔린, 살해된, 치명적인 상처를 입은. ☞ 할랄(חָלַל : 꿰뚫다, 더럽히다, 시작하다)의 형용사. 같은 표현 ⇒ (창34:27), (레21:7,14), (사22:2,34:3,66:16), (렘9:1,14:18,25:33,51:4,47,49,52), (단11:26), (습2:12).

2022) 다콰르(דָּקַר): 꿰뚫다, 꿰찌르다, 관통하다.
같은 표현 ⇒ (민25:8), (렘51:4), (슥12:10,13:3).

2023) 아솸(אָשָׁם): 잘못, 위반, 배상. ☞ 아솸(אָשַׁם : 잘못을 하다)의 명사.
같은 표현 ⇒ (창26:10), (레5:6,6:6,7:1,14:12,19:21), (민6:12,18:9), (렘51:5).

2024) 알만(אַלְמָן): 과부로 버려진. ☞ 이곳에 한번 쓰임.

2025) 누쓰(נוּס): 급히 도망가다, 달아나다. 같은 표현 ⇒ (창14:10), (사10:3,29,13:14), (렘46:5,6,48:6,19,45,49:8,24,30,50:16,28,51:6), (암2:16), (나2:8), (슥2:6,14:5).

2026) 말라트(מָלַט): 도망가다, 피하다, 구출하다. 같은 표현 ⇒ (창19:17), (왕상18:40, 19:17,20:20), (사20:6,31:5,34:15,37:38,46:2,4,49:24,25,66:7), (렘32:3,34:3,38:18,23,39:18, 41:15,46:6,48:6,8,19,51:6,45), (단11:41,12:1), (욜2:32), (암2:14,15), (슥2:7).

2027) 아본(עָוֹן): 행악, 죄악, 행악의 형벌, 행악과 형벌 사이의 죄의식. 집합명사.
같은 표현 ⇒ (창4:13,15:16,19:15), (렘2:22,3:13,5:25,11:10,13:22,14:7,10,20,16:10,17, 18:23,25:12,30:14,15,31:30,34,32:18,33:8,36:3,31,50:20,51:6), (단9:13,16,24).

2028) 다맘(דָּמַם): 침묵을 지키다, 조용하다, 잠자코 있다. 같은 표현 ⇒ (출15:16), (레10:3), (사23:2), (렘8:14,25:37,47:6,48:2,49:26,50:30,51:6).

2029) 네콰마(נְקָמָה): 복수, 앙갚음. ☞ 나콤(נָקַם : 복수하다, 앙갚음하다)의 여성명사.
같은 표현 ⇒ (민31:2,3), (렘11:20,20:10,12,46:10,50:28,51:6,11,36).

2030) 게물(גְּמוּל): 보응, 보답, 은혜.
☞ 가말(גָּמַל : 나누어 주다, 보답하다, 익다, 젖을 떼다)에서 유래.
같은 표현 ⇒ (사3:11,35:4,59:18,66:6), (렘51:6), (욜3:4), (옵1:15).

51:7 바벨은 여호와의 손(야드) 안에 있는 금잔(코쓰)으로, 그 온 땅(에레쯔)을
술 취하게 한다(솨카르)[2032],
(다시 말해), 민족(고이)들이 그곳의 포도주(야인)를 마시니(솨타),
그러므로 민족(고이)들이 미친다(할랄)[2033].

51:8 별안간, 바벨이 쓰러지고(파달) 산산이 부서지니(솨바르)[2034],
너희는 그곳으로 인해 울부짖어라(얄랄)[2035].
너희는 그곳의 고통(마크오브)[2036]로 인해 유향을 취하라(라콰흐).
혹시 그곳이 낫게 될지도(라파)[2037] 모른다.

51:9 우리가 바벨을 치료하여도(라파) 낫게 되지(라파) 않으니,
너희는 그곳을 버려두고(아자브),[2038]
우리 각자 자신의 땅(에레쯔)으로 가자(얄라크).
왜냐하면 그곳의 심판(미슈파트)[2039]이 하늘에까지 닿았고(나가),[2040]

2031) 솰람(שָׁלַם): 온전케 하다, 완전,완성하다, 회복,배상하다, 평화하다. 같은 표현 ⇒ (창44:4), (사19:21,38:12,13,42:19,44:26,28,57:18,59:18,60:20,65:6), (렘16:18,18:20,25:14,32:18,50:29,51:6,24,56), (욘2:9), (나1:15).

2032) 솨카르(שָׁכַר): 술 취하다. 같은 표현 ⇒ (창9:21,43:34), (사29:9,49:26,51:21,63:6), (렘25:27,48:26,51:7,39,57).

2033) 할랄(הָלַל): 밝게 비추다, 자랑하다, 찬양하다, 미치다. 같은 표현 ⇒ (창12:15), (왕상20:11), (사13:10,38:18,41:16,44:25,45:25,62:9,64:11), (렘4:2,9:23,24,20:13,25:16,31:7,46:9,49:4,50:38,51:7), (욜2:26), (나2:4).

2034) 솨바르(שָׁבַר): 깨뜨려 부수다, 산산이 부수다. 같은 표현 ⇒ (창19:9), (왕상19:11,22:48), (사8:15,14:5,25,21:9,24:10,27:11,28:13,30:14,38:13,42:3,45:2,61:1), (렘2:13,20,5:5,8:21,14:17,17:18,19:10,11,22:20,23:9,28:2,4,10,11,12,13,30:8,43:13,48:4,17,25,38,49:35,50:23,51:8,30,52:17), (단8:7,8,22,25,11:4,20,), (호1:5,2:18), (암1:5), (욘1:4), (나1:13).

2035) 얄랄(יָלַל): 울부짖다, 통곡하다. 같은 표현 ⇒ (사13:6,14:31,15:2,3,16:7,23:1,6,14,52:5,65:14), (렘4:8,25:34,47:2,48:20,31,39,49:3,51:8), (욜1:5,11,13), (미1:8), (습1:11).

2036) 마크오브(מַכְאוֹב): 고통(슬픔, 비통, 근심). ☞ 카아브(כָּאַב : 아프다)의 명사. 같은 표현 ⇒ (출3:7), (사53:3,4), (렘30:15,51:8).

2037) 라파(רָפָא): 고치다, 치료하다. 같은 표현 ⇒ (창20:17,50:2), (사6:10,19:22,30:26,53:5,57:18,19), (렘3:22,6:14,8:11,22,15:18,17:14,19:11,30:17,33:6,51:8,9), (겔34:4,47:8,9).

2038) 아자브(עָזַב): 떠나다, 남기다, 버리다. 같은 표현 ⇒ (창2:24), (렘1:16,2:13,17,19,4:29,5:7,19,9:2,13,19,12:7,14:5,16:11,17:11,13,18:14,19:4,22:9,25:38,48:28,49:11,25,51:9).

2039) 미쉬파트(מִשְׁפָּט): 공의, 법도, 재판, 심판. ☞ 솨파트(שָׁפַט : 재판하다)의 명사. 같은 표현 ⇒ (창18:19), (사40:14,27,41:1,42:1,3,4,49:4,50:8,51:4,53:8,54:17,56:1,58:2,59:8,9,61:8), (렘1:16,4:2,12,5:1,4,5,28,7:5,8:7,9:24,10:24,12:1,17:11,21:12,22:3,13,15,23:5,26:11,16,30:11,18,32:7,8,33:15,39:5,46:28,48:21,47,51:9,52:9).

그것(심판)이 궁창(쇠하크, 복)2041)에까지 높이 올리어졌다(나사).

51:10 여호와가 우리의 의로움(쩨다콰)2042)을 나오게 하니(야짜),
너희는 오라(보),
우리가 찌욘2043)에 여호와 우리의 하나님(엘로힘)의 일하심(마아세)을
낱낱이 말하자(싸파르).

51:11 너희는 화살촉들을 날카롭게 갈아(바라르)2044), 화살통들을 가득 채
워라.
여호와가 마다이2045)의 왕들의 마음(루아흐, 영)을 깨워 일으킨다(우르),
왜냐하면 (그것은) 바벨을 멸망케 하는(솨하트) 그의 계획(메짐마)2046)
때문이다.
왜냐하면 이것은 여호와의 복수(네콰마) 곧 그의 성전(헤칼)의
복수(네콰마)이기 때문이다.

51:12 너희는 바벨의 성벽들에 깃발을 세우고(나사), 감시(미쉬마르)를 강화하
고(하자크), 파수꾼(쇠마르)들을 일으켜 세우고(쿰), 매복하는 자(아라브)2047)
들을 굳게 하라(쿤).
왜냐하면 여호와가 계획하고(자맘)2048), 바벨의 거주민(야솨브)들에
관해 말하는 것(다바르)을 행하기(아사) 때문이다.

51:13 큰 물가에 거주하며(솨칸) 보물(오짜르)이 많은 자여,

2040) 나가(נָגַע): 가까이 가다, 만지다, 에 닿다, 에 이르다, 치다. 같은 표현 ⇒ (창3:3,12:17), (사5:8,6:7,16:8,25:12,26:5,30:4,52:11), (렘1:9,4:10,18,12:14,48:32,51:9).
2041) 쇠하크(שַׁחַק): 구름, 먼지, 궁창. 같은 표현 ⇒ (신33:26), (사40:15,45:8), (렘51:9).
2042) 쩨다콰(צְדָקָה): 의로움. 여성명사. 같은 표현 ⇒ (창15:6), (사1:27,5:7,16,23,9:7), (렘4:2,9:24,22:3,15,23:5,33:15,51:10), (슥8:8), (말3:3,4:2).
2043) 찌욘(צִיּוֹן): 예루살라임의 동쪽 산등성. 같은 표현 ⇒ (사1:8,27,2:3,3:16,17, 4:3,4,5,8:18,10:12,24,32,12:6,14:32,40:9,41:27,46:13,49:14,51:3,11,16,52:1,2,7,8,59:20, 60:14,61:3,62:1,11,64:10,66:8), (렘3:14,4:6,31,51:10,24,35).
2044) 바라르(בָּרַר): 깨끗하게 하다, 빛나게 하다, 갈고 닦아 윤을 내다. 같은 표현 ⇒ (사49:2,52:11), (렘4:11,51:11), (단11:35,12:10).
2045) 마다이(מָדַי): 중앙아시아의 한 왕국, 메데.
2046) 메짐마(מְזִמָּה): 계획, 의도, 악한 생각. ☞ 자맘(זָמַם : 생각하다, 꾀하다, 궁리하다)에서 유래. 같은 표현 ⇒ (렘11:15,23:20,30:24,51:11).
2047) 아라브(אָרַב): 숨어 기다리다, 매복하다. 같은 표현 ⇒ (신19:11), (렘51:12).
2048) 자맘(זָמַם): 생각하다, 궁리하다, 계획하다. 같은 표현 ⇒ (창11:6), (신19:19), (렘4:28,51:12), (슥1:6).

너의 종말(퀘쯔)이 이른다(보),
(다시 말해), 너의 욕심(베짜)[2049]의 앙(아마)이 (이르렀다).”라고
하는 것이다.

51:14 만군의 여호와가 자신의 영혼(네페쉬)을 걸고 맹세하기를(쇠바),
“내가 너(바벨)를 사람(아담)으로 어린 메뚜기(옐레크)처럼 가득 채우니,
곧 그것들이 너에게 <u>환호 소리</u>(헤다드)[2050]로 응답한다(아나).”라고
하는 것이다.ס

51:15 (여호와가 이와 같이 말하였으니),
“자신의 힘(코아흐)으로 땅(에레쯔)을 만들고(아사),
자신의 지혜(호크마)로 세상(테벨)[2051]을 세우는 이(쿤)는
하늘(솨마임)을 자신의 명철(테분)[2052]로 펼친다(나타).

51:16 그가 소리(콜)를 내니(나탄), 그 하늘(솨마임)에 많은 물이 (생기고),
그가 땅 끝(콰쩨)에서 안개(나시,복)를 올라가게 하고(알라),
그 비(마타르)로 번개(바라크,복)를 일으키며(아사),
바람(루아흐)을 자신의 창고(오짜르,복)로부터 나오게 한다(야짜).

51:17 모든 사람(아담)이 지식(다아트)에 우둔해지고(바아르)[2053].
모든 제련공(짜라프)[2054]은 우상(페쎌)[2055]으로 인하여
부끄러움을 당한다(야베쉬)[2056],

2049) 베짜(בֶּצַע): 폭력에 의한 취득, 불의의 이득. 같은 표현 ⇒ (창37:26), (출18:21), (사33:15,56:11,57:17), (렘6:13,8:10,22:17,51:13), (합2:9), (말3:14).

2050) 헤다드(הֵידָד): 외침, 환호, 함성. 같은 표현 ⇒ (사16:9,10), (렘25:30,48:33,51:14).

2051) 테벨(תֵּבֵל): 세상, 세계. 같은 표현 ⇒ (사13:11,14:17,21,18:3,24:4,26:9,18,27:6,34:1), (렘10:12,51:15), (나1:5).

2052) 테분(תְּבוּן): 이해력, 명철, 총명. ☞ 빈(בִּין : 깨닫다)의 명사. 같은 표현 ⇒ (출31:3,35:31,36:1), (신32:28), (사40:14,28,44:19), (렘10:12,51:15), (옵1:7).

2053) 바아르(בָּעַר): 불타다, 소멸하다, 불타오르다. 같은 표현 ⇒ (출3:2,22:6), (왕상21:21), (사40:16,42:25), (렘4:4,7:18,20,10:8,14,21,20:9,21:12,36:22,44:6,51:17), (나2:13), (말4:1).

2054) 짜라프(צָרַף): 정련하다, 단련하다, 정제하다, 깨끗하게 하다. 같은 표현 ⇒ (사1:25,40:19,41:7,46:6,48:10), (렘6:29,9:7,10:9,14,51:17), (단11:35,12:10), (말3:2,3).

2055) 페쎌(פֶּסֶל): 우상, 형상. ☞ 파쌀(פָּסַל : 깍아 다듬다)의 명사. 같은 표현 ⇒ (출20:4), (레26:1), (신4:16), (사40:19,20,42:17,44:9,10,15,17,45:20,48:5), (렘10:14,51:17,47,52).

2056) 야베쉬(יָבֵשׁ): 마르다, 시들다. ☞ 초목의 시들음을 묘사. 같은 표현 ⇒ (창8:7,14), (사40:7,8,24,42:15,44:27,56:3), (렘51:17).

왜냐하면 그의 주조된 상(네쎄크)2057)은 거짓(쉐케르)이고,
그것들 안에는 영(루아흐)이 없기 때문이다.

51:18 그것들은 헛된 것(헤벨)2058)이고, 조롱거리(타투아으)가 (되니),
징벌(페쿠다)2059)의 때(에트)에, 그것들은 사라진다(아바드)2060).

51:19 야아콥의 분깃(헬레크)2061)은 이것들과 같지 않으니,
왜냐하면 그(여호와)는 만물을 지은 이(야짜르)2062)이고,
(이스라엘은) 그의 유업(나할라)의 지파(쉐베트)이기 때문이다.
만군의 여호와는 그의 이름(쉠)이다."라고 하는 것이다.ㅁ

51:20 (여호와가 이와 같이 말하였으니),
"너는 나의 <u>전투용 곤봉</u>(마페쯔)2063)이요, 전쟁의 병기(켈리,복)이다.
내가 너로 인해 민족(고이)들을 <u>산산이 부수어 흩뿌리고</u>(나파쯔)2064),
너로 인해 왕국(맘라카)들을 멸망시킨다(솨하트).

51:21 내가 너로 인해 말(쑤쓰)과 그것을 탄자(라카브)를 산산이 부수고(나파쯔),
너로 인해 병거(레케브)와 그것을 탄자(라카브)를 산산이 부순다(나파쯔).

2057) 네쎄크(נֶסֶךְ): 술제물, 주조된 상. ☞ 나싸크(נָסַךְ : 붓다, 주조하다)의 명사. 같은 표현 ⇒ (창35:14), (사41:29,48:5,57:6), (렘7:18,10:14,19:13,32:29, 44:17,18,19,25,51:17).
2058) 헤벨(הֶבֶל): 증기, 입김, 숨, 헛된 것. 같은 표현 ⇒ (사49:4,57:13), (렘2:5,8:19,10:3,8,15,14:22,16:19,51:18), (욘2:8).
2059) 페쿠다(פְּקֻדָּה): 방문, 감독, 징벌, 형벌, 소집. ☞ 파콰드(פָּקַד : 방문하다)의 여성명사. 같은 표현 ⇒ (민3:32,36,4:16,16:29), (사10:3,15:7,60:17), (렘8:12,10:15,11:23,23:12,46:21,48:44,50:27,51:18,52:11).
2060) 아바드(אָבַד): 멸망시키다, 사라지게 하다, 길을 잃다. 같은 표현 ⇒ (출10:7), (레23:30,26:38), (사26:14,27:13,29:14,37:19,41:11,57:1,60:12), (렘1:10,4:9,6:21,7:28, 9:12,10:15,12:17,15:7,18:7,18,23:1,25:10,35,27:10,15,31:28,40:15,46:8,48:8,36,46,49:7,38, 50:6,51:18,55), (욜1:11), (암2:14,3:15), (옵1:8,12), (욘1:6,14), (습2:5,13).
2061) 헬레크(חֵלֶק): 몫, 분깃. ☞ 할라크(חָלַק : 나누다, 분배하다)의 명사. 같은 표현 ⇒ (창14:24,31:14), (왕하9:10,36,37), (사17:14,57:6,61:7), (렘10:16,51:19), (미2:4), (합1:16), (슥2:12).
2062) 야짜르(יָצַר): 모양으로 만들다, 형성하다. 같은 표현 ⇒ (창2:7,8,19), (사22:11,27:11,29:16,30:14,37:26,41:25,43:1,7,10,21,44:2,9,10,12,21,24,45:7,9,11,18, 46:11,49:5,54:17,64:8), (렘1:5,10:16,18:2,3,4,6,11,19:1,11,33:2,51:19), (합2:18), (슥12:1).
2063) 마페쯔(מַפֵּץ): 전투용 곤봉. ☞ 이곳에 한번 쓰임.
2064) 나파쯔(נָפַץ): 산산이 부수다, 흩뿌리다. 같은 표현 ⇒ (창9:19), (사11:12), (렘13:14,22:28,48:12,51:20,21,22,23), (단12:7).

51:22 내가 너로 인해 남자(이쉬)와 여자(이쌰)를 산산이 부수고(나파쯔),
너로 인해 노인(자켄)과 젊은이(나아르)를 산산이 부수며(나파쯔),
너로 인해 청년(바후르)과 처녀(베툴라)를 산산이 부순다(나파쯔),

51:23 내가 너로 인해 목자(로에)와 그의 양떼(에데르)[2065]를
산산이 부수고(나파쯔),
너로 인해 농부(아카르)와 그의 한 쌍의 소(쩨메드)를
산산이 부수며(나파쯔),
너로 인해 총독(페하)들과 지방관리(싸간)들을
산산이 부순다(나파쯔).

51:24 (다시 말해), 내(여호와)가 바벨 즉 카스디의 모든 거주민(야솨브)에게
그들이 너희의 눈앞에서 찌욘에 행한(아사) 자신들의 모든 악(라아)
을 갚는다(솰람). 여호와의 말(네움).ס

51:25 보라(헨)! 멸망(마쉬히트)[2066]의 산(하르)아,
여호와의 말(네움),
온 땅(에레쯔)을 멸망케 하는 자(쇄하트)[2067]야,
내(여호와)가 나의 손(야드)을 너 위에 뻗어(나타),
바위(쩰라)들로부터 너를 굴려(갈랄)[2068],
너를 불태움(세레파)의 산(하르)에 넘겨준다(나탄).

51:26 그때 그들은 너에게서 모퉁이의 돌 하나, 기초의 돌 하나도
취하지(라콰흐) 못한다.
왜냐하면 네가 영원한 황폐(쉐마마)[2069]가 되기(하야) 때문이다.
여호와의 말(네움),

2065) 에데르(עֵדֶר): 떼, 무리. 같은 표현 ⇒ (창29:2,3,8,30:40,32:16), (사17:2,32:14,40:11), (렘6:3,13:17,20,31:10,24,51:23), (겔34:12), (욜1:18), (미2:12), (습2:14), (말1:14) .

2066) 마쉬히트(מַשְׁחִית): 멸망, 파멸, 패망. ☞ 솨하트(שָׁחַת : 부패하다, 멸망시키다)에서 유래. 같은 표현 ⇒ (렘51:25), (겔5:16,9:6,21:31,25:15), (단10:8).

2067) 솨하트(שָׁחַת): 부패케 하다, 멸망시키다. 같은 표현 ⇒ (창6:11), (사1:4,11:9,14:20, 36:10,37:12,51:13,54:16,65:8,25), (렘2:30,4:7,5:10,6:5,28,51:1,11,20,25), (말2:8,3:11).

2068) 갈랄(גָּלַל): 구르다, 굴리다. 같은 표현 ⇒ (창29:3,8,10,43:18), (사9:5,34:4), (렘51:25).

2069) 쉐마마(שְׁמָמָה): 황폐, 황무지. ☞ 솨멤(שָׁמֵם : 황폐하게 하다)의 여성명사. 같은 표현 ⇒ (출23:39), (사1:7,62:4,64:10), (렘4:27,6:8,9:11,10:22,12:10,11,25:12, 32:43,34:22,44:6,49:2,33,50:13,51:26,62), (욜2:3,20,3:19), (습2:9).

51:27 너희가 그 땅(에레쯔)에 깃발을 세워(나사), 민족(고이)들에 나팔을 불어라. 너희는 그녀(바벨)에 대적하여 민족(고이)들을 거룩케 하라(콰다쉬). 너희가 그녀(바벨)에 대적하여 왕국(맘라카)들 곧 아라라트2070)와 민니2071)와 이쉬케나즈2072)에게 소리 내어 듣게 하라(솨마). 또 너희가 그녀에 대적하여 군대의 대장(티프싸르)을 임명하여(파콰드)2073), 말(쑤쓰)을 거친 메뚜기처럼 올라오게 하라(알라).

51:28 (다시 말해), 너희가 그녀(바벨)에 대적하여 민족(고이)들 곧 마다이의 왕들과 그의 총독(페하)들과 그의 지방관리(싸간)들과 그 땅(에레쯔)의 모든 통치권자(멤솰라)를 특별히 준비시켜라(콰다쉬).

51:29 그때 그 땅(에레쯔)이 진동하며(라아쉬)2074) 빙빙 돌 것이다(훌), 왜냐하면 바벨의 땅(에레쯔)을 아무도 거주하는 자(야솨브)가 없는 황폐(쉼마)2075)로 만들려는 여호와의 생각(마하솨바)2076)이 그녀(바벨)에 대적하여 일어섰기(쿰) 때문이다.

51:30 바벨의 용사(기보르)들이 전쟁하기(라함)2077)를 멈추고(하달)2078), 요새(메

2070) 아라라트(אֲרָרַט): 아르메니아 아라랏.
2071) 미니(מִנִּי): 아르메니아 지역의 미니.
2072) 아쉬케나즈(אַשְׁכְּנַז): 아르메니아 지역, 고멜의 후손이 살았다.
2073) 파콰드(פָּקַד): 방문하다, 계수하다, 임명하다, 보응하여 벌하다. 같은 표현 ⇒ (창21:1), (왕상20:15,26,27,39), (왕하3:6,5:24,7:17,9:34), (사13:4,62:6), (렘1:10,3:16, 5:9,29,6:6,15,9:9,25,11:22,13:21,14:10,15:3,15,21:14,23:2,4,34,25:12,27:8,22,29:10,32,30:20, 32:3,36:31,37:21,40:5,7,11,41:2,10,18,44:13,29,46:25,49:8,19,50:18,31,44,51:27,44,47,52), (호1:4,2:13), (습1:8,9,11,2:7).
2074) 라아쉬(רָעַשׁ): 흔들리다, 떨다, 진동하다. 같은 표현 ⇒ (렘4:24,8:16,10:10,49:21,50:46,51:29), (겔38:20), (욜2:10), (나1:5), (학2:6,7,21).
2075) 쉼마(שַׁמָּה): 황폐, 공포, 소름끼침. 같은 표현 ⇒ (신28:37), (사5:9,13:9,24:12), (렘2:15,4:7,5:30,8:21,18:16,19:8,25:9,11,18,38,29:18,42:18,44:12,22,46:19,48:9, 49:13,17,50:23,51:29,37,41,43), (욜1:7), (습2:15).
2076) 마하솨바(מַחֲשָׁבָה): 생각, 사상, 고안, 발명. ☞ 하솨브(חָשַׁב : 생각하다, 고안하다)의 여성명사. 같은 표현 ⇒ (창6:5), (출31:4,35:32,33,35), (사55:7,8,9,59:7,65:2), (렘4:14,6:19,11:19,18:11,12,18,29:11,49:20,30,50:45,51:29), (단11:24,25).
2077) 라함(לָחַם): 싸우다, 전쟁하다. 같은 표현 ⇒ (출1:10,14:14,17:8,9), (사7:1,19:2,20:1, 30:32,37:8,9,63:10), (렘1:19,15:20,21:2,4,5,32:5,24,29,33:5,34:1,7,22,37:8,10,41:12,51:30), (단10:20,11:11), (슥10:5,14:3,14).
2078) 하달(חָדַל): 그만두다, 중지하다, 끝내다. 같은 표현 ⇒ (창11:8), (왕상22:6,15), (사1:16,2:22,24:8), (렘40:4,41:8,44:18,51:30), (겔2:5,7).

짜드)들에 거주하였다(야솨브),
그들의 기력(게부라)2079)이 빠져서(나솨트), 여자(이솨)들처럼 되었으며,
그곳의 처소(미쉬칸)2080)들은 불에 탔고(야짜트)2081),
그곳의 빗장들은 산산이 부서졌다(솨바르).

51:31 달리는 자(루쯔)가 달리는 자(루쯔)를 맞으려(콰라) 달려간다(루쯔),
(다시 말해), 전하는 자(나가드)가 그의 성읍이 가장자리(콰쩨)로부터
점령되었음(라카드)2082)을 바벨의 왕에게 전하기(나가드)2083) 위해,
전하는 자(나가드)를 맞으려(콰라) (달려간다).

51:32 나루터들이 빼앗겼고(타파스)2084), 갈대밭들은 불로 태워졌고(사라프),
전쟁의 사람들(에노쉬)은 몹시 당황해 하였다(바할)2085) 고
(바벨 왕에게 전하기 위해 달려간다)."라고 하는 것이다.ס

51:33 왜냐하면 만군의 여호와 이스라엘의 하나님(엘로힘)이 이와 같이 말
하였으니(아마르), "딸(바트) 바벨은 그녀(바벨)를 밟을(다라크) 때(에트)의 타
작마당(고렌)과 같다. 조금 더 있으면, 그곳의 그 추수(콰찌르)의 때(에
트)가 이른다(보)."라고 하기 때문이다.

51:34 (이르메야가 말하기를),

2079) 게부라(גְּבוּרָה): 힘, 권능, 능력. ☞ 가바르(גָּבַר : 우세하다, 강하다)의 여성명사.
같은 표현 ⇒ (출32:18), (신3:24), (왕상22:45), (사3:25,11:2,28:6,30:15,33:13,
36:5,63:15), (렘9:23,10:6,16:21,23:10,49:35,51:30).

2080) 미쉬칸(מִשְׁכָּן): 성막, 거처, 처소. ☞ 솨칸(שָׁכַן : 머물다)의 명사.
같은 표현 ⇒ (출25:9,26:1), (사22:16,32:18,54:2), (렘9:19,30:18,51:30), (겔25:4).

2081) 야짜트(יָצַת): 불을 붙이다, 태우다. 같은 표현 ⇒ (사9:18,27:4,33:12), (렘2:15,
9:10,12,11:16,17:27,21:14,32:29,43:12,46:19,49:2,27,50:32,51:30,58), (암1:14).

2082) 라카드(לָכַד): 사로잡다, 붙잡다, 점령하다, 취하다. 같은 표현 ⇒ (민21:32,32:39),
(사8:15,20:1,24:18,28:13), (렘5:26,6:11,8:9,18:22,32:3,24,28,34:22,37:8,38:3,28,
48:1,7,41,44,50:2,9,24,51:31,41,56).

2083) 나가드(נָגַד): 자세히 알려주다, 폭로하다, 선언하다. 같은 표현 ⇒ (창3:11,32:29),
(출13:8), (신4:13,17:9), (사3:9,7:2,19:12,21:2,6,10), (렘4:5,15,5:20,9:12,16:10,20:10,
31:10,33:3,36:13,16,17,20,38:15,25,27,42:3,4,20,21,46:14,48:20,50:2,28,51:31).

2084) 타파스(תָּפַשׂ): 붙잡다. 사로잡다. 같은 표현 ⇒ (창4:21,39:12), (왕상18:40,20:18),
(왕하7:12), (사3:6,36:1), (렘2:8,26:8,34:3,37:13,14,38:23,40:10,46:9,50:16,24,46,
51:32,41,52:9), (암2:15), (합2:19).

2085) 바할(בָּהַל): 몹시 놀래 당황하다, 놀래 무서워하다.
같은 표현 ⇒ (창45:3), (출15:15), (사13:8,21:3), (렘51:32), (단11:44), (습1:18).

"바벨의 왕 네부카드네짜르가
우리를 먹었고(아칼), 나를 먹었으며(아칼),
우리를 멸망시키고(하맘)[2086], 나를 멸망시켰습니다(하맘).
그가 바다괴물(타닌)[2087]처럼 우리를 삼켰고(발라)[2088],
나를 삼켜(발라), 빈(리크)[2089] 용기처럼 우리를 만들었고(아짜그)[2090],
나를 만들었으며(아짜그),
그가 나의 진미(에덴)[2091]로부터 자신의 배를 가득 채운 후,
우리를 내 던졌고(두아흐)[2092], 나를 내 던졌다(두아흐).

51:35 찌욘의 거주민(야솨브)이 바벨의 폭력(하마쓰)[2093]과 살육(쉐에르)[2094]을
말할 것이다,
예루솰라임이 카스디의 거주민(야솨브)들의 피 흘림(담)을
말할 것이다."라고 하였다.ס

51:36 그러므로 여호와가 이와 같이 말하였으니(아마르),
"보라(헨)!
내가 너의 송사(리브)를[2095] 받아들여(리브),
너의 복수(네콰마)를 풀어준다(나콤)[2096].

2086) 하맘(הָמַם): 혼란시키다, 요란하게 하다, 멸망시키다.
같은 표현 ⇒ (출14:24,23:27), (신2:15), (렘51:34).
2087) 타닌(תַּנִּין): 뱀, 용, 바다괴물, 큰 파충류, 들개. 같은 표현 ⇒ (창1:21), (출7:9,10), (신32:33), (사13:22,27:1,34:13,35:7,43:20,51:9), (렘9:11,10:22,14:6,51:34,37), (미1:8).
2088) 발라(בָּלַע): 삼키다, 들이키다. 같은 표현 ⇒ (창41:7,24), (출7:12,15:12), (사3:12,9:16,19:3,25:7,8,28:4,7,49:19), (렘51:34), (욘1:17), (합1:13).
2089) 리크(רִיק): 빈, 공허, 헛됨. 같은 표현 ⇒ (레26:16,20), (사49:4,65:23), (렘51:34,58), (합2:13).
2090) 아짜크(יָצַג): 놓다, 두다, 에게 소개하다. 같은 표현 ⇒ (창30:38,33:15,43:9,47:2), (출10:24), (렘51:34), (호2:3).
2091) 에덴(עֵדֶן): 사치, 기쁨, 즐거움. ☞ 아단(עָדַן : 탐닉하다, 즐기다, 육욕에 빠지다)의 명사. 같은 표현 ⇒ (창18:12), (렘51:34).
2092) 두아흐(דּוּחַ): 내 던지다, 씻어 깨끗이 하다. 같은 표현 ⇒ (사4:4), (렘51:34).
2093) 하마쓰(חָמָס): 폭력, 포악, 불법. 같은 표현 ⇒ (창6:11,13,16:5,49:5), (신19:16), (사53:9,59:6,60:18), (렘6:7,20:8,51:35,46), (겔7:11,8:17,12:19,28:16,45:9).
2094) 쉐에르(שְׁאֵר): 육체, 살코기, 혈연관계. ☞ 남성명사.
같은 표현 ⇒ (출21:10), (레18:6,20:19,25:49), (민27:11), (렘51:35).
2095) 리브(רִיב): 말다툼, 분쟁, 소송, 논쟁, 송사. 같은 표현 ⇒ (창13:7), (출23:2,6), (신1:12,21:5,25:1), (사1:23,34:8,41:11,21,58:4), (렘11:20,15:10,20:12,25:31,50:34,51:36).
2096) 나콤(נָקַם): 복수하다, 앙갚음 하다. 같은 표현 ⇒ (창4:15), (출21:20), (사1:24),

내가 그곳의 바다를 말리며(하라브)[2097],
그곳의 샘(마코르)을 마르게 한다(야베쉬)[2098],

51:37 그때 바벨이 무더기(갈)가 되고(하야),
들개(타닌)[2099]들의 거처(마온)[2100]가 (되며),
소름끼침(솸마)과 아무도 거주하는 자(야솨브)가 없는
황량한 곳(쉐레콰,쉿하는 소리)이 (된다).

51:38 그들이 함께 어린 사자들처럼 으르렁 거리고(솨아크)[2101],
새끼 사자들처럼 으르렁 거린다(나아르),

51:39 그들이 목이 탈(하맘)[2102] 때,
내가 그들의 잔치(미쉬테)을 베풀어, 그들을 술 취하게 하니(솨카르),
그들이 기뻐 날뛰나(알라즈)[2103],
그들은 영원한 잠(쉐나)에 잠들어(야쉔)[2104], 깨어나지(쿠쯔)[2105] 못한다.
여호와의 말(네움),

51:40. 내가 그들을 도살하려는(타바흐)[2106] 어린양(카르)들처럼

(렘5:9,29,9:9,15:15,46:10,50:15,51:36), (나1:2).

2097) 하라브(חָרֵב): 마르다, 시들다. ☞ 마르는 지역을 묘사.
같은 표현 ⇒ (창8:13), (사19:5,6,34:10,37:18,25,42:15,44:27,49:17,50:2,51:10,60:12), (렘2:12,26:9,50:21,27,51:36), (나1:4).

2098) 야베쉬(יָבֵשׁ): 마르다, 시들다. ☞ 초목의 시들음을 묘사.
같은 표현 ⇒ (창8:7,14), (사40:7,8,24,42:15,44:27,56:3), (렘51:17).

2099) 타닌(תַּנִּין): 뱀, 용, 바다괴물, 큰 파충류, 들개. 같은 표현 ⇒ (창1:21), (출7:9,10), (신32:33), (사13:22,27:1,34:13,35:7,43:20,51:9), (렘9:11,10:22,14:6,51:34,37), (미1:8).

2100) 마온(מָעוֹן): 처소, 거주. 같은 표현 ⇒ (신26:15), (렘9:11,10:22,25:30,49:33,51:37), (나2:11), (습3:7), (슥2:13).

2101) 솨아그(שָׁאַג): 으르렁거리다, 큰 소리 지르다.
같은 표현 ⇒ (렘2:15,25:30,51:38), (욜3:16), (암1:2).

2102) 하맘(חָמַם): 뜨겁다, 따뜻하다, 덥다.
같은 표현 ⇒ (출16:21), (사44:15,16,47:14,57:5), (렘51:39).

2103) 알라즈(עָלַז): 크게 기뻐하다, 기뻐 날뛰다, 이겨서 좋아하다.
같은 표현 ⇒ (사23:12), (렘11:15,15:17,50:11,51:39), (습3:14).

2104) 야쉔(יָשֵׁן): 잠자다, 잠들다, 움직이지 않고 멈추어 있다.
같은 표현 ⇒ (창2:21,41:5), (신4:25), (사5:27), (렘51:39,57), (겔34:25).

2105) 쿠쯔(קוּץ): 깨우다, 일으키다, 깨워 일으키다. 같은 표현 ⇒ (왕하4:31), (사26:19,29:8), (렘31:26,51:39,57), (단12:2), (욜1:5), (합2:19).

2106) 타바흐(טָבַח): 도살하다, 살해하다, 무자비하게 죽이다. ☞ 테바흐(טֶבַח : 짐승,

숫양(아일)들과 숫염소(아투드)들처럼 내려가게 한다(야라드).

51:41 쉐솨크[2107]가 어떻게 점령되었고(라카드),
그 온 땅(에레쯔)의 찬양 받는 곳(테힐라)[2108]이 어떻게 사로잡히게 되었는가(타파스)?
민족(고이)들 중에 바벨이 어떻게 황폐(솸마)가 되었는가(하야)?

51:42 (다시 말해), 바다가 바벨 위로 올라와,
그(바벨)가 그 많은 파도(갈)에 덮이었다(카싸)[2109].

51:43 그곳의 성읍들이 황폐(솸마), 메마른 땅(에레쯔) 즉 사막(아라바),
(다시 말해), 어떤 자(이쉬)도 거주하지 못하는 땅(에레쯔)이 되어(하야),
어떤 사람(아담)의 아들(벤)도 그곳에 지나가지(아바르) 못한다.

51:44 그런즉 내(여호와)가 바벨에서 벨[2110]을 벌하여 보응하고(파카드),
그(벨)의 입에서 그(벨)가 삼킨 것을 밖으로 끌어내니(야짜),
이제 다시는 민족(고이)들이 그(벨)에게 흘러들어 가지(나하르)[2111] 않고, 또한 바벨의 성벽도 쓰러진다(나팔).

51:45 나의 백성(암)아, 너희는 그곳(바벨)에서 나오라(야짜),
(다시 말해), 너희는 각자 자신의 목숨(네페쉬)을 여호와의 맹렬한(하론)[2112] 화(아프)로부터 구출하라(말라트).

51:46 또한 너희의 마음(레바브)이 약해져서(라카드), 그 땅(에레쯔)에서 들리는 소문(쉐무아)으로 인하여, 너희는 두려워하지(야레) 않도록 하라.
그때 올해에는 이 소문(쉐무아)이 나돌고(보),

도살, 살해)의 동사. 같은 표현 ⇒ (창43:13), (출22:1), (렘11:19,25:34,51:40).

2107) 쉐솨크(שֵׁשַׁךְ): 바벨론을 지칭하는 칭호. 같은 표현 ⇒ (렘25:26,51:41).

2108) 테힐라(תְּהִלָּה): 찬양. ☞ 할랄(הָלַל : 찬양하다)의 여성명사. 같은 표현 ⇒ (출15:11), (신10:21), (사42:8,10,12,43:21,48:9), (렘13:11,17:14,33:9,48:2,49:25,51:41).

2109) 카싸(כָּסָה): 숨기다, 감추다, 덮다. 같은 표현 ⇒ (창7:19,20), (사6:2,11:9,26:21,29:10,37:1,2,51:16,58:7,59:6,60:2,6), (렘3:25,46:8,51:42,51).

2110) 벨(בֵּל): 바벨론의 신 마르둑의 히브리어 명칭.
같은 표현 ⇒ (사46:1), (렘50:2,51:44).

2111) 나하르(נָהַר): 흘러들어가다, 빛을 발하다.
같은 표현 ⇒ (사2:2,60:5), (렘31:12,51:44).

2112) 하론(חָרוֹן): 맹렬함, 격노. ☞ 하라(חָרָה : 성내다, 격노하다)의 명사. 같은 표현 ⇒ (출15:7), (민25:4), (신13:17), (렘4:8,26,12:13,25:37,38,30:24,49:37,51:45), (나1:6).

그 다음 해에는 저 소문(쉐무아)이 (나돈다),
또 그 땅(에레쯔)에 폭력(하마쓰)이 (있고),
치리하는 자(마솰)[2113]가 치리하는 자(마솰)에 대적하여 (있다).

51:47 그러므로 보라(힌네)! 그 날(욤, 복)이 이르니(보),
(다시 말해), 내(여호와)가 바벨의 조각상(페쎌)들을 벌하여 보응한다(파콰드),
그때 그곳(바벨)의 온 땅(에레쯔)은 부끄러워하고(부쉬)[2114],
그곳(바벨)의 칼에 찔린(할랄) 모든 자가 바벨 가운데 쓰러진다(나팔).

51:48 그러나 하늘(솨마임)과 땅(에레쯔)과 그것들 안에 있는 모든 것은
바벨로 인하여 기뻐 소리친다(라난)[2115].
왜냐하면 북쪽에서 파괴시키는 자(솨다드)[2116]들이 바벨에 이르기(보)
때문이다.
여호와의 말(네움),

51:49 바벨이 이스라엘의 칼에 찔린(할랄)들을 쓰러뜨린 것(나팔) 같이,
바벨에도 칼에 찔린(할랄)들이 온 땅(에레쯔)에 쓰러진다(나팔),

51:50 칼(헤레브)로부터 도피한 자(팔레트)들아,
너희는 걸어가라(할라크),
너희는 서 있지(아마드) 말라.
너희는 먼 곳에서 여호와를 기억하여(자카르), 너희의 마음(레바브)에
예루솰라임을 떠오르게 하라(알라)."고 하는 것이다.

51:51 (이르메야가 말하기를),
"우리는 부끄러움을 당하였습니다(부쉬),
왜냐하면 우리가 조롱(헤르파)[2117]을 들었기 때문입니다,

2113) 마솰(מָשַׁל): 다스리다, 지배권을 가지다. 같은 표현 ⇒ (창1:18,3:16,4:7,37:8,45:8,26), (신15:6), (렘22:30,30:21,33:26,51:46).

2114) 부쉬(בּוֹשׁ): 부끄러워하다, 수치를 당하다. 같은 표현 ⇒ (창2:25), (사1:29,41:11, 42:17,44:9,11,45:16,17,24,49:23,50:7,54:4,65:13), (렘2:36,6:15,8:9,12,9:19,10:14,12:13, 14:3,4,15:9,17:13,18,20:11,22:22,31:19,46:24,48:1,13,20,39,49:23,50:2,12,51:17,47,51).

2115) 라난(רָנַן): 기뻐 소리치다. 같은 표현 ⇒ (사12:6,16:10,24:14,26:19,35:2,6, 42:11,44:23,49:13,52:8,9,54:1,61:7,65:14), (렘31:7,51:48), (슥2:10).

2116) 솨다드(שָׁדַד): 난폭하게 다루다, 파괴하다, 황폐케 하다. 같은 표현 ⇒ (사15:1,16:4,21:2,23:1,14,33:1), (렘4:13,20,30,5:6,6:26,9:19,10:20,12:12,15:8,25:36,47:4, 48:1,8,15,18,20,32,49:3,10,28,51:48,53,55,56), (욜1:10), (옵1:5), (미2:4).

2117) 헤르파(חֶרְפָּה): 수치, 조롱, 치욕, 책망. 여성명사. 같은 표현 ⇒ (창30:23,34:14),

(다시 말해), 수치(켈림마)[2118]가 우리의 얼굴을 덮었습니다(카싸).
왜냐하면 다른 자(주르)[2119]들이 여호와의 집(바이트)의 성소(미크다쉬)들에 들어 왔기(보) 때문입니다."라고 하였다.ס

51:52 (여호와가 이와 같이 말하였으니),
"그러므로 보라(힌네)! 그 날(욤, 복)이 이르니(보),
여호와의 말(네움),
(다시 말해), 내가 바벨의 조각상(페쎌)들을 벌하여 보응하니(파콰드),
그때 칼에 찔린 자(할랄)들이 그(바벨)의 온 땅(에레쯔)에 신음한다(아나크)[2120].

51:53 비록 바벨이 하늘까지 올라가도(알라),
비록 바벨이 자신의 힘(오즈)의 높이(마롬)을 요새화 한다(바짜르)[2121]고 하여도, 파괴시키는 자(솨다드)들이 나(여호와)로부터 그곳에 이른다(보).
여호와의 말(네움).ס

51:54 부르짖음(자아크)의 소리가 바벨에 (있고),
큰 파멸(쉐베르)[2122]이 카스디의 땅(에레쯔)에 (있다).

51:55 왜냐하면 여호와가 바벨을 파괴하기(솨다드) 때문이다,
곧 그(여호와)가 바벨로부터 나오는 큰 소리를 멸망케 한다(아바드).
그때 그들의 파도소리(갈)들이 많은 물처럼 시끄럽게 요동하며(하마)[2123], 그들이 요란한(솨온)[2124] 소리를 낸다(나탄).

(사4:1,25:8,30:5,47:3,51:7,54:4), (렘6:10,15:15,20:8,23:40,24:9,29:18,31:19,42:18, 44:8,12,49:13,51:51).

2118) 켈림마(כְּלִמָּה): 수치, 치욕, 목욕. 같은 표현 ⇒ (사45:16,50:6,61:7), (렘3:25,20:11,51:51), (겔39:26), (미2:6).

2119) 주르(זוּר): 외인, 일반인, 타인. 같은 표현 ⇒ (출29:33,30:9,33), (렘2:25,3:13,5:15,30:8,51:2,51).

2120) 아나크(אָנַק): 울부짖다, 신음하다. 같은 표현 ⇒ (렘51:52), (겔9:4,24:17,26:15).

2121) 바짜르(בָּצַר): 잘라내다, 접근하지 못하게 하다, 억제하다, 포도를 거두다. 같은 표현 ⇒ (창11:6), (레25:5,11), (민13:28), (사2:15,22:10,25:2,27:10,36:1,37:26), (렘6:9,15:20,33:3,49:9,51:53), (옵1:5), (습1:16).

2122) 쉐베르(שֶׁבֶר): 파괴, 파멸, 부숨, 골절. ☞ 솨바르(שָׁבַר : 깨뜨리다, 부수다)에서 유래. 같은 표현 ⇒ (사1:28,51:19,59:7,60:18,65:14), (렘4:6,20,6:1,14,8:11,21, 10:19,14:17,30:12,15,48:3,5,50:22,51:54).

2123) 하마(הָמָה): 중얼거리다, 으르렁거리다, 외치다, 떠들썩하다. 같은 표현 ⇒ (사51:15,59:11), (렘4:19,5:22,6:23,31:20,35,48:36,50:42,51:55).

51:56 왜냐하면 파괴시키는 자(솨다드)가 그곳 곧 바벨에 이르기(보) 때문이
다, 그때 그가 그곳의 용사(기보르)들을 사로잡고(라카드), 그들의 활들
을 부러뜨린다(하타트)[2125],
왜냐하면 여호와 보복(게물라)[2126]의 하나님(엘로힘)이 정녕 보응하기
(솰람) 때문이다.

51:57 또한 내(여호와)가 그녀의 고관(사르)들과 지혜자(하캄)들과 총독(페하)들
과 지방관리(싸간)들과 용사(기보르)들을 술 취하게 하니(솨카르),
그때 그들이 영원한 잠(쉐나)에 잠들어(야쉔), 깨어나지(쿠쯔) 못한다,
그의 이름(쉠) 만군의 여호와 왕의 말(네움).”이라고 하는 것이다.ס

51:58 만군의 여호와가 이와 같이 말하였으니(아마르),
“폭이 넓은 바벨의 성벽들은 정녕 완전히 무너지고(아라르)[2127],
바벨의 높은 성문(솨아르)들도 불로 태워진다(야짜트)[2128],
이제 백성(암)들은 헛수고(리크)[2129]로 인해 피곤하여 지친다(야가)[2130],
(다시 말해), 백성(레옴)들이 불(에쉬)로 인해 (피곤하여 지친다),
그런즉 그들은 힘이 빠져 쇠약하다(야아프)[2131].”라고 하는 것이다.ס

51:59 찌드키야 통치(말라크) 사년(B.C.593)에,
쉐라야가 예후다의 왕 찌드키야와 함께 바벨로 갈(할라크) 때,

2124) 솨온(שָׁאוֹן): 요란한 소리, 소음. 같은 표현 ⇒ (사5:14,13:4,17:12,13,24:8,25:5,66:6), (렘25:31,46:17,48:45,51:55), (암2:2).

2125) 하타트(חָתַת): 깜짝 놀라다, 당황하다, 낙심하다, 두려워하다. 같은 표현 ⇒ (신1:21,31:8), (사7:8,8:9,9:4,20:5,30:31,31:4,9,37:27,51:6,7), (렘1:17,8:9,10:2,14:4, 17:18,23:4,30:10,46:27,48:1,20,39,50:2,36,51:56), (겔2:6,3:9), (합2:17).

2126) 게물라(גְּמוּלָה): 보응, 보답 행위. 같은 표현 ⇒ (사59:18), (렘51:56).
☞ 가말(גָּמַל : 나누어 주다, 보답하다, 익다, 젖을 떼다)의 여성명사.

2127) 아라르(עָרַר): 벌거벗다, 해체하다, 완전히 무너지다.
같은 표현 ⇒ (사23:13,32:11), (렘51:58).

2128) 야짜트(יָצַת): 불을 붙이다, 태우다. 같은 표현 ⇒ (사9:18,27:4,33:12), (렘2:15,51:30,58), (암1:14).

2129) 리크(רִיק): 빈, 공허, 헛됨. 같은 표현 ⇒ (레26:16,20), (사49:4,65:23), (렘51:34,58), (합2:13).

2130) 야가(יָגַע): 피곤하여 지치다, 기력이 다하다, 싫증나게 하다, 수고하다.
같은 표현 ⇒ (사40:28,30,31,43:22,23,24,47:12,15,49:4,57:10,62:8,65:23), (렘45:3,51:58), (합2:13), (말2:17).

2131) 야아프(יָעֵף): 피곤하다, 지치다, 날게 하다. 같은 표현 ⇒ (사40:28,30,31,44:12), (렘2:24,51:58,64), (단9:21), (합2:13).

예언자 이르메야가 마흐세야의 손자(벤)요 네리야의 아들(벤)인
쉐라야에게 명한(짜바) 말(다바르)이다.
그때 쉐라야는 숙소(메누하)의 책임자(사르)이었다.

51:60 그때 이르메야가 바벨에 임할(보) 모든 재앙(라아)을 한권의 책(쎄페르)
으로 기록하였다(카타브),
(다시 말해), 바로 이 모든 말(다바르,복)이 바벨에 관하여 기록되었다
(카타브),

51:61 그때 이르메야가 쉐라야에게 말하기를(아마르),
"당신이 바벨에 이르거든(보),
당신이 보고(라아), 바로 이 모든 말(다바르,복)을 읽으시오(콰라).

51:62 그때 당신은 말하기를(아마르),
'여호와, 당신이 바로 이곳(마콤)에 관하여, 말하였으니(다바르),
〈그(여호와)가 사람으로부터 짐승에 이르기까지 누구도 그곳에
거주하지 못하게 뿌리 채 뽑아버린다(카라트).
왜냐하면 그곳은 영원한 황폐(쉐마마)가 되기(하야) 때문이다.〉'라고
하소서.

51:63 그리고 당신이 바로 이 책(쎄페르)을 읽기를 완전히 끝낼(칼라)2132) 때
당신은 그것에 돌을 매달아(콰솨르), 그것을 페라트2133) 가운데로
던지시오(솰라크).

51:64 또한 당신이 말하기를(아마르),
'바벨이 이와 같이 가라앉으니(솨콰)2134),
그(여호와)가 내릴(보) 재앙(라아) 때문에 일어서지(쿰) 못한다,
그때 그들은 힘이 빠져 쇠약하다(야아프).'고 하소서."라고 하였다.
여기까지가 이르메야의 말(다바르,복)이다.ㅁ

2132) 칼라(כָּלָה): 완성하다, 끝마치다, 끝나다. 같은 표현 ⇒ (창2:1,17:22), (왕상17:14), (사1:28,10:18), (렘5:3,8:20,9:16,10:25,14:6,12,16:4,20:18,26:8,43:1,44:27,49:37,51:63).
2133) 페라트(פְּרָת): 유브라테, 큰 강. 같은 표현 ⇒ (창2:14,15:18), (신1:7,11:24), (렘46:2,6,10,51:63).
2134) 솨콰(שָׁקַע): 내려앉다, 가라앉다. 같은 표현 ⇒ (민11:2), (렘51:64), (암8:8).

이르메야 52장

52:1 찌드키야가 왕이 될(말라크) 때,
그의 나이는 이십 일세이었고,
그는 예루솰라임에서 십일 년 동안 통치하였다(말라크).
그의 어머니 이름(쉠)은 하무탈이었고,
립나 출신 이르메야후의 딸(바트)이었다.

52:2 그때 그는 여호와의 눈에 그 악(라)을 행하였으니(아사),
그가 예호야킴이 행한(아사) 모든 것대로이었다,

52:3 왜냐하면 여호와의 화(아프)로 인하여,
그것(여호와의 눈)이 예루솰라임과 예후다에 있으니(하야),
그(여호와)가 그들을 그(바벨) 앞에서 던지기(솰라크)까지이었는데,
그때 찌드키야가 바벨 왕에게 반역하였다(마라드)[2135].

52:4 또한 이런 일이 있었으니,
그가 왕이 된지(말라크) 제 구(B.C.588)년 그 열째 달, 그 달 십 일에,
네부칻네짜르 바벨 왕과 그의 모든 군대(하일)가 예루솰라임으로
와서(보), 그곳 옆에 진영을 치고(하나), 그곳에 대항하여 주위에 포위
공격을 위한 벽(다예크)을 쌓았다(바나).

52:5 그래서 찌드키야 왕 제 십일(B.C.586)년까지,
그 성읍(이르)이 포위공격(마쪼르)[2136]에 이르렀다(보).

52:6 넷째 달 그 달 구 일에,
그 기근(라아브)이 그 성읍(이르)에 심하여(하자크),
그 땅(에레쯔)의 백성에게 양식(레헴)이 없었다.

52:7 그때 그 성읍(이르)이 뚫리고(바콰)[2137],

2135) 마라드(מָרַד): 반역하다, 배반하다. 같은 표현 ⇒ (창14:4), (민14:9), (사36:5), (렘52:3), (겔2:3), (단9:5,9).

2136) 마쪼르(מָצוֹר): 포위 공격, 방벽, 참호. 같은 표현 ⇒ (신28:53,55,57), (렘10:17,19:9,52:5).

2137) 바콰(בָּקַע): 쪼개다, 을 뚫다, 부수다. 같은 표현 ⇒ (창7:11,22:3), (출14:16,21), (민16:31), (사7:6,34:15,35:6,48:21,58:8,59:5,63:12), (렘39:2,52:7), (암1:13), (미1:4).

그 전쟁의 모든 사람들(에노쉬)이 도망하여(바라흐),
밤에 그 성읍(이르)에서 밖으로 나갔으니(야짜),
곧 그들이 그 왕의 정원 옆에 있는 그 성벽 사이의
성문(솨아르) 길(데레크)로 (밖으로 나가),
그 아라바 길(데레크)로 갔는데(알라크),
그때 카스딤 사람들이 그 성읍(이르) 주위에 (있었다).

52:8 그러나 카스딤 군인(하일)들이 그 왕의 뒤를 쫓아(라다프)[2138] 예리호
평지(아라바)에서 찌드키야를 따라잡았다(나사그)[2139].
그러자 그의 모든 군인(하일)이 그(찌드키야)에게서 흩어졌다(푸쯔)[2140].

52:9 그런즉 그들이 그 왕을 잡아(타파스)[2141], 그를 하맡 땅의 리블라로
곧 바벨 왕에게 끌고 올라가니(알라),
그(바벨 왕)가 그에게 재판(미슈파트, 복)을 하였다(다바르).

52:10 바벨 왕이 찌드키야의 아들(벤)들을 그의 눈앞에서 죽이고(솨하트)[2142],
또 심지어 예후다의 모든 고관(사르)도 리블리에서 죽였다(솨하트).

52:11 그런 후, 그는 찌드키야의 두 눈을 눈 멀게 하고(아바르)[2143],
그를 청동사슬로 결박하여(아싸르)[2144] 바벨로 데려가서(보),
그가 죽은 날까지 형벌(페쿠다)[2145]의 집(바이트)에 두었다(나탄).

2138) 라다프(רָדַף): 쫓아가다, 추격하다, 박해하다. 같은 표현 ⇒ (창14:14,15,31:23,35:5), (사1:23,5:11,30:16,41:3,51:1), (렘15:15,17:18,20:11,29:18,39:5,52:8), (호2:7), (암1:11).
2139) 나사그(נָשַׂג): 을 따라잡다, 에 이르다, 붙잡다, 부하게 되다.
같은 표현 ⇒ (창31:25), (사35:10,51:11,59:9), (렘39:5,42:16,52:8).
2140) 푸쯔(פּוּץ): 흩어지다, 넘쳐흐르다. 같은 표현 ⇒ (창10:18,11:4,8,9,49:7), (사24:1,28:25,41:16), (렘9:16,10:21,13:24,18:17,23:1,2,29,30:11,40:15,52:8), (나2:1), (슥1:17,13:7).
2141) 타파스(תָּפַשׂ): 붙잡다. 사로잡다. 같은 표현 ⇒ (창4:21,39:12), (왕상18:40,20:18), (왕하7:12), (사3:6,36:1), (렘2:8,26:8,34:3,37:13,14,38:23,40:10,46:9,50:16,24,46, 51:32,41,52:9), (암2:15), (합2:19).
2142) 솨하트(שָׁחַט): 죽이다, 도살하다, (짐승)을 잡다.
같은 표현 ⇒ (창22:10,37:31), (사22:13,57:5,66:3), (렘9:8,39:6,41:7,52:10).
2143) 아바르(עָוַר): 눈 멀게 하다. 같은 표현 ⇒ (출23:8), (신16:19), (렘39:7,52:11).
2144) 아싸르(אָסַר): 매다, 결박하다, 맹세나 서약으로 속박하다. ☞ 에싸르(אֱסָר : 서약)의 동사. 같은 표현 ⇒ (창39:20), (사22:3,49:9,61:1), (렘39:7,40:1,46:4,52:11).
2145) 페쿠다(פְּקֻדָּה): 방문, 감독, 징벌, 형벌, 소집. ☞ 파콰드(פָּקַד : 방문하다)의 여성명사. 같은 표현 ⇒ (민3:32,36,4:16,16:29), (사10:3,15:7,60:17),

52:12 네부칸네짜르 바벨 왕, 그 왕의 제 십구 년 되는 다섯째 달
그 달 십 일에,
느부자르아단 경호대장이 이르러(보),
예루솰라임에서 바벨 왕 앞에 섰다(아마드),

52:13 그때 그가 여호와의 집(바이트)과 그 왕의 집(바이트)을 불사르고(사라프),
또 예루솰라임의 모든 집(바이트)과 그 귀족의 집(바이트)을 그 불로
살랐다(사라프).

52:14 또한 경호대장과 함께 있는 카스딤의 모든 군인(하일)이 예루솰라임
주위의 모든 성벽을 허물었고(나타쯔)[2146],

52:15 그런 후, 느부자르아단 경호대장이 그 백성(암) 중 힘 없는 자(달라)
와 그 성읍에 살아 남은(솨아르) 그 백성(암)의 남은 자(예테르)와
바벨 왕에게 항복한 자(나팔)들과 그 무리(아몬) 중 남은 자(예테르)를
포로로 잡아갔다(갈라)[2147].

52:16 그러나 느부자르아단은 그 땅(에레쯔)의 힘 없는 자(달라) 중
(얼마를) 남겨두어(솨아르)[2148], 포도원을 돌보는 관리자들과
농부들이 (되게 했다).

52:17 그때 카스딤 사람들은 여호와의 집(바이트)에 있는 청동 기둥들과
그 받침대들과, 여호와의 집(바이트)에 있는 청동 바다(얌)를 부수어
(솨바르)[2149] 그곳의 모든 청동을 바벨로 옮겼고(나사),

(렘8:12,10:15,11:23,23:12,46:21,48:44,50:27,51:18,52:11).

2146) 나타쯔(נָתַץ): 헐다, 파괴하다(강조). 같은 표현 ⇒ (출34:13), (레11:35,14:45), (신7:5,12:3), (사22:10), (렘1:10,4:26,18:7,31:28,33:4,39:8,52:14).

2147) 갈라(גָּלָה): 덮개를 벗기다, 계시하다, 폭로하다, 옮기다, 포로의 몸이 되다. 같은 표현 ⇒ (창9:21,35:7), (삼하7:27), (사5:13,16:3,22:8,14,23:1,24:11,26:21,38:12, 40:5,47:2,3,49:9,21,53:1,56:1), (렘1:3,11:20,13:19,22,20:4,12,22:12,24:1,27:20,29:1,4,7,14, 32:11,14,33:6,39:9,40:1,7,43:3,49:10,52:15,27,28,30), (단10:1), (호2:10), (암1:5,6,3:7).

2148) 솨아르(שָׁאַר): 남기다, 살아남다. 같은 표현 ⇒ (창7:23,14:10,32:8), (왕상19:18), (사4:3,11:16,17:6,24:6,12,37:31), (렘8:3,21:7,24:8,34:7,37:10,38:4,22,39:9,10,40:6,41:10, 42:2,49:9,50:20,52:16), (겔36:36), (단10:8,17), (욜2:14), (옵1:5), (학2:3).

2149) 솨바르(שָׁבַר): 깨뜨려 부수다, 산산이 부수다. 같은 표현 ⇒ (창19:9), (왕상19:11, 22:48), (사8:15,14:5,25,21:9,24:10,27:11,28:13,30:14,38:13,42:3,45:2), (렘2:13,20,5:5,8:21, 14:17,17:18,19:10,11,22:20,23:9,28:2,4,10,11,12,13,30:8,43:13,48:4,17,25,38,49:35,50:23, 51:8,30,52:17), (단8:7,8,22,25,11:4,20,22,26), (호1:5,2:18), (암1:5), (욘1:4), (나1:13).

52:18 또 그들은 들통들과 부삽들과 집게들과 대접들과 숟가락들과
섬길 때(솨라트)[2150] (쓰이는) 모든 청동기구를 가지고 갔고(라콰흐),

52:19 경호 대장은 그릇들과 불 옮기는 그릇들과 대접들과 들통들과
등잔대(메노라)[2151]들과 숟가락들과 큰 잔(메나키트)들
곧 금으로 만든 것이나 은으로 만든 것을 가지고 갔다(라콰흐).

52:20 쉘로모 왕이 여호와의 집(바이트)을 위해 만든(아사),
그 기둥 두 개와 그 청동바다(얌) 한 개와
그 받침대 아래에 있는 청동 소(바콰르) 열두 개,
바로 이 모든 기구들은 그것의 청동 무게를 달 수가 없었다.

52:21 그 기둥들은 한 기둥의 높이가 십팔 암마이고,
둘레는 십이 암마이고 속은 비었고,
두께는 손가락 네 개의 두께고,

52:22 그 기둥 위에 청동기둥머리가 있었는데,
한 기둥머리의 높이는 오 암마이었다.
그 기둥머리를 돌아가며 그물과 석류들이 있었는데,
모두가 청동이었다.
다른 기둥의 석류들도 이와 같았다.

52:23 사방에 있는 석류들은 구십육 개이었고,
그물 주위의 모든 석류는 백개이었다.

52:24 경호대장이, <u>쓰라야</u> 그 대제사장과 <u>쯔판야</u> 그 부제사장과
그 세 명의 문지기를 데리고(라콰흐),

52:25 그 성읍(이르)에서 그 전쟁의 사람들(에노쉬)의 감독관(파키드)[2152]인 환관
(싸리쓰) 한 명과 그 성읍(이르) 안에 있던(마짜) 그 왕의 시종(라아,돌보는
자)들 중 일곱 명과 그 땅(에레쯔)의 백성을 징집하는(짜바) 그 군대
(짜바)의 서기장(쏘페르 사르) 하나와 그 성읍(이르) 중에 있던(마짜) 그 땅

2150) 솨라트(שָׁרַת): 섬기다, 시중들다. 같은 표현 ⇒ (창39:4,40:4), (사56:6,60:7,10,61:6),
(렘33:21,22,52:18), (겔20:32,40:46,42:14,43:19,44:11,12,15,16,17,19,27,45:4,5,46:24).

2151) 메노라(מְנוֹרָה): 등잔대. 여성명사. 같은 표현 ⇒ (출25:31,32,26:35,30:27),
(렘52:19), (슥4:2,11).

2152) 파키드(פָּקִיד): 감독자. ☞ 파콰드(פָּקַד : 방문하다, 임명하다)에서 유래.
같은 표현 ⇒ (창41:34), (렘20:1,29:26,52:25).

(에레쯔)의 백성 육십 명(이쉬)을 데리고(라콰흐),

52:26 (다시 말해), 느부자르아단 경호대장이 그들을 데리고(라콰흐),
리블라 바벨 왕에게 그들을 가게 해서(얄라크),

52:27 바벨 왕이 하맡 땅 리블라에서 그들을 쳐(나카) 그들을 죽였다(무트).
그런즉 예후다는 자신의 땅(아다마)에서 포로로 잡혀갔다(갈라).

52:28 이것이 네부칻네짜르가 포로로 잡아간(갈라) 백성(암)이니,
곧 제 칠 년에, 예후다 사람들이 삼천이십삼 명이었고

52:29 네부칻네짜르 제 십 팔년에,
예루솰라임에서 팔백삼십이 명(네페쉬)이었고,

52:30 네부칻네짜르 제 이십 삼년에,
느부자르아단 경호대장이 예후다 사람들 칠백사십오 명(네페쉬)을
포로로 잡아갔으니(갈라), 총 사천육백 명(네페쉬)이었다.פ

52:31 그리고 이런 일이 있었으니,
예호야킨 예후다 왕이 사로잡힌 지(갈루트)2153) 제 삼십칠 년,
곧 에뷜므로닥 바벨 왕 그의 통치(말쿠트) 원년,
열두째 달 그달 이십오 일에,
그(에뷜므로닥)가 예호야킨 예후다 왕의 머리를 들어올려(나사),
감옥(바이트 켈리)에서 나오게 하였고(야짜),

52:32 또 그는 그(예호야킨)에게 선한 것(토브)들을 말하며(아마르),
그의 보좌(키쎄)를 바벨에 그와 함께 있는 그 왕들의 보좌(키쎄)보다
위에 주었다(나탄).

52:33 그(예호야킨)는 감옥의 옷을 바꾸어 입고(솨나),
그가 사는(하이) 모든 날(욤,복) 동안,
그예호야킨)는 항상 그(왕) 앞에서 양식(레헴)을 먹었으며(아칼),

52:34 그의 음식(아루하), 곧 계속 되는 음식(아루하)은 매일 매일의 양(다바르)으
로 그의 죽음의 날(욤)까지 곧 그가 사는(하이) 모든 날(욤,복) 동안,
바벨 왕에게로부터 그에게 주어졌다(나탄).

2153) 갈루트(גָּלוּת): 사로잡힌 자, 유배자. 같은 표현 ⇒ (사20:4,45:13),
(렘24:5,28:4,29:22,40:1,52:31), (겔1:2), (암1:6,9), (옵1:20).